現代社会学叢書

ブラジル日系新宗教の展開
異文化布教の課題と実践

Developmental Processes of Japanese New Religions in Brazil:
Tasks and Achievements of Missionary Work in Brazilian Culture

渡辺 雅子　Watanabe Masako

東信堂

東信堂『現代社会学叢書』刊行の趣旨

　21世紀を射程に入れて、地球規模、アジア規模そして日本社会の大きな社会的変動が刻々とすすみつつあります。その全貌について、あるいは特定の局面についてであれ、変動の諸要因、方向などを解き明かす社会科学的パラダイムの形成がいま切実に渇望されております。社会科学の一分肢である現代社会学もまた新しい飛躍が期待されています。

　しかし、現代日本の社会学には、混乱と一種の沈滞がみられます。それを流動化、拡散化、分節化、私化、商品化状況と見ることもできましょう。この事態を一日も早く脱却し、社会科学としての社会学の確立、発展のための努力が払われなくてはなりません。

　そうした中で、東信堂といたしましては、それに応えるべく斬新な社会学的研究の成果を『現代社会学叢書』として、逐次刊行していく企画をたてました。形式は、単著、共著、編著、共編著とさまざまになりましょうが、内容的には、理論的にも実証的にも、これまでの実績を、一歩でも二歩でもこえる著作の刊行を目指しております。各著作ともに明確なポレミークとメッセージがふくまれ、またリアリティを持った主張がふくまれるものとなるように心掛けたいと考えます。この叢書が地道でも堅実な研究の発表の機会として、誠実な社会学関係の研究者に、とりわけ優れた博士論文などを執筆した若い研究者に、広くその成果を公表できる場として活用されるなら非常に幸いです。

　このため当社としては当面下記の諸先生方に、編集参与として新しい研究の発掘、指導、ご推薦などを賜り、ゆるやかであっても、レフェリー的役割を果たして下さるようお願いし、内容の向上のため、なにほどかのお力添えを得ることができるようにいたしました。幸い諸先生方から多くのご指導をいただき、いよいよ本叢書の刊行ができる段階に達しました。

　叢書は、その性格からして、刊行は不定期となりますが、質の高い業績を集めて刊行し、斯学界のみならず、社会科学全体の発展と、現代社会の解明のために資し、いささかなりとも学術的・社会的貢献を果たす所存です。本叢書の刊行の意図をご理解の上、大方の多様かつ多面的なご叱正とともに厚いご協力を、ひろくお願いいたします。簡単かつ卒辞ながら、刊行の辞といたします。

　1998年11月3日

　　　　　　　　　　　　　　　　　　　　　　　　株式会社 東 信 堂

編集参与（敬称略）
　編集参与代表　北川隆吉
　　飯島伸子、稲上毅、板倉達文、岩城完之、奥山真知、川合隆男、北島滋、厚東洋輔、佐藤慶幸、園田恭一、友枝敏雄、長谷川公一、藤井勝、舩橋晴俊、宝月誠

目　次／ブラジル日系新宗教の展開——異文化布教の課題と実践——

図表一覧(x)
凡　例(xii)
ブラジル全図(2)

序章　本研究の目的・視点・方法 ……………………………………… 3
1　目　的 …………………………………………………………………… 5
2　視　点 …………………………………………………………………… 6
　(1)　ブラジル日系新宗教の分類　6
　(2)　ブラジルにおける日系新宗教運動の課題　8
3　方　法 …………………………………………………………………… 12
　(1)　資料収集の方法　12
　(2)　論述の方針と順序　13
注(15)

I部　ブラジルの日系人・宗教文化・日系宗教 ……… 17

1章　ブラジルの日本移民・日系社会・デカセギ ……………… 19
1　移民の背景 ……………………………………………………………… 21
　(1)　日本の近現代と移民　21
　(2)　ブラジルの国家形成と労働力としての黒人奴隷・移民　22
2　日本移民の歴史 ………………………………………………………… 23
　(1)　初期移民から1920年代前半まで(I期：1908〜1924年)　24
　(2)　国策移民の時代(II期：1925〜1941年)　24
　(3)　移民空白時代と日系社会の混乱期(III期：1942〜1952年)　26
　(4)　戦後移民の時代(IV期：1953〜1973年)　28
3　日系社会の組織と変容 ………………………………………………… 29
　(1)　戦前の日系社会の組織　29
　(2)　戦後の日系社会の組織　31
　(3)　日系社会の変容　33
4　ブラジル日系人の実態 ………………………………………………… 35
　(1)　年齢階層・世代　35

(2)　居住地域　36
　　　(3)　職　業　37
　　　(4)　経済階層　39
　　　(5)　言語・日本食　39
　　　(6)　日系団体加入状況と宗教帰属　41
　　5　日本へのデカセギと日系社会……………………………………… 42
　　　(1)　統計資料からみたデカセギの推移　43
　　　(2)　デカセギ送り出し構造と日系社会　45
　　　(3)　デカセギ観の変遷　47
　　　(4)　デカセギの長期化と反復化　48
　注(50)
　日本移民・日系社会・ブラジル社会年表(55)

2章　ブラジルの宗教文化と日系宗教の展開 …………………… 57
　　1　ブラジルにおける日系宗教の展開…………………………………… 59
　　　(1)　戦前・戦中期　60
　　　(2)　戦後期　63
　　2　ブラジルの宗教文化………………………………………………… 67
　　　(1)　カトリック　68
　　　(2)　プロテスタント　71
　　　(3)　エスピリティズモ　72
　　3　ブラジルの宗教文化と日系新宗教の接点………………………… 76
　注(77)
　ブラジル日系宗教年表(80)

II部　日系人主体の日系新宗教 …………………………… 81

3章　大　本——非日系人布教から日系人中心の宗教への移行—— …… 83
　　ブラジル大本布教拠点図(84)
　　はじめに……………………………………………………………… 85
　　1　戦前の展開——非日系人への布教拡大と戦時下の窒息状態—— …… 88
　　　(1)　祈祷活動と人類愛善運動による
　　　　　非日系人への拡大（I期：1926〜1940年）　88

  (2) 第二次世界大戦による活動の停止（Ⅱ期：1941〜1945年）　95
 2 戦後の再建と非日系人信徒の増加 …………………………………… 95
  (1) 戦後の再建（Ⅲ期：1946〜1955年）　95
  (2) 愛善堂の建設と非日系人への拡大（Ⅳ期：1956〜1963年）　96
 3 特派宣伝使の途絶と非日系人信徒の脱落
   （Ⅴ期：1964〜1969年） …………………………………………… 101
  (1) 特派宣伝使途絶の要因　101
  (2) 非日系人信徒の減少と日系人主体の宗教への移行　103
 4 祭式の是正と次世代の育成（Ⅵ期：1970〜1987年） …………… 105
  (1) 祭式の乱れの是正　106
  (2) 青年特派宣伝使の派遣と青少年育成の開始　106
  (3) 青年特派宣伝使の永住と日伯交流の活発化　110
 5 南米本部への昇格と日伯交流の活発化
   （Ⅶ期：1988年〜現在） …………………………………………… 112
  (1) 南米本部への昇格と拠点施設の整備　112
  (2) 財務面と日本の本部からの支援　114
  (3) 日本の本部からの人材派遣と日伯交流の活発化　115
 6 ブラジル大本における持続と変容──取次・祭祀・教え── … 115
  (1) 取次・祈願・身の上相談と呪物　116
  (2) 祭祀と祭式　118
  (3) 教　え　121
 7 次世代育成による信仰継承の課題 …………………………………… 123
  (1) 統計資料からみた教勢の停滞と高齢化の実態　123
  (2) デカセギによる信徒の流出　128
  (3) 信仰継承の阻害要因　130
おわりに ……………………………………………………………………… 132
注(136)
ブラジル大本年表(150)

4章　金　光　教──一宗教者の自己形成と教会形成── …………… 155
 ブラジル金光教布教拠点図(156)
 はじめに ……………………………………………………………………… 157
 1 人生の転機と信仰者としての自己形成 ……………………………… 162

(1)　親先生との出会いと合楽教会への修行入り　163
　　　(2)　第1回ブラジル布教・6ヵ月後の帰国・2年後の永住布教　167
　　　(3)　準拠集団としての合楽教会　170
　　2　日系社会での教会形成………………………………………173
　　　(1)　教会の教勢とビリグイの日系社会　173
　　　(2)　流動的非日系人の増加と
　　　　　日系人信徒の離反事件（Ⅰ期：1979〜1983年）　176
　　　(3)　日系人・非日系人の棲み分けと
　　　　　日系人の増加（Ⅱ期：1984〜1988年）　181
　　　(4)　拝み屋的活動からの脱皮と
　　　　　デカセギ斡旋事件（Ⅲ期：1989〜1993年）　184
　　　(5)　日系社会の宗教としての定着（Ⅳ期：1994年〜現在）　189
　　3　金光教内部での葛藤…………………………………………194
　　　(1)　合楽イズムと金光教内部での葛藤　194
　　　(2)　サンパウロ教会との葛藤　195
　　　(3)　日本の本部との葛藤　197
　　　(4)　金光教内部での葛藤の解決　199
　　4　布教者・組織者としての自己形成…………………………201
　　　(1)　危機や葛藤の意味づけと合楽理念　201
　　　(2)　自己形成と「成熟」　203
　　おわりに……………………………………………………………206
　　注(210)
　　ブラジル金光教年表(216)

5章　立正佼成会……………………………………………………221
　　――戦後移民のエスニック・チャーチからの脱皮の模索――
　　ブラジル立正佼成会布教拠点図(222)
　　はじめに……………………………………………………………223
　　1　教勢と会員構成………………………………………………224
　　　(1)　教　勢　224
　　　(2)　会員構成　226
　　2　戦後移民のエスニック・チャーチとしての佼成会…………227
　　　(1)　教会設立以前の現地リーダー
　　　　　中心の時代（Ⅰ期：1958〜1970年）　227

(2)　幹部のブラジル派遣と教会の設立（Ⅱ-1期：1971～1976年）　228
　　(3)　教会道場の取得と会員の育成（Ⅱ-2期：1977～1987年）　231
　　(4)　エスニック・チャーチ化の規定要因　234
　3　世代交代の課題と日系人布教の行き詰まり
　　　（Ⅲ-1期：1988～1993年）……………………………………… 236
　　(1)　言語・文化の壁による
　　　　 世代間ギャップの発生と二世育成の課題　237
　　(2)　モジ法座所の開設と日系人布教の行き詰まり　238
　　(3)　デカセギによる壮年層・青年層の流出　239
　4　非日系人布教への取り組み（Ⅲ-2期：1994～1997年）………… 240
　　(1)　喘息無料治療と喘息先祖供養　242
　　(2)　非日系人対象のポルトガル語法座の開設　245
　　(3)　幹部の非日系人観　247
　5　ブラジル布教への本部の取り組みの積極化……………………… 249
　　(1)　海外布教に対する本部の姿勢の変化　250
　　(2)　本部からの財的支援と新教会道場建設　250
　　(3)　青年布教員の派遣と現地会員の日本での育成　251
　　(4)　礼拝対象物・儀礼の現地化への対応　253
　6　新教会道場の建設と新たな展開への試み
　　　（Ⅲ-3期：1998年～現在）…………………………………………… 256
　　(1)　幹部の世代交代と新たな体制への移行の模索　256
　　(2)　青年部活動の活発化　259
　　(3)　布教方法の模索と非日系人の登用　261
　おわりに………………………………………………………………… 262
　注(266)
　ブラジル佼成会年表(278)

Ⅲ部　日系新宗教の非日系人布教 ……………………………… 281

6章　世界救世教——浄霊の「奇跡」と育成システム—— ………… 283
　　ブラジル世界救世教布教拠点図(284)
　はじめに………………………………………………………………… 285
　1　ブラジル救世教の展開……………………………………………… 286

(1)　信徒数の推移　286
　　(2)　展開の時期区分　286
　2　組織における非日系人信徒の位置……………………………291
　　(1)　組織と布教拠点・信徒の分布　291
　　(2)　信徒に占める非日系人の割合と属性　291
　　(3)　組織における非日系人の位置　293
　3　浄霊とブラジルの宗教文化への対応……………………………298
　　(1)　浄　霊　299
　　(2)　青年による開拓布教　300
　　(3)　ブラジル社会・文化との摩擦への対応　301
　　(4)　文化的異質性の稀釈　303
　4　育成システムの模索と信徒の定着の課題……………………308
　　(1)　各時期における布教・育成をめぐる課題　308
　　(2)　1978～1980年の信徒の急増と育成ノウハウ　309
　　(3)　聖地建設に向けての信徒育成　312
　5　信徒の自己変革──個人指導と浄霊──………………………321
　　(1)　ブラジル人の価値観と行動様式　321
　　(2)　浄霊と個人指導と自己変革　323
　おわりに………………………………………………………………327
　注 (331)
　　ブラジル救世教年表 (341)

7章　創価学会──折伏から文化活動への傾斜とその要因──……345
　　ブラジル創価学会布教拠点図 (346)
　はじめに………………………………………………………………347
　1　ブラジル布教の開始と日系社会との軋轢
　　（Ⅰ期：1960～1965年）………………………………………349
　　(1)　ブラジル支部設立と初期の活動　349
　　(2)　折伏の大号令と日系社会との軋轢　350
　2　拠点施設の確立と非日系人布教の開始
　　（Ⅱ期：1966～1973年）………………………………………354
　　(1)　池田会長（当時）の第2回来伯　354
　　(2)　日系社会との軋轢による方針転換とNSBへの名称変更　355
　　(3)　拠点施設・寺院の設立と大折伏の開始　356

(4)　折伏の自粛と正本堂建設への目標移行　357
　3　対外的文化活動の開始と第一次宗門問題
　　　（Ⅲ期：1974〜1983年）……………………………………… 358
　　　(1)　池田の訪伯中止と文化活動への方針転換　358
　　　(2)　第一次宗門問題の発生と信徒数の減少　360
　4　文化活動の拡大と日系社会からの認知の獲得
　　　（Ⅳ期：1984〜1989年）……………………………………… 361
　　　(1)　第3回池田来伯と講堂の建設　361
　　　(2)　組織的整備　361
　　　(3)　日系社会からの認知と地域レベルでの文化活動　362
　　　(4)　デカセギによる組織の弱体化と非日系人の登用　362
　5　日蓮正宗からの離脱と文化団体化（Ⅴ期：1990年〜現在）…… 363
　　　(1)　第二次宗門問題の発生による日蓮正宗からの離脱　363
　　　(2)　第4回池田来伯と自然文化センターの建設　365
　　　(3)　展示会中心の文化活動の展開　366
　　　(4)　相次ぐ池田への顕彰・勲章授与　367
　6　ブラジル創価学会の会員構成……………………………………… 368
　　　(1)　会員の地域分布　368
　　　(2)　婦人部調査からみた会員の実態　369
　　　(3)　組織構造と非日系会員の位置　372
　7　非日系人布教とカトリック社会への対応………………………… 374
　　　(1)　戦後移民→戦前移民→二世→非日系人という布教の流れ　374
　　　(2)　言語の壁の克服——ポルトガル語転換——　375
　　　(3)　カトリック社会への対応と「随方毘尼」　376
　8　非日系会員の定着・育成と態度変容……………………………… 377
　　　(1)　「他力本願」から「自力本願」への転換　377
　　　(2)　信心の持続・育成のためのシステム　379
　　　(3)　非日系人の態度変容と信心および組織活動の機能　383
おわりに……………………………………………………………………… 384
注(388)
ブラジル創価学会年表(396)

8章　霊友会——先祖供養と根性直しのブラジル的展開——…………403
　　ブラジル霊友会布教拠点図(404)

はじめに……………………………………………………………… 405
1　日系人中心の布教の展開………………………………………… 407
　　(1)　親族訪問を機縁とする初期布教（Ⅰ期：1969〜1974年）　407
　　(2)　ブラジル霊友会の発足と支部単位
　　　　の日系人布教（Ⅱ期：1975〜1985年）　408
　　(3)　統計資料からみた教勢と地域的展開　410
2　デカセギの打撃と非日系人布教への方針転換………………… 415
　　(1)　拠点施設取得と初期非日系人布教（Ⅲ期：1986〜1989年）　415
　　(2)　デカセギの影響と非日系人
　　　　布教の拡大（Ⅳ期：1990年〜現在）　417
　　(3)　非日系人布教への転換を可能にした要因　419
　　(4)　統計資料からみた非日系人布教の展開　421
3　第27支部の非日系人布教 ……………………………………… 426
　　　　──派遣支部長と現地支部長のペア布教──
　　(1)　非日系人布教の開始と分局の設置　426
　　(2)　非日系人への布教・育成ノウハウの模索と形成　430
　　(3)　文化的に異質な儀礼の説明──先祖供養と仏具──　431
　　(4)　宗教実践への動機づけ　435
　　(5)　「根性直し」への動機づけ　439
　　(6)　非日系人支部長の信仰受容　442
　　(7)　非日系人布教を成功させた要因　448
おわりに……………………………………………………………… 449
注（450）
ブラジル霊友会年表（458）

Ⅳ部　ブラジルで発生した日系新宗教 …………………… 463

9章　稲荷会──ブラジルの憑霊の文化と日本の民俗宗教── ……… 465
　稲荷会布教拠点図（466）
　はじめに…………………………………………………………… 467
　1　稲荷会の展開…………………………………………………… 472
　　(1)　伏見稲荷・石切神社・柳谷観音とのかかわり（日本時代）　474
　　(2)　ブラジル移住と祈祷活動の開始　475

         (3) サンパウロ市への転居と活動の本格化 478
     2　稲荷会における霊能者の育成……………………………………483
         (1) 「身の定め」と修行 483
         (2) 「因縁調べ」 485
     3　不幸の原因とその除祓方法………………………………………487
         (1) マクンバ 488
         (2) 死　霊 492
         (3) 生　霊 495
         (4) 動物霊 497
         (5) 願掛けの際の約束の不履行 497
         (6) 神仏の障り 498
   おわりに………………………………………………………………………501
         (1) ブラジルの憑霊の文化と稲荷会 501
         (2) 1988〜1999年、11年間の変化 504
   注(507)
   稲荷会年表(514)

終章　ブラジルにおける日系新宗教の展開とその規定要因………517
     1　各章の概要………………………………………………………519
     2　組織形態・布教形態と非日系人布教との関連…………………521
     3　ブラジルにおける日系新宗教運動の課題………………………523
         (1) 拡大課題群 523
         (2) 適応課題群 524
         (3) 定着課題群 527
         (4) 組織課題群 530
   結びにかえて…………………………………………………………………533
   注(536)

参考文献………………………………………………………………………539
あとがき………………………………………………………………………549
   事項索引(553)
   人名索引(561)

図 表 一 覧

図序-1　ブラジル日系新宗教の分類 (7)
表序-1　ブラジルにおける日系新宗教運動の課題 (9)
図序-2　日系新宗教運動の課題群の関連 (11)
表序-2　ブラジルにおける日系新宗教調査 (12)

図1-1　ブラジル入国日本移民数（年次別変化）(25)
図1-2　サンパウロ州の主要鉄道線 (30)
表1-1　地域別日系人の居住分布 (36)
表1-2　職業別就業人口構成比 (37)
表1-3　職業上の地位別就業人口構成比 (38)
表1-4　産業大分類別就業人口構成比 (38)
表1-5　収入階層別構成比 (39)
表1-6　性別、都市・農村別 日本語・ポルトガル語の習得程度 (40)
表1-7　都市・農村別家庭内使用言語 (40)
表1-8　宗教別日系人口構成比 (41)
表1-9　ブラジル人外国人登録者数・出入国者数の推移（各年末現在）(44)
図1-3　ブラジル人外国人登録者数・入国者数の推移 (44)
表1-10　年齢階層別ブラジル人入国者数の推移 (45)

表3-1　ブラジル大本　1920年代～1930年代入信の物故宣伝使 (90・91)
表3-2　ブラジル大本　入信・斎信徒（世帯主）の年齢階層別構成 (1958～1961年) (101)
表3-3　ブラジル大本　入信・奉斎信徒（世帯主）の日系・非日系別職業別構成 (1958～1961年) (101)
表3-4　ブラジル大本　信徒世帯数ほかの推移 (1985～1998年) (124)
表3-5　ブラジル大本　信徒・宣伝使の属性 (1989年) (125)
表3-6　ブラジル大本　宣伝使の属性 (1989年と1998年の比較) (127)
表3-7　ブラジル大本　世代別・年齢階層別支部長・会合所長数 (128)

表4-1　末永建郎の自己形成・会形成における各時期の特徴 (174)

表5-1　ブラジル佼成会　会員世帯数の推移 (225)

図表一覧　xi

- 表6-1　ブラジル救世教　信徒数の推移と時期区分 (287)
- 図6-1　ブラジル救世教の組織と布教拠点・信徒分布 (1998年8月末現在) (292)
- 表6-2　ブラジル救世教　地域別新規入信信徒数と非日系人信徒の割合 (各年7月) (293)
- 表6-3　ブラジル救世教　日本人・日系人・非日系人別資格者数の推移 (295)
- 表6-4　ブラジル救世教　日系・非日系別海外研修生数の推移 (297)
- 表6-5　ブラジル救世教の課題・危機への対応 (329)
- 表7-1　人種的背景 (表7-1〜表7-5は、ブラジル創価学会会員の、が省略されている) (369)
- 表7-2　学　歴 (370)
- 表7-3　婚姻上の地位 (371)
- 表7-4　入信動機 (371)
- 表7-5　入信時に感銘したもの (371)
- 図7-1　ブラジル創価学会の組織 (1999年現在) (372)
- 図7-3　ブラジル創価学会の運営組織 (1999年現在) (373)
- 表7-6　ブラジル創価学会の危機・課題と対応 (386)
- 表8-1　ブラジル霊友会　新規入会者数・会員単純累計数・会費納入者数の推移 (411)
- 図8-1　ブラジル霊友会　会員単純累計数・会費納入者数の推移 (412)
- 表8-2　ブラジル霊友会　支部別導き数 (新規入会者数) の推移 (413)
- 表8-3　ブラジル霊友会　地区別支部長新規登録者数の推移 (414)
- 表8-4　ブラジル霊友会　運営委員会の日系・非日系別委員数の推移 (418)
- 表8-5　ブラジル霊友会　青年部執行部の日系・非日系別構成員数の推移 (419)
- 表8-6　ブラジル霊友会　支部別日系・非日系別資格者数 (1989年末現在) (422)
- 表8-7　ブラジル霊友会　支部別日系・非日系別資格者数 (1998年末現在) (422)
- 表8-8　ブラジル霊友会　日系・非日系別資格登録者数の推移 (各年末現在) (424)
- 表8-9　ブラジル霊友会　新規登録資格者に占める非日系人の割合の推移 (425)
- 図8-2　ブラジル霊友会　第27支部田端系支部長系統図 (427)
- 表8-10　ブラジル霊友会　第27支部非日系人支部長の信仰経歴 (442)
- 図9-1　稲荷会の野々垣こちゑをめぐる家族関係図 (473)
- 表9-1　稲荷会教師の性別・世代別構成 (1988年現在) (483)
- 表9-2　稲荷会教師の性別・年齢階層別構成 (1988年現在) (483)

凡　例

(1)　訪伯、来伯など、ブラジルを示すのに「伯」という文字を使用している。伯国とはブラジル国を意味し、漢字表記の伯剌西爾の略である。

(2)　各新宗教教団の日本での信徒数は、『宗教年鑑　平成12年版』（文化庁編、ぎょうせい、2001年）記載の1999年末現在の公称信徒数を使用した。なお、創価学会は文部科学省所轄の宗教法人ではないため記載されていないので、創価学会広報室提供の公称会員世帯数を用いた。

(3)　各新宗教の歴史、教義、実践、組織、および教団に特有な用語について、詳しくは井上順孝・孝本貢・対馬路人・中牧弘允・西山茂編，1990,『新宗教事典』弘文堂、を参照されたい。

(4)　本書のデータはほとんどが聞き取り調査によるものである。ブラジルの調査対象者からの聞き取り調査は現地で長期間にわたって繰り返し行い、また訪日の折に日本で、さらに手紙・電子メールなどで補足調査を行った。調査時点を注記していないのは、調査が再三におよんだからである。他方、本研究に関連して日本だけでお会いした方々については、原則として○○年○月○日聞き取り調査と記載している。

ブラジル日系新宗教の展開
―― 異文化布教の課題と実践 ――

ブラジル全図

序　章
本研究の目的・視点・方法

1　目　的

　ブラジルは海外で最も多くの日系人口を擁する国で、日本移民の歴史は1908年の集団移民で始まった。移民とともに宗教も「移動」するのが一般的傾向であるが、ブラジルの場合、日系宗教の正式布教はようやく第二次大戦後に始まる。戦前、カトリック教(以下カトリックと略記)があたかも国教のような国に対して、仏教や神道をもちこむことは排日感情をあおることになるとして、外務省側はカトリック以外の布教師の渡航を認可せず、布教を「自粛」させていた。この点では、移民開始後まもなく既成仏教諸宗派の寺院や神社が建立されたハワイ、アメリカ本土とは事情が異なる[1]。

　それでも、個人的に信奉していた宗教をもちこんだり、農業移民のかたちをとったにしろブラジルに布教目的で渡航をした人もいて、1930年代から生長の家、天理教、大本、本門仏立宗の展開がみられた。とはいえ、ブラジルに対する日系宗教[2]の正式布教は戦後のことになる。仏教は1950年代に浄土真宗本願寺派、真宗大谷派、曹洞宗、浄土宗、真言宗、日蓮宗とほぼ出そろうが、新宗教では、1950年代に世界救世教、パーフェクトリバティ教団(以下PL教団)、1960年代に創価学会、金光教、1970年代に入ると立正佼成会、霊友会、崇教真光、GLA、1980年代に修養団捧誠会、1990年代に阿含宗、幸福の科学がブラジルに入った。このほか、ブラジル生まれの日系新宗教として稲荷会、神乃家ブラジル大神宮教、伯国観音寺院(別名聖母観音)、成願寺不動尊祈祷所といった日系ブラジル新宗教がある。

　このように、多くの日本の新宗教がブラジルに進出しているが、本書ではそのうち主要なものとして、大本、金光教、立正佼成会、世界救世教、創価学会、霊友会、稲荷会をとりあげる。いずれもまず日系人を対象として布教した後、日系のエスニック・グループを超えて非日系人の間に広く浸透していったものと、日系の枠を超えられなかったものとがある。日系のエスニック・グループの枠内にとどまるほかなかったのはなぜか、反面、同じく日本に根をもち日本に本部がある新宗教であるのに、ブラジルという異文化のな

かでどうして多数の非日系人を信徒とすることができたのか。本書はこの問題に著者なりの解答を出そうとするものである。そこで、まずこれらの新宗教がブラジル社会でどのように展開したか、その過程を事例研究によって明らかにし、この作業をとおして、日系エスニック・グループのなかにとどまることになったり、日系の枠を超えて非日系人を信徒として獲得することに成功したりした新宗教による展開の差異が、どのような要因によって生じたかを考察するのが本書の目的である。

　本書全体のねらいは上記のとおりであるが、教勢の上昇・停滞、集団規模の大小、インフォーマント（話者）の情報提供能力によって、利用可能な資料の質と量、精粗、種類に新宗教により自ずから差異があり、したがって論述の重点も、展開過程にあるもの、布教者の自己形成にあるもの、文化変容にあるものなど、各新宗教によって差が生じている。しかし、そのことがかえって、異文化布教の集団レベル・個人レベル・文化レベルを臨場感をもって論じるために役立っているならば、望外の幸せといわなければならない。

2　視　点

　本書が新宗教の異文化布教の過程を跡づけ、展開を左右した要因を考察するにあたって、視点とも称すべき考え方が思念の底にあった。その第一はブラジルにある日系新宗教の分類に関するものであり、第二は異文化布教にあたって宗教が直面する課題、対処し解決を迫られる課題に関するものである。異文化布教の課題はたとえ同一でも、日系新宗教の種類によって課題対処・解決のための資源を異にし、課題の認知・意味づけの仕方も異なることであろう。したがって、両者は深く関連するところがあるが、ここでは分析的に両者それぞれについて解説し、本書に通底する考え方をあらかじめ明示的なものにしておきたい。

(1)　ブラジル日系新宗教の分類

　分類を行うには分類の軸を定めなければならないが、著者はブラジル日系

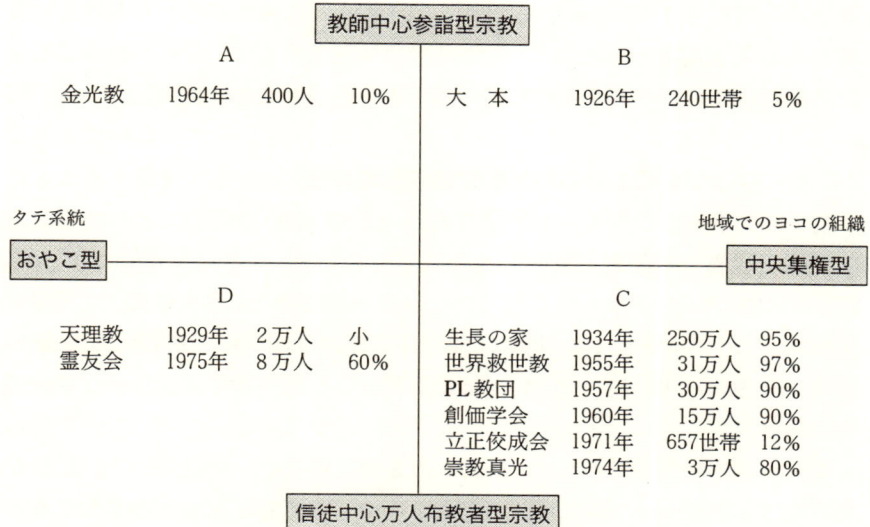

図 序-1 ブラジル日系新宗教の分類

注) 宗教名に続いて、ブラジル布教開始年・信徒概数・信徒に占める非日系人の割合の順に記載。

　新宗教の分類軸として、組織形態と布教形態の二つの軸を用いる。組織形態の軸は、おやこ型と中央集権型を両極とする連続線(continuum)として措定される[3]。おやこ型とは、導きのおやこのタテ関係を重視するもので、教団組織が導きの系統の連鎖から成り、おやこ関係の連鎖それぞれの独自性が高い。したがって同一地域に系統を異にする信徒がいた場合、効率的な組織化に支障が生じる。中央集権型は同一地域内の信徒をグルーピングするヨコ型の組織形態で、本部の官僚機構によって統合される。次に、布教形態の軸は教師中心参詣型と信徒中心万人布教者型を両極とする連続線として措定される。教師中心参詣型宗教とは、教会への参詣が主要な宗教実践の形態であり、活動の中心は教師にある。信徒中心万人布教者型宗教とはすべての信徒が布教者の役割を担い、布教が救済のための宗教実践として大きな役割を占めるものである。

　二つの分類軸を組みあわせて作成した図 序-1のA、B、C、D各象限に、著者が調査をした新宗教のほか先行研究のある新宗教名を記入し、布教開始

年[4]、信徒数(世帯単位の場合は世帯数)と非日系人の占める割合が判明しているものはその概数を示した[5]。C象限には信徒数が多く、かつ非日系人の占める割合が高い新宗教が集中していることに注目しておきたい。

(2) ブラジルにおける日系新宗教運動の課題

日系新宗教がブラジルという異文化のなかで布教し展開していく時に、日本国内とは異なる課題を解決しなければならない。**表序-1**に示したように、課題は次の四つに区分できる[6]。第一は、拡大課題群で、布教の拡大と信徒の量的増加にかかわる。これは第二、第三、第四の課題群が解決された度合い、つまり布教の成否に応じて、いわば総決算として統計数字に示されるので最初に掲げた。

第二の適応課題群は、ホスト社会との葛藤の解決をしながら、いかにして、孤立せず、またそのなかに埋没せず、自らの宗教運動としての独自性を保持しつつ、ブラジルという異文化社会に適応していくか、という課題である。第三の定着課題群は、信徒の定着・質的充実にかかわる課題で、入信したとはいうものの効果を求めて流動的になりがちな人々、とくに非日系人信徒をいかに定着させるかという課題である。第四の組織課題群は、宗教運動自体の展開と定着にかかわり、現地のみならず、日本の本部等との良好な関係の確立もこれに含まれる。第二、第三、第四の課題群は、これらに直面することも、対処し解決していくことも、相互関連的であって、別々でなく、いわんやこの順序に解決していくものではない。分析的にとらえれば、このように整理できるというまでである。以下の課題細目も同様である。

各課題群の詳細をみよう。I拡大課題群は、分析的にみれば、①地域的拡大、②階層的拡大、③世代的拡大、④人種的拡大、⑤言語圏的拡大、を挙げることができる。このうちの④⑤は異文化布教に特有の課題である。日系人はブラジルの人口の1％弱にすぎず、日系新宗教が信徒数のうえで拡大していくためには、日系というエスニック・グループを超える必要がある。言語圏的拡大は非日系人布教の必須条件であり、日系人といっても四世までいる現在では、日本語ではなくポルトガル語に転換する必要がある。①地域的拡大とは、当該宗教が局地的なものにとどまらず、ほぼ全国的に拡大していくこ

表序-1　ブラジルにおける日系新宗教運動の課題

Ⅰ　拡大課題群	Ⅱ　適応課題群
①地域的拡大 ②階層的拡大 ③世代的拡大 ④人種的拡大 ⑤言語圏的拡大	①言語の壁の克服 ②奇跡信仰・憑霊信仰への対応 ③教義・儀礼・実践の異質性の稀釈 ④社会的認知の獲得 ⑤カトリック教会との摩擦の回避 など
Ⅳ　組織課題群	Ⅲ　定着課題群
①母国本部からの支援と関係調整 ②広域組織化 ③拠点施設の建設 ④資格授与システムの整備 ⑤現地人の役職への登用 など	①ブラジル人気質の理解 ②信徒育成システムの形成 ③御利益信仰から心直しの信仰への深化 ④教義の中核維持と拡張 など

とである。日系人の居住地がブラジル国内の特定の地域に集中しているので、もし地域的に拡大すれば、④人種的拡大、⑤言語圏的拡大につながる。②階層的拡大は、当該新宗教の初期の信徒がかりに下層であったにしても、中層さらに上層に展開していくことである。③の世代的拡大では、親族世代としての日系何世、また社会的世代としての年齢層的世代の両側面での拡大が問われる。日系人主体の宗教は親族世代と社会的世代にかかわり、非日系人に布教が拡大した宗教は主として社会的世代が問題となる。拡大課題群のなかで最も注目しなければならないのは、上記のように、④人種的拡大、⑤言語圏的拡大であって、日系新宗教が大きく拡大したかどうかのメルクマールといって差し支えない。

　Ⅱ適応課題群の、①言語の壁の克服は、ブラジル社会への適応の必須条件である。②～④は異質な文化的伝統をひく日系新宗教のブラジル文化への適応の課題である。②ブラジルの宗教伝統に根強い奇跡信仰や憑霊信仰への対応は、布教にとって重要であり、新宗教自体の内実にかかわる③において、もし異質性の稀釈の域を超えて、ブラジル的な変容の度合いが高ければ、現地の文化に埋没し、その独自性を喪失する危険性がある。しかし、異質性をかたくなに保持すれば、せいぜい日系エスニック・グループの内部にとどまり、ブラジル社会に受け入れられない。なお、日系新宗教の宗教財にはブラ

ジルの宗教伝統に対して異質性が高いものと、それほど異質とみなされないものがある。④社会的認知の獲得は、異なる文化を背負う日系新宗教のイメージアップを図り、社会から認知を得ることである。認知獲得の社会圏には、地域社会と広域社会の両面があり、当該宗教の拠点の立地条件や教勢の拡大とも関連する。日系新宗教は一般的には複数所属を許容し、他宗教に対して対決的な態度をとらないが、カトリック教国ブラジルで、⑤カトリック教会との摩擦の回避は異文化適応において不可欠であろう。

　Ⅲ定着課題群は、布教によって獲得した信徒をいかにして定着させるかという課題である。奇跡信仰の根強いブラジルにあって、奇跡を顕現し御利益を保証することは、布教拡大にとって重要だが、これへの過度の傾斜は、問題が解決すれば離れる流動的な人々を生む。そこで①ブラジル人気質を理解したうえで、適切な指導がなされる必要がある。②信徒育成システムの形成は、小集団活動、個人指導といった育成システムを開発することで、役職につけて「世話」をさせることによる信徒の育成もこれに含まれる。単に日本の育成システムの移転ではなく、現地の事情に基づいた取り組みが必要とされるので、ブラジル人気質を呑み込むことがこの前提となる。③御利益信仰から心直しの信仰への深化は、御利益信仰から脱皮させ、自分自身の内部に原因を求め、自己変革へ動機づける必要がある。④教義の中核保持と拡張とは、適応課題群③教義の異質性の稀釈と関連する。もし教義の中核部分が変容してしまえば、ブラジルの宗教文化に埋没してしまうので、中核を保持しなければならない。時には、中核を保持しつつ新たな意味の拡張によって、定着が促進されることもある。

　Ⅳ組織課題群の①母国本部からの支援と関係調整について、日本の本部との関係には支配・指導、支援（人・財・情報）、交流がある。本部の支配・指導が現地の事情に配慮しないものであれば、Ⅱ適応課題群との葛藤を生む。本部の支援は拠点施設の購入、人材の派遣などである。支援は初期には母国から現地への流れであるにしても、展開すれば双方向になる。交流には、団体参拝や本部での研修による交流のポジティブな効果のほか、日本の本部での分派・派閥抗争などの葛藤状況が現地組織に対してネガティブな効果、ひいては危機を生み出すことがあり、関係の調整が課題となる。②広域組織化は、

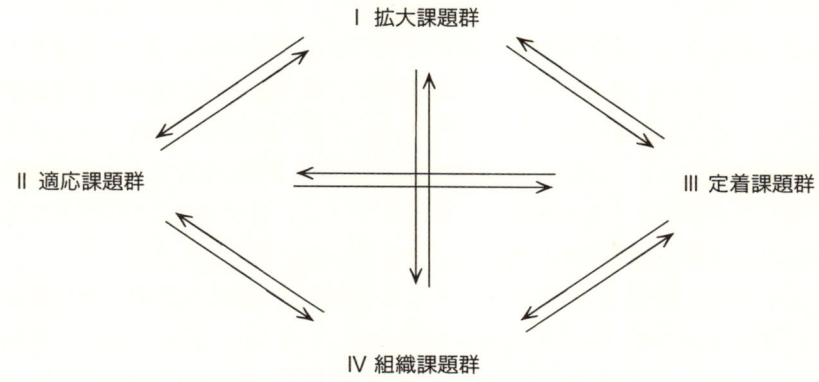

図 序-2　日系新宗教運動の課題群の関連

布教が局地的地方的なものにとどまらず、全国的に拡大していった場合に課題となる。広域に分布するそれぞれの拠点が孤立的ではなく、組織的とりまとめがなされなくてはいけない。これは当該新宗教の組織モデルとの関連が深く、中央集権的な組織形態をとっている場合は広域の組織化がしやすいが、導きのおやこ関係を重視したタテ系統の組織形態の場合は、同一地域に信徒がいても系統が違うために組織化しにくい。③拠点施設の建設は、信徒にとっての拠点であるのみならず、異文化布教における社会的認知の獲得とも関連する。これには母国本部からの支援がある場合と自前でつくる場合がある。④資格授与システムの整備は、日本の本部が資格授与にあたって最終的な権威をもつが、ブラジルでどの程度資格授与が柔軟にでき、人材を適正配置していくことができるかにかかわる。⑤現地人の役職への登用は、本部派遣の日本人だけでなく、日系人のみならず非日系人をいかに組織運営に登用するかの課題である。

　これらの四群の課題は、図序-2で示したように相互に規定しあって展開する。Ⅱ適応課題群は布教と関連し、Ⅲ定着課題群の解決努力は布教によって獲得した信徒を定着させ、定着はさらに布教へと動機づける。Ⅳ組織課題群の解決努力は布教・定着を可能にするものであり、またⅡ適応課題群、Ⅲ定着課題群への対応ともいえる。こうした相互作用をとおして、拡大課題群

が達成され、また拡大は他課題への現実的な取り組みを要求するものとなる。

　これらのうち、異文化での日系新宗教運動の課題達成を考えるための指標として、とくに重要なのは、拡大課題群のなかの④人種的拡大、⑤言語圏的拡大、つまり非日系人布教の成否である。日系人は前述したように、その人数は人口の1％にすぎず、地域的にもサンパウロ州とパラナ州に日系人の80％以上が居住し、局地的に限定されている。したがって、非日系人布教の成否は他の拡大課題項目と関連し、それらを規定する大きな要因といってよい。そこで、非日系人布教の成否に焦点をあてて、拡大課題群と他の課題群との関連をみることに本書の主眼を置くことにする。

3　方　法

(1) 資料収集の方法

　聞き取り調査によって積み上げた資料を記述および分析のための第一次資料とする。本書で対象とした新宗教では大本だけがブラジル大本の歴史をまとめた冊子を作成していたが、この種の印刷物は他では皆無だった。統計資料に関しても日系・非日系に分けた統計がないので、調査対象から資料を提供してもらったり、時には依頼して作成してもらったりしたのが実情である。そこで、現地で長時間にわたる聞き取り調査を何度も繰り返した。本書にもし強みがあるとすれば、長年にわたる綿密なインタビューによって資料を積

表 序-2　ブラジルにおける日系新宗教調査

年	大本	金光教	佼成会	救世教	創価学会	霊友会	稲荷会	崇教真光	天理教	生長の家	阿含宗
1988	○		○				○				
1991		○	○		○	○	○		○	○	
1992							○				
1996	○	○	○	○		○	○	○			
1998	○	○	○	○	○	○	○			○	○
1999	○		○	○	○	○	○				

み上げ、是正補完を繰り返して精選したところにあるといって過言ではない。
　著者は1988年にブラジルに初めて調査に訪れ、その後、表序-2のように、1991、1992、1996、1998、1999年の計6回にわたり、延べ約300日の調査をほとんど単独で行った。○印は調査を行った年の主な調査対象を示す。崇教真光、天理教、生長の家、阿含宗も調査を行ったが、資料的制約があるので、ここでは扱うことを控えた。
　この間、日系人の日本へのデカセギ現象が始まり、ブラジルの日系社会はそれによって大きく変動し、日系新宗教にも並々ならぬ影響が現れたため、1991年は日系新宗教に対するデカセギの影響の調査、1992年は日系人の集住地におけるデカセギの実態調査が主体になっている。日本においても、当該新宗教の本部の海外布教担当部局や関連部局での聞き取り調査と資料収集、日本在留の日系ブラジル人信徒の調査や彼らの活動への参与観察に加えて、ブラジル日系新宗教のキーパースンが来日した際の聞き取り調査なども随時行ったが、日本での調査は表序-2に示されていない。

(2) 論述の方針と順序

　本書は、I～IV部に分かれる。I部ブラジルの日系人・宗教文化・日系宗教は、II～IV部で扱う個別新宗教の展開の背景を説述している。すなわち、1章では、日本移民の歴史と日系社会の組織、日系人の実態を概観し、さらに、今日、ブラジル日系人の約20％が滞日するという人口移動を生み、日系社会や日系新宗教に大きな影響を与えたデカセギについて述べる。2章では、ブラジル布教にあたって直面するブラジルの宗教文化について述べ、新宗教のみならず仏教・神道も含めて、ブラジルにおける日系宗教の展開を概観する。
　ブラジルの日系新宗教には信徒が日系人主体のものと非日系人に拡大したものがある。この基準で日系新宗教を大きくII部とIII部に区分した。各部のなかの配列は布教開始年の古い順に並べた。まずII部は日系人主体の新宗教を扱う。3章では1960年代までは非日系人が多くかかわったにもかかわらず、その後日本回帰をし、日系人の宗教と化した大本、4章では、日系人の集住する地域でエスニック・チャーチ化した金光教、5章で戦後移民のエスニック・チャーチからの脱皮を図ろうとしている立正佼成会をとりあげる。III部

は非日系人に布教を拡大した日系新宗教に焦点をあてる。6章で信徒の97％を非日系人が占める世界救世教、7章では90％を非日系人が占める創価学会、8章では1990年代に入って急激に非日系人布教を拡大し、60％を非日系人が占めるようになった霊友会をとりあげる。Ⅳ部（9章）では、日系新宗教が直面するブラジルの宗教文化の一側面を鮮明に表しているブラジル生まれの日系新宗教の稲荷会をとりあげる。ここでは、ブラジルの宗教文化と日本の民俗宗教が習合している様子が描き出される。

　本書でとりあげた日系新宗教は、組織形態、布教形態、布教開始時期、拠点地の立地条件が異なり、母教団から引き継いだ教義・シンボル・実践といった宗教財が違い、日本の本部との関係もさまざまである。したがって、ブラジルでの日系新宗教の展開を規定した要因を問う本書の基本的スタンスは一貫しているが、対象によって最もふさわしい論述の方法をとる。すなわち、3章の大本では、展開を担った複数の個人の集積として論述し、4章の金光教では、教会長自身が展開の方向性に大きく影響しているので、布教者個人に焦点をあてている。大本と金光教で有力布教者個人に着目するのは、これらが教師中心参詣型宗教の色彩が強いためである。5章の立正佼成会は、戦後移民の心のふるさと的集団として展開してきたが、1990年代に大きく変わろうとしているので、その今日的営為を中心に述べる。6章の世界救世教は、手かざしの儀礼である「浄霊」という宗教財がブラジルに適合的で著しく教勢を拡大しただけに、信徒の定着の課題が焦点となる。そこで、この課題達成の試みに中心を置いて考察する。7章の創価学会は日本との関係をふまえて意識的に布教の方向を転換してきたので、日本との関係を重視し、組織としての戦略的展開に注目する。8章の霊友会は統一体というより支部連合であるため、全体の動向とともに、個別支部の非日系人布教の動向に着目する。9章の稲荷会は日本移民がブラジルで創唱した新宗教であるから、文化変容の側面に焦点をあてる。

　なお、ブラジルの日系新宗教に関する先行研究は、あまりにも散発的で体系的にレビューしにくいので、各章の関連する箇所で言及するにとどめる[7]。

序章　本研究の目的・視点・方法　15

注
1) 井上順孝はハワイでの日本宗教の布教の歴史を概観し、第一波の教団（1900年前後、移民開始後まもなく活動を始めた仏教各宗派や神道教団）、第二波の教団（移民社会が一応定着をみせ、日系人が耕地から都市部へ向かう「離村向都」の時代に布教を始めた天理教、金光教などの「古手の」新宗教と小さな仏教教団）、第三波の教団（とくに1950年代以降に海外布教を開始した教団で主として新宗教）を挙げている［井上 1985：3］。
2) 日系新宗教とは、日本で幕末・維新期以降に発生しブラジルに渡った新宗教をいう。このほか、仏教、神道を含めてブラジルに渡った、日本にルーツのある宗教を日系宗教と総称する。
3) 森岡清美は教団組織のモデルとして、いえモデル、おやこモデル、なかま一官僚制連結モデルを挙げている［森岡 1989：311-318］。
4) 布教開始年は、各々の新宗教教団がブラジルへの正式布教としている時点でとった。3章～8章では個別新宗教を扱うが、信徒がブラジルに点在していても、個々の繋がりがなく、バラバラであるものは前史として扱い、信仰上の集合活動を始めた場合は、正式布教以前でも展開の時期区分上のⅠ期としてとらえた。
5) 本書で扱った新宗教以外では、生長の家、崇教真光の信徒数と非日系人の割合については、1998年に行った著者のブラジルでの聞き取り調査による。生長の家はブラジルで最も教勢を拡大した日系新宗教だが、ここに掲げた数字は正会員と参同者を合算したものである。
　　天理教の場合、正式な信徒である「よふぼく」になるためには、たとえブラジルに居住していようと日本の本部で9回の別席を受講し、さずけの理を受けなければならない。1996年現在のよふぼく数は5,126人（うち非日系人274人、5％）であるが、さずけの理を受けていないものを含むと約2万人程度ではないかとブラジル伝道庁は推測している。
　　PL教団については、森幸一は活動信徒数3万人、周辺的な信徒まで含めると30万人と推定している［森 1990：436］。
6) 中牧弘允は、日系新宗教の非日系人への浸透の原因・背景として、(a)ポルトガル語転換、(b)非日系人リーダーの養成、(c)ブラジル的生活様式や思考様式の採用、(d)日本の本部の支援、(e)ブラジル人の日本・日本人に対する敬意、を挙げている［中牧 1990：628-629］。著者の分類では、(a)はⅡ適応課題群の①言語の壁の克服に、(b)はⅢ定着課題群の②信徒育成システムの形成とⅣ組織課題群の④資格授与システムの整備とかかわり、(c)はⅢ定着課題群の①ブラジル人気質の理解、(d)はⅣ組織課題群の①母国本部からの支援と関係調整、(e)はⅡ適応課題群の④社会的

認知の獲得、と関係が深い。
7) ブラジル布教全般に関しては中牧弘允 1990、森幸一 1991、島薗進 1992がある。また、ブラジルの新宗教の個別教団を扱った研究論文としては、Derrett, E.M.A. 1983 (世界救世教)、前山隆 1983・1992・1996・1997 (天理教、大本、生長の家、神乃家ブラジル大神宮教、伯国観音寺院)、森 1985 (天理教)、中牧 1989・1991・1993・1994 (PL教団、生長の家、本門仏立宗)、小笠原公衛 1985 (霊友会、立正佼成会)、松岡秀明 1993・1997 (世界救世教)、山田政信 1997・1999・2001 (天理教、PL教団)、渡辺雅子 1990・1991・1998・2001a (稲荷会、立正佼成会、霊友会、金光教)、がある。ブラジルは広大で日系新宗教が多数あるのに論文の数は多いとはいえず、調査対象となった教団は限定され、またブラジル宗教調査も特定の研究者に限られている。なお、前山 1996・1997の二つの書物は、出版年は新しいが、既存の論文をまとめたもので、実際の調査は1960年代後半から1970年代にかけて行われた。

Ⅰ 部

ブラジルの日系人・宗教文化・日系宗教

1 章
ブラジルの日本移民・日系社会・デカセギ

戦前には、1908（明治41）年の笠戸丸から1941（昭和16）年のブエノスアイレス丸までの33年間に約19万人が移民としてブラジルに渡り、戦後は1978（昭和53）年までに約6万人が移住した。日本人とその子孫から成る日系人口は約130万人で、ブラジルの人口の1％弱を占める。ブラジルは海外で最大の日系人口をもつ国である。日系新宗教は、少なくとも初期には日系社会を基盤として入り、その後さまざまに展開していった。そこでまず前提として理解しておかなければならない、ブラジルの日本移民の歴史、日系社会の組織、日系人の実態と、近年日系社会を揺るがした日系人の日本へのデカセギ（出稼ぎ）にかかわる叙述を1章では展開する。

1　移民の背景

(1)　日本の近現代と移民

　近現代における日本からの集団移民の流れは、おおまかにいうと、①ハワイ・北米→②南米→③中国東北部（満州）→④南米となる。これらの移行時期は、受け入れ国側の法改正や受け入れ要因とも関連する。1905（明治38）年にアメリカの太平洋沿岸、とくにカリフォルニア州での日本移民の増加によって黄禍論が喧伝され、排日運動が激しくなった。これを受け、1907（明治40）年に日米紳士協約によって再渡航者ならびに呼び寄せ移民以外はアメリカへの新規移民が禁止された。これは南米、とくにブラジルに向かっての移民の流れ①→②をつくった。1924（大正13）年にアメリカで排日移民法案が制定され、一切の移民が禁止され、日本移民に全く門戸が閉ざされたことがブラジルへの移民に拍車をかけた。一方ブラジルでは、急増する日本移民に対して、1934（昭和9）年に日本移民の入国制限を目的とした法律が制定された。また、1930年代後半以降は満蒙開拓という日本の国策によって、②→③南米から満州移民に移行し、太平洋戦争勃発でブラジルは日本との国交を断絶したため、ブラジル移民はとだえた。戦後には、サンフランシスコ平和条約調印によってブラジルとの国交が回復し、1953（昭和28）年からブラジルへの集団移民③→④が再開した。敗戦後の日本の厳しい経済状況のなかで海外移住熱が高ま

り、農村の次三男、外地からの引揚者、そして1960年前後には炭鉱離職者も移民としてブラジルに渡った。しかし、日本の高度経済成長を境として移民は減少し、1973 (昭和48) 年に移民船での移住に終止符をうった。また1980年代後半以降、デカセギという還流現象によって日本に22万人 (1999年現在) の日系人が滞在している。

ブラジルに日本移民が入植する経緯に関して、ブラジルの国家形成と産業の展開に関連させて、若干の説明を試みることから始めたい。

(2) ブラジルの国家形成と労働力としての黒人奴隷・移民

ブラジルは日本の23倍の面積をもつ国で、南米大陸のほぼ半分を占める。人口は約1億7,000万人 (2000年現在) である。国家の形成史からうかがわれるように、ブラジルは人種的には白人、黒人、先住民インディオの三つの人種とその混血から成る多民族国家である。1500年にブラジルはポルトガルの植民地となり、1822年に独立した。

ポルトガルはブラジルの国名ともなったパウ・ブラジルと呼ばれる染料の原木を伐採し、当時ヨーロッパに興隆しつつあった毛織物工業のための赤い染料剤として輸出したが、それは16世紀前半までには大方採り尽くされた。その後ブラジルは世界最大の砂糖生産地 (1570〜1670年代は、砂糖の時代) になり、砂糖プランテーションのために多くの労働力を必要とするようになった。当時採集経済の段階にあったブラジルの先住民インディオは強制労働を嫌って入植に反抗し、あるいは内陸部に逃れ、彼らを奴隷化する試みは失敗した。インディオはまた入植者に殺害されたり、新大陸になかったはしか・天然痘などの病気にかかって人口が激減した。そのためポルトガル王室およびイエズス会はインディオ保護政策をとり、1570年にインディオ奴隷化禁止令の公布とともにアフリカから黒人奴隷が「輸入」されることになった。1850年に奴隷貿易が禁止されるが、奴隷制が廃止される1888年までに、少なく見積もって350万人の黒人奴隷がアフリカから「輸入」されたと言われる。なお奴隷制の廃止に至ったのは、奴隷自身の連綿とした抵抗、1860年代後半の都市中間層を中心とする広範で強力な奴隷制廃止運動、1865年のアメリカ合衆国における奴隷解放による国際的孤立化などによる。奴隷制を廃止していないのは、

キューバ、プエルトリコ、ブラジルを残すのみになっていた。

　奴隷貿易禁止と相前後して始まったコーヒーの本格的生産のなかで、労働力が大幅に不足した。サンパウロ州のコーヒー農場主の間では、奴隷に代わる労働力の調達の議論があり、中国人クーリーの導入が論議されたが、望ましいのはヨーロッパ大陸からの白人移民の誘致であるとし、1880年代からはサンパウロ州への外国移民の導入が積極的に推進され、奴隷労働から賃金制による自由労働への移行が起きた。移民出身国は、ポルトガル、イタリア、スペインといったラテン系の諸国が主体であったが、ドイツ移民もいた[1]。まずドイツ移民が奴隷労働と差のない劣悪な労働条件ゆえにとだえ、次に導入されたイタリア移民も、コーヒー経済の不況による賃金支払いの遅滞のために、その惨状をみかねたイタリア政府が1902年にブラジル向けコーヒー契約労働者の渡航を禁止（ただし南部諸州の自営開拓農民の渡航は推進）した。1904年からコーヒー産業が再び活況を呈し始めると、サンパウロのコーヒー業界は深刻な労働力不足を日本移民で補おうと積極的に日本に対して働きかけを行った［山田 1986：20-34；104-109；126-127；262-263］。

　それでは次節で日本移民の歴史を概観しよう。

2　日本移民の歴史

　ブラジルの場合、戦前の移民は「出稼ぎ」移民だったが、結果としてその90％が永住し、他方、戦後の移民は当初から永住のつもりだった点に相違がある。南米のなかでもブラジルは戦前移民と戦後移民が混在していることに特徴があり、この両者が作り出した日系社会が存在する[2]。

　以下では日本移民の歴史とその展開を、『ブラジル日本移民八十年史』（ブラジル日本移民80年史編纂委員会 1991、以下80年史と記載）にしたがって、Ⅰ期：初期移民から1920年代前半まで、Ⅱ期：国策移民の時代、Ⅲ期：移民空白時代と日系社会の混乱期、Ⅳ期：戦後移民の時代の四つに区分にし、叙述することにする[3]。1980年代後半から、日系人の日本へのデカセギという還流現象によって、ブラジルの日系社会が大きな変動を経験することは4節でふれる。

章末に、日本移民・日系社会・ブラジル社会年表を掲げたので、適宜参照されたい。

(1) 初期移民から1920年代前半まで（Ⅰ期：1908～1924年）

1908（明治41）年6月18日に、ブラジルへの第1回農業契約移民781人（165家族733人、独身者48人）をのせた笠戸丸が、2ヵ月の航海の後、サンパウロ州サントスの港に到着した。これがブラジルへの日本移民の始まりである。「ブラジルには金の成る木コーヒーがある」との移民斡旋所の宣伝文句を信じてきた移民は、錦衣帰国を目指した「出稼ぎ」のつもりだった。

コーヒー農園での労働力確保のために日本移民に着目したサンパウロ州政府が渡航費を補助し、試験的に日本移民を導入したのである。当時日本では日露戦争が終結した後に不況が訪れ、海外移民が注目されるなかで、前年の1907年にアメリカで日本からの新規移民が制限され、他に海外移民先を求めていた。日本移民は所定の契約に従って一定期間、雇用主のコーヒー農園で賃金労働に従事するコロノ（雇用契約）移民だった[4]。しかしながら、労働条件が過酷で、かつ言語が通じず、習慣の相違からしばしば争議や集団脱耕が起こった。コーヒー農園での定着性が悪いこと、風俗習慣が違うために作業上不便があることを理由に、1921（大正10）年にサンパウロ州政府の補助制度が廃止になった［80年史 1991：35-44］。

(2) 国策移民の時代（Ⅱ期：1925～1941年）

国策移民の開始と移民数の推移

1924（大正13）年に排日移民法案により、アメリカへの移民の渡航が不可能になったのを受け、翌1925年に、日本政府はブラジル向け移民を独占的に扱う国策移民会社「海外興業株式会社」を仲介として渡航費の補助を開始した。移民会社の取り扱い手数料も全額政府負担とした。国策移民の始まりである。これが、図1-1にみるように、移民数の増加に繋がり、戦前移民の約4分の3が1925年からの10年間に集中した[5]。

移民先はサンパウロ州中心だが、1929年からはアマゾン移民も行われた。移民の大多数がコロノ移民だったが、1927年に日本に海外移住組合連合会、

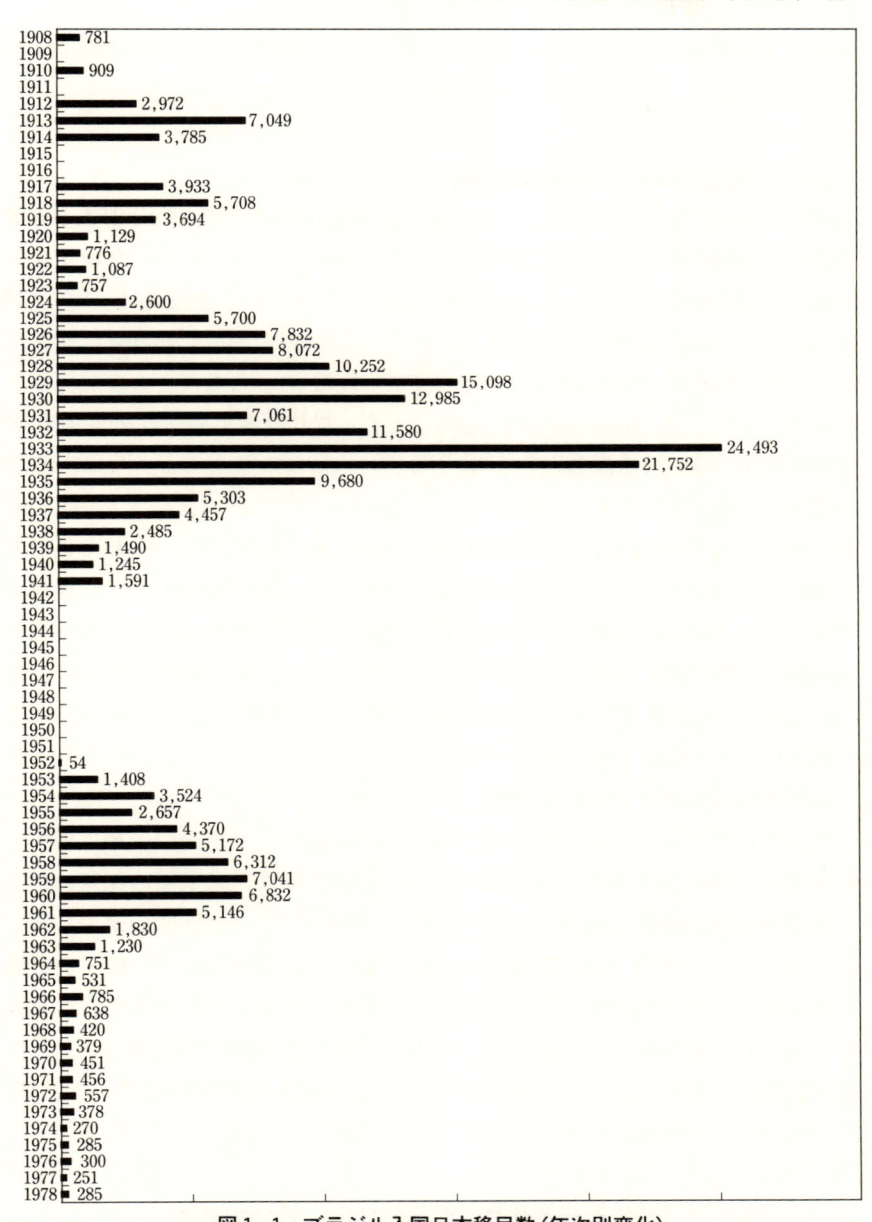

年	人数
1908	781
1909	
1910	909
1911	
1912	2,972
1913	7,049
1914	3,785
1915	
1916	
1917	3,933
1918	5,708
1919	3,694
1920	1,129
1921	776
1922	1,087
1923	757
1924	2,600
1925	5,700
1926	7,832
1927	8,072
1928	10,252
1929	15,098
1930	12,985
1931	7,061
1932	11,580
1933	24,493
1934	21,752
1935	9,680
1936	5,303
1937	4,457
1938	2,485
1939	1,490
1940	1,245
1941	1,591
1942	
1943	
1944	
1945	
1946	
1947	
1948	
1949	
1950	
1951	
1952	54
1953	1,408
1954	3,524
1955	2,657
1956	4,370
1957	5,172
1958	6,312
1959	7,041
1960	6,832
1961	5,146
1962	1,830
1963	1,230
1964	751
1965	531
1966	785
1967	638
1968	420
1969	379
1970	451
1971	456
1972	557
1973	378
1974	270
1975	285
1976	300
1977	251
1978	285

図1-1 ブラジル入国日本移民数（年次別変化）

注）人数の明らかな誤りは著者が訂正した。
出所）山田睦男編 1986,『概説ブラジル史』264頁。
　　　ブラジル日本移民70年史編纂委員会 1980,『ブラジル日本移民70年史』15頁。

ブラジル側の代行機関としてブラジル拓殖組合(通称ブラ拓、正式設立は1929年)が設立され、ブラ拓が移住地を造成し、入植させる自営開拓移民も出現した [80年史 1991：96-98]。

ブラジルの同化政策と移民制限法の制定

1933(昭和8)年にブラジルに入国した日本移民は24,493人におよび、全外国移民の50％強を占めた。日本移民の急激な増加と、1931年からの日本軍部の大陸侵略政策がブラジルの政界に波紋をよび、1934年に「外国移民二分制限法」が制定された。内容は、各国移民の毎年の入国者が過去50年間に入国し定着した移民総数の2％を超えることはできないというもので、この規定は移民の歴史が浅い日本移民の入国を困難にした。これは実質的には排日法案で、1935年以降、移民は激減した[6]。

1930年代にヴァルガスが大統領になると、民族中心主義の政策を展開し、ナショナリズムの高揚を図る過程で、移民の同化が急務とされた。とくにポルトガル系ブラジル社会からの民族的距離や異なった文化背景、特異な優越感情などのために、孤立状態にあったドイツ人・日本人集団のブラジル社会への同化の問題がもちあがってきた。日本移民、ドイツ移民はブラジル社会に同化しない「人種的キスト(ガン)」と言われた [ブラジル日本移民70年史編纂委員会(以下70年史と記載) 1980：64-70][7]。

日本語学校の閉鎖と邦字新聞の停止

1937年にヴァルガスは独裁政権を確立し、外国人およびその子弟に対する強硬な同化政策がとられるようになった。翌1938年に14歳未満の児童に対する外国語教育禁止令が出され、同年末には外国語学校の全面閉鎖が命じられた(当時、サンパウロ州には日本語学校が294校あった)。このことは、いずれ日本に帰国することを前提として、子弟に日本語教育をほどこしてきた日本移民にとって大きなショックであった。1941年には外国語新聞が全面停止となり、邦字新聞は停刊となった。なお、1941年8月に到着した移民船を最後として、その後10年余は移民空白時代となる [70年史 1980：74-76]。

(3) 移民空白時代と日系社会の混乱期(III期：1942～1952年)

国交断絶

1941 (昭和16) 年12月の太平洋戦争の勃発によって、1942年1月にブラジルは枢軸国との国交を断絶し、在外公館を閉鎖した。サンパウロ州保安局による敵性国民に対する取締令が公告された。サンパウロ市にあった日本人が集住して居住している地域からの日本人立退命令が発せられ、日本人の資産凍結も発令された。7月に日本の大使・領事などをのせた交換船が出港した。日本政府代表の引き揚げによって取り残された移民の間には、これまでにもあった棄民意識が強く顕在化していくことになる。

ブラジルでは北米のように強制収容所に収容されるということはなかったが1943年頃から警察に拘引される者があとをたたず、日本移民は動揺し、日本軍によるアジア占領地への再移住論が盛んに流布されるようになった。1944年には閉鎖された不安な精神状況のなかでさまざまなデマがとび、ハッカ（ハッカ国賊論、「ハッカはニトログリセリンに加えられてダイナマイトになり、軍需的に使用されている。敵国を利するもので儲ける奴は非国民である」）、生糸（養蚕撲滅論、「ブラジルの日本移民のつくる生糸は敵国アメリカに渡り、落下傘となって皇軍を打ち破る武器となる」）は非愛国敵性産業である、という流言蜚語のもとに焼き討ち事件などが起こった［前山 1982：145-165］。流言蜚語の背景には、情報を遮断された日本移民の状況がある。

カチ組マケ組騒動

1945 (昭和20) 年8月の日本の敗戦が移民社会にもたらした、いわゆるカチ組マケ組騒動の混乱と動揺は大きなものがあった。出稼ぎの目標を達成した後の日本帰国を大前提としていた人々が、当時のブラジル政府の強烈な国家主義政策のもとで、排日・人種差別、外国人規制策、同化政策に直面し、日本の敗戦によって帰るべき国を失った。ことに日本語・日本文化による子弟の教育を禁止されたことは、日本人が日本人として生きることを拒まれていると了解された。日本人であることを破棄して完全にブラジル人化することを許容できない人々は、「日本敗戦」を拒否して「日本大勝利」というもう一つの情報（デマ）をつかみとり、千年王国的自己救済の道を選択した［前山 1997：83-134］。祖国日本の敗戦を契機として、日系社会の社会的精神的混乱は急激に表面化し、「強硬派（カチ組）」と「認識派（マケ組）」とに分裂して派閥的抗争が激化した。カチ組というのは、上記のように太平洋戦争で日本がアメリカ

に降伏したことを拒絶するばかりでなく、「日本大勝利」まで主張した人々であり、マケ組は日本敗戦を正しい情報として受容し、世界の情勢を「認識」してその判断に基づいて行動した人々である。当時の日本移民のほとんどすべては、この二つの派閥のどちらかに所属して対立を続けた。一時期は日本移民の90％がカチ組だったといわれる。両派閥間の抗争はしばしば、臣道聯盟が組織したとされる「特攻隊」と呼ぶテロ団による暗殺等を含む暴力行為を生んだ。当時これは日本・ブラジル国内ばかりでなく、国際的に悪名をはせた。カチ組によるテロ暗殺事件は1946年7〜8月がピークで、ようやく1950年代になってこれらの実力行為を伴った抗争が次第に潜在化し心理的敵対意識の状態へと沈静化していった [前山1996：33][8]。この騒乱のもとになったデマ発生の背景には、移民の心情とともに長期間にわたる情報遮断があろう。邦字新聞が禁止され、ポルトガル語の情報を的確につかんでいたのはサンパウロ市に在住する例外的な日本人だけであった。国交断絶下にあって、隠しもったラジオで日本の短波放送（1938年から日本で南米向けの短波放送開始）を密かにキャッチし、それが口コミで情報としてながされていた。これまでの大本営発表から一転しての日本敗戦の報は、放送が地球の反対側に位置するブラジルで聞き取りにくいこともあって、日本移民にとっては受け入れがたいものであった[9]。

　時の経過は日本の敗戦を認めさせていったが、祖国日本の惨状を知ることによって、日本移民は帰るべき祖国を失い、出稼ぎから永住に転換する。戦前にブラジルに渡った日本移民の90％が永住した[10]。

(4) 戦後移民の時代（Ⅳ期：1953〜1973年）

　1951（昭和26）年9月にサンフランシスコ平和条約が調印され、翌1952年4月の条約発効に伴い、日本とブラジルの国交が回復した。祖国の惨状を知るにつれ、ブラジルの日本人は近親者を呼び寄せたいという気持にもなり、また自らが永住者となると後続移民を期待するようになった [70年史1980：113]。日本側でも、海外からの引揚者を含む過剰人口の移民先を求めていた。戦後の移民は政府レベルよりも民間レベルで始まった。1952年には呼び寄せ移民で渡伯した者もいたが、集団移民は1953年に再開される。戦後移住には計画

移住と自由移住があり、養蚕移民といわれる職能計画移住、コチア青年移民（日系農業組合のコチア産業組合の雇用独身移民）、移住事業団の開拓自営移民、日系農家への雇用家族移民、技術移民等の形態があった。しかしながら10年にわたる日本との完全な断絶もあって、戦前の日本しか知らない旧移民にとって戦後の変化に影響された新移民は意識構造のうえでギャップがあり、両者間の対立が生じた［70年史 1980：116］。

　図1-1（25頁）にみるように、日本の経済成長を背景に、移民は1959年をピークに減少していき、1973年に移民船での移民は終了した。その後は航空機による移住になるが、実質的に1960年代半ばまでで集団移住は終わったとみてよい。

3　日系社会の組織と変容

　日本敗戦は、日本移民が日本志向からブラジル志向へと大きな変貌をとげる契機ともなった。戦前は「在留民」「在留同胞」であり、「在伯邦人」「同胞社会」であり、在伯・在留だけが日本居住の日本人と違うだけで、ブラジルでの生活は仮の姿、日本に帰ればいつでも日本人にもどるという響きを含んでいた［斉藤 1984:12-13］。戦後になると、ブラジルはやがて子や孫がその一生を託する国になり、日本人は日系ブラジル人の「ご先祖さま」となった［斉藤 1984：6-7］。そして、「同胞社会」も「日系コロニア」と呼ばれるようになった[11]。ここで戦前から現代までの日系エスニック社会の組織、そしてその変容をみておきたい。

(1)　戦前の日系社会の組織
戦前の「植民地」と家族移民
　短期間に金を儲けて帰国することはかなわず、1930年代になって移民数が増えると、ブラジルの日本移民の人口は急増していった。戦前に移民が居住していたのは圧倒的にサンパウロ州（1940年当時、94％）であり、それもサンパウロ市ではなく内陸部だった。職業は87％が農業である［70年史 1980：51］。

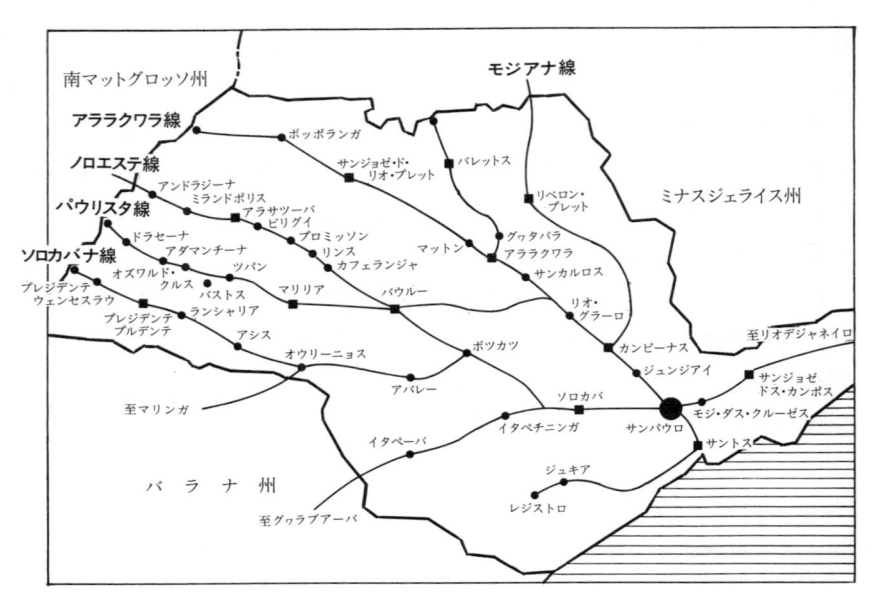

図1-2　サンパウロ州の主要鉄道線

出所)ブラジル日本移民80年史編纂委員会 1991,『ブラジル日本移民80年史』57頁。

　日本移民が大量に入った時期はブラジルのコーヒー産業の衰退期にあたっていた。そのためコロノとしての農園での労働では経済的な上昇は達成不可能だったが、衰退期であったがゆえに将来のコーヒーの栽培地として予定されていた開拓前線の土地が安く、好条件で売りに出されていた。その土地を分割払いで購入したり、借地することが可能になった。日本移民は短期的な出稼ぎから長期的な出稼ぎに方針を切り替え、分益農、借地農、自作農として農園労働者から小商品生産者に転換していった。そしてノロエステ、パウリスタ、ソロカバナ、アララクワラ、モジアナといった鉄道沿線を北上し、サンパウロ州奥地の原始林を拓き「植民地」と呼ばれるエスニック共同体を形成した（図1-2参照）［80年史 1991：57］。

　日本移民のブラジルへの入国に際しては、12歳以上の働き手が3人以上いる家族移民であることが条件だった。これがハワイ、北米向け移民との大きな違いである。家長が若いところなどでは、他人を含む偽装家族が構成され、「構成家族」の形態をとった。したがって、構成家族に含められた独身者を単

身と数えれば、単身移民の数は少なくはないが、1家族平均5人で、12歳以上が72％強を占めた。男女別では男子57％、女子43％で、結婚適齢層の男女差は大きかったとはいえ、男女のバランスは比較的とれていた［80年史 1991：89］。家族移民だったことは、日本人がブラジルに定着するのに有利な条件を生み出すとともに、民族集団を形成することを容易にするなど、ブラジルでの生活に大きな影響を与えた。

日本人会と日本語学校

　原始林の開拓によってある地域に相当数の日本人家族が集まり、集団地が形成されると、「植民地」名がつけられ、日本人会、そして男女青年会が組織され、子弟に日本語を教えるための学校がつくられた。「植民地」内の公事は日本の「村」的性格の秩序・規制によって運営された。会長以下重要ポストには、会計、学務、農事、衛生、土木（道路、橋などの管理、補修）、書記があり、また地理的条件によって、区に分けられ、区長が置かれた。

　日本人会の形成は、相互の親睦と共通の問題解決のための協力を目的としたが、一番大きな事業は子弟の教育であった。植民地が形成されて2〜3年すると必ず日本語学校がつくられた。当時の移民にとって、子供を日本人の子らしく育てたい、日本に帰った時に困らないくらいの日本語の素養と、日本的な知識・精神を授けておきたい、というのは移民誰もの願いだった［80年史 1991：55-61］[12]。植民地には日本語学校とともに、集会、映画会、演劇などに使用される「会館」が建てられた。日本人会がいくつもできると連合日本人会が生まれた。日本移民が多く入植したノロエステ鉄道沿線のノロエステ連合日本人会は1921（大正10）年の設立である。1932（昭和7）年には223、1940年には約480の日本人会があった［80年史 1991：116］。サンパウロ市には日本人街も形成された。戦前の日系社会を束ねたものは仏教でも神道でもなく、天皇崇拝であった。

(2) 戦後の日系社会の組織

日伯文化協会

　戦後、カチ組マケ組で日本移民は相争ったが、日系社会のなかに対立がありながらも「日系コロニア」の名前のもとにまとまってくるのは、1955（昭和

30)年にサンパウロ市400年祭に際してつくられた日本人協力会の後身、サンパウロ日本文化協会が発足してからである。この組織は1968(昭和43)年にブラジル日本文化協会と改称し、ブラジル各地に存在する日本人会、文化協会などの中央会的性格をもつ統合機関となった。ブラジルには現在、地方の日伯文化協会(文協、地域レベルでは日本人会と呼称することが多い)が500団体以上ある。これらがブラジル日本文化協会の会員となる。また、地方別に連合してブロック組織を形成している場合もある[80年史 1991：242-245]。

地方の文協の活動内容は、親睦、相互扶助、文化活動、子弟の日本語教育、スポーツ活動などである。地方の文協には会館があるものが多く、展覧会、講演会、学芸会、演芸会、結婚披露宴などができる。日本語学校が併置されているのが普通で、運動場兼野球場の広いグラウンドをもっているところもある。

1970年代までは地方の文協も日系人だけの親睦や相互扶助がすべてだったが、一世が減少し、二世が運営の主体になってくると、次第に文化、スポーツを中心としたクラブ的性格へ移行していった[13]。ただ、運動会、演芸会、盆踊りなど一世のもちこんだ伝統行事が完全にすたれたわけではなく、運動会などは非日系人にも人気がある[14]。

県人会

戦前には、同県人が集まって親睦的な集まりをもつことはあったが、県人会としての組織はなかった。県人会の設立の発端はむしろ日本にある。戦後630万の海外引揚者をかかえた日本政府が海外移住を国策としてとりあげざるをえなくなり、移住取り扱い団体として県単位で海外協会が設立され、これに対応して1950年代後半から続々とブラジルに県人会が設立された。当初は戦後移民のアフターケアを行ったが、1970年代になって移民が激減すると県費留学生、研修生の送り出し、訪日団の募集、県関係の訪伯者の案内などが主な業務となった[80年史 1991：248]。

その他の組織

その他の日系団体としては、福祉関係団体(病院、養老院、精薄児施設など)、教育文化団体、芸術・芸能・趣味の同好団体などがある。

日系人がブラジルの農業に対して果たした貢献は大きい[15]。日系人が出荷

のための組織としてつくり、後に南米最大の農業協同組合になったコチア産業組合の設立は1927 (昭和2) 年である。しかしながらコチア産業組合も、もう一つの大規模な日系産業組合のスール・ブラジル産業組合も、1994年に経営不振のために解散した。

さまざまな日系団体の活動情報を提供するものとして、邦字新聞の役割は大きかった。戦前に邦字新聞の発刊が停止されたことが、不確実な情報が流布され、混乱を生んだ一つの原因であった。戦後、いろいろな日刊邦字新聞が発刊されたが、継続的に発行されたのは『サンパウロ新聞』(1946年発刊)、『パウリスタ新聞』(1947年発刊)、『日伯毎日新聞』(1948年発刊) である[16]。三紙のうち『パウリスタ新聞』と『日伯毎日新聞』が1997年に合併し、『日系新聞』と改称された。今日では日本語を読める人も減少しているので、かつてのような役割は果たしていない。

(3) 日系社会の変容
転換期としての1970年代

1960年代初頭で戦後の移住も実質的には終了し、一世の時代から二世・三世の時代に移行した。1972～1973年は、ブラジル社会にとっても日系社会にとっても大きな転機になった時期である。第一に、外国からの投資を主体とした大型のナショナルプロジェクトが行われ、ブラジルの奇跡が頂点に達した。第二に、戦後二度目の日本からの企業ラッシュ、ブラジルブームが始まった。第三に、二世が大量に地方政界に進出した。第四に、1973 (昭和48) 年3月に最後の移民船「にっぽん丸」が285人の移住者を乗せてサントス港に到着し、戦後の移民船による移住時代が終焉した。日系社会も移民一世のイメージの強い日系コロニアから、二世・三世、日系混血を含めたエスニックな日系ソサエティに移行した時期である。

日系社会の大きな変化としては、日系人の職業の多様化と老齢化に伴う一世移民の引退が顕著にみられたことである。1958 (昭和33) 年の「コロニア実態調査」では、日系人の職業のうち農業が占める割合は57％で、まだ農業が主流だったが、1978年の「邦人実態調査」では日系人の農業従事者は19％に低下している。日系人の農業離れと職業の多様化は1960年代から進んでいたが、

顕著になるのは1970年代以降のことで、日系人の高校・大学卒業者が急増し、あらゆる職業分野に進出するようになってからのことである[80年史 1991：264-265]。

日系人のアイデンティティの変化

日本それ自体がまれにみる同質社会であって、ブラジルに渡った日本移民はもともと同質文化を身につけていた。移民としての共通体験を重ねたため、移民同士の同質性はさらに堅固になり、外に向かっては排他的になった。1930年代から始まった排日の気運が、第二次世界大戦で頂点に達したが、この時期に人格形成期にあった二世、とくにインテリ二世層のなかには、日本的思考を捨てて、ブラジル人として生きる道を選択したものもいる。

戦後生まれの若い二世・三世では、先輩二世のような日本の敗戦とコロニアの混乱による悩み、ブラジル人の日本人蔑視に対する屈折した感情がなくなり、新たに日系ブラジル人(ニッポ・ブラジレイロ)としてのアイデンティティが登場した。こうした意識は比較的新しく、1980年代になってやっと確立したものである。ブラジルにはかつてのような同化政策はない。「日系」であることを主張できる背景には、経済大国に成長した日本の実力もあり、日系社会の成長と安定もこれに影響している[80年史 1991：269-270]。

日本との交流と通信・交通運輸技術の発達

1970年代になって航空機による日本との往復が一般化するまでは、日系コロニアは一種の閉ざされた社会であって、日本の雑誌・新聞の到着は船便で2〜3ヵ月かかるのが普通だった。NHKの南米向け放送はあったが、聞き取りにくく、しかも時間帯は早朝だった。後にできた時事速報の番組は日系の進出企業を対象にしたもので、コロニアとは無縁だった。邦字新聞はコロニア、とくに地方在住の日系人にとって、日本関係のみならず世界情勢やブラジル情報を得る唯一のメディアだった。情報のあまり入らない閉ざされた日系コロニアの、日本に行けない、行きにくい時代の一世移民は、母国日本に対する限りない望郷の思いでみたされていた。

移民船による移民が終わった1973年から、日本への里帰り客をあてこんだ日本航空のチャーター便が運行されるようになった。その後ブラジル航空の日本乗り入れも実現した。1978年6月に日本航空の定期路線が開設され、ブ

ラジルと日本との時間的距離は急激に縮小した。人口衛星による通信技術の革新もあって、日本とブラジルの間の情報交流量も増大した［80年史 1991：271-272］。

1996年からは、NHKの衛星放送が受信できるようになった。また、デカセギに日本に行き、就労している家族・親族・知人から日本の情報が入るようになって、古い日本がブラジルにあると言われたような、かつての状況は急激に変化している。

4　ブラジル日系人の実態

ブラジルの日系社会は大きな変動期にさしかかっている。ここでは1987～1988年に、日本移民80年を記念して行われた『ブラジル日系人実態調査報告書』(サンパウロ人文科学研究所 1990) を参考にし、また、1958年に移民50年記念事業の一環として行われた調査を援用して、この30年間の推移も含めて、ブラジル日系人の実態をみておくことにする[17]。なおブラジル全体のデータとして言及するのは、ブラジル地理統計院(IBGE)によるものである。したがって、1988年現在の実態、1958～1988年という30年間の変化、およびブラジル全体のなかでの日系人の位置づけにできるだけ注目しつつ、調査結果を紹介したい[18]。統計表は注17) に記した理由もあり、言及するすべての事項に関して掲げてはいないが、日系人の30年間の変化がわかる表、ブラジル全体と比較して日系人の位置がわかる表、および日系新宗教を扱った3章以下の各章とかかわりの深い、言語と宗教加入状況に関連する表は掲げた。以下とくに出所を記さないものは、上記の報告書が掲げる分析結果である。

(1) **年齢階層・世代**

日系人口は1988年現在で128万人である。年齢階層は15歳きざみのおおざっぱなものであるが、その構成は、0～15歳32％(406,000人)、16～30歳23％(292,000人)、31～45歳20％(250,000人)、46～60歳15％(194,000人)、61歳以上10％(125,000人)、不明1％(13,000人)である。

世代別人口をみると、一世13％、二世31％、三世41％、四世13％、五世以上0％、不明2％で、三世が主体の時代に入ったことがうかがえる。世代別混血状況では、二世6％、三世42％、四世62％となる。配偶者が日系人か非日系人かについては統計はないが、一世の場合はほとんど日系人同士で結婚したのに対し、二世・三世となると非日系人との結婚が急増していることが推測される[19]。

(2) 居住地域

日本移民は先述のように、まずサンパウロ州から入り、その一部はパラナ州北部に移動していき、現在ではブラジル各地に日系人が居住している（中とびら裏のブラジル全図参照）。表1-1で、1958年と1987年における人口の地域的分布をみよう。1987年では日系人口の72％がサンパウロ州に居住し、とりわけサンパウロ市に27％、周辺のサンパウロ大都市圏に14％と、計41％が居住している。サンパウロ州を含む東南部では79％となる。これ以外は南部に12％が居住しているが、その大部分はパラナ州に集中している。したがって、全体の約80％はサンパウロ州（ほぼ日本と同じ面積）とパラナ州に集住してい

表1-1 地域別日系人の居住分布

地　　　域	1958年		1987年	
	人　数	比率(％)	人　数	比率(％)
北　　　　部	5,227	1.2	33,000	2.7
北　東　　部	1,765	0.4	28,000	2.3
東南部 サンパウロ市	325,520	75.7	326,000	26.6
サンパウロ大都市圏			170,000	13.8
その他のサンパウロ州			391,000	31.8
東南部のその他の州	8,681	2.0	87,000	7.1
南　　　　部	78,097	18.2	143,000	11.7
中　西　　部	10,679	2.5	49,000	4.0
不　　　　明	166	0.0	1,000	0.0
合　　　計	430,135	100.0％	1,228,000	100.0％

注1）1958年のデータは州別のため、サンパウロ州内は区分されていない。
　　ただし、1958年当時のサンパウロ市の日系人口は7万人（16.3％）と推定されている［80年史 1990：258］。
　2）1958年のデータでは南部はパラナ州のみ。
出所）サンパウロ人文科学研究所 1990、『ブラジル日系人実態調査報告書』10-14頁より作成。

ることになる。1958年には、サンパウロ州に全体の76％、パラナ州に18％で、これらで94％を占める。したがって、30年の経過でわずかに集中地域が変化しただけで、日系人集住地域としてのサンパウロ州、パラナ州の地位はゆるがない。

　日系人口の都市・農村別分布では、1987年には都市部居住人口の占める割合は90％、農村部居住人口のそれは10％である。ブラジル全体の都市部居住人口の率は68％なので、日系人口の都市部居住率はブラジル全体を20％以上上回る。また1958年では、都市・農村の区分の基準が今日とは異なっていたが、市街地居住人口45％、農村居住人口55％で、当時のブラジル全体の比率に対応していた。ここ30年間でブラジル全体の都市化もあるが、日系人の都市への移動はブラジル全体のそれを上回っている。これを促進した要因の一つとして、子弟の教育を社会的上昇の戦略とした日系人が、農村には上級学校がないため、子弟の教育の便を得るために都市部へと移動していったことが挙げられる。

(3) 職　業

　10歳以上の日系人口のうち仕事を日常的活動としている者は、男性の66％、女性の35％である。ここでは、日系人の職業にみられる30年間の変化と、ブラジル全体のなかで日系人が職業的にどのような特徴をもっているかについて概観する。

　表1-2で、職業別就業人口構成比をブラジル全体と日系人で比較すると、日系人では専門・技術、管理・事務、商業・販売の比率がブラジル全体をはるかに上回り、他方、農牧畜水産、製造・加工・土木建築の比率でブラジル全体を下回る。1958年当時、農業従事者の

表1-2　職業別就業人口構成比
(％)

職　業	日系人(1988)	ブラジル(1987)
専　門・技　術	15.5	7.1
管　理・事　務	27.8	13.7
農　牧　畜　水　産	11.8	23.7
製造・加工・土木建築	9.4	20.4
商　業・販　売	20.9	9.8
運　輸・通　信	3.4	3.9
サ　ー　ビ　ス	10.2	10.3
そ　の　他	1.0	11.1
計	100.0	100.0

注）職業分類はブラジルのセンサスで使用されている分類に依拠。
出所）表1-1に同じ、28頁。

表1-3 職業上の地位別就業人口構成比

(%)

職業上の地位	日系人(1958)	日系人(1988)	ブラジル(1987)
被雇用者	35.5	49.9	66.0
自営	31.7	18.3	22.6
経営主	11.8	18.1	3.5
家族従業員	21.0	12.9	7.9
その他	0.0	0.8	0.0
計	100.0	100.0	100.0

出所)表1-1に同じ、31頁より作成。

就業人口総数に占める割合は56％だったが、1988年には12％にすぎず、農業に従事する日系人は激減し、専門・技術、管理・事務といったホワイトカラー層の増加が顕著である。したがって、農業移民から始まった日系人が第一次産業離れをしていることともに、ブラジルでは肉体労働が伝統的に奴隷制に結びつけて語られることが多く蔑視されるが、日系人にはブルーカラーではなくホワイトカラーが多いことが指摘できる。

なお、農村・都市別に職業をみると、当然のことでもあるが、農村部では農牧畜水産の割合は73％を占め、都市部では管理・事務、商業・販売、専門・技術の順になっている。

表1-3は日系人の職業上の地位を1958年と1988年で比較し、かつブラジル全体(1987年)と比較したものである。30年間で被雇用者比が14％、経営主も6％程度上昇している。他方、自営は32％から18％へ、家族従業員は21％から13％に減少している。かつて日系人は家族自営業によって社会的上昇を図ってきたが、自営形態の減少と被雇用者化が趨勢である。ブラジル全体と比較するならば、大きな違いは経営主が日系人は18％であるのに対して、ブラジル全体では4％、被雇用者は日系人が50％であるのに対して、ブラジル全体は66％であることである。同じように被雇用者といっても、これまでの検討から日系人はホワイトカラーが多く、ブラジル全体ではブルーカラーの方が上回ると推測される。

表1-4 産業大分類別就業人口構成比

(%)

	1958年	1988年
第一次産業	57.3	15.4
第二次産業	7.7	18.0
第三次産業	35.0	60.5
不明	―	6.1
計	100.0	100.0

出所)表1-1に同じ、34頁より作成。

表1-4で日系人の産業大分類別就業人口構成比を1958年と1988年で比較すると、1958年で57％を占めていた第一次産業従事者が1988年では15％に激減していることがわかる。その分、第三次産業

従事者は35％から61％へと増加が顕著である。とくに、1958年に58％を占めていた女性の第一次産業従事者は、1988年には5％と激減し、女性の第三次産業従事者が33％から75％へと増加している。この背景には日系人口の離村向都移動、日系子弟の高学歴取得と関連があると思われる。なお、教育程度は、報告書に掲載されていない。

表1-5　収入階層別構成比

(％)

収入階層	日系人	ブラジル
1最低給料まで	3.3	12.0
1　～　5　倍	19.9	49.9
5　～　10　倍	20.5	19.7
10　～　20　倍	15.5	10.3
20　倍　以　上	16.1	5.7
不　　　　明	*24.7	2.4
計	100.0	100.0

注）＊は、原表で100％に満たない部分を不明として扱った。
出所）表1-1に同じ、37頁。

(4) 経済階層

　ブラジルでは、給料を表示するのに、インフレ経済のため常に変動する現地通貨ではなく、最低給料の何倍という言い方をする[20]。「最低給料」とは4人家族の生活必要経費を最低限まかなえる金額とされるが、実際には「最低給料」ではまかなえない。1最低給料100ドルと設定されてもインフレのために目減りし、60ドルになったり、70ドルになったりする。

　表1-5で、収入階層（世帯総収入）をブラジル全体と日系人で比較するならば、総じて日系人の経済的位置はブラジルのなかでは高い。ブラジル全体では最低給料の5倍までが62％と半数を超えるのに対して、日系人の場合は23％にすぎない。また、20倍以上はブラジル全体では6％なのに対して、日系人では16％にのぼる。これらから日系人は中流クラスのものが多いことがわかる。また、日系世帯主が自己世帯をどのような階層に位置づけるかをみると、都市部農村部での差は少なく、上層4％、中層55％、下層28％で、半数以上の者が中産階級であると自己認知している。

(5) 言語・日本食

　日本移民が最初にブラジルに入ってから80年を経過した調査時点で、日本文化の継承に大きな役割を果たすと思われる言語の習得程度を、表1-6でみてみよう。10歳以上の日系人の日本語とポルトガル語の習得状況に関する自

表1-6 性別、都市・農村別 日本語・ポルトガル語の習得程度

(%)

日本語	ポルトガル語	男	女	都市	農村
全くできない	全くできない	0.0	0.0	0.0	0.0
	少しはできる	0.3	0.4	0.4	0.1
	十分できる	32.8	33.6	34.7	19.2
少しはできる	全くできない	0.0	0.0	0.0	0.0
	少しはできる	0.2	0.7	0.5	0.4
	十分できる	25.4	26.6	26.2	24.3
十分できる	全くできない	1.0	2.2	1.6	1.4
	少しはできる	4.2	7.9	5.3	12.2
	十分できる	36.1	28.7	31.3	42.4
計		100.0	100.0	100.0	100.0

出所)表1-1に同じ、67頁。

己判定による。

　性別にみると、日本語が「十分にできる」[21]のは、男性41%、女性39%、「少しはできる」が男性26%、女性27%、「全くできない」は男性33%、女性34%で、男女差は小さく、「十分にできる」のが最も多いものの、ほぼ3分の1ずつの分布になる。他方、ポルトガル語が「十分にできる」者は男性94%、女性89%に及ぶ。日本語習得度とポルトガル語習得度をクロスさせると、日本語・ポルトガル語ともに「十分できる」と認識している者が男性で36%、女性29%いる。日本語は「少しはできる」がポルトガル語は「十分できる」が男性25%、女性27%で、日本語は「全くできない」が、ポルトガル語は「十分できる」のは、男性33%、女性34%である。都市・農村別では、日本語が「全くできない」者が、都市居住者では35%であるのに対して、農村では19%に減少する。

表1-7 都市・農村別家庭内使用言語

(%)

	1958年		1988年	
	市街地	農村	都市	農村
ポルトガル語	18.7	11.4	66.3	47.4
日本語	44.9	60.5	6.0	21.7
ポ語・日本語	36.4	28.1	22.3	28.7
非該当*	―	―	4.8	2.2
不明	―	―	0.6	―
計	100.0	100.0	100.0	100.0

注)＊非該当は単身世帯。
出所)表1-1に同じ、68頁。

　表1-7で、家庭内での使用言語を都市・農村別に1958年と1988年を比較しよう。1958年には日本語のみを使用する世帯が市街地で45%、農村では61%を占めていた。

30年後の1988年になると、それは都市で6％、農村で22％と減少し、他方、ポルトガル語のみを使用する世帯が、都市で66％、農村でも47％と、使用言語の割合が逆転している。

世帯主夫婦間の使用言語は、ポルトガル語が最も多く、次いで日本語のみ、日本語・ポルトガル語の併用がほぼ同数である。一方、夫婦一親間になると日本語使用が増加し、夫婦一子間ではポルトガル語使用が増加する。

日本文化の一部として日本食を食べる頻度は、都市部と農村部で差はほとんどなく、60％がよく食べ、22％が時々食べている。言語がポルトガル語に移行しているのに、日本食は8割以上が「時々あるいはそれ以上」食べている。ただし、これは彼らが日本食と思うものであって、ブラジル的に変容しているものも含まれ、さらに日本食のみ、ブラジル食のみということではなく、日常生活ではミックスしているのが現状である[22]。

(6) 日系団体加入状況と宗教帰属

3節で日系の集団や組織についてその変化も含めて叙述したが、都市・農村別に、日系団体加入状況を世帯単位でみると、全体で24％、農村では51％と半数を占めるものの、都市では15％が加入しているにすぎない。都市部での日系団体離れが顕著である。そのうち加入率が最も高いのは地域文協である。個人別にみると、性別加入状況は、1958年では男女差が大きく、男性の41％が加入しているのに対して、女性は17％にすぎなかった。1988年では男性・女性ともに34％で差がない。世帯の代表としての男性の位置づけの変化が垣間みられる。

表1-8は宗教加入状況を示したものである。全体ではカトリックが59％、次いで、日系宗教25％、プロテスタント3％、その他2％となる。性別でほとんど差はないが、都市部では農村部よりカト

表1-8 宗教別日系人口構成比
(％)

宗教	男	女	都市部	農村部	合計
カトリック	57.7	60.8	60.8	45.5	59.2
プロテスタント	3.2	3.0	2.7	6.6	3.1
日系宗教	24.2	25.7	23.4	38.2	24.9
その他	2.1	2.3	2.3	0.9	2.1
なし	12.8	8.2	10.8	8.8	10.6
合計	100.0	100.0	100.0	100.0	100.0

出所）表1-1に同じ、72頁。

リックの比率が高く、農村部では都市部より日系宗教の割合が高い。日系新宗教は都市型宗教といわれるのに、農村部に日系宗教帰属が多いのは、このなかに既成仏教も含まれているためと思われる。

以上の統計から明らかになった日系人の実態を要約すると以下のとおりである、すでに三世の時代になり、混血率の上昇が顕著である。日系人口は農村部から都市部に移動したが、居住地域ではサンパウロ市・州とパラナ州に集中している。戦前にいわば底辺のコロノ労働者から出発した日系人は、家族自営業をもって経済的上昇への戦略としたが、現在では都市ホワイトカラー層への進出が著しく、ブラジルの中産階級の地位を占めるまでになっている。言語は日本語からポルトガル語に移行している。食生活の面では日本食への嗜好は顕著で、かなりの人々が日本食を食べている。日系団体離れは都市部でとくに目立つ。

5　日本へのデカセギと日系社会

4節のデータが収集された移民80年祭(1988年)以降、ブラジルの日系社会は大きな変動期を迎えた。日系人の日本へのデカセギ(出稼ぎ)である。ブラジルの経済状況の悪化という要因と、日本側の3K(きつい、汚い、危険)部門での深刻な人手不足という要因が相乗して、日系人のデカセギが起きた。これは移民史上始まって以来の出来事で、大量の日系人が日本に還流することになった。バブル好況期を背景に、日本は流入する外国人労働者に対して取り締まりを強化する一方で、日系人には門戸を開いた。1990年6月に出入国管理及び難民認定法(以下、入管法)を改正し、三世までの日系人とその配偶者には日本で合法的に就労できる資格を与えたのである。それによって、ブラジル人は外国人登録者数では、韓国・朝鮮人、中国人に次ぐ第三位の位置を占めるようになった。1998年現在の滞日ブラジル人は22万人に達する。ブラジルの日系人口は約130万人であるから、単純に計算してもその17％が日本に滞在していることになる。

そこで、まず(1)統計資料からその実態を概観し、(2)デカセギ送り出し構造における日系社会の資源の活用をみ、さらに(3)日系社会でのデカセギ観の変遷を考察し、最後に(4)デカセギの長期化と反復化の現状について考えてみることにする。

(1) 統計資料からみたデカセギの推移

ブラジル人外国人登録者数・出入国者数の推移を表1-9および図1-3でみよう。1987年までは日本におけるブラジル人外国人登録者数は2,000人前後にすぎなかった。ところが、1988年に4,000人、1989年に15,000人、入管法が改正された1990年には5万人を突破し、翌1991年には12万人に急増し、1992～1994年にその伸びは鈍化するが、1995年以降再度上昇し、1996年以降は20万人を超え、1998年になって初めて減少に転じた。入国者数も1988年から増加し始めた。1990年までは新規入国者が95％前後を占めるが、漸次その割合は減少し、1993年からは65％を切り、1998年には53％にまで至る。すなわち、再入国許可をとって出国し、反復デカセギをするリピーターが多いことを表している。新規入国者のなかにも、再入国許可をとらずに出国し、再度デカセギに訪れる者が含まれていると推測される。入国者・出国者の差引をみると、1988年からその差は開き始め、日本に滞留する者が多くなる。1993～1994年にはデカセギが始まって初めて、マイナスに転じる。これには1992年から日本経済が好況から不況に移行したことが影響している。しかし、1995年にはまたプラスに転じ、1998年になって深刻化する不況で、またマイナスに転じた。このように統計からみたデカセギの推移は、法改正と日本経済の動向を反映している。しかしながら、背景にはブラジル経済の長期にわたる停滞および治安の悪化があるため、デカセギ期間の長期化・反復化の傾向は否めない。

入管法改正の1990年以前と以後を着目点として、表1-10で、年齢階層別ブラジル人入国者数の推移をみておこう。1990年以降の入国者のおおまかな構成比は、15歳未満が10％足らず、15歳から20歳未満が10％前後、20歳代が35％前後、30歳代が20％強、40歳代が15％前後、50歳代が8～9％、60歳代が3％前後である。1990年の対前年増加率は、全体では130％、15歳未満148％、

表1-9 ブラジル人外国人登録者数・出入国者数の推移（各年末現在）

年	外国人登録者数	入国者数	新規入国者数	新規の割合（％）	出国者数	入国出国差引
1985	1,955	13,889	13,364	96.2	13,439	450
1986	2,135	13,434	12,918	96.2	13,203	231
1987	2,250	12,126	11,479	94.7	11,726	400
1988	4,159	16,789	15,968	95.1	14,325	2,464
1989	14,528	29,241	27,819	95.1	16,931	12,310
1990	56,429	67,303	63,462	94.3	24,607	42,696
1991	119,333	96,337	83,785	87.0	41,389	54,948
1992	147,803	81,497	57,574	70.6	59,828	21,669
1993	154,650	70,719	44,804	63.4	73,104	-2,385
1994	159,619	72,236	45,790	63.4	74,135	-1,899
1995	176,440	90,322	57,020	63.1	79,139	11,183
1996	201,795	94,068	60,187	64.0	75,280	18,788
1997	233,254	109,323	66,536	60.9	83,976	25,347
1998	222,217	77,569	40,972	52.8	84,080	-6,511

注1）日本国籍をもつ一世、二重国籍の二世は含まれない。
　2）新規の割合：入国者数に対する新規入国者の割合。
出所）法務大臣官房司法法制調査部編『出入国管理統計年報』（各年）より作成。

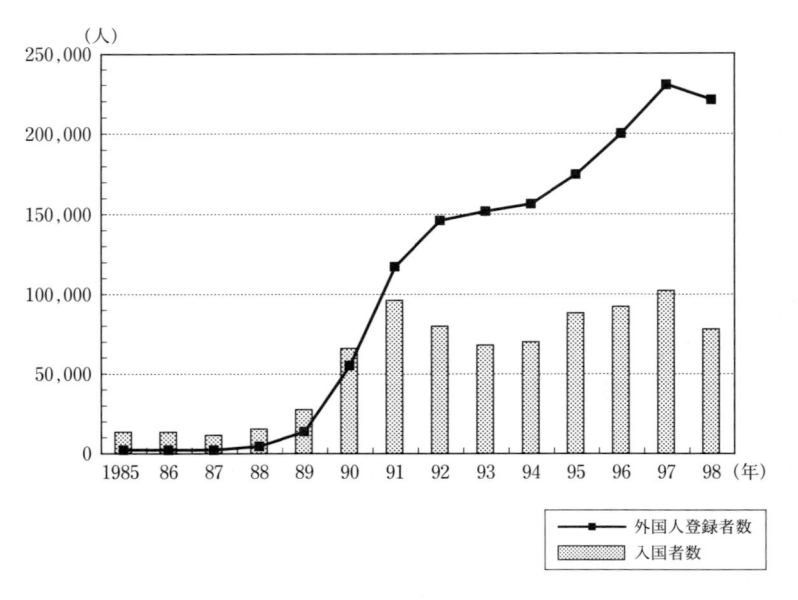

図1-3 ブラジル人外国人登録者数・入国者数の推移

出所）表1-9に同じ。

表1-10　年齢階層別ブラジル人入国者数の推移

(単位：人、括弧内%)

年	入国者数	15歳未満	20歳未満	20歳代	30歳代	40歳代	50歳代	60歳以上
1985	13,889 (100.0)	715 (5.1)	448 (3.2)	2,267 (16.3)	3,159 (22.8)	3,062 (22.1)	2,352 (16.9)	1,886 (13.6)
1986	13,434 (100.0)	745 (5.5)	464 (3.5)	2,695 (20.1)	3,287 (24.4)	2,892 (21.5)	2,011 (15.0)	1,340 (10.0)
1987	12,126 (100.0)	669 (5.5)	574 (4.7)	2,883 (23.8)	2,937 (24.2)	2,420 (20.0)	1,535 (12.7)	1,108 (9.1)
1988	16,789 (100.0)	762 (4.5)	774 (4.6)	4,551 (27.1)	3,991 (23.8)	3,278 (19.5)	2,076 (12.4)	1,357 (8.1)
1989	29,241 (100.0)	1,434 (4.9)	1,784 (6.1)	9,483 (32.5)	6,704 (22.9)	5,307 (18.1)	2,959 (10.1)	1,570 (5.4)
1990	67,303 (100.0)	3,556 (5.3)	5,933 (8.8)	26,210 (39.0)	13,858 (20.6)	10,319 (15.3)	5,546 (8.2)	1,881 (2.8)
1991	96,337 (100.0)	8,107 (8.4)	10,554 (11.0)	34,275 (35.6)	20,142 (20.9)	14,182 (14.7)	6,671 (6.9)	2,404 (2.5)
1992	81,497 (100.0)	5,699 (7.0)	8,180 (10.0)	27,733 (34.0)	17,668 (21.7)	13,248 (16.3)	6,614 (8.1)	2,353 (2.9)
1993	70,719 (100.0)	4,322 (6.1)	6,544 (9.3)	23,732 (33.5)	15,173 (21.5)	11,554 (16.3)	6,416 (9.1)	2,978 (4.2)
1994	72,236 (100.0)	4,926 (6.8)	7,280 (10.1)	24,160 (33.5)	15,768 (21.8)	11,247 (15.6)	6,293 (8.7)	2,562 (3.5)
1995	90,322 (100.0)	7,262 (8.0)	9,388 (10.4)	29,551 (32.7)	20,134 (22.3)	13,565 (15.0)	7,744 (8.6)	2,678 (3.0)
1996	94,068 (100.0)	9,216 (9.8)	9,576 (10.2)	30,043 (31.9)	20,257 (21.5)	13,763 (14.6)	8,155 (8.7)	3,058 (3.3)
1997	104,323 (100.0)	12,104 (11.6)	11,185 (10.7)	32,064 (30.8)	22,089 (21.2)	14,850 (14.2)	8,750 (8.4)	3,281 (3.1)
1998	77,569 (100.0)	8,207 (10.6)	7,037 (9.1)	23,538 (30.3)	17,156 (22.1)	11,352 (14.6)	7,267 (9.4)	3,012 (3.9)

出所)　表1-9に同じ。

20歳未満133%、20歳代176%、30歳代107%、40歳代94%、50歳代87%、60歳以上20%である。入管法改正後に20歳代の入国者が急増し、それに次いで15歳未満、20歳未満の増加率が高いことは、青年層のデカセギが増え、家族の呼び寄せ、または家族帯同デカセギが増加したことがわかる。

　このような大量のデカセギ、働きざかりの青壮年層の流出は、日系社会に大きな影響を与えるのは必然である。

(2)　デカセギ送り出し構造と日系社会

　日系人の日本への送り出しにあたって、日本語とポルトガル語という言語

の壁や情報伝達をはじめとして、関連する問題を解決する媒介項、すなわち邦字新聞、日本語とポルトガル語のできる日系人、日系旅行社、日系団体、日系人の集住地が存在したことに注目したい[23]。サンパウロ新聞に「Uターン出稼ぎ時代。月収30万円でいかが。神奈川県の自動車会社が広告」という見出しで、初めてデカセギ関連の記事が掲載されたのは1985年のことである。1987年からは日系三紙にデカセギ求人広告が頻繁に掲載されるようになった[24]。日系旅行社は、1987年から日本の人材派遣会社とタイアップしてデカセギ業務に参入するようになった。また、日本語とポルトガル語に堪能な日系人が、日本の人材派遣会社と組んでブラジル側の人材斡旋業者となった。1989年からは人材派遣会社経由の間接雇用のみならず、直接雇用による求人も増加し、日本企業の担当員や社長がブラジルを訪問して、日系団体の会館を用いたり、日系人の集住地で会社説明会を開いた。県人会などが日本からの依頼を受けて人材を確保した場合もあった。

　このようにデカセギ者のリクルートにおいて、日系社会のもっている資源を活用することができた意義は大きい。デカセギに行く側は、日系人であることを証明するために、日本からの戸籍謄本の取り寄せ、出生証明の日本語訳の公証翻訳人への依頼、ビザ申請のための手続き、旅券の申請手続き、健康診断実施先の情報と診断書の日本語訳、など日本行きにかかわる煩雑な諸手続きを行わなくてはならないが、こうしたことを日系旅行社や斡旋業者が代行した。また、デカセギを促進した要因に1987年から実施されるようになった「渡航費立替制度」がある。これは旅行社や斡旋業者が渡航費を貸し付け、日本で給料から天引きで返済する制度で、その借金は日本の人材派遣会社が引き継いだ。日本に到着してからは、空港への出迎えから始まり、住居の提供、生活備品の貸与、勤務先への送迎、事業所側との媒介的役割、ビザ取得、外国人登録、国民健康保険加入、運転免許証の書き換えなどの手続き、子供の入園・入学の手続き、病院への通訳、レジャーの機会の提供、ブラジルへの送金手続き、帰国のための航空チケット購入など、人材派遣会社の日本語・ポルトガル語双方ができる日系人スタッフを媒介として、ある意味では生活から仕事まで丸抱えのシステムがあった[25]。

　日系人の職種としては、自動車部品、家電、食品製造などの工場労働が主

体だが、建設業、土木作業、パチンコ店員、タクシー運転手、女性の職種としては病院のヘルパー、キャディー、ホテル・旅館の仲居などさまざまである。

(3) デカセギ観の変遷

　日本へのデカセギに対する日系社会の世論は否定論、肯定論、推進論と推移した。初期に日本にデカセギに行ったのは日本国籍をもつ一世、二重国籍をもつ二世である。就労上の年齢から考えて、前者は戦後移民が主体であり、彼らはブラジルに永住するつもりで移住した人々である。したがって「出稼ぎ」という言葉の否定的意味が強調され、多くの一世は「恥ずかしい」こととして、隠れるようにして、近所や親戚には内緒にして日本に行った。日系社会の論調も、日本にデカセギに行くことはブラジルで「日系人が生活に困っている」ことを表すものとして、「恥」と受けとめた。

　しかしながら、デカセギに行った人たちからの送金や、彼らが帰国後、借金を返済し、住宅・車などの耐久消費財を購入するのを目のあたりにし、邦字新聞にも「出稼ぎ成功物語」が報道されるようになると、「否定論」から「行かないほうがおかしいのではないか」という考え方、「肯定論」が生まれた。その背後には、ブラジルの経済状況、日本とブラジルの賃金格差があった。当時、「日本で得る1ヵ月分はブラジルの1年分の賃金」というのが、出稼ぎの謳い文句だった。またデカセギは何も日系人に限ったことではない。アメリカや出身母国にデカセギに行っているヨーロッパ系移民との対比のなかで自分たちの置かれた立場を解釈し、肯定する者も現れた。

　デカセギがブラジル国籍の二世層に拡大していくにつれ、「推進論」ともいう見方が登場した。日系社会は一世や年輩の日本的文化を身につけた二世が中心になっており、若い二世・三世のコロニア離れは顕著で、価値観の相違や言語による意志疎通の問題など世代間ギャップをかかえていた。そこで、一世や年輩の二世は、デカセギは「日本語を覚える」「日本的な考え方が身に付く」「日本的な仕事や社会の仕組みを理解する」「日本の進んだ技術を習得する」ための絶好の機会であることを改めて認識し、帰国後日系社会の活動に参加してくれることへの期待をいだいた。

　こうした認識は一世や戦前生まれの二世の認識である。戦後生まれの二

世・三世はさほど日本文化との関連でデカセギを位置づけてはおらず、また否定的な意味づけもほとんどしていなかった（ただし、二世・三世といっても日系人の集住地に住み、日本語がある程度わかり、日本的な文化の中で育ったものと、高学歴、都市のホワイトカラー層では異なるが）。彼らがデカセギに対してもつイメージは「生活をよくするために外国（この場合は日本に）へ働きに行くこと」である。彼らにとってデカセギは一世のように出稼ぎに否定的ニュアンスを含めたものではなく、日本起源の外来語となったポルトガル語のDekassegui である。「出稼ぎ」から「デカセギ」への変化ともいえよう。

　1990年に入ると、否定論はなくなり、肯定論から推進論に変化していった。デカセギブーム期に入って、日本の入管法改正もあり、当初から家族帯同で、あるいは家族を呼び寄せるなど、学齢期の子供も含む家族ぐるみの日本移動が起きた。高学歴でデカセギに行く人々、また大学や高校を中退してデカセギに行く青年もあった。急増する日系人のデカセギによって日系集団地では日系諸団体の活動（運動会など）に支障が生じるようになり、「コロニアの空洞化現象」として危機が叫ばれた。

　1992年以降になると、多くの日系人にとって家族や親族・友人のなかに必ずといってもよいほどデカセギ者がいる状況になり、デカセギは日常化した。デカセギに関する論議も日系社会ではほとんどされなくなった。むしろデカセギが就労の一形態として組み込まれたかのようである。

(4)　デカセギの長期化と反復化

　日系社会はかつて日系人のブラジル社会への適応を助ける「橋渡し」としての役割をもっていたが、4節でみた日系人の実態からもすでにその役割をほぼ終えたといえよう[26]。日系社会の主体を担う一世や日本的価値を内面化した二世が高齢化するにつれ、それは衰退の一途をたどり、またデカセギによる日系人の流出がこれに拍車をかけた。彼らの帰国後、日系社会が活性化することを期待した希望的観測は裏切られた。祖国日本にデカセギに行った日系人は、留学でも墓参・里帰り観光でもなく、まさに労働者として現実の日本と出会ったことによって、親や祖父母から聞いた理想化された「日本」や「日本人」のイメージは崩され、デカセギ体験によってむしろ彼らの「ブラジ

ル人」意識が高まった。現況では日本で不況が深刻化したとはいえ、ブラジルの経済状況はさらに悪く、それに伴って治安の悪化は著しい。デカセギ期間は長期化しているが、たとえ帰国してもブラジルでの経済・社会状況に順応できず、目的とした事業の開業はうまくいかない。さらに賃金格差を考えると勤労意欲をなくす。それがまた反復デカセギを生む、という状況にある。

　日本では製造業を主体とした地域にブラジル人の集住地が形成された。そこでは日本にいながらにしてブラジル的生活様式で暮らすことのできる環境が整っている。ブラジルに渡った日本移民が日系社会というエスニック・コミュニティをつくった状況が、日本に現出しているのである。

　かつて日本移民は短期的出稼ぎのつもりでブラジルに渡ったが、次第に長期的出稼ぎへと方針を変更して集団地を形成し、日本の敗戦に加えて、ブラジル人として育っていく子弟の存在との関連でブラジルに永住した。かつての日本移民の出稼ぎと今回のデカセギとの相違は、帰る気になればいつでもブラジルに帰国することができるということである。ブラジルへの日本移民が望郷の念をいだきながらも日本に帰国する船賃すら調達が難しく、また戦時中には日本との連絡が全くとだえてしまい、敗戦を期に永住を決意せざるをえなかった状況とは異なる。今日のデカセギでは航空運賃を比較的容易に稼ぐことができ、また現実に一時帰国―再デカセギを繰り返している者も少なくない。かつて船で2ヵ月近くかかった距離を現在では航空機によって24時間で到達可能である。国際電話・ファックスなど通信手段の発達によってブラジルの家族とも容易に連絡をとることができる。また、日本にいながらにしてポルトガル語新聞によってブラジルの出来事がわかり、ブラジルのテレビ番組もレンタルビデオで1週間をまたずして見ることができる。さらに日本でブラジルのテレビ番組を視聴できる衛星放送も始まった。ブラジル食料品をはじめさまざまなブラジル製品も手に入る（集住地の店ばかりでなく、通信販売もある）。その点で、以前とは比べられないほど日本とブラジルの間の時間的・空間的距離が短縮している。かつて日本移民は日本人会という互助組織をつくったが、現在の日本ではエスニック・ビジネスがそれを代替しているようである。

　日本が不況に入って就労状況には厳しいものがあるが、それでもブラジル

よりは職があり、お金も稼ぐこともできる。さらに、このようにたやすく行き来でき、ブラジル的な生活の仕方を維持できる環境の整備によって、ますますデカセギは長期化し反復化が著しい状況にある。

　3章以降扱う日系新宗教の最近段階は、デカセギ現象によって揺れ動く日系社会を直接間接に背景とするものであることを強調しておきたい。

注
1) 1884～1975年の91年間のブラジルへの移民数は508万人で、その出身国籍は以下のとおりである。①ポルトガル157万人（31％）、②イタリア153万人（30％）、③スペイン71万人（14％）、④日本25万人（4％）、⑤ドイツ20万人（4％）、⑥その他82万人（16％）。ここで特記すべきことは、移民の4分の3は、ポルトガル、スペイン、イタリアといった「ラテン・カトリック文化複合」の世界からやってきた人々で、人種的にも言語・宗教・生活様式からいっても、これら移民たちの間にはあまり大きな差はなかった。また入国してくる移民たちと受け入れ側のブラジル社会の基層文化との間にも、それほど特記すべき差はなかった。だいたい同様の期間に3,000万人もの外国移民を受容し、移民相互間の文化差の顕著だったアメリカ合衆国の状況とは全く事情を異にした [前山 1997：27-28]。
2) 南米では、ペルーは戦前移民のみで、ボリビア、パラグアイは戦前移民がごく少なく、戦後移民が圧倒的多数である。アルゼンチンは入国の歴史は古いが、入国制限が厳しく、日本から直接の移民ではなく、他の南米諸国からの転住者が多い [80年史 1991：261]。『海外移住統計』（国際協力事業団）によると、日系人口の概数は、ペルー55,000人、ボリビア8,000人、パラグアイ6,000人、アルゼンチン30,000人である。
3) 『ブラジル日本移民70年史』では移民の歴史を、(1) 1908～1921年（試験時代）、(2) 1922～1941年（全盛時代）、(3) 1942～1952年（空白時代）、(4) 1953～1961年（戦後全盛時代）、(5) 1962年～現在（技術と企業移住の時代）と区分している [70年史 1980：14]。
4) 農業移住の場合、その形態は①雇用移住、②自営開拓移住、③呼び寄せ移住という三つの形態がある。①の雇用移住は、所定の契約に従って雇用主のもとで、賃金労働に従事することをいう。戦前のコロノ移民の場合がこれであった。1908～1941年にブラジルに移民した日本人の90％が①の型の農業移民だった [70年史 1980：14]。
5) この期間に集中的に移民した者が大多数を占めることは、ブラジルの日系マイ

ノリティ集団を日本ファシズムとの関係で強く規定していると前山は指摘している［前山 1996：52］。
6) これ以降、日本側では、満蒙開拓移民が増加してブラジル移民のニーズが減少した。
7) 前山はこれと関連して次のように述べている。「ブラジル社会構造の形成の歴史において、非ラテン系移民やアジア系移民はいわゆる『新来者』を構成している。その代表がドイツ移民と日本移民である。これら新来者を基本的に特質づけるのは、彼らの文化、人種、あるいは『民族』の型がブラジル型から離れている、つまり文化的距離が遠いということではなしに、彼らがブラジルにおける『基層文化』と目されるルーゾ・ブラジレイロ文化がすでに形成されてしまった後になって到着しはじめた異質要素であり、したがって基層文化の枠外にあるものと了解され、持参した固有の型をすみやかに放棄して基層文化に同化するべし、固有型を保持し続けるのはブラジルの国づくりの上で支障になると考えられたことである。つまり問題は、社会的・文化的距離自体にあるのではなく、そのような距離がブラジルの社会構造の中でどのように意味づけられ、どのように位置づけられたかにある。かつては『ドイツ的なもの』『日本的なもの』は『ブラジル的なもの』に矛盾すると了解され、ドイツ系人、日系人の集団地は『人種的癌』と呼ばれて、国づくりシンボリズムのなかで『融合』と『るつぼ』の反義語としての役割を担わされた」［前山 1997：41］。
8) 前山は、この騒動がおさまったあと、カチ組の人々の物理的に帰還する日本回帰運動は次第に姿をかえ、ブラジルの地に永住して別の「日本」を創出する日本回帰運動になっていく、それを支えたのは日系新宗教であり、元カチ組のネットワークが生長の家の宣教ネットワークになったという［前山 1997：233］。
9) 前山はカチ組マケ組騒動を「出稼ぎストラテジー」と「永住ストラテジー」にはさまれた一時期に昂揚し、表面に現れたものとみる［前山 1982：224］。
10) 1908～1933年にブラジルに入国した移民の1933年末の国籍別定着率は、日本人93％、トルコ人53％、スペイン人51％、ポルトガル人42％、ドイツ人24％、イタリア人13％、という資料がある［80年史 1991：103］。第二次大戦開戦前に若干帰国が増加したものの戦前の日本移民で帰国したのは入国者全体の10％程度と推測されている。日本移民も「出稼ぎ性」が特徴であるのに、まれにみる高い定着率となった理由として『80年史』では以下の四つの理由を挙げている。①家族移住のために精神的に安定した。②1930年代後半までに十分な利益をあげる者が少なかった。③ほかの国と違い、ブラジルでは賃金稼ぎでなく、自営農形態がほとんどで、このため儲けても事業の拡大を図って利益を投資し、より多くの儲けをねらった。

④日本の敗戦の事情を知って帰国を断念した。⑤ブラジルの自然、社会が人を安定させた［80年史1991：104］。なお、永住主義に転換させたものとして、前山は外因である④を最も強調している。
11) 戦前については日本人という呼称を用いる。戦後については、移住した日本人（ブラジルに帰化した者を含む）とその子孫に対して原則として日系人という呼称を用いる。
12) 日本人は移住当初から教育に努力したのではない。コロノ生活では子供も労働力であり、日本語学校を建てる余裕がない。しかし長期化するにつれ、ブラジルの生活は思う以上に低い生活で、その生活に慣れた子供を日本につれて帰った時どうなるのかという危機感が生まれた。1915年に最初の日本語学校ができた。1927年に在伯日本人教育会ができてから日本語教育が急速に普及した［80年史1991：77］。
　　また前山は「ブラジルではごく最近まで教育・学校というものはエリートの専有物であった。ドイツ移民も日本移民も奴隷の代替物としてブラジルに導入されたので、労働することは予定されていたが、ヨミカキをすることは予定されていなかった。だがドイツ人も日本人も子供は学校で教育を受けて人間になるのだという訓練を文化的に受けて移住してきていた。……ブラジル側からはブラジルの基層文化を犯す教育をやっていると見なされたが、彼らの意図したのは『ドイツ学校』『日本学校』を固持することではなく、単純に学校を子弟に提供し、ヨミカキ、ソロバンを教えることだった。ブラジルの社会構造は学校を供給する仕組みでなかったから、移民は自力でその不足を補った。それを具体化する類型はドイツ文化と日本文化しかなかったから、できあがったものはドイツ学校となり、日本学校になった。そこではドイツ語、日本語が用いられ、そもそも判断力をもった人間を培う教育をしようとするところでは、当然ドイツ的価値観も日本的価値観も活用された。これらが往々にしてブラジルの基層文化と相克することになった。抑圧、弾圧が強くなれば、子弟を南米の荒野で退化させるわけにはいかないとして、再移住論や日本回帰運動などが展開されたこともあった」と述べている［前山1997：41-43］。
13) 活発かどうかは地域によっても異なるが、実際には一世、年輩の二世が活動の中心を担っており、二世・三世にとっては言語の障壁があって、若い世代の参加は少ない。
14) 運動会は重要な行事で、後述するデカセギの影響による「コロニアの空洞化」として言及されたのは、まず運動会ができなくなるということだった。
15) ブラジルでの農業のやり方は略奪農法で、はじめは日本移民も同様だった。日

系農業者の果たした役割にはまず作物の多様化がある。アマゾンへの胡椒、ジュートの導入をはじめ果物、野菜、花卉などブラジルに新作物を導入し、品種改良に貢献した。とくに蔬菜・果物・鶏卵のような国内消費食料の生産とその商品化、農土の管理や処理をはじめとして、品種改良、小農地による蔬菜・果樹・畜産をとりいれた集約的営農方法の確立、協同組合運動の展開、農作物の商品化に至るまで、日系人がブラジルの農業の近代化に果たした役割は大きい[80年史 1991：285-353]。

16) 発刊当初、サンパウロ新聞はカチ組、パウリスタ新聞がマケ組のオピニオンリーダーだった。

17) 1987〜1988年に行われた調査がブラジルの日系人についての調査としては最新のものである。この『ブラジル日系人実態調査報告書』は、日系人の全体像を分析したというより、基本的な項目についての結果を示す単純集計の結果、もしくは、性別、都市・農村別にクロス集計の結果を示すだけである。実数が記入されているものもわずかながらあるが、多くは百分比のみである。統計表については1987年の調査結果と1988年の調査結果の両方が記載されているものと、一方しか記載されていないものがある。1987年の日系人口は1,228,000人とされ、翌1988年には自然増と転入者を加えて1,280,000人という数値を基礎に統計が作成されている。いずれにしても集計結果としては不十分で、中間報告といった内容のものであるが、その後新たな報告書は出されていない。

　これ以前のブラジル日系人に関する統計調査には、移民50年記念事業の一環として実施された1958年の調査があるのみである[ブラジル日系人調査委員会 1964]。

18) 1987〜1988年の調査時点で、日系人の日本へのデカセギは始まっていたとはいうものの、人数的にはさほど影響があったとは思われない。その後日本の入管法改正をへて1990年以降デカセギが大量化した。現在では日本には22万人を超えるブラジル国籍者が在留している。この数値のなかには移民一世の日本国籍者、およびブラジルと日本の二重国籍者は含まれていないが、調査当時の日系人口128万人のうち、かなりの部分が現在では日本に滞在していることになる。

19) 斉藤広志はブラジルの日系人の異民族婚に対する態度の変化について、①絶対反対の時期（1950年頃まで）、②あきらめの時期（1950〜1965年頃）、③子供本位の時期（1965年〜）に分けている[斉藤 1978：182-184]。現在でも異民族結婚に対する考え方には、世代差があるが日系人同士のほうがよいという考え方は一世、年輩の二世や、日系人の多い地方都市、農村部に残っている。

　今回の日系人のデカセギによって、日系青年が日本で出会い結婚する事例が多

くみられる。この動きがなかったならばさらに増加したであろう非日系人との結婚に、歯止めがかかったことを指摘しておく必要があろう。
20) たとえば1987年は年間インフレ率366％、1988年には933％である。1989年〜1993年にかけては年間1,000％を超えるインフレとなった。1994年以降はレアルプランによってインフレを押さえる政策がとられた。
21) これまで観察したところでは、日本語会話が十分にできる人でも読み書きは心許ない。さらに日本語の会話といっても、単語にはかなりポルトガル語が混じっている。
22) デカセギに来日した日系ブラジル人が、初期に慣れることができなくて苦しい思いをしたのは、まず甘辛い味付けの日本の食べ物であることを思えば、日本食といってもかなりブラジル化したものであると思われる。ブラジルの日本食については、森 1995bを参照。
23) ブラジル側のデカセギをめぐる状況に関しては、森 1992：144-164；1995a：494-546を参照した。
24) 邦字新聞のデカセギ求人広告の年間最大件数は1990年の1,909件である［森 1995a：505］。今日では日本語の読める年齢層がデカセギの主体ではなくなっているので、邦字新聞に求人広告は掲載されていない。むしろ日本で発行されているポルトガル語新聞のブラジル版に求人広告が掲載されている。
25) ただし不況期に入ってから人材派遣会社の対応は変化している。またブラジル人の数が増加して情報量が増えてからは、彼ら側も不況に入って解雇即住居の喪失とならないように、市営住宅への入居などの自衛措置をとっている。
26) 中隅哲郎は「連載 日系コロニアの幻想と現実 (1) 〜 (10)」（『サンパウロ新聞』1998年5月29日〜6月13日）のなかで、デカセギ現象ともかかわらせて、日系コロニア論を展開している。日系コロニアは1960年代後半から1970年代前半にかけて最盛期を迎え、1970年代後半に入ると急速に衰退し始める。主体となる一世移民が減少するのだから、これは当然の推移であるととらえる。また、30年前のコロニア全盛時代にすでにコロニアの消滅をいっている説として、「コロニア溜め池論」「コロニア安全地帯論」などコロニアのブラジル社会への橋渡し機能について言及したものを挙げ、「多くの人々が出稼ぎで日本に行くと残った植民地に空洞化が起きることがある。しかし、全体から見れば、出稼ぎは日系コロニアの衰退の一因にはなるとしても決して主要因にはならない。出稼ぎがあろうとなかろうと、日系コロニアの衰退は一世移民が減る以上、避けられぬ宿命なのである」と結論づけている。

日本移民・日系社会・ブラジル社会年表

年	日本移民・日系社会関連	ブラジル社会関連
1500		ポルトガルの植民地となる
1570		インディオ奴隷化禁止令。かわって黒人奴隷の「輸入」本格化。(～1670)砂糖の時代
1822		独立
1850		奴隷貿易の禁止。コーヒーの時代始まる
1880年代		ヨーロッパからの移民導入
1888		奴隷制廃止
1895(明治28)	日伯国交樹立	
1908(明治41)	ブラジルへの集団移民開始	←(1907、日米紳士協約による移民制限)
1925(大正14)	国策移民開始	←(1924、アメリカで排日移民法成立)
1929(昭和4)	ブラジル拓殖組合設立	
1930(昭和5)		ヴァルガス、大統領に就任。民族中心主義の政策を展開
1933(昭和8)	日本移民数24,493人と最大になる	
1934(昭和9)	日本移民制限される	外国移民二分制限法制定
1937(昭和12)		ヴァルガス、独裁政権確立
1938(昭和13)	14歳未満の児童に対する外国語教育禁止 日本語学校閉鎖	移民同化政策始まる
1941(昭和16)	邦字新聞停刊 戦前の最後の移民船到着	
1942(昭和17)	日伯国交断絶	枢軸国との国交断絶
1945(昭和20)	日本敗戦。カチ組マケ組騒動	
1950(昭和25)	カチ組マケ組事件がほぼ沈静	
1952(昭和27)	日伯国交回復	国交回復
1953(昭和28)	移民再開	
1955(昭和30)	日伯文化協会発足。県人会が続々発足	
1959(昭和34)	戦後移民のピーク	
1960(昭和35)		リオからブラジリアに遷都
1964(昭和39)		長期軍政開始
1968(昭和43)		高度経済成長(～1973「ブラジルの奇跡」)
1973(昭和48)	移民船での移民の終了。日本航空による里帰り目的のチャーター便の運行開始	
1978(昭和53)	日本航空の定期路線開設	
1985(昭和60)	日本へのデカセギ開始 日系新聞へデカセギ募集広告掲載	長期軍政の終焉。民政へ移行
1987(昭和62)	デカセギの渡航費立替制度始まる 日系旅行社がデカセギ業務に参入	
1990(平成2)	日本の入管法改正による日系人の就労の合法化。デカセギの大量化	新大統領発令のコロルプランで預金凍結
1994(平成6)		新大統領発令のレアルプランでインフレ終息
1996(平成8)	NHKの衛星放送受信可能になる 滞日ブラジル人が20万人を突破	

2 章
ブラジルの宗教文化と日系宗教の展開

本章には二つの目的がある。それは先行研究をふまえて、日系宗教全般の展開を跡づけることと、日系新宗教が直面するブラジルの宗教文化とはどのようなものかを示すことである。

1　ブラジルにおける日系宗教の展開

本節では、日本移民が初めてブラジルに渡った1908年以降、現在までのブラジル日系人の宗教生活と日系宗教に焦点をあてて、その展開を概観する。

ハワイや北米では仏教寺院や神社がかなり初期から設立され、日系人のエスニック・コミュニティの中心としての機能を果たした。ブラジルの場合は、1章で言及したように、日本政府が北米での移民制限・排日移民法などに対応してブラジル移民に活路をみいだしたという理由もあり、カトリックがあたかも国教のような国との摩擦を避けるために、カトリック以外の布教師の渡伯を制限したので、日本の宗教は移民とともにインフォーマルなかたちでしかブラジルに渡れなかった。1942年から1951年までの日伯国交断絶の空白期間をへて日本の宗教がブラジルに正式に布教師を派遣するようになったのは、ようやく戦後の1950年代になってからのことである。戦前の1925年以降1930年代前半までの時期に日本移民の顕著な増加がみられたが、これらの移民は日本の軍事的発展期に自己形成した人々であることを考慮に入れる必要があろう。

ここでは大きく戦前・戦中期と戦後期に分けて、日系宗教の展開をみていくことにする。戦前・戦中期、すなわち移民開始の1908年からの約40年間は、全体的にみて宗教に関連した生活の局面に注意が払われない宗教的停滞の時期であった。ところが戦後は日系宗教が本格的に進出するとともに、一転して宗教運動昂揚の時代となる。資料的には制約があるが、主に前山隆[1982・1996・1997]、森幸一[1985・1991]、中牧弘允[1989・1990・1991]、半田知雄[1970]の研究に依拠して、移民開始後現在までの日系宗教の展開を跡づけてみたい。なお、本書が考察の対象とする宗教は日系新宗教であるため、仏教、神道といった既成宗教には言及する機会がないと思われるので、この節ではこれら

の宗教についても概観することにしたい。なお、章末にブラジル日系宗教年表を附した。

(1) 戦前・戦中期

日本移民はコーヒー農園のコロノ（契約賃金労働者）として入植し、できるだけ早く金を儲けて帰国する短期的な出稼ぎをめざしていた。しかしながら錦衣帰国はままならず、長期的な出稼ぎに方針を変更し、コロノから開拓自営農民として独立農になり、エスニック・コミュニティである「植民地」を形成した。戦前において日本移民の宗教生活は活発といえなかった。

仏教と先祖祭祀

戦前のブラジルへの移住形態は、村落共同体や同族の集団移住はなく、「挙家移住」すなわち家の成員がまとまって移住することもきわめて稀で、家成員のごく一部分、多くは非相続者である次三男が個人、もしくは核家族単位で移住するのが普通だった。彼らは祀るべき先祖をもたず、親族を故郷に残しての移住だった。親族組織の欠落とイエ観念の不在が日本移民の特質であるといわれる。

彼らを規制している規範（原理）は「出稼ぎ」意識であった。実際には開拓地での夥しい幼児の死をはじめとして、死去する人も多かったが、移民の死は永住心が確定するまでは「客死」であり、「移民が死ぬと、その霊は飛んで日本の故郷に帰る」といわれた［前山1997：141］。開拓地では、お経もない簡単な葬式を出した。墓には卒塔婆のかわりにブラジル式の白木の十字架をたて、裏側には横に「ほとけ」の生年月日、没年月日を書き、縦に俗名、行年何歳と書いた。そして表には、宗旨により南無阿弥陀仏あるいは南無妙法蓮華経と記した。土まんじゅうの上に、ブリキ製ペンキ塗りの花輪を置く。これは風雨にさらされてもながもちした。線香をあげ、あるいは蝋燭をたて、会葬者は無言で合掌するか、口のなかで念仏か題目を唱えた［半田 1970：712］。

ブラジル移民の最大の特徴は出稼ぎ目的の効率のよい達成をめざして、長距離移動を繰り返したことだが、移転に際しては、手製の位牌、時には遺髪か爪をもって移転した。戦前の移民の多くは手製の位牌だけを唯一の「詣り墓」とした。先祖祭祀の問題が移民の間で頭をもたげてくるのは、戦後になっ

て永住心が定まり、ブラジルで「先祖となる」ことを決意してからだった [前山 1997：142-143]。

　ブラジル布教の意図をもつ仏教教団もあった。たとえば、1918年に浄土真宗本願寺派がブラジルに開教使を派遣しようとしたが、その際、外務省は、①本願寺の布教師のみを派遣すると他の宗教に対して歯止めがきかなくなる、②移民の側に布教師の生活を維持するだけの経済的条件がない、③移民がそれほどには布教師の派遣を望んでいない、④排日感情が存在する、という四つの自粛理由を出して、布教を認めず、カトリック以外の布教師の渡航を制限した。移民側には布教師の生計を維持する経済的余裕はなく、また、日本の仏教教団も地理的に広大な地域に散在する移民を対象に布教を行うことは困難であった。また「出稼ぎ」意識の移民は、長期にわたってブラジル社会で生活を続けていても仮住まいのつもりであったので、「政治や仏教をもちこんで迷惑をかけてはならない」という気持もあった [森 1991：420]。

　1930年代から日本人集団地において、教団とは無関係に在家門徒による仏教活動がみられるようになった。先祖祭祀に対する観念は希薄だったものの、現実の死者祭祀という面で聖職者の必要性は感じられており、埋葬・供養などの儀礼執行者の段階から始まって、法話会などの宗教的活動も生まれてきた [中牧 1989：391-393]。

神道・天皇崇拝
　神社はいくつかの日本人「植民地」に建立されたにとどまる。1920年にイタコロミー植民地（通称、上塚植民地）で、インディオの墓を偶然発見したことを契機に「ブーグレ神社」（ブーグレはインディオの意味）が建立された[1]。1928年にはアリアンサ植民地で諏訪神社建立の動きがあったが、ブラジルの同化政策に反するということで建立をとりやめた。日本移民が養蚕をもちこんだバストス植民地には、1938年に蚕の神を祀る蚕祖神社が建立された [森 1991：424、前山 1997：157-166、中牧 1989：395]。

　戦前においては神道儀礼への社会的要請はきわめて希薄であった。共同体内部の異質性、多様性を超えて日本人を一つにまとめ、共通に崇拝し、共同で礼拝できる唯一のものは天皇だった。地域共同体における日本人にとって、天皇は一種の守護神、広義の氏神になっていた。移民の間で欠落していた氏

神や祖先崇拝の機能を天皇崇拝が代替し、集団統合の役割を果たしていた。植民地における天皇崇拝の中心は「日本(語)学校」で、行事の際には東方遙拝、御真影への敬礼、教育勅語の奉読、君が代の斉唱などが行われた。こうした動きは1930年代に日本の国粋主義的ナショナリズムの洗礼を受けて渡伯した日本移民によって強化されることになった［前山 1997：167、森 1991：424］。

新宗教

　新宗教の場合も公式の布教師派遣はかなわなかったが、布教の意図を心に秘めてブラジルに渡った人々がいた。

　本門仏立宗の場合、1908年の第1回集団移民船の笠戸丸に布教を志す茨木日水が乗っていたが、布教の態勢が整うまでには長い時間がかかり、1930年代になってから講や支部が結成された［中牧 1991：247-274］。

　大本では、1926年に宣教を目的にして信徒が移民した。しかしこれは教団から派遣されたものではなく、農業契約移民としての渡航である。1930年頃から宣教活動が活発化し、1931年にはブラジル人から寄進された土地に神殿が建設された。当時の大本では活発な祈祷活動を行っていたが、こうした活動がカトリック教会から悪魔祓いとして排斥され、また医師たちからは大本の治療儀礼が非難の的となり、1932年にミナスジェライス州で宣伝使4人がブラジル官憲に拘留された。大本は一時期急速に展開したが、中心人物の死、日本での第二次大本教事件、米景気の後退による日本移民の他地域への移動が重なって、1930年代後半には急激な衰退期を迎えた［前山 1997：185-194］（詳しくは3章参照）。

　天理教では、1927年に海外伝道部が設立されたのをきっかけに海外伝道熱が高まり、1929年に南海大教会の信徒の大竹忠治郎ほか9家族がブラジル布教を目的としてサンパウロ州内陸部に入植し、翌1930年には小さな信徒グループを結成した。さらに1931年には、移住地とサンパウロ市の中間にあり、鉄道網の基点で、日本領事館もあるバウルー市に大竹は単身で出、布教に専念することになった。1935年にはブラジル初の教会であるノロエステ教会ができた。1937年にはサンパウロ州内陸部に九つの教会をかかえるまでになり、ブラジル全体を統合する組織の基礎は1941年段階までに固められていた［前山 1996：286-289、森 1985：9-11；1991：426-427］。

上記3新宗教は布教の志をもって移民してきた信徒によって布教が始まったのだが、生長の家の場合は、ブラジルで入信した信徒が布教活動を始めた。1934年にブラジルで病床にあった松田大二郎が『生命の実相』を読んで熱心な信徒となり、その後弟の己代志とともに行った我流の神想観と聖経「甘露の法雨」の読経による病気治療を通じて、人が集まってくるようになった。1936年に初めての誌友会が組織され、同年日本の本部からブラジル支部の認可を受け、各地に誌友会が結成された。ただし、この時期の信徒は教団の刊行物を読んだだけで、個人的信仰体験はあっても本部から直接間接に教化や訓練を受けた者はいなかった［前山1997：228-229、森1991：427］。

このように1930年代に入って、インフォーマルなかたちであるにせよ、相次いで布教が活発化してきたのは、1925年以降の移民の増加と集団地の形成、短期的出稼ぎから長期的出稼ぎへの変更による生活の仕方の変化によるが、また開拓前線での医療施設もないなかで、新宗教に病気治しなどの現世利益的な問題解決が期待されたことによる。

1930年代後半、ヴァルガス政権によってナショナリゼーション政策が強く推進された。ここでとられた政策はブラジル精神の昂揚と同化政策だったので、排日の気運が起こり、宗教活動にも制約が生じた。さらに1942年の日本とブラジルの国交断絶により、日本人は敵性国人として多くの自由を奪われることになった。本門仏立宗では、密かに開いていた講の最中、ブラジル人から暴行を加えられる事件が起こった［中牧1991：267-268］。天理教も敵性国宗教として教会が閉鎖され、集会は禁止された。バウルー教会長の大竹忠治郎は拘引され、1942年3月から1年3ヵ月拘留間された。出獄後はサンパウロ布教所に身を寄せて、密かに教義講習会を開いた［森1991：428］。

生長の家では、パラナ州に光明村を建設し、「皇運扶翼生長の家青年会」を結成、官憲の目をのがれて活動を続けた。このなかから戦後、生長の家の幹部になる人材が養成されてくるが、同時にこれらの人々は強硬なカチ組的心情のリーダーで、戦後の教団性格の形成にも影響した［前山1997：230］。

(2) 戦後期

1950年代以降、日本からの宗教の進出が相次ぐ。仏教諸宗派はほとんど

1950年代に布教に着手し、新宗教の場合も主要教団は1950年代から1970年代でほぼ出そろった。また、日系ブラジル新宗教というべき日系人がブラジルで創唱した新宗教も1960年代に組織化された。既成宗教のなかでは神社の役割は小さい。仏教は日系人が多く居住する地域社会に拠点を築き、他方、新宗教は都市に拠点を置いた。

戦後、子弟がブラジル的環境のなかで教育されて、ブラジル人になってしまうこと、日本の敗戦によって帰るべき祖国を喪失したと感じたことなどによって、日本移民はブラジルへの永住を決めた。永住の決意とともにある種の「イエ」意識が芽ばえ、自らをイエの「先祖」として規定し始めたという。

仏　教

真言宗では1939年に高野山大師教会伯国支部が設立されているが、ほとんどの仏教宗派は1950年代から組織的な布教を開始した。真宗大谷派は1952年に法主のブラジル巡教を契機に開教した。浄土真宗本願寺派の布教は戦前にも篤信の門徒によって行われていたが、1954年にサンパウロ市400年祭の時に門主の巡教が行われたことを契機として正式に開教した。浄土宗と日蓮宗は1954年に開教、曹洞宗は1955年に南米別院を設立した［中牧 1989：393-394］。なお天台宗系として、伯国観音寺院（別名聖母観音、浅草寺の聖観音宗系統）と天台宗成願寺不動尊祈祷所がある（日系ブラジル新宗教の項で後述）。いずれも戦後日本の本山から認可を得たが、実際はブラジルに移民した日本人霊能者によって始められた新宗教である。

1958年には「ブラジル仏教連合会（仏連）」が結成され、浄土真宗本願寺派、真宗大谷派、曹洞宗、浄土宗、日蓮宗、真言宗の6宗派が加入している。仏連に属する宗派の寺院は大多数、日系人の多く居住するサンパウロ州とパラナ州に位置している。

仏教寺院の果たす役割はカトリック教会のそれと類似している[2]。日系社会の公的行事、すなわち節目に行われる「移民〇〇年祭」と毎年6月18日の「移民の日」には、通例、仏教による開拓先亡者追善法要とカトリックのミサが行われる。通過儀礼や年中行事、とくに葬送儀礼・法事・盆は重要である。なお、ブラジルの場合、寺院の機能は儀礼・行事が中心で、日本語教育は1章でみたように日本人会が担っていたので、教育機能は少ないが、福祉活動

は比較的活発である［中牧 1989：401-403、森 1991：433-434；445-446］。

神　道
　神道系の宗教団体には、①日本移民によって植民地に形成された神社（戦前の項参照）、②日本の民俗宗教とブラジル的な宗教を習合したかたちで霊能者によって都市部で創設されたもの（日系ブラジル新宗教として後述する神乃家ブラジル大神宮教の巖戸神社など）、③日本から直接進出した団体、がある。③に属する靖国講は、カチ組のリーダーたちが中心になり、1949年以降10ヵ所で、戦没した日本人兵士の慰霊と日本の靖国神社への財政的支援を目的として活動を行っている。また、1961年にサンパウロ市近郊の日系人集住地スザノ市に伯国石鎚神社（別名敷島神社）、1979年に香川県人会館のなかに金刀比羅神社が祀られた。さらに、生長の家の宝蔵神社が1965年に設立され、大国主命を主祭神とし、日系人信徒の家族・縁族の霊とともに、非日系人信徒の霊も祀られている［中牧 1989：345、前山 1997：168-177］。

新宗教
　戦前に布教を開始した大本では、1955年に南米主会が設置され、再組織化が行われた。1956年に日本からブラジルに特派宣伝使が派遣された［前山 1997：195］（3章参照）。天理教では1955年、サンパウロ州バウルー市に天理教ブラジル伝道庁が設置された。生長の家では、1950年に聖市（サンパウロ市）近郊誌友会連合会を、1951年に全ブラジル連合会を結成し、同年生長の家ブラジル総支部の認可を受けたが、カチ組マケ組問題による対立抗争は容易に処理できず、日本の本部の権威に頼ってその収拾を図ろうとした。そこで、1952年に日本から最高幹部の1人が派遣された。これ以降、日本の教団本部の統制がすべての局面で強力に作用するようになった。なお、前山隆は、カチ組の人々が日本帰国の志を捨て母国日本を捨てた時に、もう一つの「日本」を創出する「日本回帰運動」になっていったと述べ、元カチ組のネットワークが日本精神と反文化変容主義を強調する生長の家の宣教ネットワークとなり、元カチ組のリーダーたちが宣教使に姿をかえていったと記している［前山 1997：231-233］。
　このほか1950年代には世界救世教（1955）、PL教団（1957）が、1960年代には創価学会（1960）、金光教（1964）が、1970年代には立正佼成会（1971）、世界真光

文明教団（現．崇教真光、1974）、霊友会（1975）、GLA（1977）が、1980年代に修養団捧誠会（1981）が、1990年代には幸福の科学、阿含宗（1990）も進出した。この他、宗教法人ではなく修養団体であるが、モラロジー（1963）、修養団（1971）も活動している。これらのなかで日系社会を超えて展開し、非日系人の信者が多くを占めるのは、生長の家（日語部とポ語部の二重構造あり。1967年から非日系人布教に方針転換）、世界救世教、PL教団、創価学会、崇教真光である。PL教団と世界救世教はブラジルに聖地を建設した。

日系ブラジル新宗教

　ブラジルで日系人霊能者によって創始されたものに、伯国観音寺院（別名聖母観音。野村初次郎が1942年から祈祷師的活動を開始し、1951年に寺院建立、1958年に浅草寺から末寺として認可される）、天台宗成願寺不動尊祈祷所（山本妙澄が1961年設立、1975年に熊本県の天台宗長寿寺通称木原不動尊で得度を受ける）、稲荷会（野々垣こちえが1947年から祈祷師的活動を開始して1966年に設立、伏見稲荷・石切剣箭神社・柳谷観音と関係がある。9章参照）、神乃家ブラジル大神宮教（別名巌戸神社、森下鈴子が1940年ころから祈祷師的活動を開始し、1965年に伊勢神宮の分社になる）、神道倭教大神宮（伊勢神宮系、二世の女性により1970年に設立）がある。

　伯国観音寺院と神乃家ブラジル大神宮教の調査を行った前山隆は、両者共通の特徴として以下の諸点を挙げている。①成人になってから移民した一世が、戦前から病気治しを主体とする祈祷師的活動を開始し、戦後に宗教集団を形成した。②宗教的慣行や信仰上の実践においては、日本の宗教伝統とは異質なブラジルの民衆カトリシズム、アフロ・ブラジリアン宗教のウンバンダなどから多様な要素を吸収しており、ブラジルで広く行われているエスピリティズモ（心霊主義）の日本版として受けとめられている。③中核的・固定的信徒は日系人だが、参拝者の7〜8割を非日系人が占める。④戦後、日本の本山・大社の末寺・分社になることを志向したが、これは祈祷師的段階から脱皮する時に日本の総本山などの宗教的権威・威信を必要としたにすぎず、その内容においては末寺でも分社でもなく、独自なブラジル的展開をしている。⑤いずれも1960年代に教団としての基礎を固め、聖地を建設するが、そこには日本の神仏が祀られエスニック・アイデンティティの一つの表現がみられるとともに、ブラジルの神々も祀られて習合し、日系ブラジル新宗教と

して土着化している［前山 1997：257-323］。

　これらの諸点はだいたいにおいて他の日系ブラジル新宗教にもあてはまる。通過儀礼・年中行事を担当し、日系社会に基盤を置く仏教ではブラジルの宗教文化との関連が希薄であるが、人々の具体的問題解決にかかわっている日系新宗教や日系ブラジル新宗教では、カトリック、エスピリティズモといったブラジルの宗教文化の影響は大きく、またそれとの対応を迫られてくることになる。そこで２節では、ブラジルの宗教文化を概観する。

2　ブラジルの宗教文化

　ブラジルの国家形成期の主要な人種は、原住民のインディオ、征服者としてのポルトガル人、奴隷としてアフリカから強制連行されてきた黒人である。したがってブラジルの宗教の源流は、原住民インディオの宗教、西アフリカの黒人の部族宗教、ポルトガル人のカトリック（カトリシズム）の三つである。19世紀になって、フランスの心霊主義のカルデシズモ、20世紀になってプロテスタント諸教派（とくにペンテコステ派）などが加わり、現代ではさらに多様な宗教が混入している。カトリックが国教だった時代を含めて現在に至るまで、ブラジルはカトリック教国といわれながらも、実はさまざまな宗教運動が展開してきた。宗教的多様性のなかで特筆すべきは、神ないしは精霊といった超自然的存在が人間に憑依することをその教義・儀礼の中核にするもので、「憑霊宗教」として一括されるような諸宗教である。

　ブラジルの宗教状況は以下のように分類できる。

```
カトリック教（カトリシズム）──┬─公的カトリシズム
                              └─民衆カトリシズム

プロテスタント（主にペンテコステ派）

エスピリティズモ（心霊主義）──┬─カルデシズモ
                              └─ウンバンダ（アフロ・ブラジリアン宗教）
```

(1) カトリック

ブラジルはカトリック教国であるといわれるし、実際、1980年の国勢調査では人口の約90％がカトリック教徒であると自認している［Barrett（訳） 1986：741］。カトリック教会と国家との関係では、1889年にブラジル帝政が廃止され、共和制成立とともに政教が分離した。その後1934年に憲法で教会と国家の関係が回復し、1946年に再度政教分離したが、実際にはカトリック教会の国家に対する影響は大きく、1970年代に入ってやっと両者に分離がみられるようになった［Barrett（訳） 1986：745］。

ブラジルのカトリックは、公的カトリシズムと民衆カトリシズムの関係において理解しなければならない。カトリック教会の日曜のミサへの出席率は農村部で60〜70％、大都市や急激な社会変化が起こっている地域では10〜15％である［Barrett（訳） 1986：742］。人々と公的カトリシズムとの関係は、通過儀礼にかかわるものがほとんどであり、むしろ人々が信奉しているのは民衆カトリシズムである。

民衆カトリシズムの中核は聖人崇拝（聖母マリア崇拝も含む）で、「プロメッサ（願掛け）」「奇跡」「懲罰」の3要素から構成される。すなわち、人間から聖人への働きかけである「プロメッサ」と、祈願成就後の返礼の実行、聖人から人間への働きかけである「奇跡」や約束の不履行に対する「懲罰」的制裁である［荒井 1982：196-202］。プロメッサは聖人と信者との間の互酬的なコミュニケーション行為で、事の重大さに応じた順当な交換が行われるのが普通である。ブラジルには奇跡を起こすと信じられている聖人・聖母に由来する教会が全国規模の巡礼地となっているが、多くの参詣者にとって巡礼の標的は教会の本堂ではなく、教会に附属している「奇跡の部屋」である。これはプロメッサの際に祈願成就のお礼として奉納すると約束したもの、あるいは治癒した身体の部所を木または蜜蝋でかたどったもの、骨折や足の病気からの回復を示すギブスや松葉杖、祈願の動機となった出来事ないし事情を書いた奉納画、すなわちエクス・ヴォト[3]を奉納し展示しておく部屋である。図像化したエクス・ヴォトの現代的な形態として写真が奉納されることもある［荒井 1994：166, 岩井 1991：33-39］。ブラジルの守護女神である聖母アパレシーダは黒い聖母で奇跡の強い力をもつが、返礼の約束を守らないとその懲

写真2-1 聖母アパレシーダを祀る神殿（新神殿）　(1988年) [著者撮影]

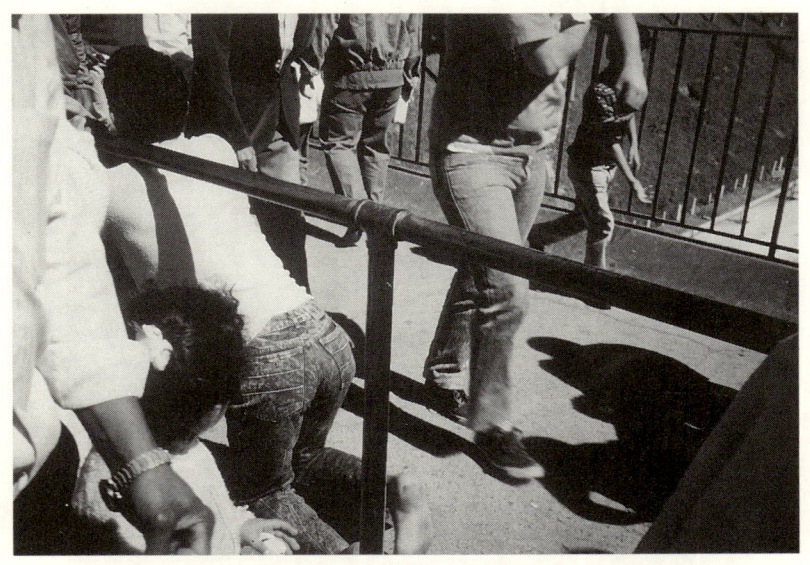

写真2-2 プロメッサの返礼のため、新神殿と旧神殿をつなぐ長い橋を膝で歩く人 (1988年) [著者撮影]

写真2-3　奇跡の教会といわれるボンフィン教会のエクス・ヴォト①
（1988年）［著者撮影］

写真2-4　奇跡の教会といわれるボンフィン教会のエクス・ヴォト②
（1988年）［著者撮影］

罰力も強いとされている。

(2) プロテスタント

プロテスタント諸教派のブラジルへの流れとしては、①伝統的なプロテスタントの主流に属する教派で、北米諸教団の宣教活動によって成立した教派、②ペンテコステ派のグループ(1910年に米国のアッセンブリーズ・オブ・ゴッド教団が伝道開始)、③保守的福音派教団(戦後に米国から伝道)がある。このなかでペンテコステ派が最大規模をもち、急速に成長している。また、ペンテコステ派系でブラジルで成立した教派もある[Barrett(訳) 1986：744-745]。

ブラジルのプロテスタントは1980年には総人口の4％を占め、1990年には13％になったという[Barrett(訳) 1986：741、乗 1998：213]。近年のペンテコステ派の伸張はめざましい。ペンテコステ派は「聖霊のバプテスマ」と呼ばれる宗教体験を重視し、それを受けた者は、聖霊のカリスマ、すなわち即時の聖化、予言能力、神癒力、異言を語ってそれを理解する能力を、一つ以上もつことができるとされる[藤田 1982：77]。

ペンテコステ派の伸張は、ブラジルの近代化・工業化・都市化といった社会変動と密接な関係がある。信徒の多くは都市に移住した農民だった。彼らは古い社会秩序の崩壊に直面して、なじみのない新しい都市環境のなかで不安な状態にあったが、牧師は会衆を拡大家族のかたちで組織し、彼らはそのなかで新しい仲間を発見した。また聖霊のたまものとして異言を話す力を得ることは、代償作用としてのシンボル的意味をもった。禁酒、規則正しい労働、献身的奉仕を日常生活のなかで組織的に行うように導き、都市社会に適合する新しいタイプの人間に信徒をつくりかえた。教会活動に参加することによって、仲間意識・連帯感を強化し、単純明快な生活規律を守り、苦しいなかで生きていく自信を獲得した。彼らは積極的に政治に参加することはなく、個人的倫理を中心にし、世俗社会に対しては無関心である。ペンテコステ派の特徴の第一は、聖霊の癒やしによる信仰治療、第二は教会の集いの楽しさ(音楽を利用)、熱心な伝道集会、第三は飲酒・家庭不和・社会不安の克服と謹厳・正直・勤勉な生活にある。正式の神学教育を受けていない信徒も、自分の体験は説けるという点も特徴である[藤田 1982：77-81；1994a：74-79]。

なお、伝統的なペンテコステ派では、快楽・娯楽・欲望などに対する世俗内禁欲の態度が強いが、1970年代後半以降にブラジルで生まれたペンテコステ派の独立教会（ウニベルサール教会など）では、それらは肯定的にとらえられ、禁欲を説いていない［山田 1997：63］。また、アッセンブリーズ・オブ・ゴッドなどの伝統的なペンテコステ派では、アフロ・ブラジリアン宗教のウンバンダ（後述）のテヘイロ（祭祀場）に行くこともあり、エスピリティズモの信者でもある［藤田 1994a：75-76］。ただし、上記のウニベルサール教会では、悪魔祓いを行う一方、アフロ・ブラジリアン宗教への批判が述べられ、対決姿勢があるという［山田 1997：63］。

(3) エスピリティズモ

エスピリティズモとは心霊主義で、心霊術とも訳される。1965年までの国勢調査では、エスピリト（霊）の存在を信じ、死者の霊と交信できるという信仰を共有するものとして、フランス系の心霊主義であるカルデシズモとアフロ・ブラジリアン宗教のカンドンブレ、ウンバンダなどがエスピリティズモに一括されていたが、1965年以降はカルデシスタ部門とウンバンヂスタ部門に分けられている。前者は、alto espiritismo (high spiritism)、後者は baixo espiritismo (low spiritism) と分類される［藤田 1994c：372］。したがって、エスピリティズモとは、広義にはフランス系のカルデシズモとアフロ・ブラジリアン宗教のウンバンダ双方を含み、狭義にはカルデシズモをさす。理念型としては一方の極には純粋なカルデシズモ、他方の極には純粋なウンバンダがある、憑霊宗教連続線として考えることができよう［森 1997：67］

カトリック教徒の大多数はエスピリティズモの教えを信じている。総人口の30％は少なくとも年に一度は何らかのエスピリティズモの祭儀に参加したことがあり、15％は日常的に、積極的にその祭儀に参加していたと推定されている［Barrett（訳） 1986：741-742］。

カルデシズモ

カルデシズモは1857年にフランスのレオン H. リヴァーユが、アラン・カルデック（Allan Cardec）という名で著した『心霊の書』に始まる。1965年にブラジルにこの神秘主義的哲学思想が移入され、民衆カトリシズモとの接触のな

かで変容した。カルデシズモ（カルデックの説いた心霊主義）の教義は、人間は霊、肉体、ペリスピリト（霊と肉体を結ぶ物質）から構成されているととらえ、死霊が再びこの世に帰ってきて生者と接触するという「心霊再来説」が中心である。そこでは、①霊的存在との直接交流の観念が中心をなし、②霊が輪廻転生を繰り返しながら、完全＝神に向かって霊的進化をとげていくとする霊的進化主義の立場をとり、③この世における不平等は霊的進化の度合いによって決定され、各々の霊は「輪廻転生」で過去の良き果実、あるいは悪しき結果を引き受け、「カルマ（因縁）」をつくると考え、④霊的進化のためには、受肉霊＝人間の段階で慈善と教義学習の実践を必要とし、⑤ネガティブな思考を行うと進化段階の低い霊から霊的影響を受けるので、より霊的段階の高い霊との交流によるプラスの霊的影響を受けるためには、常にポジティブ・シンキング、良い意志をもつ必要があるとし、⑥究極的には高い霊との間の庇護関係がめざされる。具体的な信仰実践としては、セッソン（降霊会）と呼ばれる場において、教義の学習と霊媒になるための能力開発、霊媒によるコンスルタ（問題の原因や解決方法の指導）、パッセ（浄めの業）、信仰治療、および慈善活動の実践がある。なお、霊媒たちは自らの呪術宗教活動あるいはその儀礼を行う空間を「メーザ・ブランカ（白いテーブルの意）」と規定している。これは可視的には儀礼空間の中央に配置された白いテーブルクロスのかかった大きなテーブルを意味するが、象徴的にはこのテーブルの存在がウンバンダとの差異を占めるものになっている［森 1997：67-73、藤田 1982：203-205；1994c：372-373、山田 1997：50-53、角川 1994：230-234、東ほか 1995：32-33、Castellan（訳）1993：50-76］。

　カルデシズモの教義は厳格で禁欲的であり、科学・宗教・哲学を重んじるので、信者にはインテリ層の中産階級が多い。病気・貧困・離婚・失業などの苦難からの救済を求める一般のブラジル人の要求に対しては、霊媒をとおして働く医者・弁護士・教師などの死霊によって問題解決をするグループもあり、とくに医者の霊が憑依し、「心霊手術」をすることもある。

　カルデシズモの信者は自らをエスピリタ（心霊主義者）と呼ぶのが一般的だが、次に述べるウンバンダの信者もその語を用いるため、「霊的に低い」ととらえられるウンバンダの信者と区別するために、カルデシスタという言葉を

用いることもある。

ウンバンダ

　ウンバンダは広義にはアフロ・ブラジリアン宗教一般をさすが、狭義には、特定のアフロ・ブラジリアン宗教をさし、カンドンブレ、キンバンダ、シャンゴなどアフリカ伝統の濃厚な宗教に対置させる[4]。ブラジルでは、アフリカのさまざまな地域の宗教伝統がカトリックの影響のもとで再編され、共通性とともに無視しえない差異がある[5]。その理由としては、継承している伝統がアフリカの複数の地域にわたること、ブラジルにおけるカルト相互がなかば独立的に形成されてきたことにある [古谷 1986：262]。

　狭義のウンバンダは、1920年代にリオデジャネイロで成立したアフロ・ブラジリアン憑霊宗教である。これはアフロ宗教にカルデシズモ、民衆カトリシズム、インディオの宗教が習合したものである。

　多くの研究者がウンバンダを「国民的民俗宗教(National folk religion)」と規定している。その理由の第一は、中核的な憑依霊がブラジル性を表象するとされる「プレット・ヴェーリョ」と総称される黒人奴隷の霊と、「カボクロ」と総称されるインディオの霊であること、第二に、教義の中心はカルデシズモから吸収した霊的進化イデオロギーであること、第三に、この宗教運動に参加する信者の中核は非アフロ系ブラジル人であって都市産業社会の中間層であること、などである [森 1997：67]。

　ウンバンダの儀礼で現れ、重視されている四つ憑依霊は、プレット・ヴェーリョ、カボクロ、クリアンサ、エシュである。プレット・ヴェーリョは黒人奴隷の賢者の死霊で、カボクロは植民地支配を受けて奴隷化されたインディオの脱受肉霊である。クリアンサは新生ブラジルを象徴する幼児の霊である。エシュは邪悪な生活を送った人々の霊で、カトリックでは悪魔と同一視されるが、善悪の両義的性格をもつトリックスターである。地底の雑多な諸霊が参会者に紛れて集会の内部に忍び込みウンバンダの儀礼の邪魔をしないように睨みをきかせる役割がある [前山 1997：388-390、藤田 1982：188-193]。ウンバンダの儀礼は一般に夕刻または夜に始まる。白装束を身にまといドラムなどの音楽にのって、霊媒たちがトランス状態に入る。霊媒による現実的な問題解決のための「霊的な仕事」こそが、儀礼の最大の目的である [東ほか

1995：52、古谷1986：263、Brown 1979：280]。

　ブラジル社会の変化とウンバンダの形成・発展の間の関係に関する研究では、ウンバンダを1930年からの都市化・工業化・階級社会化などの社会変化への宗教的な対応形態とみている。ウンバンダはフランス系心霊主義のカルデシズモから影響を受けているので、カンドンブレなどアフリカ色の強いものからみれば、ウンバンダはアフロ・ブラジリアン宗教の「白色化」であり、カルデシズモ側からみれば、カルデシズモの「黒色化」としてとらえられる。「霊的進化主義」によれば、霊は各自の努力によって向上しうる。それは、少数の特権階級と残余の大衆で構成される旧い社会システムから、社会の中間層が主役となり、各自の努力によって上昇することができる新しい社会システムへの脱皮を志向するイデオロギーと、整合している［古谷1986：264-265]。

　ウンバンダは1960年代に急速に拡大していった。ウンバンダの信者の階層は、現在では下層というより、中産階級もしくは中層に上昇可能な下層の上である。それらの人々にアピールする根拠は、信仰治療、心理的安定、慈善、霊的慰めに加えて、人生問題に直面している近代人の不安、人生の勝者になりたいという欲求、都市化・工業化のなかでの物質的な経済改善への渇望にある［藤田1982：176]。なお、夥しい数のカトリック教徒がウンバンダの信者でもあり、その影響はカルデシズモよりも大きい。ウンバンダ・センターは一つ一つが独立していて、宗教上（教理、儀式）の権威の座をもたないため、その組織は多様である。

　ウンバンダは日系人にとっても重要な意味をもっている。その儀礼に参加する人ばかりではなく、直接参加しない人でも、自らの不幸や病気をウンバンダや「マクンバ」に災いされたものとしてとらえる一般のブラジル人たちの解釈を受け入れている。マクンバの用法には二つある。一つはリオデジャネイロのバンツー系黒人のなかで発展したアフロ・ブラジリアン宗教の一形態をさすものであり、もう一つは、黒呪術を実践し、不幸を人に送り込むものと「ウンバンダ」を解釈した侮蔑的な意味をもつ語としての使用法がある［荒井　1997：145、前山1997：391]。狭義のウンバンダ自体は他のアフロ・ブラジリアン宗教に比べて白呪術であるとの認識もあるが、これを含めたアフロ・ブラジリアン宗教の呪物崇拝、動物供儀、そして白呪術もすれば黒呪術

もするという、ステレオタイプに基づいた認識は一般的に共有されている。こうした認識は、マクンバを人種的には「黒人」を主体にし、霊的進化の度合いは相対的に低く、「本来は無償であるはずの霊的能力」を金や物質のために利用したり、「霊的な能力を依頼者の要求により操作する」、黒呪術・邪術・妖術的行為とみなしている［森1997：78］。日系新宗教がまず対応しなければならないことの一つに、マクンバ祓いの実践がある。

3　ブラジルの宗教文化と日系新宗教の接点

　ブラジルでは、植民地支配者ポルトガル人がもってきたカトリック、原住民インディオの宗教、そして奴隷として強制連行されてきた圧倒的多数の黒人の宗教、さらにフランスの心霊主義カルデシズモの流れがあり、相互の間に習合が起こって、すでに大きな文化変容を経験した。後発の日系新宗教はこうした単一的ではない習合的な宗教的土壌と接触することになる。

　ブラジルの宗教文化を支える信念体系について、日系新宗教との接点という視角から要点をまとめると以下のようになる。これらは日系新宗教がブラジルで展開するにあたって、布教対象の個人が内面化している宗教文化にかかわるものである。日系新宗教はまず日系社会にふれ、そしてブラジル社会へと展開していくのが一般的だが、日系人の宗教的心性のなかにすでにブラジル的宗教文化が入っている。また、非日系人への布教に際しては、当該新宗教のもつ教えや実践がブラジルのこうした宗教的土壌にどの程度適合的かが、受け入れやすさを規定する。さらに日系新宗教の文化変容にもかかわるものである。

　①カトリックといっても公的カトリシズムは弱いが、聖母・聖人へのプロメッサ（願掛け）による奇跡信仰を核とした民衆カトリシズムは根強い。
　②プロテスタントの場合、ブラジルではカリスマ体験を重視するペンテコステ派が盛んである。これはカタルシスによって緊張から解放させる機能、悪霊祓いによる信仰治療の機能に加えて、ブラジルの近代化・工業化・都市化の流れのなかで、農村部から移動して共同体を喪失した人々

③カルデシズモは、その信念体系のなかに輪廻転生、カルマ（因縁）、霊的進化の概念があり、慈善を奨励し、霊媒による信仰治療や問題解決も行っている。また医者の霊を憑依させることによる心霊手術の実践もある。カルデシズモに関する書物はたくさん出版されており、信者は識字層である中産階級であるとされている。したがって、カルデシズモの信者であると明言することは恥ずべきことではない。

④アフロ・ブラジリアン宗教を主体にカルデシズモと民衆カトリシズムが習合したウンバンダは、カルデシズモから輪廻転生、カルマ、霊的進化の概念を受け入れ、霊媒による具体的な問題解決を行い、憑霊現象がある。これはブラジル社会の都市化・工業化のなかで、ブラジル・アイデンティティの形成とも関連して受容されたといわれる。個々の霊能者による独自の活動という性格が強い。

⑤エスピリティズモ（カルデシズモ、ウンバンダ）の信者は、日系新宗教にみられる輪廻転生、因縁、霊的進化の概念を受け入れやすい。

⑥ウンバンダは一般的には白呪術とともに黒呪術も行う両義的な存在である。アフリカ性が強いほうが、より黒呪術的であるととらえられている。ウンバンダに対する「マクンバ」という言葉は、黒呪術の実践の意味で、マクンバ祓いは日系新宗教が多かれ少なかれ対処しなければならなかった問題である。

⑦ブラジルでは都市化・工業化によって、シャーマニズム的要素が衰退するどころか、社会変動のなかで生じる個別問題の解決のために、その役割はますます重要になってきている。この文脈のなかで、プロテスタント・ペンテコステ派が信者を集め、カルデシズモ、ウンバンダで霊媒をとおして問題解決をし、また日系新宗教のうちのいくつかが非日系人信徒を獲得していくことになる。

注
1) 上塚周平は1908年に第1回笠戸丸移民とともに来伯した皇国殖民会社のブラジ

ル業務代理人であった。理想の植民地づくりのため再渡伯し、1918年にイタコロミー植民地を創設した［80年史 1991：55］。開拓地で森林を伐採していく過程で発見したインディオの墳墓の霊を祀って神社を建てたのは、上塚の発想によるといわれる。上塚は「われ等より先住せる民族の墓を此の儘にして置く事は日本人の伝統的精神に背くものだ。以って先住民族の霊を慰藉し且つ奉賽すべし」と考え、社殿と鳥居を建て、インディオが使用した水瓶と土製のラッパを御神体として、上塚植民地開拓開始記念日をこの神社の祭礼の日と定めたが、それほど長く継続しなかったようである。前山は、ブーグレ神社が日本神道上の神社であるかについて疑問を呈し、これは移民がケガレや祟りを怖れて先住民を手厚く祀ったもので、自らの氏神、自らの神社として建てたものではないとしている［前山 1997：158-159］。

2) 日系人に対するカトリックの布教は1919年に始まった。41頁の表1-8でみたように、日系人の約6割がカトリック教徒である。ブラジル司教協議会は日本・ブラジル司牧会 (Pastoral Nippo-Brasileira) を設けており、日系人の司祭と修道士とが日系人信徒の司牧活動に従事している［Barrett（訳）1986：744］。

　　カトリックへの帰依は個人的な信仰というよりも社会的な関心から行われていたとみる方が妥当であると、中牧は述べる。。二世に幼児洗礼を受けさせる例が多かったが、これはコンパードレ制という代父母制の慣習に順応した結果で、地元の有力者や町の名士に代父母を依頼し、ブラジル社会への適応と社会的経済的上昇のための一つの手段として行われた。またブラジルではカトリックへの"遠慮"と日本宗教の自粛から、地元のカトリック教会で洗礼や結婚式を行っていた。個人的な信仰というよりも、社会的慣行としてカトリック教会とつながっていたのである［中牧 1989：385］。

3) エクス・ヴォトとはラテン語で「祈願後の感謝」という意味で、奇跡を起こすと信じられている聖母や聖人といった超越的存在に対して祈願し、その成就した後に捧げる感謝の奉納物を包括的にさす［岩井 1991：32-33、谷 1997：81-85］。

4) ウンバンダの定義は研究者によってさまざまで統一されていない。たとえばカルデシズモと対置させて、アフリカ色を明らかに受容している集団をウンバンダと呼んだり、キンバンダを「黒呪術」と呼び、ウンバンダを「白呪術」と呼んだり、さまざまである。［前山 1997：386-387］。

5) ポルトガル人は黒人奴隷にカトリックへの改宗を強要したが、内面に達する徹底した改宗を強要しなかった。在来の宗教体系が弱くない場合には、在来の宗教体系の諸要素と再解釈した外来の諸要素をまとまりよく構成し直すことによって、新しく均整のとれた宗教体系を作り出すことが可能で、「再構成」「再統合」を出現

させる。アフロ・ブラジリアン宗教は、カトリック聖人とアフリカ由来の神格間の対応関係など、二つの宗教が習合している [藤田 1982：39-40]。

ブラジル日系宗教年表

年	事項
1908（明治41）	［仏立］本門仏立宗茨木日水、布教の志をもって移民（活動は1930年代〜）
1926（大正15）	［大本］大本信徒、布教の志をもって移民（宣教活動は1930年代〜）
1929（昭和4）	［天理］天理教信徒9家族、布教の志をもって移民
1931（昭和6）	［大本］大本、人類愛善堂建設
1935（昭和10）	［天理］天理教ノロエステ大教会設立
1936（昭和11）	［生長］ブラジルで入信した信徒による誌友会結成。ブラジル支部設立認可
1939（昭和14）	［仏教］真言宗、高野山大師伯国支部設立
1949（昭和24）	［神道］靖国講進出
1951（昭和26）	［生長］生長の家全ブラジル連合会結成。ブラジル総支部の認可を受ける ［ブラジル］伯国観音寺院（聖母観音）寺院建立（1958年に浅草寺末寺となる）
1952（昭和27）	［仏教］真宗大谷派開教
1954（昭和29）	［仏教］浄土真宗本願寺派開教 ［仏教］浄土宗、日蓮宗開教
1955（昭和30）	［仏教］曹洞宗開教 ［大本］大本南米主会設置 ［天理］天理教ブラジル伝道庁設置 ［救世］世界救世教布教開始
1957（昭和32）	［PL］PL教団布教開始
1958（昭和33）	［仏教］ブラジル仏教連合会結成
1960（昭和35）	［創価］創価学会ブラジル支部設立
1961（昭和36）	［神道］伯国石槌神社建設 ［ブラジル］天台宗成願寺不動尊祈祷所（1975年に日本で得度、末寺となる）設立
1963（昭和38）	［修養］モラロジー進出
1964（昭和39）	［金光］金光教ビリグイ教会設立
1965（昭和40）	［生長］宝蔵神社建設 ［ブラジル］神乃家ブラジル大神宮（別名巌戸神社）が伊勢神宮の分社となる
1966（昭和41）	［ブラジル］稲荷会設立
1970（昭和45）	［ブラジル］神道倭教大神宮設立
1971（昭和46）	［佼成］立正佼成会ブラジル教会設置 ［修養］修養団進出
1974（昭和49）	［真光］世界真光文明教団（現．崇教真光）布教開始
1975（昭和50）	［霊友］ブラジル霊友会発足（ブラジル支局設置）
1977（昭和52）	［GLA］GLA布教開始
1979（昭和54）	［神道］金比羅神社（香川県人会内に設置）
1981（昭和56）	［捧誠］修養団捧誠会布教開始
1990（平成1）	［阿含］阿含宗、寺院建立

注）［仏教］は仏教宗派を、［神道］は日本から進出した神道系のものを、［ブラジル］はブラジル産の日系ブラジル新宗教を、［修養］は宗教でなく修養団体をさす。上記以外は、新宗教名の略名である。

出所）前山隆 1997,『異邦に「日本」を祀る』；森幸一 1991,「ブラジルに於ける日系人の宗教生活と日系宗教」；中牧弘允 1989,『日本宗教と日系宗教の研究』；同 1990,「新宗教の海外布教」、および著者の聞き取り調査から作成。

II 部
日系人主体の日系新宗教

3 章
大 本
──非日系人布教から日系人中心の宗教への移行──

ブラジル大本布教拠点図

・伯光苑
・サンパウロセンター

章とびら写真：愛善堂　（1998年）［著者撮影］

はじめに

　ブラジルで第二次大戦以前から布教を始めた宗教には、天理教、生長の家、大本がある。このなかで天理教は基本的に一貫して日本人・日系人信徒が主体の宗教として展開した。生長の家は日本人・日系人中心の宗教であったが、1960年代後半以降非日系人の信徒が急増し、現在では非日系人が信徒数の95％を占めている。大本は1930年代および1950年代後半から1960年代にかけて非日系人の信徒や参拝者が多くを占めていたが、現在は非日系人信徒の割合は5％にすぎず、日系エスニック・グループの宗教の様相を呈している。一般にブラジルの日系新宗教は、日系人や日系社会に基盤を置く布教から始まって、非日系人布教へと展開した。その間いくつかの越えなければならない壁を越えてきただけに、浮動的であれ一時期非日系人が多くかかわった状態から、再び日系人中心の宗教にかえった大本の場合は、日系新宗教がたどる一般的な道筋とは異なっている。

　そこで、この章では、大本が、非日系人が信徒・参拝者の多数を占めた状況から、日系人中心の宗教に移行したのはなぜか。その転換時点と転換の要因を問い、さらに日系人主体の教団と化した大本のかかえている問題に接近することを目的とする。

　大本は1892(明治25)年開教の新宗教である。大本には開祖出口なお(1836-1918)と聖師出口王仁三郎(1841-1948、なおの末娘の二代教主すみの夫)の2人の教祖がいる。大正期に入ってからは世の立替え立直しを標榜する終末予言、鎮魂帰神法[1]によって知識人の入信者も相次ぎ、宣教は活発化し、新聞・映画等マスコミ媒体を利用して、急速に教勢を拡大した。1921(大正10)年に新聞紙法違反・不敬罪容疑で弾圧事件が起きた(第一次大本教事件)。同年から、出口なおの『お筆先』と並んで聖典とされる『霊界物語』[2]の王仁三郎による口述が始まった。以後、従来教団内にあった強い日本主義は稀釈されて、万教同根運動が始まり、世界共通語としてのエスペラント語の採用、諸宗教との提携を目的とした世界宗教連合の設立があり、1925年に国家や人種の垣根を

超えた世界同胞主義を説く人類愛善会が設立された。1934年結成の昭和神聖会を中心として政治運動が活発になり、1935(昭和10)年に、国体変革の意図ありとみなされ、不敬罪と治安維持法違反の容疑で、第二次大本教事件といわれる弾圧事件が起こった。王仁三郎・すみらは検挙・拘留され、綾部・亀岡にある両聖地は徹底的に破壊された。王仁三郎らは戦後無罪となり、1946年に大本は愛善苑として再発足し、1952年に大本の名称が復活した。王仁三郎は1948年に、二代教主すみは1952年に死去した後、三代教主として長女の直日が継承し、その死後、1990年には直日の三女聖子が四代教主となった［井上ほか 1996：35-37；504-509］。

　大本には、時代によって力点は異なるが、心霊研究・心霊主義、鎮魂帰神法を中心とする霊術の実践、万教同根的な世界宗教一致への道の探求、古神道的教義と実践、神の世界経綸による立替え立直しの主張がある［井上ほか 1990：75］。なお戦後、第二次大本教事件後の文字どおり廃墟のなかから再建せざるをえなかったこと、まもなく王仁三郎というカリスマ性をもつ教祖が死去したことは、再建の方向性に大きな影響を与えたと思われる。

　大本の教勢は、1999年現在で信徒数約17万人である。海外の最大の拠点はブラジルで、そこには南米本部(信徒世帯数240)が置かれ、支部はフィリピンとポナペにある。この他大本の外郭団体である人類愛善会はアジア(インド、スリランカ、ネパール)、アフリカを中心に分会ができており、欧米ではエスペラント語を通じてのかかわりがある。

　大本の特徴として、ナショナルなもの(民族性)とインターナショナルなもの(国際性)が教理と実践において結合していることが挙げられる。出口なおの『お筆先』には国家や民族を超えた「天地のもとの大神」がたえず意識されているとともに、日本人民が重視され、日本が神国であるとの観念もみられる。王仁三郎の場合は、なおよりもインターナショナルな志向性が強く、「神の眼からは日本もない、外国もない」ととらえ、大本の主神は民族を超えた宇宙神であるとの神格の新たな規定があるが、一方では世界における日本の役割に対する民族的視点もある。大本に起きることは日本に起き、日本に起きることは世界に起きるとの「型」の思想がその一部である。教理以外にも伝統芸術(茶・能ほか)など民族文化の重視、祭儀にみられる民族的な宗教文化の

伝統の尊重と創造とともに、エスペラント語、人類愛善会など、インターナショナルな面がある［大本七十年史編纂会　1967a：10-12］。この二面性がブラジル大本の展開とも浅からぬかかわりをもってくる。

　ブラジルでの大本の布教は1926（大正15）年に始まった。ブラジルにおける布教の展開は当然のこととして日本の大本の状況と無縁ではない。ことに第二次大本教事件で壊滅的な打撃を受け、戦後、本部自体も一からの再建を余儀なくされたことは、ブラジル布教を大きく規定した。また、ブラジルでは太平洋戦争勃発による日本との国交断絶、戦時下の日本移民に対する行動の規制という状況があったので、戦前から布教を開始した大本にとっては大きな空白期が生じた。また戦前から1970年代までのブラジルと日本との時間的・空間的な距離は、今日では想像ができないほど大きなものであった。

　ブラジルにおける大本の展開は、時期時期によって異なる様相を呈するので、ここでは、以下のように時期を区分して、それを縦軸としてみていくことにする。Ⅰ期とⅣ期には、非日系人信徒や参拝者が数多くかかわっていたが、Ⅵ期以降は非日系人がほとんど姿を消し、日系人の宗教と化している。

　Ⅰ期　祈祷活動と人類愛善運動による非日系人への拡大（1926～1940年）
　Ⅱ期　第二次世界大戦による活動の停止（1941～1945年）
　Ⅲ期　戦後の再建（1946～1955年）
　Ⅳ期　愛善堂建設と非日系人への拡大（1956～1963年）
　Ⅴ期　特派宣伝使の途絶と非日系人信徒の脱落（1964～1969年）
　Ⅵ期　祭式の是正と次世代の育成（1970～1987年）
　Ⅶ期　南米本部への昇格と日伯交流の活発化（1988年～現在）

　ブラジル大本に関する研究業績としては、1966～1967年（Ⅴ期）に調査を実施した前山隆の論文［前山　1997：183-225］を挙げなければならない。本章の布教初期からⅤ期までの記述は、大本側の資料である『月光輝くブラジル──南米主会略史』［藤代　1987］と『大本七十年史』［大本七十年史編纂会　1967a・1967b］に依るところが多かったが、そのうちⅠ～Ⅳ期までは前山の業績に負うところが大きい。前山がブラジル的変容・土着化として述べているⅤ期大本の実態と、著者が1988年以降11年にわたって断続的ではあるが観察してきた実態

を比べる時、前山が記述した当時の実態とは全く様変わりして日本的なエスニック宗教化している。そこで、前山が論文で示した解釈の妥当性について批判的に検討することも、本章の一つの眼目である。章末に、**ブラジル大本年表**を掲げたので、適宜参照していただきたい。

1 戦前の展開——非日系人への布教拡大と戦時下の窒息状態——

(1) 祈祷活動と人類愛善運動による非日系人への拡大
（Ⅰ期：1926～1940年）

ブラジル布教の発端

宣教（布教）を目的とした大本信徒の移民は1926（大正15）年に始まる[3]。当時は王仁三郎の『霊界物語』が示すように、教義が国際的視野の中で体系化され、1923年のエスペラント普及会とローマ字普及会の発足、1924年の世界宗教連合会の発足と王仁三郎の入蒙、1925年の人類愛善会の創立など、「人類は本来兄弟同胞である」という自覚のもとで大本の国際的な関心が高まっていった時期である[4]［大本七十年史編纂会 1967a：18］。

近藤勝美（1879-1934、1919年入信、渡伯時47歳）[5]は、義兄の石戸次夫（1879-1946、1919年入信、渡伯時47歳）[6]と相談して、当時盛んに移民が喧伝されていたブラジルでの宣教を志した。側近を通して王仁三郎に伺ったところ、「ブラジルは『霊界物語』にも記述してある、因縁の深いところじゃ。農業をしながら宣伝（布教）をしてくれると結構じゃ」との言葉をもらった。渡伯に際して王仁三郎から、「ブラジルにはいろいろ病気があるから、これでお水をいただかしてやれば治る」と自作の楽焼の茶碗を渡された。また「ブラジルはお取次[7]でひらけるところだ。百姓をしながらお取次をしていたらよいからな。そのうちに百姓もできないほどおかげがたつぞ。しまいには大将かぶにお取次するようになって、ずっと拡がる」との言葉をいただいた。そして宣伝使の資格とともに、近藤には南米諸州における大本宣伝事務を、石戸には大本人類愛善会の宣伝事務を委任するとの辞令が渡された。彼らは王仁三郎からこのような配慮を受けたものの、教団から派遣されたのではなく、一家で農業契約

移民としてブラジルに渡ったのである。

　近藤と石戸はブラジル到着後、サンパウロ州奥地のコーヒー農園に配耕され、労働に従事しながら、取次と宣教につとめた。しかし、第一次大本教事件の悪評が伝わっていたので、最初は日本人に「宣伝」を妨害され、また日本人は労働のみに専念して信仰的なものは受けつけなかったという。彼らの側でも慣れぬ労働、気候・食物から風土病を患うこともあって、宣教はなかなかままならなかった。2年の契約期間をすませた後、サンパウロ市近郊の日本人が多く住むサントアマーロに移転した。その後も近藤と石戸の家族は水害などもあって住まいを転々とし、1929年には分散して、近藤はサンパウロ市に出、石戸は王仁三郎の「百姓をしながら」という言葉を守り、ミナスジェライス州（以下ミナス州）に移って農業を継続した[8]。彼らの宣教活動が本格化するのは生活が安定し始めた1930年頃からである。それまでは仕事の傍ら周囲の人々に対して宣教するくらいのことだったが、これ以降ある程度組織的に宣教活動を行った。近藤と石戸の居住地は1,000キロ隔たっていたため、彼らの活動はそれぞれの特徴をもって展開していく。日本を出発する時に近藤は大本の責任者、石戸は人類愛善会の責任者としての辞令をもらったが、彼らの活動はいずれもこの両面をもって展開され、実際には辞令とは逆に、近藤は人類愛善会活動、石戸は取次を中心とした宗教活動に力点があった。

　1930年代のブラジルでの大本の展開をみるため、大本の物故宣伝使のうち、日本で入信した人も含めて1920～1930年代入信者の諸属性を一覧にしたのが**表3-1**である。当時活動していても戦中・戦後をへて大本を離れたり、子孫が信仰を継承しなかった場合には脱落している者があるだろうが、1985年から行われるようになった物故宣伝使慰霊祭で慰霊対象になっている人々のすべてを掲載している。系統としては日本で入信し、移民として渡伯した、A近藤、B石戸、C尾山、D千種の4系統があり、それぞれの導きの系統を表3-1ではa～dと表示した。Aはaに対応している。

近藤の活動――愛善倶楽部の設立と人類愛善堂の建設――

　1930（昭和5）年にサンパウロ市に近藤勝美（表3-1のNo.1）の長男真弓（No.3）を主任として、人類愛善新聞南米支社が設置され、真弓は『人類愛善新聞』の拡張に専念した。翌1931年に勝美はサンパウロ市に愛善倶楽部を設立

表3-1　ブラジル大本　1920年代～1930年代

	No.	名前	生年	没年	享年	出身	渡伯年	年齢	入信年	年齢	入信場所	導き	宣伝使 試補	宣伝使 准	宣伝使 正
A	1	近藤　勝美	1879	1934	54	静岡	1926	47	1919	40	日本		1926旧		
	2	近藤　菓	1884	1977	92	岡山	1926	42	1919	35	日本		1930		
	3	近藤　真弓	1902	1964	61	静岡	1926	24	1919	17	日本		1949	1949	1951
	4	近藤　規	1905	1976	71	静岡	1926	21	1919	14	日本		1940	1964	
	5	鈴木恵美子	1909	1978	69	静岡	1926	17	1919	10	日本		1963		
B	6	石戸　次夫	1879	1946	67	岡山	1926	47	1919	40	日本		1926旧		
	7	石戸　敦子	1884	1939	56	岡山	1926	42	1919	35	日本		＊	1935	1939
C	8	尾山　照吉	1877	1951	75	広島	1924	47	1920	43	台湾		1951		
	9	尾山　房代	1889	1978	89	広島	1924	35	1920	32	台湾			1964	
	10	尾山　嘉夫	1912	1962	51	広島	1924	12	1920	8	台湾		＊		
	11	尾山　武夫	1915	1994	79	広島	1924	10	1920	5	台湾		1952	1983	
	12	尾山　太郎	1921	1995	74	広島	1924	3	1921	0	台湾		1972		
D	13	千種　増吉	1880	1963	83	北海道	1927	47	1923	43	日本		1931旧、1952再		
	14	千種　ミナ	1885	1968	83	＊	1927	42	＊	＊	日本		1964		
	15	千種　忠行	1904	1931	27	北海道	1927	23	1923	19	日本		1978贈		
	16	千種　体次	1916	1989	73	北海道	1927	11	継承				1964		
a	17	田力　常信	1894	1981	87	熊本	1910	16	1930	36	ＳＰ	真弓	1951	1952	1958
	18	田力　とき	1899	1992	93	熊本	1913	14	1930	31	ＳＰ	真弓	1962		
	19	西　武次	1891	1965	74	奈良	1923	32	1930	39	ＢＲ	真弓	1934旧		
	20	西　ゆわえ	1896	1978	81	＊	1923	27	1931	35	ＢＲ	真弓	＊		
	21	田中　徳一	1878	1941	63	山口	1926	48	1929	51	ＵＢ	石戸	1935旧		
	22	田中　幸男	1910	1991	80	山口	1926	16	1932	22	ＵＢ	石戸	1933	1963	
	23	森　静雄	1896	1980	83	鹿児島	1913	17	1930	34	ＵＢ	石戸	1931	1934	1956
b	24	森アントニア	1909	1981	71	ブラジル	非日系		1930	21	ＵＢ	石戸	1956		
	25	加藤　由一	1904	1948	45	＊	＊	＊	1931	27	ＵＢ	石戸	1934旧		
	26	西村熊次郎	1891	1964	73	鹿児島	1916	25	1932	41	ＵＢ	石戸	1952		
	27	羽山　重雄	1907	1970	63	山口	1928	21	1932	25	ＵＢ	石戸	1952	1963	
	28	羽山　寿子	1906	1982	76	山口	1928	22	1935	29	ＵＢ	石戸	1972		
	29	渡辺　貞夫	1897	1976	79	＊	1913	16	1935	38	ＵＢ	石戸	1972		
	30	浜田　富太	1899	1981	82	佐賀	1932	33	1937	38	ＵＢ	石戸	1956	1962	1967
	31	浜田　あい	1897	1983	86	佐賀	1932	35	1937	40	ＵＢ	石戸			
	32	椿　正徳	1914	1998	84	広島	1927	13	1938	24	ＵＢ	石戸	1959	1962	
c	33	向井　静喜	1892	1980	87	広島	＊	＊	1931	39	ＢＲ	尾山	1952	1955	
	34	早野　弥作	1881	1955	74	福岡	1915	34	1932	51	ＢＲ	尾山	1950	1952	
	35	早野　松乃	1883	1956	73	福岡	1915	32	1932	49	ＢＲ	尾山	贈1957		
	36	早野　一美	1915	1984	69	福岡	1915	0	1932	17	ＢＲ	尾山	1956	1958	1962
d	37	益子　豊男	1914	1995	81	茨城	1927	13	1930	16	ＢＲ	千種	1964	1974	1978
	38	益子　ゆき	1914	1992	78	福島	1933	19	1935	21	ＢＲ	夫	1972		
その他	39	阿部治三郎	1881	1967	86	岩手	1935	54	1930	49	日本	＊	1983		
	40	阿部　正二	1913	1988	75	岩手	1932	19	1931	18	日本	＊	1956	1983	
	41	阿部　新蔵	1915	1999	84	岩手	1935	20	1931	16	日本	＊	1983		
	42	志村巳代治	＊	1935	39	＊	＊	＊	＊	＊	＊	＊	1931旧		
	43	石田　政治	1897	1981	81	鳥取	＊	＊	1933	＊	＊	＊		准	
	44	勢理客宗吉	1900	1955	55	＊	＊	＊	1934	＊	＊	＊	1952		
	45	山本由太郎	＊	1963	67	＊	＊	＊	1930	＊	＊	＊	1963贈		
	46	菅井保次郎	1892	1957	65	北海道	1932	39	1931	38	日本	＊	＊	＊	＊

注1）＊印は不明を表す。
注2）入信場所は、日本、台湾以外は略号を使用。ＳＰはサンパウロ市、ＵＢはウベランジャ、ＢＲはそれ以外のブラジルをさす。
注3）宣伝使における旧とは、試補・准・正という区分でない時期の宣伝使資格。贈とは、死後の宣伝使資格の追贈。

入信の物故宣伝使

特記事項
1920本部出版局副長。1929大本ブラジル分所長。1933サンミゲール人類愛善堂建設。建設1年後死亡
1919入信と同時に夫とともに本部奉仕。夫とともに、ブラジル宣教の草分けとして基礎づくり
1932サンミゲール人類愛善堂建設。ブラジル宣教の初期に活躍。1950〜1957人類愛善南米本部長
愛善倶楽部宿泊部で奉仕。兄真弓とともに人類愛善新聞の発送係として活躍
1919本部奉仕。1922人類愛善会広島分所長、1925沼津分所長。1929人類愛善会ブラジル本部長。1940帰国
1919本部奉仕。1933坤生会ブラジル中央支部長。1936大本ブラジル連合会内事部長。ウベランジャで死亡
1920広島分所長。サンタ・デリア支部設立。導き9家族。サンパウロ分所相談役。アララクアラ支部長
初期の基礎づくり。夫死後はリオ・ブレット支部の中心的存在
リオ・ブレット支部初代支部長(1961設立)
1962〜1985リオ・ブレット支部長
霊的現象による神霊の実在を悟り、綾部の本部に参拝し入信。アクリマソン支部長
内助の功
19〜20歳まで本部奉仕。1930頃ピリグイジンニョ支部設立にあたって父を支援
パライゾ支部次長
1959イピランガ支部長。1960〜1966南米主会長。愛善堂建設の際、献労奉仕・建設資金の工面。愛善堂で奉仕
1955年から夫婦で愛善堂で奉仕
妻の病気を理由に、近藤真弓・水口惣夫による導きで入信。1933年に皇道大本支部設置
石戸の相談相手として協力
石戸帰国後ウベランジャ支部長(〜1991)
石戸から通訳を依頼されて入信。愛善堂敷地献納、特派宣伝使の通訳、取次(最大1日220人)、人型1万体奉仕。1955〜1960南米主会長。1963南米駐在特派宣伝使拝命。ジャンジーラ支部長。み手代お取次に多大な功績。とくに非日系人への取次活動顕著
夫と共に入信。取次の多い時は番号札を配り、全員にコーヒー・食事の世話
ウベランジャの人類愛善会で5年間宣教奉仕。石戸の通訳で活躍。愛神殿建設奉仕
ウベランジャの人類愛善会で奉仕。奉仕者のなかで筆頭宣伝使。大本の基礎固めに尽力
父の病気を理由に入信。ゴアニア支部長。大本以外にゴアニア日伯文化協会理事
病気で石戸に1ヵ月間世話になり、おかげを得て入信。愛善堂で24年間奉仕。1966〜1968南米主会長
夫とともに24年間、愛善堂で奉仕
大本の霊界の話に感銘して入信。1927人類愛善会アララクワラ支部長。1934同サンタ・デリア支部長。1959アララクワラ支部長。1964南米主会宣伝使会幹事。1965南米主会専任宣伝使。1968南米主会相談役。み手代お取次に功績
妻の憑霊現象が、尾山の取次で治癒。1933アララクワラ支部次長、1934サンタ・デリア支部長、1961人類愛善会南米本部次長
尾山の取次によって憑霊現象による病気が治癒
24年間ピネイロス支部長。サンパウロ分苑長
1963パライゾ支部長。1972〜1982南米主会長。大本以外に茨城県人会会長・サンパウロ靖国講の役員。大本祭式による靖国講慰霊祭に尽力
1966南米主会次長。み手代お取次で功績
機関紙の編集のために5年間毎月1週間奉仕
田力信信の話では宣伝使帽をかぶり常に宣教に活躍
長期間愛善堂で奉仕
アララクワラ支部長向井静喜の相談相手として信徒間の連絡係
愛善堂建設後帯在奉仕。人類愛善新聞拡張

出所)ブラジル大本の物故宣伝使個票をもとに著者が作成。

した。愛善倶楽部とは生活困窮者に対する社会奉仕活動団体であって、宿泊部・職業紹介部・講演部・医療部から成る。医療部は、スタッフに医師を擁していたわけではなく、日系人医師への紹介のほか、「み手代お取次」による大本独自の治療儀礼と楽焼茶碗を用いての御神水による治療を行った。愛善倶楽部の社会奉仕事業によって多数の協力者や入信者が現れ、『人類愛善新聞』の購読者は1,000人に達した。1933年に人類愛善会は新精神運動団体としてサンパウロ州政府により公認された。この間、大本信徒で移民として渡伯した尾山照吉(No.8)、千種増吉(No.13)ほかブラジルで入信した人々によって、大本および人類愛善会の支部が日本移民を支部長としてサンパウロ州内に設置された。

近藤勝次の取次によって病気が治癒した非日系人から、1930年にサンパウロ市から22キロ離れたサンミゲールで1アルケール(2.4ヘクタール)の土地を献納するとの申し出があった。万教共通の神殿を建設することが計画され、日本人信徒ばかりでなく、非日系人の献労もあり、翌1931年に間口7.5メートル・奥行き17メートルの神殿ができた。これは万国共通神殿(別名大本カトリック神殿)と呼ばれ、後に王仁三郎によって「人類愛善堂」と名づけられた。神殿内の最高所に大本の神体を奉斎し、その前面下位にキリスト、釈尊ほか各宗々祖の像を奉斎して、いかなる人種・宗派の人も各自の望む形式・習慣に従って自由に礼拝することができるようにしたものである[9]。1933年に人類愛善堂の第二期工事が完了した後、近藤勝美は疲労のために病床につき、翌1934年に死去した。1936年にサンパウロ市で活動していた近藤真弓は石戸のところに合流した。そこで、石戸の側に目を転じよう。

石戸の活動——祈祷師としての評判と医師法違反事件・愛神堂建設——

石戸次夫(表3-1のNo.6)は1930年ころから、米作目的で周囲に流入してきた日本移民を対象に布教活動を続け、この間森静雄[10](No.23)、加藤由一(No.25)、田中幸男(No.22)・田中幾太(1913年生、No.22の弟)、西村熊次郎(No.26)など後に大本の宣教活動の核になる人々を導いた。石戸は大本の支部を設置した森、人類愛善会支部を設置した加藤、信徒の西村らの希望によって、彼らが活動していたミナス州ウベランジャに1931年に移転した。人類愛善会ブラジル連合本部も同時に移転した。石戸はここで農業のかたわら「み

手代お取次」をし、日本出発に際して王仁三郎からいただいた「お取次で道を開け」という言葉を忠実に守った。石戸はブラジルに移民してから、病人のところに行くと過去のことが映画のように見える、霊的な障りの所在がわかる、といった霊眼を得た[11]。歩けなかった人が取次の後、立って歩いて帰ったなど、おかげがあらたかだった。ウベランジャでの石戸の活動は、近藤の場合とは異なって、ポルトガル語の通訳ができる人材を得たことが特徴である。森（入信時34歳）、加藤（同27歳）ほか、すでにブラジル生活が長く、ポルトガル語ができる人々が石戸の取次の通訳兼手伝いをしたからである。

　石戸は「ベンゼドール・ジャポネーズ（日本人祈祷師）」と呼ばれ、評判が高くなった。週1回の取次の時には350人以上の人が訪れ、後に週3回に回数を増やしたが、毎回100～200人の人が取次を求めて参拝し、多い時には450人にも達したという。石戸は、み手代お取次のほか、王仁三郎から下げ渡された楽焼茶碗で水を聖化し、御神水による病気治療を行った[12]。人類愛善会趣意書も森によってポルトガル語訳され、来訪者や市の有力者に配布して、会の趣旨の普及に努めた。

　1931年、医師・薬剤師に案内されて警察署長が人類愛善会本部に来た。参拝者に退散を命じ、医師法違反の容疑で石戸・森・加藤・西村の4人を留置した。神体・楽焼・神書・神具類も押収された。その当時ミナス州ではカトリック以外の布教を禁止していたので、大本信徒の活発な宣教活動（祈祷活動以外に、祭壇をつくって大本の儀礼を行い、人々に参拝させていた）が98％がカトリック教徒であった地元の地域住民の反感をかい、カトリック教会は大本を悪魔祓いとして、医師・薬剤師は大本の治療儀礼を医師法違反として、非難したわけである。これに対して、人類愛善会の共鳴者であった地元有力者が「愛善の精神によって金品を要求せず、処方箋は出しておらず、薬品は一切用いていない。ただ神霊に祈願し、お水を飲ますのみで現行法令に違反していない」と赦免運動をしたので、釈放された。この事件を外交上の重大事件とみた日本総領事館は、カトリック教会側からの反発を恐れて自粛警告を出したが、地元ではむしろ祈祷師としての評判を高める結果となり、祈祷活動は継続された。

　1934年にはウベランジャに人類愛善会ブラジル連合会本部の神殿が完成し

た。サンミゲールの人類愛善堂と同様、非日系人信徒の土地と用材の献納によるもので、建設には日本人のみならず非日系人も自発的に資材を献納し、労働奉仕をかってでた。この神殿は王仁三郎によって「愛神殿」と名づけられた。完成式典には日本人はもちろん非日系人も多数参拝し、ポルトガル語による祝詞が奉上された。

ウベランジャでは、すでに人類愛善会のパンフレットのポルトガル語訳、祝詞・祖霊拝詞のポルトガル語訳などがあり、現地語対応がなされていた[13]。ポルトガル語に関しては、森静雄をはじめとする初期入信日本移民のなかには、10代でブラジルに来住した居住歴の長い者がおり、言葉の障壁はそれほどなかったようである。また、この当時の大本の儀礼は、み手代お取次や御神水による治療が主体で、現実的に効果が見えるものであったため、言葉による説明の必要性は少なかった。

戦前期の大本は、宗教と人類愛善会の二本立てが相乗効果を発揮することで展開した。また注目すべきことは、ブラジルの宗教伝統のうちエスピリティズモ（心霊主義）との類似と、祭壇の多様な神々にみられるような一見土着化ともみえる変容である。しかし、これは土着化というより、近藤や石戸が大本で信仰者としての自己形成をとげた時代の鎮魂帰神法、人類愛善運動、心霊主義とのかかわりなどを背景として、万教同根思想のもとに、ブラジルの宗教伝統のなかにある要素を取り入れた結果であって、この段階ではまだ土着化したといえるほどの長い時間の経過があったわけではない。

いずれにしても、信徒というには浮動的ではあるにしろ、取次という祈祷活動と人類愛善運動に共鳴するというかたちで、非日系人が大本にかかわった。

第二次大本教事件とその影響——教勢の衰退と人類愛善会の閉鎖——

1935（昭和10）年に第二次大本教事件が起きた。これはブラジルの邦字新聞によって報じられ、サンパウロの日本領事館から、活発な宣教活動は控えるようにとの警告があったが、ブラジル政府からの干渉はなかった。とはいうものの、事件前年の1934年に54歳で近藤勝美が死去して、ブラジルにおける大本の中心人物の1人を失い、サンパウロでの活動は停止していた。また、サンミゲールの人類愛善堂の地権登記手続きが行われていなかったため、1936

年には敷地が転売されて拠点を失った。同年に近藤真弓はウベランジャの石戸に合流した。第二次大本教事件が日本人信徒を萎縮させ、さらにミナス州での米景気の後退により日本人が他地域へ移動したこともあって、短期間に急激な教勢の展開をとげた大本に、急激な衰退が起こった。1939年に妻を亡くした石戸は、これを機に今後の方針について拘留中の王仁三郎に指導を仰いだところ、ひとまず切り上げて帰国せよ、との伝言が届いた。石戸は人類愛善会ブラジル連合本部を閉鎖し、後事を森静雄らに任せて、1940年に帰国した。近藤真弓は残留した。なお、事件直前の教勢は、分所・支部数13、宣伝使36人、青年会支部3、坤生会支部(婦人組織)2、人類愛善会支部23、昭和神聖会1であった[14]。

(2) 第二次世界大戦による活動の停止(Ⅱ期:1941〜1945年)

1941年の太平洋戦争勃発後、連合国側であったブラジルは、1942年に日本に対して宣戦布告をし、国交が断絶した。国交断絶以降、日本移民は敵性国民として日本語の使用を禁止され、日本語の書籍・文書を押収され、3人以上の集会を禁止され、また日本との通信は途絶した。このため大本ならびに人類愛善会の支部は閉鎖を余儀なくされ、組織的活動はもとより、表だった行動ができなくなり、信徒間の連絡も途絶えた。第二次大本教事件の打撃にまさる決定的な打撃であった。それでも100世帯ほどの日本人信徒はブラジルの各地に点在し、ひそかに月次祭・朝夕の礼拝を行い、熱心な宣伝使は近隣の人々に対して祈祷・治療儀礼・悪魔祓いから成る取次を行っていた。

2 戦後の再建と非日系人信徒の増加

(1) 戦後の再建(Ⅲ期:1946〜1955年)

戦後、日本の大本は1946(昭和21)年に愛善苑(1949年大本愛善苑、1952年大本と改称)として再発足した。ブラジルの日系社会では日本の敗戦をめぐってカチ組マケ組騒動がおこり、騒然としていた[15]。そのなかでの大本の再建の道はけわしかったが、1946年からは森静雄・近藤真弓ほか戦前からの日本人信

徒により、サンパウロ州4拠点、サンパウロ市内3拠点、ミナス州1拠点で、人類愛善運動、病気取次の形で再建が進められていった。1948年に王仁三郎の死を邦字新聞で知った信徒は日本に弔電と玉串を送り、本部との連絡が復活した。1949年にブラジル支部の設置が承認された。1950年には2会合所が設置されたが、当時の信徒数は60人だった。1950年にブラジルの法令に基づいて人類愛善会南米本部が正式に登記されて近藤宅に置かれ、同時に4支部が開設され、ポルトガル語パンフレットも発行された。登記時の会員数は非日系人も入れて100人だった。1954年には地の利を考慮して、大本サンパウロ会合所(個人宅)にブラジル支部および人類愛善会南米本部の事務所を設け、日本の教団本部、ブラジルの信徒間の連絡がとられるようになった。1955年にブラジル大本の6支部1会合所が新設され、日本の本部の教団規則改正によってこれまでのブラジル支部は南米主会と改称され、ブラジル宣教を統括する位置を与えられた。南米主会と人類愛善会南米本部とは密接な関係にあり、主要人物も重なっているが、南米主会は宗教活動、人類愛善会は広範な社会活動の団体として、組織上は別である。

(2) 愛善堂の建設と非日系人への拡大(Ⅳ期:1956〜1963年)
愛善堂の建設と特派宣伝使の派遣

南米主会のもとに支部・会合所が設置されてはいたが、南米主会にしても支部・会合所にしても個人宅に置かれているにすぎず、再建初期は信徒間の連絡が十分できていたわけでなかった[16]。そこで、信徒の拠点づくりと結集のために特派宣伝使の派遣を日本の本部に要請し、1956(昭和31)年4月に戦前の南洋での宣教経験がある文字清美(1890-1975、当時66歳、滞伯1956.4-1957.10)が派遣された[17]。

文字を迎えて拠点づくりに向けての話し合いがなされ、「愛善堂」の建設計画がたてられた。これは多大の建設資金を要する事業なので、古い信徒を掘り起こし、さらに信徒の倍増が図られた。取次による病気治療がその手がかりになった。大本と人類愛善会との二本立てで宣教が行われた。文字と、通訳兼道案内の役割を担った石戸の直弟子でポルトガル語が堪能な森の力は大きかった。翌1957年には大神奉斎世帯が130戸に達し、人類愛善会の会員は

2,000人を超えた。会員には主として森の尽力によって入会した非日系人が多かった。

　1956年10月、サンパウロ市から36キロ離れたジャンジーラ市にある森が献納した土地(1万㎡)のどの地点に愛善堂(建坪300㎡)を建設するかを文字が定め、山から木を切り出して整地し、建築にとりかかった。各地から信徒が奉仕に訪れ、森の取次によって入信した非日系人も労力奉仕をした。この堂はブラジル在住の信徒の資材献納・献労によって建設されたもので、日本から援助を受けていない。1957年10月の完成奉告祭には欧州宣教後ブラジルを訪問した出口栄二(三代教主の長女の夫)が斎主を勤め、700人を超える参拝者があった。大祭後の4日間、ブラジルで初めての教義にかかわる「大本講座」が開講された。文字はブラジルの永住権を申請していたが、年齢が60歳を越えるという理由で却下されたため、愛善堂の建設完成直後に帰国した。

　文字の在伯期間は、愛善堂建設という大目標があった。田力常教(1920年生、後出の田力常信の息子、現イピランガ支部長)によれば、文字はこうしろああしろと指示する人ではなく、ものの言い方の柔らかい、おとなしい先生だったが、お宮(愛善堂)建設に一生懸命に取り組んだという。

大神奉斎・祖霊鎮祭の推進

　文字の後任として、1957年12月に鈴木孔喜(1906-1972、当時51歳、滞伯1957.12-1961.2)が特派宣伝使として派遣され、以後3年2ヵ月にわたってブラジルに滞在した[18]。鈴木はおおらかで親しみはあるが厳しい人で、座談宣教の名手だった。満州官吏としての前歴からか大陸的なところと官僚的なところがあった。鈴木は愛善堂建設資金の精算に努める一方、各地で講演会・座談会を開いて、取次と宣教の旅を続けた。鈴木がとくに強調したのは、入信者の大神奉斎・祖霊鎮祭である[19]。鈴木は日本からたくさん神体を持参してきており、非日系人に対しても大本祭式による奉斎・鎮祭を勧めた。

　鈴木の1958年1年間の地方宣教は17地区128回、入信者は500人(うち非日系人172人、34%)に上り、奉斎・鎮祭は29家族(うち非日系人家族8、28%)だった。1959年の地方宣教174回、入信者490人(うち非日系人288人、59%)、奉斎・鎮祭は95家族(うち非日系人家族49、52%)、1960年の地方宣教183回、入信者276人(うち非日系人240人、87%)、奉斎・鎮祭は64家族(うち非日系人家族44、69%)に

上った。こうした年ごとの入信者の増加によって、1958年にはサンパウロ市内外に4支部が設置され、1959年には、サンパウロ市の宣教の拠点としてサンパウロ連絡所[20]（1963年にサンパウロ分苑と改称）が開設された。ここには取次を求めて多くの非日系人が訪れた。1960年には6支部が新規に設置されたが、そのうちの4支部は非日系人の支部だった。同年、南米主会が「大本教会伯国本部」の名称で宗教法人格を取得した。

　鈴木には森のほか田力常信（1894-1981、表3-1のNo. 17、1930年石戸の導きで入信、1960-1966年南米主会長、ポルトガル語はまずまず）、浜田富太（1899-1981、同No. 30、1937年石戸の導きで入信、1966-1968年南米主会長、ポルトガル語はあまりできない）が交代で随行した。大神奉斎・祖霊鎮祭の意義については、森がいたのでポルトガル語で説明することができた。非日系人の入信そして奉斎・鎮祭のきっかけは、歩けなかった人が取次で歩けるようになった、目が見えない人が見えるようになったという、実際のおかげが生じたことである。取次によって、霊が発動することは多くみられた[21]。鈴木が森と組んだ時には、朝だけで120人からの取次をすることもあり、森がポルトガル語で面談して1人ずつ問題を聞き、それを書いたメモを鈴木に渡し、10人くらいをまとめて、天津祝詞を奉上して神に奉告し、病人に向かってみ手代を掲げ、天の数歌を唱え、取次をした。非日系人が問題解決を求めて取次をしてもらいにくるにも、入信するにも、森の存在は大きい。森はポルトガル語ができ、神様一筋で、「大本の森はお取次の森」といわれるほど、石戸の直弟子として困っている人を取次で救うことに情熱を傾けた人である[22]。森は非日系人の気質をよくつかみ、非日系人とのつきあいが上手で、ブラジルの生活にとけこんだ人であった。この時期、取次によるおかげはあらたかだったが、大本の宣伝使は単なるクラドール（祈祷による病気治療師）ではない、教えを説けと、鈴木は宣伝使たちに言っていた[23]。

　ブラジルの大本信徒は特派宣伝使に文句をいうような人々ではなかったが、鈴木が非日系人にも大神奉斎・祖霊鎮祭を奨励することに対しては、批判的な人はいた。奉斎・鎮祭すれば自宅で月次祭をしなければならないが、ポルトガル語ができる宣伝使が少なく、その世話をすることができないこと、さらに非日系人の場合、転居が多く、黙って移転して神が粗末になる可能性へ

の危惧があったためである。また、非日系人はおかげを求めて転々としやすく、熱しやすくさめやすいなど彼らの性格を度外視して、とにかく信徒にしようとする鈴木のやり方に対し、特派宣伝使は信徒数ばかり伸ばして本部には何百人入信したと報告し、自分だけが本部にいい顔をする、と批判した人もいた。

ポルトガル語による教義理解の推進

　鈴木の後任特派宣伝使は有川潔(1921年生、滞伯1960.12-1964.7)である[24]。鈴木は3ヵ月の引継ぎ期間の後、帰国した。現地信徒によると、有川は特派宣伝使の中では唯一酒を飲まなかった。性格的にはきちんとした人だったという。有川は語学の才能がある人で、習得していたエスペラント語を基礎にポルトガル語を学習し、会話のみならず読み書きもでき、立派なポルトガル語を話した。当時教えをポルトガル語で説けるのは、森と有川というまでになった。有川は鈴木ほど数を伸ばすというやり方ではなかった。宣教初期には森や早野一美などが通訳として同行したが、後には一人でバスを乗り継いで巡回した。有川時代も非日系人の信徒が多く[25]、また有川がポルトガル語で教えを説くことができたこともあって、非日系人でも中産階級の人々が大本とかかわった[26]。鈴木時代には月次祭の後の話はあまりなく、座談に特徴があったが、有川は祭の時には日本語とポルトガル語の両方で講話をした。

　大本の信徒の中心は戦前移民であったが、入信・奉斎する非日系人信徒や、日本語を解さない二世・三世の増加によって、ポルトガル語による宣教の必要性が高まり、そのことが教勢の拡大と信徒育成の両面から課題となってきた。有川はポルトガル語による定例大本講座、文書宣教を推進し、ポルトガル語による「大本教義学習の必要性」「大本の使命と人生の意義」ほかのパンフレットをガリ版刷やタイプ印刷で作成した。教義理解の推進に取り組んだ有川は3年8ヵ月の滞在の後、1964年7月に帰国した。

参拝者と新規入信信徒の属性

　ここで、この当時、取次を求めて大本を訪れる人々、入信した信徒はどのような属性の人々だったのかをみておきたい。前者については1960年代前半の取次帳の前山による分析結果があり、後者については、1958〜1961年に入信した信徒の属性にかかわる表が『大本七十年史』のなかに収載されている。

これらによってこの時期に大本にかかわった人々を粗描しよう。

　前山によると、取次に訪れた参拝者（祈願者）の数は、1960年1年間で南米主会（愛善堂）では約5,000人、サンパウロ分苑では約1万人であったという［前山 1997：198］。前山は、ジャンジーラ市の南米主会（1960、1963、1966年）、サンパウロ市の分苑（1961年）、ミナス州のウベランジャ支部（年不明）の3地点を選択し、上記括弧内の年の取次帳に記載された人の無作為抽出による20分の1サンプル、総数1,238人（総祈願件数1,583件）を日系・非日系別に分析した［前山 1997：205-220］。そこで明らかになった知見は以下のとおりである。

①祈願者の93％が非日系人である。
②性別では女性が71％を占める。
③性別構成では日系・非日系別による目立った差はない。
④祈願内容で圧倒的比率を占めるのは、身体的疾患および心理的精神的疾患の治癒を求めるもので、前者は51％、後者は20％、この二つで全体の71％を占める。他方、経済状況の改善、安定化、事業における成功の祈願は9％である。

　前山は祈願内容の分析結果から、日系・非日系にかかわらず、取次に訪れた祈願者たちの最大の関心事は、きわめて基礎的で直接に生存に密着した基本的要求にかかわるものであることをつきとめ、取次に訪れた人々は社会的経済的に低い層、すなわち低所得の貧困層であると結論づけている。

　取次のみを求めて訪れる参拝者と大神奉斎をして正式に信徒になった人々は異なると思われるが、『大本七十年史』［大本七十年史編纂会 1967b：1220-1221］には、鈴木特派時代の1958年1月から1961年2月にかけて入信奉斎した信徒206人（世帯主のみ）について日系・非日系別の年齢階層と職業属性の統計表が掲載されている（表3-2、表3-3）。この時期に大神奉斎をした信徒は、日系人101人（実質的には世帯）、非日系人105人とその数は拮抗している。年齢階層では60歳未満が日系人・非日系人ともに86％を占め、日系人では30～40歳代、非日系人では40～50歳代の年齢層の占める割合がとくに高い。職業では日系人の場合は農業・商業が各々30％強で、合わせて全体の64％、次いでサービス業11％、工業・勤め人はわずか14％である。他方、非日系人は、工業・勤め人がそれぞれ32％、24％、合わせて全体の56％を占め、農業・商業は合わせ

表3-2　ブラジル大本　入信・奉斎信徒（世帯主）の年齢階層別構成（1958～1961年）

		20歳代	30歳代	40歳代	50歳代	60歳代	70歳代	計
日系人	人数	5	28	37	17	14	0	101
	比率	(5.0)	(27.7)	(36.6)	(16.8)	(13.9)	(—)	(100.0)
非日系人	人数	7	21	34	28	11	4	105
	比率	(6.8)	(20.0)	(32.3)	(26.7)	(10.4)	(3.8)	(100.0)

出所）大本七十年史編纂会 1976b,『大本七十年史』下巻，1221頁より作成。

表3-3　ブラジル大本　入信・奉斎信徒（世帯主）の日系・非日系別職業別構成（1958～1961年）

		耕主	農業	商業	工業	官吏	勤め人	サービス業	その他	無職	計
日系人	人数	4	33	32	8	0	7	11	1	5	101
	比率	(4.0)	(32.7)	(31.6)	(7.9)	(0.0)	(6.9)	(10.9)	(1.0)	(5.0)	(100.0)
非日系人	人数	2	6	9	33	12	25	2	6	10	105
	比率	(1.9)	(5.7)	(8.6)	(31.5)	(11.4)	(23.8)	(1.9)	(5.9)	(9.5)	(100.0)

注1）耕主とは100アルケール（240ヘクタール）以上の地主をいう。
　2）農・商・工業には自営・従業員の双方を含む。
出所）表3-2に同じ。

て14％にすぎず、きわだった対照を示している。日系人はまず農業から始め、後に都市に出て小規模な商業を開始するのが通常で、かつこの時期には新中産階級の勃興がまだ顕著ではない時期だった。したがって、日系人の職業分布については納得できる数値といえる。工業には従業員も含み、ブラジルでは工場労働者の地位が低いので、工業が32％を占める非日系人信徒は、日系人信徒に比べて低い階層に属することが明らかである。しかし、非日系参拝者よりいくぶんとも高い階層に属するのかどうかは判断できない。

3　特派宣伝使の途絶と非日系人信徒の脱落
　　（Ⅴ期：1964～1969年）

(1)　特派宣伝使途絶の要因

　前山の論文は戦後の愛善堂建設までで歴史的叙述を終わり、2節で扱ったⅣ期についての記述は全くないが、彼は1966～1967年の調査の印象によって、特派宣伝使がブラジル大本の教勢を伸ばすうえでとくに目立った役割を果たした証拠はなく、大本の宗教実践に対して教義上からの統制・管理を効果的

に果たしたと思えないと述べている［前山 1997：195］。しかしながら、これまでみてきたように、成否の評価は別にしても、文字は愛善堂建設、鈴木は大神奉斎・祖霊鎮祭による信徒の枠組の設定と教勢拡大、有川はポルトガル語による教義理解の推進など、それなりの役割を果たした。

　1964年に有川が帰国した後、本部から特派宣伝使の長期派遣が再開されるのは1970年のことで、この間6年の空白がある。この空白期間中に大本を調査した前山は、特派宣伝使の途絶をもたらした要因を、日本の本部とブラジルを距てる社会的文化的距離の大きさ、日本的宣教方針および本部指導の教義に固執する特派宣伝使と、ブラジル生え抜きのブラジル化した宣伝使たちとの間の絶えざる確執と越えがたい断層に求めている[27]。当時の状況について前山は、特派宣伝使が去って日本の本部による直接的管理体制が解体した後、移住後ブラジルで入信した日系宣伝使と非日系信徒たちの手に宣教活動が委ねられて、ブラジルにおける大本の慣行はますます顕著に日本における正統的な教義と実践形態からの離脱を示した。両者間の断層はあまりにも大きく、懸け橋はほとんど不可能である、と観察している［前山 1997：195］。ここで前山が正統性からの離脱として言及するのは、大本が「儀礼の形式は大本の慣行を持続させているが、ブラジルの地で貧困層の人々の間に深く入り込み、急速にブラジル宗教化・土着化して変容し、多くの面でウンバンダに近い営為になってきた」［前山 1997：220-221］ことである[28]。

　前山が調査を行った1年後の1968年に、かつて特派宣伝使として滞在した鈴木が現地の視察に訪伯し、1970年以降、本部からの特派宣伝使派遣が再開された。現在ではブラジル大本はブラジル宗教化どころか小日本のようにみえる。『大本七十年史』［大本七十年史編纂会 1976b］や『月光輝くブラジル——南米主会略史』［藤代 1987］では、この期間は叙述からはずされたかのように空白となっているので[29]、ここではまず、前山の解釈は別として、彼の論文から当時の実態を抽出すれば、次の諸点が浮かび上がる[30]。

　①南米主会の幹部は信徒の人数をはっきり述べることができなかった。ある者は300人といい、別の者は600人と推計した。
　②1963年には36支部だったのが、1967年には20支部（サンパウロ市8、サンパウロ市近郊6、その他のサンパウロ州内3、その他の州3）に減少し、その半数だ

けが活動支部だった。
③宣伝使には非日系人が4人いたが、活動しているのは1人のみであった。
④人類愛善会は名前が残っているだけで実際には何も活動をしていなかった[31]。
⑤1967年の時点では活動中の信徒の約半数が日系人であった(「おおまかな推定によれば」とあるので、月次祭への参拝者から推定したと思われる)。
⑥取次を求めて訪れる人の90％が非日系人である。
⑦これまで、南米主会、サンパウロ分苑、その他の支部に取次や祈願に訪れ、記録簿に名前を連ねたことによって確認されたのは、約10万人である。
⑧ブラジルの大本は「寺院主導型宗教」となり、組織的教団の信徒中心の宗教であるよりは、浮動的な、集団帰属性を示さない参拝者・祈願者に支えられる宗教になっている。

　特派宣伝使が途絶した要因についての前山の解釈は深読みしすぎで、実際はブラジル化した宣伝使と特派宣伝使との確執によるものではなく、ブラジルでは指導が徹底したので、本部から派遣しなくてもやっていけるとの有川の報告を聞いて、本部側が当分様子をみることにしたためであった。著者は、有川が教えを強調したので、取次を中心とする宣伝使との間に齟齬があったのではないか、という推測に立って聞き取り調査を行ったが、そのような事実はなかった[32]。
　特派宣伝使途絶の要因は前山の指摘したようなものではなかったにせよ、貧困者がかかえる問題を取次によって解決することに情熱を傾けるあまり、クラドール、ベンゼドールといわれる祈祷師に堕してしまうことの危険性は、大本の宗教実践に内在していたことは否定できない。

(2) 非日系人信徒の減少と日系人主体の宗教への移行
　ブラジル大本から非日系人信徒が脱落したのは、特派宣伝使の途絶したこの時期である。ブラジル大本では、特派宣伝使がいると宣教の中核になるが、主会長は祭と愛善堂の保守だけで、宣教となると弱かった、という理由を挙

げている。また、現地信徒も主会長よりも特派宣伝使のいうことを聞いたという。有川は基礎を固めたと判断したが、そのあとのフォローのシステムがなかったことが、非日系人信徒の脱落を生んだ。大本の組織は、支部というもののトップダウン型ではなく、支部の宣伝使が各々の個性に応じて、取次に対応するという形態である。Ⅳ期での非日系人信徒や参拝者の拡大は、実際は特派宣伝使と組んだポルトガル語に堪能な森の功績が大きい。取次を自らの使命とし、非日系人の気質を理解していた森にしても、彼らの定着にかかわる育成システムの開発に取り組んだわけではなかった。

　Ⅳ期では、先述したように鈴木が中心になって非日系人信徒にも大神奉斎・祖霊鎮祭を推奨し、神前での朝夕拝、愛善堂で行われる月次祭への参加、自宅での月次祭実施（支部宣伝使の担当）を要請することによって、参拝者とは異なる信徒の行動枠組を明確化した。しかし、彼らは次第に月次祭の参加からも自宅での実施からも遠ざかっていった。その理由として、第一に、神癒の経験を得た場合でもその興奮がおさまるにつれて実践への意欲を失っていったこと[33]、第二に、家庭での月次祭に対して非日系人が文化的に違和感があること、第三に、大神奉斎をして入信したといっても、カトリック教徒であることをやめたわけではなく、単により大きな御利益を求めての大神奉斎だったこと[34]、第四に、言語の壁のために非日系人の世話がいきとどかず、またそのシステムも開発されなかったこと、第五に、ブラジルでは転宅が多く、移動を繰り返すが、移動先で信仰を失ってしまう場合が多かったこと、が挙げられる。

　鈴木が推進した大神奉斎・祖霊鎮祭による信徒の枠の明確化は、このような経緯を経て、ある意味では意図せざる結果として、非日系人は信徒にしても脱落する、したがって、取次を求めてくる非日系人に軽々しく信徒となることを勧めない、という姿勢を生んだのではないか。また、有川が定着のために行おうとしたポルトガル語による教えの伝達は、日本語ができ、大本の本を読める人はポルトガル語が得意でないため効果があがらず、非日系人の参拝者は前述したように貧困な下層に偏っていたため、ポルトガル語の文書を作成しても実効がなかったのではないか、と思われる。ひいては非日系人には大本の教えがわからない、という思いをもたせた可能性も否定できない。

このようにして、大本は特派宣伝使不在の時期に日系人のエスニックな色彩の濃い宗教に退行していった。日本人・日系人信徒の入信のきっかけは、非日系人の場合と同じく、奇跡的神癒などの体験であるにしても、彼らの持続的関心が大本の社会的結社的活動に注がれ、そこから大本に所属することと日本人・日系人であるというエスニック・アイデンティティとの強い融合が生じた。日系信徒のなかには、大本を日本神道の一つの形態とみなす傾向もあった［前山1997：199-200］。「はじめに」で言及したように、大本にはナショナルな日本民族や日本の役割に対する強調と、人類愛善・万教同根的なインターナショナルな面への志向との両面がある。日系人が大本に要求したものは、日本的なものだったが、非日系人が取次を求めて参拝者として出入りすることには、人類愛善思想・万教同根思想のゆえに拒否的ではなかった。大本の教えにある世界の指導者としての日本人の役割からは、困っているブラジルの貧困層を救済することは理にかなっていた。しかし、大本に問題解決を求めて来る非日系人が前節で言及したように貧困層・非識字層に偏っていたため、同等の信徒として彼らを受け入れるよりは、彼らとの間に一線が引かれるようになったのではないか[35]。そのうえに、1930年代に入信し、非日系人に対して取次活動を展開した宣伝使たちが、まさにこの時期に高齢化し、死去していったことは、ブラジル大本の日系人の結社的色彩を強めたと思われる。

4　祭式の是正と次世代の育成（Ⅵ期：1970～1987年）

特派宣伝使不在の4年をへて、ブラジル側から特派宣伝使を派遣してほしいとの依頼があり、かつて特派宣伝使として派遣されていた鈴木が、1968年10月に4ヵ月という短期であるが再度ブラジルに派遣された[36]。その目的は、「宣信徒の育成・指導、および近い将来に実施する長期南米特派宣伝使派遣のための現地における調査と打ち合わせ」であった［藤代1987：31］。ブラジル滞在中、鈴木は各支部をまわり、現地、ことに地方支部の祭式が乱れていることを認識した。本格的な長期の特派宣伝使の派遣は、鈴木の帰国1年3ヵ

月後に実現される。これまでの文字・鈴木・有川は宣教畑であったのに対し、祭式に詳しい柴田堅三が派遣され、以後、奥原・藤本の2人の青年宣伝使が派遣される。

(1) 祭式の乱れの是正

1970年5月に柴田堅三(1928年生、渡伯時42歳、滞伯1970.5-1972.10)がブラジルに派遣され、同時に教主名代・出口京太郎(三代教主長男)と随員・古田光秋の訪伯の予報がもたらされた。京太郎は9月に来伯し、40日間にわたって、取次(203人)、講演会(31回)、鍼灸による治療(215人)、笛による演奏会(17回)を行い、マスコミからの取材も相次いだ。この巡教は、教主の最も近い血縁の京太郎という、いわば「まれびと」を送り込むことによって、信徒の指導・教化の面に影響を与えた。

柴田はこれまでの3人の特派に比較して大衆的な親しみやすい人柄で、各地の支部をまわって、祭式の乱れを是正した。柴田は太鼓を特技としており、太鼓を叩いて「みろく踊り」「愛善踊り」の指導をした。翌1971年8月には愛善堂で、聖師生誕百年瑞生大祭遙拝祭が執行された。500人の参拝者があり、日系人や非日系人による体験談が発表され、愛善堂竣工以来の賑わいであった。直会後柴田の指導による「みろく踊り」が披露された。ここで遙拝祭という形式も確立した。

1972年3月に日本の聖地に柴田・森ほか主会の代表13人が団体修行参拝を行った。これは開教80年記念大祭への参拝と、1970年の教主名代のブラジル巡教へのお礼参拝をかねたもので、道場修行や教主との面会があった[37]。参拝団の帰国後、大神奉斎・祖霊復祭世帯が増加した。また、愛善堂で祭式講習を開催し、祭典厳修の重要性を信徒に認識させた。Ⅳ期の特派宣伝使のように、特派が先頭にたって方向づけるのではなく、聖地団参で信徒に日本の本部の実態と祭典の厳粛さをみせ、聖地で修行させることによって、彼らの自発性を喚起し、形のうえでも日本の原型回復を図ったのである。祭式の是正における聖地団参の役割は大きかった。

(2) 青年特派宣伝使の派遣と青少年育成の開始

青年特派宣伝使の派遣と青少年の育成

1972年8月に柴田の後任として28歳の奥原能（1944生、滞伯1972.8–1979.4）が派遣された[38]。青年特派宣伝使の派遣は、1970年にブラジルを訪問した京太郎にもブラジルには若い人を派遣したらどうかという感触があったことと、単身赴任だと2〜3年になるので、5〜6年はいることができる青年で夫婦ものを派遣してほしい、経験のある人より、新しく設置された梅松塾出身の何にも染まっていない若い人がいい、という希望が現地から出たことによる。これは古手のブラジルの現地宣伝使との折り合いの点でも妙策であったと思われる。

奥原は6年8ヵ月にわたって滞在し、後継者育成とポルトガル語による宣教に重点を置いた。後継者育成が課題になってきた背景には、次のような事情があった。IV期で入信した非日系人は現世利益的信仰が強く、信仰を深める教義的な指導ができなかったために出入りが激しく、結果として定着しなかった。これにこりて非日系人に軽々しく入信を勧めなくなったことから、この時点では信徒が日系人中心となり、それも固定化したため、次世代育成への取り組みが必要となったのである。奥原の発案で1974年に第1回少年夏季学級が開催（以後毎年）された。これまで主会行事は必要に応じて通訳をつけるぐらいで、すべて日本語によって実施されていたのに、夏季学級で全体をとおしてポルトガル語を使用したことは、画期的だった。同年、南米主会青年部が発足した。1978年からは青年部によるポルトガル語機関紙が発行された。このように奥原はポルトガル語による青年の育成に力をいれた。奥原はブラジルへの派遣が決まった後、日本でブラジル留学生について半年ほどポルトガル語を学習してから渡伯し、ブラジルでもかなりポルトガル語習得に努めたようである。

主会では森や奉仕者として長期滞在する宣伝使が取次を担当し、奥原は青少年の育成と支部巡教を担当するという形の役割分担をしていた。当時、取次には1日30人程度の人が訪れていた。愛善堂での月次祭には200人前後の参拝者があり、その1割が非日系人だった。森は取次に訪れる非日系人に月次祭参拝を勧めていたから、祭典に参拝する非日系人は必ずしも信徒ではないと推測される。大祭の後、信徒の一品持ち寄りによる直会があるが、直会

写真3-1　少年夏期学級における鎮魂の実習　(1997年)［ブラジル大本提供］

写真3-2　青年祭における鎮魂の実習　(1997年)［ブラジル大本提供］

の席上に地域の非日系人の子どもたちが食べ物目当てに先に座っていることがあり、こうしたことも大本に集う日系人の非日系人に対するイメージを損なった。奥原の特派時代は、高齢とはいえ森が健在だったので、非日系人が取次を求めてきていたが、1980年に森が死去した後、非日系人の依頼は大きく減少した[39]。

愛善堂建設20周年記念大祭への教主名代の巡教と聖地団参

1977年11月の愛善堂建設20周年記念大祭に、本部から教主名代として出口虎雄（三代教主の妹の夫）、調査部長猪子徳恵、奥原の後任特派宣伝使となる藤本和治（このままブラジルに残留）、が来伯した。名代の宿舎となる建物が建設され、大祭の運営には南米主会あげての取り組みがなされた。約500人の大祭参加者があり、功労者に対する表彰も行われた。大祭後1ヵ月間、出口虎雄と猪子は信徒研修会の講師を務め、各支部・信徒宅を巡教し、面会・懇談の機会をもった[40]。

この巡教によって日本の本部側はブラジルの現状を視察し、問題を把握することができた。教団機関誌に掲載された帰国後の座談会のなかで、出口虎雄は南米宣教の課題は、二世・三世の後継者育成と非日系人宣教であると述べ、そこに共通するのは言葉の問題であることを指摘している。一世は日本語が話せるが、ポルトガル語は日常会話程度しかできない。ブラジル生まれの二世・三世や幼少時に渡伯した一世は日本語ができない。したがって教えを伝えることができず、信仰の継承が困難である。また非日系人信徒の場合、み手代お取次による奇跡で入信してもポルトガル語による教化ができず、感激がさめると遠ざかってしまう。祭典後の講話も日本語では二世・三世の若い信徒や非日系人にわからず、ポルトガル語で話すと一世にはわからない。こうした言葉の問題を解決するために、日本でポルトガル語と大本の教えを十分に研鑽した青年を早急に養成し、現地でポルトガル語を使って宣教をさせること、また現地の優秀な青年を聖地に招いて1～2年梅松塾などで教義や伝統芸術などの研鑽をさせ、ブラジルに帰国後宣伝使として登用すること[41]、ほかに現地の人々にわかりやすいポルトガル語による出版物の発行、祭祀関係の充実も指摘されている［筆者不詳 1978a：84-85］。

1979年4月には、教主喜寿の祝祭、教主館完成祭を機に主会長はじめ28人

が30日間聖地団参をし、道場修行のほか、教主とも面会し、各種歓迎会に出席した。この時、参拝団に加わって奥原が帰国した。

(3) 青年特派宣伝使の永住と日伯交流の活発化
青年特派宣伝使の結婚・永住と青年の育成

梅松塾出身の藤本和治（1955年生）は、先述のように1977年11月愛善堂建設20周年大祭時の教主名代の訪伯に随行して来伯し、残留して1年半後の1979年4月に帰国する奥原の後任特派宣伝使になった[42]。藤本は1982年に大本信徒の二世の女性と結婚し、1983年に長男の出生を機に永住権を取得することができたので、これまでの特派宣伝使と異なり、ブラジルに永住することになった[43]。この間、中島望が1980年から2年間、特派宣伝使として派遣されたが、これは1976年にブラジルとパラグアイとの国境の町に設立された国際支部（当時ブラジル側3世帯、パラグアイ側8世帯。戦後パラグアイ移民として入植した大本信徒が宣教。注41）参照）を拠点に、パラグアイ方面の宣教のためである。

藤本は奥原から引き継いだ青年の育成に力を入れた。1979年には、青年部主催の第1回南米主会大本青年祭が2泊3日の日程で開催され、青年が47人、ほか少年少女・係員・奉仕者計約100人が愛善堂で宿泊した。斎主の藤本のほか、祭員がすべて青年信徒で祭典が執行されたことは初めてのことであった。青年祭は以後毎年開催されることになる[44]。

日本との交流の活発化

1980年代に入って顕著なことは、日本の一般信徒もブラジルを訪問し、ブラジルからは聖地団参が活発になって、相互に交流する機会が拡大されたことである。1981年には「大本青年ブラジル・キャラバン隊」一行8人が来伯した。キャラバン隊の目的は、第一に、ブラジルで開催される世界エスペラント大会への参加、第二にブラジル各地の主要都市で「日本の夕べ」を開催することによる日本伝統芸術の紹介、第三に南米主会の支部・会合所・信徒宅の訪問、第四に主会で行われる青年祭への参加である［筆者不詳 1981：52-60、中里 1981：44-69］。日伯の青年同士の交流は、互いに刺激を与え、相互理解の糸口になった。ブラジルからの聖地団参も活発になり、1982年4月には、開教90年の梅松祭、みろく大祭を機とする第3回聖地団参のため28人が訪日し、

40日間滞在した。この時、大本の聖地がある亀岡市の市長からジャンジーラ市長あての友好のメッセージがブラジルに帰国する藤本に託され、これが実って1984年に姉妹都市提携に至る。1985年には第4回聖地団参が行われた。12人が34日間滞在して、みろく大祭、教主・教主補生誕祭参拝、教主・教主補との面会、大道場講座受講等の日程をこなし、帰国に際して教嗣出口聖子（三代教主の三女、後の四代教主）が揮毫した「愛善堂」の看板を贈られた。なお、団参ではないが、1986年に聖地で行われた直心会（婦人会）連合会長会議・研修会には、初めて南米主会から直心会連合会長が参加した。また、陶芸学習のために訪日した信徒が、6ヵ月間聖地で祭務研修を受けた。

　Ｖ期までは、本部からブラジルに巡教が行われたのは1957年の愛善堂建設時のみで、特派宣伝使の途絶時代の1967年には愛善堂建設10年の区切りがあったにもかかわらず、本部からは記念祭に誰も来伯しなかった。Ⅵ期以降、柴田特派時代の教主名代の特別巡教に始まり、愛善堂建設の周年には教主名代（1997年には教主）の来伯と巡教が定例化されていった。1987年10月の愛善堂建設30周年記念大祭には、本部から教嗣出口聖子・出口斎教学研鑽所長（聖子の夫）ほか慶祝訪伯団30人が来伯した。この時に聖子によって愛善堂のある神苑全体が「伯光苑」と命名された。

　他方、ブラジルの信徒は聖地団参によって、ブラジルとは規模が違う日本の聖地を見る、聖地での神気みなぎる感じを肌で感じる、聖地で世話をしてくれる人々の温かさに接する、また日本の祭典の厳粛さを見て、感激を述べ伝えたり、機関紙に執筆するなどで、日本の大本をモデルとしてブラジル大本を把握するようになった。藤本特派時代に本部との交流が深まり、1985年以降はとくに交流が緊密化していったことが、その背景をなしている。また、本部から送られてくるビデオによって、本部とブラジルの距離が縮小し、本部の鼓動が直接感じられるようになった。

　以上のように、教主名代のブラジル巡教、ブラジルからの聖地団体参拝、日本の大本青年の訪伯によって、本部側はブラジルの実態に接する機会を得、ブラジル側は日本の大本のあり方に接し、交流を深めるなかで、日本の本部が宣教よりも祭祀中心になっていったのに呼応して、ブラジルの大本も取次中心から祭祀中心に軌道修正していく。この間、1980年に二代主会長・駐在

特派宣伝使の森静雄が83歳で、翌1981年に三代主会長の田力常信が87歳で、四代主会長の浜田富太が82歳で死去し、1930年代に入信し、ブラジル大本の宣教を担い、取次を自らの使命とした主要人物が亡くなったことが[45]、日系人の閉じられた宗教への変貌を加速し、ブラジル大本は日本の小型版になっていった。こうして、往時のような宣教の活力に欠けることになり、それゆえにこそ次世代への信仰継承が切実な課題となって浮上したのである。1982年には初めて二世の主会長が誕生した。通常ならば、こうした世代交代に伴う出来事はブラジルに適合的な方策の模索とつながるように思われるが、ブラジル大本の場合、むしろ日本的になっていくことと結びついていた。

　藤本が赴任した1977年には非日系人の信徒は1人もいなかったが、このⅥ期に大本にとって重要な役割を担うようになるベネジット・シルバ（1919生）が入信した。彼は元弁護士でポルトガル語教師である。また、エスペランチストでカルデシズモ（フランス起源の心霊主義、信者には知識階級が多い）の信者でもある。1955年から本部発行のエスペラント雑誌を購読していたが、1981年の世界エスペラント大会に参加した大本青年キャラバン隊の来伯を期に、ブラジル大本とかかわりをもった。翌1982年には青年祭の講師として招かれ、1983年に本部招待の訪日を機に入信し、1988年には宣伝使になった。大本の出版物のポルトガル語訳については、戦前に森が訳したり、日本にいるブラジル人の大学教員が翻訳をしたり、青年部が取り組みもしたが、現在はエスペラント訳からシルバがポルトガル語に翻訳するのが主流となっている。ポルトガル語で完璧に大本講話ができる唯一の人材である。

5　南米本部への昇格と日伯交流の活発化（Ⅶ期：1988年〜現在）

(1)　南米本部への昇格と拠点施設の整備

　1988年8月に南米主会が南米本部に昇格した。主会は日本国内では各県を統括する事務機関にすぎないが、ブラジルの南米主会は礼拝所（愛善堂）をもつ宗教施設であるため、南米本部に格上げされたのである。その際、「従来の体制を整え、次代の育成に力を入れ、対ブラジル社会への本格的な宣教にの

写真3-3　愛善文化会館　(1998年)［著者撮影］
(入口に「愛善文化会館」「大本南米本部」と漢字で書いてある)

りだし、大本における世界宣教の雛型をブラジルにつくる」という目的が掲げられた。本部長を日本の本部の宣教部長が兼任し、次長2名(現地本部長、副本部長)はブラジル在住信徒で、彼らを含めて7人の参事が任命された[46]。これによって、組織的に日本の本部と強固につながった。

南米本部への昇格と同時に、愛善堂のある伯光苑が南米全体の聖地として位置づけられた。南米主会当時は日本の国内と同様、祖霊は綾部の大本祖霊社に復し祭っていたが、この時「遠隔地である南米本部は例外とし、愛善堂での祖霊鎮祭を認める。ただし、愛善堂の祖霊社は綾部の大本祖霊社の遙拝所とする」とされた。愛善堂が建設されてから1985年7月までは、祭壇の左手に祖霊社があったが、本部の方針で、祖霊を祀るのは綾部の大本祖霊社と自宅だけでよいということになり、ブラジルでも祖霊社を撤去した。しかしながらブラジルは遠く、綾部への参拝はなかなかかなわず、また自宅に祖霊を祀っていない人もいるので、本部に要望して特別に認可されたものである。

翌1989年に伯光苑内に愛善文化会館(総建坪1,200㎡)が建設された[47]。建設

資金3,000万円のうち1,000万円は日本からの援助である。ブラジル側の資金のうち、日本の直心会から送られた318箱の古着をバザーで販売した純益が、重要な建設資金になった。特別献金以外に献労も信徒がした大きな貢献だった。

　ブラジル大本の宣教にとってのネックの一つは、愛善堂のあるジャンジーラ市は、月1回の月次祭に参集するにはよくても、日常的な活動には不便なことである。サンパウロ分苑は、賃貸費用が捻出できないため1972年に消滅していた。その後、サンパウロ市の拠点として信徒宅を使用していたが、二世・三世の時代になると自宅に他人が入るのを嫌うようになっていった。信徒の多くが居住しているサンパウロ市に、気兼ねなく使用できる拠点をもちたいというのは、ブラジルの信徒の願いだった。かくて、信徒の献金に本部直心会からの100万円の寄付を加え、不足分は本部からの借入金（すでに返却）によって、1992年に土地建物を43,000ドルで購入し、建物を改装して1993年にサンパウロセンターが開所した。ブラジル大本では、伯光苑は日本でいえば綾部の梅松苑（祭祀）に相当し、サンパウロセンターは亀岡の天恩郷（宣教・事務）の役割を担うものとして位置づけている。センターには当番を置き、出版物や神具の販売、更生奉仕金の取り扱いをする。毎週木曜日に藤本が出所し、信徒の応対、取次・祈願、身の上相談を行うほか、参事会、年祭（霊祭）や愛善歌のコーラスや踊りの練習の会場としても使用されている。藤本が毎月第3日曜に、ポルトガル語による基本講座を開講したことは新しい試みである。

(2)　財務面と日本の本部からの支援

　財務面での日本の本部とのかかわりについては、日本派遣の特派宣伝使の給与が南米主会時代以来一貫して本部から支出されているほかは、基本的に独立採算制をとってきた。日本の場合、更生奉仕金は本部に出し、その何割かが戻るシステムであるが、ブラジルでは本部への上納はなく、現地で使用してよいことになっている。そのうえに、南米本部に昇格後は本部から毎年500万円の援助が出るようになった。収入は月次祭の玉串2,000ドル、更生奉仕金（会費）3,000ドルの年合計6万ドルで、これで維持費をまかなうことがで

きる[48]）。人型約9,000体、型代約6,000体（対象は大半が未信徒、車・建物用の型代は個人の人型5体分と換算）に対して、人型1体について大体1ドルの献金がある。取次における玉串は金額が決まっていないが、微々たるもので、1人5ドルを超えることはない。非日系人は玉串の習慣がないが、取次に来た人に「アジューダ・パラ・イグレージャ（教会の手助けをしてほしい）」と言うと、1ドル位の玉串を出す。この他特別献金がある。年間の予算は12万ドルで、剰余金は愛善堂が老朽化したので新しい神殿を建設するための貯蓄に回している。ブラジルでは運営は基本的に現地に任されているが、本部の方針は伝達される。

(3) 日本の本部からの人材派遣と日伯交流の活発化

 南米本部となってから、本部からの人材派遣や交流も頻繁に行われるようになった。4～5ヵ月の短期での特命宣伝使の派遣があるほか、参事の聖地研修、本部で行われる直心会連合会長会議へのブラジル直心会会長らの出席など、幹部研修の意味合いをもった訪日が行われるようになった。1997年の愛善堂建設40周年大祭には四代教主出口聖子と慶祝団87人が来伯した。聖子は30周年大祭の時にも来伯しているが、今回は教主としてのもので、教主の海外巡教は大本の歴史始まって以来の出来事であった[49]。

 こうした日本の本部とのかかわりの深化のなかで、春季大祭前夜祭「春をめでる夕べ」の点心席・香煎席・薄茶席、3月の月次祭後のひなまつり茶会、5月の月次祭後のこども茶会、7月の月次祭後の七夕飾り、などが始まった[50]。本部で重要視される伝統芸術をとりいれることによって、ブラジル大本が文化宗教への傾斜を深めているように見受けられる。

6　ブラジル大本における持続と変容 ── 取次・祭祀・教え ──

 大本は取次という祈祷活動によって外に開いた時期から、日系人の参詣型宗教として閉じた空間になった今日まで各時期の特徴をもって推移してきた。ここで歴史的展開から目を転じ、(1)取次・祈願・身の上相談と呪物、(2)祭祀

と祭式、(3)教え、という大本の重要な三つの側面について、日本的原型の持続とブラジル文化のなかでの変容の視点から、現況をみておきたい。(3)教えについては、ポルトガル語対応に焦点をおいて考察する。

(1) 取次・祈願・身の上相談と呪物
取次・祈願・身の上相談

　大本の活動の重要な柱に「み手代お取次」がある。み手代お取次は宣伝使のみがすることができるもので、ジャンジーラの愛善堂・サンパウロセンター・支部において、依頼者の問題が病気にかかわる場合に行われている[51]。み手代お取次は、神前で御守護願いをし、依頼者に向き合い守護神に対して天津祝詞・神言(かみごと)・天の数歌を奉上し、み手代(杓子)を患部にかざし、それをとおして神の光をいただく業である。病気の悩みはポルトガル語で聞いた場合でも、祈りは日本語です。病気には、高血圧・糖尿病などの肉体的病気、ノイローゼなどの精神的病気があり、後者の場合は何回も来るように言う。病気で神前に来られない人には、病人のそばで取次をすることがある。本人は来られずに代わりに衣服をもってきた場合は、み手代を使って「遠隔お取次」をする。本人ではなく縁者の病気の問題である場合は、み手代を使わずに神前で祝詞をあげて想念で祈願する。なお、取次だけだと祈祷師になってしまうので、未信徒には、月次祭への参拝や研修会への参加を勧め、教えを学ぶように指導をしたり、神に依存するだけでなく自助努力も必要であることを説く[52]。大本では病気には霊的な原因があるととらえるので、み手代お取次も霊的な救済と位置づける。

　取次の時には霊が発動することもある。ブラジルにはマクンバと呼ばれる黒呪術がある[53]。マクンバにかけられた人が取次に来た場合、天の数歌を唱えると、正しい神の前に来るのが怖いのでその霊が発動する。その所作を見れば、どのような霊が憑いているか見分けることができる。霊にそういうことをするなと説得する。神前でおさまったように見えても、家に帰るとまた霊が発動することがある。自殺者の霊など悲しい死に方をした霊は子孫に不幸をもたらすことがあるが、祖霊の場合は子孫に何かを伝えるためであって、苦しめることが目的ではない。取次の時に祖霊の思いを感じ、そういう祖霊

はいないかと尋ねると、いるという。藤本特派宣伝使が着任当初の1970年代後半には憑霊現象がよく見られ、暴れたり、あくびをしたり、泣いたりする人がいた。さまざまな宗教や祈祷所をたずねた末に大本を訪ねてくる人も多かった［藤本1999：54-56］。

　仕事の問題、家庭不和などの人間関係の問題で、こうさせてほしいとか、物事がうまくいくようにお願いしてほしいというのは、「ご祈願」になる。天の数歌はみ手代お取次の場合のみで、ご祈願には用いない。祈願は朝拝の時に1週間、10日と続ける。これは一般信徒でもできる。

　「身の上相談」は、内流（ないりゅう）という一種のインスピレーションで、神にお願いし、回答をいただく。いずれも、その問題に関連させて、人間はなぜ生まれてきたのか、「われよし（利己主義）」ではいけないといった教えの話をするようにしている。

御神水・お土・お松・おひねり・おまもり

　大本では、治療儀礼に使われる呪物がある。「御神水」「お土」「お松」「おひねり」「おまもり」である。御神水とお土は戦前から治療儀礼に用いられてきたが、他は特派宣伝使派遣後に日本の本部にならって加えられた。

　戦前には王仁三郎から授与された楽焼に入れて聖化した水を「御神水」として病気治療に用いていたが、現在では、綾部にある聖地梅松苑の御神水を伯光苑にある井戸の地下水に入れ、その水を神前に供えたものである。取次の後に御神水をいただかせる。入院している人に持っていかせることもある。病気の場合以外でも飲んだり料理に使う。

　「お土」は粘土質の土（ブラジルで日本の土に近いものを購入）に日本の聖地のお土を混ぜたものである。腫物と火傷にはお土を水（可能ならば御神水）で練ったものをガーゼにつけ、患部に湿布する。火傷の場合はすぐ乾くので、それを何度も繰り返す。打ち身にはお土をそのまま塗る。病気には、水にお土をさじ一杯入れてその上澄みを飲む。大本のお土だからということに加えて、お土そのものに治癒力があるととらえる[54]。

　「お松」は、玉串捧奠に使ったアメリカ松を陰干しして作る。病気の時にこれを煎じて飲む。これは血をきれいにし、内臓全般の病気に効くとされる。開祖出口なおの『お筆先』には「お土とお松で治らぬものはない」とある。

「おひねり」は半紙に教主が「うしとらのこんじん　ひつじさるのこんじん」と平仮名で神名を書いたのを1cmの幅に切ってひねり、半紙に包んだもので、教主しか作ることができない。教主の神務である。「病気おひねり」と「安産おひねり」がある。病気おひねりには二つ、安産おひねりには三つのおひねりが入っており、病気の場合はいよいよという時に、お産の場合は、妊娠した時、産気づいた時、産後、の3回飲む。

「おまもり」も本部からのもので、「肌まもり」（人用）と「車体おまもり」（乗り物用）の二種があり、錦袋入りとペンダント式の形態がある。こうしたものは本来信仰あってのものだが、未信徒にも説明して下げている。

取次・祈願については、近年、取次で依頼者側が憑霊状況を呈することは減少したが、その基本原型は変わらない。呪物では、「水」「土」といったブラジルでもあるものは、戦前から病気治療に用いられたが、今日では水にしろ土にしろ、本部の御神水や土と混ぜ合わせて聖地の権威のもとに聖化されるようになった。松はブラジルでは一般的ではないので、玉串としてアメリカ松を用いるようになってから「松」が付け加えられた。おひねり、おまもりは本部からのものである。ブラジル独自の呪物はないが、これらはもともとブラジルの宗教文化に適合的なものである。ただ、十分に活用がされていないことに難点がある。

(2) 祭祀と祭式

大神奉斎・祖霊復祭した信徒世帯は、自宅での朝夕拝、月次祭、霊祭を行うことが義務とされ、支部の月次祭、愛善堂の月次祭への参拝が推奨される。

伯光苑での毎月の行事には愛善堂の月次祭（第1日曜、参拝者は120～150人で減少気味）がある。年間の祭典行事はすべて日本の本部に準じたもので、ブラジル独自のものはない。参拝者が多い祭典は秋季大祭（4月）、秋季祖霊大祭（5月）、春季大祭（10月）、春季祖霊大祭（11月）である。遙拝祭は基本的に日本の本部で行われる祭典の日程に合わせてある。しかし、日本で重視されている節分大祭、みろく大祭の遙拝祭ですら、月次祭とは別途に行う場合は参拝者数が一桁にすぎなかった。こうした理由で1～2日のずれならば月次祭や大祭の日に行うこととし、1995年からは2月の月次祭を節分大祭遙拝祭と、

1996年からは5月の秋季祖霊大祭をみろく大祭遙拝祭と、合体させている。合体したといっても参拝者が多くなるわけではなく、通常の月次祭程度で、それ以外の平日に行われる祭にはほとんど参拝者はいない。基本的に月次祭参拝は重要な宗教実践とされるが、それ以外の祭の参拝については動機づけが乏しい。

祭典での日本との違いは、椅子席、立礼形式礼拝、アメリカ松または緑葉樹の玉串（日本で使う女松はブラジルにはない）を使用することで、ほかは日本式を踏襲している。しかし、神饌については無理をして日本のものにこだわる必要はないという。酒と餅は欠かさない。日本酒は高額なのでピンガ（サトウキビで作った焼酎）やワインのこともあったが、金銭的余裕ができた今日ではブラジル産の日本酒を供えている。大祭の時は昆布を供えるが、それ以外の月次祭ではフェイジョン（ブラジルで毎日ご飯にかけて食べる大豆）や穀類を供える。

愛善堂の月次祭での式次第は、①祭員入場、②祓式行事、③献饌、④斎主月次祭祝詞奏上（日本語）、⑤玉串捧奠、⑥神言奏上（日本語）、⑦大本讃美歌（日本語）、⑧祖霊月次祭祝詞（日本語）、⑨玉串奉呈、⑩天津祝詞奏上（日本語）、⑪基本宣伝歌（日本語）、⑫祭員退場、⑬日本語の『大本神諭』拝読、⑭ポルトガル語の大本の教え（『道の栞』『いきがいの探求』など）拝読があり、⑮事務連絡、⑯現地南米本部長の挨拶または藤本かシルバの話、⑰御神酒や餅の下附の後、⑱別会場で直会（一品持ち寄りと直心会によって作られた料理）で終了する。司会は日ポ両語を使用するが、⑮～⑯はできるだけポルトガル語で行う。祭員は日本式の装束を着用する。

支部月次祭、大神奉斎した家庭での月次祭も日本に準じた祭式で行うことが推奨され、それを徹底させるために、伯光苑で祭式講習会が年に数回、初級・中級など習熟度別、青年、宣伝使など対象別に開かれ、藤本特派宣伝使が地方支部を巡回した折には祭式講習会が開かれる。

ブラジル大本では本部で行われるような大祭が重視されるのではなく、愛善堂の月次祭に参列すること、すなわち月参りが重視される。祭典にみられる日本との違いは変容というより便宜的なもので、本質的なものではない。一部ポルトガル語対応がされているとはいえ、全く日本での祭式が踏襲され

写真3-4　春季大祭における祭員入場　(1991年)［ブラジル大本提供］

写真3-5　春季大祭で献饌を行う祭員(1991年)［ブラジル大本提供］

写真3-6　月次祭での斎主による祝詞奏上　(1998年)［ブラジル大本提供］

写真3-7　愛善堂月次祭参拝者　(1998年)［ブラジル大本提供］

写真3-8　祭典に遅刻したため入場前に修祓を受ける参拝者
　　　　　(1997年)［ブラジル大本提供］

ている[55]。現段階では日系人が大多数を占め、非日系人信徒はベネジット・シルバのほか次節で述べるように合気道関係者なので、日本的神道方式による祭典の違和感は少ない。また家庭祭祀のように自らが実践するものではないので、問題は意識化されていないけれども、異質性の稀釈が求められる場合も出てこよう。

(3) 教え

　日本の大本には膨大な出版物があるが、ブラジルでは森静雄や青年部、日

本在住のブラジル人大学教員によって、そのごく一部の抜粋のみが翻訳されていた。ところが、1983年にエスペランチストであるベネジット・シルバが入信したことにより、本部の資料編纂所とシルバが翻訳について綿密な検討を重ねて、エスペラント語からポルトガル語へという他教団では類例のない翻訳方法で、ポルトガル語訳を推進するようになった。シルバによって『出口なお・王仁三郎の生涯』(1987年)、出口日出麿著『生きがいの創造』(1995年)などの書物が翻訳された。聖師出口王仁三郎の『霊界物語』は81巻におよぶ大部なため、それにかわる根本教典として王仁三郎著の『道の栞』が1997年に発行された。ここに懸案の根本教典のポルトガル語訳ができた。また開祖出口なおの『大本神諭』[56]も2000年に刊行された。

　機関紙誌は活動内容の周知を図るともに教えの咀嚼、体験の深化を助けることを目的とするが、機関紙『伯光苑』(ルビつき日本語のワープロ印刷、A4版4頁、1958年から発行された『主会報』を南米本部発足後に名称変更したもの)はその役割を果たしていない。まずは日本語を読める人が少なく、1999年現在の発行部数は90部にすぎない[57]。次いで、内容は教祖・歴代教主の言葉のほか、月次祭の報告、バザーその他の行事の記録、日誌、新入信徒の紹介や物故宣伝使の略歴、献納物とその献納者の氏名、といったもので、機関紙とは名ばかりで記録といったものである。このポルトガル語版(全くの翻訳)を、1994年から1996年にかけて2年ほど240部出したが、休刊した。青年部にはポルトガル語機関紙 *Hakkoen* (ハッコウエン)(1978年創刊、1988年に *Viva* (ビバ)を改称、A4版4頁)がある。発行部数は1988年時点で300部、11年後の1999年でも同じく300部である。これは未信徒にも配布している。紙面は大本の教え、読者投稿欄、行事案内から構成されている。ブラジル大本では、日本語にしろポルトガル語にしろ真に機関誌といえるものが発行されたことはない。その代替物として日本の『おほもと』誌(有料)を講読する人も、1986年61人、1990年43人、1998年21人と減少している。機関紙誌の充実はブラジル大本の今後の課題である。

　教えの学習に関して、新規の試みとして挙げるに値するのは、サンパウロ市に拠点施設を獲得した1993年以降、藤本がサンパウロセンターで毎月1回ポルトガル語の基本講座を開くようになったことである。基本講座は、日本の本部(亀岡)で大本の教えの概略を理解することを目的として行われている

もので、入信の要件であり、繰り返し受講することもできる。日本では大道場修行と呼ばれ、5日間の日程で行われる。ポルトガル語基本講座のタイトルを挙げると、「大本の開教」、「救世の神業」、「まことの神」、「大本の使命」、「四大綱領」、「四大主義」、「霊界の実在」、「祖霊祭祀について」、「心のしくみ──霊四魂」、「人生について」、「歴代教主の御神業」などで、教えを体系的に伝えようとする試みであることがわかる。ポルトガル語基本講座の内容は、日本の基本講座の内容を踏襲している。基本や根本は変えることはできないが、その例題などは、藤本なりにブラジルに合ったように説明を工夫しているという。しかしながら、参加者は開講当初20人に上ったこともあるが、次第に減少し今日では数人にすぎない。

取次ほか呪物は、日本的原型そのままでブラジルに適合的であるにもかかわらず、宣教は不活発である。祭式は簡便でも平易でもない。大本の教えは多岐にわたり、その内容には深いものがあるが、それゆえに言語の壁を超えての伝達が難しい。このように、ブラジル大本の場合、ほとんど日本的原型からの変容がみられず、ブラジルという異文化のなかで日本式を踏襲し、日本の原型に固執していることがむしろ問題であると思われる。

7　次世代育成による信仰継承の課題

現在、ブラジル大本がかかえている最重要課題は信仰継承である。1970年代に少年夏季学級、青年祭の形で青少年育成が始まってから30年近く経過したにもかかわらず、依然として信仰継承の課題が解決されていない。すでに述べたのと重複するところもあるが、信仰継承がクローズアップされざるをえない実態を概観し、あわせてどのような要因が継承を阻んでいるのかを考察しよう。

(1) 統計資料からみた教勢の停滞と高齢化の実態

表3-4には、統計資料がある1985年以降の信徒世帯数、大神奉斎・神号奉

斎世帯数、祖霊復祭世帯数、更生奉仕金納入世帯数を掲げた。これによってⅦ期、つまり最近段階の大本の教勢の推移をみてみよう[58]。

1998年現在の信徒世帯数は240世帯で、1991年の275世帯をピークに減少している。奉斎世帯数、復祭世帯数、更生奉仕金納入世帯数も同様の曲線を描いている。この減少には信徒の死亡による世帯数の減少のほか、後述する日本へのデカセギの影響がある。新規入信世帯数の資料は1990年以降のものしかないが、それによれば増加は微々たるものである。また、新規入信といっても日系人の場合はほとんどが結婚による世帯分割という名目上のもので[59]、新しい信徒を獲得したわけではない。非日系人（1人入信しても1世帯と数える）は、1991年に2世帯、1992年2世帯、1994年1世帯、1998年1世帯と1990年代に入ってから6世帯入信している。ほとんどが南米本部参事の合気道師範鹿内一民（1946年生、1975年渡伯、ブラジルで入信）の門下生である[60]。南米本部となって、南米の宣教拠点としての役割が期待されるにもかかわらず、現実には信徒数は減少気味であり、宣教も活発でない状況が明らかである。

表3-5は1989年時点で信徒と宣伝使を、(1)年齢階層別、(2)日系（世代別）・非

表3-4　ブラジル大本　信徒世帯数ほかの推移（1985～1998年）

年	信徒世帯数	前年からの増加数	新規入信世帯数	大神奉斎・神号奉斎世帯数	祖霊復祭世帯数	更生奉仕金納入世帯数	特記事項
1985	221	—	—	168	153	174	
1986	229	8	—	174	156	178	
1987	240	22	—	181	162	184	愛善堂建設30周年、教嗣他来伯
1988	255	15	—	187	169	182	南米本部に昇格
1989	267	12	—	191	173	179	愛善文化会館落成
1990	269	2	8	186	176	193	
1991	275	6	7	189	179	196	
1992	265	10	4	185	168	185	青年部のデカセギ顕著
1993	256	-9	3	183	156	175	サンパウロセンター開所
1994	249	-7	4	180	151	175	
1995	241	-8	3	174	143	173	
1996	234	-7	0	173	147	166	
1997	236	-2	4	170	142	158	愛善堂建設40周年、教主他来伯
1998	240	4	4	173	142	170	

注1）1984年以前は、統計資料不備のため把握できない。
　2）新規入信世帯数は1985～1989年は不明。
出所）ブラジル大本提供資料および聞き取り調査に基づき作成。

日系別、(3)日本語能力別に比較したものである[61]。宣伝使には正宣伝使・准宣伝使・宣伝使試補の三級がある[62]。宣伝使になると「み手代」が授与され、取次ができる。なお、宣伝使は個人の資格であるから個人単位であるのに対して、信徒数は世帯単位のため概数であるが、表3-5から信徒と宣伝使を比較して以下のことを指摘することができる。

①年齢階層別では、区分が信徒と宣伝使とで異なるところがあり、またお

表3-5 ブラジル大本 信徒・宣伝使の属性(1989年)

(1) 年齢階層別信徒・宣伝使数

信徒			宣伝使		
年齢階層	人数	比率	年齢階層	人数	比率
65歳以上	約140	(17.3)	65歳以上	40	(48.0)
30～64歳	約360	(44.4)	50～64歳	22	(26.5)
			30～49歳	20	(24.1)
18～29歳	約130	(16.0)	30歳未満	1	(1.2)
0～17歳	約180	(22.2)			
計	約810	(100.0)	計	83	(100.0)

(2) 日系(世代別)・非日系別信徒・宣伝使数

	信徒		宣伝使	
	人数	比率	人数	比率
一 世	約120	(14.8)	50	(60.3)
二 世	約370	(45.7)	30	(36.1)
三 世	約260	(32.1)	2	(2.4)
四 世	約 20	(2.5)	0	(－)
非 日 系	約 40	(4.9)	1	(1.2)
計	約810	(100.0)	83	(100.0)

(3) 日本語能力別信徒・宣伝使数

	信徒		宣伝使	
	人数	比率	人数	比率
日本語の読み書きができる	約150	(18.5)	54	(65.1)
日本語の会話ができる	約170	(21.0)	20	(24.1)
簡単な日本語を聞くだけはわかる	約130	(16.0)	6	(7.2)
日本語は全くわからない	約360	(44.4)	3	(3.6)
計	約810	(100.0)	83	(100.0)

注) 信徒数の統計は元の資料が概数となっている。
出所) ブラジル大本提供資料に基づき作成。

おざっぱすぎる。しかし、大枠は共通しているので、そこに注目すると、信徒では30〜64歳の中年層が44％、30歳未満の少年・青年層が38％を占める。他方、宣伝使では、65歳以上の老年層が48％と約半数を占め、信徒と比較して高齢化が顕著である。

②日系・非日系別では、まず信徒の95％を日系人が占め、非日系人は5％にすぎない。日系人の世代別内訳は、一世15％、二世46％、三世32％、四世3％で、二世と三世で全体の78％を占めている。表には掲げていないが、信徒世帯を日系・非日系別にみると、日系信徒世帯90％、夫婦のどちらかが非日系人の信徒世帯6％、非日系人信徒世帯4％である。夫婦ともに日系の信徒世帯がきわめて高い割合を占める事実から、非日系人との婚姻が非常に少ないことがわかる[63]。したがって大本入信世帯は、ブラジル日系人全体よりもエスニック性が高く、日系アイデンティティが高いと推測される。他方、宣伝使で非日系人は1人（先述のベネジット・シルバ）のみである。また宣伝使のうち一世の占める割合が60％と、信徒のなかで一世が占める割合が15％であるのと比べて、はるかに高率である。

③日本語能力については、信徒では「日本語の読み書きができる」19％、「日本語の会話ができる」21％、「簡単な日本語を聞くだけはわかる」16％、「日本語は全くわからない」44％で、日本語の会話が自由にできる人が40％いる一方で、全くわからない人も半数近くいる。宣伝使では「日本語の読み書きができる」65％、「日本語の会話ができる」24％と、日本語でのコミュニケーションに不自由がない人が89％を占め、「日本語は全くわからない」は4％にすぎない。信徒より格段に高い日本語能力をそなえていることは、一世の宣伝使・信徒比率の格差に照応する。

上記の①〜③から、次のことが導き出される。活動の中心を担う宣伝使は、信徒に比べて高齢化が顕著であり、一世が多くを占め、使用言語が日本語に偏っている。すなわち、宣伝使と信徒では日本語能力の点で格段の差がある。したがって、言語の壁と活動信徒層の高齢化は、大本の宣教の不活発さと結びついて、信仰継承をより重要な課題にしているといえよう。

表3-6は、表3-5の宣伝使に関する数値を9年後の1998年と可能な限り比

表3-6 ブラジル大本 宣伝使の属性（1989年と1998年の比較）

		1989年		1998年	
		人数	比率	人数	比率
資格	正宣伝使	3	(3.6)	4	(5.6)
	准宣伝使	21	(25.3)	24	(33.8)
	宣伝使試補	59	(71.1)	43	(60.6)
	計	83	(100.0)	71	(100.0)
性	男性	―	―	47	(66.2)
	女性	―	―	24	(33.8)
世代	一世	50	(60.2)	31	(43.7)
	一世以外	33	(39.8)	40	(56.3)
信仰世代	初代目	―	―	32	(45.1)
	二代目以降	―	―	39	(54.9)
平均年齢	正宣伝使	―		76.3歳	
	准宣伝使	―		65.5歳	
	宣伝使試補	―		61.5歳	
	全体	―		64.7歳	

注1) 1989年のデータは、表3-5と同じ資料に基づくため、不明の部分がある。
 2) 1998年の宣伝使数71人のうち、日本在住者（3人）と病身者（身体不自由者8人）を含む。
 3) 世代の「一世以外」には、二世以下と非日系人を含む。
出所) 表3-5に同じ。

較したものである。この9年間に、宣伝使数は83人から71人と減少し、死亡による自然減の穴うめもできていない。1998年の宣伝使の平均年齢は上位の資格になるほど高く、全体では64.7歳となって、1989年の年齢階層別分布と比べても高齢化が目立つ。非日系人の宣伝使1人を除くと、二世以下が39％であったのが55％と半数を超えているが、戦前移民から始まった大本ではそれが必ずしも若返りを意味するものではない。さらに1998年の宣伝使には、高齢によると推測される病身者8人、デカセギによると推測される日本在住者3人計11人が含まれており、総じて活動力の低下が顕著であるといわざるをえない。

大本には1998年現在12支部5会合所があり、そのうち長が不在の会合所1を除いて、支部長・会合所長計16人を世代・年齢階層別に集計したものが**表3-7**である。

まず明らかなのはここでも高齢化が顕著なことである。60歳代が44％と最も集中しており、次いで70歳代が25％であり、80歳代19％を加えると70歳以上で全体の実に44％を占める。最も若い層でも50歳代である。世代別では二

表3-7 ブラジル大本　世代別・年齢階層別支部長・会合所長数

	一世		二世		計	
	人数	比率	人数	比率	人数	比率
80歳代	2	(28.6)	1	(11.1)	3	(18.8)
70歳代	2	(28.6)	2	(22.2)	4	(25.0)
60歳代	2	(28.6)	5	(55.6)	7	(43.7)
50歳代	1	(14.2)	1	(11.1)	2	(12.5)
計	7	(100.0)	9	(100.0)	16	(100.0)

注1) 会合所のうち1ヵ所は長が不在のため集計から除外した。
　2) 1998年現在の数値。
出所) 表3-5に同じ。

世が56％と過半を占めるが、年齢とのクロスでみると70歳代以上が一世の57％に対して二世は33％にとどまるものの、ブラジル大本の歴史の長さを示すように80歳代の二世さえいて、二世も高齢化している。支部長・会合所長が死亡した場合には、信徒のなかから後継者を選ぶとされ、高齢化の実情をみると交代の時期も遠くはないと思われるが、すでに長が欠員の会合所や、後継者がおらず支部が合併吸収された事例もある。このままでは支部・会合所の継続が危ぶまれる状況にある。

　このように、新規に入信する世帯はごく少なく、また宣伝使や支部・会合所といった地域拠点の長も高齢化し、したがって、いよいよ信仰継承に期待をかけざるをえない状況が浮かび上がってくる。

　信仰継承・次世代育成の課題は早くから意識されていた。しかし、藤本特派宣伝使が1977年に初めて来伯した時には、愛善堂には10人程度の奉仕者が住み込んでおり、そのなかでは日本語が通じた。行事も日本語でこと足り、せいぜい通訳をつけるくらいですんだ。当然のことながら、活動的な信徒・宣伝使もまだそれほどの高齢の域には達していなかった。歳月の推移とともに次世代育成の問題は徐々に切実な課題として浮かび上がるのは必然であるが、これに拍車をかけた社会状況に日本へのデカセギがある。そこで次にデカセギが大本に与えた影響をみることにする。

(2) デカセギによる信徒の流出

　1998年現在で、240の信徒世帯のうち、子供や血縁の近い人が日本にデカセ

ギに行っているのは40世帯で、親戚がデカセギに行っていない信徒は1人もいないという状況である[64]。1990年、南米本部の参事会の一員（当時50歳代前半、二重国籍）が任期を1年残して辞表を出し、2年間、家族ぐるみでデカセギに行ったのは、象徴的な出来事であった。

　デカセギの初期には一家の主人が行くのが目立ったが、青年が大挙して行くようになったのは1992年からである。青年のデカセギに伴う影響としては、①青年部長までが役を辞任し、デカセギに行った、②祭式を習得し、祭員をしていた青年がデカセギに行ったため祭典の運営に支障をきたした、③青年部の人数が減少して行事運営に支障をきたした、④車を運転して親を愛善堂の月次祭に連れてきた人がデカセギに行ったため、親が月次祭に出られなくなった、といったことがある。デカセギに行く若い層は信徒の中心ではないので、組織運営上支障が生じたというのではなかったが、活動面での影響は大きかった。青年部の活動部員は20人から10人程度に減少し、更生奉仕金納入世帯も、愛善運動会などの行事に参加する人数も減少した。

　デカセギはブラジルの日系社会を巻き込んだ動きだが、大本についていえば、1990年に茨城県で建設機械の工場を経営している大本宣伝使（自宅は分所）のＩが、1990年5月にブラジルに人材募集に来て、大本信徒を雇用したことが一つのきっかけとなった。Ｉは藤本特派宣伝使と知人であった関係で、南米本部で説明会を行った[65]。この結果、時期は異なるが20人が募集に応じ（5～6割が大本信徒、信仰に熱心というわけではない）、Ｉの所で雇用した[66]。

　藤本はデカセギの初期には、夢にも思わなかった聖地訪問を可能にする機会ととらえ、日本に行ったら聖地に参拝することを奨励した。伯光苑を大本と思っているブラジルの信徒に、日本の聖地の大きさ、働いている人の和、行き届いた応対をみてほしいと思ったからである。1991年8月の本部での青年祭の機会に、上記のＩは会社負担で、雇用した大本信徒ら12人を2台のワゴン車で亀岡・綾部の両聖地に連れていった。藤本が一時日本に帰国した1993年8月に、日伯信徒の交流会として「南米信徒の集い」を聖地で開き、以後毎年集いが行われるようになり、1996年からは盆と正月に1泊2日の日程が組まれている[67]。大きな都市には大本の支部があるので、藤本はデカセギ信徒の日本の住所を聞いて、近くに支部があれば紹介する。その際、支部長

に手紙を出したりもする。とくに青年とか女子が1人でデカセギに行く時には必ず近くの支部や本部に連絡する。しかし、デカセギ信徒は地元の支部の月次祭に行くことも少ない。本部にはデカセギに行った人のリストを送っているが、居場所がよく変わるので把握しきれない。

　初期には、日本にデカセギに行くことが、帰国後の活動の活性化につながることを期待した時期もあった。デカセギから帰国した人は伯光苑にお参りに来て、二世・三世は聖地でお世話になった、頑張りますとは言うが、熱しやすくさめやすく、ブラジルでの積極的な活動には結びつかない。また、今やデカセギは一時的なものではなく、滞日期間が長期化しているともに、リピーターも多い[68]。そのうえ日本を永住の地と決めた信徒が2家族、日本で日本人と結婚したために日本に永住することになった女性が2人いる。このように、デカセギは次世代育成のためにはプラスよりもマイナスの影響が大きく、漠然とした信仰継承という認識から脱して、実際の取り組みが緊急に求められるようになった。

(3) 信仰継承の阻害要因

　信仰初代は奇跡的神癒やエスニック・アイデンティティとの融合によって自ら入信したが、二代以降では信仰を実感としてつかむ契機が欠けているから、意識的な育成が課題となる。ブラジル大本の教勢の停滞と宣伝使の高齢化、デカセギによる信徒の流出によって、いよいよ信仰継承が当面の最重要課題になってきたことは上述のとおりである。はかばかしい成果をあげてこなかったのは、並々ならぬ阻害要因があるからであろう。

　信仰継承が課題とされて久しいが、信仰継承の阻害要因としては、第一に、言語の壁がある。1989年調査から、日本語が主要言語の宣伝使層と、ポルトガル語が必要とされる一般信徒の間に言語の壁があることがうかがわれた。また、親子の間で言葉の壁のために継承が困難であるとの声が現地で聞かれた。1990年代に入ってポルトガル語対応がなされるようになったが、その試みはまだ端緒についたばかりである。

　第二に、祭式の壁がある。大本の祭式は複雑で厳しく、ブラジル文化との異質性も高い。とくに信仰継承にかかわって壁になっているのは、家庭での

祭式である。大神奉斎をすれば毎月家庭で月次祭をしなければならない。祭では一般信徒も祭服をもっている人はそれを着用し、もたない場合も衣服を正す。さらに母親が朝から買い物に行って直会の準備をするなど、その大変さを子供の頃から見ているため、信仰継承に躊躇が生じる。また、大本の祭式につきものの形式重視は、形式にこだわらないブラジル文化のなかで育った彼らに違和感を生む。大神奉斎ではなく神号奉斎であれば、家庭で月次祭をする必要がないので、結婚による世帯分割によって入信した世帯には神号奉斎のほうを奨励するようになったのは、祭式が壁になることを避けようとする方策である。このほか、葬式や法事の後の直会は、二世・三世にとってはフェスタのご馳走をするように見え、人が死んだのにお祝いをしているように感じる。直会の準備は彼らには厄介なことに思えるし、人がたくさん来るのも負担に感じる。このような感覚の移りかわりを受けとめて、葬式や法事に自宅ではなく伯光苑やサンパウロセンターを使ってもよい、直会をするなら、全部自分で用意するのではなく、一皿持ち寄りでもよい、と形式の面で足が遠のくことを避けるよう、柔軟に対応する方向になった。家庭祭祀の簡略化は課題であるが、祭式自体は教義の根幹にかかわるので、現地では変更できないと受けとめられている。

　第三に、教えの壁がある。「大本は日本だけの宗教ではない。世界宗教だ。世界のどこにもっていっても伝わる教えである」との考えがあり、エスピリティズモ（心霊主義）に関心をもつ人が多数いるブラジルでは、教え自体は本来的にはわかりにくいものではないと思われる。しかし、奇跡的神癒や問題状況の好転など信仰の正しさを裏づける体験をもっていない次世代にとっては、教えが実践から遊離したものになってしまっている。教えと体験の相互作用なしにはこの壁の克服は難しい。書物のポルトガル語訳が推進されるようになったが、ブラジルでは本を読む習慣があまりないので、それだけでは教えの壁を乗り越えるうえでどれだけ実をあげるか疑問である。

　第四に、日系人であるとはいえ、実際はブラジル人である彼らの気質やものの考え方の了解にのっとった育成システムの欠如がある。二世・三世はイベントに対しては盛り上がって熱心に取り組むが、それが終わるととたんに気持がさめてしまうというが、これを持続的なものとしていく育成方法の開

発が求められる。サンパウロセンター開設以前は、拠点がジャンジーラの伯光苑しかなく、日常的に集まり、活動を行う場がなかったことも育成に不利であった。

　第五に、大本が参詣型になり、布教の不活発さから人間関係が滞留して活気がなく、魅力に欠けることもあろう。信仰継承を円滑に導くには、こうした課題を解決していかなければならないと思われる。

おわりに

　ブラジル大本の展開を時期別にまとめると、その特色の概略は次のとおりである。

　Ⅰ期：祈祷活動と人類愛善運動による非日系人への拡大（第一次発展期・1926～1940年）——宣教の目的をもって移民した近藤・石戸、そして彼らに導かれた日本人信徒がみ手代お取次による祈祷活動と人類愛善運動を中心に宣教を展開し、1930年代に急速な教勢の拡大を果たした。彼らはブラジル的な要素をとりいれ、非日系人の違和感を稀釈することにもやぶさかではなかった。これには大本の教義のなかにある万教同根思想がかかわっているといえよう。入信した日本移民にポルトガル語ができる森がおり、取次と人類愛善運動のポルトガル語による解説、ポルトガル語のパンフレットや祝詞の作成の中心になった。この時期に非日系人の土地の献納・献労によって2ヵ所に神殿が建設された。しかし、第二次大本教事件による悪評のブラジルへの伝播、米景気の衰退による米作日本移民の移動、中心人物の1人であった近藤の死、建設した神殿のやむをえざる放棄、もう一方の中心人物であった石戸の日本帰国などの状況が重なり、急激な拡大に急速な衰退が続いた。

　Ⅱ期：第二次世界大戦による活動の停止（1941～1945年）——太平洋戦争の勃発によって、敵国となった日本人の集会が禁止され、拠点を失ってバラバラになりながら、個人的に自宅での祭祀を継続していくほかない空白期である。

　Ⅲ期：戦後の再建（1946～1955年）——信徒間の連絡および日本の本部との

連絡が復活した文字どおりの再建期である。

　Ⅳ期：愛善堂建設と非日系人への拡大（第二次発展期・1956〜1963年）──ブラジルの信徒からの依頼で、日本から文字・鈴木・有川の3人の特派宣伝使が次々と派遣された。この時期は非日系人信徒や参拝者が多い。文字は愛善堂建設に邁進し、鈴木は非日系人にも大神奉斎・祖霊鎮祭という信徒の枠組みを適用して、非日系人への教勢拡大に努め、有川はポルトガル語による教義理解を推進した。非日系人信徒・参拝者の増加には現地宣伝使の森によるみ手代お取次の力が大きかった。

　Ⅴ期：特派宣伝使の途絶と非日系人信徒の脱落（1964〜1969年）──特派宣伝使の派遣が中断した時期で、愛善堂の保守と祭の維持に努め、個人的に取次を継続していくが、信徒を定着させる試みがなされず、Ⅳ期に入信した非日系人信徒は脱落した。

　Ⅵ期：祭式の是正と次世代の育成（1970〜1987年）──本部からの特派宣伝使の派遣が再開された。柴田は乱れていた祭式を是正し、次いで青年特派宣伝使の奥原・藤本は青少年の育成に着手した。この時期には教主名代の来伯、ブラジルからの聖地団参によって日本モデルの復元が促進された。1930年代に入信し、取次に熱心に従事していた現地の中核的宣伝使が相次いで死去したことは、取次を求める非日系人参拝者の減少をもたらした。宣教の不活発化とも関連して次世代育成の課題が浮上する。

　Ⅶ期：南米本部への昇格と日伯交流の活発化（1988年〜現在）──南米主会から南米本部に昇格し、日本の本部との関係が強化された。拠点施設が充実し、伯光苑は南米聖地としての位置を与えられた。しかし、布教は依然として不活発であり、内部的再生産しか考えられない状況のなかで、信仰継承の問題が切実なものになった。また、日本へのデカセギによる信徒の流出も打撃となった。1990年代に入り、ポルトガル語への転換が試みられている。

　以上の展開から導き出されるのは、大本が非日系人に二度布教を拡大しながらも、日系人中心の、日本的な特質をもつ宗教になぜなってしまったのかという問いであり、また展開を考察するなかでこの問いに答えることを試みてきた。ここで、その試みをまとめておこう。

①非日系人に布教を拡大したのは、「み手代お取次」という秘儀による。これは奇跡信仰・憑霊信仰の土壌をもつブラジルの宗教伝統に適合的だった。加えて、万教同根、人類愛善という理念は非日系人布教に根拠を与えた。
②非日系人への布教拡大の背後には、ポルトガル語に堪能で、非日系人の気質を呑み込んだ森静雄という人物がいた。また、戦前に言語の壁を超えたかのようにみえたのも、森の存在による。このように、展開のある段階までは個人的要因が大きな意味をもつ。
③森ほか取次を熱心に実践した1930年代入信の宣伝使が高齢化し、死去することによって、取次自体が不活発になり、また彼らが一種の霊能をもっていたため、取次は宣伝使になりみ手代を下附されれば誰でもできることではなく、宣伝使のなかで特別の人だけができるという印象を生んだ[69]。
④取次が宣伝使の個人的な行為となり、全体での信徒定着にかかわる育成システムが開発されなかった。
⑤Ⅳ期で現世利益を求めて参拝する非日系人に対して信徒として大神奉斎をさせたが、ポルトガル語による信仰を深める教義的な指導と世話ができなかったため、結果としてほとんどすべてが脱落した。これによって、非日系人を軽々しく信徒にしないという傾向性を生んだ。
⑥日系人主体になるにつれ、エスニック・アイデンティティとの融合が生じ、また非日系人の多くが貧困層に属するため、日系人信徒側で彼らを受け入れることに躊躇が生じた。
⑦特派宣伝使の派遣が再開して以降、日本の本部が宣教よりも祭祀中心になっていったことに対応して、日本の原型復帰を志向するブラジルも、取次中心から祭式中心に移行した。
⑧取次を求めて参拝するのもすでにある種の参詣宗教であるが、その後、別の意味での参詣宗教、すなわち月次祭参拝、献金・献納・献労といった愛善堂への奉仕を宗教実践の重要項目とする参詣宗教と化した。
⑨取次による宗教体験が希薄化し、それにつれて、教えが実践から遊離した。

⑩日系新宗教で拡大したものは都市型であるが、大本はサンパウロ市の拠点を失い、拠点としたジャンジーラの地域特性と距離から、都市布教に展開しきれなかった。その結果、非日系人の新中産階級をつかむことができなかった。

　要するに、非日系人に拡大したのは何よりも「み手代お取次」による。しかし、非日系人信徒・参拝者を御利益信仰から脱皮させ教えを内面化させ、彼らを実践に動機づけることができなかったことが、彼らの脱落を食い止めえず、さらには非日系人布教への消極的な態度を生んだ。その要因としては、言語の問題、非日系人の気質に即した育成システムが開発できなかったこと、取次が宣伝使個人に依拠し組織としての整備がなされなかったこと、本部方針による祭式の強調が儀礼の異質性を増幅したこと、参詣宗教化がある。非日系人が貧困層に偏り、都市の拠点を失うことで、非日系人の階層的拡大を果たせなかったことも見逃せない。ブラジル大本の在りようは、本部自体の人類愛善・万教同根というインターナショナルな志向の後退、ナショナルな伝統文化の重視の方向性とも密接に関連している。こうして、ブラジル大本は祭式重視の参詣宗教となり、日系人のエスニック・チャーチとなって、閉じた空間を形づくったのである。

　ブラジル大本は信徒の高齢化、次世代の育成と信仰継承、非日系人布教など、多くの課題をかかえているが、南米本部に昇格してから、日本の本部による積極的な支援体制が生まれた。第一に、これまでは引き継ぎ期間を除いて特派宣伝使1人のみの派遣で、かつ藤本特派がブラジルに永住したため、1人の特派が責任をもって担当するという点ではメリットがあった一面、人的停滞を生んだ。しかし、特命宣伝使が4～5ヵ月の任期で反復して派遣されるようになり、1998年に青年特派宣伝使がかなり長期の見通しのもとで派遣されるようになったため、人的支援が強化された。第二に、これまではジャンジーラの伯光苑しか拠点がなく、地理的事情から機動性に欠けていたが、都市宣教の拠点としてサンパウロ市にセンターが開所され、都市布教の拠点を得た。第三に、公式の国際版として教典のポルトガル語訳が完成した。第四に、1999年に緊急課題だった葬儀の際のポルトガル語祝詞が完成し[70]、かつ愛善堂での祭式は大本の正式な形を残すが、支部や家庭での祭式は簡略化し、

形にとらわれない祈りを中心にした祭式に変える方針が打ち出された[71]。このように、ブラジル大本の課題であった人材・拠点・教え・祭式という四つの点で大きな改善が行われたわけである。初代南米本部長として古田光秋（1970年に出口京太郎来伯時の随員）、二代は出口尚雄（神教宣伝部長）、三代は奥原能（1972～1979年までの特派宣伝使）が就任し、いずれもブラジルに縁の深い人々であったことは、現地の状況の適切な把握を可能にした。

　大本は日系人のエスニック宗教と化した状況からの脱皮が求められることは必至と思われる。ここで忘れてはならないことは、大本は「み手代お取次」という業をもち、教えもエスピリティズモの土壌があるブラジルに適合的なものをもともともっていることである。前者が強調された時には、非日系人の貧困層を惹きつけたが、彼らは浮動層であった。前者による奇跡に教えが随伴したならば、シルバの事例にみられるように中産階級をも惹きつけるものをもっていたはずである。また1997年に再度ブラジルを訪問した出口京太郎は、「外国人に説明する時は、徹底的な理屈と目にものをみせること」という指摘をしている。これはまさに的確に大本の課題解決の方向を示唆しているといえる。すなわち、実践から遊離した教えでなく、実践に即して教えを咀嚼して提示するならば、これまでできなかった非日系人定着の課題を解決する可能性がある。しかし、そのためにはまず、参詣宗教と化した内向きの体質を改善する必要があると思われる。

注

1) 人が神に感合する方法。「鎮魂」の解釈は多様だが、遊離している魂を呼び戻すことや病人に霊的力を伝えて病気を癒すことなどの意味にも使われた。「帰神」は幽斎とも呼ばれ、種々の神霊が人間に憑依することを意味する［井上ほか 1990：279］。

　　当時（第一次大本教事件の前）の幽斎修業（鎮魂帰神法）について『大本七十年史』では次のように説明されている。「幽斎修業は、修業者にたいして、手を一定の形式に組みあわせて、瞑目静座させ、審神者（さにわ）は天津祝詞を奉上し、天の数歌をとなえ、石笛を吹きならして、「ウー」の言霊によって霊をおくる。本来、鎮魂は各自の浮遊せる霊魂を臍下丹田にしずめるものであったが、なかには憑霊が発動し、両手を振動したり、言語を発するものもあった。発動の激しいものは別室に導い

て特別に審神した。」[大本七十年史編纂会 1967a：428]
2) 『霊界物語』は、王仁三郎の青年時代における高熊山修行での霊界体験を口述したもので、「霊主体従」思想を基調に、諸宗教の教説を縦横にとりいれていて、全81巻ある。うち29巻から33巻にかけて救世神業の南米宣伝(布教)が描かれている。
3) 1924年に広島県出身の尾山照吉がブラジルに移民し、出発に際して王仁三郎から「わしが守ってやるから心配するな。あとから行くから支部をつくって膳立てしておけ」と励まされた。しかし、尾山の場合は必ずしも宣教目的の移民とはいえない。

なおⅠ期・Ⅱ期の叙述については、藤代 1987、大本七十年史編纂会 1967a：45-52；284-288；655-657、前山 1997：183-194、筆者不詳 1978b：80-91、岡本 1953：50-55、近藤 1931：45-48、ならびにブラジル大本で収集した物故宣伝使略歴の個票(概略は90・91頁の表3-1に記載)を参考にした。岡本 1953は石戸次夫の三女が、当時の出来事を回想して書いたエッセイで、近藤 1931はブラジルの近藤勝美からの本部あての手紙である。

4) 満州(中国東北部)・朝鮮・中国への宣教もこの時期になされた。ただし、これらの地域には本部から宣教目的で人が派遣されている点がブラジルとの違いである。上記の地域の拠点は戦後なくなった。
5) ブラジル大本の物故宣伝使個票には、近藤勝美(貞二)は静岡県生まれで、入信後、綾部に一家で移住し、出版局副長を務めたと記載されている。『大本七十年史』によると、1920年に近藤は本部出版局副長に任ぜられた[大本七十年史編纂会 1967a：440]。1921年2月に第一次大本教事件が起きたが、本部の家宅捜査のために訪れた検事局の第五班は「近藤出版局長の案内で、販売所・機械場・製本場・文撰植字場をしらべ、『神霊界』の原稿のほか校正刷までを押収した」とあるので、この当時には出版局長だったことがわかる[同 1967a：571]。また、1920年8月の第1回「皇道大本夏期講習会」では、出口王仁三郎、浅野和三郎、谷口正治(後に大本を離れ、生長の家を開教)といったそうそうたるメンバーに混じって、近藤は講師として「比較宗教」の講座を担当した[同 1967a：450]。したがって近藤は知識階級に属しており、また、教団の中枢部にいたと推測される。
6) 石戸次夫は物故宣伝使個票によると、岡山県生まれで、京都の美術学校卒業後、学校に奉職した。妻の敦子(1884-1939)は裁縫女学校出で、同校の裁縫の教師であった。1916年に少年感化院を自力で開院し、妻は感化院女塾開いた。1919年に入信後、一家は綾部に移住し、妻は本部の裁縫部で奉仕している。1922年に人類愛善会広島支部長を、1925年に大本の沼津分所長、1926年に人類愛善会沼津支部長を拝命した。一緒に渡伯した三女の英子は本部の出版社の天聲社で奉仕をして

いた。石戸も知識階級である。

7) 大本の場合は、み手代お取次という。み手代とは、王仁三郎が1924年の入蒙の前に杓子に歌を書き、署名と拇印を押して信者に残したものが原型で、王仁三郎に代わって病気治しなどに効果を発揮するとされた［井上ほか 1990：279］。み手代お取次とは、神前でみ手代を掲げ、天津祝詞または神言、天の数歌を奉上し、み手代によって神の光をいただくことによって取次を行うことである。み手代は宣伝使に授与されるもので、み手代お取次ができるのは宣伝使だけである（藤本和治特派宣伝使談、本書116-117頁参照）。

8) 二代教主すみから「お土に親しみながらしなよ」との言葉もあった［岡本 1953：51］。

9) 万国共通神殿という名称をつけたことについて、近藤は以下の理由を挙げている。すなわち、カトリックを準国教とする土地柄にあって、大本神殿の建設を公表すると大本神の神格を理解しない外人に誤解の種を蒔き、かえって神意を汚すおそれがあるので、万国共通神殿の建設ということにした。さらに、祭壇での奉斎形式は、各宗派の人々が自らの神を礼拝することによって、知らず知らずのうちに大本神の神格、ならびに出口聖師について了解させ、主神の大御心を地上に成就するため、と説明されている。近藤執筆の「萬国共通神殿建設趣意書」では、神は唯一柱なのが真理であり、それを宗教によって異なる名称で呼ぶこと、すべての人類はこの真神によって創造された同胞であること、したがって、人種・宗教の如何を論ぜず、真神のもとに助け合って世界一大家族を形成し、人類愛善の至誠を尽くし、地上天国建設のために奉仕することが大切である、と述べられている［近藤 1931：47-48］。

　前山はこれをブラジルでの大本とカトリックとの習合の結果であるというより、大本の教義の根本にある万教同根思想に基づいた積極的表現と解釈すべきであると述べている［前山 1997, 189］。カトリックとの摩擦回避の方策という一面があるが、当時の大本の万教同根・人類愛善の思想がその方策に根拠を与えたことが読みとれる。

10) 森静雄（1896-1980、1930年入信）は、戦後、大本の現在の拠点である愛善堂の境内地を寄進し、南米主会長、南米駐在特派宣伝使になった人である。彼は1912（明治45）年に兄姉と渡伯後、1年後に兄を、3年後に姉を亡くし、独りになったため、耕地を離れ、サンパウロ市に出て非日系人の家庭に奉公に入り、必要に迫られて独学でポルトガル語を覚えた。その後ミナス州ウベランジャに移り、そこで通訳として石戸に紹介されたのが入信の契機になった。1942年にサンパウロ州サントスに移転、1951年には同州ジャンジーラに移転した［物故宣伝使個票および筆者

不詳 1978b : 81]。戦前の日本移民は農業が主体で、かつ出稼ぎ意識だったので、ポルトガル語を読み書きのレベルまで学習することは稀だった。そのため、森は非日系人布教の重要な役割を担っていく。

11) 1972年から1978年にかけて特派宣伝使としてブラジルに派遣された奥原能からの聞き取り調査による。当時健在だった森ほか石戸の直弟子から聞いた話である。石戸が帰国後王仁三郎に挨拶した後には霊感が消えたというので、宣教の草分けの時に神力を示すために、王仁三郎から与えられた能力であると奥原はとらえていた。

12) 1930年代半ばにウベランジャの大本の活動を取材したブラジルの民俗学者フェルナンデスが、当時の状況を述べている。前山によるその要約を引用しよう。「石戸ペドロ（次夫の通称）は大変な超能力の持ち主と信じられ、毎日日本本部の出口王仁三郎の霊と交流し、彼のもとには病気の治療を求めて病人だけでなく医師までやってくる。……神殿での集会はマクンバ同様水曜日と金曜日に開かれている。奇跡のパッセ（お祓い）がなされ、人々は石戸から自ら調合した霊薬を与えられる。参拝者が多いので補佐役が幾人かついている。祭壇にはイエスと釈尊、聖ジョルジュの像（マクンバ、ウンバンダでは最も代表的な聖人像）、龍、コラソン・デ・ジェズース（荊に巻かれた心臓の絵のあるイエス像）、出口王仁三郎の肖像等様々な異宗教の神々が祀られ、石戸はその前で赤いマントを来て儀礼を行った。……石戸は悪霊をコントロールする霊力をもち、身体に問題を抱えた者が来ると、何が災いしているかを洞察し、邪魔をしている悪霊の力を祓い、治療のための診察をする。災いの原因として家相の過ちを指摘することも多い」［前山 1997 : 192］。

　これからみると大本の祭壇にはカトリック、ウンバンダの像が混在しているが、これは先述したサンミゲールの人類愛善堂が万国共通神殿、大本カトリック神殿と呼ばれた脈絡で考えるなら、習合ではなく、万教同根を示したものと思われる。石戸の服装については、奥原によると、大正時代の宣伝使の特徴的な服装として、トルコ帽をかぶり、マント式の客衣を羽織ったが、祭服は現地調達していたので、例えば天理教の帽子をかぶったり、赤いマントを代用したことはありえ、実際に保存してあった赤マントを見たことがあるという。「赤」という色は、『霊界物語』のなかに、天国の服装として7色のカラフルな色彩があるので、特異な色ではないという。また、石戸の祈祷行為は、非日系人にとって、単に祈祷師が日本人であるにすぎない、なじみのある行為であったと思われる。

　石戸の娘の英子によると、たくさんの人が訪れるので、石戸以外にも数人の宣伝使が取次をし、番号札を配っていたと記述されている［岡本 1953 : 54］。

13) ただし、上述のフェルナンデスの報告にはポルトガル語祝詞の全文が掲載され

ているが、キリスト教用語が自在にとりこまれているため、その原文とおぼしき日本語に訳しかえすことはほとんど不可能、と前山は述べている［前山 1997：201］。

14) ブラジル大本のもう一方の活動である人類愛善会についてのフェルナンデスの調査報告によると、支部はサンパウロ州、ミナス州に集中しているが、26支部あり、そのうち14支部の代表者は非日系人であった［前山 1997：201-202］。

15) 戦前にブラジル在住の日本人が入信したことによって布教が始まった生長の家では、病気治しを中心とした活動を続けていたが、戦後、カチ組マケ組をめぐって起きた生長の家内部での抗争の収拾のために、日本の本部に人材派遣を依頼し、この後日本の本部の統制が強化される。生長の家の日本主義・国粋主義はカチ組から多くの信者を獲得していくのに有効な装置だったという。なお、生長の家は1960年代前半までは非日系人が皆無だったが、後半から急激に非日系人信者が増加した［前山 1997：227-235］。大本は戦前に入った宗教でありながら、第二次大本教事件で不敬罪で検挙されたこともあって、サンパウロ州奥地のアラサツーバのカチ組の人が入信したという話が特別なものとして語られるくらいのもので、ほとんどがマケ組＝認識派だった。

16) 特派宣伝使派遣要請の機縁は、次のようなことであった。1955年にブラジルを訪問したY（のち日本大使）が、出口宇知麿から頼まれたメッセージを伝えるためにサンパウロ市で大本の所在を尋ねたところ、誰も大本のことを知らなかったので、宇知麿のメッセージを新聞広告としてのせた。それを見つけた信徒が、大本も再発足したことであるし、ブラジル全土に散らばっている信徒を結集するために特派宣伝使を派遣してもらおうということになったのである。ブラジルの信徒は、特派宣伝使を呼び寄せる資金調達のために、各地に点在する信徒を訪ねて歩いたが、結果的には本部予算で送られることになった［筆者不詳 1978b：84］。

17) 文字清美は京都府に生まれ、1916年に入信した。海軍の職業軍人で、1934年にサイパン島で宣教を行った。戦後の1953年に奄美大島が日本に返還されるとすぐ、本部は文字を宣教に派遣した［大本七十年史編纂会 1967b：283；1017-1018］。したがって、文字のブラジル派遣はこれまでの南洋等での宣教実績の評価に基づくものと思われる。

18) 鈴木孔喜は東京都で大本信徒の家庭に生まれた。旧制中学校卒業である。1927年から1935年の第二次大本教事件まで本部の奉仕者として亀岡に居住した。戦時中は満州に渡り、官吏になった。戦後は国内の特派宣伝使になった後ブラジルの特派宣伝使となり、帰国後は本部の宣教部長、総務部長、大道場長という教団中枢の役職を歴任した。

19) 日本の本部が教団の名称を「大本」と改称した機会に、本部および地方機関の祭儀を定めて祭式を一段と整えた。本部では1952年から祭式講習会が開かれ、地方においては1954年以降、宣教方針として、祭典の厳修と祖霊復祭の徹底を図るようになり、全国に指導員を派遣して講習会を開いた。1956年には祭務部に指導課を新設して統一的指導が図られた。なお復祭とは、大本の方式により、祖霊社に祖先を祀りかえることをいい、鎮祭とは、祖霊社に復祭後、各家にてお宮に祖霊鎮めをすることをいう［大本七十年史編纂会 1976b：1095-1101］。鈴木が大神奉斎や祖霊鎮祭を非日系人にも推進した背景には、このような本部方針がある。
20) サンパウロ市の拠点は転々とする。市内ラッパ区のサンパウロ連絡所は、マリア・ポルトガルという非日系人の献納だが、地権変更をしていなかったため、彼女の死後息子の要求により返却した。その後借家で3ヵ所を転々としたが、維持できなくなり1972年に閉めた。1993年にサンパウロセンターを購入するまでサンパウロ市には拠点がなかった。

　サンパウロ市に拠点を置いて都市布教に着手し、またそこから非日系人の支部長が生まれるなど、拡大していく萌芽がみられたが、拠点施設を失ったことがその後の展開に大きく影響している。当時、本部の支援体制はなかった。
21) 大本では霊界の実在を信じ、霊が発動するということ自体は不思議なことではなかった。
22) 森の妻は非日系人だった。彼女は取次が多いときは1日220人にものぼる依頼者に対して、番号札を配り、全員にコーヒーとパンの世話をするなど、森夫妻は問題をかかえてくる依頼者に対して親身に対応した。
23) 1958年に初めて主会長の森、愛善堂奉仕の田力常信、サンパウロ支部長の早野一美が正式代表として本部参拝をし、大祭の参拝、大道場や祭式の講習を受けた。当時は航路往復に100日を要した［藤代 1987：24］。ブラジルで入信した宣伝使がこの時初めて、日本の大本の実状をみた。これはブラジルの大本のあり方の是正に役だったと推測される。
24) 有川潔は、長崎県五島列島の「かくれキリシタン」の集団改宗にかかわった人である。特別宣教期間中の1955年に、信徒4家族だけで支部も設置されていない五島に派遣された有川が、7ヵ月半の活動によって玉之浦に支部を設置し、隠れキリシタンの多くを大本に集団改宗させた［大本七十年史編纂会 1976b：1056-1057］。有川は五島では病気お取次を宣教の現実的な手段とし、神の実在の覚醒と神業奉仕を目的とした教え中心の宣教活動を展開した［谷 1994：53-57］。
25) 『月光輝くブラジル――南米主会略史』［藤代 1987］には鈴木時代のように信徒数について記載されていないが、著者の現地調査では非日系人は実際多かったと

聞いた。

26) 有川は心霊主義者協会を訪問し、大本の教義を説いたようである［藤代 1987：27-28］。ここにかかわるカルデシズモの信者は中産階級の人々が多いので、一時期中産階級の人がかかわったとも推測される。

27) その根拠を、1964年に有川が帰国して、しばらくしてから森が南米駐在特派宣伝使に任命されたことに求めているが、森が駐在特派に任命されたのは前年の1963年のことであるから、前山の主張は根拠薄弱となる。この人事は、考えようによっては有川帰国後の中心を担うようにという布石ともみえようが、現地での聞き取り調査では、森が1人で日本の本部を訪問した時に、帰りの旅費がなかったので、本部側が公金で帰国費用を出すための方策だったとのことである。森には本部から給料が支給されていない。

28) その要因として前山は以下の理由を挙げている。第一に、当時の宣伝使はブラジルで入信し、ブラジルで資格を得た人であって、日本の本部で訓練を受けた人は誰もおらず、さらに彼らを入信へと導いた石戸・近藤らは移住に際して聖師から特別な取り計らいで宣伝使の地位を送られた人々であり、長期の特別な訓練を受けたのではなかったこと、第二に、彼らは奇跡的な神癒等の個人的な体験を経て入信した人であるため、彼らの実践はほとんどが悪魔祓いと治療儀礼に主眼を据えた祈祷と祭祀だったこと、第三に、日本の本部による統制管理の欠落である。戦前は本部からの支持も監督もなく、唯一の支援は教団出版物の送付だけで、これも第二次大本教事件および太平洋戦争によって途絶した。また、1節で言及した1934年の近藤の死、1940年の石戸の日本引き揚げ以後、戦中の空白期をはさんで、ブラジルの宣伝使は自らの道を歩かなければならなかったことがある。さらに万教同根思想によってイデオロギー的根拠を与えられ、習合が促進された面もある［前山 1997：196-201］。

近藤と石戸が一介の信徒でなかったことは、注5) の近藤の略歴、注6) の石戸の略歴から明らかであり、前山の事実誤認であると思われる。

29) これらの叙述が特派宣伝使の報告に基づくために、その間の報告がないという理由で叙述が空白になっていることがわかった。

30) 前山の論文のなかには1966年に初めてブラジルの大本を訪問した際のメモと、再度訪問した際の取次の様子がかなり感覚的に紹介されている。初訪問時に対応した、「ひどい訛で口のなかでもぐもぐと語り、主会の住所もサンパウロ分苑の住所も知らない田舎の農民そのまま」のような留守番の人が実は主会長を含む大本の代表であったことから、前山は一種の先入観をもったようにみうけられ、そのことは取次の様子の描写にも表れている。取次の依頼者が来た時に取次者は洋服

の上に黒い神官の服をはおり、大本式の祭壇の前で、日本語で祝詞をあげ、柏手をうち、全く日本式で行っている。祭壇のびんの水を飲ませ、紙包みを渡し、取次の後依頼者が森宅のなかに入っていったという。これに対して前山はそこで「お土米」を貰うのか、すでに貰った紙包みがそれなのか、支払いを済ませるのか、確認する気持になれなかったと結んでいる [前山 1997：197；204]。奥原によると「お土」（前山がいう「お土米」は誤り）を渡すのは森が専門だったというから、実際、「お土」を受け取りに森宅に依頼者が入ったのだと思われる。「お土」も大本本部で用いられているもので、前山が聞く気も失ってしまうほどの逸脱した光景ではない。前山は戦前の大本の詳細な記述と取次帳の分析には力を入れたが、聞き取り調査は残念ながら綿密ではなかったと推測される。

31) 本部においても、1962年ころから10年間、世界連邦運動のみを残して人類愛善会の活動は中断していた。これは先鋭的な平和運動に走りすぎ、社会党・共産党の人が大本に出入りするようになったことを是正するために、機構改革をしたためであるという（奥原能氏談）。

32) 特派宣伝使だった奥原能、藤本和治、および現地信徒の藤井剛三、田力常教の諸氏からの聞き取り調査による。

33) 非日系人は大本を、彼らになじみの深い心霊主義の日本的形態（エスピリティズモ・ジャポネーズ）とみなす。エスピリティズモととらえる場合は、効果を求めて人々が流動するのはある意味で当然のことであり、大神奉斎をして大本の神を祀ることは、彼らにとって御利益の効果をより確実にする手段にすぎない。

34) 1972年から7年余にわたって特派宣伝使としてブラジルに滞在した奥原能氏（1997年当時、大本本部神教宣伝部長）は、非日系人が大神奉斎・祖霊鎮祭をしたのは、1回でこのようなおかげをいただくなら、家に大神を奉斎したら大変な効果があるのではないか、という感覚だったのではないか、カトリックから改宗して入信した気持ではなかったであろう、と述べている（1997年7月大本本部における聞き取り調査）。

35) 一世の場合は、日本人は一等国民であるとの誇りがあり、非日系人を下にみている人もいる。「毛唐」とさげすみの言葉を口にする人もいた。最初から、非日系人に教えはわからないもの、という態度があった。そこで、非日系人に対して人助けはしていたが、教えを理解させる努力がなかった（藤本特派宣伝使談）。奥原元特派宣伝使も同様の観察をしている。なお、非日系人を下にみるのは、とくに大本の信徒特有の態度ではなく、なかでも戦前に渡伯した一世の非日系人に対する態度として一般的にみられるものである。。

36) 派遣されたのが有川ではなく鈴木だったのは、有川がブラジルでアメーバ赤痢

37) 森が節分大祭で行われる人型大祓のための人型を積極的に勧めるようになったのは、この時に節分大祓人型表彰で1万体以上の人がいることを知り、それに刺激されて一念発起したことによる。人型とは人の形を型どった紙であり、住所・名前・年齢を書き、型代とは車・家屋を対象としたもので、住所・名称・所有者氏名を記入する。ブラジルの人型数は、1978年時点では約3万体で、森がその半数を行っていた。森は在世中に取次と人型活動を真剣にした人だが、人型の非日系人への勧め方に森の非日系人宣教のあり方の一端がうかがえるので、日本訪問の折の南米信徒座談会でこれについて述べている部分を引用しよう。「ブラジル人は日本人のように宗教に対する偏見はありませんから、人型のおすすめはしやすいです。ですから私は、急ぐ時にはパンフレットやチラシも出さずに、"人型にあなたの名前や親族の名前を書いて日本の聖地に送ると、世界が平和になるよう、また人類が幸せになるよう、神様にお願いするお祭りで祈願してもらえる。皆たいへんなお陰をいただいておりますよ"とすすめると、ほとんどの人が快く人型を受けてくれます」［筆者不詳 1978b：89］。森は取次を核にして、参拝者に人型を勧めた。それが1万体以上の人型が可能だった理由である。

　人型大祓をする節分大祭は、大本で最も意義の深い盛大な祭典で、その意義は天地万有すべてのもの、霊界・現界を問わず、物心両面の大祓であるとし、聖地綾部で夜を徹して行われる。大潔斎として宇宙の大祓、中潔斎として世界の国々の大祓が行われ、小潔斎として海外や日本全国から寄せられた人型が読み上げられる。節分大祓運動は1952年以降活発となった［大本七十年史編纂会 1967b：1051-1053］。

38) 奥原能は島根県松江市出身で、二代目信徒である。大学在学中に学生運動にかかわり、中退するが、1967年に自らの意志で大本に入信し、翌1968年に設立された教団幹部養成機関の梅松塾（修行期間は3年）の第一期生となった。ブラジルに行く前に結婚したが、当初は1人で観光ビザで入国し、1年後に信徒の友人の法務大臣の助力で永住権を取得し、その後妻を呼び寄せた。ブラジルで子供が3人生まれた。これも現地の信徒との関係にはプラスに働いたと思われる。

39) 困っている非日系人に対して、本当に親身になったのは森だけだったと、奥原は述べている。

40) この時1泊2日の信徒研修会が2回開かれている。1回目の内容は基本講座に準ずる講話という位置づけで、「大本の出現、信仰と神業」「霊界の実在、死後の世界」「大本四大主義」「神と人」「大本四大綱領」の講話が行われた。2回目は特別講座に準じるということで、「報身みろく神業」「信仰と芸術」「み教えの実践」「これか

らの南米宣教」の講話から成る。「これからの南米宣教」はポルトガル語で通訳された。受講者は2回とも約80人だった［筆者不詳 1978a：77］。
41) ここで提案された現地青年の本部での育成については、1980年にパラグアイとの国境にある南マットグロッソ州ポンタポランに、大本信徒の戦後移民が中心になって1976年に発足した国際支部の二世の女性（当時20歳）が、大本留学生として聖地で2年間の修行に入り、日本伝統芸術苑（夏季セミナー）、青少年奉仕部をへて梅松塾海外部に入部した。
42) 藤本が渡伯した当時には、非日系人信徒は1人もいなかったが、取次に訪れる非日系人はいた。藤本はブラジルの日系人信徒は日本に対する思いが強い人だと感じたという。
43) ブラジル政府が宗教家の入国に神経をとがらしていた時期であったため、藤本は観光ビザで入国した。永住権の取得は難しく、ビザの更新のため6ヵ月おきに隣国のパラグアイへの出入国を繰り返した。強制退去になりそうになったこともある。なお、初めは5年間のブラジル派遣の話だったが、ブラジルで日系人女性と結婚したので、ブラジルにしばらくいたいこと、ただし2年に1度は帰国したいということを願い出て、認められた。
44) 青年祭には信徒のみならず知り合いの未信徒も参加できる。参加人数は1981年の74人が最大で、1980年代までは年によって増減はあるものの60人前後であったのに対して、1990年代に入ってからは、1994年に日本の青年部から大本南米交流団として13人来伯した時に62人の参加者があった以外は、20人〜30人と減少した。これには日本へのデカセギの影響がある。
45) 初代主会長の近藤真弓は1ヵ月で森と交代した。1964年に死去した。五代主会長の真下元治は在任1年で1969年に死去している。
46) 参事会は最高決定機関で、南米本部現地本部長、人類愛善会ブラジル本部長を含む7人の参事によって構成される。支部長・次長が参事を選ぶが、参事は必ずしも支部長・次長である必要はない。南米本部に機構改革されると同時に、藤本は特派宣伝使の任を解かれ、森に続く二代目の南米駐在特派宣伝使に任命され、南米本部の事務局長を兼務する。参事会に藤本はこれらの資格で出席し、発言権は認められているが、票決権はない。
47) 茶道・生け花・仕舞・謡など日本の伝統文化を学ぶ殿堂にしようという日本の本部側の意図があったが、実際に教室があるのは裏千家の指導による茶道のみで、それも10数人から始まったが、現在では5〜6人にすぎない。未信徒にも開かれているが、実際は信徒のみである。文化の発信地にするには、南米本部のあるジャンジーラは立地条件がよくない。

48) これまで大本は奉仕者によって成り立っていたが、奉仕者の高齢化や死去による減少により、事務員1人と住み込みの夫婦には奉仕者ではなく職員として給与が支払われることになった。
49) この記念大祭への参加者は慶祝団を含めて450人であった。教主を迎える祭典ですら信徒動員数が360人というのが、教勢の実状を反映していると思われる。
50) こうした行事は大本の魅力となり、青年層の関心をひいたり、非日系人を含めて未信徒獲得の資源になる可能性もあると思われるが、他方、日本化によってかえってブラジル社会との異質性を高めていく可能性もある。それに地域住民を受け入れるにはジャンジーラという土地柄にかかわる問題がある。低い階層の人々が多く住んでいる地域のため、非日系人を招き入れることには抵抗があると思われる。大本の愛善運動会開催時には、ジャンジーラ市の日本人会（約80世帯）には招待状を送るが、非日系人が入れる雰囲気ではない。かつて非日系人が参加した時には賞品争いで殺伐とした雰囲気になったため、以来シャットアウトしているとのことである。
51) 取次の数は1960年には愛善堂で5,000人、サンパウロ分苑で1万人であったことと比較すると格段に減少している。取次に来た人の人数についての1993年から1998年の資料をみると、愛善堂では年間200人前後、サンパウロセンターでは30人前後である。ご祈願の数は年間で、愛善堂では200件（人数ではなく件数）、サンパウロセンターでは80件程度である。
52) 実数は上記のように少ないが、取次に来るのは非日系人が多い。非日系人には薬を買う金がないので取次に来る人もいる。彼らは清めてもらうことには素直であるが、問題が解決しても100人のうち99人はお礼に来ることはない。おかげをいただいたらそのまま知らん顔だという。
53) マクンバに関しては9章の稲荷会の事例で詳しく触れているので参照されたい。
54) 取次に来る人のなかにはお土のことを薬ととらえている人もいる。非日系人のなかには薬（あの粉）を売ってくれと言ってお土を求めて来る人もいるという。
55) 大本から分派した世界救世教は、97％が非日系人で信徒数も31万人と大本とは教勢の大きな差がある。世界救世教の月次祭では大本と似たような手順を踏んでいるが、著しく文化的違和感が軽減され、カトリックの祭典と見まがうものであった（6章、304-308頁参照）。
56) ただし、『大本神諭』のなかにある「外国は悪の身霊」といった部分は翻訳していない。
57) 1988年当時では、『主会報』（ルビ付き手書きの日本語で、そのうち1頁がポルトガル語）が150部発行されていた。ここ11年間に日本語が読める人の減少に伴い、

発行部数が減少した。

58) 大本では信徒を個人単位ではなく、世帯単位にとらえる。信徒とは、入信届を提出し、大神奉斎をし、更生奉仕金を納入する者のことである。更生奉仕金は月に最低給料の10％（換算レートは変動するが、だいたい10ドル。インフレ経済のブラジルでは、収入を最低給料の何倍と表示する）を目安とする。更生奉仕金納入世帯は実質的に信徒としての意識をもち、活動に参加しているとみることができる。大本の規模が小さいこととも関連するが、「信徒世帯数」の70％が信徒の定義にかなう活動世帯である。更生奉仕金を納入していない世帯は、1〜2年に1度愛善堂に参拝したり、地方に特派宣伝使が行った時に出席するレベルの信徒である。

59) 世帯分割の場合は、毎月自宅で月次祭を要求される大神奉斎ではなく、それを行わなくてもよい負担の軽い神号奉斎ですむ。

60) 鹿内一民は青森県出身で、合気道指導のために渡伯した。500人の門下生がいる。合気道の創始者植芝守平は出口王仁三郎の入蒙の際に随行した信徒で、大本と合気道の関係は深い。

61) 大本は世帯を単位とする。信徒世帯に含まれた個人単位のこの調査は、藤本和治特派宣伝使が支部単位での情報収集、個別訪問、電話・手紙によって実施した。

62) 宣伝使は、南米本部の推薦委員会が日本の本部に宣伝使候補を推薦し、選考委員会の議をへた後、教主により任命される。たとえば宣伝使試補の推薦条件は、大神奉斎・祖霊復祭3年以上、祭式3級以上（自宅での月次祭ができる）、更生奉仕金の納入、愛善堂の月次祭への毎月の参拝と他の祭典・行事への積極的参加、献金・献労、宣伝活動（家族以外の入信導き1人以上、または人型活動500体以上）、大本の書籍の講読（アウトライン程度の教えの知識の取得）、人柄が品行方正で、常識がわかること、である。日本では大道場修行（聖地における5日間の基本講座の受講）が必要とされるが、ブラジルでは研修会への積極的参加が推奨されるものの、基本講座の受講は要件とされていない。なお、女性の場合は、これらの要件に欠けるところがあっても、内助の功が顕著な場合には宣伝使の資格が授与される。

宣伝使は戦前38人、1963年時点でも38人であったが、一時期信徒を活動に動機づけるために、本部からの指示で大増員された。

63) 大本信徒と日系人全体の傾向との比較のために、1988年に実施されたサンパウロ人文科学研究所の日系人実態調査の結果をみてみよう。異民族婚は日系人の居住地域とも関連するが、サンパウロ市では異民族婚率が62％、サンパウロ州内では57％であることから、大本信徒の異民族婚の非常な低さが判明する。また世代別混血状況は、混血率は二世では6％、三世では42％、四世では62％であるので、

大本では三世・四世の場合も混血の度合いは非常に低いと推測することができよう［サンパウロ人文科学研究所 1990：19-21］。
64) デカセギに行く場合は、10人のうち9人は日本に行く前に愛善堂に参拝し、藤本に挨拶をし、お守りのつもりで新しい祝詞を購入していく。黙って行く例は他の日系新宗教には多くみられるが、大本は規模が小さいこともあろうが、共同体的な性格をもっていることを示唆している。藤本はデカセギに際して相談にのっており、日本とブラジルとどちらに拠点を置くべきか迷っている人には、家族のいるところが拠点だと答える。デカセギに行った人から相談の手紙はめったにないが、家族をとおして、誰かが恨んでいるのでうまくいかないから、藤本に拝んでもらってくれ、ということはある。
65) 雇用条件は、直接雇用、契約期間は2年間、宿舎・生活備品は会社で提供（光熱費のみ個人負担）、保険は会社負担、往路の航空運賃会社負担（23ヵ月以上の勤務者については復路航空運賃も負担）というもので、信仰上の世話もするという条件だった。Ｉとしては、人手不足の補填とともに、日系人を使うなら大本に縁のある人を採用し日本を知ってもらいたい、という気持だったという。
66) バブル崩壊があったが、雇用契約の切れるまでは雇用した。その後は2年間の保証ができがたい状況になり、縁故雇用では気まずいことになるので、人材派遣会社経由の雇用に切り替えた。Ｉ夫妻は生活上のことも含め、献身的に面倒をみたようである。当時来た人は二世が主体で、日本語ができ、日本的な教育をかなり受けた人だった。しかし、それでも習慣や考え方の違いのためどこまでいっても平行線のところがあった。また、大本の信仰に対して熱心というわけでもなかった。1991年8月に亀岡で開催された大本の青年祭には青年をつれて行ったほか、近辺に住む大本信徒との交流会として日伯友好祭（40～50人参加）も行った。月次祭に参拝した人もいた。月次祭の時に会った日本の信徒と彼らとの交流は深いものではなかったが、日本人側は差別的ではなかった（1997年8月のＩ夫妻からの聞き取り調査による）。
67) 1999年の正月の参加者は6人、盆の時の参加者は9人である。1994年に日本の青年部が南米交流団として来伯したので、ブラジルから来ている信徒の日本での受け入れがきめ細かくなった。また東京本部でもブラジルから来た信徒に呼びかけて集会を行っている。
68) デカセギの目標を事業開始の資金獲得に置き、2～3万ドル資金をもって帰国し、事業を開始する。しかし1年ももたずに、また日本に行く人がいる。デカセギで稼いだお金を安易に使わず後に残るものを買えと指導しても、使ってしまう。こうしてリピーターとなる。だいたい日本に2～3年いて、ブラジルに帰国して2

週間〜 3 ヵ月おり、また日本へ行く。何とかブラジルでやろうと思って帰ってきても、賃金格差が大きいのでばからしくて働けなくなる。日本の治安のよさも魅力である。したがって、大本もデカセギの長期化による影響にさらされている。

69) 大本から分派した生長の家、世界救世教では非日系人が信徒の95％以上を占め、ブラジルで大教団に成長した。これらは大本の教え、実践を部分的に修正して踏襲している。たとえば世界救世教の場合、信徒になれば短期間の講習でペンダント式の「おひかり」を受けることができ、即布教者として浄霊ができる。ところが大本では、信徒になってから一定の条件を満たして初めて宣伝使の資格が与えられる。救世教の場合はみ手代ではなく、自らの手で浄霊を行う。いわばみ手代お取次の大衆化をすでに果たしていたことが拡大の要因だったと思われる。信徒が浮動化しやすいという状況は同じであるが、救世教の場合はそれを定着させるためのシステムが開発されていった。救世教の教え・実践の原型は大本にあるので、比較のために 6 章を参照されたい。これ以外に、大本の教えは深く、祭式が難しいこと、日本の大本は戦後自らを再建せねばならず、日本からブラジルを支援するには限度があり、特派宣伝使も基本的には 1 人の派遣であったこと、などブラジル大本の展開を阻む要因があったことは、本文で説いたとおりである。

70) 藤本は、葬式での祝詞には死とは何かなどの言説が入っているので、ポルトガル語祝詞が可能になれば人が集まる葬式は、宣教の好機となるとみている。

71) 王仁三郎が日本人は祭る民だが、外国人は祈りの民という指摘をすでにしていることが根拠である。

ブラジル大本年表

年	出来事	日本の本部との関係
1892		大本開教
1921		第一次大本教事件
1923		エスペラント語導入
1924	ブラジルに尾山一家移民	欧州・満州・韓国・中国での宣教開始 聖師出口王仁三郎入蒙 世界宗教連合会結成
1925		人類愛善会設立
1926	近藤勝美・石戸次夫一家宣教目的で移民 渡伯に際し、聖師から楽焼茶碗授与	
1929	近藤・石戸分散。近藤はサンパウロ市、石戸はミナス州	
1930	人類愛善新聞南米支社設置（サンパウロ市、近藤真弓）	
1931	大本ブラジル分会設置 愛善倶楽部設立（サンパウロ市、近藤勝美） 非日系人献納の土地に「人類愛善堂」建設（サンミゲール） ミナス州ウベランジャに石戸移転、人類愛善会ブラジル連合会本部も同時移転 森静雄・加藤由一ほか入信し、石戸の通訳兼取次の手伝いをする 医師法違反により石戸他4人留置。日本領事館より布教自粛警告	
1932	ブラジル革命の時、森が軍と接触し、愛善精神を説く。 下士官がパラ州に愛善パンフ（ポ語・森訳）をもちかえり、大隊で300人が人類愛善会に入会 石戸、マットグロッソ州に宣教	
1933	『インテル・ナショナル・エスピリティズモ』に、大本は東洋のエスピリティズモであると、大本の概要紹介される ウベランジャの祖霊祭で祖霊拝詞をポ語で奏上 人類愛善会が新精神運動団体としてサンパウロ州政府により公認 ポ語訳人類愛善会趣意書発行 人類愛善堂第二期建設工事完了	
1934	近藤勝美死去 人類愛善会ブラジル連合本部神殿「愛神殿」完成（ウベランジャ）。非日系人の土地献納・労力奉仕。完成祭典でポ語の祝詞奉上 サンパウロ州バストスで阿部が中心になり「昭和神聖会」発会	
1935	第二次大本教事件直前のブラジルの教勢（分所・支部数13、宣伝使36人、青年会支部3、坤生会支部2、人類愛善会支部23、昭和神聖会1） 第二次大本教事件を邦字新聞報道 日本領事館から活発な宣教を差し控えるようにとの警告	第二次大本教事件
1936	サンミゲールの人類愛善堂の地権手続きが行われていなかったため、敷地転売のため閉鎖。近藤真弓らはウベランジャの石戸と合流	

年	出来事	日本の本部との関係
1937	愛神殿をウベランジャの別場所に移転	
1939	石戸の妻死去	
1940	石戸は今後の方針を聖師に相談し、指示により帰国。人類愛善会ブラジル連合本部を閉鎖。後事を森らに委託 大本ならびに人類愛善会の組織的活動は一応終止符。しかし支部の活動は継続	
1942	大本ならびに人類愛善会の諸支部閉鎖。行動の禁止。信徒間の連絡途絶。100世帯ほどの信徒はひそかに月次祭、朝夕の礼拝を行う	
1945		大本は愛善苑として新発足
1946	サンパウロ州4拠点、市内3拠点、ミナス州1拠点で、人類愛善運動、病気取次による宣教。とくに森の取次活動は顕著	
1948	本部との連絡復活	聖師出口王仁三郎死去
1949	愛善苑ブラジル支部(支部長近藤真弓)の設置承認	大本愛善苑と改称
1950	人類愛善会南米本部、ブラジルの法令に基づき正式登記(本部長近藤真弓。会員は非日系人をいれて100人) 2会合所設置承認。信徒60人 人類愛善会支部4ヵ所設置。とくにソロカバナ支部(森)は120人会員中半数以上が市長以下非日系人	
1952		二代教主出口すみ死去。大本の名称復活
1954	地の利を考慮して、大本のサンパウロ会合所にブラジル支部および人類愛善会南米本部の事務所設置	
1955	大本の6支部1会合所設置 教団規則改正により南米主会と改称。主会長は近藤真弓が兼任。1ヵ月後に森と交替 大本本部からのメッセージが邦字新聞に掲載	
1956	現地の幹部による要請で、文字清美宣伝使着任(1956.4-1957.10) 文字が近藤にかわり人類愛善会南米本部長に就任 愛善堂建設のための信徒倍増への取り組み 文字、森の病気取次による非日系人の依頼者の増加	文字清美特派宣伝使派遣
1957	奉斎世帯130戸。人類愛善会会員2000人以上。非日系人も多い。通訳としての森主会長の役割は大きい 愛善堂がジャンジーラ市に建設。土地1万m²は森の献納、神殿建坪300m²。完成奉告祭に700人参加。出口栄二らを迎えて、大祭後初めての大本講座開講 文字帰国に伴い、人類愛善会南米本部長職を森がひきつぐ 鈴木孔喜特派宣伝使着任(1957.12-1961.2) 鈴木は取次と宣教の旅・後援会・座談会開催。入信者の大神奉斎・祖霊鎮祭を強調。非日系人入信者にも大本祭式による奉祭・鎮祭のすすめ 鈴木の宣教回数は17地区128回。入信者500人うち非日系人172人。奉祭・鎮祭家族29、うち非日系家族8	欧州11ヵ国訪問後、出口栄二・広瀬静水来伯 文字特派帰国 鈴木孔喜特派宣伝使派遣

年	出来事	日本の本部との関係
1958	大本の支部をサンパウロ市内外に4支部設置 日本移民50年記念・先住物故者合同慰霊祭 『ブラジル主会報』発行 鈴木の宣教回数は128回。入信者500人、うち非日系人172人。奉斎・鎮祭家族29、うち非日系人家族8	ブラジルから初の正式代表3人本部参拝
1959	サンパウロ連絡所開設 ポ語による大本祝詞1000部刊行 鈴木の宣教回数は174回。入信者490人、うち非日系人288人。奉斎・鎮祭家族95、うち非日系人家族49	
1960	ポ語『大本とは何か』『三鏡』の抜粋各1,000部刊行 ブラジル政府から宗教法人認可。大本教会伯国本部 主会長が森から田力常信に交替 鈴木の宣教活動183回。入信者276人、うち非日系人240人。奉斎・鎮祭家族64、うち非日系人家族44 6支部新設、うち非日系人支部4 有川潔特派宣伝使着任(1960.12-1964.9)	有川潔特派宣伝使派遣
1961	リオデジャネイロ州、サンパウロ州奥地に支部新設	鈴木特派帰国
1962		森・非日系人ジョゼ訪日
1963	サンパウロ市の連絡所が分苑となる 森、南米駐在特派宣伝使に任命 近藤真弓61歳で死去。この年の正宣伝使は森、田力、早野の3人。準宣伝使8人、宣伝使試補25人(うち非日系人3人) 有川はポ語による定例大本講座・文書宣教を積極的に推進。ポ語パンフ「大本教義学習の必要性」「平和への道」「ご神徳談」「大本の使命と人生の意義」「五つの愛(道の栞)」「人型大祓」「念うところ世界なり」が、ガリ版やタイプ印刷で作成	
1964	有川特派が帰国(1968年まで特派宣伝使の空白)	有川特派帰国
1966	主会長が田力から浜田富太に交替	
1968	鈴木が再度ブラジルに特派として来伯(4ヵ月)。信徒育成指導、次の派遣のための打ち合わせ 主会長が浜田から真下元治に交替	鈴木特派短期派遣
1969	真下病死のため、田中幾太が主会長に就任	
1970	柴田堅三特派宣伝使着任(1970.5-1972.10) 出口京太郎、取次203人、講演会31回、鍼灸による治療215人。笛による演奏会17回、新聞インタビュー8回、ラジオ出演1回	柴田堅三特派宣伝使派遣 出口京太郎、教主名代として来伯(40日間)
1971	聖師生誕百年瑞生大祭に参拝者500人。非日系人による神徳談発表。愛善堂竣工以来の賑わい	
1972	柴田による愛善踊り、みろく踊りの指導 大神奉斎・祖霊復祭をする新入信徒の増加。祭式講習を開催し、祭式厳修の重要性を徹底 主会長が田中から益子豊男に交替。 奥原能特派宣伝使着任(1972.8-1979.4) サンパウロ分苑閉鎖	訪日団参13人 奥原能特派宣伝使派遣・柴田特派帰国

年	出来事	日本の本部との関係
1974	第1回少年夏季学級開催。全体を通じてポ語使用。(これまでは主会行事はすべて日本語で執行されていたので画期的)次世代育成の取り組み。以後毎年実施 南米主会青年部発足	
1976	国際支部(ブラジルとパラグアイの国境)設立	
1977	愛善堂建設20周年記念大祭・参拝者500人 名代の宿舎建造 名代は1ヵ月間、信徒研修会、支部を巡教 藤本和治特派宣伝使はブラジルに残る(1977.11-永住)	出口虎雄(教主名代)ほか来伯 藤本和治特派宣伝使派遣
1979	奥原帰国(後継者育成、ポ語宣教に力をそそぐ。『大本問答集』、『生きがいの探求』の訳本発行など) 第1回南米主会大本青年祭開催。青年50人ほか100人参加。祭員が初めてすべて青年で執行。以後毎年実施 愛善運動会開始	奥原特派帰国 訪日団参26人
1980	二代主会長・駐在特派宣伝使、森静雄83歳で死去。初の南米主会葬 中島望特派宣伝使着任(1980.9-1982.8)。国際支部を拠点にパラグアイ方面の宣教に従事	二世の秋山靖恵が大本留学生として聖地滞在(2年間)後に梅松塾海外部に入部 中島特派宣伝使派遣
1981	大本信徒が陶芸の指導のために来伯(ブラジル側の依頼)50日間 「大本青年ブラジル・キャラバン隊」来伯57日間 三代主会長田力常信、87歳で死去。南米主会葬 四代主会長浜田富太、82歳で死去。南米主会葬 婦人部「直心会」発足	大本青年キャラバン隊来伯
1982	主会長が益子から三原武に交替。初の二世主会長誕生	訪日団参28人 中島特派帰国
1983	エスペランチストのベネジット・シルバが入信。以後大本の教えのポ語翻訳、信徒への大本講話など、宣教面でも支援。シルバは「心霊主義者協会」の会員	
1984		ジャンジーラ市と亀岡市の姉妹都市提携
1985	訪日団参時に教嗣聖子筆による「愛善堂」看板下附 初の南米主会物故宣伝使特別慰霊祭。45柱 シルバ訳『み教え抜粋集』ポ語版出版	訪日団参12人
1986		直心会連合会長会議に主会の直心会連合会長が初めて参加・訪日 信徒佐野が6ヵ月間聖地で祭務研修受講
1987	日本から愛善みずほ会会長が土壌改良の指導に来伯 愛善堂建設30周年記念大祭 出口聖子が、愛善堂敷地内を「伯光苑」と命名 人類愛善会の活動体制整備。ブラジル本部と9分会の設置承認。副本部長2人のうち1人はシルバ	教嗣出口聖子ほか30人来伯
1988	南米主会から「南米本部」に昇格 愛善文化会館上棟式	南米本部設立準備のため奥原特命宣伝使派遣(5ヵ月)

年	出来事	日本の本部との関係
1988	茶道教室開始	
1989	エスペラント講座開始 藤本は特派宣伝使を解かれ、駐在特派宣伝使ならびに事務局長となる 愛善文化会館落慶	阿部和子聖地留学（2年間） 出口京太郎一行4名来伯 坂井義昭特命宣伝使派遣（5ヵ月）
1990	月次祭後、藤本によるポ語大本講話開始（6ヵ月継続） みどり会（年齢50歳以下の婦人の組織）が発足 参事1名がデカセギのため任期未了で辞任 茨城在住の大本宣伝使、デカセギ就労者募集のため来伯 春季大祭前夜祭で三代教主を忍び、日本の伝統芸術に親しむをテーマにお茶席、そうめん席、八雲事・居合い・日本舞踊の紹介、生け花展示	参事2人が聖地研修のため訪日 坂井特命宣伝使派遣（4ヵ月） 三代教主出口直日死去。出口聖子四代教主に就任
1991	錬成道場開始 ポ語「感謝祈願詞」（シルバ訳）ができ、月次祭で奏上 未信徒対象「第1回大本ツアー」 市のフェスタ・ジュニーナに参加 春季大祭前夜祭に「春をめでる夕べ」開催。点心席・香煎席・薄茶席・ビデオ席など 5月の月次祭後子供による茶会開始 初の「ポ語霊界物語役割拝読」がシルバにより奉納	聖地での大本青年祭に、デカセギにいった信徒等12人が参加 出口尚雄南米本部長、坂井義昭宣伝部長来伯 開教100年記念訪日団参32人
1992	サンパウロ市に後にサンパウロセンターとなる建物購入 初めて女性祭員が奉仕 青年部長がデカセギにより辞任。青年部のデカセギ顕著 7月の月次祭後、七夕飾り	出口京太郎ほか地球サミットのため来伯 世界連邦建設同盟南米視察団来伯
1993	「ポ語霊界物語役割拝読」が青年部員により奉納 サンパウロセンター開所式 サンパウロセンターにて藤本、月1回のポルトガル語による大本基講座開始	本部青年部長来伯
1994		大本南米交流団一行13人来伯
1995		訪日団参14人
1996	秋季大祭後、第1回ヤキソバ会	世界連邦建設同盟ブラジル使節団来伯 直心会南米連合会長および会計が、直心会連合会長会議出席のため訪日
1997	3月の月次祭後、ひなまつり茶会 こどもの園の慈善バザーに協賛 愛善堂建設40周年記念大祭	愛善堂建設40周年大祭に教主ほか87人の参拝団が来伯
1998	浅井清高特派宣伝使が着任	浅井清孝特派宣伝使派遣 訪日団参7人

出所）1987年までの年表は、藤代和成 1987,『月光輝くブラジル——南米主会略史』より作成。
　　1988年以降は、藤本和治特派宣伝使作成の年表および各年の活動報告をもとに作成。

4章
金光教
────一宗教者の自己形成と教会形成────

ブラジル金光教布教拠点図

● ロンドニア教会

● ビリグイ教会

●● モジ・ダス・クルーゼズ教会
サンパウロ教会

章とびら写真：ビリグイ教会　（1996年）［著者撮影］

はじめに

　日本の新宗教の異文化における展開は、その宗教が内在的にもっている資源(教え、実践体系、組織)や受け入れ側の社会とその文化によって、さらには布教の現場を担う宗教者個人によって規定される。また日本にある本部等からの財的・人的支援は日本とブラジルの経済格差のなかで、現実的に大きな役割を演じている。

　金光教は幕末の1859(安政6)年に赤沢文治(金光大神、1814-1883)によって創唱された宗教で、本部は岡山県金光町にあり、1999年現在の公称信徒数は43万人である。天地金乃神を主神とし、天地の道理にかなう生活を教え、神と人を結ぶ取次の業によって神人共栄の世界が実現すると説く。金光教の中心的な布教活動は「結界取次」[1]で、教師中心参詣型宗教といえる。教団本部がブラジルに対して組織的な布教体勢をとっているというより、個人の開拓布教的な色彩が強い。

　ブラジルに金光教の教会が設立され、布教が始まったのは1964(昭和39)年のことで、1998年現在、サンパウロ州内陸部にビリグイ教会(1964年設立)、サンパウロ市にサンパウロ教会(1973年予備布教所、1978年教会設立)、サンパウロ市近郊にモジ・ダス・クルーゼズ教会(1992年予備布教所、1994年教会設立)、アマゾンのロンドニア州にロンドニア教会(1991年予備布教所、1994年教会設立)がある[2]。ブラジル金光教全体の信徒数は約400人と推定される。本章ではそのなかで最も設立年が古く、かつブラジルの金光教の中心であるビリグイ教会をとりあげる。

　金光教ビリグイ教会の場合、その布教を規定した要因を大づかみに挙げれば、①金光教は「結界取次」という教師中心の「待ち」の宗教であって、信徒獲得のために働きかけることを宗教的行為の中核としていないこと、②大都市ではなく、日本移民が古くから入植し、かなり強固な日系社会が存在するサンパウロ州内陸部のビリグイという地域で教会形成したこと、③初代教会長の死後、家族内では後継者が得られず、1970年代後半に日本から後継教会

長が渡伯し、初代教会長家族と葛藤が生じたこと、④現在のビリグイ教会は、合楽（あいらく）教会という日本の金光教のなかで特異な位置を占める教会関係者の布教の成果であること、などが挙げられる。

　③と④にかかわる問題として、金光教の組織形態、つまり親教会と出社（でやしろ）（子教会）という教会設立者の信仰授受に基づく「手続（てつづき）」関係を原型とするおやこ型の組織形態に言及しなければならない。現教規には制度として規定されていないが、実際上その関係には根強いものがあって、各教会は金光教本部というより、親教会とのかかわりを第一義的としている。教会は取次によって救われ助けられた人が、自ら進んで布教することで生まれる。それゆえに、原初の取次の関係が布教後も持続することになり、そのため教団は教会の緩やかな連合体といってもよい側面がある。金光教の海外教会を束ねるものとして北米とハワイには教務所があり、アメリカ・カナダの教会は金光教北米教団に所属している。他方、南米は本部直轄教会という扱いであるが、現在ではブラジルの教会のすべてが合楽教会の関係教会で、合楽教会の出社としてその手続関係に包摂されている。ブラジル布教と関連して生じたさまざま

写真4-1　広前で結界取次をするビリグイ教会長末永建郎　（1996年）［著者撮影］

な問題は、合楽教会の金光教内での位置づけやその特異性によるものであった。そこで、合楽教会の概略について述べておきたい。

金光教内での合楽教会の位置

ブラジル内4教会の実質的な親教会である合楽教会は、一部では教団内教団といわれるほどに金光教内でも特殊な位置を占める教会であって、大坪総一郎(1914-1994)によって1967年に福岡県久留米市に設立された。親教会は三井教会(本部―小倉教会―福岡教会―久留米教会―三井教会―合楽教会という手続関係)である。大坪は祖母の代からの金光教の信者で、戦時中には北京で商売をしていたが、1945年の敗戦で財産を失って引き揚げ、1949年に神の声を聞き、本格的修行時代に入った。この過程で、これまでの親先生、親教会中心の信心から神示による行動に転換したため、親教会や周囲との葛藤が始まり、激しい非難にさらされることになる。この後1950年から4年半にわたる何もかも一切を受けぬく修行は「4年半の修行」として言及され、「成り行き」を尊ぶという合楽理念としてまとめられる教えの中核となった[3]。

合楽教会設立に至るまで、通常の金光教の教会がたどる道筋とは異なる道を歩んだ。まず、大坪のもとに集まる人々を中心として、1951(昭和26)年、久留米市の椛目に「金光教神愛会」が発足した。「三代金光様」(金光教三代教主)の取次で戴いた「御道の教師となって、おかげを頂かれたらよろしゅうございます」との言葉を頼りに、本来神前に向かって右側に置く取次の座である結界を、正式な教師の資格をもたないため左側につくって、取次を始めた。1952年に宗教法人神愛会の認証を得(当時の教徒13戸、信徒数340人)、その後金光教学院(教師養成機関)の受験のために1959年に解散した(実質的には継続)。しかし、受験はかなわず、1963年に提出した教師検定試験願書も、事情によってとりさげ、予備布教所の設置認可が出るのは長男勝彦が1965年に教師の資格を取得してからである。1966年に大坪は再度学院入学願書を提出するが健康上の理由で却下され、ようやく翌1967年に検定で教師資格を取得した。同年、椛目から合楽に移転し、合楽教会開所式を行った。その時には参拝者700人、信徒数1,200人を数えた。合楽教会以前を椛目時代ともいう。

合楽教会は神愛会として活動を始めてから、大坪が教師資格をとって教会になるまで、16年間かかったという設立の経緯からして特異であった[4]。合

楽教会(神愛会時代も含む)と本部や親教会である三井教会や近隣の教会との葛藤の根は、糀目の神愛会時代に三井教会の信徒総代はじめ有力信徒が、教師でもない大坪のもとに集まってきたこと、1974年から活発化した合楽示現活動の一環として導き活動が起こり、他教会から信徒や教師まで移動してきたことにある。このため信徒をとったと言われ、合楽教会の「悪名」を高めた。また信徒の組織化の仕方が、タテ系統で出社として子教会を出していく金光教の従来方式ではなく、地域でのヨコの集まりとしてつくった支部・共励会が九州の各地域や広島、大阪まで拡がり、合楽教会に収斂するような中央集権的な形態をとっている。したがって、九州の他教会や本部からの合楽教会への批判点の第一は、手続関係を無視し、他教会の信者をとるということであった。第二は合楽の教えである。合楽教会の教えには金光教の現状への批判があり、「金光教のお道修繕」の役割を担っていると認識し、改革運動的な側面をもっている。さらに「合楽理念」として「成り行きを尊ぶ」「一切神愛論」などという従来の金光教にはない用語で教えを語ることが、異端視されている要因である[5]。

　合楽教会は、いわば初代性の強い、活力のある、既成化していない教会で、それがゆえに周囲との葛藤が大きかった。また親先生信仰が根強く、大坪の修行は信者にとって自己形成のモデルになっている。近年は合楽教会も認知され、本部との関係も好転してきつつあるが、本部側では他教会の信徒をとる、金光教らしからぬ教えを説いているなど、合楽教会に対し厳しい見方をしていた時期もあり、他方合楽教会側でも本部の扱いに対しては不満があった。こうした要因は、合楽教会出身者のブラジル布教にも大きな影響を与えることになった。今日の合楽教会は金光教内で最も多くの修行生をかかえ、しかも修行生の多くが教会後継者というより開拓布教を希望している勢いのある教会である[6]。

研究対象と課題への接近方法

　本章では、ビリグイ教会二代教会長末永建郎の自己形成と関連させて、ブラジルにおける金光教の展開をみていくことにする。宗教集団の展開過程をみるにあたって個人に着目するのは、ブラジルの金光教が、未だ個人的活動のレベルを超えて組織レベルでの拡大をしているとはいいがたいことに加え、

開拓布教的な色彩の強い布教形態の場合、布教者個人の人生と彼が育てた宗教集団の展開とは密接なかかわりをもち、彼の人生を理解することが最もよくその集団の展開過程を理解する道である、と考えられるからである。

　人間の発達過程は幼少期など人生の一時期に限られる受身のものではない。自己形成という語は、人生を通じての発達過程を主体に即してみる立場を含蓄している[7]。自己形成の問題に接近するにあたって、ライフコースの視点を参考にする。エルダーによれば、「ライフコースとは個人が年齢別に分化した役割と出来事 (events) を経つつ辿る道筋」である [Elder 1977 : 282]。ライフコースの視点は個人に注目し、社会的に規定された発達過程を手がかりとして考察する。さらに、ライフコースは個人の生涯であるにせよ、「重要な他者 (significant others)」[8]を準拠しあるいは、当人が切っても切れない関係を取り結んでいる身近な「関与者たち (consociates)」[9]との相互依存・相互規定によってたどられる人生行路であるという観点は、ライフコースの視点の特色であり、関係によって担われまた創られていく個人という理解が重要である [森岡 1995 : 224-232]。

　宗教者、ことに日本で世俗的価値観とは異質な価値観を求めて自己形成し、成人してから異文化に生活基盤を置き、しかも宗教運動に内在する「布教」の現場を担う、本章で扱うような宗教者にとって、役割移行に伴う通例的な (normative) 出来事よりも、役割移行にかかわらない非通例的な (non-normative) 出来事のほうが、ライフコース上大きい位置を占めている。

　ここでは末永のライフコースにおける宗教者としての自己形成を考察するために、分析的に、宗教者を信仰者、布教者、組織者の三つの側面に区分する。自己形成という概念には前述したように、人生の一時期のみにかかわるものではなく、生涯にわたって、「出来事」とぶつかりあいながら、主体性を維持しつつ成長・発達をとげていくという含蓄がある。信仰者としての自己形成は宗教者としての自己形成の核にあり、「重要な他者」を媒介としつつ、信仰の受容・強化、心境の進展にかかわる。布教者としてのそれは、末永の場合、ブラジルという異文化のなかで、基本的には地域の信徒との一対一の関係で担う役割にかかわる。組織者としてのそれは、金光教の一地方単位としての信徒集団の形成にかかわる。これら三つの側面は信仰者の側面を中心

に相互に関連しあって展開する。

　末永は1964年、19歳の時に合楽教会の大坪総一郎(以下親先生)[10]と出会い、22歳からは修行生として教会に住み込んで修行に入った。32歳の時ブラジルに布教に出るが、永住権を取得できずビザの関係で6ヵ月後に帰国した。2年間の教会修行の後、1979年35歳の時に再渡伯し、ここに永住布教の時期を迎えた。末永は永住布教開始後、5年ごとの記念大祭を主軸に金光教の展開をとらえている。すなわち、I期(永住布教のための渡伯から借家時代、1979年11月～1983年)、II期(5年祭以降10年祭まで、1984～1988年)、III期(10年祭以降15年祭まで、1989～1993年)、IV期(15年祭以降現在に至る、1994年～)である。この区分に留意しつつ、ビリグイ教会の展開および各時期の出来事をみていきたい。

　末永のこれまでの宗教者としてのライフコースを、主として自己形成にかかわる信仰者の側面、主として教会形成にかかわる布教者・組織者の側面に分けて記載した**ブラジル金光教年表**を章末に掲げたので適宜参照されたいが、末永の19歳から35歳までが信仰者としての自己形成の中核をなす時期であって、ブラジルに永住布教した後も信仰者としての原点を合楽教会に求める姿勢は一貫しており、合楽教会との行き来によって、この姿勢の強化がみられる。それに加えて、ブラジルでは布教者・組織者としての課題が前面に出てくる。信仰者としての自己形成に関しては、人生上の転機と親先生との出会いからブラジル布教に導かれる経過と信念体系の受容を中心に、布教者としての自己形成に関しては、地域社会における教会形成を日系社会、日系人・非日系人信徒との関係を中心に、組織者としての自己形成については、ビリグイ教会初代教会長の長男との関係、サンパウロ教会との関係、本部との関係、すなわち金光教内部での葛藤対処にかかわる課題を中心にみていくことにする。

1　人生の転機と信仰者としての自己形成

　転機とは「個人のライフコースを方向づけたり、その方向を転換させたりする、いわば分岐点となる出来事」である[藤崎 1987：73]。すなわち、個人が「現在」の時点からこれまでの人生を振り返って、「あの出来事がなかった

なら、いまの自分はなかったであろう」と感じる、その後のライフコースの方向を新たに決定づけた重要な出来事を転機という。転機は人生における非連続性の感覚のうえに存在する出来事で、それ以前の人生とそれ以後の人生を質的に分かつものである。転機として挙げられる出来事はライフコースの方向の確定あるいは転換の原因であったり、結果であったり、あるいは原因と結果を結びつける媒体であったりする。元来、転機という現象は一連の出来事群から成る「線」、すなわちプロセスであって、いわゆる「転機」として語られるのは転機のプロセス全体を代表するような象徴的出来事である。また転機という現象の本質は、レディネス状態であり、それは偶然の出会い、発見をひたすら待っているだけの受動的な状態ではなく、そこには主体的な選択が働いており、偶然の出会いとして語られるものの多くは、実は起こるべくして起こっている。レディネス状態とは偶然性を必然性に転換する装置である［大久保・嶋崎 1995：134-141］。

　個人の生活は、職場・家族・学校・宗教・余暇など数多くの領域とのかかわりから成り立っているが、それらの領域はその人の生活のなかで同じ比重を占めているのではない。何が中心的領域に選ばれ、何が周辺的領域とされるか、その選択のパターンからその人の生活構造が形づくられる。また、生活領域が個人の生活のなかでもつ重要性はライフサイクルを通じてさまざまに変化する。個人の発達を生活構造の変化に着目してとらえることができるのである［三沢 1989：8-9］。末永建郎のライフコースの特徴は、宗教がその人生の重要な構成領域であり、他の経歴はすべてそれに従属していることである。こうした生き方を生んだ転機としての合楽教会の親先生との出会いとその後の人生の変更、信仰者として自己形成していく過程、さらには日本を超えてブラジルへの布教に至る経緯、第1回ブラジル布教に出、ビザの関係で6ヵ月後に帰国し、再度永住布教に渡伯するまでをこの節では述べていきたい。

(1) 親先生との出会いと合楽教会への修行入り
末永建郎の煩悶と親先生との出会い
　末永建郎は金光教壱岐教会（親教会は福岡教会）教会長の四男として1944年8

月に生まれた。壱岐教会は、旅順の二百三高地攻防戦における部隊200人中2人の生き残りの1人であった祖父が、九死に一生を得たお礼として博多から壱岐に布教に出て設立した教会である。建郎（本名建夫）の名は、太平洋戦争の軍神、加藤隼戦闘機隊長の加藤建夫に由来している。末永は親が教会維持に苦労をしている状況をみるにつけ、金光教の教師になることは全く考えず、1963年に高校卒業後、日本交通公社に入社し、福岡の支社に配属された。翌年からは福岡大学の夜間部にも通い、昼は仕事、夜は学校の日々を送った。この頃から一生サラリーマンで終わってよいのか、何かが違っている、自分の人生の目的はこのようなものではなかったはずだ、という気持が強くなった。兄に会社をやめたいと言ったところ、兄が叔父の縁でお参りしていた椛目（かばめ）神愛会の福岡支部に連れていってくれた。その後1人で久留米市にある椛目の教会に行き、初めて親先生と会ったのが1964年7月、末永が19歳の時だった。これを末永は人生の大きな「転機」と位置づけている。これ以来、心のなかにあったどうにもならない寂しさがふっきれた。その時にわが道はこれだという方向が見つかったわけではなかったが、すっきりと会社を辞める決心がついた。その後11月にアメリカ資本の「アメリカーナ」という百科事典販売の会社に入社、固定給ゼロ、コミッションのみというシステムだった。仕事は出張が多く、夜にも仕事をしなければならなかったので、学業との両立が不可能になり、大学は中退した。百科事典販売は順調で、実業家になりたいとの希望をもったりもした。

　その後は半年に1回くらい椛目にお参りに行くという生活だったが、1965年の暮に兄と一緒に参拝して、玄関で大坪勝彦（若先生、現二代教会長）と会った瞬間、百万ボルトの電気に打たれたような感動を覚えた（このような電気に触れたような体験は、高校生の時に教祖奥城（おくつき）（墓所）に参拝した時、神愛会の福岡支部で椛目の親先生の話を聞いた時、そして勝彦に会った時の3回あった、と認知している）。これをきっかけに毎晩のように兄の家に行き、椛目の話を聞かせてもらうこと6ヵ月におよび、その後福岡から椛目まで日参することになった。最初の2ヵ月は福岡から通ったが、お参りしやすいように久留米に転居した。この当時の親先生の御理解を聞いた人は目からうろこが落ちる思いで、それに惹かれ、次々と来た人に御理解をするその話を聞きたいために教会に泊ま

写真4-2　広前に掲げられた合楽教会初代親先生の写真　（1996年）［著者撮影］

る人もいたぐらいだった。

合楽教会への修行入りと教師資格取得

　日参を続けていた末永は、当時建設中だった教会の建築現場への泊まり込みを依頼され、1966年12月23日から泊まり込むことになった。それから12日後にこれまで中心的に教会の御用をしていた人が交通事故で突然亡くなった。そこで、末永は仕事をやめ、修行に入りたいとの希望を親先生に申し出、翌1967年1月4日に修行入りした。22歳の時であった。同年3月に設立された合楽教会の修行生第1号である。修行生になってからはもう迷うことはなかった。しかし、金光教の教師の資格をとろうとか、布教に出るという気持は当時はなかった。ただ、親先生の手足になろうということだけだったという。後に末永と結婚する1歳下の公子は同年4月に修行に入った。当時の修行生は、末永（広前担当）と公子（裏方担当）の2人だった。1971年に末永と公子は金光教学院に入学、1年間の学院生活の後、翌1972年に教師の資格を得た。

ブラジル布教までの経緯

　親先生は心眼（霊眼）、心耳など霊感にすぐれていたというが、お知らせを

心眼にいただくと、その意味を神に伺い、御理解の中にその意味が出てくるという、特殊な能力をもっていた[11]。

1973年は親先生の取次によって奇跡が頻発していた。そういう最中に、目をギラギラさせたコメディアンの「南伸介」のお知らせを親先生が心眼に受けた。「南伸介」は、南に進んで助けるということで、この頃から南の宮崎方面に教勢が伸びた。この延長がブラジル布教だった。親先生が、「南米布教」という神示を得たのは1973年12月9日、本部報徳祭の前日のことであった。汽車のなかでこのことを親先生から聞いたY（末永の学院での同期生）が、久留米に車をとばしてきて、南米には末永と公子を結婚して行かせると言われたと伝えた。2人の結婚は翌1974年5月だったが、その時にはもう結婚が決まっていたのである。当時は修行生も少なく、末永はできれば一生親先生のそばにいたい、一生修行生でよいと思っていた。布教などということは思ってもいなかったという。

1974年4月に金光教本部の大祭に行った際、末永は本部にブラジル布教を希望する旨を伝えた。当時の教務部長は、1973年11月に北米視察の帰途、ビリグイ教会初代教会長の長男から教会の設立10年の記念祭をしてほしいとの依頼を受けて、サンパウロ、ビリグイを回って帰ってきたばかりだった。末永のブラジル布教の希望を聞いた教務部長は、ビリグイは道の開けるところではない、サンパウロも信者はあまりいないが、行くならサンパウロだと言った。

5月の結婚式から半年たった時に、親先生は大根を半分に切って立てるお知らせをいただいた。どういう意味か親先生はわからなかったので、神様に伺ったところ、大根は苦労なしの信心という意味、苦労なしを切って捨てろ、すなわち一心を立てろという御理解があった。それと前後して、南米布教の話は自然消滅した（1974年11月頃）。それを「お試し」と末永は受けとめた。

1976年5月に、ビリグイ教会の初代教会長夫人の新田イサノと信徒会長投石力雄が訪日し、ビリグイ教会長の後継者となる人材派遣を本部に頼んだ。末永がブラジル布教を希望していることは本部も承知しており、合楽教会出身者ということで躊躇していたものの、こうした依頼があって本部としても人をビリグイに派遣せざるをえない状況になった[12]。末永へ伝えられたのは

ビリグイ教会の後継としての話で、サンパウロ布教の話ではなかった。本部は「初めからお道の教師として御用ができると思うな。10年農業をするつもりで行け。信徒はいないが、投石さんという有力者がいる」ということだった。親先生から末永は「ブラジル国の平和と繁栄を祈れ」「節を大切に」という言葉を、妻の公子には親奥様から「神にすがりて」という言葉をいただいた。

(2) 第1回ブラジル布教・6ヵ月後の帰国・2年後の永住布教
ビリグイ教会設立の経緯と後継者問題

ビリグイ教会初代教会長新田勝次郎(1889-1971)は広島県に生まれ、1920年に金光教に入信し、1932年に農業移民としてブラジルに渡った。開拓時代にあちこちの「植民地」で苦労をするが、その間祈念によって病気を治したり、さまざまな信仰体験を積み重ねていった。戦後、ビリグイに出て菓子工場を創業し、それに従事しながら縁ある人に教えを伝えていた。新田には一男二女があり、既婚の長男M(1929年生)と同居していたが、嫁との折り合いが悪く、1956年頃に妻と末娘を連れて日本に引き揚げた。日本に帰国して本部参拝をし、これまでのブラジル生活のことなどを三代教主にお届けしたところ、「お道の教師になられてもう一度ブラジルに帰られたら結構であります」との言葉をいただいた。新田はブラジルに帰ろうとも、ましてや金光教の教師になろうとは思ってもいなかったので、この言葉は青天の霹靂であった。しかし生神ともいわれた三代教主の言葉だったので、お道の教師になる決心をして、金光教学院に入学し、1年後の1959年に教師の資格を得た。1961年にブラジルに再渡航し、自宅の一室に広前を作り、御用を始めた。1964年、ビリグイ教会(本部直轄)として本部から認可されたが、この時すでに75歳になっており、1971年に82歳で死去した。この間に田中誠吾、投石力雄(信徒会長)、吉森正治(ロンドニア布教のもと)、田代正昭(モジ・ダス・クルーゼズ布教のもと。父が金光教の信徒で御神水を用いて祈祷師的な活動をしていた)、杉浦昌善(後のサンパウロ教会の中心)など後の展開にとって重要な役割を担う人が入信した。新田の死後は妻イサノ(1895-1980)が輔教の資格をとり、細々と活動を継続していた。同居していた長男Mには教会を継ぐつもりはなかった。

第1回ビリグイ布教と6ヵ月後の帰国

　後継教会長として、末永は家族全員（末永33歳、公子32歳、長男2歳、次男1歳）で、1977年4月にブラジルに渡った。ビリグイに着いたその晩に奉斎式をして、翌日から結界に坐った。奉斎式には、末永夫婦、初代教会長家族、ビリグイ初代からの信徒で当時はサンパウロ予備布教所のほうに参っていた田代、鴨田昭二郎が出席した。ビリグイ教会は教会というより、普通の家で、その一室に神前があった。末永の家族はM宅の一部屋を借りて同居した。当時、M家には初代教会長の妻のほか、長男M夫妻と7人の子供がいた。Mの家は菓子工場で、従業員も十何人かいて順調な頃だった。Mが食事も宿も世話をしてくれた。当時のビリグイの信徒は、初代教会長家族と、投石、田中の3家族だった。ブラジルに着いた明くる日に届け出のために身元保証人が必要になったが、保証人の責務として生活の面倒をみるという一項が含まれていた。田中が生活の面倒をみなければならないのなら身元保証人にはなれないと言うので、末永はこれは書類上のことで、みてもらうつもりはないと言って了解を得た。当時のビリグイの人々は、他人のことをみられるような生活状態ではなく、テレビも電話も車もない家がほとんどだった。末永は日系人の生活をみて、身を切られるようにかわいそうだと感じ、日本民族を守っていくため役に立たねばならないとつきあげるものがあった。各家に御真影がかけてあり、天皇の悪口を言うことは御法度だった。また末永も、親先生が昭和天皇を民族の恩人と言っていたこと、子供時代の学校の先生が特攻隊帰りだったこともあって、開拓時代の日本移民の生き甲斐が天皇であり、日本民族の象徴が天皇であるとの移民の心情には理解を示している。

　非日系人もお参りするようになった。最初は教会の近くに住んでいた非日系人の女の校長（この人が後に末永にポルトガル語を教えた）がお参りに来て、人間関係のお届けをし、おかげを受け、次々と学校の教師のお参りがあるようになった。非日系人は奇跡好きで、あそこに行ったら奇跡があるということなら喜んでやってくる。その頃の合楽教会への報告に、「非日系人が参ってくるようになった。参拝者の大半が非日系人である」と書いたら、親先生が喜んだ。Mの菓子工場の従業員が新たにお参りもし、日系人がいたので、通訳には困らなかった。当時、病気など皆それぞれに悩みをかかえており、言

いたいことを言っていたら治ったりしたが、それは親先生のお徳と末永は思った。金光教で背水の陣を敷いていたので、一生懸命になれた。親先生の自信満々の祈りのもと、最初の6ヵ月の間に後に教会の基盤になる日系人が入信した。

1977年当時ブラジルは軍政下で、宗教家は観光ビザでも入れないので、旅行社が末永を茶道の先生ということにして、観光ビザでブラジルに渡った。永住権はブラジルに到着後、サンパウロの旅行社が世話をするということだったが、これはとれなかった。渡伯当時妊娠中だった公子は同年9月に三男をビリグイで産んだ。旅行者はブラジルで出産してもブラジル国籍は取得できないと法律で定められていたが、ブラジルでは国籍は出生地主義をとっていることから、Mが裁判所まで掛け合ってくれ、子供はブラジル国籍を取得できた。しかし、永住権は取得できなかったため、3ヵ月の観光ビザを1回更新して6ヵ月後の10月の初旬に、家族で日本に帰国せざるをえなかった。南米布教ということで出発して、餞別としてお初穂をもらったのに6ヵ月で日本に帰り、体裁が悪かった。実は日本を出る時にそれをお供えしたとはいえない。そうした時に若先生(大坪勝彦)に「破れた傘」のお知らせがあった。「傘」は「安心」をあらわすが、破れた傘を修繕しなくてはいけないということだった。そこで体裁悪さが消えた。親先生は、起きてくることを徹底してありがたく受けとめるので、何も言わなかった。

ブラジル永住権取得の経緯

ブラジルから帰国して再渡航しようとしたところ、帰国後1ヵ月でまた家族全部で行くのはおかしい、と駐日ブラジル領事から言われた。合楽教会の信徒の縁故で当時総理大臣だった大平正芳にまで掛け合ってもらったが、だめだった。旅行社、国際協力事業団(JICA)の有力な人にも頼んだが、永住権は取得できなかった。旅行社は末永がブラックリストに載っているためではないかと言ったが、これは旅行社が想像して言っただけのことであることが、後で調べたらわかった。

ある時、ソフトボールをしていたところ、足の骨を折って入院した。この時に親先生から、南米に行く最後の修行だよ、と言われた。退院して帰ったら、大阪の旅行社から神戸の領事(二世)が会いたいと言うから来てくれとの

連絡があった。親先生は初めから宗教家でブラジルに行くようにという考えだった。領事館に行った時、旅行社の人が遅れてきたので、その間に末永は自分の口から宗教家として渡りたいと領事の前で述べた。それまでは、農業移民として永住権を取得しようとしたり、ごまかすことばかりだった。領事はそんなにブラジルが好きならばと、ブラジル国籍の子供がいることに引っかけて永住権を出してくれた。こうして永住権がとれて、宗教家としてブラジルに渡ることになるが、再渡航までに2年かかった。

再渡伯前2年間の合楽理念の研鑽

第1回のブラジル行き直前の1976年11月11日に合楽理念が発表され、親先生は合楽理念が確立してからの布教だから安心と言った。末永が6ヵ月のブラジル滞在から帰国して日本にいる2年間に、理念が深まった。修行生も増えた。2年の時がなかったら、南米布教が今と違っていたと末永は認知している。1978年の大阪での公開講演会に向けて、親先生が合楽理念を深め、広めていった時期だったからである。重要な御理解がその後次々と出た。

合楽理念の核は「成り行きを尊ぶ」ということである。これは最近かなり拡大解釈をされてはいるが、難儀に直面した時、他宗は難儀を封じ込めるとか、向こうに押しやるが、合楽理念ではそれを神の働きとみる。これが「成り行き」の真骨頂である。合楽理念の理解に関しては、末永の心境の深まりによって受けとめ方も異なるが、生じてくること一切を基本的に神愛と受けとめ、自分の心を大きくする働きとして前向きに受け取っていくことである。こうした信念体系は、異文化のなかで起きるさまざまな出来事への前向きな取り組みをもたらす要因として働いた。

(3) 準拠集団としての合楽教会

末永のライフコースは、通常の人が経るであろうライフコースとは異なり、重点が宗教へのコミットメントにある。青年時代に経験した「重要な他者」である親先生との出会いを転機に、世俗の社会から訣別して、教会住み込みの修行生になり、信仰者の道を歩み、またその後布教者としての第一歩を日本ではなく、ブラジルという異文化のなかで踏み出すことになった。「親先生との出会い」は、仕事を辞めて修行生となる世俗社会からの分離、さらに

日本を離れ、地球の反対側にあるブラジルへという移動を生んだ。1964年の親先生との出会いから、修行生になるまでに2年以上の時間が経過していたのに、あえて親先生との出会いを「転機」と位置づけるのは、若干の紆余曲折をへながらも、結果としてその後のライフコースの展開に大きな影響を与える出来事であったからである。親先生は末永がブラジルに永住布教で渡ってから3年後の1982年以来、糖尿病による腎臓病、視力低下など一連の病気で倒れ、人工透析を繰り返し第一線を退くが、その最盛期に末永は修行生第1号として最も近いところで教導を受けた。末永自身の修行生としての生活は、第1回ブラジル布教の6カ月をはさんで20代前半から30代前半という、アイデンティティ形成にとっても重要な時期にあたり、親先生の教導がすりこまれやすい年齢でもあった。

　末永の信仰者としての自己形成にあたって、親先生が「重要な他者」として準拠にもモデルにもなった。また、合楽教会の信徒たちは、末永の成長過程にかかわる「関与者たち」として、末永のブラジル布教を見守り、また訪日参拝時にはビリグイ教会へのお供えというかたちで、財的にも支援する人々であった[13]。

　末永は日本に二度と帰る日が来るとは思ってもいなかったというが、現地信徒のお供えにより、永住布教に渡伯してから4年目の1983年に訪日し、以後合楽教会の信徒のお供えから翌年の航空運賃をとっておくという方式で、毎年の訪日参拝を重ねる。かつての移民のように二度と日本に戻れない状況ではなく、毎年の訪日参拝によって、気持を新たにするとともに新しい知識を獲得し、関与者たちの認知を得てブラジル布教者としての矜持をもち続けることができ、また結果として生活と布教の資金も獲得した。毎年、親先生の新たな御理解テープをブラジルに持参することもできた。異文化のなかでの全くの孤軍奮闘ではなく、合楽教会から精神的・物的サポートを得ている。末永が訪日するばかりでなく、合楽教会からもブラジル訪問があり、ことに記念祭ごとに団体参拝が組まれている。末永の信仰者としての自己形成の根本は合楽教会にあり、異文化のなかでもそこを原点にし、信仰者としての確認をしていくことに揺らぎはなかった。それは現在に至るまで一貫して変わらない。また、合楽教会においても末永の存在は、修行生第1号として、ブ

ラジル布教者として、修行生の自己形成モデルととらえられている。1994年に親先生が死去した時に、5ヵ月間合楽教会に滞在したことは、末永の役割が大きくなったことを反映している。その後は毎年2回の訪日参拝となり、合楽教会との関係はさらに密接になった。

第1回目の渡航に際して親先生から「節を大切に」という言葉を戴いたこともあって、末永は永住布教から5年ごとの記念大祭を区切りとして教会の展開を位置づけている。2ヵ月間のM宅での同居をへて、1980年1月から1984年3月まで4年余の借家時代の後、土地(638㎡)家屋を購入して1984年4月に引っ越した。購入資金は本部から支給されることになった毎月2万円の子弟育成費を前倒して200万円借入し、訪日参拝時に提供を受けた合楽教会からの資金300万円、合楽教会信徒からのお供え200万円をあてた。1984年11月の5年祭(以降大祭を5月に変更)に合楽教会から親先生の次男、大坪光昭一行が来伯するのをきっかけに、斎場(広前があり祭典を仕える場所)を新築した。1988年に隣接地を購入し、翌1989年の10年祭時には斎場の増築をした。1991年と1992年にも隣接地を購入して、1994年の15年祭には会堂を建築した。1998年の20年祭には宿舎を増築した。現在のビリグイ教会の敷地面積は2,333㎡(707坪)、建坪1,019㎡(309坪)である。このようにビリグイ教会では記念大祭ごとに建物を新増築しているのだが、合楽教会がこうした年祭ごとの拡大のモデルであった。

末永にとってはいつも親先生の人生が彼の自己形成のモデルであり、合楽教会が準拠集団であった。永住布教当初の4年2ヵ月間の借家時代は、経済的に困窮を極め、最も困難な時期だったが、このことを語る時には、「4年半」の借家時代という言葉が出てくる。この時期に子供は7人になり、次々に産まれる子供のミルクさえ買うことができない、お粥しか食べられない、お下がりで家賃が払えるかどうかいつも綱渡りの生活だった。この時代を親先生の合楽理念形成の核となった4年半の修行時代とのアナロジーで受けとめている。「親先生の苦労を思えば」ということが、困難を乗り切る力になった[14]。ブラジルという異郷の地にあって、親先生の影響は、親先生への思いを反復するなかで強化された。

信仰者としての自己形成の課題は、信仰の確立・深化という個人的な内的

過程にとどまることはない。必ずや宗教運動にかかわって、布教者、組織者としての課題、すなわち教会形成にかかわる課題に展開していく。その際、ビリグイという日系社会の強い地域に入ったこと、末永が従来の金光教の枠組から逸脱する合楽教会出身であること、さらに後継に入ったビリグイ教会初代教会長家族や近隣のサンパウロ教会、本部との間に葛藤が生じたことがからまりあって、教会形成を規定していくことになる。教会形成における末永の布教者・組織者としての自己形成を、以下、日系社会での教会形成（2節）と、金光教内部での葛藤（3節）の二つに分けて考察する。章末の年表に示したように、この二面は時期的には重なって相互に規定しあいながら進行した。そこでこれらの過程の自己形成に対する意義については、両面を一括してとくに葛藤の意味づけを中心に4節で述べることにする。

2　日系社会での教会形成

　1979年11月、末永は永住布教のために家族とともにブラジルに渡り、ビリグイという地域社会で教会形成の課題にとりくむ。この展開は、日系社会との関係、末永が後継として入ったビリグイ教会の初代教会長の長男Mとの関係によって、大きく規定された。そのなかで、布教者・組織者としての末永の自己形成も果たされていったのである。

(1)　教会の教勢とビリグイの日系社会
ビリグイ教会の活動と教勢
　ビリグイ教会の活動は基本的に日本の合楽教会のそれに準じている。一日は末永の午前4時からの御祈念に始まり、5時には日本語の朝の御祈念（朝参りの人が参拝）、6時にポルトガル語の御祈念、その後、午後9時までの結界奉仕がある。毎月、月例祭、和賀心デー（日曜日）の行事がある。年間行事には、1月元旦祭、報徳祭、3月秋の御霊祭、5月秋の大祭、6月交通安全・家内安全祈願祭、8月農業豊作・商工業繁盛祈願祭、9月春の御霊祭、11月金光大神大祭がある。

表4-1 末永健郎の自己形成・教会形成における各時期の特徴

	合楽教会との関係	地域社会での教会の展開	金光教内部での葛藤ほか
親先生との出会い と修行生時代 1964〜1976年 （20〜32歳）	人生の転機 　親先生との出会い 　修行生となる 　南米布教のお知らせ		
渡伯と帰国 1977〜1979年 （33〜35歳）	布教6ヵ月での帰国 破れ傘のお知らせ 合楽理念確立期での研鑽		
Ⅰ　期 1979〜1983年 （35〜39歳）	永住権取得による渡伯 合楽教会信徒の伊万里市長来伯 1983年に初の訪日参拝（以後毎年）	拝み屋的活動 流動的非日系人多数参拝 日系人信徒の離反 （第一の危機・Mの扇動）	ロンドニア分教会開設 ビリグイ教会サンパウロ支部開始 合楽理念・信徒の移動によるサンパウロ教会との葛藤 Mとの確執 本部から布教上の注意
Ⅱ　期 1984〜1988年 （40〜44歳）	合楽教会からの来伯 合楽教会への団体参拝団	拝み屋的活動 月例祭を日語・ポ語に分割 大祭を日語・ポ語に分割 日系人信徒の増加 日系人と非日系人の棲み分け	サンパウロ支部の停止と再開 サンパウロ教会との葛藤 Mとの確執 本部から布教上の注意
Ⅲ　期 1989〜1993年 （45〜49歳）	合楽教会からの団体参拝団 合楽教会への団体参拝団	拝み屋的活動からの脱皮 非日系人の一部の定着 セミナー（ポ語）が4年間継続 デカセギ斡旋事件 （第二の危機）	本部から教務部長の視察 本部からの詰問状 Mの日本デカセギ 合楽教会修行生、ロンドニア、モジに布教のため来伯 サンパウロ教会との関係の好転
Ⅳ　期 1994年〜現在 （50歳〜　）	合楽教会からの団体参拝団 親先生の死 合楽教会での末永の役割の強化	日系社会の宗教化 月例祭・大祭の日語・ポ語合併 セミナー（日語）開始	本部との関係の好転 サンパウロ教会を合楽教会修行生が後継 他教会の研修・育成の役割

出所）金光教ビリグイ教会からの聞き取り調査に基づき作成。

　永住布教開始後、5年ごとの記念祭を区切りとして末永はビリグイ教会の展開を跡づけている。各時期の特徴については、**表4-1**を参照されたい。教会に参拝する日系人と非日系人の人数関係をみると、Ⅰ期は流動的な非日系人が多く、Ⅱ期はそれに加えて日系人が増加し、Ⅲ期は日系人主体だが流動的だった非日系人の一部が定着し始め、Ⅳ期以降は圧倒的に日系人が多くなった。日系社会が強固なビリグイという地方都市での日系人と非日系人と

の関係が、その展開を規定した。

　金光教では、信徒資格の基準がはっきりしておらず、ビリグイ教会の信徒には日本人会に関連するつきあいといった周辺的な人々も含む。各時期の信徒数、および日系・非日系信徒の割合には変動があり、1998年現在では信徒数220〜230人（うち非日系人10％）である。5年ごとの記念祭は別として、ふだんの大祭参拝者は、I期は50〜60人、II期は100人未満、III期には100〜120人、IV期には150人程度である

ビリグイの日系社会

　ブラジルの金光教の中心がサンパウロ市という大都市ではなく、サンパウロ市から500キロ離れたサンパウロ州内陸部の日系社会の強いビリグイ市という地方小都市、それも古くから日本移民が入り、自営農として原始林を拓いていった歴史をもつノロエステ線沿線の町に立地したことは、良かれ悪しかれ、その展開を規定している（ビリグイの位置については30頁の図1-2参照）。ビリグイは現在では人口9万人、主要産業は靴の製造業であるが、末永が渡伯した頃には人口3万人の地方小都市で、もともと綿やトマトなどの雑作地帯だった。ビリグイから10キロ離れたアラサツーバ市（人口18万人）はこの地方の中心地で、そこには浄土真宗本願寺派・真宗大谷派の寺院や、生長の家、PL教団、世界救世教、創価学会、崇教真光、天理教など主だった日系新宗教の拠点があるが、ビリグイにはそうした拠点がなく、現在でも日系宗教の教会は金光教のみである。

　ビリグイの日本人会は1947年にでき、1958年ビリグイ日伯文化協会となった。しかし今でも通称としては「日本人会」という名称を用いている。会館・日本語学校をもち、新年祝賀会、家族慰安運動会、敬老会、盆踊り大会など日本的な行事を行い、会館では演芸会、ノロエステ学習発表会などを行っている。会員数は237家族で、会員になっていない日系家族は約100家族いる。定例の収益活動として、会館を会場として行われる焼きそば会（月1回）、ジャンタール・ダンサンチ（夕食と社交ダンスの会、月1回）がある。その運営には婦人会の力が大きいが、婦人会の人々がもっぱら使うのは日本語である。役員会でも日本語を使用している。こうした日系社会の強い小都市で末永が布教したわけである。

写真4-3　ビリグイ日伯文化協会会館　（1996年）［著者撮影］
（会館には演芸会などに使うことができる舞台がある）

　金光教に対して日系人は日系人の集う教会を期待した。サンパウロ市のような大都市とビリグイでは事情も違い、非日系人に対して日系人が偏見をもっていることが多い。そこで、日系人と非日系人信徒の動的な、せめぎあいともいうべき関係が、ビリグイ教会の展開にかかわった。ここではⅠ～Ⅳ期の展開の時期区分を念頭に置いて、展開の諸相と状況への対応および転換についてみていきたい。

(2)　流動的非日系人の増加と日系人信徒の離反事件（Ⅰ期：1979～1983年）

日系社会での金光教の認知

　1977年の第1回布教で、末永が日本からやってきた時には、戦後移民も1960年代前半でほぼ終了し、新しく日本人がブラジルにやってくるということはほとんどない状況であったから、日本から金光教の先生が来たというだけでビリグイ日系社会は興奮につつまれ、金光教信徒でなくてもお参りがあった。日本に帰るなどということは、もう諦めるしかない全体の雰囲気のなかでのことだった。この当時はまだ一世が健在で、日系社会での歌謡大会

や盆踊りを見た時にも、末永は日本に帰りたいが帰れない、こうした人々の望郷の念を感じ、日本人を南米で路頭に迷わせてはいけないと直感的に思った。こうした感情は無意識的に教会形成にも影響を与えたと思うと末永は述べている。

　末永は1979年11月に永住布教のために渡伯するが、その1〜2ヵ月後、親先生の御理解のなかに「地元の有力者を引き寄せる」との言葉があったとの手紙を合楽教会の信徒からもらった。しばらくして、それを現実化するような出来事が起きた。まもなく、当時のビリグイ市長が妻の病気手術のことでお参りに来た。そして1980年8月に、佐賀県人会の用でブラジルを訪れた合楽教会信徒で伊万里市長の竹内通教がビリグイに来た。このことは日系人にとって衝撃的で、日系社会で金光教が認められていくのに大きな影響を与えた。竹内は人格者で、東大卒、伊万里市長を長年務めているといった肩書きも光り、現地の人たちとゆっくりと懇談の機会ももった。さらに会館でも自分の信心体験を話し、公開講演会をした。これには新任のビリグイ市長も出席し、これをきっかけに教会にお参りしてきた。そこで末永が表敬訪問のために市長を訪ねたところ、どういうわけか日本人会の幹部の人たちがみんなついてきた。その時に市役所から教会の建設用地が寄付された（結局建てず、10年位して行ってみたら、よその家が建っていた）。

　末永は永住渡伯後2ヵ月でM宅を出て、その後4年余にわたる借家暮らしをするが、その借家は日本人会館の斜め前で、近所の日本人会の有力者が何かと引き立ててくれた。とはいえ、借家時代と教会の建物ができてからとを比べると、やはり借家時代は軽んじられていたようである。また日本人会のバザーでうどんをつくるための機械をMがもっていた関係上、Mは日本人会の役員をしており、必ずしもMが日本人会と良好な関係を保っていたわけではないが、Mと末永との確執が末永と日本人会の関係に影響することもあった。

拝み屋的活動と非日系人の増加

　再渡伯した時に、第1回布教の日系人信徒はそのまま残っていたが、非日系人でかつて参拝していた人は1人を除いて道を歩いていて顔を見ても知らんふりだった。再渡伯後はとくに貧病争などの人間の切実な問題をかかえた

人々が教会を訪ねてきた。非日系人は苦難の原因を自分の内部に求めるのではなく、悪いのは外にあるというとらえ方をする。インベージャ（人の恨み・妬みの念、生霊）がかかっている、自分に悪い霊がついた、マクンバ（黒呪術）にかけられたので祓ってくれ、と言って訪れる非日系人が多かった。最初の頃は、非日系人はベンゼ（祈祷）してくれといって、着物を持ってきた。それを預かり、神前にもっていって祈念する。確かに拝んだから、帰ったら神米をいただきなさいと神米を渡す。だいたいそれで、おかげを頂いた。また、病気には神米と神酒をよく使った。当時はポルトガル語で話ができなかったので、ポルトガル語の御祈念（1980年に作成。末永がまず訳し、学校長の非日系人が正しいポルトガル語に修正し、アナウンサーに読んでもらったもの）のテープを聞きながら、一緒に祈念した。それで結果が出た。その後本人は参ってこないが、あそこはよかったというのが評判になって新しい人が来た。月に200〜300人、新しい人が訪れた。当時は大祭のたびごとに非日系人は全部顔ぶれが入れ替わるのが普通だった。しかし、結界に坐りきりだったので、末永にとって来てくれる人がありがたかった。

　マクンバに対する畏怖は非日系人ばかりでなく、日系人の心のなかにも強く刷り込まれている。たとえば、次のような事例があった。日本語学校の教師でマクンバ祓いのために、いろいろな拝み屋に通った末、最後に金光教に来た人がいる。以前に追い出された日本語学校の教師の恨みからマクンバをかけられたという噂だった。マクンバをかけられた時には特有の現象があり、その教師が学校に入ったとたんに、ガタガタと音がし、弁当をあけたとたんに腐った臭いがしたという。日頃、金光教を軽くみていた日本人会の幹部も教師と一緒に来た。お祓いと御祈念をした。この教師は金光教にお参りに来て、それっきり治った。末永はその晩サンパウロ市でミサがあるので、夜行バスでサンパウロ市に向かった。バスのなかで夢を見た。祈念を始めたとたん、停電になり、台風の風が窓にドーンとあたってくる。これが悪念邪念だなあ、この人たちの代わりに自分自身の心を改まらせてもらおう、そう思ったら、パッと灯りがつき、ガタガタいっているのが止まったという夢である。親先生はこちらの喜びが少なかったら、悪念邪念が勝つと言った。

　マクンバとか見知らぬ宗教と対決しなければならない時には、第1回布教

に出てすぐ親先生から送ってきた書き下げの「汝真理を語り、人心を清めん。恐るにたらず、万里の波濤。南米の地に金光教を広め、合楽理念を示現せん」という言葉が支えだったという。

現世利益や奇跡はこの間多く起こったようである。末永自身は、「親先生はどん底からはい上がった方だから奇跡を軽くみることはしなかった。生身をもつ人間だから奇跡に頼りたい時はある。宗教家というのはそれには応えなくてはいけないと思う」と述べている。また親先生からは「奇跡を先頭に立てて布教せよ」、「お結界は蜜のように甘く」といわれていた。初期に奇跡的出来事が頻発したのは、親先生の祈りのなかで可能になったものと末永はとらえている。

Ⅰ～Ⅱ期にあたる初期の10年間、末永が日本人の拝み屋として非日系人に受けとめられ、ブラジルのエスピリティズモ（心霊主義）の延長上にあるものとして認識されていたと推測される。ブラジルでは効果のある宗教を遍歴することは何ら不思議なことではなく、またそれはカトリックからの離脱を促すものでも何でもなかった。大祭ごとに非日系人が入れ替わったということは、こうした流動的な不特定多数の非日系人が訪れていたことを意味する。こうした拝み屋的活動によって、非日系人の参拝者が増加したが、これが日系人との関係で危機を生むことになった。

日系人信徒離反事件――第一の危機――

教会形成において、同じビリグイの地域社会に住むビリグイ初代教会長の長男Ｍとの関係は、直接布教の現場にかかわるものだけに末永にさまざまな試練をもたらした。第１回布教の時に、末永一家はＭ家の一室を借りて同居した。必ずしもその関係は良かったとはいえないが、半年のことでもあり、当時はそれほど表面化はしなかった。再渡伯後は２ヵ月間Ｍと同居した後、1980年１月に借家に移った。２度目のブラジル渡航に際して末永の妻の公子が出した条件は、家を借りてほしいということだった[15]。

教会に最も大きな打撃を与えたＭ関連の出来事は、1983年１月にＭの扇動によって起こった日系人信徒の離反事件である。これを末永は教会にとっての第一の危機ととらえる。この事件の背後には、末永に対するＭの不満があった。Ｍ自身は父の跡を継いでビリグイ教会の後継者になるつもりはな

かったが、イメージしていた金光教の教師とは違う末永が教会長となり、自分の期待するような行動をしないことがおもしろくなかった。Mの不満の根は、第一に末永がビリグイ初代教会長である父を立てるわけでも、その功績を讃えるわけでもなく、合楽教会の大坪総一郎を親先生といい、あたかも末永がビリグイ教会の創設者のような態度をとること、第二に、ビリグイ教会は本部直轄で、本部が直接の手続なのに、末永は合楽教会を本部と仰ぐこと、第三に、末永の説く金光教の教えは合楽理念であり、Mがこれまで知っていた金光教の教えとは異なること、第四に、教会に非日系人が多く参ってきていたことである。第一から第三は末永の合楽教会への同一化とかかわることであった。

　Mは当時の総代や日系の主だった人々を集めて会合をし、末永のところに談判に来た。そこで末永は、「自分は合楽教会の修行生であって、合楽の話しかできない。本で読む教祖は知っているが、自分は合楽の親先生を通じての教祖しか知らない。そこで合楽の親先生が出てくるのは必然」と言った。非日系人がお参りすることについては、「金光教では結界に坐り、出歩くわけではないので、来る人を断ることはできない」と説明した。M以外の信徒にとっての離反の一番大きな理由は、合楽理念の問題ではなく、当時の月例祭には非日系人の参拝者が多く、広前に入りきれないほどだったことである。その頃は一世の時代だったので、日系人と非日系人とが溶け合うことは全くなく、日系人は教会に非日系人が入り込むのをいやがった。ポルトガル語の祈念詞は、日系人のいる時には使えない雰囲気だった。

　このことがあって、信徒総代や教会の中心の御用をしていた人など当時の幹部のほとんどがやめ、日本人はお参りに来なくなった。金光教はもう教会を閉めて日本に引き揚げる、という噂が流れた。残ったのは、末永の説明に納得した信徒会長の投石と、朝参りを続けている沼田年子・加藤百合・松元栄子の3人の女性だった。2〜3ヵ月だったが、日系人からのお供えがなくなったが、その間、予想に反して不思議と非日系人がお供えをした。

　この事件の直後に合楽教会から「み教え」が送られてきた。「山焼けて　また萌えいずる　わらびかな」というもので、新春合楽の宴での福引きを誰かが末永の代わりにひいてくれたものだった。これを見て、何となく元気がで

た。何もかもなくなったが、何かが出てくる。去るものは追わずというあり方だった。また日系人は去っても、非日系人が多く参っていたので気分のうえでははりきっていた。離反した人々のなかには、そのままやめていった人もいるし、様子見で迷っていたが2〜3ヵ月後に戻ってきた人もあった。信徒会長の投石がやめなかったので、中心が動かなかった。

　Mはこの事件を機として教会には参拝しなくなった。しかし、Mの家には教会と同じような神前がしつらえてあった。狭い町でもあり、Mは末永の動向を探り、教会に出入りしている人のなかにはそれをMに伝える者もいた。信徒会長の投石がMではなく末永についたことも、Mに屈折した感情をもたらした。投石は人格者で篤農家、地域社会の成功者で、Mの姉の夫という親戚関係にあり、ビリグイ教会初代時代からの信徒会長だった。Mは商売の製菓業がうまくいっていた時期もあったが、全般的には不遇ともいえる人生で、成功者である投石に対しては鬱屈した思いがあった。その後もMは日系人信徒を集めて末永に反旗をひるがえさせようとしたり、一時はビリグイに金光教が二つあると言われるような活動をしたことがある。また、ビリグイ教会は本部直属であるとの認識から、末永のやり方に対する不満を本部の折々の教務担当者に手紙で訴えた。末永にとってMはビリグイ初代の息子であり、ブラジル布教のきっかけを作った人でもあって、それなりの恩義もあるため無視することもできず、教会の展開にさまざまな影響を与える攪乱要因をかかえることになった。

　永住布教の再渡伯時に合楽教会からたくさん下げてもらった神米に、「神米開業(しんまいかいぎょう)」と書いてあり、「いつも新米の心に神業(かみわざ)が開けん」という御理解があった。この言葉は布教の現場の力となり、難しいことが起きても原点に帰ることができた。その後の布教に際してもこの言葉は常に心にあり、難局を乗り切る力になった。

(3) 日系人・非日系人の棲み分けと日系人の増加 (Ⅱ期：1984〜1988年)

　危機は集団生活の内部作用、暗黙の前提、問題図式をあらわにする。Ⅰ期の日系人信徒離反事件は、金光教会にエスニック・チャーチであることを期待していた日系人の「暗黙の前提」を明確に示した。末永は事件の翌年、

1984年の5年祭を契機として日本語とポルトガル語に月例祭（ミサ）を分割し、大祭も分けることによってこれに対応した。それまで月例祭は合楽教会と同じく毎月1、10、18、23日にやっていたのを、ポルトガル語月例祭は毎週月曜日に、日本語月例祭は毎週火曜日に行うように改めた。秋春の大祭も日本語とポルトガル語で別々に行うようになった。表面上は言語による区分であるが、実際は日系人と非日系人との時間的・空間的分離で、状況適応的に棲み分け (segregation) を行ったものであり、数のうえでは圧倒的であったものの流動的な非日系人と、お供え、御用という実際に教会を担う活動では貢献の大きかった日系人との、バランスをとる方策であった。大祭さえ分割した背景に、祭後の直会（なおらい）をブラジル式の一皿持ち寄り方式でやっていたが、ご馳走を持ってくる日系人に対して、非日系人は簡単なものしか持ってこないか、または全く持ってこない。このことに対する日系人側の不満があった。こうした棲み分けによって日系人にとって居心地のよい空間がつくられ、日系人信徒が増加していった。

　非日系人が加わると嫌だという日系人の心理について、日本人会の延長線上に金光教の教会をみているのではないかと末永は推測している。円満で話のわかった人でさえも子供が非日系人と結婚すると、子供夫婦にものを言わない例が多くあるという。また、非日系人は目立ちたがりやのところがあり、やらないのにやったように見せたり、その場その場で人を喜ばせるようなことを言うが、約束を守らなかったりする。こうした気質が日系人の謙虚、正直などの徳目とぶつかりあい、彼らを「ずるい」として敬遠しがちである[16]。他方、非日系人の側では日系人が加わるのを嫌がることはなかった。

　ブラジルになじみやすいように、祭典でいくつかの工夫がなされたのもこの時期であった。玉串として榊の代わりに蝋燭を使って献灯することは、ポルトガル語の月例祭をするようになって始めたもので、日本語の月例祭でもこの様式を採用した。カトリック教徒が年に1度巡礼地のファチマまで蝋燭をもって行進するのを見て、蝋燭をお供えするのはいいと思ったことのほか、ブラジルで榊に似たものを集めるだけでも大変だったことによる。また、現在金光教では、神道的であって金光教的でないという理由で使用しない大幣（おおぬさ）を祭典で用いるようになった。ブラジルの拝み屋では「パッセ」という個人

写真4-4　月例祭における祭員入場　（1996年）［著者撮影］

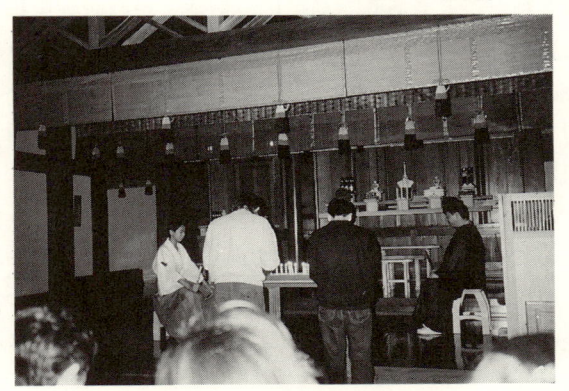

写真4-5　月例祭における蝋燭の玉串奉奠　（1996年）［著者撮影］

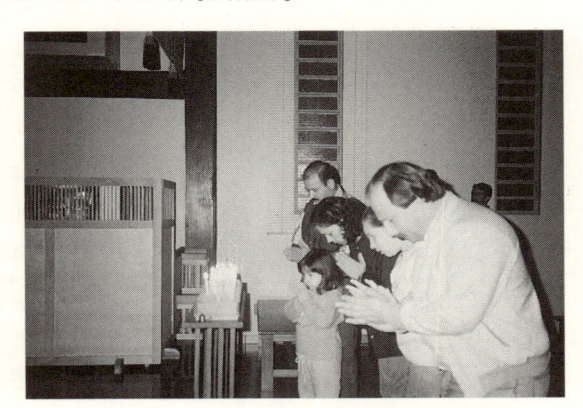

写真4-6　月例祭での非日系人信徒による蝋燭の
　　　　　玉串奉奠　（1996年）［著者撮影］

に行う清めの儀式があり、「祓い」を行うのである。非日系人は「感じる」タイプの人が多いので、大幣で目に見えるかたちで祓ってもらうとすがすがしくなるという。この他、神酒(日本語の月例祭では日本酒)の代わりにワインを出すことがある。これも祭儀面での現地化の一面である。

(4) 拝み屋的活動からの脱皮とデカセギ斡旋事件(Ⅲ期:1989〜1993年)
永住布教10年目の転換
　末永にとって永住布教後10年の区切りは、心の大きな転換点であった。それは第一に、日本人として、日本民族・日系社会を守っていく役に立たねばいけないという気持がふっきれたことであり、第二に、信徒会が教会維持目的の収益活動としてうどん会などのバザーをすることが商売のようで嫌だった気持もふっきれたことである。

　第一の気持は、末永が初めてビリグイの日系社会を見た時に実感したものである。再渡伯後の10年間は、祈祷と現世利益を求めてやってくる非日系人が数のうえでは多かったとはいえ、末永の心のなかでは実は非日系人よりも日系人に目が向いていた。その気持がふっきれたのである。しかしながら、これによって、金光教が現地化を進めたとか非日系人布教に向かっていったのではなく、逆に、この後むしろ日系社会の宗教へと展開していくことになる。

　第二の心の転換は、基本的にお供え中心で収益活動をよしとしない金光教の考え方から、日系人の御用のあり方をブラジル的な文脈で受け入れることができるようになったことである。バザーはブラジルで資金集めのためによく行われるもので、うどん会、焼きそば会、コステーラ(カルビの炭火焼き肉)、フェイジョアーダ(ブラジル風煮込み料理)、ジャンタール・ダンサンチ(夕食と社交ダンスの会)、古着バザーなどがある。バザーは信徒の発案であった。たとえばうどん会の場合、チケットを売るが、うどん以外の寿司、餅、ブラジル風スナック料理は別売りになる。うどん会は、すでにⅠ期から日本人会館を借りて何回か行っていたが、神を商法とするようで、末永の心のなかでは葛藤があった。それがふっきれて、ブラジル風のやり方にすっきりしてきた。すっきりした気持でいないと御用としてそれをしている信徒がかわいそ

写真4-7　バザーのためフェイジョアーダを作る信徒　（1996年）［著者撮影］

うであり、それはそれで尊い真心であると思えてきたのである。10年祭を境に、毎月行って収益は会計が担当し、大祭の時の直会や大祭のお供えにその資金を用いるようになった。通称うどん会というこの定期的なバザーを第一事業部、臨時的な古着バザー、フェイジョアーダ販売、9月に行われる合楽祭盆踊り大会などを第二事業部とした。

拝み屋的活動からの脱皮と非日系人の定着

　マクンバ祓い、ベンゼ（祈祷）といった拝み屋的な活動は、10年祭まで続いた。その後はそうした依頼は少なくなっていった。これらの活動は、言葉ができなくてもそれなりのおかげを得ることができるので、末永のポルトガル語の未熟な段階と関連すると思われる。

　末永は布教に出て、ポルトガル語の学習のために学校に行きたいと神にお願いをした時に、自然の成り行きのなかで覚えさせるとの神示を得た。結局、非日系人のお参りが増えるなかで必要に応じて学ぶことになる。なかにはポルトガル語習得の手伝いをした非日系人もいた。5年祭の後、ポルトガル語で月例祭で話をするようになり、10年祭の後、日々の御理解を何とかポルト

ガル語で伝え、芯の入った話ができるようになり、呪術的な活動よりも教えが中心になっていった。これまでの奇跡を先頭にたてるやり方は、末永自身も難儀な人にはおかげを授けることが金光教の先生の勤めと思って肯定していたが、訪日参拝するようになって若先生（現二代教会長）から、おかげばかりではいけない、信心を伝えなければならないと言われ、末永自身の心の向きが変わったこととも、この脱皮を支えた。

　教えを前面に出し始めると、拝み屋への依頼者としてかかわってきた流動的非日系人は減少したが、Ⅲ期以降、一部の非日系人が定着し始めた。それまでは大祭のたびごとに顔ぶれが変わった。1997年まで非日系人の信徒会長を務めたジョゼ・アントニオは、1989年の10年祭が終わったすぐ後に入信した。

和賀心セミナーと月例祭での非日系人による講話の開始

　10年祭の後、4年間近く和賀心セミナーという教義の学習会を毎週1回ポルトガル語で行った。これは親先生の御理解集である『和賀心教典』の翻訳が1991年から開始されたことで可能になり、、それをテキストとして用いた。出席者は定期的に参加したジョゼ・アントニオ夫婦のほか非日系人が中心で、これに日系人の若い人が加わり、出席メンバーは時により変わったが、4～5人で勉強した。多い時は10人位来た。末永がブロークンなポルトガル語でやった。非日系人は年齢層が若いから、勉強意欲が旺盛で、みんなもそれを要望するが、日系人は年齢的にも70歳に近い人が多いので、今さら勉強という感じでもない。この学習会によって非日系人信徒がポルトガル語月例祭で講話をすることができるようになった。また、ジョゼ・アントニオは、月例祭での末永のポルトガル語講話を聞いて、それを一般のブラジル人にわかるポルトガル語に直して話す役割を果たすようになった。

デカセギ斡旋事件——第二の危機——

　Ⅱ期に行った日系人と非日系人の棲み分けによって、Ⅲ期には日系人も落ち着き、非日系人の浮動層は去り、少数ながらも定着していった。ところが1990年に教会の存立を脅かす第二の危機が起きた。デカセギ斡旋事件である。

　末永がブラジルに来た時に感じたように、当時はブラジルと日本との距離は遠く、望郷の念をもちながらも一般の日系人にとって訪日は夢のまた夢

だった。ところが、日本で不足している労働力を日系人で補おうという動きが現れ、1985年ころから日本国籍を保持している移民一世や二重国籍の二世に対してデカセギ就労の募集が始まった。サンパウロ州内陸部でデカセギがブームになるのは、サンパウロ市に比べてかなり遅れ、1988年の日本移民80年祭の頃には、ビリグイまでその情報はほとんど伝わっていなかった。日本語の読める人は邦字新聞でデカセギ募集広告は見ていても、実際の手だては具体的にはわからなかった。しかし、1990年前後から日系社会を襲った疾風怒濤のようなデカセギブームは、地方小都市にあるビリグイ教会を巻き込んだ。それも末永が人材斡旋とかかわったことによって、教会存亡の最大の危機になった。

1989年10月に恒例の合楽教会への訪日参拝の折、4人の青年信徒を連れていき、就労の世話をしたことが噂になって、デカセギを希望する人々が12月頃から次々に教会を訪ねてくるようになった。末永は人材斡旋にかかわる気持は当初なかったが、訪日参拝の時に連れていった人たちよりも熱心な信徒あるいは信徒の子弟が、彼らには便宜を図り、自分たちの世話をしてくれないのは差別であると言いだした。そこでサンパウロ市に出たついでに邦字新聞の募集広告を頼りに斡旋業者を尋ね、そことタイアップしている日本の人材派遣会社のなかから適当と思われるＮ興業を探した。当時、日本側は人材の獲得に躍起になっていた。それからまもなく来伯したＮ興業の人事部長をビリグイに迎えて、教会を会場として説明会が開かれ、400人の人が集まった。その時にサンパウロの斡旋業者から教会に事務所の設置を依頼され、斡旋業務にたずさわることになった。末永はビリグイおよびその近郊に住む日系人70人をＮ興業に送ったが、日本に行ったもののすぐ仕事が与えられず、寮で待機させられ、そのうち50人が集団脱走した[17]。入管法改正によって日系人の就労が合法化される1ヵ月前の1990年5月の出来事であった。末永がデカセギの世話をした人の大半が日本で働く場がなく、夜逃げをしてあてもなくさまよったという話が伝わり、それをおおげさに喧伝する人もいた。金光教の先生がだました、人買いのようなことをしていると彼らの家族から言われ、その噂がビリグイやその近辺で広がった。教会の信用問題だった。責任を感じた末永は、5月に栃木県真岡市にあるＮ興業に実態の調査に行っ

た[18]。だんだん時間がたつうちに、日本にデカセギに行った人から家族に電話があり、末永がだましたわけではなく、教会のせいではないということが次第にわかり、2～3ヵ月たつと騒ぎもおさまっていった。この事件で大祭の時に教会に参る程度の人たちは動揺したが、信徒会長をはじめ日系人幹部は動揺しなかった。日本人会はこれを批判的にみていたと思うが、同年7月の家族慰安運動会の時には末永には招待席が用意されていたのは、誤解がとけたためであろう。

　この事件のことは後述するようにMを介して情報が伝わり、本部からの叱責もあり、日系社会との関係のみならず、教会存立にかかわる大きな危機をもたらした。この出来事は、これまで教会に起きた難儀とは質的に異なる、思いもかけない節目だった。さまざまなことを言われ、やけを起こしたくなる心境だったという。しかし、こういうことに巻き込まれるもとは、神の思いを中心に御用をしなければならないのに人間中心になっていた信心の油断と末永は考えた。実際、デカセギに関しては日系人であることを証明する戸籍のほかさまざまな書類を用意して領事館に届けるなどの手続き業務があり、日本語や日本の事情に詳しいことが要求された。こうしたことは限られた人しかできなかったので、できるからしてやるという人間中心の気持が生まれていたのではないか、と末永は自省している。

　その後、N興業とは手を切ったが、真岡市に実態調査に行った時に、自社工場もあり業務請負というかたちで人材派遣もしているK製作所の社長と知り合い、その後社長がビリグイを訪問した時に人材紹介を依頼された。末永は人材斡旋のようなことをすることに後ろめたさはあったが、合楽教会の修行生のブラジル布教が具体化しており、布教資金を獲得したかった。というのは布教初期にはお下がり（お供え）で家賃を払うのは無理なので、末永自身が借家時代に経験したような苦労をしないように、あとから来る布教者にせめて家だけは用意したいと思っていたのである。本部からは人材斡旋を教会の事業とするのは規則上適当でないが、教会の外に事務所を置き、信徒が自主的に行う事業というのであれば干渉しないという指導があったので、信徒のなかから責任者を選び事業を継続することになった。K製作所への人材斡旋は200人程度行い、日本が不況になるにつれて1993年に自然消滅した。こ

の具体的成果として大きいのは、ロンドニアとモジ・ダス・クルーゼズとに教会ができたことである。人材斡旋手数料で二つの教会をつくるための経費の半分をまかなえた。

デカセギに対する末永の思いとしては、初期には二世までに限られていたので、日本に帰りたくても帰れずに亡くなった親たち一世の思いを担っているとみ、またブラジルで親たちが儲け損なったものを日本で儲けてきて、生活基盤をしっかりさせてほしいという気持があったようである。さらに、このままいけば完全にブラジル化する様相を呈している二世・三世が、デカセギで日本に触れ、日本の良いところを学んでくることに期待もした。こうした感情は末永のみならず当時の一世や年輩の二世に共通するものであった。

この第二の危機は、デカセギという日系社会を揺るがした大きな変動を背景としている。第一の危機は日系人の非日系人に対する反発感情から起こったが、第二の危機も日系社会との関連での出来事であった。ビリグイという日系社会の強固な布教地とのかかわりは、次のⅣ期でも教会形成を規定することになった。

(5) 日系社会の宗教としての定着 (Ⅳ期：1994年〜現在)
日本人会有力者の死と葬祭執行の要請

現在では、ビリグイの日系人のほとんどが金光教信徒になっているともみえる状況である。金光教がビリグイで日系社会の宗教として定着した大きな要因に、専従者のいる唯一の教会として、末永が地域の葬祭に関与したことが挙げられよう。日系地域社会レベルの祭として、末永はⅠ期から何回か開拓先亡者慰霊祭の祭主を依頼されたが、Ⅲ期の1990年から毎年9月に教会で合楽祭をする前に、必ず慰霊祭を執行している。また、昭和天皇が亡くなった時の慰霊祭・1年祭の祭主も務めた。

こうした祭以外に個々の冠婚葬祭、とくに葬式への要請がある。日本人会と金光教が強く結びつくようになった出来事として、1995年5月に、ビリグイ日本人会顧問の叙勲伝達式のためにサンパウロ市に赴いていた元ビリグイ日本人会会長、ビリグイ日本人会会長、アラサツーバ日本人会会長の3人が、帰途交通事故で亡くなったことがある。この事故で、末永は親交のあった地

元有力者の後ろ盾を失ったが、これは予期せぬ結末を迎えた。アラサツーバ日本人会会長は生前葬式は金光教でと言っていたが、会長職の物故者は日本人会葬なので地元の本願寺でした。しかし、2人のビリグイ日本人会元・現会長の葬式は金光教で行った。有力者の葬式のため会葬者も多く、その後、金光教に葬式を依頼する人が増加した。金光教は葬式を真面目にするし、墓への埋葬にも金光教の教師は行く。アラサツーバの寺では日本語だけで行うが、金光教は祭詞をポルトガル語に書き換えることができる。そんなことで、金光教の葬式は人々の気持にぴったりくるという印象を与えたらしい。葬式の後には霊祭もあるので、こうした機会に金光教の教えを知らせるきっかけになり、葬式が続いた後は、それまでは100人程度だった大祭の参拝者が150人に増えた。
　1995年からは、日本人会の予定表に金光教の大祭やうどん会も含めるようになった。日本人会の役員が大祭にお参りするので、日本人会も金光教の行事を無視しては行事もできない。日本人会と金光教は別個だが、行事日程が重ならないように調整し、相互に密接な関係をもっている。
　冠婚葬祭執行に関する金光教への要請は大きい。日本では信徒になってから葬祭を金光教式で行う教徒になるまでの決心は大きなものがある。ビリグイではむしろ信心の内容を問う信徒であるより、祭式を問う教徒になるほうがたやすい。日本では檀家制度が尾をひき、家の宗教を変えることには抵抗があるが、ブラジルでは必ずしも近隣にすべての仏教宗派があるわけでもなく、宗派に対する記憶も薄らいでいる。それよりもむしろ、カトリックではなく日本式にやりたいということのニーズが強い。このような事情で、現在では、葬式といえばほとんど金光教、年祭もほとんど金光教、それに結婚式もほとんど金光教である。
　葬式は借家時代の1980年にビリグイ初代教会長の妻の葬式を行い、それを見た日系人が依頼するようになってはいた。結婚式は末永が永住権を取って再渡伯してからすぐ依頼があった。やり方はブラジル式と日本式を混ぜ合わせたもので、花嫁入場は全くブラジル式である。あか抜けしていると評判である。葬式はだいたい日本のやり方と変わらないが、ポルトガル語が入る。祭詞は日系人は日本語とポルトガル語の両方で奏上する。祭典は他の宗教と

写真4-8　サンパウロ市在住信徒子弟の葬式　(1996年) [著者撮影]
(金光教式で行われたが祭壇には榊のほか、十字架・位牌も置かれている)

写真4-9
　ビリグイの日系人墓地にある初代教会長の奥城(墓)
　(1996年) [著者撮影]

見劣りすることなく、堂々とできるという。

こうした冠婚葬祭の増加が、ビリグイ教会の経済的安定に繋がったという事実も、見逃すことができない。お供えは気持で、というと、定価表を作っているアラサツーバの寺にどのくらいかと聞いている。葬式のお礼の相場は100ドル、霊祭は人により違うが、10〜20ドルから100ドルまでいろいろである。結婚式はあまり寺がしないので相場はない。

大祭の合併と月例祭の一本化

II期以来10年間日本語とポルトガル語で分けていた大祭を15年祭（1994年）以降、一緒にした。敷地を拡大し、会堂も建築し、教会が広くなったので、講話の会場を二つに分け、日本語とポルトガル語と同時に別々にやることができるようになった。日系人のなかにもポルトガル語がいいという人が増えてきたこともある。非日系人ばかりのなかに入るのはまだ抵抗がある様子だが、日系人でも若い人々は非日系人と一緒であることに対してほとんど抵抗がないようである。1998年からは毎週火曜日の日本語の月例祭のみとし、そのなかで日本語とポルトガル語の双方を行うようになった。非日系人に対する日系人のアレルギーが減少したこともあるが、直接的には非日系人信徒が減少したことによる。残ったのは御用をする非日系人である。ビリグイ日系社会への定着が、むしろ非日系人信徒の減少をもたらしたといえよう。

経済的基盤としての日系人と日系社会の宗教化の問題点

教会の経済的基盤は日系人である。月例祭や大祭の時に日系人はお供えを包んでくる。末永の推測によれば、この習慣は日系人の葬式があると日本人会会員は全員出席し、その時に必ず香典を持っていくようにとの日本人会の規約があることと関連している。非日系人も、言えばお供えをするのかもしれないが、教祖は「神を商法にするな」、「寄進勧化はいけない」と言っているので強要はしない。また、カトリック教会ではミサの後カゴを回すが、そのようにすれば献金するのかもしれないが、それにも抵抗がある。親先生にそういうブラジルの習慣のことを手紙に書いて送った時に、金光教はお供えしないでも人が助かるということを看板に掲げておけ、と言われた。しかし、非日系人は非日系人なりのやり方で教会に貢献することがある。建築の時に電気工事屋の非日系人信徒が全部無料で工事をしたとか、日系人のまねので

きないようなこともする。ただ表し方が違う。だから本人の表そうと思い立った心だけを頂いていかないといけない、と末永は考えている。

　I期の流動的な非日系人の多かった時代に起きた日系人信徒離反事件、II期の日系人と非日系人の棲み分け、III期のデカセギ斡旋事件、IV期の現在に至る間に、ビリグイ教会は日系社会の宗教として定着した。デカセギ斡旋事件は、時代の趨勢のなかでの出来事であったが、見方を変えれば末永が日系社会のなかで信用されていたことで始まったともいえよう。

　日系社会の宗教になったことは、日系人の世代交代、デカセギによる日系社会の空洞化に対応して、今後新たな展開を模索する必要があることを示唆している。金光教と日本人会との関係は密接になったが、一世に近い日本的な考え方の二世を中心とする日本人会には、若い人は寄りつかないという問題がある。それに、1996年にJICA（国際協力事業団）から日本語教師として派遣されていた女子青年が任期途中でその任務をなげだして帰国したため、ビリグイの日本語学校は風前の灯火になり、また日本語の読み書きができて、日本人会や文協の統合機関であるブラジル日本文化協会やJICAなどとの対外折衝ができる人がいないという問題が浮上した。これまで日本人会とは関係は保ちつつも一定の距離をとってきた末永であるが、依頼を受けて1997年1月から日本人会の学務部長、外交部長という役職につくことになった。ブラジルの地方都市ビリグイに定着するために、ブラジルのなかのマイノリティ集団である日系社会に金光教が定着してしまい、その被規定性が非日系人布教にマイナスに働くかもしれず、現状の見直しが求められる状況にある。

　末永は、金光教の教え自体、簡単に広がる教えではないことを自認し、形骸化はしているとはいうものの生活や考え方にカトリックが根強く残存している国で、既成観念をくずし、難儀はサタンや罪のせいではないこと、難儀は神愛であるということをわからせるには、手間暇がかかるという。他面、日系人が参っている限り財的な面で安泰であるため、日系社会にあぐらをかいていたことも認識して、ブラジルに信仰を伝えるという原点に立ち戻る時期がきたととらえている。

　以上、ビリグイという地域社会での教会の展開についてみてきたが、教会形成の過程で直面したもう一つの問題軸として、末永が合楽教会出身者であ

ることに起因する金光教内部での葛藤がある。次にこの問題に目を転じてみよう。

3　金光教内部での葛藤

(1)　合楽イズムと金光教内部での葛藤

　合楽教会は一時は教団内教団と言われたこともある教会で、従来の金光教のあり方に対して批判的であるばかりではなく、合楽イズムともいうべき強烈な主義主張と手法をもっている。他方、末永自身、布教現場で独自の金光教を模索しようとしたわけではなく、常に親教会である合楽教会に目を向けていた。これは彼のブラジル布教自体が、自分の希望というより、親先生への神示をきっかけとした、何よりも合楽理念によって人の助かりを願う「親先生の願いを現す」ための布教であったことに根ざしている。地域社会ではビリグイ教会初代教会長の長男Mとの葛藤が、ビリグイにおける金光教の展開の方向を規定した側面がある。末永の活動はビリグイの地域社会に基盤を置きつつも、地域的にはそれにはとどまらず、1990年代に入って合楽教会の修行生が教会を設立もしくは後継するロンドニア、サンパウロ、モジ・ダス・クルーゼズの拠点が、再渡伯から1〜2年の間に築かれた。アマゾンの奥地にあるロンドニアは何ら競合するものがなかったので、問題はなかったが[19]、後二者は信徒の移動を伴ったので、近隣教会であるサンパウロ教会および金光教本部との間に葛藤を生むことになった。これは日本の合楽教会と本部および近隣教会との間の葛藤と同根の問題として、本部側は受けとめた。本部側はある時期まで常にMやサンパウロ教会の言い分のみを聞いていたが、それは日本で本部と合楽教会との間に対立があって、その延長線上にブラジルをとらえていたからである。

　末永は、これまでみてきたように、地域社会で問題状況が起きた時には、それなりの努力も工夫もし、布教者、組織者として状況適合的な行動をとることで自己形成を果たしてきた。しかしながら、ここでみる葛藤に関しては、必ずしもそうとはいえない。葛藤の相手方になった人々や本部は、親先生の

ようにポジティブな意味で自己形成に影響を与えた「重要な他者」ではないが、ネガティブな意味であっても無視したり切り捨てたりすることのできない「重要な他者」であることに変わりはなかった。Mはビリグイ初代教会長の息子で、ビリグイ教会のもとである。サンパウロ教会の教会長は、末永の生家の壱岐教会の親教会である福岡教会の娘であり、合楽教会もさかのぼれば福岡教会からの分かれになる。本部は何といっても金光教の根源で、かつビリグイ教会は手続き上、本部直轄教会なのである。したがって、これらの課題は末永の組織者としての自己形成にかかわるとともに、その基底において信仰者としての自己形成の課題と深く関係している。そこで、葛藤が実際に教会形成をどう方向づけたのか、また末永が内面的にどのように自己形成要因として受けとめていったのか、を考えていきたい（適宜章末の年表、174頁の表4-1参照）。

　Mとの葛藤はビリグイでの布教の現場に主としてかかわるもので、地域社会での教会組織運営上さまざまな攪乱要因となったが、これについてはすでに日系社会との関係のなかでふれた。そこで、ここではサンパウロ教会、本部との葛藤を中心にみていくことにする。

(2) サンパウロ教会との葛藤
サンパウロ教会の設立

　現在ではブラジルの4教会すべての教会長が合楽教会の修行生出身者で占められ、ブラジルは合楽教会の独占状態にある。末永がビリグイ教会の後継者としてブラジルに来た時には、ビリグイから500キロ離れたサンパウロ市に、もう一つの金光教の教会であるサンパウロ教会があった。これは、金光教の名門福岡教会二代教会長の次女、髙橋かなお(1901-1995)によって設立された。髙橋は1922年に金光教の教師資格を得、1931年に夫の幾松(1897-1966)とともにブラジルに渡った。夫の死後、髙橋を中心として金光教を信心する人々が集まり、日本人の心の支えとしてサークル的な共同体ができた。本部から教務部長の谷口金一が初めてブラジル視察に訪れた1973年に予備布教所（信徒数39人）となり、1978年にサンパウロ教会が設立された。髙橋は教会長になった時にすでに77歳であった。教会は設立されたものの髙橋は高齢であ

り、教会を子供に継いでもらいたいと思ってはいたが、子供のほうは継ぐ気持もなかったので、教会の後継者問題には切実なものがあった。

信徒の移動とビリグイ教会サンパウロ支部の成立

サンパウロ教会と末永の間にある葛藤の根は、合楽理念の問題と有力信徒の移動の二つである。前者については、「末永先生は来伯してすぐ、本部は無能、合楽理念によらなければ布教できない。南米を救うのは合楽理念のみと大言し、聞くのは合楽の親先生のことばかりで、金光様の話は聞いたこともない。合楽教は金光教とどう違うのかと問う信者もいる」との高橋の本部への手紙からも、当時の末永の合楽一辺倒の姿勢が推測できよう。

後者に関しては、サンパウロ教会がかかえていた上記の後継者問題がその底流にある。隣接教会との関係に関する秩序を無視し、信徒をとる、支部組織をつくるという非難は、日本の合楽教会の当時の「悪評」と重なり合うものであるが、この問題が顕在化したのは、1980年11月に、サンパウロ教会の信徒総代で戦後移民の鴨田昭二郎（一世、1960年渡伯、山口県出身、日本で入信）を中心にして、ビリグイ教会サンパウロ支部を市内サントアマーロで始めたことを契機とする[20]。

翌1981年には、高橋の手紙に基づいて、本部から末永に対して「布教上の注意」がたびたび促された。その内容は、近隣教会との関係を無視し、秩序を乱す言動があること、すなわち、サンパウロ教会の信徒総代である鴨田をサンパウロ支部長に任命し、サントアマーロで別個に宗教活動をし、サンパウロ教会の主要信徒、とくに同教会の後継者になることが期待されている田代正昭を、ビリグイ教会およびサンパウロ支部へ誘っていること、さらにはサンパウロ教会の教祖大祭と同日にサントアマーロで教祖大祭を行い妨害していることなど、布教を急ぐあまり慎重さに欠けることを指摘するものであった。

サンパウロ教会のなかでも末永の話を聞きたいという人がいたが、末永としてはその人を誘うことは避けたという。また、高橋の側では末永が高齢の自分をばかにしているととらえたが、末永としては生家の壱岐教会の親教会は福岡教会で、祖父の代から世話になった教会の縁者だからという気持をもっていた。

サンパウロ支部の活動が本部から批判されたので、末永は「人間心」で本部に気兼ねしてやめることとし、1985年5月に解散した。しかし、1ヵ月後に全く新しい信徒によってサンパウロ支部が再開されることになった。ビリグイに遊びに来て、金光教の噂を聞いてお参りに来た今野一二三 (1933年生、準二世、1934年渡伯、和歌山県出身) から、サンパウロでも集まりをしてほしいと言われ、サンパウロ支部の活動を開始したのである。今野は知った人をたくさん導き、順調に伸びていった。また彼女が旅行社勤めだったので、訪日参拝に人を集めて、信心のない人も連れていった。この人たちの半分は信徒として残った[21]。

このようにサンパウロ支部自体、その構成員が全く新しくなったとはいえ、サンパウロ市にサンパウロ教会とビリグイ教会サンパウロ支部という二つの組織が併立した。田代もサンパウロ教会を離れ、1981年に父の百日祭執行を末永に依頼して以後、サンパウロ支部に月1回末永が行く時には、近郊のモジ・ダス・クルーゼズ市にある田代宅でも、毎月宅祭を行うようになっていた。

(3) 日本の本部との葛藤
布教上の注意

I期に本部から末永に対して布教上の注意がたびたび出されたが、II期にもビリグイ教会の情報はMや高橋を媒介として本部に伝わっている。1985年には日本の合楽教会とブラジルのビリグイ教会の両方に対して、本部から「合楽教会及びビリグイ教会の布教上の問題に関する確認事項」が出された。「合楽理念」という言葉を布教に際して用いることは金光教とは異なる信心の意味合いになるので使用しないこと、合楽教会では大黒天の像を信徒に配らないこと、ビリグイ教会では神前脇に置いてある大黒天の像をとりかたづけること (著者注：大黒天が合楽教会初代教会長の大坪総一郎と同一視されていた)、ビリグイ教会のポルトガル語看板の「MATRIZ　AIRAKU」(合楽南米本部) という表記は不適当であるのでとりはずすこと、サンパウロ教会との関係については、サンパウロ教会の存立を危うくするような信徒の勧誘を慎むこと、などが指摘されている。

本部教務部長の視察

　サンパウロ教会の後継者問題、サンパウロ教会を支える信徒の財力の有無、末永とMとの尋常でない関係、サンパウロ教会とビリグイ教会の間の信仰上のトラブルなどについて、1989年8月に教務部長川上功績が現地視察に来伯した。本部からの訪伯は末永渡航以前の1973年以来のことであった。この時に、来伯中だった末永の甥の落馬事故があり、末永と川上が4時間にわたって祈念し、奇跡的に命が助かった。この事件をとおして末永と川上の間には幾分心的交流が生まれた。川上は末永に合楽教会の教師としてではなく、金光教の教師としてブラジルの教務所長のような気持でリーダーとしての役割を担ってほしい、合楽イズムまでやめろとは言わないが、本部は合楽だとか、教師の本当の資格を得るのは合楽だとか、金光教は腐っているとか、ヒエラルキーを否定しないようにしてほしい、については毎年ブラジル布教レポートを提出してほしい旨を伝えた。1990年9月に金光教の内局が替わったが、その際、川上は合楽教会を不当に抑圧し、合楽イズムまでとりあげることはまずい、ブラジルの金光教を大切にしてほしいとの、好意的な申し送りをした。

デカセギ斡旋事件に対する詰問状

　川上の来伯の後、いったん好転した本部の認識を悪化させるような事件が起こった。前述したデカセギ斡旋事件である。デカセギ自体は1990年前後から日系社会を巻き込んだ疾風怒濤のような出来事だが、宗教団体が斡旋事業にかかわったという点で、本部からの叱責も強く、地域社会のみならず、本部との関係でもビリグイ教会存亡の危機ともいえる出来事だった。金光教では教会長は取次に専念して、他職に従事せず、信徒のお供えによって生活することが求められる。この点はかなり強く求められている規範である。また、デカセギ斡旋という内容からして、この事件は末永が布教に出て以来最大の危機をもたらした。

　「日本へのデカセギの世話をしている事務所が教会のなかに開店されている。5月に出発する人は70人で、その送別フェスタが教会で開かれた」と、教会の住所で日本への就労者を募集する新聞広告を同封した手紙が、Mから本部に届いたのは1990年7月のことであった。同月本部から、デカセギ斡旋にかかわる第三事業部設置の経緯および新聞広告の事情、事業母体、報酬の

有無、現在までの実績について、詳しい内容を書面にて報告するようにとの手紙が来た。こうした事業はブラジルの金光教のみならず、社会一般の金光教に対する見方に好ましくない影響を与えるものとして危惧の念を表明し、回答いかんによっては、当時ロンドニア布教のために出願中の梶原勝行の渡伯願いも認めない、といった文面であった。末永はそれを見て、すぐさまその経緯と実状に関する長文の報告をファックスで本部に送った。本部は、一般的な事業としての合法性や社会的意味、日系人の心情については理解するところであるが、日系人の日本企業への紹介・斡旋事業は、金光教の活動として考えた場合、収益事業に該当するので認められないこと、ことに信徒2人に給与が支給されており、教会内部に人材斡旋会社の出張所が設けられているに等しい仕組みになっていることは問題であることを指摘した。この点については、本部の指導に即して教会外に事務所を移し、信徒を責任者とするかたちで、1993年に自然消滅するまで事業を行ったことは先述したとおりである。この時の本部の担当者はブラジル視察をした川上で、末永との間である程度理解が進んでいたので、梶原のロンドニア布教は一時差し止めになったものの大きな制裁はなかった。

(4) 金光教内部での葛藤の解決

　日本へのデカセギブームのなかで、M家族は1991年4月から1995年3月まで夫婦と子供4人で日本にデカセギに行った。家業の製菓業がうまくいかなかったことが大きな理由だが、サンパウロ教会用施設購入の経費獲得も目的にしていた。最初子供たちはこの目的に協力するといっていたのが自分の生活中心になってしまい、さらにサンパウロ教会には合楽教会から後継者が来ることになって、サンパウロ教会建設の夢も破れた。帰国後はサンパウロ市から80キロのところにある人里離れた山奥にひっこんだ。そこを金光の郷と称し、信徒の保養施設にしたいと願っている。Mはビリグイ教会にお参りに来るようになり、今の末永なら金光の郷に行っていなかったろうと言っている。Mが日本にデカセギに行って空間的に離れたことで、Mとの確執状況は一応の解決をみ、さらにMがブラジルに帰国した後ビリグイには戻らなかったことや、末永の心境の進展によってそれなりの解決をみている。

サンパウロ教会の後継者問題については、現地には適任者がいず、サンパウロ教会の親教会の福岡教会長も日本で後継者を探したが適任者が得られなかった。また、福岡教会と合楽教会の関係が好転するような出来事もあって、1992年には福岡教会を通して合楽教会にサンパウロ教会の後継者選びが依頼された。1995年1月には教会の神璽(しんじ)と霊璽(れいじ)をビリグイ教会サンパウロ支部(サンパウロ支部信徒が場所を提供)に移した。晩年に達した高橋は目と足の障害から御用ができず、かつてのような合楽やビリグイ教会に対する思いは薄れていた。1995年6月に合楽教会の修行生が正式に後継者となり、サンパウロ支部に旧サンパウロ教会信徒を吸収合併したサンパウロ教会ができ、両方の信徒がサンパウロ教会に参るようになった。同年12月に高橋は死去した。

　本部は1991年から「21世紀に向けて世界・人類の金光教を創出する」という基本方針を掲げ、1993年に東京に世界布教、国際活動に資する情報機関として国際センターを設置した。本部と合楽教会との関係も以前に比べて好転していた。1994年には国際センターの所長らが、合楽教会の団体参拝団に加わって訪伯し、1995年からは毎年、国際センター職員がブラジルに出張するようになった。1994年以降、末永も訪日参拝時には本部や国際センターを訪問するようになり、相互理解が進んで、現在では長年にわたった葛藤も収束した。1996年からは、ブラジルの教会に翻訳作業などの推進を目的とした活動支援費(30万円)や、経済的に困難をかかえているロンドニア、サンパウロ、モジ・ダス・クルーゼズの各教会に布教活動支援費として毎月200ドルが支給されるようになった。各教会に任せられていた従来のあり方から、本部、国際センターが海外布教に教団布教の一環としてかかわろうとする方向への転換がみられ、本部と末永との意思の疎通は以前に比べて進展したが、独自に切り開いてきたブラジル布教に対して世界布教の本部方針がどのように有効に機能するのかは今後の課題である。

　1990年代に合楽教会出身者が相次いで布教に来伯した。1991年には梶原勝行一家がロンドニア布教のために、1992年には秋山誠治一家がモジ・ダス・クルーゼズ布教のために、1994年には岩井千恵子・良一親子がサンパウロ教会の後継に来伯し、いずれもビリグイ教会で研修した後に布教に出、ブラジルの金光教の教会が4教会になった。こうしてビリグイ教会は研修・育成・

相談相手・物質的援助など新規布教者の親教会の役割を担うようになった。布教によって拡大した組織を束ねるという積極的な役割を担うことになったのはごく最近のことである。これまでは戦前移民がつくった既存の教会と強烈な合楽イズムをもちこんだ末永との間にギャップが生じ、さらにブラジルの金光教内部での葛藤が本部に波及し、また本部の対応が葛藤要因をかかえる当事者をあおるといった状況が、1990年代半ばにほぼ解決するまでに約15年続いた。そしてこれらの葛藤の解決をもたらした要因は、末永の組織者としての手腕というより、Mの日本デカセギであったり、サンパウロ教会長の高齢化と病気であったり、本部の合楽教会に対する認知や評価の変化や世界布教への方針の転換であったりという、状況要因が大きくかかわっている。しかし、末永の意味づけのレベルでは、「成り行き」としていだいたことによって解決した、と受けとめられている。

4 布教者・組織者としての自己形成

　日系社会での教会形成も金光教内部での葛藤もともに、末永の布教者・組織者としての自己形成を規定し、大きく方向づけたはずである。自己形成は順境においてゆるやかに進み、逆境において急に促される。逆境の自己形成は痛みを伴うので意識化されやすい。そこで教会形成の第一および第二の危機、それと交錯する葛藤の意味づけを問い、自己形成の目標としての「成熟」の問題を考えたい。

(1) 危機や葛藤の意味づけと合楽理念

　教会形成の第一の危機である日系人信徒離反事件は、布教初期のⅠ期に起こった。Mやサンパウロ教会との葛藤の度合いが強く、本部からの布教上の注意が頻繁に出された時期での出来事である。第二の危機のデカセギ斡旋事件は、金光教内部での葛藤が一段落したⅢ期に起こった。第一の危機はMの扇動によって起こり、第二の危機における本部への情報提供者もMであった。ビリグイでの教会形成における危機と金光教内部での葛藤は複雑にからみあ

い、錯綜している。地域社会での危機は教会存立にかかわるがゆえに乗り越えていく方策を講じていき、また時間の経過とともに解決していった。しかしながら、その根底にある人間関係の葛藤は尾をひき、解決までに多大の時間を要した。それは、末永の信仰者としての拠点である合楽教会や合楽理念と従来の金光教との葛藤が内包されていたからである。

　ここで危機や葛藤の意味づけを重視するのは、当事者の「状況の定義（definition of the situation）」によってその後の対処が違ってくるからであり、宗教的信念体系からの意味づけは、場合によっては世俗的な合理的意味づけとは異なる方向へ導くからである。末永が体現することを目的としてきた合楽理念は、一言でいうならば「成り行きを尊ぶ」ということである。「成り行き」とは身のうえに起こってくる事柄であって、良いことも悪いことも、人間を幸せにしよう、育てようとする神の働きであり、何一つ無駄なことはなく、一切が神愛であるとするものである。ことに合楽理念の真骨頂は、難儀を神愛とみる難儀観にあるという。合楽理念では「土の心」で、すべてを受け抜く心が重要視される［金光教合楽教会 1996：12-23］。

　しかしながら、これまでみたとおり、末永は葛藤を必ずしも当初から「成り行き」として受けていたとはいいがたい。布教当初の意気込みのなかで、末永が合楽絶対主義を押しとおしたこともあるが、この背景には合楽教会自体、金光教のお道修繕という改革運動を担うという強烈な意識があった時期だったこととも関係している。

　とはいえ、末永にとってはM、サンパウロ教会、本部のいずれも、葛藤の相手方としてたとえネガティブなものであれ、無視することのできない「重要な他者」であった。とくにMは身近にいる人で、この三者のなかでは最重要な他者だった。Mとの関係で最も大きかった打撃は、教会に第一の危機をもたらした日系人信徒離反事件での扇動である。この後、Mは教会を離れ、同じビリグイにいながら緊張状態を継続していったが、その言動によって気持のうえではしょっちゅう心をかき乱されたにせよ、Mに対して末永は一貫して、自分自身が改まる（心のうちを改める）以外にないと思っていた。悪口を言われて腹を立てても、その元をよくよくみると、原因は自分にあるととらえようとした。末永はMを攻撃するようなことは信徒にも言っていないと

いう。Mと言い争いをしたのは日系人信徒離反事件の時1回だけであるが、むしろ、もっとそうすれば理解が進んだのかもしれないとすら思っている。何といってもMはビリグイ教会のもとであり、恩義があり、無視することのできない人だったからである。Mとの人間関係の問題は第1回布教の時にすでに生じていて、末永の妻の公子がMのことを親先生に手紙に書いたが、その時に親先生に抹茶をかき混ぜているお知らせがあった。「あんたをかき混ぜているが、よい味わいがでるため」と言われた。無視できない相手であるMとの葛藤のなかで、この言葉は永住布教後も末永にとって事態の意味づけに役だった。Mとのことを「成り行き」としていただいていたなら、Mが反発し続けるわけはない、と末永は自省するが、Mとの関係では末永は攻撃するのではなく、「受ける」態度を基本的にとろうとした点が、サンパウロ教会や本部に対する態度との違いである。

　サンパウロ教会長の高橋は高齢とはいえ根性のしっかりした人で、彼女に対する関係では、第1回ブラジル布教の時に親先生が神から戴いた言葉の「神馬にまたがって蹴散らして行け」という気持だった。永住布教に再渡伯して最初の頃は目の荒い信心であり、「成り行き」を見定められず、押しつけてわからさせてやろう、相手の考えを変えさせてやろうというものだったと末永は自己認知している。また、合楽理念でなくてはならないとか、今の本部の信心はとどこおっているとか、Mや高橋が憤るのも無理はない、実際たたかれるようなことを言ったことは事実である、という。末永の心のなかには、親先生が宗教活動をし、人が集まっていたにもかかわらず、16年という長期にわたって金光教の教師資格を取得できず、教会設立の際にも冷淡な扱いを受けていたことが、根深いわだかまりとなっており、金光教というより親先生についていって今日があるとの思いが強かったので、サンパウロ教会やMとの軋轢に関して末永を一方的に間違っていると決めつける本部からの叱責に対して、反発が強かった。また、親先生が体験した近隣教会や本部からの迫害と、末永が受ける類似の状況を同一視していた面もある。

(2) 自己形成と「成熟」

　末永は永住布教10年の区切りを、教会形成のうえでも、葛藤に対しても、

心境上の転換の時期としてとらえる。10年たった頃から何かにつけ心境が変化し、落ち着いてきたという。金光教では人を助ける身になる前に、取次者自身が助かること、それによって、人が助かるようになることを重視する。末永は現在では、これらの葛藤を「お育て戴くための働きだった」「柔軟性ができ、人間として大きくなった」「人間として味わいがでた」と積極的に意味づける。これらは末永自身の「成熟」とかかわるものであるが、それをもたらした座右の銘として、「馬鹿と阿呆で道をひらけ」という、福岡教会の初代教会長が二代教主（金光四神）から戴き生涯のテーマとした言葉、修行生時代に親先生から末永自身も繰り返し言われていた言葉に言及する。自分は要領のいい、利口者だから、信心がなかったらずるい、汚いことの固まりであった。これらの葛藤のおかげで「馬鹿と阿呆」にならせてもらった、という。「馬鹿と阿呆」になるとは、辛抱しきれないことを受けて、その事柄をとおして心を磨き、改まっていき、人間として大きくなることである。人間が小さいから人のことで腹がたつ。人間が小利口だから、要領よく立ち回ろうとし、人力でできるように錯覚する。要領よくやったら、うまくいくようだが、底のぬけたような大きさにはならない。信心がなかったら、前もって手をうつとかする小利口な人間が、「馬鹿と阿呆」になる稽古によって、人間の力で物事を動かすのではなく、神の力によって動かされることのすばらしさを身をもって知ったのである。

　こうした金光教内部での葛藤をとおしての「成熟」は、組織者としてノウハウを獲得することではなく、むしろ自らの生き方を問う、信仰者としての自己形成にかかわるものとして機能した。また一対一の取次者としての布教の現場での姿勢にも、この「成熟」はかかわった。たとえば信徒が病気の問題をもって取次にきて、もう助からないと予測できても、それに対して、助かるようにとしか祈らない。その人が亡くなる事態になった時に、初めてそれをいただく稽古をさせてもらうわけである。末永は、自分が大きくなるにつれ、参拝者も増え、教会の力もついてきたと認識する。

　末永が人間として大きくなったと実感したのは、サンパウロ教会を引き継いで、ビリグイ教会サンパウロ支部とサンパウロ教会を合併してやっていくことになった時である。以前、サンパウロ教会との葛藤を避けるために、サ

ンパウロ支部を返上しようと思った時に、若先生からそれでは人が助からないと言われたことがある。「馬鹿と阿呆」になるという課題に取り組んだことが、結果としてサンパウロ教会の後継者として合楽教会から修行生を迎える働きになったととらえている。サンパウロ教会の創設者である高橋は、後継者が決まった時、「大坪先生のおかげでサンパウロ教会が立ち行く」と言った。高橋は最後には驚くほど変わっていたという。

またデカセギから帰国したMとの関係は、空間的に離れたことも一要因だが、大きく好転している。600キロの距離があるにもかかわらず、末永は年2回M宅に祭典を仕えに行き、Mも年2～3回教会にお参りに来る。デカセギで現実の日本や日本人、金光教の実態を見て、Mの心境には変化があったようである。末永自身も、現在の心境だったら、あのようなMとの葛藤はなかっただろうと感じている。しかし、今ではそれがあってよかったととらえる。なぜならMがいたことは、はめをはずさせず、また教会が次々に拡大していっても、慢心させないための装置として働いたからである。これらの葛藤をとおして「成熟」の機会を得た末永は、今までのことは根肥やしになった、はじめは蹴散らしていたが、今はブラジルに来たのは利己主義の社会に和賀心(賀び和らぐ心)の時代をつくるためということがわかったという。

末永は邪魔するものは蹴散らして行けというタイプであると自認するが、そのような攻撃的な心を「馬鹿と阿呆で道をひらけ」でおさめていった。しかし、こうした気性をブラジル布教に神が使ってくれた、そういう気性がなければ道が開けなかったとも思っている。

末永は金光教内での葛藤を意味づけるにあたって、組織者としてではなく、むしろ信仰者としての自己形成にかかわるものとしてとらえている。末永は、地域社会での教会形成にかかわる危機や出来事に対しては、問題解決を図るためにさまざまな努力や工夫をしている。しかしながら、サンパウロ教会や本部との葛藤については、葛藤を避けたり、軽減するための戦略的な行動はほとんどしていない。「馬鹿と阿呆で道をひらけ」という言葉を座右の銘にしたことは、葛藤を「受ける」とともに、要領よく、小手先で葛藤を避けるような工夫をしない心の姿勢をとることだった。本部に対しては、世界布教への方針変更によって南米は無視できないということになり、その都合で本部

から認められた感じであるととらえているが、サンパウロ教会に合楽教会の修行生が後継者に入るようになったこと、Mが日本でのデカセギ体験によって金光教や日本社会の実態にふれて金光教に抱いていたイメージを修正し、結果として末永との和解が生じたことを、初期の「蹴散らして行け」の態度を脱皮して「成り行き」として受けた結果として受けとめている。現在の末永の心境はこうした葛藤をへて「成熟」してきたものともみえる。

おわりに

　本章ではビリグイ教会二代教会長の末永建郎のライフコースを主軸として、ブラジルの金光教の展開を考察した。ビリグイ教会はブラジルの金光教他教会の展開に深くかかわっている。また、金光教は教師中心の信仰形態をとるので、教会の中心を担う末永の宗教者としてのあり方、自己形成の様相は、金光教のブラジル布教と密接な関係をもった。自己形成という用語には、人間は出来事とぶつかりあいながら主体性を保持しつつ成長していくという含蓄がある。ここでは宗教者としての自己形成を個人、二者関係、集団という観点から信仰者、布教者、組織者の三つの側面に分けた。ライフコースは個人の生涯であって、人生の道筋にかかわってくる「重要な他者」や「関与者たち」との相互依存・相互規定によってたどられるものである。末永のライフコースには、文字どおりの「重要な他者」としての個人がかかわるとともに、集団や組織もまたそのライフコースの方向を規定する「関与者たち」あるいはその集群としてあらわれている。信仰者の側面にもっぱらかかわる「重要な他者」は、その出会いが人生上の転機を構成した合楽教会の親先生であり、若先生であり、「関与者たち」とは合楽教会の信徒である。布教者の側面にかかわる「重要な他者」はビリグイ教会初代教会長の息子のM、「関与者たち」はビリグイの日系人である。組織者の側面にかかわる「重要な他者」はM、サンパウロ教会長の高橋、そして本部である。これらの人々のうち、親先生や合楽教会関係者は地理的空間的に離れていても一貫してポジティブな意味での「重要な他者」であり続けたのに対し、M、高橋、本部はネガティブな、

しかし無視することはできない「重要な他者」あるいは「関与者たち」であった。また、ビリグイという日系社会の強い地域でビリグイ教会が展開したことによって、日系社会、日系人は末永個人の経歴を規定し、かつ教会形成を規定するものになった。

　末永のライフコースは宗教者としての経歴を最重要な部分として構成され、信仰者としての自己形成がその核にある。これは19歳の時の親先生との出会いによってもたらされたもので、それによって仕事をやめて教会の修行生になり、その後ブラジル布教に乗り出すという人生の道筋の大きな転換に導き、世俗社会から教会へ、そしてブラジルへと生活空間までもが変化した。生き方も宗教領域を第一義とする方向に変わった。末永は修行生第1号として親先生の最盛期に教えを受け、弟子としては最も近いところにいた。ブラジル布教も末永の意思というより、「親先生の願いを現したい」という一念に出るものだった。ブラジルという異郷の地にあって、親先生への思いはむしろ反復・強化され、生涯のモデルとして、信仰者としての自己形成に大きな影響を与えた。1983年以降は毎年の訪日参拝の機会を得たとはいえ、布教の現場は地球の反対側にある。その現場で親先生の言葉をかみしめていき、帰依は揺らぐことはなかった。こうした末永のアイデンティティの根拠である合楽教会へのコミットメントは、金光教内での合楽教会の異端的位置づけともかかわって、ブラジルで葛藤をもたらした。

　末永の合楽流の布教活動は近隣教会のサンパウロ教会およびMとの大きな葛藤を生み、さらに両者をとおして本部との葛藤を生んだ。これらはブラジルでの教会形成や末永の自己形成にネガティブな意味で「重要な他者」として立ち現れた。そのなかで最も重要な役割を演じたのはMであった。Mはビリグイで教会形成における二つの危機に大きくかかわり、第一の危機の日系人信徒離反事件については扇動し、第二の危機のデカセギ斡旋事件では本部への情報提供者となった。Mは、親先生と方向こそ違え、末永を慢心させない装置として働いたと、末永はとらえている。

　ブラジル金光教の展開で顕著なことは、ブラジルという異文化社会、異質な宗教土壌にいかに日本に根のある宗教が適応していくかという課題以前に、Mとの関係、サンパウロ教会、それを通じての日本の本部との関係といった

金光教内部の葛藤状況への対応に迫られたことである。これには、末永の親教会の合楽教会と本部との関係が影響していた。この課題は組織者としての他集団への対処の問題であるが、末永は信仰者としての姿勢、内容を問うものとこれをとらえた。それゆえに末永は、葛藤解決に向けての具体的合理的な方策を選ばず、「馬鹿と阿呆で道をひらく」、つまり要領よくしないことに信仰者としての対応をみいだしたのである。

　金光教内部では問題を数多くかかえたのに比べ、地域社会レベルではカトリック教会との対決もなく（カトリック教会の脅威になりえていなかったからともいえるが）、またビリグイは日系の他宗教が入っていない地域だったこともあって、日系宗教間の軋轢は生じなかった。しかし、ビリグイ教会が良きにせよ悪しきにせよ担わざるをえなかった日系社会との関係、日系人と非日系人の拮抗関係が、布教の現場でその展開を規定していくことになった。末永の初期10年間の拝み屋的活動は、ブラジルのエスピリティズモと同様にみられたとおり、呪術による奇跡や即物的な救いを求める非日系人のニーズへの対応だった。末永は取次という「業(わざ)」をとおしてブラジル的な宗教状況にいったんは順応した。これは流動的非日系人の増加をもたらした反面、日系人信徒を疎外することになった。

　ビリグイ教会の特質の一つは、エスニック・チャーチを求める日系人と奇跡を求めて接近する非日系人との間のせめぎあいである。日系人は日系人としての「われわれ意識」に基づく内集団としての教会をつくろうとした。非日系人はあくまでガイジンであった。したがって、非日系人が入ると内集団が浸食され、境界があいまいになるように感じた。扇動したのはMであるにしろⅠ期に起きた日系人信徒離反事件は、日系人の境界維持への欲求を陰画の形であらわすものであった。すでに日系人は必ずしも日系社会の枠にとどまらなくなり、ビリグイのような日系社会の強い地域社会でもそれは例外ではなかったが、反面それだけ強く日系人コミュニティを維持していこうとする力も働き、非日系人を排除する動きが起きたととらえられる。これを末永は日本語とポルトガル語による月例祭、大祭の分割という棲み分けによって、状況適合的に解決しようとした。

　棲み分けと同時に、祭典で玉串代わりに蝋燭による献灯を採用したり、エ

スピリティズモで行われる「パッセ」という清めの行為に類似したものとして、「祓い」が目に見える神道的な大幣を利用したりして、ブラジル的な宗教状況に適合するように現地化の工夫がなされた。しかし末永のポルトガル語能力が向上して、呪術的行為ではなく教えを前面に出すことができるようになると、即物的な救いを求める非日系人の多くは教会から離れていき、むしろ日系社会の宗教と化した。

　第二の危機のデカセギ斡旋事件は、日本へのデカセギといった日系社会に大きな変動をもたらした出来事と関連しての危機であった。デカセギ斡旋という事件の性質上、地域社会のみならず本部との関係でも教会存亡の危機になった。末永がデカセギ斡旋にからんだのも金光教が日系社会に基盤を置く宗教であったからとみることができる。教会の存立を揺るがした2回の大きな危機は、いずれも日系社会と関連して起きたものである。これはビリグイ教会が日系社会の宗教として定着していくことを予見させるものであった。末永はその後、日本人会の要人の死で後ろ楯を失ったが、その葬式が日系社会のニーズと合って、日系社会の宗教として定着するに至る。ビリグイ教会は、このようにしてブラジルのエスニック・マイノリティ集団である日系社会に適応した。

　ブラジルの金光教は、非日系人に布教を拡大している日系新宗教とは異なって、万人布教者主義をとらず、中央集権的でなく、また非日系人にわかりやすい儀礼をもっていない。それに加えて、依然として言語の問題が残る。末永のポルトガル語は上達したといっても、ブラジル布教が30代半ばからなので十分とはいえない。これが日系社会を基盤にしなければならなかった理由の一つであるが、逆に日系社会があり、日本語でも意思の疎通が可能だったので、ポルトガル語がそれほど上達しなかったともいえる。末永は本格的な非日系人布教は子供たちの世代の課題と思っている様子である[22]。1990年代に入って、ブラジルの教会は4教会になり、それも合楽教会の修行生出身者が布教に出、ビリグイ教会はブラジルの親教会的な役割を果たすようになった。組織者レベルではこうした育成の役割と束ね役が期待される。また、本部では従来のように国内・海外をとわず各教会に任せる方針から、世界布教を課題の一つとして意識化している現在、海外教会、海外布教へ新たな取

り組みがなされ、ブラジルの金光教が新たな展開の日を迎えるかもしれない。

　デカセギによって日系人の青年層・壮年層の日本への人口流出は未だに続き、エスニック・チャーチを要求する世代の老齢化などによって、日系社会自体が変動している。かつての日本移民がブラジルという異文化に適応するために、日系社会というエスニック・コミュニティを必要とした時代はすでに過ぎ去り、ブラジル社会への橋渡し機能を失っている。したがって、日系社会に適応したビリグイ教会も、今後非日系人布教に向けて大きな転換が必至となるだろう。その際、日系社会の宗教として定着したことが阻害要因となるやもしれず、それをいかに克服するかが問われている。

注
1) 「取次」は、人の難儀と願いを神に届け、神のおかげと願いを人に伝える業で、神・人ともに助かっていく世界を顕現するための働きとされる。具体的には取次者（教師）と信徒の一対一の対話で、取次者が神前にも信徒にも向かいうるよう、神前に対して横向きで「結界」に座り、そこで祈念が行われ、「御理解」（その人に応じて、教えに基づく話をすること）が示される。取次に際して供えられるお供え（初穂）に対して神米が下げられる。なお、布教活動といっても、取次者は結界に座って人が参り来るのを待つのが基本姿勢である［井上順孝ほか1990：313］。

　　なお、神前には教祖が神命により書き、参拝者に授けた「天地書附」が奉斎されている。天地書附には「生神金光大神　天地金乃神　一心に願　おかげは和賀心にあり　今月今日でたのめい」と記されている。
2) 1999年にパラナ州クリチーバ市にクリチーバ布教所、サンパウロ市にブタンタン布教所が新たに開設され、布教拠点は6ヵ所になった。1998年以降もブラジルから訪日の折に聞き取り調査を行ったり、手紙や電子メールなどを通じて資料の蓄積があるが、現地調査を行った1998年時点で論述を区切ることにする。章末のブラジル金光教年表には参考までに2000年までの動きを記載しておく。
3) 大坪総一郎の自叙伝については、大坪1972を参照。「4年半の修行」とは以下のとおりである。

　　先人たちがしたというあらゆる修行をしたが道が開けなかった大坪は、「これからは右になりますように、左になりますようにというお願いはしません。神様が私にかけられている願いが成就するためなら、右になろうが左になろうが一切不平は言いません」と誓願し、起きてくる事柄を黙って無条件に受け入れる修行

に入った。金を貸せという者には貸す、金をくれという者には賽銭箱をひっくりかえして与える。死病と恐れられ医者もさじをなげた粟粒結核の病人でも、「預かってくれ」と言われれば黙って預かるといったように、一切の事柄を受けていった。4年半たった時に、ホーレン草のお知らせを心眼に受けた。これまでは畑からホーレン草を引っこ抜いて、土も枯葉もついているのを何もかもを戴いてきたが、これからはきれいに洗って滋養になるところを戴けというお知らせだった。以来、病人を預かることも金を貸してくれと言ってくる人もなくなった。この体験をとおして、大坪はこれまでわけもわからず起こってくる一切を受けてきたが、すべて信心を育てるための材料であった。そうしてみると怖いと思ったことも、困ったと思ったことも、力を与えようとする神愛の現れであった。すなわち自分の前に起こってくる一切の成り行きは神の働きであったと気づき、これが合楽理念の母体になった。[金光教合楽教会 1996：18-22、大坪 1972：115-121]

4) 金光教学院に入学するには、在籍教会長の同意書が必要とされるが、親教会との葛藤から受験に際して同意が受けられなかったためと思われる。

5) 教学に詳しい金光教本部の布教部長（当時）瀬戸美喜雄氏は、合楽教会の教えの特徴を以下のように語っている。金光教では「ご神意」というが、それを「成り行き」と言い換えた。人生のなかで起こってくる事柄は成就させようとする成り行きなのだから受けていくと、人生において生起してくる難儀を信仰のなかに位置づけた。金光教では人生、思想、哲学を語ることが少なく、おかげ話が多い。おかげの事実からしかそれらを説き起こせない。ところが大坪総一郎は和賀心哲学を説いた。それにひかれて、信徒のみならず周囲の教師も合楽教会に移動した。金光教内で合楽教会が問題視されたのは、初期には教祖が実現しえなかったことを大坪がやっている、教祖が神から受けていない教えを実践しているとも言い、教祖以上、教祖を乗り越えたと言っていた時期があったからである。普通の教会は教祖が原点だが、合楽教会は教祖の教えを借りてはいるが、自身のものをもっており、合楽教会初代教会長の教えがある。なお、瀬戸が1987年に20年記念大祭に招かれて講話をした時は、合楽教会側もかつてよりもずいぶん軟化していた、という（1998年9月10日の聞き取り調査による）。

大坪総一郎の死後、合楽教会では二代教会長を中心に合楽理念の体系化を進めているが、その過程で教祖の足跡を学ぶことで、教祖を信仰の原点として受けとめるようになり、異端性を減少させ、金光教のなかに落ち着く様子である。

6) 合楽教会の歴史、信念体系、修行生の生活、修行生になる経緯に関しては、渡辺 1994を参照。

7) プラースは「成熟」という用語でこれに言及するが、そのためには個人は文化

的シンボルおよび他者たちとの長いかかわり（long engagement）に入っていかなければならないという。なぜなら、個人が自分の経験を経験として確認することができるのは文化的シンボルによってであり、それらのシンボルの意味を守り維持しているのは他者たちだからである。時の流れが必然的に人間の成長をもたらすわけではない。成長もまた機会の子であり、機会と拘束によって養われる。文化とは生活にめりはりと目的を与える慣行と価値の伝統であり、人間形成のための処方箋の集成である。それは標準的な経歴(キャリア)と自分自身の個人史に特有の出来事との調整を図る。人間は発達不能におちいらない限り、次から次へと新しい役割を学び続けることができる［Plath（訳）1985：6-11］。

8) 個人を取り巻く人間関係のなかで、態度形成、価値の内面化に際して、最も重要な影響を及ぼす人をあらわす概念。

9) 人間の成長はとりわけ身近な関与者たち（consociates）に依存している。彼らは存在と成長の過程を検討し確認するための特別陪審員として選任された人々である。もし彼らに言及しなければ、その人の伝記はほとんど意味をなさない。関与者たちは基本的な社会的資源であり、同時に最も基本的な社会的拘束である［Plath（訳）1985：13-14］。

10) 本章では大坪総一郎を「親先生」と記したが、大坪が亡くなってから時間が経過し、大坪の長男の二代教会長が親先生としての実質的な位置を固めてからは、大坪総一郎を初代親先生、二代教会長の大坪勝彦を親先生と呼ぶようになったが、ここでは「親先生」とは初代教会長をさす。

11) 公式の刊行物ではないが、合楽教会の青年部によってまとめられた『合楽語録』という冊子があり、そこには大坪総一郎が神示によって受けたものとその意味が記載されている。合楽教会の信徒は日常生活のなかでの神からのメッセージを解読するためにこれを参考にしている。

12) この時の懇談の記録に、本部側の言葉として「行きたいという人はあるのだが、果たしてどうだろうかと思える。行かせたいと思う人は事情が伴わない」とある。本部側では末永のブラジル派遣を躊躇した様子がみられる。また1973年の教務部長によるブラジル視察の記録には、Mからの後継者の希望要件として、スポーツ、日本文化を紹介できる能力をもち、日本語学校で日本語を教えたり、場合によっては家業の製菓工場で働くのをいとわない人であることが、述べられている。

13) 浜口恵俊はライフコースの選択要因として人間関係ないしは人脈の重要性を指摘し、人間関係の経歴を「社会的経歴」と名づけた。浜口は経歴上の「重要な他者」をレファレント・パースンと名づけ、3種類を区別している。①進路指導者（日頃のつきあいのなかでたえず依存し、その人の示唆・配慮斡旋・推挙を全面

的に受け入れて自らの進路を定めることになる他者)、②経歴上の先生(モラル・キャリア・ティーチャー、すなわち、生き方や理想に大きな影響を与える他者)、③物質的支援を含むスポンサーとしての他者、である [浜口 1979：30-32]。末永にとって親先生は②が主、①が従、親先生を含む合楽教会の信徒は③にあたるといえよう。

14) 渡伯後、最も生活が苦しかったのは借家住まいの時だった。とくに最初の3年間は困窮した。この間に、1980年に次女、1982年に四男、1983年に三女と3人の子供が次々と生まれ、子供は7人になった。公子は子供のミルクが買えずに、市が無料でミルクを配るところに並んだこともあった。末永はサンパウロ市に出た時に荷物を預ける金もなく、コーヒー一杯飲むことすらできなかった。金光教の教会家庭の生活はお下がりをもってまかなわれるが、ビリグイ教会の場合、合楽教会の例にならって、米を買ったり、野菜を買ったりすることは特別の事情がなければありえず、裏方の経費を極力切りつめていた。当時はお下がりが全部家賃にあてられ、それが払えるかどうかというくらいのものだった。末永は結界という表の役割を担当し、家族の生活にかかわる裏方は公子に任されていた。公子はこの時代のことを親先生夫妻の体験を準拠点として受けとめ、以下のように語っている。「借家時代はお粥ばかりの時期があった。子供が小さかったので、食べる量が少なかったのでよかった。かぼちゃ・芋はお供えをいただいた。御神飯だけは、きらしてはいけないと思っていた。どんなに大変でも、親先生、親奥様のことを思えば耐えられた。親先生・親奥様の修行時代のことを思うと、自分たちの苦労はそれには及びもつかない。ものを買おうと思っても、お金がなかったので、中途半端にならずによかった。神様から間違いないお繰り合わせをいただいた。」1983年からは本部から子弟育成費として毎月2万円が出るようになり、また合楽教会への訪日参拝が開始され、日本からのお供えによってこの経済上の危機は脱した。

15) こうした条件を出した背景には、第1回布教の時のM一家との同居の事情がある。これについて公子は次のように語る。「Mさんへの気遣い。習慣が違う。自分には子供が2人いるし、Mさんの家には猫や犬がいる。土足で犬や猫と一緒の生活で、床はメリケン粉で汚れている。汚くて嫌だった。自分の部屋の掃除はするにしても。食事は一緒で、お客さんのような感じだった。Mさん夫妻は口と心が違う人だった。」しかし、末永は「子供のブラジル国籍取得と永住権のためにあちこち走り回ってくれたのもMさんであるし、M宅であのまま布教を続けてほしいという気持は、性格的にどうあれ、Mさんの好意だったと思う」とは述べている。

16) 日系人の非日系人に対する忌避的態度は、地方の日系人に強くみられるようで

ある。また、当時教会に来た非日系人の階層とも関連しているのではないかと推測される。

17) この問題は1990年5月に日本の新聞にも人権侵害にかかわる出来事として記事がのった。その内容は、N興業と雇用契約を結んで来日したものの、仕事を与えられないまま日系ペルー人150人、日系ブラジル人100人が真岡市周辺の寮で待機しており、食費は1日1,000円支給されているが、その間の寮費がいずれ差し引かれること、寮での生活が厳しく管理され、約束の6ヵ月が過ぎないうちに会社をやめると5万円の罰金が徴収されると脅されているということで、「ラテンアメリカ系労働者を支援する会」という支援団体がその実態をマスコミに流した。

18) 末永は真岡市に実態を調査しに行ったが、「自分としては、N興業は悪徳業者ではなかったと思う。日本は4月5月には新しい仕事が人材派遣会社にこないらしい。仕事がないので日本に来て1ヵ月待つのは常識だった。人間は強気になるというか、仕事がなくて待たされたので、ああいうことになった。寝る場所とかは与えられていた」と言う。

当時の状況では、彼らは一刻も早く就労して短期でお金を稼ぎ帰国したいという気持をもっていた。入管法改正前で不法就労を余儀なくされていた日系人の立場は弱く、それにつけ込んだ悪徳業者が多かったことも事実である。また、日系人側も自分に都合のよい情報のみ信じていたので、それと違った時には彼らの反応は激しかった〔渡辺 1995a：69-91〕。

19) 1980年12月に、ビリグイから2,500キロ（サンパウロ市から3,000キロ）離れたアマゾン地域のロンドニア州アリケーメスに、ビリグイ教会ロンドニア分教会が開所した。この基礎を築いた吉森正治・和子夫妻は、ビリグイ教会初代教会長新田勝治郎の導きを受け、1967年に入信した。1971年に新田が死去し、中心を欠いた金光教から離れていたが、末永が第1回布教で半年間ビリグイにいた1977年に再度お参りし、奉斎式をしてロンドニアに行った。開拓初期の困難な状況のなかで数々の奇跡的な出来事が起こった。当時ブラジルは軍政下にあり集会には許可が必要だったので、吉森は輔教の資格を得、本部から内々の許可を得て分教会を開いた。

その後、吉森はサンパウロに引き揚げ、1991年に合楽教会修行生の梶原勝行・佳代夫妻がロンドニアに布教に出た。吉森時代と梶原時代のロンドニア布教の展開については、渡辺 2001aを参照。

20) 鴨田昭二郎は金光教の教師となり、サンパウロ教会の後継者となりたいという願いをいだいていた。高橋も一時鴨田を後継者にと思ったこともあったが、1978年に日本から鶴見教会のＳが来伯（目的は観光）して、サンパウロ教会を訪れた

時に、後継者としてモジ・ダス・クルーゼズ市在住の田代正昭（ビリグイ教会初代教会長時代の入信、サンパウロに教会ができてからはサンパウロ教会にも参拝）がよいと高橋に進言したことから、田代に後継者になってもらいたいと考えるようになった。鴨田は日本での金光教学院入学の希望も教会長の推薦がないので果たせず、訪日したものの意にそまぬものであった。ブラジル帰国後、移民20年記念の祝いをしようと、高橋に祭主を頼んだが受けつけてもらえず、すでに案内状を出しているので困って、末永に祭主を依頼した。これがビリグイ教会サンパウロ支部の始まりである。当時、末永は借家時代の困窮状態にあったので、サンパウロに行く費用を鴨田が最初の1年間お供えした。当時のサンパウロ支部の集まりは10人前後だった。高橋と鴨田の間には感情的なしこりがあったようで、鴨田自身もサンパウロ教会には参拝しなくなった。

21) 団体での訪日参拝はⅠ期の1983年（教祖100年祭）以降、1987年（合楽教会20年記念大祭）、1989年（ビリグイ教会の記念祭参拝のお礼参拝）、1992年（合楽教会25年記念大祭）、1997年（合楽教会30年記念大祭）に行っている。今野が旅行社勤めであったため割安な料金が設定されたこと、日本での合楽教会滞在中の滞在費は無料で、観光旅行にも便宜が図られていたことなどから、未信徒も多く参加した。

22) ビリグイ、ロンドニア、モジ・ダス・クルーゼズの各教会には、各々7人の子供がいる。末永は次世代の育成のためには合楽教会で修行することが重要であると考え、1990年に末永の長男、1992年に次男、1994年に長女、1999年に三男とロンドニア教会の梶原の長男、モジ・ダス・クルーゼズ教会の秋山の長男が合楽教会に修行入りしている。当初は15歳になったら合楽教会に修行に行かせるという方針だったが、最近はポルトガル語でいずれ教えが説けるように、基本的にブラジルで高校を終えてから修行入りさせると方針に変化している。

ブラジル金光教年表（末永建郎のライフコースとブラジル布教の展開）

期	年	年齢	信仰者として 合楽教会関係	布教者として・組織者として 地域社会での教会形成	金光教内部での葛藤と出来事
	1944	0	壱岐教会の四男として出生		
	1963	19	高校卒業。交通公社入社		
	1964	20	福岡大学夜間部入学 親先生との出会い 退社 アメリカーナ入社（百科事典セールス販売） 大学を退学		ビリグイ教会設立
	1965	21	若先生との出会い		
	1966	22	糀目神愛会への日参開始 年末に教会建築現場に泊まり込み アメリカーナ退社		
	1967	23	修行生となる 合楽教会設立 後の妻、公子修行生となる		
	1971	27	学院入学（末永・公子）		ビリグイ教会初代教会長死去
	1972	28	教師資格取得（末永・公子）		
	1973	29	親先生に南米布教の神示		サンパウロ予備布教所開設
	1974	30	本部にブラジル布教希望を申し出る 結婚 合楽示現運動活発化		
	1975	31	長男出生		
	1976	32	ビリグイ初代教会長の妻・信徒会長訪日時に後継教会長派遣を本部に依頼 次男出生 合楽理念発表		
	1977	3	ブラジルへ第1回布教 三男出生（ブラジル国籍取得） 永住権とれずに帰国		
	1978	34	親先生、大阪で公開講演会 長女出生		サンパウロ教会設立
I期	1979	35	ブラジルへ永住布教	M宅での同居	Mとの葛藤
	1980	36	次女出生 合楽教会信徒の伊万里市長来伯	借家に移る 拝み屋的活動（II期まで） 流動的ブラジル人多数参拝（II期まで） 神米、神酒病気治しへの使用（II期まで） ポ語祈念詞作成	ビリグイ教会サンパウロ支部開始 サンパウロ教会との葛藤（III期1991年まで継続） ロンドニア分教会開所式（この後1991年まで1～2年に1度訪問） ビリグイ初代教会長の妻死去

4章 金光教 217

期	年	年齢	信仰者として	布教者として・組織者として	
			合楽教会関係	地域社会での教会形成	金光教内部での葛藤と出来事
Ⅰ期	1980			近辺で非日系人共励会2ヵ所開始（Ⅱ期まで。自然消滅） バザーの開始	
	1981	37			サンパウロ支部で毎月祭典 モジ・ダス・クルーゼズ（以下モジと略記）で宅祭開始 本部より布教上の注意
	1982	38	四男出生	アラサツーバで非日系人共励会開始（Ⅱ期まで） バザー停止	
	1983	39	初の訪日参拝（日系人13人、以後、毎年訪日参拝） 三女出生	日系人信徒離反事件（第一の危機） 土地・建物購入	Mは教会参拝停止 本部より子弟育成費支給開始
Ⅱ期	1984	40	公子と長男・次男、教会取得お礼参拝 永住布教5年祭に大坪光昭（親先生の次男）他2人来伯	新教会へ引越し 斎場の新築 永住布教5年祭 日語・ポ語の月例祭・大祭の分割 日系人信徒の増加 玉串として蝋燭の使用開始	カルロス日本研修（～1987）
	1985	41			本部より布教上の注意 サンパウロ支部停止 1ヵ月後新しい信徒で新サンパウロ支部発足 カルロス教師補任
	1986	42	大坪光昭他4人公開講演会に来伯		Mの子供、本部他研修（～1988）
	1987	43	合楽教会20年祭訪日参拝団（25人、日系人は半数）		
	1988	44		隣接地購入（531㎡）	Mの子供、教師補任 Mとカルロスの分派活動
Ⅲ期	1989	45	永住布教10年祭に合楽教会より大坪勝彦（親先生の長男）他47人来伯 お礼訪日参拝（15人）	斎場の増築と屋根替え 永住布教10年祭 拝み屋的活動からの脱皮 非日系人の一部定着 ポ語で芯の入った御理解 バザーの定例化	本部から教務部長来伯 岩井良一、ビリグイ教会に修行入り
	1990	46	長男合楽教会に修行入り	デカセギ斡旋の開始（～1993） デカセギ斡旋事件（第二の危機）	デカセギ斡旋に関する本部からの詰問状

期	年	年齢	信仰者として	布教者として・組織者として	
			合楽教会関係	地域社会での教会形成	金光教内部での葛藤と出来事
Ⅲ期	1990			南米開拓移民先亡者慰霊祭後の合楽祭盆踊りを定例行事化	
	1991	47		『和賀心教典』ポ語訳（〜1994） 和賀心セミナー（ポ語）の開始 非日系人がポ語月例祭講話開始 隣接地購入（638㎡）	M家族日本デカセギ（〜1995） 梶原勝行一家来伯・3ヵ月研修後、ロンドニアへ布教 ロンドニア予備布教所設立
	1992	48	合楽教会25年祭訪日参拝団（60人うち日系人58人） 次男合楽教会に修行入り	隣接地購入（531㎡） 正月に他教会集合・研修開始	福岡教会長経由でサンパウロ教会後継者を合楽教会に依頼 秋山誠治一家来伯・6ヵ月研修 モジ予備布教所設立
	1993	49		デカセギ斡旋事業団の自然消滅	秋山一家モジへ布教 岩井良一、学院入学のため帰国
Ⅳ期	1994	50	永住布教15年祭に合楽教会より60人来伯 長女合楽教会に修行入り 親先生死去・訪日5ヵ月	会堂の建築 ロンドニアからマルガリーダとオバニールが研修・建築の手伝い 永住布教15年祭 月例祭・大祭の日語・ポ語合併	ロンドニア布教所が教会に昇格 モジ布教所が教会に昇格 合楽教会参拝団とともに本部国際センター所長来伯 岩井千恵子・良一母息子来伯・7ヵ月研修
	1995	51	末永5ヵ月の合楽教会滞在より帰国（以後毎年4月、10月に訪日）	英語版 *Airaku* ポ語訳 日本人会有力者の事故死 葬式・霊祭を金光教でする家急増 日本人会との行事日程調整開始	M帰国。ビリグイには戻らず 国際センター来伯（以後毎年） サンパウロ支部とサンパウロ教会が合併 岩井、サンパウロ教会後継 サンパウロ教会長高橋死去
	1996	52		『合楽理念Q&A』ポ語訳 ポ語月刊紙発行 教会子弟若葉学校開始	Mがサンパウロ州ジュキチーバに金光の郷開設
	1997	53	合楽教会30年祭訪日参拝団（50人うち日系人45人）	非日系人信徒会長離脱・転居 末永、日本人会の役員（学務部長・外交部長）になる 天皇訪伯の際の奉迎委員となる	
	1998	54		宿舎の増築 非日系人信徒の減少 美登利会（信心研修会）発足 ビリグイの大祭ごとに翻訳会議開始	ロンドニア教会信徒オバニール死去

4章　金光教　219

期	年	年齢	信仰者として	布教者として・組織者として		
			合楽教会関係	地域社会での教会形成	金光教内部での葛藤と出来事	
IV期	1999	55	永住布教20年祭に大坪幹三郎（初代親先生三男）、大坪恵城（勝彦長男）ほか37人来伯 三男合楽教会に修行入り モジ教会長男、クリチーバ布教所長男修行入り	永住布教20年祭	クリチーバ布教所設立（梶原一家ロンドニア教会の後をマルガリーダに任せロンドニアから移動） 宮崎正一家来伯・8ヵ月研修後サンパウロへ布教 ブタンタン布教所設立 マルガリーダ（ロンドニア教会）・今野一二三（ビリグイ教会）本部研修	
	2000	56			マルガリーダ、今野、教師補任	

注）末永の年齢は当該年の満年齢なので、誕生日前の場合は本文中の年齢は満年齢から1歳差し引いたものである。
出所）金光教ビリグイ教会からの聞き取り調査に基づき作成。

5 章
立正佼成会
―― 戦後移民のエスニック・チャーチからの脱皮の模索 ――

ブラジル立正佼成会布教拠点図

● ブラジル教会
● モジ・ダス・クルーゼズ法座所

章とびら写真：**新教会道場** （1998年）［ブラジル佼成会提供］

はじめに

　立正佼成会(以下、佼成会)は、1938(昭和13)年に庭野日敬(1906-1999)と長沼妙佼(1889-1957)が霊友会から分派して創立した教団で、法華経による先祖供養と「心根性の切りかえ」による運命の転換を標榜する新宗教である。第二次世界大戦敗戦から高度経済成長が本格的に始まるまでに、とくに著しく伸張した。1958(昭和33)年に庭野は「真実顕現」宣言を行い、釈迦牟尼仏を本尊として、根本仏教と法華経の現代的解釈を柱とした教学の確立に努めた[井上ほか 1996：314]。日本の新宗教のなかでは創価学会に次ぐ大規模教団で、公称会員数は1999年現在で586万人である。

　佼成会の基本的な日常的教化活動には、「導き」「手取り」「法座」がある。導きは未会員に対する布教活動、手取りは、会員となった者を信仰者に育成するために、親密な人間関係を築き上げながら生活に密着したきめ細かな信仰指導をマンツーマンで行う教化活動である。法座は法を中心とした小集団的な語り合いの場で、参加者の悩みの吐露に対して一座のリーダーが体験に基づいて心構えや対処方法を指導し、他の参加者は教えや自分の体験に即して、悩みの解決方法を学びあうものである[井上ほか 1990：320]。佼成会は1960年以降、導きの系統によるおやこ型の組織形態から、地域ブロック制に転換し、中央集権的な組織形態をとっている。

　序章で、組織形態(おやこ型―中央集権型)と布教形態(教師中心参詣型―信徒中心万人布教者型)を軸に日系新宗教を分類した(図序-1、7頁参照)。日系新宗教で教勢を拡大した宗教は、中央集権型の組織形態で、信徒中心万人布教者型の布教形態をとるC象限に集中している。そこに位置する新宗教には、生長の家(1934年布教開始・信徒数250万人・非日系人の割合95％)、世界救世教(1955年・31万人・97％)、PL教団(1957年・30万人・90％)、創価学会(1960年・15万人・90％)、佼成会(1971年・657世帯・12％)、崇教真光(1974年・3万人・80％)がある。このなかで、佼成会は布教開始時期が1971年と比較的後発であるが、同時期にブラジル布教を開始した崇教真光と比較しても信徒数が格段に少な

い。信徒数の多少は非日系人信徒の割合と関連しており、信徒（佼成会では会員と呼称）が格段に少ない佼成会は非日系人の占める割合が低い。佼成会の信念体系や実践が他と比べて非日系人に受け入れられにくいとも考えられるが、類似する教義と実践をもつD象限（おやこ型・信徒中心万人布教者型）の霊友会（1975年・8万人・60％）と比べても信徒数や非日系人の占める割合には格段の差がある。創価学会は日本で入会した戦後移民が基盤となった点では佼成会と同じであるのに、教勢を伸ばした。ここで、なぜ佼成会がC象限の日系新宗教のなかでは例外的ともいうべき状態であるのか、それを規定した要因は何か、という問題を考察の対象としたい。なお、組織形態と布教形態を軸にした分類は日本でのそれを基準としたものであるから、ブラジル佼成会の実態に必ずしもあてはまらない可能性がある。そのところを念頭に置いて考察を進めたい。

1　教勢と会員構成

(1) 教　勢

　佼成会の公称会員世帯数の推移は特記事項を合わせて記載した**表5-1**を参照されたい。1971年の教会設置時点では37世帯50人、27年後の1998年には657世帯である。全体としてみると、前年と比べて20％程度の増加を示している時期は、1975年の法人格取得から教会創立10周年の前年の1980年にかけてで、年間ほぼ40世帯内外の増加がみられるが、1980年代の前年比の増加率は10％未満・20世帯前後という遅々とした歩みである。1990年代に入ってからも、1990年を除いて5％前後で、1993年以降世帯数からみれば増加がいくぶん促進されているとはいうものの、同様な傾向を示している

　ブラジル教会は3支部に分かれ、第一支部（サンパウロ市）、第二支部（サンパウロ市近郊のモジ・ダス・クルーゼス市、スザノ市）、第三支部（サンミゲール・アルカンジョ市ほかサンパウロ州内遠隔地）から構成されている。1998年現在では、第一支部318世帯、第二支部101世帯、第三支部238世帯で、過去4年間の支部別世帯数の推移をみると、第一支部は83世帯増、第二支部は2世帯増、

表5-1 ブラジル佼成会 会員世帯数の推移

期	年	世帯数	前年増加数	前年比増加率	特記事項
Ⅱ-1	1971	37	—	—	ブラジル教会設立・竹内君江、教会長として赴任
	1972	48	11	29.7	
	1973	57	9	18.8	
	1974	66	9	15.8	
	1975	82	16	24.2	宗教法人格取得
	1976	106	24	29.3	教会道場取得
Ⅱ-2	1977	145	39	36.8	教会道場本尊入仏式執行。青年部発足
	1978	175	30	20.7	日系老人ホームの慰問・奉仕開始
	1979	216	41	23.4	
	1980	256	40	18.5	
	1981	282	26	10.2	創立10周年記念式典。定例行事を確立
	1982	304	22	7.8	
	1983	321	17	5.6	
	1984	348	27	8.4	
	1985	337	-9	-2.6	
	1986	361	24	7.1	創立15周年記念式典
	1987	378	17	4.7	第1回守護尊神・本尊現地勧請式
Ⅲ-1	1988	395	17	4.5	森義一に教会長交代
	1989	410	15	3.8	
	1990	480	70	17.1	
	1991	495	15	3.1	創立20周年記念式典。喘息無料治療開始
	1992	500	5	1.0	日ポ語に堪能な三世女性入会
	1993	537	37	7.4	モジ法座所設置・デカセギによる会員の流出顕著
Ⅲ-2	1994	570	33	6.1	竹内、日本に帰国。行事のポ語通訳・ポ語法座・会員宅で法座開始
	1995	589	19	3.3	ポ語機関紙発行・ポ語法華経勉強会開始
	1996	630	41	7.0	喘息先祖供養開始・本部から青年布教員派遣
	1997	636	6	1.0	教会マンションに移転
Ⅲ-3	1998	657	21	3.3	新教会道場建設・新教会道場本尊入仏式執行

注1）各年12月末の数字。
　2）1990年の入会世帯には第二支部長宅の従業員58人を含む。
　　なお、1人でも世帯が別であれば、1世帯と数える。
　3）前年比増加率とは、前年の会員世帯数を100としての増加会員世帯数の比（％）。
出所）ブラジル佼成会提供資料および聞き取り調査に基づき作成。

第三支部は2世帯増である。サンパウロ市以外はほぼ横這いで、増加しているのはサンパウロ市のみといってよい。第二支部、第三支部が基盤としている地域はいずれも日系人の集住地である。

(2) 会員構成

　1989年時点の世代・人種別構成では一世69％、二世20％、三世9％、非日系人2％であった[1]。9年後の1998年の構成比は会費納入者からみると、一世61％、二世・三世27％、非日系人12％で、一世の減少と非日系人の若干の増加がみられる[2]。佼成会の会員の特徴は、日系人主体であり、それも戦後移民の一世が大多数を占めることである。1989年時点において非日系人は日系人の配偶者のなかにみられるにすぎなかったが、1998年には非日系人が独自に入会している点に変化がみられる[3]。

　会員の構成を1998年に本部海外布教課に提出された資料からみてみよう。会員の年齢階層は、概算であるが、10歳未満8％、10歳代12％、20歳代9％、30歳代8％、40歳代12％、50歳代15％、60歳以上36％である。言語別では日本語を主体とする会員が60％、ポルトガル語主体の会員が40％である。年齢階層別に使用言語をみると、日本語主体は20歳以下0％、30歳代10％であるが、40歳代になると60％に上昇し、50歳代90％、60歳以上では95％におよぶ。ここから読みとれるのは、会員が高齢化していること、40歳以上とそれ以下の間に言語の壁によるコミュニケーション・ギャップが存在することである。

　次に幹部の属性についてみてみよう。1999年現在の教会長―支部長―主任というラインの幹部は、80歳代1、70歳代3、60歳代11、50歳代2、40歳代5、計22人で、60歳以上が68％を占めている。ただし、第一支部では主任が4人、第二支部3人であるのに対して、遠隔地を含む第三支部はサンパウロ市居住の主任2人のほか、サントス1人、ドアルチーナ1人、サンミゲール・アルカンジョ8人と12人の主任がいる。主任はサンミゲール・アルカンジョで男性が6人いる以外はすべて女性である。このほかの役職としては、総務部長（一世、67歳）、壮年部長（一世、55歳）、広報渉外部長（非日系人、65歳）、現地語グループ総責任者（三世、51歳）、青年男子部長（非日系人、25歳）、青年女子部長（二世、29歳）、学生部長（三世、22歳）となる。1999年に第二支部長が退任して、第一支部長が第二支部長になり、欠員の第一支部長に現地語グループ総責任者の日・ポ語ができる三世の女性が任ぜられる予定である。日ポ両語がともに堪能で、ポルトガル語で教えが説けるのは現地語グループ総責任者しかおらず、ポルトガル語の日常会話はできても法を説ける人材がほ

かにいないというのが実状である。

　渉外部長・青年男子部長への非日系人の登用は1998年になって意図的に行われ、日本語とポルトガル語の媒介者である現地語グループ総責任者の役職も新しく設置された。ブラジル佼成会の場合、40歳を境に言語の壁が横たわっており、幹部の高齢化も顕著で、1990年代に入って、これまでの教会のあり方とは異なる方向性への展開が、世代交代、世代間のコミュニケーション・ギャップの克服、日本へのデカセギの影響への対処など、戦後移民一世の教会からの脱皮が迫られることになったのである。

　以下で、佼成会の草創期から1980年代の終わり頃までの日系人中心の展開と、1990年代の世代交代と非日系人布教を視野に入れ始めた展開という、二つの時期に大きく分けて考察する。章末に掲げた**ブラジル佼成会年表**を適宜参照していただきたい。

2　戦後移民のエスニック・チャーチとしての佼成会

　佼成会のブラジルでの展開過程を、その活動の中心を担った人に着目して区分すれば、Ⅰ期：教会設立以前の現地リーダー中心の時代（1958～1970年）、Ⅱ期：竹内教会長時代（1971～1987年）、Ⅲ期：森教会長時代（1988年～現在）となる。Ⅱ期は自前の教会道場取得を分岐点に、Ⅱ-1期（1971～1976年）とⅡ-2期（1977～1987年）に分けられる。この節では、ブラジル佼成会が戦後移民中心のエスニック・チャーチであったⅠ期とⅡ期について述べ、Ⅲ期は次節以下でとりあげる。

(1)　教会設立以前の現地リーダー中心の時代（Ⅰ期：1958～1970年）
佼成会庭野会長の訪伯
　ブラジルに教会が設立されることになった遠因は、1958年に、佼成会会長（当時）庭野日敬が、ブラジル日本移民50年祭に招かれ、ブラジルを訪問したことにある。庭野はサンパウロ新聞社社長の水本光任と出会い、ブラジルの道徳的退廃を憂う水本から、「ブラジルを救ってもらいたい」と布教者の派遣

を要請された[4]。この時に、庭野は日本で入会したブラジル在住の会員4人、小野孝三（養鶏業）、佐藤育代（理髪業）、松村剛史（佼成学園卒業後佐渡金属電球会社に就職のため渡伯）、高橋一行（就職のため渡伯、後帰国）の出迎えを受けている。

現地会員による活動

1971年にブラジル教会が設置されるまでは、庭野の訪伯を出迎えた4人のうちの1人である佐藤育代（1929生）が中心となって、佼成会の活動が進められた。育代は新潟県燕市の出身で、1953年に佼成会に入会し、1958年に夫とともにブラジルに移住した。1961年頃から、育代の姉をとおして機関誌『佼成』と『佼成新聞』を送ってもらい、「導き」をしながら、自宅で月2回法座を開くようになった。1964年に訪伯した延岡教会の今村浩子教会長の力添えで、1965年に本部から曼陀羅（本尊）の勧請を許され、家業の理髪業のかたわら、佐藤夫妻は熱心に佼成会活動を行っていく。その頃の法座に、通常は5〜10人、大きな行事には20人程度の会員が集まった。しかしながら、育代は日本では総戒名を祀るだけの一般会員で、幹部の修行をしたわけでもなく、また法座で説法する夫の昌央も妻をとおして信仰に触れたにすぎなかった。法座に集う人々のなかには、日本でそれ以上の修行をした者もいたので、佐藤夫妻の指導力の不足、法の自己流の解釈に対して不満をもつ者も次第に多くなっていった[5]。

こうした不満がありながらも、佐藤宅での法座に会員が集まっていた理由として次の三つが挙げられる。第一に、機関紙誌は佐藤宅を窓口に配布されていたこと、第二に、法座は日本語で語らい、持ち寄った日本の食べ物を食べるという異文化のなかでの日本人サークルの意味をもっていたこと、第三に、辛抱しても皆で集まる体勢をつくっていれば、本部からの幹部派遣が可能になる時期が来るかもしれないとの期待があったこと、である。とはいえ、第三の点について、ブラジルの会員は幹部派遣を本部に働きかけるという積極性はなかった。

(2) 幹部のブラジル派遣と教会の設立（II-1期：1971〜1976年）

教会長の人選と派遣

佼成会本部がブラジルに教会を設置することを発表したのは1971年のことである。サンパウロ新聞社社長の水本からの再々の要請もあって、佼成会側は3年ほどかかって、150人の候補者のなかからブラジル教会長適任者を人選し、最終的に浜田教会長竹内君江(1923年生、1952年入会、1967年に三鷹支部教務員から島根県の浜田教会長として赴任)に決定した。本部側では日系社会の有力者の要請であることにかんがみ、当初から単なる幹部ではなく、教会長クラスの派遣を考えていた。

　この人選の理由は、海外で布教するには後ろ盾がある人でないと何かことがあった時に困るので、ブラジル北部のパラ州の州都ベレン市にある日本領事館の総領事の妻と竹内が親しいこと(実際は入れ違いに転出)、女性であること、机の上で焦って本部に報告する数字(会員数)ばかり気にする人ではないこと、であった[6]。竹内は庭野からブラジル行きに際して、「現地の宗教をかきまぜるようなことをせずに静かな布教をしてほしい」と言われた[7]。また、「人相もいいし、押し出しもいいし、あんたなら出来るからやってください。自分と同郷(新潟県)で、七間も八間もある立派な家に住んでいる人がいるから安心して行きなさい」との庭野の言葉を受け、「会長先生がブラジルに教会を置くという英断をしたからには、必ず手助けしてくれる人がいる」と信じて、1971年6月に観光ビザ(宗教家としての入国は規制されていた)でブラジルに入国した。その時竹内は48歳だった。ブラジルに着いた3日後に、サンパウロ市にある佐藤宅でブラジル教会発会式を行った。しかし、実際に来てみると、佐藤宅は竹内が寝泊りして教会にできるような広さがなかったため、日系人経営のホテル暮らしをした後、東洋人街に近い地域のアパートに移り、そこに教会を設置した。

現地リーダーとの確執と初期布教

　竹内がブラジル教会長として派遣されて、まず問題化したのは、佼成会の現地会員のリーダーだった佐藤夫妻との確執である。佐藤夫妻は、支部が設置されていないにもかかわらず、佼成会サンパウロ支部長の名刺を作っていたぐらいであるから、理髪職人として一生を終わるよりも、いずれは自分の家を佼成会の教会にして佼成会の責任者としてブラジルでやっていきたいという気持があった。それなのに自分たちをさしおいて、教会長が派遣された

こと自体が不満であったし、また面倒をみるつもりだったのに、竹内が頭を下げないということで、一切協力しなかった。しかし、さまざまないやがらせをしたものの、派閥をつくるだけの力は佐藤にはなかったという[8]。竹内は言葉もできない異境の地にあって、本部があてにした人はあてにならなかったが、1958年に庭野を出迎えた会員の1人だった松村剛史の娘（松村の妻幾代は、自分が世話をしたら、佐藤が嫉妬するからとはじめは娘を出した）が、日常生活に必要な品物を買い集めることから始まり、2ヵ月間付きっきりで世話をしてくれた。

　竹内がアパートに移り、生活が落ち着いてから、まず行ったのは会員の洗い直しである。道も言葉もわからない竹内を松村幾代（1915年生）が手伝い、2人で本部からの会員名簿を頼りに、会員宅を一軒一軒訪ねた。当初、潜在会員が400世帯あるといわれていたにもかかわらず、会員としての自己認知をもつ者はアルゼンチン在住会員を含めても37世帯にすぎなかった。教会長として派遣されても、実際は教会らしい活動ができる基盤もなく、教会道場を取得するまでの5年間は、開拓布教同然の状況だった。会員がアパートに設置された仮設教会に集まるのも日曜日くらいだったので、竹内は、毎日アパートに鍵をかけて、松村と一緒に、総戒名さえ祀っていればいいというレベルの会員を信仰者として目覚めさせるために、「手取り」に歩いた。この間、まずやらなければならなかったことは、宝前（仏壇）への「お給仕」の仕方、儀式の仕方、法座のあり方、教学など、ブラジルという遠隔地できちんとした指導がないままに自己流に流れていたものを本来のあり方に修正することだった。これと並行して、新たな人間関係をつくるために、竹内が日本で資格を取得していたリボンフラワーの講習会を5ヵ所で開いた。会員宅では近所の人を対象として、サンパウロ新聞社社長水本宅や、親戚から総戒名を送ってきている銀行の支店長宅では、これを足掛かりに有識層とのつながりを開拓した。この他、竹内はお花、習字、絵を習いに行きもした。これらは竹内の考えた人間関係をつくるための戦略であった。日系社会の有識層に対しては、布教を志したというよりも、後発の新宗教として、認知と理解を求めたのである。

　1974年、ブラジル教会創立3周年にあたって本部から庭野日鑛（日敬の長

男・現会長)を迎えるために、竹内は今までよりも広いアパートに移った。翌1975年7月にはブラジル政府から、法人格を取得した。当初竹内は、観光ビザしか取得できなかった関係上、半年に1度2〜4ヵ月間日本に帰国し、本部の指導を受け、またブラジルに入国するという生活だった。1年半後の1972年12月には業務ビザを取得できたが、その後も毎年2ヵ月程度帰国した。日本への帰国とブラジル入国の繰り返しは、竹内にとっては本部で指導を受けることでブラジル布教に対する気持を新たにし、会員にとっては竹内をとおして日本の雰囲気に触れるという機能を果たした。とはいえ、もともと竹内は3年間の約束でブラジルに赴任したのであるうえに、このような年ごとの日本滞在のために長期にわたってブラジルをあけることになり、ブラジル布教に対して腰掛け的になったことは否めない。

(3) 教会道場の取得と会員の育成（Ⅱ-2期：1977〜1987年）
ブラジル永住の決意と教会道場の取得

1975年10月に竹内は母親の葬儀のために日本に帰った。その時に庭野から、「ブラジルの永住権をとって腰を据えたら、会員も安心してぐらつかない」との指導を受け、竹内はブラジル永住の決心を固めた[9]。本来は3,000世帯ないと教会道場はもてないという規則になっていたが、竹内の教会道場の要望に応えて、海外はまず建物を先にしなければいけないという考え方のもとに、本部は翌1976年6月にサンパウロ市内の東洋人街にも近い高級住宅街にある、サンパウロ新聞社所有の、ある中近東の元領事館として使われていた土地建物を購入した[10]。敷地700㎡、建坪480㎡である。新教会道場本尊入仏式は1977年1月に、庭野日鑛を迎えて行われた。

教会道場を取得した時点では、会員世帯数は106世帯にすぎなかった[11]。「手取り」に歩くと、道場ができたなら道場当番も宿直もしようと、器ができたために会員の心が動いた。また、日本で入会後渡伯した人々が、道場を覗いてみて雰囲気がよければ活動をしようと会員の名乗りをあげた。道場当番制、宿直制ができ、教学の勉強会も始まった。1977年6月には青年部も発足した。活動会員のほとんどは教会道場ができてから入会したり、来始めた人々であるという。1978年からは、青年部を中心に日系老人ホームの慰問・

写真5-1　旧教会道場　（1988年）［著者撮影］

写真5-2　旧教会道場での創立17周年記念式典参拝者　（1988年）［著者撮影］

奉仕を開始し、社会活動も行うようになった。1979年には、教会道場での初めての結婚式が挙行された。1981年には、庭野日鑛らを本部より迎えて、創立10周年記念式典が行われた。1981年には会員世帯数が282世帯になっていたが、10周年を機に、日本の本部のパターンを踏襲した形で定例行事を行うようになった。行事はほぼ月1回あり、参加者は60人前後だった。行事では、供養後、日本から送られてくる庭野の説法テープを聞き、竹内の法話のあと法座がある。竹内教会長時代はすべて日本語で行事が行われた。1984年からは、日曜学校が会員子弟二世の育成目的で始まった。

教会道場での幹部・会員の育成

ブラジルに派遣されてから教会道場ができるまでの6年間、竹内はアパートに設置された教会を足場に、会員の手取り、人間関係をつくるためのリボンフラワーの講習会、習い事など、教会の外に向かって活動した。しかし、教会道場という拠点ができてからは、教会からほとんど出ることなく、教会に来る会員の育成が中心になった。教会道場取得と同時に支部制をとり、第一支部(サンパウロ市)、第二支部(モジ・ダス・クルーゼズ市、スザノ市)、第三支部(サンミゲール・アルカンジョ市ほか州内遠隔地)の3支部としたが、いずれの支部も教会内に設置されていた。

佼成会で重視する法座は、竹内教会長時代には教会の行事の後に行われ、各地域の会員宅での法座はなかった[12]。この当時の法座は、会員がお互いの体験を出し合って切磋琢磨するというものではなく、教会長のリードによる、いわば法の話の一方通行だった。竹内は法座の不活発さの原因を、自分のプライバシーにかかわる問題を人前で語りたがらないということに求めている[13]。竹内時代には、道場当番には輪番で24〜30人の会員が奉仕し、毎日3人が宿直した。竹内が道場に住んでいたことは、教会に来れば教会長の指導を受けられることを意味した。したがって、竹内による個人指導が重要な役割をもち、道場当番や宿直の折、また大きな悩みがあって教会を訪ねれば竹内が直接相談にのった。日本では一般会員が支部長―主任―組長―班長のラインを越えて直接教会長に指導を受けることは難しいが、ブラジル教会では教会長と一対一で指導が受けられた。竹内自身も日本とは違いブラジルでは会員が少ないので、すべての人を役に立つ人に仕上げなければならないと、

厳しく徹底的に面倒をみたようである。こうして、幹部にとって道場に当番として来ることが重要な宗教実践になり、教会にとどまって、竹内の指導を外部への布教に生かす動機づけが欠けたように思われる。なお、布教は文書布教中心であった[14]。

竹内は1988年に教会長を退職する。この間のブラジル教会は、戦後移民のエスニック・チャーチとして機能した。布教は拡大しないながらも定着率は高かった。次にこのような展開を規定した要因について探ってみよう。

(4) エスニック・チャーチ化の規定要因

竹内教会長時代は、会員は日本人・日系人、それも戦後移民の一世が大多数を占めた。教会は彼らにとって実家のようなものであり、教会長の竹内を母親とする大家族的雰囲気のなかで展開した。「教会長には絶対頭があがらない」という権威を竹内は幹部に対してもっていた。それは徹底的に彼らの面倒をみることによって達成されたものである。戦後移民の男性会員には、教会はなつかしい日本食が食べられる場であり、戦後移民の女性にとっては、異文化のなかでの孤独をいやす、日本的な雰囲気の、厳しくも居心地のよい空間であった。佼成会の幹部層の定着率は高いが、その活動の主体は布教ではなく、道場当番を勤めて竹内のもとで指導を受けることだった。

教会が設立されてから1980年代まで、約20年間の展開のあり方を規定した要因として、第一に、教会長竹内個人にかかわる要因、第二に、教会長と会員の関係にかかわる要因、第三に、ブラジル布教に対する本部の姿勢という要因がある。これらは相互に関連しあって展開を規定した。

第一要因については、①48歳の単身女性による布教であったこと、②年齢は現地の言語の習得を大きく規定するが、中年の竹内は長年ブラジルに居住してもポルトガル語ができなかったこと、③これによって布教対象が日本語のできる日本人・日系人に大きく限定されたこと（初期はそうでも教勢が拡大していけば、新たに会員になった両語ができる人による布教も考えられる。しかし、佼成会がつかんだ層は戦後移民であり、彼ら自身も日常会話も不自由であるか、日常会話は可能でも教えを説くまでには至らなかった）、④言語の問題および佼成会のブラジル布教のきっかけと関連するが、日系社会の有識層の社会的認知を

求めようとし、非日系人布教は全く念頭になかったこと[15]、⑤竹内が教学畑出身で、実践より教学に関心があったこと、⑥現世利益的なものを求めるブラジルの宗教土壌に適応することは拝み信仰になり、佼成会の教えは崩れるとの認識をもっていたこと、⑦厳しく、形にこだわる性向をもっていたこと、⑧日本で佼成会は新宗教の雄であるとのプライドを内面化していたこと、などが挙げられる。また、⑨治安に問題があり公共の交通機関が不便なブラジルでは、竹内が車の運転ができなかったことは著しく機動力をそいだと思われる。

　第二の教会長と会員との関係にかかわる要因としては、①本部は現地会員の受け皿があっての教会長派遣と認識していたが、実際の会員数は少なく、さらに現地会員の中心人物と派遣されてきた教会長との間に葛藤が生じ、解決するまでに長い年月がかかったこと、②会員の主体が戦後移民（この要因は言語の問題とも関連する）であり[16]、幹部は何らかの形で日本で佼成会と縁があった人が多かったこと、③これと関連して、竹内は日本での会員の育成方法をそのままブラジルに適用したところ、対象が戦後移民だったため、そのままで機能したことから、布教・育成上のブラジル的な工夫がなされなかったこと、④竹内の厳しい指導によって幹部は定着したが、布教が不活発なための人材不足とも関連して、幹部の修行がおおむね道場当番の遂行に向けられ、布教に動機づけられなかったこと、⑤会員が性格的に積極性に欠けたこと[17]、などがある。

　第三は、本部のブラジル布教に対する姿勢である。①ブラジル布教自体は現地会員からの要望ではなく、日系人がブラジル化し、道徳的に退廃していくことを憂えた日系社会の有力者からの再々の布教依頼に応ずるものであったこと、②竹内はブラジル布教に際して、「現地の宗教をかきまぜることはするな」という指導を当時の会長の庭野日敬から受け、「会員数をあせって報告するような人ではない」ので候補者のなかから竹内を選んだとの言葉もあり、布教への動機づけが欠けていたこと、③本部方針として現地にいる日本人会員の世話をすることが主目的とされ、布教対象も日本人・日系人で、日本語ができ、法華経の教えが理解できることが前提とされていたこと、④本部からは土地・建物の購入、教会長給与の支給、機関誌の贈与、5年ごとの

周年記念の時の費用といった財的援助はあったが、それ以上にとりたてて財を投入したわけではないこと、⑤日本からの訪問は記念祭の時の儀礼的なものぐらいで、全く人材派遣がなされなかったこと、⑥ブラジルの会員の日本での育成について対応がされなかったこと[18]、などブラジル布教を支援する本部の取り組みがそれほど積極的ではなかった。

　以上三項に分けて説明した要因によって、竹内教会長時代は、佼成会が戦後移民に対して日系社会やブラジル社会への橋渡し機能を果たしたわけでなく、ただ、異文化適応に問題があった日本移民に対して、戦後移民の心のふるさとして、避難所を与えるにとどまった。しかし、戦前移民の形成した日系社会にも十全に所属できず、異文化の中で葛藤状況にあった戦後移民に対して、ブラジル社会で自らのアイデンティティを保ちながら生きていく力を与えたことも事実である。

2　世代交代の課題と日系人布教の行き詰まり
　　（Ⅲ-1期：1988〜1993年）

　1988年に竹内は定年後嘱託の5年間を終了して教会長の職を退き、竹内のブラジルでの導きのこ第1号である森義一(1937年生、一世、東京都出身、高卒、1955年渡伯、元宝石店経営、親は佼成会会員)が二代教会長になった。森が教会長になった後も、竹内が教会道場に住んでいた関係上、その影響力は強かった。しかし、竹内は1994年3月に病気の手術のため日本に帰国し、その後体調の具合もあってブラジルに戻らないことになった。

　森教会長時代の佼成会の展開は、Ⅲ-1期(1988〜1993年)、Ⅲ-2期(1994〜1997年)、Ⅲ-3期(1998年〜現在)の三つの時期に分けられる。Ⅲ-1期は教会に居住している竹内の影響下にあった時代、Ⅲ-2期は竹内の日本帰国によって森がイニシアチブを握れるようになった時代、Ⅲ-3は本部の支援によって旧教会道場とは格段の差をもつ新教会道場が建設された時代である。ここ10年余の間に、佼成会は戦後移民にとってのエスニック・チャーチという教会の存在形態を打破しなければならない課題に迫られるようになる。こ

れは教会長の実質的交代以外に、教会の姿勢を変化させていかざるをえない課題、すなわち世代交代の課題と非日系人布教の課題が顕在化したためである。この二つの課題は相互に絡み合って存在するが、Ⅲ-1期は二世の育成が主な課題であり、Ⅲ-2期は非日系人布教に向けての取り組みが本格化し、Ⅲ-3期には、二世・三世および非日系人を含む青年部の育成、世代交代が現実化しつつある。

非日系人布教については1980年代後半(Ⅲ-1期)から話題になってはいたが、それが鋭く意識化され、幹部すべての共通の課題となったのは、竹内が帰国した1994年以後のことである。すなわちⅢ-1期は、まだ日系アイデンティティにこだわる竹内の影響下にあったのである。本節ではⅢ-1期を中心に、二世育成の課題に焦点をあてて論述することにしたい。

(1) **言語・文化の壁による世代間ギャップの発生と二世育成の課題**

佼成会は戦後移民が会員のほとんどを占めていたため、世代交代・次世代育成の課題は主要幹部が60代にさしかかる1980年代後半に浮上した。世代間ギャップが出始めたのは1988年ころからで、教会内部で一世と二世の分断が目立つようになった。これには言葉の問題が大きい。二世にすれば教会に来ても日本語ばかり使われているので入りきれない、一世もまた二世のなかに入りきれなかった。一世は日本語、二世以下はポルトガル語と使用言語が異なり、お互いの意志の疎通が図れなかったためである。行事はすべて日本語で行われていたが、一時期、行事の後の法座を日本語とポルトガル語に分けて行ったりもした。

1991年にブラジル教会創立20周年を迎えるにあたり、課題として二世布教が掲げられた。日本語の経典の意味がわからない二世・三世への取り組みの一環として、青年部の二世グループ14～5人が中心になって経典の翻訳に取りかかり、1991年にそのポルトガル語訳ができた。

言語の壁以外に文化の壁もある。かつて戦後移民にとって居心地のよかった空間、日本文化を保持した空間は、ブラジルで育った二世・三世にとっては違和感を感じさせるものになった。彼らは佼成会は暗すぎる、うるさすぎる、堅苦しすぎる、日本式を押しつけると感じた。行事でのご供養の時に、

日本式を踏襲して幹部は黒の式服、脇導師は黒の背広を着るが、これもブラジルで育った二世・三世には違和感があった。

　竹内時代から幹部として佼成会を担ってきた支部長・主任といった役職者が、かなり高齢化し、世代交代の時期であること、また一般会員のなかにも高齢で教会に出られなくなった一世が増えたことも、教会として二世・三世への対応が要求される背景にあった。これら幹部は例外を除いてポルトガル語があまりできず、日常会話程度できる人でも教えを説くことはおぼつかなかった。

(2)　モジ法座所の開設と日系人布教の行き詰まり

　佼成会にはこれまでサンパウロ市のブラジル教会しか拠点施設がなかったが、1993年8月にモジ・ダス・クルーゼズ（以下モジ）市に、ブラジル教会で家賃・経費を負担して、法座所が開設された。ここは長谷川あさ子前支部長（1923年生、一世、1956年に日本で入会、1959年渡伯、1999年に支部長を退任し顧問となる）の第二支部が基盤とする地域で、カード上では会員が100世帯あった[19]。1993年に本部の海外布教課職員が視察に訪問した際、モジは独立したらよいのではないかとの提案があって設置されたものである。モジ市はサンパウロ市から約50キロ（サンパウロ市内の中心部からバスで1時間30分）の距離があるので、会員が集まりやすいように設置され、また布教拠点として、日系人の多いモジでは布教拡大の可能性があるのではないかという読みがあった。

　当時モジ在住の二世が、次世代を担うリーダーとして期待されていたという理由もある。竹内は1987年から毎月モジを訪れ、手広く農業を営んでいる長谷川の長男とその関係で入会した日本語のわかる経営者層の男性を次期リーダーと目し、育成をしていた。1990年には教会で費用を負担し、このうち3人（ほか渉外部長の一世男性1人）を、本尊勧請の時期にあわせて本部研修および教会実習に送り、初めての二世の本尊勧請者3人が生まれた。1992年には、さらに長谷川の長男の妻を含むモジ在住の二世の女性3人を教会で費用を負担し、本部研修・教会実習に送った[20]。予定としては彼らが中心になっていくはずだったが期待はずれだった。また、モジの会員は長谷川家の仕事関係や従業員で占められ、法座所を開設した当時は、長谷川家の経営状

態がよかったため、従業人に対して入会するように言えば入会する状態だった[21]。しかし、その後長谷川家の経営が順調とはいえなくなって、使用人で入会した人は残らず脱落した。後継者として目されていた長男の妻は、佼成会活動ではなく、農業のほうに手をとられた。また長谷川家の関係の経営者層も不況で事業不振に陥り、二世リーダーと期待されて1990年に訪日した人々も、デカセギに出た。

　教会と同じ行事をモジ法座所でもやり、午前中は第二支部の支部長・主任の4人が交代で詰めた。しかし訪れる人はほとんどなく、会員100世帯といっても実質的な活動会員は10世帯程度である。会員世帯数も増加していない。行事には20～30人参加するが、日系人ばかりである。長谷川は竹内前教会長に心服しており、農業の経営拡大にも竹内の指導を仰ぎ、旧教会道場時代は週に4日泊まりがけで教会に詰めるなど、その関係は強かったので、1994年に竹内が病気で日本に帰国してからは、高齢であることとも重なって、意欲がなくなったという。またポルトガル語ができないこと、車の運転ができないことも機動力をそいだ。他の主任も活動的ではない。ブラジル教会では、法座所開設は仏様のお手配であるから閉鎖は考えていないというが、法座所開設以降1世帯のみの入会という状態では、日系人布教だけでは行き詰まることを改めて認識させることになった。

(3) デカセギによる壮年層・青年層の流出

　このような日系人布教の行き詰まりの認識に拍車をかけたのが、日系人の日本へのデカセギである。デカセギはブラジルでは1980年代後半から始まり、1990年の入管法改正によって大量化したが、佼成会の場合、会員の間でデカセギが顕著になったのは1993年以降である。佼成会の会員は性格的に引っ込み思案が多いので、デカセギブームで周囲がデカセギに行き、それらの人々がいったん帰国したあたりから、日本の状況を聞いてこわごわ行った。青年部長、壮年部長、渉外部長や主任の役職についていた人、幹部の子弟、活動に一生懸命取り組んでいた人、伸びそうな人、中堅クラスの人がデカセギで流出した。主として20歳代から50歳代の層がデカセギに行き、ブラジルに残っているのは、年齢では20歳未満、60歳以上、性別では女性、職業では自

営業で日本に行く必要がない人たち（しかし、忙しくて活動には参加できない）である。これでは活動に痛手を与えるのは必至である。家族をブラジルにおいてデカセギに行っている人もいるが、デカセギ期間は長期化し、帰国のめどはたたない[22]。帰国しても再度デカセギに行き、佼成会としてはあてにならない。日本に引き揚げる会員も出た。これがモジ法座所であらわになった佼成会自体の日系人布教の行き詰まりとともに、非日系人布教に意識的に取り組まざるをえないきっかけとなった[23]。

このように、佼成会では1980年代後半から1990年代前半にかけて、①世代間ギャップの発生、②幹部の高齢化による世代交代の課題の発生、③日系人布教の行き詰まり、④日本へのデカセギによる青年層・壮年層の流出、という問題が累積的に、相互に関連しあって、問題化したのである。新しい会員の入会がごく少ない佼成会では、①と②の問題が先鋭に現れるが、これら佼成会内部の問題に拍車をかけたのは日系社会全体を巻き込んだ④のデカセギである。日系人の集住地モジ市に新しい布教拠点を開設しながらも入会者がでないことによって、③の日系人布教の行き詰まりが確認された。佼成会における非日系人布教への志向は、当初は二世・三世への対応から生まれ、1990年代に累積して起きた出来事との絡まりのなかで先鋭化した。

4　非日系人布教への取り組み（Ⅲ-2期：1994〜1997年）

非日系人布教への佼成会全体の意識が高まったのは、Ⅲ-2期の1994年からである。3節で言及した日系人布教の行き詰まりの認識をもとに、1991年から始まった喘息無料治療を一歩進めた喘息先祖供養の開始、行事でのポルトガル語通訳、ポルトガル語機関紙の発行、非日系人対象の法座所の開設、など一連の試みがなされていく。

新しい展開には、戦後移民中心の会員づくりに努力した竹内が帰国し、実質的に森が教会長の役割を演じることになったことも大きく影響している。竹内はポルトガル語ができなかったのにひきかえ、森は18歳の時に渡伯し、

写真5-3 式典での森教会長の話を通訳する志田マルタ
(1994年～1996年の間) [ブラジル佼成会提供]

教会長になる以前は宝石店の経営など商売をしていたため、非日系人と接触する機会も多く、また彼の先妻は非日系人であったから、竹内や他の幹部とは異なってブラジル社会との接点があり、ブラジル人気質、ブラジル文化を体験的に知っていた。生活のなかで習得したたたきあげのポルトガル語であるとはいえ、日常会話には困らない。しかし、佼成会の教えをポルトガル語で説くことができなかったが、1992年に日本語とポルトガル語の双方が堪能な三世の女性、志田マルタ(1948年生)が入会し、言語の壁を乗り越える人材を得たことは、佼成会の展開を大きく推進させることになった[24]。

Ⅲ-1期の1991年からすでに子供のための喘息無料治療が始まっていた。これは非日系ブラジル人に対して閉じられていた教会を一時的にせよ彼らに開放し、現実的に日系会員を非日系人の出入りに慣れさせる効果があった。また、これを契機にして会員になる人もわずかながら現れ、非日系人には先祖供養がわかるはずがない、というこれまでの佼成会の固定観念を崩すきっかけとなった。さらに、佼成会が日系社会を超えてブラジル社会での認知を獲得することになり、佼成会の展開の転換点を構成した。

(1) 喘息無料治療と喘息先祖供養
喘息無料治療の開始と社会的認知の獲得

　日系エスニック・チャーチとして非日系人に閉じられていた教会に、会員としてではないにせよ、非日系人が出入りするようになった契機は、1991年10月から毎年3回、行われることになった喘息無料治療である。これは一般市民の子供（0〜15歳）たちを対象として、現在教会の壮年部長であるマッサージ師志田七栄（1944年生、一世、1967年に工業技術移民として渡伯、新潟県出身）が発案したボランティア・サービスである。彼は元柔道のコーチだったが、練習中に腰を痛めモジ在住の整体師・東洋医学の会会長鈴木朝治の治療を受けて全快したので、自らも鈴木について整体を学んだ。このなかで背骨を矯正することによって喘息が治ることを知り、会員のなかにも子供の喘息に悩む人が多かったことと、非日系人布教の一助になればという気持もあって、教会を会場として無料で喘息治療を行うことを提案した。これは教会創立20周年の年が、ちょうど世界子供年であったことからの発案である。鈴木の応援のもとで志田他5人の整体師が治療にあたっている。

　子供の場合は結果が早く、1回の治療で治る場合が50％、2〜3回で90％は治るという[25]。治療当日には1日に700人の子供、付き添いの親を入れると2,000人もの人が教会に出入りする[26]。喘息治療に来る85％は非日系人である。現在では教会のほか、1996年からモジ法座所（150〜200人）で、1997年から第三支部の拠点のサンミゲール・アルカンジョ（80〜90人）では市の応援を受けて保健所で、各々年に3回喘息無料治療を行うようになった[27]。

　喘息治療はテレビのニュース番組や新聞でとりあげられ、喘息治療の佼成会、と知名度が高まった。新聞に喘息の無料治療の記事が掲載されると問い合わせの電話があり、佼成会の対外活動の一つとなっている[28]。マスメディア以外に口コミの効果が大きかった[29]。今までは日系人ばかりを相手にしていたので知名度が低く、家族的な集まりのように思われており、宣伝不足だったことを、佼成会側も認識した。

　これに伴って、教会内のあり方も変わってきた。二世のみならず、非日系人も教会行事に来るようになり、1994年から日本語にポルトガル語通訳をつ

5章　立正佼成会　243

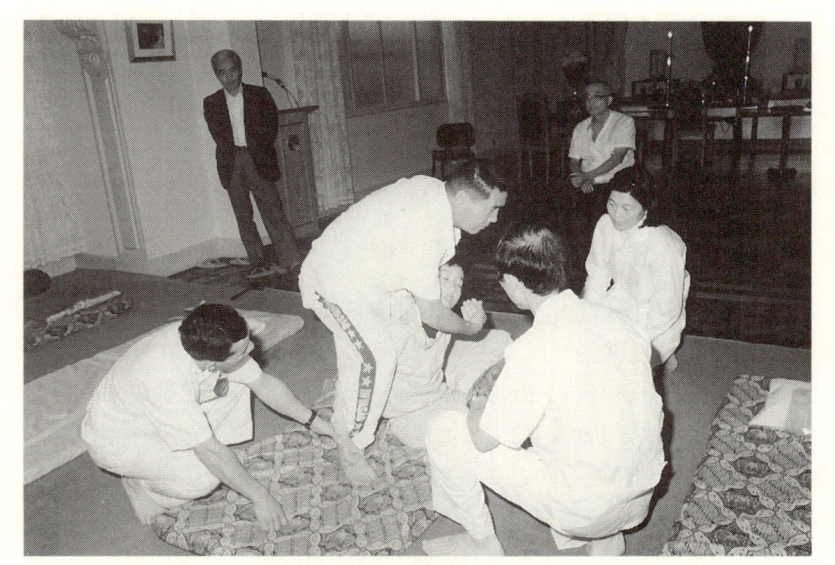

写真5-4　旧教会道場での喘息無料治療
（1991年〜1996年の間）［ブラジル佼成会提供］

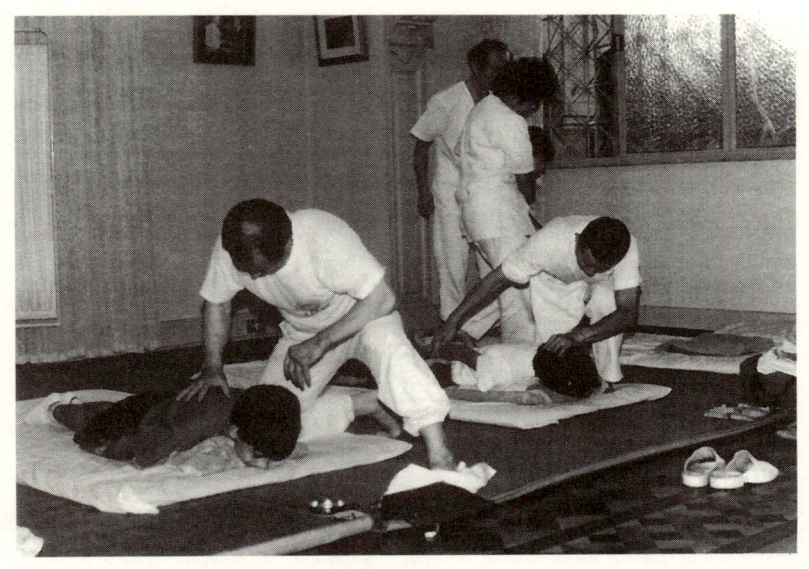

写真5-5　新教会道場での喘息無料治療　（1998年）［ブラジル佼成会提供］

け、行事で両語を使うようになった。1995年10月からポルトガル語機関紙（*Joural Rissho-Koseikai do Brasil*、3号より *Circulo Hooza* と名称変更）を5,000部発行し、喘息治療の時に配布したり、会員が知り合いに配ったり、バスや地下鉄のターミナルに置いたりした。ポルトガル語機関紙の発行が始まったことに加えて、これまで内向きだった佼成会が外にその存在をアピールし始めたことの意義は大きい。

喘息先祖供養の開始

1996年から喘息無料治療の翌週の日曜日に、喘息先祖供養を行うようになった。喘息先祖供養では、法華経2番の方便品と16番の如来寿量品をあげたうえで、たとえば、Familias Silva e Santos といった子供の父方母方の姓（双系の先祖、佼成会の総戒名と同じ方式）を読み上げ、その先祖を供養する[30]。供養の後、喘息の苦しみがどこからきているかについて法座で話をする。これまで佼成会では非日系人には先祖供養がわからないと一概にみていた。こうした状況規定が言葉の問題以外に非日系人布教をためらわせた要因の一つであった。喘息先祖供養を始めた初期には治療者の1割(70〜80人)が喘息先祖供養に教会を訪れた[31]。喘息の人は親きょうだいに喘息の人がいる場合が多いことが、先祖供養に心を向けさせる一因であろう[32]。喘息先祖供養では教会長の話をマルタが通訳するが、内容的には以下のとおりである。

佼成会の教えは先祖供養と感謝で、生きているうちに幸せになる教えと説く。ポルトガル語の先祖にあたるアンティパサードは両親、祖父母レベルまでで代々の先祖ではない。カトリックの教義では死者は天国に行くと説いているので、なぜ天国に行った人を供養しなければならないのかという質問が出る。先祖供養については、黒板に絵を書いて、先祖は根、父母は幹、自分は枝、子孫は葉であり、実である。先祖があってこの世に生まれた。私たちは一本の木なのだから、根がしっかりしていなければ、枝葉も繁らない。根をしっかりさせてこそ、枝葉も実もなると説明する。親の愛情と同じように、先祖は愛情をもっているので、先祖に対して感謝の心をもたなければいけないと説く。では、先祖が子孫に対して愛情をもっているというのに、なぜ喘息で苦しまなければいけないのか、という質問には次のように答える。先祖の誰かが喘息で亡くなっているのかもしれない。先祖から喘息という血が流

れている。結婚してまた子供に喘息という血が出る。先祖供養によって喘息の因縁が続かないように切ることができる。それには感謝の気持と愛情をもち、目の前の子供の喘息という問題にとらわれずに、前向きに感謝の気持で生活することが大切である。そのためには自分を変える必要がある。また、喘息をもっている子供は神経が過敏なので、それを親が責め立てたりしないようにしなければならない。親が自己中心の考え方を切り換えることによって、因縁が浄化されていく。それによって子供が喘息の血を受けずに生まれる。今やっている信仰で救われている人はそれを実践すればよい。しかし、そのやり方がわからず救われていない人は、佼成会での仏教の教えはすべてに手をさしのべる教えなので、佼成会に来れば教えるという。

ブラジルは霊媒に拝んでもらって治してもらうという他力本願の国なので、自分で供養をして治せるということがすぐにはわからない。そして、まだ佼成会では喘息先祖供養参加者に自分で供養することを勧めておらず、供養のやり方も教えていない。喘息治療が入会と結びつけばよいとの意図もあったが、これが契機で入会した人は10人いない。入っても落ちる。喘息治療が入会と結びつかない理由は、佼成会で先祖供養をしてもらうという受け身の姿勢に終わり、具体的実践への動機づけをしていないことがあろう[33]。

喘息無料治療や喘息先祖供養が非日系人の入会にはさほどつながっていないが、佼成会ではこれまで先祖供養は日系人にしかわからないという固定観念があったところ、人間の苦しみを通じて教えを説いたならば非日系人にもわかるという感覚になった意義は小さくない。ここに至るうえで、日ポ語に堪能な志田マルタの通訳や説明が重要な役割を担っている。

(2) 非日系人対象のポルトガル語法座の開設

非日系人の入会やそれに至らぬまでも佼成会とのかかわりのきっかけは、喘息治療、仏教への関心[34]、お会式で振る「まとい」の練習[35]、法座への参加である。喘息治療を受けた子供を行事に「稚児」として出すこともある。

1994年から教会だけではなく、会員の家庭を拠点にして法座を行うようになった。治安上の問題と交通費の問題の少ない集まりやすい地域拠点をつくる試みである。旧教会道場（1998年に新教会道場に移転）は地下鉄の駅から徒歩

写真5-6　新教会道場建設予定地で行われたまとい　（1996年）［ブラジル佼成会提供］

15分のところにあったが、教会への途中は治安が悪く、会員のなかで泥棒にあったことのない人はいないくらいだった。1999年現在、六つの法座が開かれているが、そのうちの一つ、サンパウロ市内サントアマーロで毎月1回非日系人対象のポルトガル語法座が開かれるようになった。経緯は次のとおりである。

1993年8月に日本に主任研修および教会実習に行った渡辺モト子（1937年生、一世、1957年渡伯）は、研修から帰国した後、教会の費用で研修に行ったのだから何か教会に貢献できることはないかと考えた。自宅のガレージに30人くらいの人が集合できるスペースがあるので、隣人の非日系人（生長の家信者）に法座を行いたいと提案した。いいことなのでしようということになり、彼女の協力を得て近隣の非日系人の参加を募った。毎月20〜30人が集まった。1997年6月に渡辺がデカセギに行くことになってからは、ポルトガル語法座を継続したいという教会長の意思で、教会が法座所として借り上げ、毎月第4木曜日に当時第一支部長だった川南千江子（1933年生、一世、1968年渡伯）がそれを担当し[36]、志田マルタが通訳兼個人指導をした。渡辺の姉の大崎オキヨ（1934年生、一世、1954年渡伯）主任も参加した。

参加者はすべて非日系人で、子供まで入れると20〜30人が出席していた。出入りは激しく顔ぶれは変わるが、毎回2〜3人の新顔が参加した。この法座をとおして3家族が入会した。ちょっと行ってみようという気楽な感じで集えること、軽食が出ることが魅力でもある。法座では供養をし、川南が開祖（庭野日敬）の教え、仏教の教えをわかりやすく説明し、マルタが通訳をする。因果応報はなかなか通じない。この法座が置かれているサントアマーロは労働者の町で、ここに集う非日系人は階層的には恵まれていない層である。夫の失業問題、経済問題、夫婦の問題、子供の問題、病気、など深刻な悩みをかかえている。問題をもった人が参加した場合、他の人の前で悩みを言える場合は、言う。非日系人はああしたらいいなどと割によく発言する[37]。近所の人が集まっているので、悩みに詳しく立ち入ると来なくなる。また悩みをこぼすだけでは法座にならない。非日系人は表面上楽しげにしているが、大変な問題をかかえている場合がある。その場合はマルタが個人指導を行う。個人指導は相手の心が読める人でないとできない。非日系人はこうではないのかと一緒に考えると納得する。

しかしながら、持主がデカセギに行って不在の家に法座のために月1回行くだけでは安定感が乏しく、毎週木曜日に大崎が歌・そろばん・日本語の指導をしたり、川南がダンスの指導に行ったりもしたが、あまり人数が集まらず次第に不活発になっている[38]。

(3) 幹部の非日系人観

佼成会では、最近になって、先祖供養の話は人間の苦しみをとおして説くなら非日系人にもわかる、これまで佼成会側が非日系人に対して取り組みをしなかっただけのこと、という認識に達した。また日本語がわかり、法華経が理解できることを入会の要件として厳しく考えていたが、最近では10人導いて9人落ちてもよいという考えを教会長が打ち出している。佼成会では、今までこちらに合う人を選ぶというやり方をしてきたが、相手が望むものをいかに相手に与えるかが大切という、と異文化布教の勘どころに気がつき始め、閉じたエスニック・チャーチからの脱皮を図りつつある。こうした近年の展開のなかで、これまではほとんど接触のなかった非日系人と触れるよう

になった。では、幹部は非日系人についてどう感じているのだろうか。

　喘息治療で非日系人が多数出入りすることから慣れてきたということが基本にある。現在は一世の幹部も非日系人布教の重要性の認識を共有するようになったが、彼らは非日系人に対して違和感があるのも事実である。これは長期間ブラジルに暮らしながらも、非日系人やブラジル社会・文化との接点が多くはなかったためである。まずは「感謝」について、彼らは感謝が足りないのではないか。感謝の言葉をその場では表すが、その場限りで忘れてしまう。すなわち感謝が入会や布施に結びつかず、効果を求めて「今日はあの宗教、明日はこの宗教」と宗教遍歴をすることになる。また、在家仏教の佼成会では自らの手で先祖供養をするが、「他力本願」、「楽好み」、「簡単好み」、「御利益を求める」ブラジルでは、拝み屋に行き、拝んでもらって、即結果を出すことに慣れている。なかには「カトリック教会に行っていて、佼成会に来る人もいる」と複数所属を指摘する幹部もいる。

　幹部たちは、非日系人が入会すると佼成会の雰囲気がどう変わるか、心配した。一世は非日系人に積極的に話かけることができないので、彼らからみると日本人が自分たちを敬遠しているようにみえる。これには言葉の問題もある。一世の幹部でポルトガル語ができる人は多くない。また、内省的で引っ込み思案という佼成会が培った性格もあり、また非日系人を一段下にみる日系人の対非日系人イメージも無視できない。

　日系人幹部は非日系人について、「先祖供養は話をすれば何とか理解できるが、法華経となると難しい」とみている。また、「今、自分がどうすべきかを簡単に教えなければならない。最初から難しいことを言ったら嫌気がさす」、「必ず解決するからと目的をもたせて実行させる。日系人は理屈が多く、非日系人は相手を信じるとやってみるという単純なところがある」と感じるようにもなった。佼成会の教えでは自分が悪いと受けとめ、根性直しを強調するが、「ブラジルではあなたが変わらないといけないと言うと反発してくるので、絶対あなたがだめ、とは言えない。まずその人をたてて、こうしたらこういう結果が出ると他の人の体験を教える。そうすると自分に足りないところがあると気づく。はじめからあなたが悪いと言ったら絶対に受け入れられない」という。

言葉の問題や、教えが非日系人に通用するかということのほかに、彼らが入会してもはたして会費がとれるのか、という問題がある。会費は1人あたり月に1レアルで、通常3ヵ月、半年、1年とまとめて支払う[39]。非日系人の場合は、会費がなかなか集まらない。ポルトガル語法座に来る人に1レアル持ってくるようにと言って、次回に持ってくると答えても、持ってこない。彼らはピクニック、錬成など楽しい時にはバス代、宿泊代、食べ物代で30レアルでも出すし、バザーなど交換なら出す。けれども会費は集まらない。日系人の場合は、年末になっても未払いの会費がある時は自分から申し出て支払う。日系人は布施の功徳を認識しているが、非日系人にそれを認識させるのは難しい。教会側では布施の功徳を説いても強制してはいけないという方針である。現在非日系人は会員の1割強だが、今後増えても、会費はもとより、布施があがらないので、よほど人数がいないと運営上支障をきたすだろうと、教会側は懸念している[40]。

5　ブラジル布教への本部の取り組みの積極化

　ブラジル佼成会の展開には、日本に在る本部の支援体制や海外布教に対する考え方が無視できない。竹内教会長時代の佼成会の方向性も、本部の海外布教のスタンスとかかわりがあった。2節で言及したブラジル佼成会の原型、すなわちエスニック・チャーチ型からの脱皮を図らなくてはならない状況が生じており、また、次世代育成や非日系人布教という新たな課題への取り組みがみられることは、3～4節でみたとおりである。1990年代に入って本部自体の布教方針に変化が生まれ、本部からの人的派遣、現地会員の育成制度が始まり、1998年には本部支援のもとに新教会道場が建設された。総戒名・本尊などの礼拝物、教義、儀礼は宗教的権威の源である本部が定め、現地では変えることはできない。今後の展開においても本部方針はそれなりの重要性をもつので、ここで展開それ自体の追跡から現地と本部との関係に目を転じよう。

(1) 海外布教に対する本部の姿勢の変化

　本部の海外布教への支援体制や取り組みは必ずしも積極的なものとはいいがたかった。佼成会の海外布教はアメリカとブラジルで始まったが、そこでの海外布教とは日本で佼成会に入会して海外に渡った日本人会員の手取りであった。したがって、異国にありながらも布教の基本パターンは日本の延長であり、日本語によって、日本の文化を継承して布教が行われてきた[41]。そこで求められたのは、海外にあって孤独とカルチャー・ギャップと闘いながら生活する日本人会員に、安らぎと勇気を与えることだった(安心立命布教)。日本人布教が主体であったため、現地の社会と文化に積極的に適応した布教方法の開発がなされるはずもなかった。

　しかしながら、家庭内においても一世の親と二世の子との間に言語や文化のギャップが生まれてきたことから、本部では1990年に海外会員に対してアンケート調査を実施し、問題を拾いあげることを試みた。その結果、アメリカやブラジルでは、①閉鎖的な日系社会のなかでの個々人の布教の取り組みは限界にきていること、②幹部の高齢化が進み、彼らの布教意欲は消極的であり、布教意欲がある場合でも、言語の壁により導きに踏み込めない状況があること、③世代交代の時期にあたり、二世を主体とした教会運営・布教活動が要求されていること、が指摘された(立正佼成会教務部海外布教課 1991：8-12)。これらの指摘に基づいて、1990年代の海外布教方針が立てられ、これまでの一世中心の布教からの脱皮へ向けての取り組みが開始された。ブラジルの場合、青年布教員の派遣やブラジルの青年会員の日本での育成である。また、新教会道場が建設された。そこで、育成への取り組みの実態をみる前に、本部からブラジル教会への財的支援と新教会道場建設が可能になった背景をみてみよう。

(2) 本部からの財的支援と新教会道場建設

　本部からブラジル教会への財的支援は、土地建物の取得・改装にかかわる費用、教会長の給与、青年布教員の給与、5年ごとの周年記念などの行事経費への援助である。また、『佼成』『躍進』など機関誌の航空便での送料(以前は機関誌代も本部負担)は本部負担である。年2回行われる海外教会長会議出席

のための航空運賃・滞在費も本部負担である。日本にある佼成会の教会の場合は布施を本部に送り、本部から予算を交付されるが、ブラジルでは現地採算制で、現地であがった布施は全部ブラジルで使用する。

ブラジル教会は、1993年に土地を購入して、1998年に教会道場が落成したので、これまでの旧道場から、交通の便がよく、広い敷地(旧教会400㎡に対して新教会は5,160㎡)をもつ総建坪845㎡(旧教会480㎡)の新道場に移転した[42]。経費はすべて本部からの援助でまかなった。新教会道場建設が可能になったのは、第一に、会員が日系人ばかりだったこれまでの状態からブラジル教会が脱皮する感触を本部側が得たこと、第二に日本から進出している他の新宗教の施設と比較して見劣りがすること、第三にブラジル側から新教会道場の要望があったこと、である[43]。さらに本部側のブラジル布教へのスタンスの変化も可能になった背景にあると思われる。

(3) 青年布教員の派遣と現地会員の日本での育成

佼成会の海外教会には、教会長が通常5年の任期で本部から派遣される。ブラジルの場合は竹内が永住権をとり、長年にわたって教会長を務め、彼女以外にブラジル教会への人材派遣はなかった。しかし、1996年4月に青年布教員として仲原一嘉(1969年生、1995年学林卒)が5年の予定で派遣された。これは海外布教に関して本部が一歩積極的になったことを示す[44]。仲原への役割期待は青年部の育成にあった。

また、本部が現地の青年会員の育成にかかわることになり、1994年に佼成会の人材養成機関の「学林」[45]のなかに海外修養科が設置され、海外修養生制度が創始された。これは、佼成会の海外拠点での現地語化の進展にかんがみ、海外会員またはその子弟のうちから将来布教を担う意欲がある者に対して、現地語に加えて日本語ができる在家布教幹部の養成を目的とするものである。受験資格は22～28歳の高卒以上の学歴をもつ者で、全体の枠は5人である[46]。海外修養科では、教義、法座の指導法などを学ぶほか、2ヵ月間の教会実習がある。講義は日本語で行われる。海外修養生の滞在期間は原則として1年だが2年まで延長でき、日本語に問題がある場合は、最初の1年間は民間の日本語学校に通学し、その後学林に入学することができる。修養科

写真5-7　一泊錬成での法座　(1996年) [ブラジル佼成会提供]
(正面左の男性は森教会長、右の合掌している男性は仲原青年布教員)

を修了すれば、帰国する。なお、学林の授業料、日本語学校の授業料は本部もちで、宿舎は佼成会の施設が提供され、滞在費として月額8万円が支給される。航空運賃は本人負担である(ブラジルの場合は教会負担)。1959年に初めての海外支部としてハワイ支部が設置されてより35年たって、将来的な視野に立った現地会員の若手の育成が行われるようになったのである。

　ブラジルからは、1995年に学林の本科生(3年間)として松村マリア(1970年生、大卒、三世、母は主任)が入学した[47]。1996年には大野レア(1977年生、二世、二代目会員)が初めての海外修養生となり、翌1997年には三角エリカ(結婚後グンジと改姓、1970年生、二世、1995年に自分から入会)が修養生になり、大野は2年間、三角は1年間日本で修養生生活を送った後、1998年3月に同時に帰国した。

　一般会員対象の育成に関しては、1985年以降、15日～1ヵ月程度の短期で、ブラジル教会から本部に受け入れを依頼し、航空運賃はブラジル教会もち、滞在費は本部もちで、将来の幹部づくりのために40代歳前後の二世を主体としてに10数人日本に送ったことはあった[48]。本部負担の支部長教育として、

ブラジルからは1989年に支部長3人、壮年部長1人が訪日し、1995年には海外支部長会議に川南千江子と志田マルタが参加、1999年には海外支部長指導として次期支部長にと目されるマルタと松村雅子（1947年生、二世、1970年入会）主任が訪日した。1995年以降は本部側の受け入れ体制も整い始め、参加者の意識が高まるとともに実効をあげ始めているようである。

(4) 礼拝対象物・儀礼の現地化への対応

　本部では1983年に海外布教課を設置して以降、海外における儀礼・儀式に関して検討が始まり、現地の文化を背景に、日本とは異なる方針が立てられた[49]。海外布教における儀礼・儀式については教務部儀式課と海外布教課が中心になって検討し、1985年に庭野日敬の指導をもとに、以下のように定められた。①入会者へ礼拝対象として御尊影（大聖堂本尊の白黒写真）を下附する。②総戒名は原則として祀らない[50]。ただし、希望する会員には先祖の象徴として下附してもよい。先祖供養を行う現地人は俗名を過去帳（カード式、横書き、日めくり形式）に記載する[51]。③本尊、守護尊神勧請の基準は本部に準じるが、勧請式については現地で執行することもできる。ただし、勧請する本尊・守護尊神の神入れは本部で実施する。④入神（戒名をつけることのできる資格）資格拝受は本部に準じ、その拝受式も本部で行う。⑤本尊、守護尊神の宝前は国内様式を参考にしながら、現地に適応した荘厳を考える。⑥供物・仏具については国内の様式を参考にしながら現地に適応したものを考える。

　日本との大きな相違は、日本では入会するとまず総戒名を祀り込むが、海外ではその代わりに御尊影を礼拝対象とすること、過去帳の形式が横書きに変化したこと、現地人の場合は、佼成会式の九字の戒名ではなく、俗名をそれに代えて用いることである。「総戒名」を祀らず、御尊影にした理由は、東洋的文化背景をもたない欧米の人々には先祖供養の習慣がない、漢字で書かれた総戒名は読めない、総戒名の形式が日本以外の東洋文化圏にとっても慣習上具合のよくない部分がある、という点を考慮した結果であるという。こうして、海外において夫婦ともに日本人（いわゆる日系人は除く。夫婦のどちらかが日本人である場合には教会長もしくは支部長の判断により、総戒名と御尊影を併

置しても可)である場合を除き、御尊影を下附すると、1987年に通達された。

なお、これらの礼拝対象物・儀礼の変更に先だって1984年に行われた海外教会に対するアンケート調査は、当時のブラジル教会の状況を表している。すなわち、ブラジル教会では、①日本人・日系人の会員がほとんどであり、総戒名を祀ることに問題はない。②総戒名は板に張り付けて祀り込みをしている。過去帳は現地で作成したものを使用している。将来は宝前も現地で作成していきたい。③総戒名を家庭に祀ることは、家庭の信仰により、なかなか祀り込めないこともあるが、だいたいは日本と同様喜ばれる。④教会の宝前荘厳のあり方は日本と同じである。⑤家庭用の宝前は、現地で売られている他教団の仏壇を購入して使用している、と回答している。また、先祖供養については、祖国を捨てて外国に来ていることに対する反省とともに先祖供養を大切に思う気持が大きい。総戒名・戒名が理解されているのかという質問に対しては、日本でのあり方と同じであるが、総戒名では名前を横書きにしたりして工夫していると答えている。ブラジル教会においては、当時の会員が日本人・日系人に限られていたため、日本式をほぼ踏襲し、せいぜい総戒名の名前を横書きにする程度の工夫ですんでおり、1985年の礼拝対象の改訂は必ずしもブラジル教会のニーズを反映したものではなかった。しかし、この変更によって現地勧請式が可能になったことは、ブラジル教会にとって機能的であった。日本からは地球の反対側にあるブラジルの場合、距離が遠く、また航空運賃も高額なため、会員が本尊等勧請のために訪日することはなかなかかなわなかったからである。1987年に庭野日鑛が来伯した際、現地勧請式が行われ、本尊が12家に、守護尊神が5家に勧請された[52]。

1985年の改訂で海外の新入会員には総戒名の代わりに御尊影が下附されることになったが、これは1998年に再度変更された。改訂されたなかで重要なことは、現地語化されたとはいうものの総戒名が復活したことと、宅地因縁の付加である。1996年から3年かけて海外布教課と儀式課で検討した結果、新形式の御尊影、現地語の総戒名と宅地因縁の形式が1998年5月に決定され、同年11月の海外教会長会議の時に手渡された。新入会員には御尊影(縦25cm 横9cm。本部大聖堂にある本尊釈迦牟尼仏のカラー写真。背景は4種の色があるが、ブラジルの場合は幹部会議で背景がピンクのものに統一)、総戒名(縦8.8cm 横12.6

cm)、宅地因縁(縦8.8cm 横12.6cm)のセットで下附する。中央に御尊影、右に総戒名、左に宅地因縁を置く。従来、宅地因縁は本尊を勧請した時に授与されたが、海外ではセットとなった。また、総戒名、宅地因縁の形式は現地語化された[53]。総戒名は夫方妻方(父方母方)の姓を書き、「先祖に菩提心おこさせたまえ」とあり、宅地因縁は「宅地を清浄たらしめたまえ」とある[54]。

総戒名

> Para os espíritos dos ancestrais das famílias
>
> (家族の姓を挿入)
>
> Dela aspiração à iluminação

宅地因縁

> Senhor, abençoa esta terra a casa
>
> (住所を挿入)
>
> mantendo-as sagradas

　なお、守護尊神の形式は日本と全く同じものであるが、本尊については海外の場合は厨子入りで、アジアは金の仏像、欧米はブロンズ像と、1994年に変更された。これに伴って1995年に本部職員がブラジルを訪問し、現地勧請式(交換勧請)を執り行い、掛け軸形式の本尊をブロンズ像の本尊に変更した。

　こうした礼拝対象物は本部がその神聖性を保証するのであるから、本部主導の改訂であるのは当然といえる。漢字文化圏と非漢字文化圏に対しては異なる対応があるにしても、本部が中心になって、文化的違和感を減少させるように現地への対応が試みられた。本部としては礼拝対象物と儀式に関しては本部がガイドラインを作成する方針である。現在、本部での海外儀礼プロジェクトで、供え物に関してここまでは変えてはいけないが、あとは現地化してよいというガイドラインをつくろうとしている。意味づけは本部が決め、表現は現地という方向性である。たとえば、儀式で幹部は黒の礼服を着るが、どうして黒を着るのかという意味が保持されれば、現地の状況に合わせてよいという。いずれにしても帰依三宝(仏法僧)、すなわち仏(形としての本尊)、法(法華経を所依の経典とすること)は変えてはいけないが、それ以外は現地化してよいというのが本部側の見解のようである。

　ブラジルの場合、1995年からの本部学林での青年の育成、1996年の本部か

らの青年布教員の派遣、1998年の総戒名等のポルトガル語化など、ここ数年で本部の海外布教に対する姿勢がいくぶん積極的になったようである。1980年代までは会員の多くが一世であったため、儀礼などの現地化が求められることが少なかった。1990年代に入ってブラジル文化のなかで育った二世・三世への世代交代の時期になり、また非日系人も会員としてかかわってくるようになったので、現地化のさらなる進展が要請される可能性があろう。

6　新教会道場の建設と新たな展開への試み
　　（Ⅲ-3期：1998年～現在）

　ブラジル布教に対する本部の取り組みの変化を受けて、1998年に新教会道場が建設されたのは上述のとおりである。旧教会道場と比べると敷地面積は13倍、建坪は2倍の広さになった。森教会長はあと2年で嘱託期間が終了し、次期教会長は本部派遣になると思われるため、在職中に基盤整備をしておきたいという気持があるのに加えて、また、今の時期に切り換えておかなければ佼成会は衰退の一途をたどるとの危機感がある。3～4節でみたブラジル佼成会の世代交代・次世代育成・非日系人布教といった解決を迫る一連の問題に対応するなかで、同様の意識が幹部にも共有されてきた現在、新教会道場に移転したのをチャンスとして、さまざまな改革が行われている。その成果は後日を待たなければならないが、大きな転換期であることも事実であるので、改革の試みを概観してみたい。

(1)　幹部の世代交代と新たな体制への移行の模索

　1999年3月にモジを基盤とする第二支部長長谷川あさ子（一世、76歳）が退き、これまで第一支部支部長だった川南千江子（一世、66歳）が第二支部長に異動した[55]。後任の第一支部支部長には、志田マルタ（三世、51歳）が近々日本で教師資格を取得した後、任命される予定である[56]。第三支部の阿部チユエ（一世、69歳）も退任し、後任には主任の松村雅子（二世、52歳）が昇格する様子である。既存の支部長のなかで川南が残ったのは年齢や活動能力もあるが、

写真5-8 新教会道場での創立27周年記念式典での供養の様子
(1998年)[ブラジル佼成会提供]
(正面は本尊釈迦牟尼仏。それに向かってたすきをかけ黒の式服を着用している5人は導師)

写真5-9 式典での献灯・献花の儀を終えて退場する女子青年　(1998年)[ブラジル佼成会提供]

ポルトガル語能力が評価されてのことである。この体制になれば支部長クラスはみなポルトガル語での指導が可能になる。

　これまでは支部長も主任も教会道場に直接つながり、主要な実践が道場当番（日直）と宿直に出ることだった。こうした「お役」意識から転換させようとして、1999年から主任に地域の責任範囲をもたせ、手取りへの意識を喚起した。これは従来なされていなかったことなので、幹部にはとまどいもあるようだが、従来の「お役」意識からの転換を可能にする条件として、次の四つを挙げることができる。第一に、幹部が教会道場に詰める時間が減少したことである。新教会道場に移転してから、治安の関係で宿直を廃止し、警備会社によるセキュリティシステムの導入、現職警察官の守衛としての雇用、掃除等雑役担当の夫婦者の雇用（教会敷地内に居住、治安の意味もある）、事務職員の雇用など、コストはかかるものの管理体制が整備された。旧教会道場時代には、多い人は週3〜4日教会に当番に来ていたが、それを週1回程度のローテーションとした。家庭的でなくなったことを淋しく思う人もいるが、教会に来るのは、基本的に水曜日午前中の幹部会議と道場当番1回になり、これによって手取りに向ける時間が獲得できた。第二に、1994年から地域法座が6ヵ所で始まったことと、さらに1997年に旧教会道場を売却して、教会がマンションに移転したため、会員の集まる場所がなくなったことによって、最寄り原則の地域法座が活発化したことである。第三に、1995年に旧来の掛け軸式の本尊をブロンズ像の本尊に交換勧請するために家庭訪問をしたことが、これまで会員の手取りもしなかった怠慢を幹部の一部に認識させたことである。第四に、支部長や次期支部長候補、および主任の一部が本部研修・教会実習に行き、受け入れ態勢が整ってきた日本で、導きや手取りの実際を実質的なプログラムのもとで日本の幹部と一緒に体験することができ、その方法や必要性を学んだことが挙げられる。

　幹部会議ではこれまで幹部たちが、自分から意見を述べることはほとんどなかったが[57]、森は意識的にこの1週間どのようなことをしたのかを述べさせている。また導きよりも、子育てで教会に来られない人の手取りを幹部に奨励している。中年の婦人層を指導力のある幹部に育成しないと主任の代替わりができないからである[58]。それとともに、会費を払い、行事に参加し、

布施をし、幹部の場合は当番をするというこれまでの参詣型から、佼成会本来の資源としての万人布教者型への脱皮が図られている。これらの試みは教会長の掛け声ばかりではない。幹部たちに共有された世代交代の切実さと、大きく立派な教会が「仏様のお手配」で与えられたからには、それにふさわしい教会づくりをしようとする意欲の高まりに支えられている。このように、地域ブロック制、万人布教者体制への移行が、ブラジル佼成会設立後27年たって模索され始めている。

(2) 青年部活動の活発化

　青年部活動は次々世代の育成にかかわるものである。青年部活動にとって、日本から青年布教員の仲原が1996年に来伯したことの意義は大きい。仲原は日本との事務連絡・書類の作成、モジ法座所への週1回の布教、月1回2泊3日で支部長と組んでのサンミゲール・アルカンジョへの布教など、さまざまな点での貢献も大きいが、主要な任務は青年部の組織づくりである[59]。仲原はポルトガル語がかなり上達したようで、現在では二世とも非日系人ともポルトガル語でコミュニケーションをとることができるようになっている。日本の青年部のノウハウを活かして、ブラジルの青年部活動に楽しみの要素を付加した結果、仲原の来伯当時一桁にすぎなかった青年部員が52人になった。そのうち非日系人は18人、日系人では自分から入会した者は1人にすぎず、あとは日系会員の子供である。新教会道場に移転する前は、青年部錬成と銘打ったものの、ピクニック、キャンプといった野外活動が中心だったが、1998年以降は、道場で宿泊し活動できるスペースができたこともあって、ご供養・法座・メディテーション・リクリエーションといったスケジュールに改め、だいぶ錬成らしくなってきた。内容としては友達づくりで、教義教育、儀式教育も含まれる。参加者は25人程度で日系・非日系は半々だが、非日系人は出入りが激しい。未会員の参加もある。

　仲原の存在とともに、学林に海外修養生として留学し、1998年3月に同時に帰国した大野と三角という2人の二世も青年部活動に大きく貢献した。彼女たちは日本ではいろいろなものを学び、とくに2ヵ月間の教会実習から大きなインパクトを受けた。それによって非日系人や二世・三世への導きにつ

写真5-10　青年部錬成でのご供養　（1996年）[ブラジル佼成会提供]

写真5-11　青年部錬成での法座　（1996年）[ブラジル佼成会提供]

いてもアイディアを得たようである[60]。帰国後1年間は気持が燃えていて、青年部の一般錬成を3回、10人程度のリーダー錬成を1回、土日にかけて教会で宿泊して行った。仲原が援助はしたが、彼女たちが企画から取り組んだ。しかしながら、1999年に三角は非会員と結婚し、大野は二つの大学に通学するようになったため、両者とも時間の問題で活動が活発にできない状況にある。日本帰りの彼女たちに対する教会幹部からの期待が過度で、それがいくぶん重荷になっている様子もある。

(3) 布教方法の模索と非日系人の登用

　佼成会では、育成の課題をかかえつつ非日系人への布教方法が模索されている。1990年代の非日系人布教への取り組みのなかで浮上したのは、以下の問題である。

　第一に、佼成会の教えをどのようにわかりやすく簡略化できるかということである。日本の佼成会自体、教学中心になってしまい、いわば精錬された教えになっているので、そのまま非日系人に説いてもわからない。先祖供養については説明の仕方によっては非日系人もわかるという感触をもっているが、「自分が悪い」「下がる」「自分を変える」といった根性直しにかかわる教えは、ブラジル文化とは異質である[61]。受け入れにくいことをどう説くかという問題である。第二に、ブラジルで布教していくには現世利益が必要という認識である。竹内教会長時代には、ブラジルの宗教的土壌に迎合し、御利益信仰になってしまったならば教えは崩れるという考え方だったが、導きや定着の方便として現世利益の重要性を認識するに至った。非日系人は現世利益を求めているので方便が必要であり、ブラジル佼成会はいわば日本の佼成会の草創期にあたるという認識である。第三に、日系人は義理人情でつながるが、非日系人はそれがないので入会しても落ちる。脱落させないためには手取りが大切であるという認識である。

　1999年から、方便として活用し始めたものに姓名鑑定がある。青年布教員仲原の妻の理加が姓名鑑定に詳しく、非日系人の名前の場合、正確に音をとって鑑定する。それにマルタが関心をもって非日系人や二世の指導に応用した。姓名鑑定によってその人の歩んできた人生や性格をつかんで、問題を

かかえ、活動が不活発になっていた非日系人に話をしたところ、図星で、そのために相手が心を開いてきたことがある。マルタが幹部会議で姓名鑑定を使った布教体験を報告したことから、他の幹部も関心をもち始め、理加への姓名鑑定の依頼が始まった。幹部が道場当番や行事遂行だけでなく、手取りや導きによって現場との接触を始め、そこでの模索を背景に姓名鑑定が方便として機能し始めたといえる。

　こうした模索の流れのなかで、新教会道場ができた1998年から非日系人の役職への登用が意識的に始まった。広報・渉外部長と青年部長への非日系人の登用である。渉外部長にはジャーナリストのプラドを登用した[62]。プラドは1996年に入会し、対外的なマスコミとの対応と政界関係を担当している。青年部ではこれまでは幹部が日本語を用いたので、日本語がわからないと困るため、日系人が部長についていたが、非日系人バンデレイを青年部長に抜擢し二世を副部長につけた[63]。これまでは副部長にも非日系人がついたことはなかった。非日系人を抜擢したのには、佼成会の教えがどこまで非日系人に通用するか、それを探り、彼らにプランを出させるなかでブラジルに適合した布教方法を探ろうとする教会長の意図がある[64]。日本での育成マニュアルはブラジルでは通用しないので、このようにブラジル式の布教・育成方法を模索しているのである。

おわりに

　ブラジル佼成会は、教会設置後20余年間は、戦後移民のエスニック・チャーチになっていたが、ようやく1990年代に入ってそれからの脱皮が図られ始めた[65]。「はじめに」でみたように、日本での組織形態と布教形態からみれば、佼成会はC象限の中央集権型―信徒中心万人布教者型宗教にあてはまると思われた。それは異文化においても日本の母教団の組織形態や布教形態をモデルとして教会が形成されるからである。しかし、Ⅱ期の竹内教会長時代においては、教会道場取得後、教会に竹内が常住し、幹部・会員の重要な宗教実践は道場当番で、また竹内が一手に指導を担っていたため、実態は教

師中心参詣型宗教と同様だった。布教の実があがらないため会員が増えず、道場当番など人手不足となり、幹部の修行が道場内に限定されていった。また、教会の下に支部組織はあったものの、3支部ともに道場のなかに設置されていたことは、中央集権的な形態のようであるが、実質は教師中心だったことを示している。佼成会の他の海外教会では本部派遣の教会長はほぼ5年任期で交代するが、ブラジルの場合は竹内教会長時代が、定年後の嘱託の期間が切れるまで17年間の長きにわたったこと、さらに会員数の目立った増加がなかったために、1976年の支部設置後、新たな支部の設立もなかったことによって、実態としては教会長の竹内をおやとし、全会員をこことするおやこ型の様相すら呈したのである。日本の佼成会では教会長―支部長―主任―組長―班長という役職のヒエラルキーがあるが、ブラジルでは教会長の下は支部長と主任までしかなく、それも支部長が主任を指導するというより、教会長が両者を個人指導するという体制であった。日本では主任には法座主としての役割を期待されるが、法座も教会の行事の後に教会長主導で行われるだけで、地域で法座が開かれることもなかった。竹内教会長時代は、拠点は教会道場のほかになく、人的育成も竹内が独りで担当したのである。したがって、竹内教会長時代は図序-1(7頁)のB象限(中央集権型―教師中心参詣型宗教)、内実としてはA象限(おやこ型―教師中心参詣型宗教)のようですらあった。

　1988年から始まる森教会長時代のⅢ期でも、竹内が帰国する1994年までは、森の導きのおやで、道場に居住する竹内の影響力は強かった。竹内は幹部にとっておやであるのに対し、森は教会長になったとはいえ幹部にとっては同輩であるから、幹部も竹内時代のような教会長の指導は絶対という意識をもちえなかった。竹内帰国のあと、C象限の中央集権型―信徒中心万人布教者型宗教という母教団本来の方向に向けての展開が、課題解決への模索のなかで顕在化していくことになる。

　中央集権型が顕れる前提条件の一つは複数の拠点施設があることである。教会外の拠点であるモジ法座所は、竹内退任後の1993年に開設された。組織の面では、地域の最寄り原則にたつブロック制の萌芽がみられるようになった。1994年の地域法座の開始、1997年の旧教会道場売却によって拠点施設が一時的になくなったことによる地域法座の活用、新教会道場移転後(1999年)

の主任担当地域の確定、などはその動きである。それは中央集権型が具現されていく過程であって、また一面、教師中心参詣型宗教の形態からの脱皮の要素を含んでいる。

　1994年以降のこれらの動きは、言語や文化の壁による世代間ギャップ、幹部の高齢化による世代交代、日系人布教の行き詰まり、日本へのデカセギによる青年層・壮年層の流出、といった問題が累積して課題解決を迫り、竹内時代に形成された日本人・日系人中心の小規模ながらも安定したエスニック・チャーチの存続自体が危うくなるとともに、またそれを継続するなら衰退の道しかないことが明らかになったことで、対策を模索していくなかで、顕在化していった。佼成会の場合は母教団がすでにC象限にあるのだから、根本的な組織原理の改編ではなく、これまで条件が整わずに顕在化しなかったものが現れ始めたにすぎない。

　1991年からの喘息無料治療、1992年の日ポ語に堪能な三世女性の入会、1994年のポルトガル語法座の開始、1996年の喘息先祖供養の開始、そして青年部の活動の活発化といった一連の出来事によって、当初は二世・三世への対応で始まった取り組みから、非日系人布教の必要性と可能性が垣間みえてきた。日系人それも戦後移民中心の宗教から、二世・三世や非日系人を視野に入れた宗教に展開できるかどうか。この展開に成功するためには、教師中心参詣型宗教と化したブラジル佼成会が、信徒中心万人布教者型宗教へ転換することが必須となってくる。そして、布教の方向性をブラジル社会のなかの日系社会ではなく、ブラジル社会に向けていく必要性に迫られているのである。

　現在、次世代育成、青年部の育成、非日系人布教において最大の壁になっているのは言語の問題である。言語の壁をいかにして超えるかが、今後の佼成会のあり方を規定するだろう。言語の壁の問題は、言語それ自体だけではなく、これまで教会がエスニック・チャーチとして閉じた空間を形成したため、ブラジル社会やブラジル文化に対する適応への努力をほとんどしてこなかったことを意味する。竹内教会長時代は、エスニック・アイデンティティが強く、現地の思考様式への適応は、全く考慮もされていなかったし、むし

ろブラジル化することを退化ととらえた。また実際、戦後移民が教会に求める心のふるさと的なニーズがあったことも事実である。森教会長時代になって初めて、喘息治療で訪れる非日系人や法座に参加する非日系人の指導をとおして、いくぶんブラジル人気質に気づいてきた。ブラジルの宗教伝統に根強い奇跡信仰や憑霊信仰に対して、竹内は佼成会ではもはや神秘性を重視した呪術的なやり方をしていないとの認識に立って、御利益信仰に堕すれば教えは崩れるというとらえ方をし、根性直しという心の側面を強調した。現証としての奇跡はほとんど出ていなかったといってよい。現在では母教団の草創期のように、御利益で現証をあらわすことが必要だという認識に立ち始めている。

　整体という東洋医学による喘息治療の顕著な効果は、奇跡信仰の強いブラジルの宗教土壌に合致する結果をもたらしているから、クライアントにあたかも「奇跡」のように受けとめさせることも可能である。また新しい試みの喘息先祖供養においては、佼成会の実践のなかで重要な「先祖供養」の意味を拡大し、非日系人布教に向けた資源として用い始めた[66]。1999年6月には第1回ブラジル移民物故者慰霊供養式典が行われた。日本移民の物故者に対する供養は仏教をはじめとして日系新宗教ではよく行われているが、日本移民だけではなく、各国からの移民によって構成されているブラジルの人々すべての先祖供養をするという意味づけは、革新的なものを含む。また民族、宗派の区別なく一般の参加を呼びかけていることは、教会を閉じた空間とせずに一般に開く新しい動きである。まだ試行的な段階であるが、佼成会は1990年代に入って、ブラジル社会・文化への適応を模索し始めたことは注目に価する。

　布教・定着の課題を達成するためには、先にふれた言語の壁の克服のほかに、ブラジル人気質を飲み込んだ育成システムの開発が焦眉の急である。現在では、ポルトガル語で教えも説ける志田マルタという特定の個人に過度の期待と負担がかかっている状況にある。さらに、会員を布教に動機づけ、現場を踏ませることによって、ブラジル社会・文化に適応した布教の工夫をすることが必要と思われる。信徒中心万人布教者型宗教へと脱皮していくために、次世代の育成と布教は車の両輪として重要だからである。

注
1) 1990年に著者が竹内君江氏に問い合わせた手紙への返信による。1世帯4名として換算して比率を出したものである。
2) 1998年現在の会費納入世帯主の属性の調査による。会費納入には至らないまでも活動に参加している周辺的非日系人は含まれていない。また、会費を納めたこともあったが現在納入していない者もこの数字から除外されている。教会側の感触では、そのような人を含めると少なくとも20％は非日系人がいるとのことである。
3) 1988年に調査を始めて以来、1991、1996、1998、1999年の5回にわたって、断続的にではあるが11年間、著者は佼成会を観察してきた。幹部層の顔ぶれはほとんど変わらないが、非日系人を教会で見かけるようになったこと、教会内の貼り紙が日本語からポルトガル語になったことは大きな変化である。
4) 水本は日系社会の有力者で、「カチ組」に属した悪評もある人物だが、「ブラジルの道徳的状況の頽廃」を憂えて、日系宗教による日系子弟の道徳的立直しを庭野に期待したものと思われる。
5) 教会設立以前の状況や佐藤宅での法座の状況に関しては、教団史編纂委員会1985：798-802参照。ここには竹内と佐藤や他会員との確執についても言及されている。
6) 庭野は、女性でなければブラジルには出さない考えだったという。竹内の解釈では、男に単独布教は難しい、すなわち男は長い年月1人で暮らすのは難しく、女の人が手伝いにくれば、人の見る目があり、誘惑もある。間違いがあったり、そういう噂がたったら法は説けないから、ととらえている。

また、1971年は二黒土星の年で、老女の因縁が二黒である。二黒とは、晩年になって子供が立派に成長した時に、その親としての価値がわかる因縁をもつ。その点で、会員数の増加を焦る人は教会長として出せないとの庭野の考えがあったという。
7) 佼成会の活動の重要なものとして宗教協力運動がある。庭野がバチカン公会議に出席したり、法皇と会見したりしたカトリックは、宗教協力の重要な相手方だった。そこで、世界最大のカトリック人口をもつブラジルにおいて、宗教的な摩擦を起こさないように、との言葉とも解されよう。本部側では水本の布教要請への対応に加えて、現地にいる会員の面倒をみてくれればよいといったレベルの感覚のようである。この言葉は他の諸要因と重なって、布教に対する竹内の意識を大きく規定した。

8) 佐藤夫妻と竹内の確執は、自分が中心になってこれまで佼成会を支えてきたという自負心をもつ現地会員と、日本から派遣されてきた教会長との間の、ある意味ではありがちな問題ともいえる。こうした構造的な問題以外に、相性が悪かったということもあろう。なお佐藤育代は1986年に起きた娘の離婚問題を機縁に竹内に助けを求め、その後、これまでは教会長を邪魔者扱いしていたのが、教会長のおかげと言うように変わり、熱心な会員として教会活動に参加するようになった。夫の佐藤昌央は、教会の宿直にも出始め、1987年の第1回現地勧請式では守護尊神を授与されるまでになった。育代は同年に第三支部主任となり、1995年からは文書責任者（機関紙誌の整理・配布）の役職も兼務している。

両者の間の摩擦に関しては、1981年に実施された教団史作成のための聞き取り調査のなかでも鮮明にあらわれ、編纂に際して、取り扱いに苦慮したようである。内田理事が「その問題は佼成会から教会長を出した時点で解決している」と発言し、それを竹内は、もし佐藤に会員を掌握していく力があれば、水本も本部に幹部を要請しなかったはずだと受けとめている。国際課の宮坂課長も、「宗教法人格がとれたこと、竹内の永住権がとれたこと、ご本尊が入ったことという、三本の柱があることを忘れられては困る」と述べたという。『立正佼成会史』第6巻の「ブラジル教会史」には、竹内と佐藤との確執の状況が、かなり赤裸々に記載されている［教団史編纂委員会 1985：798-806］。こうした状況が解決するのに15年かかったわけである。

9) ブラジル帰国後、竹内は永住権を申請した。しかし当時、宗教家は永住権取得が難しく、2回却下され、1979年6月に、3度目の申請でやっと取得できた。永住権申請中はブラジルに居住していなければならないという規則のため、次の日本行きは3年4ヵ月ぶりのことであった。

ブラジルにおいては一応信教の自由は認められているものの、カトリックの勢力が強く、布教を目的とした宗教者の入国には神経をとがらせる傾向にある。永住権はもとより、長期滞在のビザすら取得困難な状況にあった［小笠原 1985：106］。

10) 佼成会が海外布教に目を向けるようになったのは、1958年の「ブラジル日本移民50年祭」でブラジルを訪問した帰途、庭野が北米、ハワイを2ヵ月半かけて視察したことを契機とする。翌1959年に、ハワイ支部、ロサンゼルス支部が誕生した。海外の教会道場は1971年のハワイ教会を皮切りに、1976年ロサンゼルス教会、ブラジル教会、1977年サンフランシスコ教会が建設された。1973年には、本部に国際課が新設され、それ以降、本部が育成した教会長の派遣が相次いだ。こうした背景のなかで受皿が整わないにもかかわらず、ブラジル教会の建物購入が可能

になった。
11)「ブラジル教会史」では、ブラジル教会の設置、教会長の派遣がありながら、この間多くの会員が積極的に活動できなかった原因について、第一に、現地会員の信仰が布教意欲をもつほど高まっておらず、教会長の赴任は機が熟さないうちに本部の方針で決定されたものだったこと、第二に宗教的建物がなかったこと、第三に前リーダー佐藤と新リーダー竹内のつなぎがうまくいかなかったこと、を挙げている［教団史編纂委員会 1985：805-806］。
12) サンミゲール・アルカンジョ（サンパウロ市から200キロ。車で2時間30分）、ドアルチーナ（同460キロ。車で6時間）などの遠隔地の場合は、会員が教会になかなか来られないので、竹内が現地に「手取り」に行った時に法座をもった。しかし、現地会員が自発的に法座を行うことはなかった。これらの地域には寺がないので、佼成会への期待は法事や先祖供養が主だったようである。前者は戦後移民の市川清三（80歳）が庭野日敬の本を読み感動して1979年に入会後、機関誌紙の購読者を募りながら親戚や出身県の高知県人を導いた。後者は山田広治（92歳）が佼成会の機関紙誌を読んで入会し、購読会員を開拓し、1995年まで毎月機関紙誌を教会に取りにきて配布してまわった。サンミゲール・アルカンジョへの布教に関しては、小笠原 1985：113-119参照。
13) 法座のような大勢の参加者の前では自分の悩みを打ち明けないということは、プライバシー意識の旺盛なアメリカ文化の影響下にあるハワイ教会の事例でも報告されている［森岡 1989：332］。しかし、佼成会では法座が不活発なのにひきかえ、類似の活動である霊友会の「つどい」では、日本語・ポルトガル語で活発な体験報告がなされていることから、佼成会の法座が本来の意義を全うできなくさせている原因は、言葉やプライバシーの問題というより、新入会員の少なさに一因があるとする見方もある［小笠原 1985：132］。
　私見では、小笠原の指摘するように、新しい参加者が少なく、人間関係が滞留しているため、自らの問題を出しにくいという理由が大きかったと思われる。
14) ブラジルの通貨に換算すると、機関誌の代金は信者が購入できる金額ではないので、竹内教会長時代はブラジルは特例として、代金・送料ともに日本の本部持ちで、航空便で送ってきた。機関誌は会員以外に、日系社会の有識者や公共機関や老人ホームなど日系人の集まっている場所にも無料で配布された。本部の内部資料によると機関紙誌の発送部数は、『佼成』230部、『躍進』230部、『マミール』3部、『佼成新聞』10部である。航空便で送ってくる日本の雑誌は当時のブラジルの日系人にとっては魅力のあるものだった。竹内教会長時代のブラジル教会では、日本からのこれらの機関紙誌以外に独自で機関紙誌を発行していないのは、会員

の多くは日本語の読める人でその必要性がなかったからといえる。
15) 本部の海外布教に対する考え方は、現地にいる日本人会員への対応ということにとどまり、積極的に布教を動機づけるものではなかった。
16) 1989年時点でブラジル教会の会員の69％が一世である。1988年に日本移民80周年を機に行われた『ブラジル日系人実態調査報告書』によれば、当時ブラジル全体では一世の比率が13％にすぎなかったのであるから、この比率は佼成会の会員の多くが戦後移民であることを示している［サンパウロ人文科学研究所 1990：20］。
17) 積極性に欠けることは佼成会の性分であり、佼成会の教えが会員を内省的にさせたのかもしれないと会員はとらえている。
18) 1989年に初めて本部の費用負担で支部長教育の機会が与えられた。ブラジル教会の負担で、青年大会への参加や特別研修に訪日させることは1985年から断続的に行われている。なお1988年に竹内から森に教会長が交代する時には、本部が訪日の費用を負担し、教会長教育として1ヵ月研修を実施した。
19) 長谷川の生活史については、渡辺 1991：270-278参照。
20) 日本での研修は、日本の教会での客扱いと比較して、ブラジル教会での処遇を非難する方向に働き、効果的ではなかった。
21) たとえば、1990年に前年より70人の会員数の増加があるが、このうち58人は長谷川家の従業員である。教会長交代に際しての本部研修での教会長教育担当だった山口講師を森がブラジルに呼んだが、その時に入会した。
22) デカセギで日本に行った会員のなかには、近隣の佼成会の教会に出入りしている者もわずかながらいる。しかし、全体的には1時間でも多く働き、夜勤もあり疲れていること、転職が多いことなどで、活動していない人がほとんどである。佼成会本部の海外布教課に依頼されて1996年にデカセギ者のリスト70人分をブラジルから送ったこともあったが、半分以上の人が転居していて連絡がとれなかった。日本では1996年4月の釈尊降誕会に在日外国人の集いを行ったところ、600人の参加者のうち、日系ブラジル人は20名ほどで、その半数は非会員だった。また、日本で導かれて入会する日系人もいる。本部から入会カードが来てブラジルに帰国したので手取りをしてほしいとの連絡が12～3人来たが、連絡しても当人は入会したのを知らない場合や、その住所に手紙を送っても返信がない場合がある。それに一時期は出ても理由をつけてこなくなったりして、日本での入会はブラジルに帰国してから続いておらず、機能していない。寂しい時に教会に連れていかれ、出入りし、日本では入会カードをすぐつくるが、当人は入会の認識がないこともある。

23) 第三支部のサンミゲール・アルカンジョとドアルチーナの地域でも、会員世帯のなかで若い人はほとんどデカセギに行っており、高齢化が顕著で、教勢は衰退傾向にある。なお、こうした地域では寺がわりの葬式・法事などが佼成会に求められている。

24) 志田マルタは1948年生まれで51歳である。35歳までカトリックの熱心な信者だった。その後人間の生き方を求めてPL教団に入会し、補教師を志したこともある。娘が霊的に敏感な体質だったため、霊が見えると言って泣いたりするので、悪霊ではないかと心配し、アラン・カルデッキ（カルデシズモ）の本を読んだり、霊媒のもとに通ったことがある。また、人間の生き方を求めてグノーシス派の超心理（Centro de Estudo Gnostico）を4年間勉強した。この教えは、現在の状態は自分の心の反映であり、その状態から脱皮するには、自分がどういうことにこだわっているのかを見極め、自分が変わらなければいけないと説く心理革命の教えである。佼成会の教えと似通っていたので、佼成会の教えが理解しやすく、ポルトガル語で通訳をするのに役立った。マルタは前夫の飲酒が原因で離婚した後、喘息治療の中心人物の志田と出会い、1992年に佼成会に入会した。

　佼成会の幹部は、彼女が入会した時期が佼成会の切り替え時だったと認識している。彼女は1999年現在、現地語グループ総責任者という役職にあり、通訳としてだけでなく、青年部・学生部の統括も行っている。近々、支部長になる予定である。佼成会にとってきわめて有用な人材といえよう。ただ、佼成会側は意識していないようだが、これまでに遍歴した宗教によって、佼成会の教えを解釈している傾きもあるかもしれない。

25) 有料でも治療をしてほしいとの要望があり、毎月第1日曜日にお布施という意味で有料（10レアル）で喘息治療を行ったが、大人は時間もかかり治りにくいこと、労力がかかり、1日40〜50人しかできないこと、また教会で有料でやるのはいけないと森教会長が感じたこともあって、1998年に新しい教会道場に移ってからは有料治療は停止した。なお、問い合わせのあったときは志田を紹介している。志田は一割献金が夢だったと、現在毎月1,700レアルを教会へ布施しており、布施の額ではナンバーワンである（次いで長谷川前支部長の1,000レアル）。会員以外の整体師も無料奉仕だが、整体師の名前・連絡先を張り出している。営業上の効果も若干はあるようである。しかし、喘息無料治療に訪れる人は貧困層が主体なので、彼らはほとんど治療院には来ないということである。

26) 喘息治療の場面を見学したところ、子供の背骨や首の骨を矯正する時間は秒単位のあっけなさであった。

27) 1998年にサンパウロの有力新聞に掲載されて以来、教会以外でも地区から要請

が来た時には教会とはかかわりなく志田夫妻の個人的なボランティアとして喘息治療を行っている。地域会館や学校を会場にして、地区での無料治療を年に10回以上は実施している。また1999年5月にはサンパウロ市のファベーラ（スラム）でも行った。パラナ州マリンガ市やロンドリーナ市でも年に3回出張して、無料治療を実施している。

28) 1993年には*Folha de S.Paulo*、1998年には*O Estado de S.Paulo*いうサンパウロの二大新聞にとりあげられ、女性誌の*Elle*ほか地域の新聞に取り上げられた。日系新聞だけでなく、ポルトガル語メディアにとりあげられたことは、佼成会にとって自信になったようである。

29) 喘息の無料治療に来る人に毎回アンケートをとっているが、1993年にはこれを知った媒体として、テレビ34％、新聞15％、友人33％、佼成会の看板（はじめ2回は日本語で、あとはポルトガル語で2週間前に教会の外に出す）18％だった。1998年6月には新聞41％、友人41％、ラジオ3％、看板2％、再来13％である。テレビが著しく減少したのは、初期には珍しかったため放映されたが、現在では放映されていないことによる。

30) お経は1991年に二世グループがポルトガル語訳した。行事の時には昼前に一世が日本語、二世が昼後にポルトガル語でお経をあげていた。非日系人が入会してきて、お経は日本語でやりたい、日本語はわからないがありがたい、と言うので、1996年から日本語（ローマ字）一本に絞った。

31) 1998年7月から行事が詰まってきたので、喘息先祖供養と佼成会の一般行事をかけて行うようになったが、これは逆効果だった。行事が長くなるとあきてくる。別個にやればマッサージのこと、子供の状態の相談もできる。また非日系人には日本的な先祖供養の説明ではわかりにくいので、ブラジル的に内容を変え、喘息無料治療の翌週に喘息先祖供養を行うように戻したほうがよいと、志田夫妻は感じている。

32) 喘息無料治療のパンフレットには、「喘息の原因は何か。なぜマッサージはよく効くのか。85％は遺伝性で先祖からのものである」とある。1999年6月の治療時（治療を受けた子供の数840人）の親への面談によるアンケート結果では、家族のなかに喘息の人がいる人が78％で、帝王切開で生まれた子供が65％である。また、喘息治療1回目の人は62％、2回目以上の人は38％であった。

33) 霊友会ならば、先祖の戒名（名前）を集めさせ、経巻読誦と導きに動機づけるのだろうが、佼成会は先祖供養といっても参詣型宗教になってしまったことに一因があるのではないかと思われる。ブラジル霊友会の事例については8章参照。

34) ブラジルではカトリックに対する配慮から、日系新宗教が自らをあえて「宗教」

とはいわずに布教する場合もある（たとえば生長の家の場合は「人生哲学」、霊友会の場合は「修行」など）。佼成会の場合は「宗教」ともいうが、一般的には「仏教の教え」、「お釈迦様の教え」と呼称する。非日系人は仏教という言葉の意味はわかるが、ふつうは禅を仏教だと思っている。

35) 1993年に豊橋教会から教会長以下33人が来伯し、ブラジルで初のお会式の行事を行った。その時に豊橋教会の人々が「まとい」を振ったのを見て関心をもつ青年がいた。豊橋教会は「まとい」を置いていったが指導できる人がいなかった。1996年に青年布教員として来伯した仲原が教えるようになり、「まとい」の練習をとおして教会に対して消極的だった二世グループが活動に関心をもち始めた。非日系人も練習に参加している。

36) 川南は3人の支部長のうち、ただ一人ポルトガル語がある程度できる。川南は1933年神奈川県生まれで、1968年に結婚のために渡伯した。夫は北海道出身で13歳の時に渡伯した一世である。夫の病気治療に来日していた折、1976年に入会し、夫が日本で亡くなった後、1978年に再渡伯し、1980年から活動を開始した。川南の生活史に関しては、渡辺 1991：278-287参照。

37) 日系人の法座は、行事の連絡、教会長の話の伝達が中心で、法座ではなかなか個人的な話が出ない。

38) 1999年6月に渡辺は一時帰国し、9月に著者と面談したが、またデカセギに行く様子だった。渡辺の帰国のメドがたたないので、教会は渡辺宅の法座所としての借り上げを中止し、入会して総戒名を祀り込んだ非日系人の自宅で8月から法座を開くように変更しつつある。また川南は1999年3月に、サンパウロ市担当の第一支部長からモジ担当の第二支部長に異動となり、モジに居住するようになった。このような教会の体制の変化も影響している。

39) 1994年から1998年までは、為替レートで1ドル＝1レアルに抑えられていた。1999年に入ってからは、1ドル＝2レアルとなった。1レアルは市内の地下鉄やバスの運賃にほぼ相当する。

40) ブラジル佼成会は財の側面では独立採算制で、布施は日本の本部に送らず現地で使用してよいことになっている。収入の内訳は、56％が布施、8％が会費、36％が銀行利子（ブラジルの利子は高い）である。布施の占める割合が高く、布施が重要な宗教実践であることがわかる。なお、1998年に新教会道場に移転したため、支出の内訳は管理費が67％、活動費が33％となっている。また、2節でみたように会費納入者総数における非日系人の占める割合は12％なので、非日系人の会費納入率の点では問題があるようである。入会しても総戒名の祀り込みをしていない人もいる。

41) 1999年現在では、佼成会の海外会員は約7,500世帯、地域的にはアメリカ、ブラジル、台湾、韓国、香港、タイ、シンガポール、ネパール、バングラディッシュ、スリランカに教会(拠点)がある。このうち台湾と韓国(現地の事情で姉妹団体)が各々2,500世帯以上と、両国で海外会員の3分の2を占める。これらは100％現地人である。
42) ブラジル霊友会とは200メートル離れた至近距離にある。
43) 本部では長沼理事長が地球サミットでブラジルを訪問した時に、森教会長がよい土地があると案内し、教会道場が文化財指定の候補にあがっており、そうなると教会として使えなくなるので、新しい拠点がほしいと新教会道場建設を要求したと受けとめている。なお、旧教会道場は結局は文化財に指定されず、売却後とりこわされ、スーパーが建設された。
44) 青年布教員は、ブラジルに次いで1997年に台湾、1998年にタイに派遣されている。仲原の場合は、学林卒業後、職員人事の一環としてブラジルに派遣された。これは本部の意向だが、ブラジルでは潜在的な要求はあった。人選がどのように行われたかについては、佼成会では「因縁とか仏様のお手配」とかいういい方があるが、仲原は実際のところ不明であるという。
45) 学林とは、1964年に設置された佼成会の人材養成機関である。本科は大学卒業者が対象で、内容としては佼成教学、仏教関連科目、一般教養科目のほか、現場での教会実習がある。学林本科卒業後は、教団に専従する者が9割を占める。
46) 海外修養生制度では毎年の在学生が5人に限られているが、この制度によって修養生を派遣した国はタイ、台湾、韓国、アメリカ、ブラジルで、1999年現在では韓国、台湾、アメリカの修養生が滞日している。
47) 卒業後本部の職員となり、東京の大田教会に所属し青年布教員として修行している。将来はブラジルに帰国して、この経験を生かしたいと希望している。
48) これは何人かを除いて、期待したような結果にはならなかった。ブラジル教会側も漠然とした次世代の幹部養成を目的とするもので、日本の教会の雰囲気にふれ、ブラジルに合った方法や形でそれをもちこんでくれることを期待したのだが、二世にはむしろ逆効果になった。というのは、日本の教会は言葉もわからない人が来るとお客扱いにするため、日本はこうだったと比較し、ブラジル教会は受け入れが悪いと言い出し、わがままになった。しかしながら1993年以降は日本の教会側の受け入れ体制が整備され、教会側も主任研修といった形で、役職者を送った時には、帰国後に先述のポルトガル語法座の開設につながるなど実効をあげるようになった。
49) 佼成会の海外布教担当部署は、1969年に布教開発課、1974年教務部国際課(海

外布教担当)、1983年国際室海外布教課、1987年教務部海外布教課と変遷している。海外布教課が設置されてからは、それ以前よりも積極的な取り組みがなされるようになった。
50) 総戒名とは、「諦生院法道慈善先祖○○家徳起菩提心」と書かれた短冊状の紙で、○○家のところには、父方母方双方の姓を入れる。これは佼成会の教えの先祖供養とかかわるもので、総戒名の祀り込みが入会の時の重要な要件である。戒名とは、入会後、家族・親族・知人・友人など入会者にかかわりのある故人に佼成会方式で九字の戒名（男性の場合は、「○○院法○○徳信士」、女性の場合は「○○院妙○○徳信女」）を贈り、成仏を願い、過去帳に記載する。
51) 一世や二世のなかで希望する者には縦書きの過去帳も使用されている。
52) 現地勧請式は日本から責任役員や理事クラスが来ないとできない。ブラジルではこの時1回だけである。したがって現地で勧請できるといっても限定つきである。
53) 本部では海外を、漢字文化圏（縦文字文化圏）と非漢字文化圏（横文字文化圏）とに分けているが、漢字文化圏（韓国・中国・台湾）は日本の総戒名と同じ、ただし台湾は白地に黒の文字を嫌うので、赤地に金に変更した。非漢字文化圏では現地の言語による総戒名ができた。また海外にいる日本人はどこにいようと漢字文化圏の人と受けとめている。

　佼成会では姓名鑑定を方便として用いるが、これは漢字文化圏の話であり、発音やカタカナでの鑑定は行わない。しかし、性格や相性の診断に用いる五行（火水木金土）は発音の世界だからできるのではないか、また性格や方位をみる九星は生年月日なので、これも海外で使用可能なのではないか、というのが海外布教課の意見である。
54) 英訳からのポルトガル語訳なので、参考までに英訳を記すと、総戒名のほうは、"To the ancestral spirits of the（姓を挿入）families for aspiration to enlightenment"、宅地因縁の方は、"Bless this land and house（住所を挿入）Hold it sacred"である。
55) 川南が第二支部長になったことは、望ましい効果を生んでいる様子である。第一に、川南は単身なので、これまで幹部が午前中詰めるだけだったモジ法座所に週4日は常駐していること、第二に、会話程度はポルトガル語ができること、第三に、青年布教員の仲原が毎週木曜日に車でモジの布教のために来るので、車の機動力を生かし、これまで行っていなかった会員家庭を訪問し、お経をあげさせてほしいということを方便に手取りに歩いていること、第四に、1999年6月から近所の子供に日本語を教え始め、近隣の認知を得る試みを始めたことである。これは近所の人からの質問に答えて、仏教で先祖供養していると言ったところ、日

本語を教えてくれないのかという要望があり、それに対応したものである。これも常駐の効果である。

　川南は、モジには西本願寺などの仏教寺院があり、葬式、先祖供養は寺に依頼することができること、日系人は寺とのかかわりがあるほか、すでに他の日系新宗教に入会していることから、日系人布教は難しいということを実感したようである。

56) 志田マルタは2000年1月付で支部長に就任した。
57) これには竹内の影響が大きい。竹内は厳しかったが、ものをきちんと片づける、言われたことに対応してすぐ動く、といった指導をしたので、受け身の体質をつくったようである。
58) 現在非日系人布教をはじめとして動きがあるのはサンパウロ市なので、第一支部の主任4人とサンパウロ市在住の第三支部主任2人計6人の年齢構成をみると、50歳代1人（二世）、60歳代3人（一世2人、二世1人）、70歳代2人（一世2人）である。50歳代の主任は第三支部長の後任候補であり、教会長は60歳代と70歳代の人をポルトガル語ができる二世の若手に交代させることを念頭に置いているようである。

　次世代の主任候補が育成されたとしても、本尊なしには主任の役にはつけられないので、本尊の勧請をどう実現するかの問題がある。1987年に本尊の現地勧請式があったが、それ以後はない。今後、役職の世代交代とかかわって、本尊勧請の問題が表面化すると思われる。
59) ブラジル教会のあり方に慣れ、教会幹部の信頼をかちえるためにある程度時間を要したが、現在では頼りにされる存在として受け入れられている。仲原は最初は単身で来たが、日本で佼成会の青年部活動で知り合った女性と結婚し、夫婦で滞在していること、妻がブラジルで子供を出産したことは、信頼をかちえるうえでプラスに働いた。

　2000年11月をメドに帰国させるという本部の意向だが、仲原はブラジルが気に入っており、子供の誕生を期に永住権を申請し、できれば長くブラジルにいたいと思っている。教会側ではいったん帰国してもまたブラジルに来てほしいと願っている。
60) ブラジルの教会は一つであるのに、日本では多くの教会があること、職員がたくさんいるということに驚き、日本の教会での供養方式の厳しさ、法座が毎日あること、平日でも活動があることにブラジルとの違いを感じた。教会実習で「導き」活動に随行して、そのやり方を見たことは、ブラジルでは「導き」や「手取り」がほとんど行われていなかったので強烈な印象を受けた。訪問先で断られた場合

にも、それを接し方の修行として受けとめることは、ブラジル文化とは異質であるがゆえにショックだった。これらの体験をとおして、日本でのやり方はブラジルにそのまま通用しない点があるが、ブラジルに応用するには次のようにすればよいという。ブラジルでは日本の佼成会風に「あなたが悪い」と言ったら人は口をきいてくれなくなる。そこで、①相手の話したいことを聞く、②それに対してなぜそう思ったのか、どうしたらよくなると思うかを聞く、③直接相手に意見を言わないで、自分や友人の体験として、類似の問題を解決した例を挙げる、という方法がよいのではないかと述べていた。こうしたアイデアは聞き取り調査の話のなかで出てきたことで、また現場で生かされていないようだが、非日系人布教のノウハウの萌芽を含んでいると思われる。

61) 1995年から1年間、森教会長の発案で、通訳を使い、将来の幹部養成のためにポルトガル語による法華経の勉強会を週1回、開いたことがある。二世の育成が主体だったが、仏教に関心のある非日系人も加わった。15～6人で始まったが最後には3～4人になった。自分の性格を変えていく、自分の弱点を認めるという点では、国民性の違いか、そんなことをしていたら人は救えない、そういう教えならば受け入れられないと、反発が大きかった。基本的に自分を変えることによって向上していくという点が通じなかった。最後まで残った3～4人は法門の学習が好きな人たちだったが、あの人はああだから苦しむのが当たり前とかいった風に、それを相手の批判に用いた。

62) プラドは1934年生まれの65歳である。1996年に入会した。喘息無料治療の記事をポルトガル語の一般紙に載せるために、志田の顧客である政治家の秘書に頼んで紹介してもらったのがプラドである。佼成会で新聞を発行するのに新聞記者のサインが必要だったこともあった。プラドは生長の家で新聞発行の経験もあった。

63) バンデレイは1974生まれの25歳で、父母はカトリック教徒、叔父は創価学会会員である。旧教会道場の近くに住んでいて、自分から電話をしてきてかかわるようになり、1ヵ月後の1994年9月に入会した。旧道場時代は宿直をしていた。幼少時からカンフーを習い、そこでメディテーションをするので、東洋的なものに関心をもっていた。一時期は創価学会に入会したことがあり、エスピリティズモ関連の本を読み、ウンバンダの儀式に参加したこともある。近年ブラジルで急激に伸張しているウニベルサール教会にもかかわったことがある。仏教の因縁因果に関心をもっている。

64) 非日系人の広報・渉外部長には給与、青年部長には小遣いを出している。お役とはいえ、お金を出さずに仕事をしてもらうのは難しい。広報・渉外部長は毎日3～4時間教会で仕事をするが、新聞記者で新聞・ラジオ・テレビに顔が広いた

め、佼成会側はマスコミによる宣伝効果を狙っているようである。
65) 4章の金光教のように、地域社会のエスニック・チャーチになるには、教会の拠点サンパウロ市という地域社会が大規模すぎた。
66) 6章の世界救世教の場合は、浄霊というブラジルで受け入れやすい業をもっていたが、拡大した非日系人信徒の定着という課題を達成するために、浄霊に対する意味解釈を拡大して資源とした。佼成会の場合は、受け入れやすい業をもたなかったゆえに、むしろ先祖供養の意味を拡大することによってそれを資源とし、適応課題を果たそうとしている。

ブラジル佼成会年表

年	出来事	日本の本部との関係
1958		庭野日敬会長（当時）・長沼基之理事長（当時）、日本移民50年祭参加のため来伯。現地会員4人が出迎え
1961		本部から鴨宮成介来伯
1962	佐藤育代宅で法座を開始。日本から佼成新聞取り寄せ	
1964		延岡教会長今村浩子来伯
1965	佐藤育代、本部から曼陀羅勧請	
1971	ブラジル教会設立。竹内君江、教会長として赴任	
1974	創立3周年記念式典	庭野日鑛来伯
1975	宗教法人格取得 竹内教会長、ブラジルへ永住の決意	
1976	教会土地・建物取得、新教会に移転	長沼理事長建物購入の下見のため来伯
1977	新教会道場大御本尊入仏式 青年部発足	庭野日鑛来伯
1978	老人ホーム慰問・奉仕開始	
1979	竹内教会長、永住権取得	
1981	創立10周年記念式典。以後本部に準じて定例行事を実施	庭野日鑛来伯
1984	日曜学校開校	
1986	創立15周年記念式典	長沼理事長ら来伯
1987	第1回守護尊神・本尊現地勧請式 ポ語訳『釈尊伝』出版	庭野日鑛来伯
1988	森義一、教会長に就任	
1990	二世（3人）に初めて本尊勧請	
1991	創立20周年を機に二世布教開始 子供対象の喘息無料治療開始（年3回） 二世による経典のポ語訳完成	有路理事・海外布教課職員来伯
1992	日・ポ語に堪能な三世女性入会	
1993	モジ・ダス・クルーゼズ法座所開設 新道場用地購入 会員の日本へのデカセギ顕著（青年部長、壮年部長などの役職者もデカセギへ）	海外布教課職員視察に来伯 豊橋教会長以下33人来伯。お会式を実施
1994	病気のため竹内君江が日本帰国 行事で日・ポ語両語使用開始（ポ語通訳） 会員宅での法座5ヵ所で開始 会員宅でポルトガル語法座開始	海外修養生制度開始
1995	第1回現地本尊像勧請式（新本尊との交換勧請） ポ語機関紙発刊（隔月） ポルトガル語による法華経勉強会開始	学林本科生として三世女性入学（3年間）

年	出来事	日本の本部との関係
1996	創立25周年記念式典 本部より青年布教員来伯 モジ法座所で喘息無料治療開始（年3回） 喘息先祖供養開始 ポ語訳『心の散歩道』出版 ポ語訳『法華経の新しい解釈』出版 補教師の検定試験（教学）開始。現地で修了証書授与	海外布教課職員来伯 学林卒業の青年布教員ブラジル派遣 海外修養生として二世女性学林に入学 （2年間）
1997	サンミゲール・アルカジョで喘息無料治療開始 旧教会道場売却。マンションに移転	海外修養生として二世女性学林に入学 （1年間）
1998	新教会道場落慶法要 青年部長に非日系人抜擢 渉外部長に非日系人抜擢 学林修養科から2人帰国	
1999	長谷川第二支部長退任 川南第一支部長が第二支部長に異動	

出所）教団史編纂委員会編 1985,「ブラジル教会史」,『立正佼成会史』第6巻, 798-819頁、および1971～1988年までは竹内君江前教会長によるブラジル教会の記録、1989年以降はブラジル佼成会からの聞き取り調査に基づき作成。

Ⅲ 部

日系新宗教の非日系人布教

6 章
世界救世教
——浄霊の「奇跡」と育成システム——

ブラジル世界救世教布教拠点図

★ 宣教本部
■ 教　会（数値は拠点数）
● 布教所（数値は拠点数）
▲ 集会所（数値は拠点数）

章とびら写真：オカダモキチ会館　（1999年）　［ブラジル救世教提供］
（手前の建物。宣教本部とMOAモキチ・オカダ財団が入っている）

はじめに

　世界救世教(以下、救世教)は大本の信徒だった岡田茂吉(1882-1955)が1935(昭和10)年に創始した宗教で、静岡県熱海市に本部がある。日本における公称信徒数は1999年現在で84万人、浄霊・自然農法・芸術を活動の三本の柱とする。

　救世教は、1955(昭和30)年にブラジルで布教を始めた。ブラジル名はIgreija Messiânica Mundial do Brasil（イグレージャ メシアニカ ムンジアル ド ブラジル）で、メシアニカと呼称される[1]。1998年現在では信徒数(「おひかり」保持者)は31万人、そのうち非日系人の割合が97％を超える。本章では、救世教がなぜ多くの非日系人をひきつけ、かつ彼らを定着させることができたのかを、救世教の救いの業である手かざしによる「浄霊」と、信徒の育成システムに焦点をあてて考察したい。

　救世教が日系というブラジルのエスニック・グループの範囲にとどまらず、非日系人に教勢を拡大したことは、ブラジル社会や文化と対決するとともに順応して、それに即した布教方法を模索してきたことを意味する。およそ日本にルーツをもつ宗教が、異なる文化・価値観をもつ社会で信徒を獲得していくこと自体、異文化布教の課題解決過程である。そこで本章では、救世教の展開を、課題→対応資源―事態への意味づけ→危機もしくは課題解決→新たな課題、という過程の連鎖から成るととらえる[2]。課題解決過程は対処(coping)過程である。

　解決を迫る課題として、第一に教団外のブラジル文化、第二にブラジル社会にかかわって生起する出来事、第三にブラジル救世教内部、あるいは日本の救世教内部といった教団内部の出来事がある。資源と意味づけを媒介としてなされる課題への対処は、適応に至ったり(良好適応)、事態を危機に陥らせたりする(不適応)。危機の場合はもちろんのこと、解決途上で、あるいは適応状態が達成されたことによって、新たな課題が生じることもある。資源として、A 宗教資源(浄霊)、B 人的資源(信徒数、リーダーシップ、凝集性・統合性・柔軟性、ポルトガル語能力など)[3]、C 組織資源(中央集権化)、D 情報資

源(ノウハウ)、E 物的資源(教会、聖地、財団などの建物や教団財にかかわるもの)、がある。ブラジルでの非日系人布教は、ブラジル文化の諸特性(宗教伝統、ブラジル人気質・価値観)、ブラジル社会の出来事(社会変動、軍政から民政への移行、都市化、工業化、拡大家族から核家族への変化など、)教団内部の出来事(派閥抗争)、に規定されつつ展開した。これらのうち教団内部の出来事(派閥抗争)要因は、布教自体に直接関連しないが、ブラジル救世教の組織にストレスの多い事態を発生させ、それが間接的に布教に影響を与えた。宗教運動本来の課題、つまり布教の拡大と信徒の定着という課題以外に、ブラジル救世教は日本での派閥抗争に由来する一元化の時の分派騒動、および日本の三派分裂のインパクトという二回の分裂の危機への対応を迫られた。これらの要点理解のために、次にブラジル救世教の展開を概観しておきたい。

1 ブラジル救世教の展開

(1) 信徒数の推移

表6-1では、ブラジル救世教の信徒数の推移と、以下で述べる救世教の展開の時期区分と関連して特記事項を記した。ブラジル救世教の布教開始は1955年とされるが、信徒数の資料があるのは仮宣教本部(後述)が設置された1962年からで、同年は1,315人だった。毎年の増加率には若干の変動があるものの、教勢はほぼ順調に伸び、1998年現在で信徒31万人を擁するブラジルの日系新宗教としては有数の教団に成長した。

(2) 展開の時期区分

ブラジル救世教の展開は、次の5期に区分できる[4]。
  Ⅰ期 教会単位の開拓布教(1955～1961年)
  Ⅱ期 宣教本部の設置と布教拠点の形成(1962～1975年)
  Ⅲ期 ブラジル(宣教)本部の自立(1976～1984年)
  Ⅳ期 聖地建設と育成システムの確立(1985～1994年)
  Ⅴ期 聖地竣工以降の自己変革への取り組み(1995年～現在)

表6-1 ブラジル救世教 信徒数の推移と時期区分

区分	年	信徒数	入信者数	増加人数	前年比増加率	特記事項
I期	1955	—	—	—	—	小田・中橋(青光教会)布教のため着伯
	1956	—	—	—	—	信徒死亡が警察問題化。甲藤(大浄教会)着伯
	1957	—	—	—	—	木暮(喜光教会)着伯
	1958	—	—	—	—	
	1959	—	—	—	—	細野(大浄教会)着伯
	1960	—	—	—	—	平田(大浄教会)着伯
	1961	—	—	—	—	医師法違反容疑で手入れ。山本(大浄教会)着伯
II期	1962	1,315	—	—	—	仮宣教本部設置。本部派遣青年8名着伯
	1963	1,763	—	448	34.1	米国・ハワイ・ブラジルに海外宣教本部制施行
	1964	3,591	—	1,828	103.7	法人格取得。ブラジル人専従者出現
	1965	5,684	—	2,093	58.3	ポ語機関紙発刊
	1966	7,876	—	2,192	38.6	
	1967	7,254	—	-622	-7.9	『天国の礎』ポ語訳発行。本部派遣青年9名着伯
	1968	9,802	—	2,548	35.1	
	1969	11,189	—	1,387	14.2	ブラジル宣教本部竣工。内部分裂
	1970	15,671	—	4,482	40.1	第1回聖地参拝団
	1971	18,554	—	2,883	18.4	財団設立・文化活動開始。海外研修生派遣開始
	1972	21,894	—	3,340	18.0	一元化に伴う紛争で離脱問題
	1973	25,741	—	3,847	17.6	宣教本部乗っ取り事件。造反派は分派
	1974	34,866	10,596	9,125	35.4	一元化。薬毒論の後退。世話人体制
	1975	37,839	6,719	2,973	8.5	家庭集会活動開始。活動者大会
III期	1976	43,114	5,965	5,275	13.9	機構整備・中南米本部設立
	1977	51,673	11,772	8,559	19.9	
	1978	64,253	14,372	12,580	24.3	TV・週刊誌の取材。機関紙特別号5万部発刊
	1979	77,862	16,099	13,609	21.2	自然農法開始
	1980	89,136	15,034	11,274	14.5	ブラジルで資格検定開始
	1981	96,598	10,043	7,462	8.4	ブラジル本部と改称。語学研修生派遣開始
	1982	100,975	7,264	4,377	4.5	
	1983	107,269	8,456	6,294	6.2	
	1984	117,764	12,793	10,495	9.8	日本の三派分裂に伴い二派分裂
IV期	1985	125,963	10,373	8,199	7.0	新宣教本部建物竣工。聖地建設許可
	1986	137,418	13,930	11,455	9.1	
	1987	147,163	13,977	9,745	7.1	『伝道の手引き』ポ語訳出版
	1988	152,133	5,107	4,970	3.4	
	1989	156,602	7,880	4,469	2.9	
	1990	169,756	15,525	13,154	8.4	
	1991	187,119	20,096	17,363	10.2	聖地整地開始
	1992	211,704	28,453	24,585	13.1	
	1993	233,707	24,542	22,003	10.4	世界青年大会に5万人結集
	1994	255,100	23,913	21,393	9.2	
V期	1995	270,744	18,069	15,644	6.1	ブラジル聖地竣工
	1996	271,445	6,224	701	0.3	
	1997	281,680	13,276	10,235	3.8	
	1998	310,789	34,192	29,109	10.3	

注)1955~1961年までは数値不明。1962~1973年までの入信者数は不明。
出所)ブラジル救世教提供資料に基づき作成。

以下で各時期の特徴について概略を述べるが、信徒の獲得・定着にかかわる異文化布教の課題については3節以降で詳述するので、ここでは組織的な側面を中心にみておきたい。なぜならブラジル救世教はその展開過程において、異文化布教をめぐる課題解決のほかに日本の本部での分裂の影響を受けて2回の危機に直面し、これを乗り越える必要があったからである。展開過程に関する特記事項は表6-1、詳しくは章末の**ブラジル救世教年表**を適宜参照されたい。

I期　教会単位の開拓布教（1955～1961年）

ブラジル布教は救世教内部での海外布教熱の高まりを背景として行われた[5]。1954（昭和29）年に、岡山県の教会奉仕者だった佐藤晃子が布教開拓の志を秘めてアマゾンのマナウス近郊に入植したが、生活が厳しく布教には至らなかった。翌1955年に京都の青光教会専従者の小田信彦・中橋稔が布教の意思をもって渡伯した。これがブラジル救世教の布教開始である。その後日本の諸教会が競って開拓布教に人材を派遣した。この時期には、日本の教会の系統ごとに各々が活動した。地域的には、1955年にサンパウロ市周辺と隣接のミナスジェライス（以下ミナス）州、1957年に南伯のパラナ州に布教した。この時期には日系人の集住する地域、そのうちとくにパラナ州が基盤だった。

この当時は主に日系人に布教したが、初期から非日系人がかかわった。浄霊による病気治癒と薬毒論を強く主張していたため、信徒の死亡が警察問題化したり、医師法違反容疑で手入れがあるなど、ブラジル社会との葛藤が一部で生じた。

II期　宣教本部の設置と布教拠点の形成（1962～1975年）

他国に先駆けて1962年には、仮宣教本部が設置され、1964年には法人格を取得して宣教本部となった。宣教本部制によって、教会派遣、本部派遣（1962年本部派遣の青年布教者8人来伯、1967年にも9人が来伯）、現地入信グループを一本化した。一本化したといっても、横の連絡をもちつつも各人が自由に布教活動に従事するという状況で、自由度は高かった。1969年に拠点施設としてサンパウロ市にブラジル宣教本部が竣工した。

日本の本部では、教団一元化（中央集権化）の動きのなかで、1970年には有

力教会の分派独立が相次ぎ、1972年に一元化が実施された[6]。日本で救世教から分派した青光教会出身者がブラジル救世教の中枢部にいたため、ブラジル救世教が分裂の危機に陥った。1969年には問題解決のために本部から役員が来伯し、1970年にはその中心人物だった本部長を日本に召還したが、1972年には青光教会出身の元次長と、その導きによって入信した事務局長が組んで離脱問題を起こし、翌1973年には宣教本部乗っ取り事件に発展した。この問題は法廷にまでもちこまれ、結局のところ造反派は分派した。このような経緯のあと1974年にブラジルは一元化し、次長が本部より派遣された。ブラジルではすでに宣教本部制をとっていたため、一元化に伴う実質的な変更は少なかったが、日本の本部の統制が強化されることになった。他方、日本の本部との関係は緊密化し、この時期に聖地参拝団、日本への海外研修生の派遣が始まった。

布教の面では順調に推移し、非日系人布教の基盤が築かれた。1964年リオデジャネイロ（以下リオ）州、1965年南伯の南リオグランデ州、1969年に北伯のパラ州、1970年ブラジリア、1972年北東伯のセアラ州とマラニョン州、1973年西伯の南マットグロッソ州と、1964年から1973年にかけて全国に拠点が形成された。リオ、ブラジリア、南リオグランデ州は本部派遣の青年による開拓布教であった。これらの地域では日系人がごく少ないので、布教の対象はいきおい非日系人となった。1965年にはポルトガル語の機関紙が発行され、1967年に教典『天国の礎』の一部が翻訳された（1982年に第5編が出て完成）。

また1971年にメシアニカ財団（1981年にMOAモキチ・オカダ財団と改称）が設立され、文化活動・慈善活動を開始したことは、ブラジル社会での認知度を高めた。1973年には日伯現代美術展を開催し、1974年には華道山月流ブラジル支庁が開設され、救世教の文化活動として著名な生け花教室が始まった[7]。また、薬毒論を後退させ、ブラジル社会との葛藤を回避するようになった。

III期　ブラジル（宣教）本部の自立（1976～1984年）

一元化によって本部の統制が強化されたが、1976年に機構整備によって中南米地区本部が設立された。それに伴い、ブラジル宣教長が中南米地区本部長に、本部派遣の次長が副本部長に異動し、その管下のブラジル宣教長に渡辺哲男（1940年生、1962年に本部派遣の青年布教者として来伯）、次長に山本勝巳

(1933年生、1961年に教会派遣として来伯)が就任した。これまでは日本の国際局の出先機関としての中南米部の管下にブラジル、アルゼンチン、ペルー、メキシコが所属していた。中南米地区本部の新設によって、日本の本部側は統制を強化したつもりだったが、本部と現地との間に中南米地区本部が入ったため、本部の影響力が弱まり、結果的には逆に現地の力を強化することに働いた。さらに、1981年にブラジル本部となって形態のうえでも自立した。これに伴い、宣教長は本部長、次長は副本部長に名称変更された。

しかしながら、この時期に再度、日本の分裂の影響でブラジル救世教も分裂の危機に陥る。すなわち、1984年に日本の本部は再建派(川合派)、新生派(松本派)、護持派(中村派)の三派に分裂し、その影響はブラジルにもおよんで、再建派に属する人々が分派した。ブラジルでは中南米地区本部長が1982年にメキシコに移動し、再建派の勢力が弱まっていたため、再建派はMOAインターナショナルとして分派したものの人数は少なく、1973年の分派の危機ほどの影響はなかった[8]。

布教の面では、ブラジル人布教のノウハウの獲得による布教の拡大とマスコミによるPR効果で、非日系人に教勢が広く拡大した。これに伴い、日本の本部から委員が来伯し、ブラジルで教師資格検定が行われるようになった。救世教の浄霊・芸術・自然農法という三本の柱のうち、ブラジルの社会状況から実施することが延期されていた自然農法がこの時期に始まっている。

IV期 聖地建設と育成システムの確立(1985〜1994年)

1985年にブラジル側の資金のみで、敷地面積1550㎡、建坪5,000㎡、中二階付き地上7階、地下1階の新宣教本部(オカダモキチ会館)が竣工し、施設の面でも自立性が確立した。本部長の渡辺が日本の新生派の副総長を兼務するようになり、日本とブラジルと半々の生活になった。

布教に関しては、1985年に教主よりブラジル聖地建設の認可を受け、1991年に聖地の整地を開始し、聖地建設の目標を掲げて献金活動を継続化していくため、定着と育成のシステムが工夫された[9]。

V期 聖地竣工以降の自己変革への取り組み(1995年〜現在)

1995年にブラジル聖地が竣工した。目標達成後の中だるみを克服すべく、自己変革に向けての取り組みが開始された。救世都市構想の実現の構想が練

られている。

　日本との関係では、1997年に三派和解がなされたものの、包括法人世界救世教の傘下に、新生派、再建派、護持派が各々法人登記することになった。

　以上概観したように、日本での分裂のあおりを受けてⅡ期とⅢ期末からⅤ期にかけてブラジル救世教に分派や紛争が生じ、ブラジル救世教にとっての危機となったが、異文化布教は着々と進展した。次に統計資料を用いて非日系人布教の実態を検討しよう。

2　組織における非日系人信徒の位置

(1)　組織と布教拠点・信徒の分布

　ブラジル救世教の組織は図6-1に示したとおりである。救世教には宗教部門のほか、MOAモキチ・オカダ財団（文化・慈善活動）と事業体光輪(コーリン)（農場経営、有機農法によって栽培された野菜・自然食品の販売等）がある。ブラジルから中南米12ヵ国、アフリカ6ヵ国、ヨーロッパ11ヵ国の計29ヵ国に布教担当員を派遣している。世界布教センターは、その統括的役割を担当するブラジル本部の外郭団体である[10]。

　ブラジルの布教組織は九つの教区に分かれ、信徒分布をみると、SP-A教区（サンパウロ大都市圏）29％、SP-B教区（サンパウロ州内遠隔地）10％で、サンパウロの二つの教区の合計が39％、リオ教区27％、その他34％となり、サンパウロとリオに集中している。1998年現在で教会48、布教所106、集会所139の拠点施設があるが、その分布はほぼ信徒数の分布と相関している。救世教はブラジル全土にわたって信徒がいるといって過言ではない（章とびら裏の布教拠点図参照）。

(2)　信徒に占める非日系人の割合と属性

　信徒数の推移は前掲の表6-1（287頁）を参照していただきたい。日系・非日系に分けた統計は、宣教本部制が実施された翌年の1963年に、信徒1,763

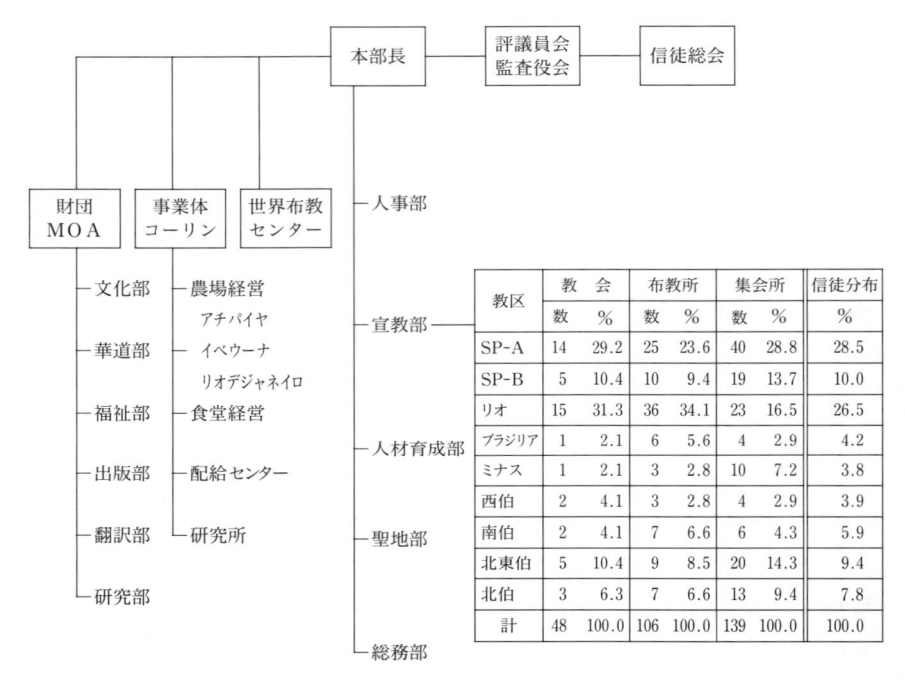

図6-1 ブラジル救世教の組織と布教拠点・信徒分布（1998年8月末現在）

組織図：
- 本部長
  - 評議員会・監査役会
  - 信徒総会
  - 財団MOA
    - 文化部
    - 華道部
    - 福祉部
    - 出版部
    - 翻訳部
    - 研究部
  - 事業体コーリン
    - 農場経営（アチバイヤ、イベウーナ、リオデジャネイロ）
    - 食堂経営
    - 配給センター
    - 研究所
  - 世界布教センター
  - 人事部
  - 宣教部
  - 人材育成部
  - 聖地部
  - 総務部

教区	教会 数	教会 %	布教所 数	布教所 %	集会所 数	集会所 %	信徒分布 %
SP-A	14	29.2	25	23.6	40	28.8	28.5
SP-B	5	10.4	10	9.4	19	13.7	10.0
リオ	15	31.3	36	34.1	23	16.5	26.5
ブラジリア	1	2.1	6	5.6	4	2.9	4.2
ミナス	1	2.1	3	2.8	10	7.2	3.8
西伯	2	4.1	3	2.8	4	2.9	3.9
南伯	2	4.1	7	6.6	6	4.3	5.9
北東伯	5	10.4	9	8.5	20	14.3	9.4
北伯	3	6.3	7	6.6	13	9.4	7.8
計	48	100.0	106	100.0	139	100.0	100.0

注1）SP-Aとはサンパウロ大都市圏。SP-Bとはサンパウロ大都市圏を除くサンパウロ州内。
注2）ブラジルの地域区分では北東伯に分類されるマラニョン州とピアウイ州は、北伯教区に入っている。これは北東伯教区の拠点教会より、北伯教区の拠点教会との距離のほうが近いためである。
出所）表6-1に同じ。

人のうち日系人が65％、非日系人は35％であることが記録されている以外、本部資料はない。1967年には7,000人余の信徒の60～70％、浄霊をしてもらいに訪れる人の90％が非日系人であったという［Maeyama, 1983：193］。

　救世教の信徒に占める日系・非日系の割合を推測する手がかりとして、**表6-2**で1965、1975、1985、1995年の各年7月に新規入信した信徒数に占める日系・非日系の割合を検討しよう[11]。全体として非日系人の占める割合は、1965年54％、1975年94％、1985年97％、1995年98％で、1975年以降は入信信徒のほとんどが非日系人であること、日系人は30～40人コンスタントに入信しているが、非日系人の入信者の増加が顕著であるため相対的に割合が減少していることがわかる。地域別にみると、日系人が多く居住するのはサンパ

表6-2 ブラジル救世教 地域別新規入信信徒数と非日系人信徒の割合（各年7月）

地域 年	南伯		サンパウロ州		リオ州		中西伯		北東伯		計	
	日系	非日系	日系	非日系	日系	非日系	日系	非日系	日系	非日系	日系	非日系
1965 %	4 (40.0)	6 (60.0)	44(日系) (46.8)		50(非日系) (53.2)		0 (—)	0 (—)	0 (—)	0 (—)	48 (46.2)	56 (53.8)
1975 %	3 (14.3)	18 (85.7)	19 (7.6)	231 (92.4)	1 (4.3)	22 (95.7)	5 (6.2)	75 (93.8)	0 (—)	69 (100.0)	28 (6.3)	415 (93.7)
1985 %	7 (15.6)	38 (84.4)	16 (5.1)	299 (94.9)	0 (—)	309 (100.0)	5 (2.9)	168 (97.1)	0 (—)	102 (100.0)	28 (3.0)	916 (97.0)
1995 %	1 (0.1)	91 (98.9)	26 (4.3)	771 (96.7)	0 (—)	345 (100.0)	4 (2.6)	150 (97.4)	0 (—)	164 (100.0)	31 (2.0)	1521 (98.0)

注1) 1965年はリオ州が少なかったため、サンパウロ州とリオ州を合わせて合計してある。
　2) 南伯とは、パラナ州、サンタカタリナ州、南リオグランデ州。
　　中西伯とは、マットグロッソ州、南マットグロッソ州、ミナス州、ブラジリア直轄区。
　　北東伯とは上記の各州とサンパウロ州、リオ州（エスピリトサント州を含む）以外の諸州。
出所) 表6-1に同じ。

ウロ州と南伯の一部のパラナ州であるが、非日系人の占める割合は1975年段階でサンパウロ州ではすでに90％を超え、南伯でも86％と、日系人の多い地域でも非日系人の入信者が圧倒的多数を占めている。前掲の表6-1から各年の信徒数をみておくと1965年5,684人、1975年37,839人、1985年125,963人、1995年270,744人であり、表6-2が示すところの累積した結果と考えると、救世教の信徒に占める非日系人の比率が97％を超えていることが推定される。

上記の4時点で属性をみると、資料に不備があるため概数ではあるが、性別ではどの年でも男3割、女7割となり、20歳刻みの年齢階層別では、20歳未満が1965年10％、1975年20％、1985年20％、1995年25％で、20歳以上40歳未満がそれぞれ40％、40％、50％、45％となり、40歳未満の年齢層で50〜70％を占める。60歳以上は1965年に14％に上がった後6〜7％にとどまっている。

救世教は非日系人のなかでも都市型中産階級をつかんでいる[12]。こうした中産階級への信徒の拡大は、1977〜1980年の信徒の増加以降顕著になった。救世教の信徒の大半は、家庭の主婦、会社員、公務員、小規模商店経営者、商業被雇用者などであるという。

(3) 組織における非日系人の位置

非日系人信徒が多い教団でも日系人が中枢を独占し、非日系人を末端に配

置する方式がある。そこで、救世教の幹部層にどの程度非日系人が入っているかを、資格者に占める非日系人の割合、海外研修生における非日系人の割合、運営組織における非日系人の割合、の3点からみてみよう。

資格者に占める非日系人の割合

　救世教の資格者としては、教師・教師補・助師がある[13]。資格者は救世教の信仰者の見本としてふさわしい人格を備え、目に見えない霊的存在、すなわち神と祖霊を深く信じている者に与えられる資格であるとされる。具体的には導き人数、浄霊実践の程度、奉仕(金銭・労力・能力)の程度、教理の理解度が基準となる。推薦基準は、助師は入信以来30人以上の導きができているもの、教師補は助師資格拝受後5年以上経過し、信徒のかかえている健康面・経済面・人間関係の問題に的確な指導ができ世話が行き届いていること、教師は助師・教師補を数人以上育成できていることである。重要視される要件は、助師では導き能力と信頼される人間性、教師補は問題解決能力と布教所運営能力、教師は信徒・資格者の信仰向上と能力の開発育成の能力である。

　資格者における日系・非日系別割合の推移を一覧にした**表6-3**をみると[14]、1998年現在では資格者648人中非日系人が84％を占める。資格のランク別では助師の89％、教師補の78％、教師の37％が非日系人である。その推移をみると、1964年の宣教本部設立の年に、非日系人が助師を飛び越えて教師補に3人入ったのが最初である。助師は1972年に非日系人が認定されたのを皮切りに、1974年に60％を非日系人が占めて以降その割合は伸び、1979年に70％、1989年に80％を超え、1990年代後半では90％近くを非日系人が占めている。教師補で非日系人が増加するのは助師に10年遅れて1984年(57％)からである。最高位の教師は、日本からの派遣者がこの資格を独占する時期が長く続いたが、1985年に初めて1人非日系人が加わり、1992年以降は40％近くを非日系人が占めている。信徒に占める非日系人の割合は97％と推測したが、資格者全体で非日系人が占める割合が84％というのはこれにほぼ相応している。救世教では信徒割合にまずまず見合ったかたちで非日系人の資格者への登用が行われているといえよう。

　教師・教師補・助師の資格は、布教現場での教区―教会―布教所―集会所というヒエラルキーとほぼ対応する。すなわち、教師は教会(3,000人以上の

6章 世界救世教 295

表6-3 ブラジル救世教 日本人・非日系人別資格者数の推移

年	助師				教師補				教師				合計			
	総数	日本	非日系	%	総数	日本	非日系	%	総数	日本	非日系	%	総数	日本	非日系	%
1961	4	1	3	—	5	5	0	—	0	0	0	—	9	6	3	0.0
1964	0	0	0	—	19	9	3	15.8	0	0	0	—	19	9	3	15.8
1965	0	0	0	—	22	10	3	13.6	5	5	0	—	27	15	3	11.1
1972	1	0	1	100.0	22	10	3	13.6	3	3	0	—	26	13	4	15.4
1973	6	4	2	33.3	20	10	3	15.0	2	2	0	—	28	12	5	17.9
1974	30	12	18	60.0	27	11	3	11.1	10	10	0	—	67	21	21	31.3
1975	31	12	19	61.3	27	11	3	11.1	10	10	0	—	68	21	22	32.4
1976	57	19	38	66.7	25	10	2	8.0	9	9	0	—	91	19	40	44.0
1977	65	21	44	67.7	24	10	1	4.2	9	9	0	—	98	19	45	45.9
1978	66	21	45	68.2	24	10	1	4.2	9	9	0	—	99	19	46	46.5
1979	87	25	62	71.3	31	10	6	19.4	9	9	0	—	127	19	40	53.5
1981	116	28	88	75.9	23	2	6	26.1	17	17	0	—	156	19	43	60.3
1984	132	34	98	74.2	47	2	27	57.4	13	13	0	—	192	15	52	65.1
1985	139	31	108	77.7	43	1	26	60.5	17	14	2	5.9	199	15	49	67.8
1989	157	30	127	80.9	82	1	59	72.0	16	13	2	6.3	255	14	54	73.3
1991	206	34	172	83.5	102	1	76	74.5	16	13	2	6.3	324	14	61	76.9
1992	281	44	236	84.0	119	1	93	78.2	25	13	3	36.0	425	15	72	79.5
1994	366	58	307	83.9	131	1	104	79.4	28	13	11	39.3	525	15	88	80.4
1996	497	59	437	87.9	128	1	101	78.9	28	13	11	39.3	653	15	89	84.1
1997	475	53	421	88.6	146	1	114	78.1	27	13	10	37.0	648	15	88	84.1
1998	452	49	403	89.2	169	2	132	78.1	27	13	10	37.0	648	15	88	84.1

注1)「日本」とは本部派遣の日本人。「日系」とは現地日系人(一世を含む)。「非日系」とは非日系人。
2) %は各資格に占める非日系人の割合。
3) 資格認定は毎年実施されていないため、資格認定証が授与された年についてのみ記載。
4) 1965〜1998年の間に、死亡37人、日本への帰国6人、退職1人、離脱20人(1973年3人、1984年17人)の減少があった。各年の資格者数は上記の理由での減少分を差し引いた人数である。

出所)表6-1に同じ。

信徒をかかえる拠点)、教師補は布教所(900人以上3,000人未満)、助師は集会所(300人以上900人未満)の責任者としての信仰と運営能力をもつ者、と位置づけられている。教会以下の組織を束ねる教区長のなかで非日系人の占める割合は33%(9人中3人)と比較的低い。教区は自治区なので本部でその内部の異動を把握しきれない部分があるため概算だが、非日系人は教会長の75%、布教所長の85%、集会所長の90%を占めており、下の職位ほど比率が高い。

　布教の面で顕著な成果をあげている資格者には、ブラジル救世教が給与を支払い、専従の道が開かれている。なお、教会長レベルであっても家庭・経済・時間等に差し障りのない人には給与は支払われていない。専従になることは安定した職種としてあこがれのまとであるという。

海外研修生に占める非日系人の割合

　海外研修生制度は布教専従者の育成を目的として1971年に発足したもので、1974年からほぼ毎年派遣されている[15]。高卒以上で18歳から22歳の青年をよりすぐって派遣する。布教担当者の推薦をもとにブラジル本部が選考し、1年間ブラジル本部で寄宿生活をさせ、日本で不自由しないように日本語の学

写真6-1　日本語教室で学ぶ海外研修生候補　(1998年)[著者撮影]

習を中心に、教理教論、布教実践、信徒の世話、浄霊、教師のサポートなど、布教専従者として経験しておくべき事項を研修させたのち、日本で研修を受けさせる。日本での研修の目的は、将来の幹部に救世教が生まれた日本を体験させ、生活・習慣・風習が違うことを肌で感じさせることであって、研修はもちろん日本語で行われる。1981年からは、とくに見込みのある人を語学研修生として再度日本に送り込み、日本の大学教育まで受けさせている。このように、非日系人に日本語を学ばせるというのはブラジル救世教の特徴である。彼らは将来の幹部候補生として専従の道を歩むことが期待されている

表6-4は海外研修生を日系・非日系別にみたものである。研修生は少ない年で5人、多い年は30人を超える。1998年までの研修生累積数は389人にのぼり、全体で非日系人が占める割合は85％に達する。このうち1971、1974、1975、1985、1988年は日系人の割合が30％を超え、比較的研修生数の少ない年に日系の比率が高まるようにもみえるが、他方、1982、1987、1990年のようにこの見込みを裏切る年もある。日系人であることにこだわった選考ではなく、将来の幹部候補としての適格性に重点が置かれているといえよう[16]。

運営組織に占める非日系人の割合

組織運営レベルの役職には、本部長・副本部長、本部長秘書室長、人事部長、宣教部長、人材育成部長、総務部長がある[17]（292頁の図6-1参照）。1997年までのそのすべてが30年以

表6-4 ブラジル救世教　日系・非日系別海外研修生数の推移

期	年	総数	日系	非日系	非日系％
1	1971	5	4	1	20.0
2	1974	6	2	4	66.7
3	1975	6	3	3	50.0
4	1977	22	6	16	72.7
5	1978	22	3	19	86.4
6	1979	14	1	13	92.9
7	1980	22	4	18	81.8
8	1981	16	1	15	93.8
9	1982	5	1	4	80.0
10	1985	9	4	5	55.6
11	1987	8	1	7	87.5
12	1988	13	4	9	69.2
13	1989	27	4	23	85.2
14	1990	8	1	7	87.5
15	1991	19	1	18	94.7
16	1992	34	4	30	88.2
17	1993	23	2	21	91.3
18	1994	31	5	26	83.9
19	1995	21	1	20	95.2
20	1996	23	2	21	91.3
21	1997	30	4	26	86.7
22	1998	25	2	23	92.0
計		389	60	329	84.6

注）非日系％とは総数に占める非日系人の割合。
出所）表6-1に同じ。

上在伯している本部派遣・教会派遣の日本人によって占められていたが、1998年に副本部長が65歳で定年に達したため宣教部長が副本部長(1944生、1967年来伯)になり、非日系人(元教区長、非日系人初の専従者)がその後任の宣教部長(信仰部分の統括)になった。これは本部組織の長に非日系人が就任した初めての例である。組織運営の中枢では、青年期に日本から派遣された人々が定年を迎える時に大きな変革期を迎えると推測される。

なお、評議員9人は本部派遣日本人4人、非日系人5人(56%)、監査役6人は日系人1人、非日系人5人(83%)である。信徒総代会120人の半数は専従者、残りの半数は信徒代表であるが、日系人25人、非日系人95人(79%)となる。

以上、資格者、海外研修生、運営組織の3点から、ブラジル救世教における非日系人の位置を検討した。運営組織においては本部派遣の日本人が中心を占めるが、資格者や将来の幹部養成を目的とした海外研修生には、信徒数に占める非日系人の割合(97%)にほぼ見合った割合で非日系人が加わっていることがわかった。これは救世教が非日系人に布教を拡大するという適応課題を達成し、そしてさらに彼らを育成し、定着させるという課題を達成してきたことを意味する。そこで、以下において救世教の非日系人布教と育成システムに関して論述することにしたい。

3　浄霊とブラジルの宗教文化への対応

非日系人が信徒の圧倒的多数を占め、実際に布教の現場を担っているのは、救世教がブラジル社会に受け入れられた証であるとすれば、なぜ受け入れられたのか。それはブラジルの社会や宗教文化と親和性があったためだとすれば、どのようなところに親和性があったのか。また、反面どのような問題をかかえているのか。宗教的儀礼の文化的異質性を稀釈するという課題にどのように対応したのか、という諸点をその実態からみておきたい。

(1) 浄霊

　救世教の活動は、浄霊・自然農法・芸術を三本の柱とするが、布教にあたって浄霊という業の意義は大きい。救世教の教えでは、霊界と現界は密接不可離に影響しあっており、現界を支配しているのは霊界であり、霊界は主、現界は従であるととらえる。人間の幸不幸は霊の状態によるもので、霊の曇りが霊体を曇らせた状態を「罪汚れ」といい、その曇りが人体に移写した状態を「毒素」という。霊の曇りの原因として、①真からかけ離れた心言行、②農薬使用の食品等による毒素の摂取、③薬剤の使用、がある。霊体の罪汚れは直接人間の生活に「病貧争」[18]の三つの苦しみをもたらす。罪汚れがある程度霊体に達すると自然に解毒作用が始まる。それを浄化作用という。浄霊は具体的には問題をもってきた相手に手をかざすことによって、人間の三つの苦しみの根本原因である霊の曇りを排除し、浄化作用を促進させ、種々の問題から生じた苦しみを減少させる業である [Igreja Messiânica Mundial do Brasil 日本語版パンフレット、1994年頃発行と推定：10-11。井上ほか 1990：286, 358]。

写真6-2　浄霊実践をする信徒　（1998年、於聖地）[著者撮影]

救世教が日系というエスニック・グループを超えて布教を拡大しえた主たる理由は浄霊である。第一に、浄霊がエスピリティズモ（心霊主義）のパッセ（両手で行う浄めの業）と類似していて違和感がないこと（ただし、パッセは両手で、浄霊は片手でといった外見の違いはある）、第二に浄霊の即効性、第三に、浄霊実践のために特別の修行の必要がなく、「おひかり」[19]を受けることによって誰でもできる簡便性、が挙げられる。3日間の講習（講習内容はお参りの仕方、救世習慣、浄霊の仕方等信仰生活の基本指導。ただし講習期間はその後変化）を受けて入信し、「おひかり」を入れたロケット風のペンダントを身につけることによって誰でも浄霊を行うことができるとされている。ハワイ・北米は教理教論を中心としたが、、ブラジルでは浄霊の実践から入った[20]。浄霊の業は救世教にとって後々も布教の大きな資源となる。他面、入り口の入りやすさは、いかに信徒を定着させるかという課題を浮上させる。

　エスピリティズモの場合、依頼者は霊能者に対して受け身であり、またカトリックの場合も神と民衆は分断されており、聖職者が特別の立場にいて、一般民衆が聖職者同様の立場で神と相対することはできなかった。ところが、浄霊は自分でもできる。ブラジル人[21]にとって、この魅力が大きかった。

(2) 青年による開拓布教

　救世教のブラジル布教が、日本で入信し、移民として渡った信徒によって始められたものではなく、布教の意思をもった青年（19歳〜20歳代）による開拓布教だったことは、その後の展開に大きな影響を与えた。I期の教会派遣の青年、II期の本部派遣の青年布教者（1962年8人、1967年9人）が、後にブラジル救世教の中核を担っていく[22]。渡伯した青年たちは教理教論を説けるようなレベルではなかったので、浄霊一本の実践から入った。当時は生長の家が日系人の間で躍進していたため、日系人への布教は難しく、いきおい非日系人に布教することになったが、青年たちは戦前移民が非日系人に対してもつような偏見をもたず、また日系人布教にとりたててこだわる姿勢もなく、人種の問題には無頓着だった。さらに年齢的にいっても青年期でのブラジル移住は言語の習得に有利で、布教現場でポルトガル語を学習していった。現地で入信した戦前移民（生長の家から救世教に鞍替えした人が多い）と青年たちと

の関係は、両者の年齢差から比較的良好に運んだ。現地で入信した人はある程度言語の壁を越えていたし、浄霊という業自体が現実的な目に見える効果、すなわち「奇跡」を顕現することによって、言語の壁を意識しなくてもよい業だった。彼らの信仰体験がブラジルで非日系人との接触のなかで形成されたことは、その後の布教を大きく規定したと思われる。また、組織のうえで1962年から中央集権的な宣教本部制をとってブラジル布教の拠点をつくったことは、出身教会間の違いを超えて切磋琢磨する機会を与えた。このなかから卓越したリーダーシップをもつ現在の本部長等の人材が育成されていった。

　浄霊、青年による開拓布教、それらにおける言語の障壁の低さは、救世教の展開において、課題への対応資源としての価値をもった。1965年に月1回発行されるようになった機関紙 *GLORIA*（グローリア）（1972年に *JORNAL MESSIÂNICO*（ジャーナル メシアンコ）に改称）は、当初からポルトガル語であった[23]。また、「ブラジル人にも浄霊はわかる」という当初からの認知は、ブラジル人布教への積極的な状況規定として働いた。

(3) ブラジル社会・文化との摩擦への対応

薬毒論をめぐる葛藤

　初期から浄霊を武器として、日系人のみならず非日系人にも布教を行ったが、教義のなかにある薬毒論との関係で布教上の問題が起きた。薬は毒であるから薬をやめよと説く救世教に対して、医療関係者や薬局から大きな反発があった。1956年にミナス州での信徒死亡事件が警察の問題となり、1961年にはサンパウロ市に隣接したサンベルナルド市で医師法違反の嫌疑による手入れを受けた。これらへの対策として、前者では司法圏外になる州外へ、後者では州内の他地域へ、拠点が移転された。一元化以降、日本の本部からの指示もあり、表面上は薬毒論を後退させた[24]。薬毒論を説けば事件が起きた時に責任をとらなければいけないので、本部の指示に乗じてひっこめたという事情もある。これ以降、「霊の曇り」を前面に出していく。

　なお救世教の教えの柱の一つである自然農法については、無肥料農業は生産性を低下させるとの理由で、近代化政策を押し進めていた軍政下のブラジル社会の圧力は大きく、自然農法を開始したのは1979年になってからのこと

であった。

カトリック教会

ブラジルではカトリックは慣習化しているとはいうものの依然として勢力を保っているが、宗教的土壌は宗教の複数帰属を許容する。救世教のポルトガル語名称はカトリック教徒にとって違和感がなく、入信に際して救世教ではカトリックをやめなくてもよいと言い、悩み苦しみを浄霊で解決することを強調する。神父のなかには悪魔の宗教だから入信してはいけないと言った人もいたが、救世教側ではカトリック教会との摩擦を極力避けている。

エスピリティズモ

エスピリティズモとは、広義には霊媒による霊と人間の直接的交流を信奉する宗教運動で、フランス起源の心霊主義のカルデシズモやウンバンダ等のアフロ・ブラジリアン宗教を指す(詳しくは2章参照)。救世教の浄霊がパッセと形態上も類似していることは違和感を軽減し、エスピリティズモが盛んな地域では救世教に入信しやすい。エスピリティズモのなかでカルデシズモは教理教論を説き、瞑想を重視するが、再生(輪廻転生)を信じ、霊層界の構造についても救世教と類似の概念をもっている[25]。しかし、祈りとかセッソン(降霊会での霊媒による指導)を受けて、霊的段階が上昇(霊位向上)するとされるので、信者は常に受け身である。また、エスピリティズモの信者は、救世教の教祖が禁止した憑霊現象を期待し、霊に関する抜きがたい先入観念をもっており、浄霊が憑霊・霊動を伴わないので、効果があるのかと疑念を抱いたりする。エスピリティズモでは霊を呼び出したり、おどしたり、説得したりするので、何かきっかけがあると、彼らは霊が憑依して問題解決を行うエスピリティズモのほうにいってしまう。なお憑霊現象は1979〜1980年頃に多く起こり、浄霊の受け手に憑霊現象が出たりした。また、教典『天国の礎』の3巻に霊のことが書いてあり、地獄の様相の叙述や、出産で死亡した人は血の池地獄に行くとか、人間は犬に生まれ変わることがある、といった叙述に反発が起きた。こうした反発に対しては、その教説にふれないようにすることで対応した。

ブラジルの社会・宗教との摩擦については、薬毒論に対しては事件が起きた時の他州・他地域への移動、薬毒論の主張の後退、カトリックとの共存の

工夫、エスピリティズモの信者から反発があるような教説にはふれないようにするなど、とくに宗教との関係では摩擦を避けて危機に陥らないようにしている。

(4) 文化的異質性の稀釈

　救世教の儀礼をみると文化的異質性を稀釈しようとした様相が明らかである。教祖岡田茂吉は、救世教はその国、その国の花が咲くと述べ、変容や国情に合った工夫をすることをもともと拒否するものではなかった。救世教の神観（一神にして多神）、霊主体従、自然順応・尊重（人間はあくまでも自然と共に生きていくもので、互いにもちつもたれつ）という、三つの筋がとおっていれば、その国によって形は変化してもよいのである。鋸も日本ではひくが、ブラジルでは押す、という違いがあるが、いずれにしても木が切れなくてはいけない。しかし桜の花が梨の花になってはいけない。教祖の残したものは真理であるから変えられないが、外面的な表現は変えてよいという柔軟な考え方をする。

　天津祝詞は言霊(ことだま)との関係があるので翻訳できなかった。そこで、天津祝詞は字句の意味よりも音声のバイブレーションが重要として、日本語（ローマ字）で正しく発音できるように指導した。一方で、海外宣教本部制が施行された1963年から、キリスト教の「主の祈り」をそのまま借用し、併行してあげるようになった[26]。これは天津祝詞とその情感に通じるところがあり、現地の風習との違和感が少ないという理由と、言葉というものは単なる意思の伝達をするばかりでなく、そこには不思議な霊的力が働くものであり、キリスト教においての讃美歌の合唱も、仏教における読経も、神道の祝詞もいずれも「愛と称賛の祈り」であるから、霊界の清掃に役立つ、という教祖の言葉を根拠にしている。「主の祈り」は1995年に聖地の完成を期に独自性を打ち出す意味で祭典行事には使用しないという結論が出るまで、実に31年間にわたって用いられたのである[27]。「主の祈り」の廃止とともに、天津祝詞とともに日本語（ローマ字）であげていた教祖作成の祝詞「善言讃詞(ぜんげんさんじ)」[28]を、ポルトガル語に意訳した「救世信徒の祈り」に代えた。「善言讃詞」の意訳というが、「救世信徒の祈り」から日本語の「善言讃詞」の内容を推測することは難しい

ほど、「主の祈り」とニュアンスが似ている[29]。

神体(「大光明真神」の掛け軸)は日本と同じ、また宣教本部および教会以下の神前の作り方は日本と同じである(写真6-3)。ただし、聖地のみ、内部は日本式であるが外から目に見える神殿の外部は違う形式で、著しく文化的違和感を薄めてある(写真6-4〜6-7)。

祭式は基本的には日本と同じだが、ブラジルの文化・風習に即して簡略化されている。神前の供え物は、日本酒、水、塩、洗米、鏡餅のほか、魚、野菜、果物、菓子など海・川・山・野の幸である日常の食用品を供えるのが基本だが、日本の伝統に固執することなく、現地で調達できるものに置き換えている。たとえば、日本酒は白ワインに、米はフェイジョン豆や小麦で代用したり、魚は気候の関係で省略したり、立松は、ひば、アメリカ松、椿などの常緑樹で代替している。神体を奉斎している家庭での祭典も上記に準ずるが、奉斎家庭では月次祭を執行しなければならないため、祭事の複雑さ、定期行事としての煩雑さ、奉斎経費の調達、スペースの問題などで、家庭での奉斎はとくに奨励されず、その代わりに教会参拝が強調されている。

聖地が竣工した1995年から、祭式をより一層簡略化した。これまでは、祭員入場後に献饌を行っていたが、聖地月次祭では献饌も水、塩、米の三品だけに簡略化されて、献饌物を捧持しての祭員入場となる(写真6-8)。聖地での月次祭は以下のような式次第で行われる。①月次祭祝詞(ポ語)、②天津祝詞(日本語)、③救世信徒の祈り(ポ語)、④祖霊月次祭祝詞(ポ語)、⑤天津祝詞(日本語)、⑥祖霊祝詞(ポ語、祖霊祭祀について教祖が作成した道歌である「救霊歌」をポルトガル語に意訳)、⑦讃美歌(ポ語、教祖の道歌のうち「神の経綸」を歌いやすいように意訳し、キリスト教の讃美歌風に歌にしたもの。日本では和歌朗詠である)、⑧集団浄霊(5〜10分。キリスト教の祝祷と似ている。写真6-9)、⑨み教え拝読(ポ語、教祖の教え)、⑩講話(ポ語)、⑪教団歌(ポ語、1965年に作成、ブラジル人が作曲したので讃美歌風)。④〜⑥は祖霊月次祭の行事である。日本では主神月次祭と祖霊月次祭を同じ日の午前と午後に分けているが、ブラジルでは続けてやっている。今日の救世教の祭典は文化的異質性を減じ、キリスト教と見まがうようになっている[30]。1995年のブラジル聖地の完成を期に、その速度は速まりつつある。世界布教の試金石として、どの国でもできる祭

写真6-3　宣教本部にある神前　(1998年)[著者撮影]
（中央に神体の大光明真神の掛け軸、右側に
教祖岡田茂吉の写真が掲げられている）

写真6-4　聖地の神殿　(2000年)[ブラジル救世教提供影]
（中央が主神殿、向かって右側が教祖殿、左側が
祖霊殿。神殿の全景は318頁の写真6-13参照）

写真6-5 聖地教祖殿の内部 (2001年) [ブラジル救世教提供] (御簾の後ろには教祖の写真がおさめられている)

写真6-6 聖地主神殿の内部 (2001年) [ブラジル救世教提供] (御簾の後ろには大光明真神の神体がおさめられている)

写真6-7 聖地祖霊殿の内部 (2001年) [ブラジル救世教提供] (手前は八足。御簾の後ろには、中央に遠津御親の神霊、右側に柱石の神霊(教団功労者の神霊)、左側に幽家の神霊(信徒の親戚・友人・知人の神霊)のひもろぎ(霊魂の宿る依代)があり、その左には新霊のひもろぎがある)

写真6-8　聖地月次祭で献饌（水・塩・米）を捧持して入場する祭員　（1999年）［著者撮影］

写真6-9　聖地月次祭での副本部長による集団浄霊　（1999年）［著者撮影］

式を考慮中である。

4　育成システムの模索と信徒の定着の課題

3節でみたように、救世教は異文化布教にかかわる適応課題を達成した。もともと救世教がもつ資源の浄霊が、エスピリティズモとの類似性、簡便性、即効性によって、ブラジル人にわかりやすく違和感がないことは、救世教がブラジル社会で受け入れられる大きな要因である。この意味で救世教の魅力の第一は浄霊の魅力であるが、効果を求めてさまざまな宗教の間をさまよう人々を惹きつける一方、彼らの信仰を長くつなぎとめえないという、両刃の刃の面もある。ここに、人々の流動性に対してどのように対処するか、つまり信徒としていかに定着させるかという課題が浮上する。

(1)　各時期における布教・育成をめぐる課題

　救世教の展開過程において、時期によって布教・定着にかかわる課題が異なっている。Ⅰ期(教会単位の開拓布教：1955〜1961年)では布教が前面に出、育成は当然のことながら全く表面化していない。Ⅱ期(宣教本部の設置と布教拠点の形成：1962〜1975年)では、布教が主体であった。個別レベルの育成で特記すべきことは、渡辺哲男(現、本部長)によるリオでの200人の人材育成であり、この時育成ノウハウが形成された。また、1969年から日本の一元化への動きを反映してブラジル救世教内部でも分派抗争が起きた後、日本の統制力が強まって、1974年にブラジルが一元化した。これを契機に、日本側の意向で世話人体制、家庭集会、研修システムが始まった。文化活動が活発化して社会的認知を得、日本への海外研修生制度が開始されたのもこの時期である。Ⅲ期(ブラジル宣教本部の自立：1976〜1984年)には、1976年の機構整備による中南米地区本部の設立によって、日本の本部国際局の出先機関であったブラジル宣教本部がブラジルの独自性・自立性を獲得し、独立化していく。1976年に上記の渡辺が本部長になってから、リオで習得したブラジル人布教のノウハウをリーダーに研修させ、次いでそれを現場におろすことによって、

1978〜1980年の信徒数の大きな伸びにつながったが、反面、育成が追いつかないという問題が生じた。Ⅳ期（聖地建設と育成システムの確立：1985〜1994年）には、1985年に教主からブラジル聖地建設の許可を受け、聖地建設という大きな目的に向けて、信徒の育成に本腰を入れ、さまざまな工夫がなされた。建設成就に向けての献金への動機づけという課題があり、そのために信徒の使命感を喚起し、信仰の実証を与え、満足感を与える必要があった。Ⅴ期（聖地竣工以降の自己変革への取り組み：1995年〜現在）は、完成後の中だるみへの対応として、心の変革、人格向上への取り組みがなされている。

　布教・育成システムの現地での開発は、Ⅲ期以降のブラジル救世教の財を含めての自立化と関連する。布教自体も爆発的な伸びではないが、順調に伸張しており、育成の課題への対応は布教をも動機づけた。ことに聖地建設中の1991〜1995年の増加は顕著である（287頁の表6-1参照）。このように、育成にかかわる課題はⅢ期以降明らかに現れてくるので、その時期を中心に述べていくことにする。

(2) 1978〜1980年の信徒の急増と育成ノウハウ

　ブラジル救世教が1974年に一元化し、1976年の機構整備によってこれまで宣教長の役職についていた人が中南米本部長となり、宣教長（1981年にブラジル本部と改称されてからは本部長となり現在に至る）に渡辺哲男が就任した。彼は、1962年に本部派遣の青年布教者の1人として来伯したが、1964年から単独でリオの開拓布教に従事し、1968年に1,500人の信徒をもってリオ教会を設立した。彼は語学の才能のある人で、来伯3ヵ月後にはポルトガル語で喧嘩をしていたくらいであるという。信徒が2,000人に達した時、1969年頃からに育成に着目して、2年かけて200人の人材を育てた。全員が非日系ブラジル人である。テキストとしては教祖の『伝道の手引き』（質問や反論に対する答え方のマニュアル）を用い、それをブラジル風にアレンジしながら、布教者として直面することへどう対応するかを、細かく指導していくことで研修の目的を達成した。また、浄霊の背後にある理論を教理教論にかかわらせて指導する過程で、教育のある有識者層が目覚めてきた。彼は宣教長に就任する直前まで、日系人のほとんどいないリオでブラジル人を対象に布教・育成を

していたので、リオで体得したブラジル人布教・育成のノウハウを、宣教長になってから、まずリーダー（地域の布教担当者）が本部の月次祭に集合する機会を利用して第1期研修を行い、彼らが地域に帰って第2期研修を行い、信徒を育成した。研修テキストもつくった。このノウハウによる研修が1978〜1980年の信徒の増加につながった。

　ノウハウとは、「以心伝心」「阿吽の呼吸」は通用しないという前提に立っている。噛んで含めるように事細かに取り次いでいく。相手が「わかった」と言うまで話をする。また、それまではたとえば「薬は毒だ。飲むな」とか「○○でなくてはいけない」と一方的に言っていたのを、逆に「あなたはどうして苦しんでいるのかわかるか。薬を飲んでもよくならないのはどうしてだと思うか」と、なぜそうなったのかを相手に考えさせる。ブラジル人は指示されたり命令されたらやらない。助けられたのだから人を浄霊で助けなければならないと義務感に訴えても、3人浄霊したからそれでいいとなる。やりなさいという命令ではなく、「やってみますか」と尋ね、「やります」という答えを自分自身で出させる。献金についても「どのくらいできるか」と尋ね、額を言ったところで、「それで役に立っていると思うか」と再度尋ね、「少し足りない」という答を引き出し、「では額を自分で決めなさい」というように話をつめていく。渡辺はここで「納得させる」「自分で決めさせる」ことの重要性と、指示されることを嫌うブラジル人の気質が飲み込めたという。

　ノウハウの理解は宣伝と相まって、この時期の伸びにつながった。ブラジル人の俳優が10人入信し、ラジオ・テレビで自分の信仰について語ったことがよい宣伝になった。これによってテレビや週刊誌の取材が相次ぎ、また救世教側も月刊機関紙特別号を5万部つくり、配布した。この時の教勢拡大で、新中産階級が多く入信し、都市型新宗教としての基礎を固めた[31]。しかしながらこの急速な伸張に育成が間に合わず、入信した信徒をいかに定着させるかという問題が急浮上した。

　この信徒の急増に対応して、1980年に初めて、日本から教師資格検定委員が来伯し、ブラジルで試験をし、審査して資格が授与されるようになった（詳しくは注14) 参照）。

6章　世界救世教　311

写真6-10　新しく宣教長になった渡辺哲男の指導を聞く信徒
　　　　　（1976年）［ブラジル救世教提供］
　　　　　（1976年当時に、すでに信徒の多くが非日系人であることがわかる）

写真6-11　宣教本部での月次祭　（1980年頃）［ブラジル救世教提供］
　　　　　（参拝者が入りきれず、当時から1日4回の祭典を執行していた）

(3) 聖地建設に向けての信徒育成
ブラジル聖地建設の認可

　Ⅳ期の大きな課題は、ブラジル聖地建設だった。これは1995年にブラジル人の献金と奉仕によって達成された[32]。この大きな目標の成就をめざし、信徒獲得のための布教ばかりではなく、信徒が定着するように育成の努力が真剣になされた。ブラジル聖地の許可が教主から出たのは1985年のことである。新宣教本部建物(オカダモキチ会館)の竣工と新しいリオ教会の竣工のお礼参拝をした時に、これまでブラジル人の祖霊(先祖)を日本の聖地祖霊舎で祀ってきたが、ブラジルで祀ることができるように、祖霊舎を建てたいとの希望を述べたところ、それならブラジル聖地をつくりなさい、と教主から聖地建設の許可が出た[33]。敷地(37万㎡)は1974年に購入済みだったが、建築許可の取得、設計などで年月がかかり、整地が始まったのは1991年からだが、1985年から聖地建設に向けて意識が統一されていった[34]。新宣教本部が竣工し、聖地建設の目標が設定できたので、信徒の人数だけではなく、内容を充実するための育成方式をとるようになった。

　ブラジル一元化の時に、日本の本部からのいわばおしきせで、1974年に布教強化のために世話人体制がしかれ、1975年から家庭集会が開始され、活動者大会、研修が始まった。しかし、これらはうまく機能しなかった。聖地建設に向けて1985年から新たな取り組みがなされ、実質的な育成が果たせるよう、試行錯誤のなかからブラジルの事情に即した工夫がされた。かつて青年開拓布教者として来伯し、自らも布教経験をもつ渡辺本部長の柔軟な指導力のもと、運営組織内での役職者たちの凝集性が対応資源として有効に働いて、聖地建設という大きな目標を達成したのである。

世話人体制の改革

　世話人体制は、上記のようにもともと一元化の際の日本の本部からのおしきせであった。3人の信徒を1人の世話人がみ、3人の世話人を代表世話人がみ、3人の代表世話人を布教員がみ、布教員を助師が担当してみていくといった、組織上の細分化によって、機能的に運営しようという理論に立脚している。しかしながら、これは机上の空論で、うまくいっていると言う人はいなかった。世話人体制をとるまでは教師と信徒の間が近かったが、この制

度の導入以降、関係が薄くなった。また、世話人、代表世話人、布教員はボランティアであり、本来資格とは関係がない。しかし、ブラジルではヒエラルキー意識が働き、世話人・布教員だからそれなりの待遇をしてほしいと権利を主張し、他面、義務を果たさないという弊害も出た。また、やる気のない人に割り当てても動かず、あの人が頭(かしら)になるのは納得できない、という現場での人間関係の問題も発生した。ブラジル人は個人主義なので、グループ化・組織化されることへの抵抗もあった。布教現場の責任者の間では、世話人制度はやめたほうがいいという意見が90％を占めた。機関紙は世話人組織を通じて配布するが、掌握のためだけの組織では新聞を配ることで終わってしまう。しかし、消極的だった人が活発になったという長所が認められ、一番いい人の育て方は人の面倒をみることであることがわかり、世話人組織を信徒掌握の組織ではなく、信徒を向上させるための組織と位置づけた時に成果が現れた。信徒の世話をすることが、育成指導に有効であることがわかったのは、1985年以降の試行錯誤の結果である。

　新しく入信した人には、その信仰生活に付き添っていける人、つまり世話人を用意する。世話人は導いた人の世話をするのが基本であるが、自分の導きではないが隣近所の人、新しく入信した人の世話をする場合もある。導きはできるが世話は不得意な人がおり、また人の世話が好きな人もいる。教会長・布教所長・集会所長が信徒の日常の振る舞いを見ていてその人の持ち味を生かすとともに、使命感をもたせるようにした。向いていなくても、世話をしないと霊格が向上しないからと意味づけ、役目として修行としてやらせるようにもした。役職を与えることによって名誉感に訴え、責任感をもたせ、やる気をもりたてる方法をとった[35]。

　世話人の仕事は、月次祭とテーマを決めての集会へ参加するように信徒を誘うことである[36]。世話人組織は単に教会・布教所・集会所からの上意下達のためのものではなく、信徒の自発性と参加意識を喚起するような方策がとられている。たとえば、月次祭で「入信お導きをもりたてよう」というテーマが提示された時に、その方針をまず本部で、次いで教会長や布教所長レベルで、そのためにはどうしたらよいかを練り上げ、それを地域におろし、布教員や世話人の小グループで具体的にどのようにすればいいかを自分自身の

体験を話すなかで練り上げていく。これらの小グループの提案に対して、助師はそれをバックアップする教えや体験を用意し、それを強化し方向づける。その過程で、導きをもりあげるために、「友達とのつきあいを密にしよう」、「家庭訪問をやろう」、「週1回は声をかけよう」、などの具体的な方針があがってくる。教会長や布教所長は、なぜ週1回訪問をしなければいけないのか、その時にどういう心をもっていけばいいのか、と心の持ち方考え方を指導する。その結果を布教員から世話人、世話人から一般信徒へと伝えていく。このように上からの押しつけを嫌う彼らの気質に応じ、一方的な方針の下達ではなく、彼らの意見を尊重しつつこれを方向づけるような小集団方式が採用されている。

家庭集会から浄霊所への展開

現在の組織的な指導体制は、教区→教会→布教所→集会所→浄霊所と中心から末端に向かう形態になっている[37]。正規に本部が責任をもっているのは、集会所(登録ナンバーあり)までだが、最も活発に動いているのは浄霊所であって、浄霊所を束ねるのは布教員である。

浄霊所は、一元化の落とし子の家庭集会が、ブラジル独自に展開したものである。家庭集会は、もともと日本からのおしきせであった。近所の信徒の家庭に集まって浄霊交換、み教え拝読など、家庭的雰囲気のなかで信仰の話をしようという発想で始まったのだが、うまく機能しなかった。その理由は、宿になる家の負担が多いこと、参加するのが同じ顔ぶれでマンネリ化すること、本部が十分掌握できないこと、都会では治安が悪く人寄せができないこと、が挙げられる。しかし、そこでの成果の一つは、マンネリ化を避けるために「新味がないので1人でもいいから友達をつれて集まろう」といった取り組みがあったことである。それを発展させ、浄霊所にすれば安心できるということになった。浄霊所の場所は、信徒が自由意志によって自宅のガレージを提供したり、バラックを建ててその場所を浄霊所としたり、信徒が金を出し合ってアパートの一室を賃借するといったものである。家庭的でありながら、家庭のプライバシーを犯さないことが強味であった。

家庭集会は本部で把握しきれなかったが、浄霊所となると本部の息をかけることができる。資格者を必要に応じて派遣することも可能になる。来る人

も気楽に浄霊を受けられる、というメリットがあった。これはブラジル人の人間関係の結び方とも合致していた。彼らは集まって話をするのが好きで、クラブが発達している。クラブにはスポーツ・趣味・同好の士の集まりがあるが、はっきりクラブとしてやっていなくても、週末に一緒に海岸に行ったり、アパートの集会室で集まったりする。この脈絡で、浄霊所は浄霊クラブのようになり、金曜日だから浄霊所に行こうとか、おもしろいから行ってみないかと人も誘いやすくなる。浄霊所は週に何回開放とか開く時間を区切るなど、そのあり方は事情に即していろいろだが、未信徒も気軽に立ち寄れ、心おきなく集まることができ、必ず浄霊が受けられるところ、自分の気持を聞いてくれる人がいるところである。運営上は、特定の人のたまり場になってしまうと固定化するので、輪番にして腰を据えないようにし、人の風通しをよくすること、上部機関はこれを適切にリードすること、また浄霊所のみで未信徒をとどまらせず、上の段階につなぐことが大切である。

　浄霊所は1985年から置かれるようになったが、浄霊所活動をはっきりうちだしたのは1990年以降の聖地建設と関連してのことである。信徒の定着率は、活動の場があること、コンタクトのとれる場があることと関連し、草の根活動をしているところが発展している。参加する、共に動いていく、接触を密にしていくことで信徒の信仰育成を図る。一元化以降家庭集会や世話人体制、研修をやったが、家庭集会から発展した浄霊所活動が最も意味があり、効果があるという。

研修システムと育成の方針

　一元化の落とし子の三つ目は研修である。1977年頃から始まったもので、一時期活発に行われた。研修で世話人・信徒を教えてそれなりの内容をつけ、引っ張っていかなければならないということで、システム化した。研修会は宣教本部や各教会で行った。研修テキストははじめは日本のテキストの翻訳を用いたが、ブラジル独自のテキストもいくつも作った。その際、渡辺がリオで育成に励んだ時に使用した『伝道の手引き』をもとに作りあげたものをベースとした。しかし、研修システムもあまり機能しなかった。というのは、聖地建設の目標ができるまでは、テキストの手順に従ってやればいいという、ピラミッド式の組織の上下の序列を受け入れる学習プロセスとしての研修

だったからである。1985年から聖地建設という実際問題を目前にして、研修をもっと実質的なものにしないといけないということになった。それまで研修をしてきて得た結論は、研修に積極的に取り組んだ人が伸びたのであって、それに参加した人がみな伸びたわけではないということだった。そこで、研修会の盛り上げといった形のうえの成功に腐心するのではなく、地についた実践をとおして、一般信徒の日常の参加実践活動を活発化し、信徒のレベルを上げるためのノウハウを世話人が教会で学んでいくという形での研修となった。

個人指導の徹底

育成に関しては、体系的な研修→能率的な小集団での話し合い→個対個での深化、という手法に移行した。個対個を強調し始めたのは、聖地建設が間近に迫った1993年からである。これはブラジル独自の取り組みである。信仰の結集を図って、聖地を実現しよう、ブラジルから世界中におひかりを配る拠点としての聖地拡大を担っていける人間になろう、人類救済の神柱になろう、という課題に、個対個の指導を通して接近した。

個対個の取り組みの重要なものとして個人指導がある。ごく初期の言葉の障壁があった時には浄霊で霊の曇りをとるということだけだったが、個人指導自体は初期から行われていた。この人は伸ばしていきたいと思う人には、特別に呼んで指導することもある。プライバシーを守らないといけないので、現在は教会や布教所には個人指導用の部屋がある。個人指導は集会所でやっているところもあるが、原則として教会、布教所のみで行う。人を大勢集めて説教しても、心のなかに入らないので、信仰向上のためには、個人指導は大切であると位置づけられており、個人指導ができるのは資格者だけで、一般信徒は指導ではなく体験を話すだけとされている。

入信講習の強化

最初の頃は3日間各2時間の入信講習を受ければ、「おひかり」をもらえ浄霊ができるという簡便性が入信者の増加につながった。反面、あまりにも安易に「おひかり」を渡すと、パラパラと入って、落ちるのも多い。それでは永続性のある信仰にならないということで、1985年から徹底した入信講習をという方向になり、講習に1日8時間かけるようになった。聖地建設が具体化した1990年からは、間隔をおきながら1日2時間の講習を3ヵ月間行うこ

とに改めた。これは、信仰活動の継続性を念頭に置いたもので、最後の日には面接試験をし、なぜ救世教に入信するのか、他者への浄霊取り次ぎ、献金などの御用ができるかどうかの確認をする。初めて浄霊に訪れた人の約10％がこの手続きをへて入信する。

献金への動機づけ

　入信講習の厳格さ、世話人体制、浄霊所、個人指導のいずれも、聖地建設という目標を掲げて、理想の天国建設への使命感を鼓舞し、その実現に向かわせるための営為であった。この実現に現実的にかかわってくるのは献金である。ブラジルの救世教は独立採算制で[38]、聖地建設もブラジルの信徒の献金で行った。日本から進出した新宗教が最も苦慮するのはブラジル人信徒の献金である。したがって、聖地建設がブラジル人の献金で行われたことの意味は大きい。救世教でも初期には、浄霊で問題が解決してもお礼を置かずに帰ってしまう人が多かった。そこで、献金指導に苦心したこともある。神を利用してはいけない、おかげをいただくことへの感謝の心ということで、徹底的に献金のことを話した。ブラジル人信徒で献金の意味を理解する人がいて、「いくらくらい献金したらいいのか」と指示を求める人に対し、「あなたにふさわしいだけやりなさい」と答えているのをみて、献金の額を自分で決めさせるという方法を踏襲したところ、よい結果をもたらした。

　聖地建設の時は、月々の感謝献金（だいたい月次祭の時に持参）のほかに建設献金を募った[39]。献金が定着したのは1985年からで、聖地建設という目標ができ、使命感に燃えた献金になって、献金の意味が確認できたという。献金の重要性については一対一で話し合い、金銭に対する我執が悪い運命を引き込んでいるので、これを解いていく手だてとして、献金を奨励した。献金は救いであり、天国の雛形建設に参加することによって霊の曇りが浄められ、思わぬ守護があることも説いた。苦しむくらい献金をすれば10倍になって返ってくる、とも言った。献金の実証の体験、献金しても損はない、救いなのだという事例を積み上げた。たとえば売れない土地があって、半分献金させてもらうという願いをたてたら売れたとか、たくさん守護の事例が出た。献金は神に対する取引ではなく、お礼の献金であること、下心のある人には結果が出ないこともはっきり示した。ぶらさがり信仰、おかげ信仰ではか

写真6-12　聖地建設予定地で植樹作業の奉仕をする信徒　(1991年) [ブラジル救世教提供]

写真6-13　聖地に建設された神殿の全景　(1998年) [著者撮影]
　　　　 (中央の塔の根元に、中央に主神殿、その右側に教祖殿、左側に祖霊殿がある)

6章　世界救世教　319

写真6-14　聖地完成後3回目の月次祭に参拝する信徒・15,000人　（1996年）［ブラジル救世教提供］

写真6-15
聖地月次祭に参集した信徒
（1999年）［著者撮影］

写真6-16
聖地月次祭で祈る信徒
（1999年）［著者撮影］

写真6-17　聖地月次祭時に行われた山月流生け花の展示会　（1999年）［著者撮影］
（楽しみの要素とともに、救世教では芸術にふれることで浄化が促進されると位置づけられている）

写真6-18　聖地月次祭時に行われた野点　（1999年）［著者撮影］
（茶をたてているのは非日系人）

えって本人が苦しむので、献金は神から与えられた仕事ととらえ、1割献金のことをはっきり言うようになったのは、聖地ができあがる少し前ごろである。入信導きに際しても、新しい人の導き、浄霊取り次ぎ、月々の献金奉仕の継続（できれば1割）を条件とした。

5　信徒の自己変革——個人指導と浄霊——

　大きな目標であった聖地が、ブラジル人の手で建設された。これは力を合わせれば地上天国の建設ができるということを示した。しかし、聖地が竣工して目標が達成された後、中たるみが起きた。それは1996年の入信者数の減少にも現れている（287頁の表6-1参照）。

　信徒31万人のうち、活動者（布教員・代表世話人・世話人）は、2万から2万5千人である。9割はぶらさがり信徒であっても、活動者が使命感に燃えて立ち上がればよいということで、活動者対象のリーダー育成に力を入れているのだが、その内容は、問題解決から、人間としての生き甲斐を達成することを目的とする救いの信仰へ転換したことが注目される。病気治しにおける浄霊のニーズは依然としてあるものの、ブラジル社会の医療事情は往時に比べて格段によくなっている。それにひきかえ、長引く不況による経済問題、失業による鬱病などの精神的問題、人間関係の問題が表面化している。人々の直面する問題が変化するのに対応して、浄霊という救世教の最大の資源を用いて、心の変革と行動様式の変革を含む自己変革に基づく救いの信仰に重点を置いた布教・育成が推進されている。しかし、ブラジル人は自らの内部に問題の原因を求め、心の変革と倫理的実践に向かう傾向が希薄といわれる。その意味では、救世教のⅤ期の取り組みは課題達成に困難が予測される。そこで困難の根源ともいうべきブラジル人の価値観や行動様式について考えてみることから始めよう。

(1)　ブラジル人の価値観と行動様式
　ブラジル人は問題が生じた時に、自分の内部にその原因を求めることが乏

しいと言われる。ブラジルのカトリックは慣習化しているせいもあって、罪を告白すればそれで許されるという感覚で、自己変革と結びつくところが少ない。それは神へよりかかり、神へ責任転嫁するからだと救世教側はみている[40]。カトリックのなかでも根強いのは聖人崇拝を核とした民衆カトリシズムであって、聖人に対するプロメッサ（願掛け）、願望成就の際の返礼、返礼を忘れた時の懲罰を特徴とする。そこでは神との取引がみいだされる。また、エスピリティズモの場合も、不幸の原因が自分にあるというより、他者の妬み・恨み、それによる黒呪術などに原因を求めることが一般的である[41]。このようにブラジルの宗教伝統には自己変革や「心を改める」という志向が希薄である。もっともブラジル人のなかにはカトリックの慈善の精神を身につけている人もおり、またカルデシズモでも霊位向上のために慈善を動機づける。しかし、それは自己変革と関連したとらえ方とはいえないようである[42]。

　自己の内部に原因を求めたり、自己改革のために生活のなかで地道な努力をすることの薄さは、宗教の影響以外にブラジル人の価値観（ラテン的価値体系）の影響がある。ブラジルには階層差にもかかわらず比較的均一な価値観と行動様式があるといわれており、中川文雄はブラジルを含むラテンアメリカに共通の価値観を以下のようにまとめている。①個性主義（個人の多様性とその主張の強さ）、②地主層的価値観（肉体労働・勤勉・地道な努力の価値否認と、機知や弁説の重視）、③ペルソナリズモ（非人格的存在である国家を信用せず、家族・友人など生身の人間の結びつきを重視する態度）、④ビベサ（正直・まじめ・謙虚の貶価、抜け目のなさ、立ち回りのうまさへの高い評価）、⑤日常性からの脱却（フェスタ、カーニバル、サッカーでの歓喜と熱狂）である。このラテン的性格は16〜17世紀のイベリア半島の文化を母胎とする行動様式や生活様式が、植民地の大農場制という環境によって変貌したものである［中川 1995a：38-53；1997a：37-39］[43]。

　ブラジルの歴史学者デ・オランダがブラジル人の国民性について述べたところから、彼らの価値観や行動様式について考えてみよう。彼によれば、ブラジル人には率直な態度、親切、手厚くもてなそうとする気持、寛大な心があるが、これは農村的・家父長制的な環境のなかで育まれた社会規範の影響に由来する。しかし、個人の自由意志を称揚する考え方は組織化に適さず、

持続的組織化は難しい。自発的に参加する集団的労働はブラジルでも可能な場合はあったが、それがある意味で信仰と関連する労働にみられたように、人々にある種の感覚・感情を満足させるような場合に限られた。ブラジル人は形式主義を嫌い、社会的な組織を作る能力、連帯意識が乏しい。連帯はなくはないが、利害関係よりも、家庭とか友人とかいった感情的つながりによる連帯である。ブラジル人の個人生活には統合性が乏しく、規律に従うという傾向もない。宗教は具体的感覚的な面が強調され、厳格で規律を要求する秩序の支配に耐えるのは困難である。また、怠惰こそ美徳であって、労働を神聖視する近代的な態度や実利的な活動を尊重する姿勢はなく、生産活動はそれ自体瞑想や愛ほどの価値をもたない。他方、気の利いた言葉、魅惑的な論法を好む。また、ブラジル人の行動様式として冒険型対堅実型が挙げられるが、労せずして富を得たいと願う気持、称号・地位に対する強い執着、財産を簡単に手にしたいと願う気持——これらは広く知られているブラジル人の特徴である——は、冒険型の考えが生の形で表れたものであるとする [De Holanda (訳) 1976：12-43]。

　デ・オランダはブラジルの宗教に関して次のように述べる。ブラジルでは信仰は義務を伴わずまた厳格なものでもない。信者に対していかなる努力も熱意もまた強烈な克己心をも要求しない。儀式の真の意味を理解せず、習慣として参加しており、その内面的な意味より、色彩的なもの、外的な華麗なものに関心を抱き、肉体的ともいえる具体的なものに執着し、真の精神的なものには理解を示さない。したがって表面的な宗教心である。また、宗教自体融通がきくため、人々の宗教心はすぐ妥協しがちである。そういう宗教心に対して、何か強烈な社会道徳をうみだすことは期待できない [De Holanda (訳) 1976： 167-176]。

(2) 浄霊と個人指導と自己変革

　デ・オランダがとらえたようなブラジル人の価値観と行動様式を前提とする時、彼らを心の変革に導くことは困難である。救世教では浄霊の奇跡によって布教をし、また信徒の定着の課題とかかわって育成に力を入れてきたが、「あなたも改まる」という心の変革にかかわる教説は、聖地建設という目

標達成に向けての信徒育成の過程で、「ぶらさがり信仰」からの脱皮を図り、信仰者としての自立をめざして、「個対個」の取り組みのなかで生まれたものである。信徒定着の問題は「浄霊に始まり浄霊に終わる」と救世教ではとらえ、心の変革に関しても「浄霊を活用しきる」という。浄霊を受ければ霊の曇りがとれて向上するという他律的な説き方が一般的に行われてきたが、個人指導でこれに心の持ち方の変革の要素を入れた。浄霊は個人指導と噛み合わさって心の変革に方向づけられる[44]。かかえている問題が病気から人間関係の問題、経済的問題などへ変化してきていることがその背景にあることは、すでにふれたとおりである。

「浄霊を活用しきる」という言葉は、浄霊を大きな資源としつつ、浄霊のもつ幅広い力に着目し、その意味づけに新たな要素を付け加えたことを示している。浄霊によって霊の曇りをとり、浄められて問題が解決するという、従来の受け身で消極的なものから、浄霊を「神の光」として、エネルギー・力を充填するものとして積極的に使用する姿勢への変化である[45]。すなわち、問題解決にあたって、心の持ち方を変える力を与え、エネルギー・生命力を強化・補充するものにまで浄霊の意味を拡張した。これはブラジル独自の取り組みである。

先述したように、ブラジル人は率直で親切であるが、自省する文化的伝統は薄く、100パーセント自分が正しいと思っている人が多い。彼らは我が強く、プライドも高い人々である。自らの心の持ち方を変えさせ、人格を向上させるためには、ブラジル人に適合したそれなりの工夫が必要で、これには個人指導が大きくかかわってくる。個人指導では浄化の理論を基本として、すべての原因が自分にある、ということを繰り返し説いていく。

近年、人間関係の問題が増加した。とくに夫婦関係の問題が多い。夫婦の不和に悩む人には、浄霊と併せて個人指導で相手の悩みを聞きながら、考え方を変えなければならないことに自分で気づかせる。

人間関係の問題で心の変革へと導く指導のやり方の概略をみよう。問題の原因が霊の曇りであるとかカルマであるとかの指摘は従来から行われていたが、そこから一歩進んで、①個人指導のなかで当事者との対話のなかからその問題の急所を資格者がつかむ（「あなたにも彼にも先祖にも原因がある。苦

しんでいるのはあなただが、独断で人の意見を聞かないとか、我が強いとか、自分中心な行動をとるとかが、夫があっちこっちで飲み歩いている原因かもしれない」)。②問題解決のために、具体的に取り組むことができそうな複数の問題解決の方法を提示する(「あなたの問題を解決するためにいろいろな方法がありますが、あなたはどれができますか。どれをやってみたいと思いますか」)。③それを当事者に選ばせる。④その時に類似の問題をもった他の人の取り組みを例示する。⑤必要ならば取り組んで解決した人を紹介できるようにする。⑥経過をフォローし、「自分で決めたことなのだからできないはずはない」と勇気づけていく。できない人にはそれが欠点であると指摘する。また例示のなかからやりやすいものばかりを選んだ人に対しては、「最もやりたくないことはどれか」と聞く。⑦なかなか実行できないことに修行として取り組む力を与えるために浄霊をする。そして「浄霊でエネルギーを充填したので、できるはずである」と励ます(「あなたにとって嫌なことはどれですか。それをやってみましょう」、「どうやってもできない時には、神にお取り次ぎし、エネルギー・生命力を強化する浄霊をしてあげるので、それをやってみましょう」)。浄霊することによって「神の力」が出たならば、霊の曇りがとれてよい人になるはずであるから、浄霊する人が相手のよいところを見、それを発見してほめることで励みとさせる。ブラジル人はとくに頭ごなしに指示されると反発するので、自主性を喚起する必要がある。ポイントは自分で決めさせることで、それができるような方向づけに浄霊を活用しきっていくことが肝要である。また、抽象的修養的な倫理を説くのではなく、個々の事情にふさわしい具体的な行動と結びついた実践課題を与え、それによって心の変革に導く。

　病気の問題は入信動機の9割以上を占めるが、人間関係の問題よりも心の変革に結びつけにくい。病気の場合は、霊の曇りをとる自然の作用が病気で、病気は体をよくするための浄化作用であるとまず説いて、これまでの考え方を変えさせる。浄霊により曇りをとると、病気が治るという結果がでるが、再度、病気になった時に、曇りがまた出てきたことの原因として、薬は毒であり、それによって曇りが出たこと以外に、生活のあり方、心のもち方が真理にはずれていることを指摘する[46]。

たとえば、信徒が頭痛という問題をもって再度訪れたときに、個人指導で対話するなかで、そこに人間関係の問題が潜んでいることがわかることがある。夫婦関係に問題が潜んでいる時には、「あなたはご主人に対してどういう態度をとりましたか。ご主人の頭をいためるようなことをしたのではありませんか。ご主人が頭痛の種なのではない。あなたの頭に毒素がある。ご主人の気に障るような、嫌がる行動や態度をしていることの写し鏡ではありませんか」と、原因が本人にあることを指摘する。このような発想はブラジルにはないので言われた本人は驚くが[47]、ブラジル人は案外素直にどうしたらいいのかと尋ねる。「それを取り除くためには浄化していかなければならないから、浄霊をしましょう」と浄霊をする。「霊の曇りはだいぶ薄くなったのだから効果はあるはずです。ご主人に何か変わったことがあるはずだからよく見ていて、明日言ってください」と課題を与えて帰す。翌日来た人が、「よくなった。主人がみがみ言ったがあまり気にならなかった」と言えば、「それはあなたの霊の曇りがとれたのですよ」と指摘する。反対に夫の態度が悪くなったと言う場合には、「あなたの曇りが浄まって向上したので、ご主人のほうが悪くなったようにみえるのでしょう。でも何か気づいたところはありませんか」と尋ねる。すると、「今朝、主人がすまなそうな顔をしていた」と気づく。そこで、「それみてごらん」といったようにもっていく。その後に、「あなた自身も曇りを増やさないような努力をしないといけない」と初めて言う。夫に対する本人の考えを聞き、それを是認するのではなく、まずその考え方に反対してみる。考えを変えるためには、ショックを与えないといけない。その後、上述の①〜⑦のプロセスとなる。

　浄霊を受けたら、相手が憎いという気持が消えたと言う人もいる。「憎い憎いとばかり思わずに、ご主人だっていいところもあるでしょう。あなたはご主人に浄霊をしたことがありますか」と尋ねる。「あんな汚いやつにするのは嫌だ」と言う人には、「いっぺん浄霊をしてごらんなさい。嫌だったら目をつぶってやりなさい。あなたは神様のお光を取り次ぐだけなのだからできるでしょう。できなかったら、朝晩の挨拶ぐらいしなさい」というように浄霊を活用する。単に病気治しの浄霊から、人間として向上するための、不如意なことを乗り越えるための浄霊へと導き、自分の知恵・力ではどうにもならな

いこともできるようにする。

　失業や経済苦に喘いでいるブラジルの経済状況を反映して、現在増えているのは鬱病である。これに対する指導の仕方は、「あなた自身はいいが、霊の曇りが邪魔をしている。霊の曇りをとってあげるから、チャンスを見逃さないように」と浄霊をする。「魂が浄霊で清まったならあなたも変わらなくては。自分の心を変えていかないと」、という言葉を入れる。ブラジル人の労働観では労働は苦役であり、勤勉とか地道な努力を軽視する。しかし、ブラジル社会も変化し、不況による雇用不安がうずまいており、従来のような価値観ではなく、工業化・産業化社会に即した価値が求められている。救世教が基盤としているのは都市の新中産階級であり、伝統的なブラジルの労働観からの脱皮が求められている階層である。解雇などの問題に対して会社が悪いと決め付けるだけでなく、なぜ解雇されたのかを考えさせる。カルマもあるだろうが、もう一段向上すれば道が開ける。会社にとっても役に立つ人間になり、自分で自分の生活に責任をもち、相手のせいにしない人格を涵養するように方向づけていく。

　人間関係の問題では、個（人格・人間性）を確立し、責任感を堅持できるように指導する。相手が悪いと責めるのではなく、自分のあり方に原因を求め、人格向上に向けての取り組みをさせる。時間厳守、約束を守るといった、ブラジル社会では欠けている価値観・行動規範も信仰実践のなかで身につけさせる。これらは理屈でやっていたなら受けつけてもらえない。浄霊の威力を利用し、浄霊によって力を与える。単なる治病浄霊ではなく、心の向上を目的とする段階に至っている。ここにきめ細かな個人指導の意義がある。

おわりに

　ここで異文化布教において解決しなければならない課題群と関係させて、まとめにかえたい。
　救世教の場合、ブラジル全土に拡大し、日系という人種的枠組を超え、階層的には都市の新中産階級に拡大し、言語圏ではポルトガル語に拡大した。

布教拡大のためには現地への適応課題と信徒の定着という課題を解決しなければならない。これにかかわって以下の七つの点が挙げられる（**表6-5**参照）。

　第一に、救世教の浄霊という宗教財は、ブラジルの奇跡信仰に無理なく対応でき、浄霊という業もブラジルの宗教伝統との関連で違和感なく受け入れられる要素をもっていた。第二に、救世教は言語の壁を超えることができた。それには青年集団の布教だったことが幸いした。第三に、救世教はブラジル社会との葛藤を避ける方策をとった。カトリック教会との軋轢は極力避け、エスピリティズモと異なる霊界の解釈は出さないようにして摩擦を回避した。救世教の信念体系とかかわる薬毒論、自然農法は近代化政策をとるブラジル社会と摩擦を生じたが、薬毒論問題はブラジルの事情にうとい布教初期に発生したもので、拠点の移動によって対応し、さらに一元化に伴い薬毒論を背景に退かせることで対処した。他方、自然農法は事を荒立てず、時期を待つことで解決に向かった。第四に、浄霊はエスピリティズモと類似の業であり、教義も霊層界の構造を含め、エスピリティズモに類似していたのに加えて、ブラジルのカトリック文化との異質性の稀釈に意識的に取り組んだ。「メシアニカ」というブラジル救世教の呼称自体、東洋色を出さず、キリスト教の一派と認識されそうな名称である。第五に、救世教は積極的にブラジル社会の認知を獲得しようとした。財団の設立による華道・陶芸・絵画展などの文化活動はイメージアップに役だった。慈善活動も日系社会対象ではなく、初めからブラジル社会に向けられていた。第六に、指示されることを嫌うブラジル人の気質と思考様式に対応した布教方法を採用した。第七に、効果を求めて流動化しやすい信徒を定着させ、質的に向上させるという課題に取り組んだ。すなわち、海外初の聖地建設という大きな課題を実現するために信徒を定着させ、布教に動機づける真剣な試行錯誤のなかで、一元化による日本からのおしきせの世話人体制・家庭集会・研修システムを作りかえ、浄霊所の設置をはじめとして運営・指導面でブラジル的な工夫を重ね、これらを有効な育成手段としていった。その際、ブラジル人気質を理解して、受け身ではなく自らが他者の世話をするようにしむける信徒育成システムをつくり、浄霊の意味を拡張することによって、御利益信仰から「心直し」の信仰へ転換させるという画期的な成果があった。

表6-5 ブラジル救世教の課題・危機への対応

時期	課題／危機	資　源	意味づけ	対　応
Ⅰ期	信徒死亡事件（薬毒論）		薬毒論は正しい	拠点の移動（他州にいけば司法権が及ばない）
	医師法違反による手入れ（薬毒論）		薬毒論は正しい	拠点の移動
	日系人布教の困難（生長の家のはびこり）	布教者が青年。ポ語の習得。浄霊の業	浄霊による効果。日系人にこだわらない	初期から非日系人へ布教
Ⅱ期	自然農法に対する軍政下の開発政策による規制		正しいが許可が得られない	1979年まで表立って行わない
	日本の一元化に伴うブラジルでの内部分裂・宣教本部乗っ取り事件	事態収拾のために日本から人材派遣		宣教長を日本から派遣。事務局長職を廃し、宣教長の権限強化。反対派は離脱・分派
Ⅲ期	1974年一元化による本部の統制強化→1976年機構整備による中南米本部設置	渡辺宣教長のリーダーシップ		結果としてのブラジルの自立化・独立化（＋）
	社会的認知			財団・文化活動・慈善活動によるイメージアップ（＋）
	教典『天国の礎』に記載された霊界の叙述へのエスピリティズモの信者からの反発			問題のある部分はふれないようにする。ポ語版『天国の礎』からの該当部分の削除
	日本の本部からの世話人体制・家庭集会、研修システムの押しつけ→機能せず			プラス転化への模索#
	1979〜1980年の新規信徒の増加（新中産階級の増加・都市型）	宣教長のリオ布教でのノウハウ・マスコミのPR効果	ブラジル人の気質、文化に対する理解	増加に対して育成が間に合わず→1980年ブラジルで資格検定開始
Ⅳ期	日本の三派分裂			機関紙の日本語版の発行。ブラジルでMOAインターナショナル（川合派）の分裂。本部長が松本派の副会長になり日本とブラジル半々の滞在
	聖地建設許可と建設→献金・奉仕への動機づけ、信徒の定着課題	リーダーシップ、柔軟な対応、目的に向けての工夫。凝集性	ブラジルに地上天国建設のための大きな課題との受け止め	#世話人制度を上意下達から育成のための小集団として展開。研修システムを世話人の研修として展開。家庭集会を浄霊所活動に発展的に解消。献金の重要性に対する説得、ぶらさがり信仰からの脱皮
Ⅴ期	聖地竣工によるたるみ	聖地の資源としての活用。浄霊の活用		心の変革の言説・御利益信仰から救いの信仰への転換。個人指導、リーダー育成への取り組み
	病気以外の人間関係、鬱病、経済問題の増加。医療の進歩	浄霊		心の変革の言説、新しい行動様式への動機づけ

注1）特定の課題／危機の対応が同じ時期でない場合、#記号を附して異なる時期の対応を示した。
　2）日本との関係による組織上の危機は、日本人・日系人の間のことで、非日系人を巻き込むものではなかった。
出所）ブラジル救世教からの聞き取り調査をもとに作成。

以上の検討から、ブラジル救世教は異文化布教をめぐる諸課題によく応えた。ブラジル救世教がこれらの課題に対応しつつ進むことができた要因には、A 宗教資源としての浄霊、B 人的資源として、B-1信徒数の増加、B-2青年集団による開拓布教、B-3リーダーの存在、B-4海外研修生制度による幹部候補生の養成、がある。B-1は、教理教論ではなく実践を重視し、信徒を布教に動機づけることによって達成できた。B-2は、青年が布教のために集団で来伯したことで、互いに切磋琢磨でき、教会の系統を超える統合性・凝集性をはぐくみ、課題への柔軟な対応に導いた。B-3は、青年集団のなかから渡辺という卓越したリーダーが出現したことである。彼がリオ布教での実績に基づく非日系人布教のノウハウの効果を実証したことによって、突出したリーダーシップの根拠を与えられた。B-4の海外研修生出身者を幹部候補生として育成し、布教現場等へ配置したことも効果があった。次に、C 組織資源としては、中央集権制が挙げられる。これはブラジルでは広大な地域をとりまとめ、人材の適正配置をするにあたって機能的であった。D 情報資源としての布教・育成のノウハウも、中央集権制によって末端まで普及させ、適正活用ができた。E 物的資源として、E-1宣教本部ほか各地の拠点施設、E-2聖地がある。これらは物的資源としての意味以外に、その建設が信徒の献金によってまかなわれたため、目標創出にも役立った。E-2の聖地は宗教資源としての意味も大きい。

　上述の布教の拡大、適応、定着にかかわる課題は、異文化布教に伴って生じた課題である。他方、ブラジル救世教の展開において危機といえるものは、II期での日本の一元化に伴う内部分裂と、III期末からV期にかけての日本の三派分裂にかかわって生じた二派分裂であって、いずれも日本の本部での派閥抗争と関連して起きたものである。日本に本部のある宗教が異文化布教に乗り出した場合、海外だからといって本部の動向と無関係にはいられない。救世教の組織原理はもともとが分権的おやこモデルであって、大教会とそれにつらなる子教会の系統の寄り集まりであるため、宗教的権威の座がはっきりしない時には分立しやすい。また浄霊は効果によって測定される面があるため、大教会ごとにわれこそはという感覚を生じやすい。これが一元化の時

に分派を生み、一元化したといってもその根が残り、再度の三派分裂となった。本部とは宗教的権威による支配・指導、支援、交流という関係があるが、本部との関係調整からかえってブラジル救世教に危機がもたらされたのであった。

「おひかり」は日本から、教えも日本から、資格認定も日本から、という3点は改変することができない。ブラジルに聖地ができたとはいうものの準聖地であり、日本の聖地が根本聖地である。聖地は理想世界の雛形であり、その雛形をとなるべき国が日本である。聖地はその模型である。その意味で日本の役割は揺るがず、海外研修生制度も日本語を学び、日本文化を知ることに主眼を置いている。他方、ブラジル救世教も日本の救世教に影響を与えていることに注目しなければならない。ブラジルから聖地参拝団で来日した人との交流によって日本の救世教の信徒が活力を得たこと、1993年のブラジルで行われた世界青年大会に1,000人の日本の青年が参加して、聖地建設に燃えるブラジル信徒との交流をもち、信仰的な刺激を得たことがその例である。海外研修生を一方的に日本に送るばかりではなく、1987年からは日本で専従者となる前にブラジルで3ヵ月の研修をする場合も多い。日本での救世教の教勢は三派を合わせても公称84万人であるから、ブラジル救世教の信徒31万人は無視することはできない。むしろ日本より活発に活動しているといえる。また、ブラジル本部長の渡辺が新生派の副総長を兼任するといった経緯をへて、2000年に三派の各々が被包括宗教法人となり、その上位に包括法人世界救世教となったことを受け、新生派は「世界救世教いづのめ教団」と名称を変更したが、そのトップの理事長に渡辺が就任し、かつ彼は包括法人世界救世教の管長にも就任した。ブラジル救世教の存在は大きく、現在では日本の本部と双方向の影響関係にあるといって過言ではないだろう。

注
1) 名称は世界救世教を直訳したもので、「救世」をメシア（救世主）とかけた。また教祖岡田茂吉も世界を救済するという意味で自らをメシアと言っていた。キリスト教に近い名称によって、ブラジル人にとってとっつきにくさはかなり緩和されているという。
2) この視点は、家族ストレス研究におけるヒル[石原 1985：23-25]、マッカバン

[石原 1985：30-37，藤崎 1985：238-253] のモデルを参考にして構成されたものである。家族ストレス論の原型を発案したヒルは、ABCXモデルを提出した。ABC→X公式とは、A要因 (ストレス源となる出来事、あるいはその属性としての困難性) はB要因 (家族の危機対応資源) およびC要因 (出来事に対する家族の意味づけ) と相互作用して、X (危機状況) をもたらすとするものである。ここでのポイントは、何らかの出来事なり事件をそのまま家族ストレスとみるのではなく、ストレス源になる出来事、つまりA要因と、結果としてのストレス状況、あるいは危機状況 (X要因) を明確に区別し、その間にB・C要因が介在するとみる点である。

3) 人的資源は人口と能力資源に分けられる。人口とは信徒数を表す。能力資源は統合性など集団資源とポルトガル語能力など個人資源に分けられるが、本部長渡辺哲男のリーダーシップは集団にかかわる個人の資源である。育成とは能力資源の質を高めることである。

4) 1964年から1998年までブラジル救世教副本部長の役職にあった山本勝巳氏 (現、相談役) の教示による。

5) 岡田茂吉が1953年に『アメリカを救う』という題名の書物を出版し、そのなかに「世界文明のうちで、緯の文明、物質文明の代表がアメリカ、経の文明、精神文明の代表が日本である。したがってこの経と緯を結んではじめて、本当の文明が生まれるのである」[世界救世教教団史編纂委員会 1986：430] と叙述していた。そのことから、救世教が海外布教に目を向けるようになった。本が出版された1953年に始まるハワイ布教が海外布教の先駆けである。1955年に教祖は死去するが、ブラジル布教が行われた当時、救世教内部で海外布教熱が高まっていた。

6) 1970年前後に最大の分派独立のラッシュを迎えた。傘下の教会で最大の信徒数をもつ秀明教会が神慈秀明会として独立したのをはじめ、五光教会、黎明教会、青光教会が教会ごとに離脱した [井上ほか 1990：85-88]。

7) 岡田茂吉は、芸術家の魂はその作品によって大衆に大きな影響を与え、人間に美の感覚を目覚めさせ、精神的自覚を起こさせるとした。また岡田は「悪は花を嫌う」として、自分の生けた花を自宅の各部屋に飾った。これをもとに日本で1972年に華道山月流が創立された。ブラジルでも生け花は美を現し、生活の和合をもたらし、霊位を向上させる道として実践されている。華道山月流の教室はサンパウロ市のオカダモキチ会館ほかブラジル各州の教会で開かれ、約1万人の生徒がいる。このうち半数は信徒以外の一般市民である [Igreja Messiânica Mundial do Brasil 日本語版パンフレット、1994年頃発行と推定：12-13]。

8) ブラジルの救世教は新生派 (ここで扱っているブラジル救世教) が99％以上、

再建派(MOAインターナショナル)は3,000人程度と、大きな差がある。護持派はいない。
9) 1990年代に日系新宗教は日系人の日本へのデカセギによって組織的にも多かれ少なかれ打撃を受ける例が多く、それによって非日系人布教や育成に動機づけられたが、ブラジル救世教の場合は、サンパウロ州内陸部やパラナ州の日系人の集住地を除いて、デカセギの影響はほとんどないに等しい。1990年代にブラジル人の育成に取り組んだのは聖地建設の課題達成に向けてのことで、デカセギの影響ではない。

　1998年4月に行った日本の本部国際部からの聞き取り調査によると、日本では、岐阜1・千葉1・神奈川1・群馬3・埼玉1・愛知3・静岡1・三重1・奈良1・大阪1の計14ヵ所でデカセギ信徒の集会が開かれている。このなかには日本で入信した人もいる。把握されているのは500人程度である。日本本部の国際部にブラジル人が5人常駐しているので、集会には必要に応じて通訳として派遣し、対応している。連休や年末年始には聖地に奉仕活動に訪れる信徒もいる。
10) 北米、スリランカ、オーストラリアにもブラジルで養成された布教担当員を派遣しているが、これらの国々は日本の本部国際部直轄である。世界布教センターは国際部の下部機関的な働きをしている。ちなみに、独自で自国外にまで教線を伸ばしているのはブラジルのみである。
11) 信徒に占める非日系人の割合の推移を推測するための根拠となる統計資料は、著者の要請に応じて、ブラジル救世教が作成したものである。ブラジル救世教には、日系・非日系に分けた統計は存在しなかったので、1965～1995年の新入信徒の個票から、年間を通じて最も平均的と推定される7月のデータを10年刻みでとりあげ、姓名から日系・非日系を判断した。性別・年齢階層についての資料の出所も同様に個票の集計による。信徒数の推移、拠点施設数などの統計資料についても同様にご協力を得た。
12) ブラジルの社会学者ローズマリー・ムラロによると(数値は1980年のもの)、ブラジルには四つの社会階層があるという。①支配階級(3.2%)は、大農園主、大中の企業家、政治家、高級軍人、テクノクラート、外国人の多国籍企業経営者から成り、大きな邸宅、豪華なマンション、召使い、別荘、数台の車、外国にも預金があるような層をいう。②中間層(24.2%)は、医者、弁護士ら自由業の大部分、教師、小企業主、商店主、公務員、ホワイトカラーから成り、立派な家やマンションに住み、住み込みや通いの女中を雇用し、夫婦共稼ぎが多く、車を1台は所持している。③下層階級(労働者階級、34.0%)は、零細農、小作人、工場労働者、サービス産業労働者、職人、運転手、小店舗主、女中の一部など定収入

があるものをさし、生活はつつましいが社会保障や医療サービスに接近できるものが多い。④被抑圧階級(アンダークラス、38.6％)は、農村の季節労働者、都市のインフォーマルセクターの人々(店舗をもたない街頭の物売り、靴磨き、物運びの手伝いなど)、女中のかなりの部分、売春婦、乞食、スリ、窃盗等の犯罪者など、定期的な収入のない者、また仕事を求めているが働く機会のない者である。彼らは劣悪な住居に住み、教育・社会保障・医療サービスから疎外されている。注目すべきは、労働者階級のさらに下に、最下層階級が存在し、それが最大の比率を占めることである[中川 1997b：123-125]。

13) 資格はブラジル救世教の定款で日本の本部が判定することになっている。「おひかり」は日本から、資格も日本の本部から認可、教えも日本の本部からくるという3点は変革することはできない。なお、教理の勉強会は教会で行っており、現場では将来資格者にと目をつけた人にテーマを与えて研鑽させるようにし、バックアップしている。

14) 表6-3 (295頁)は、資格授与により移動があった年について記載している。資格適格者の人数増加のため1980年以降日本から資格検定委員が来伯し、資格検定をブラジルで実施するようになった。しかし以前は、日本の本部から検定委員会を代表する役員の来伯を利用して認定証の授与が行われていたため、合格しても資格授与が遅延することがあった。遅延した場合も実質的には該当する資格内容に準じた職務に従事していた。なお、1981年、日本派遣の資格者8人が教師補から教師に昇格した時の判定は、日本の本部の検定委員会の一存であった。1995年の聖地竣工を期に、助師に関してはブラジルで筆記・面接・内申書での審査を行い、検定の結果を添えて本部の検定委員会に提出し、認証書を発行してもらうようになったが、教師補以上は日本からの検定委員が判定する。現在では定期的に資格検定試験が実施され、日本の本部からの検定委員会を代表する役員の来伯をまたずとも本部長が認定証を授与できるようになったが、それ以前は授与の遅れがあった。

15) 研修制度のきっかけは、ブラジル側で人材育成の一環としての受け入れを日本の本部に依頼したことであるが、1967年の第2回青年布教者の本部派遣以降、ブラジル側の事情が変わり、永住権の取得が困難になったことから、日本側でも現地信徒を育成したいということになり、志向が合致した。ところが、1993年頃から、日本語を学んで翻訳や通訳に携わる人以外は、即戦力にしたいので、ブラジルで育成したほうがよいと考え方が変化した。この変化には、ブラジルで育成のノウハウが積み重ねられたことと、日本へのデカセギが盛んになってからは特別研修のビザの取得が難しくなり、半年の短期ビザを更新して1年間の滞在が限度

6章　世界救世教　335

になった状況もかかわっている。
16) 教会長・布教所長・集会所長には海外研修生出身と現場での鍛え上げの人がいるが、海外研修生出身者は1998年現在、教区長1人（教区長総数の11％）、教会長20人（42％）、布教所長21人（20％）、集会所長9人（7％）である。このほか海外研修生出身者は、布教のための海外派遣34人、現場実習中94人、運営事務・財団・事業の専従職員84人である。現在も研修中の19人と死亡した4人を除くと、海外研修生366人中263人（72％）が、ブラジル救世教と関係をもった活動をしている。
17) 聖地部は新設されたが、すぐに廃止され、聖地の管理運営は総務部の直轄に戻された。聖地部長の役職はない。
18) 一般的には「貧病争」といわれるが、救世教の場合、「病貧争」の順で述べられるのは、浄霊による治病儀礼が救いのなかで最重要なポイントであることを反映している。岡田茂吉は、「本教は治病第一を以て進む」という趣旨のことをしばしば述べている［井上ほか 1990：358］。
19) 「おひかり」とは、岡田茂吉が書いた「光」の字に入魂したもの。
20) ハワイや北米では、教会長クラスの人が教理教論中心の布教をした。プロテスタントとカトリックという受容基盤の相違もあるが、教理教論を中心としたハワイ・北米の信徒数が各々2,500人程度で、浄霊という実践を前面に押し出したブラジルの教勢とは大きな差が生まれている。
21) 1～2節では、日系人と対比させる意味で非日系人という呼称を用いたが、日系人と対比しない時にはブラジル人と呼ぶ。さまざまな国からの移民によって国家形成がされたブラジルでは、出身国のエスニック・アイデンティティを超えたブラジル人アイデンティティがあり、3節以降は、ブラジル人の価値観・思考様式・気質といったものに言及するからである。
22) 1962年の本部派遣布教者8人のうち残っているのは2人にすぎないが、1967年の本部派遣布教者は、9人のうち1人が死去した以外はすべて残って運営部門の中枢部分を担っている。1962年の本部派遣者は2人が帰国、日本の本部の分裂に端を発した1984年の二派分裂事件で4人が再建派に移行し、ばらばらになった。1967年の本部派遣者は日本で1年間の研修をし、所属教会を超えるまとまりがあったが、1962年の派遣者は研修が行われず、所属教会の影響が強かった。教会派遣の人々は1972～1973年の離脱問題に関連して、あるいは中南米地区本部関連の役職に就任した結果、1人を除いてブラジル救世教を離れた。
23) *JORNAL MESSIÂNICO* の日本語版はこれにずっと遅れて1987年から1989年末まで隔月で発行された。日本語の編集ができる人材を得たという理由を救世教側は挙げるが、この主目的は、日本での三派分裂の状況に関連して、新生派の意見

をブラジルの日系人にPRし、かつ日本側にブラジルの動きを知らせるという役割を担っていたと思われる。これで判明するように、救世教の場合、ある時点でポルトガル語に転換したのではなく、はじめからポルトガル語が中心だった。

24) 薬毒論の後退は、日本の本部が一元化を契機に、教義面で近代医学との対決の姿勢を後退させたことと関連する。また、現実にはインシュリンを投与しなければならない病気もある。今はインシュリンは薬ではない。食べ物だといって、薬を飲むことへの抵抗感をとっている。

25) 松岡秀明はカルデシズモを教義と実践のうえで救世教と最も近いととらえ、その類似点と相違点を検討している［松岡 1997：17-22］。

26) ブラジル人がなじんでいる祈りの言葉が救世教でも通じるということで、外来の信仰であっても抵抗なく受け入れられるようになったことは事実である。神概念は異なるが、キリスト教の神と救世教の主宰神との親近観を培ったと救世教側は述べている。

27) 信徒以外の一般人の参列が予想される結婚式・葬式では、1995年以降も「主の祈り」を以前同様あげている。また個人的に「主の祈り」を奉上するのは自由である。

28) 岡田茂吉作成の神道の祝詞形式のものだが、内容は観音経である。主宰神の働きの変遷、その成果、地上天国の様相、人間としての生き方から成る。

29)「救世信徒の祈り」を救世教の用語を可能な限り避けて、逐語訳したものは以下のとおりである。「あらゆる生命の創造主であり贈与主であるところの最高の御位に在られる神様！あなたの御心によって、永い夜の時代は終焉に近づきつつあります。あなたのみ光をさしのべたまえ。輝かしき新しい時代の逢着のために。永い間人類の待ち望んでいたところの、あなたのお仕組みに私達をお導きくださったことに感謝します。あなたのお光りを受け、かつ取り次ぎを許された特典に感謝します。私達の魂も肉体も光り輝き、浄められますよう、そして私達が真理に生きられますよう、あなたが私達に許されたところの、明主様（著者注：教祖岡田茂吉のこと）を仲介として、私達をあなたのみ光の清い強力な取り次ぎ者となさせ給え。私達のめぐり会うであろう人達に祝福を与えられますように。あなたのお仕組みが実現されますよう、そして平和と繁栄とが現実となりますよう。偉大なるかな光の神！私達に祝福を、そしてお守りください。私達の魂に光輝あふるる広がりをお与えください。御心のままに」

30) 救世教は大本の分派教団だが、3章で言及した大本の月次祭の式次第と比較すると、大本が祭式を厳しく日本式に行っているのに対して、救世教は著しく文化的異質性を減少させている。大本の月次祭の様子（118-121頁）と比較参照されたい。

著者は1999年9月の聖地月次祭に参列した。神殿を取り囲んでギリシャのパルテノンを思わせる柱が立つ野外で約12,000人の参拝者があった。祭式は簡略化され、天津祝詞を除いてキリスト教の祭典のようであった。祭典参列に加えて、祭壇から群衆に向かって行われる集団浄霊（本部長、不在の時は代理で副本部長が行う）の魅力は大きいように思われた。集団浄霊中に憑霊状態になって運び出される信徒もいた。月次祭に合わせて山月流の生け花の展示会、絵画の展示会、野点、ピアノ演奏と独唱などもあり、湖のほとりの広大な聖地で文化的な雰囲気のもとでピクニック気分も味わえ、楽しみの要素が付け加えられていた。なお、信徒の階層は中産階級以上と見受けられた。

31) 1970年代後半のこの時期、ブラジルの奇跡といわれた高度成長がオイルショック以降低成長に入った（1980年代は長期不況に入る）。ブラジル社会の都市化・工業化と救世教のブラジル人への浸透が関連するのではないかと推測されるが、ブラジル救世教の山本勝巳氏は、同時期にPL教団や生長の家もブラジル人への浸透が著しく、またプロテスタント福音派の伸張も顕著であったことにかんがみて、都市化・工業化よりもカトリック教会が人々のニーズに応えていないことに起因するととらえている。カトリックでは信徒は神父に対して告白をするが、神父は「主の祈り」を10回あげなさい、アベマリアを30回あげなさいといった対応が多く、個人指導は行っておらず、問題解決にはつながっていないという。

32) 日本からの援助は音響設備のみである。聖地はサンパウロ市近郊のグアラピランガの湖のほとりに37万㎡の広大な敷地を擁し、西洋における第一番目の地上天国雛形として位置づけられる。ギリシャのパルテノン神殿を思わせる神殿、庭園、広場、研修施設、食堂などがある。

33) 祖霊祭祀はブラジルでも日本と同じく実践されている。魂は死後霊界に帰るが、霊界では善徳と罪汚れの度合いによって天国・中有界・地獄に振り分けられる。その魂を慰め、より上位に上がれるように助けるのが祖霊祭祀と説明されている。カトリックでは祖霊祭祀は行わないが、ブラジルでは11月に死者の日があって、その時には墓参りをする慣習はある。救世教の信徒はエスピリティズモや生長の家などかなりの宗教遍歴をへている人が多いので、彼らの祖霊観はカトリックの教理でいう、死者はただ最後の審判を待って眠っているのではなく、ある者は苦しみ、救いを求めていると、おぼろげながら理解している。エスピリティズモの霊媒が不幸の原因として祖霊の祟りをいうので、その脈絡で理解している様子もある。救世教では、祖霊の苦しみや願いが現実に子孫に何らかの影響を与えていることを具体的に指摘（生前の生き方を尋ねたり、みた夢を振り返るなど）し、祖霊祭祀の重要性を喚起する。

また、祖霊には霊界で苦しんでいる者ばかりでなく、幸せに過ごし、子孫を守護したいと願っている者もいる。祖霊のうち1人がとくに選ばれて正守護神となるので、良いことがあればその加護に感謝し、悪いことがあればその忠告だと気づいていくようにとの指導もされている。
　　祖霊祭祀はブラジルでも重要視されているものの、ブラジルから祭祀対象リストを日本に送付し、日本の聖地祖霊舎でしか祀れなかったため、ブラジルでも祖霊を祀ってほしいとの希望が信徒から強く出され、本文で述べたように、それならばブラジルに聖地をつくればよい、との許可に結びついた。
　　なお、日本式・神道式の「みたまや」を個人宅に奉斎しているのは1,000人程度（神体を家庭に奉斎しているのは15,000世帯）にすぎないが、1999年現在、聖地の祖霊殿では、ブラジル人信徒の先祖代々・親族・友人・知人などの霊60万体が祀られている。人名と命日の情報はコンピューター化されている。
34) 三派分裂による対立のさなかで、ブラジル本部長の渡辺が新生派の副総長を兼任するようになったため、建設着手が遅れたのではないかと著者は推測したが、ブラジル側での建設の認可、設計に時間がかかったのが遅延の理由だということである。
35) ただし、生長の家や崇教真光のように役職を表すバッジはない。布教員になると天にも昇る気持だという。布教員になって初めて助師の検定試験の受験資格を得る。
36) 月次祭では、祭典と浄霊で30分かかり、次いで体験発表と指導がある。祭典は神前で祝詞をあげ参拝する。集団浄霊（責任者が全体に浄霊）の後、教祖のみ教えを拝読し、体験発表が終わったあとに責任者の指導がある。
37) ブラジルでは縦割り組織が十全の機能を発揮せず、指導体制が運営体制を握っているようで実は握っていない。たとえば運営面での金銭の出し入れは本部直轄で、教会・布教所・集会所が各々直接に本部に報告する。献金も直接本部にあげる。その理由は、ブラジルの事務機構は効率が悪いので、集会所・布教所・教会・教区という縦線でのラインをたどると何ヵ月もかかること、またこれをやると教区や教会が力をもってしまう危険性があること、である。
38) 日本の本部からの援助については、一元化以降、本部長・副本部長をはじめとする部長職の給料が支払われており（本部長・副本部長は全額、他の部長職は半額）、海外研修生の日本での滞在費は日本もちであること以外は、日本からの援助はない。他方、ブラジルから日本の本部への上納金はない。ブラジルの救世教には宗教活動のほか非営利団体で文化活動を行うMOAモキチ・オカダ財団、営利団体の光輪（コーリン）があるが、最も大きな収入は献金で、他の活動の運営維持にも充当

39) 献金の仕方は、玉串として封筒に入れて金額が見えないようにして出す。教祖は陰徳が消えてしまうという趣旨から献金額を張り出すことはしなかったので、献金額を公表してはいない。
40) ブラジル人が問題をもって訪れた時にお礼を置かずに、「デウス・ケ・パーゲ」（神様がお返ししてくれる）と言うことが多い。この言葉は、「自分には何もできないけれど」という自己責任を放棄したともみえる内容を含蓄しているので、日系新宗教の布教者は、神へのお供えをしない彼らに対して、ブラジル人は恩知らずだと腹を立てることが多かった。救世教では、この言葉をそのまま受け取って腹を立てていたらこちらの負けなので、これに対しては、ハッタリでも「神様の声を聞いたよ。神様はこうしてほしいと言っていたよ」と言い、「何か」という問いには、「入信して浄霊してくれと言っていたよ」というように対応した。また問題の原因についてなされる「デウス・キ・サーベ」（神様が知っているので自分は知らない）という返答は、責任を神に転嫁する言い方とみている。

なお、「デウス・ケ・パーゲ」は慈善や施しに関するブラジル人の観念と関連している。施しを与えたり、あるいは別のかたちで人を助けてもそれを受ける人は神に感謝し、「あなたに神の加護がありますように」とは言っても、与えた人に特別に感謝するわけではない。ましてや一生それを恩義に感じることはない。また、与える人はそれなりの理由があって与えていると受け手は解釈している［中川 1995b：158］。
41) 黒呪術についてはマクンバという呼称が使われるが、救世教の場合、悪霊を追い出すのではなく、浄霊で魂を浄めることによって霊の曇りをとり、悪霊に憑依されないようにする。マクンバに関しては霊力の強い人が対処するという。なお、このような場合でもマクンバをかける人だけが悪いのではなく、かけられる人にも悪いところがあるということを、話し合いのなかで事実を引き出し、積み上げて納得させていく。マクンバの事例については9章の稲荷会を参照。
42) 松岡は、カトリックでもカルデシズモやウンバンダのいずれにおいても、超越者と個人との関係が最も重要な問題であり、現世における個人の向上や人々の関係をよりよいものとしようとする志向はそれほど重視されていないこと、カルデシズモやウンバンダでは「霊の向上」が重要な意味をもつが、それは必ずしも現世の個人の向上とは結びつかず、日本の新宗教で重視されている倫理的・修養的な向上はブラジル人にとってあまりなじみのないものであることを指摘している［松岡 1993：139］。
43) アメリカの人類学者C．ワーグレーは、北米との比較をふまえてラテンアメリ

カ人の行動の理念型を以下のように論じている。その労働観については、肉体労働は過去において奴隷のものであったため、それへの蔑視は抜きがたく、大半の専門職は都市で命令をくだす地位につきたがり、特別扱いを期待し、米国から来た者が荷物を運ぶとか肉体労働をしたりしようとすると寛いだ気持になれない。一般的にいって自己の「プライド」に関しては米国人よりも敏感であり、また「体面」をより強く意識している。米国人は部下と一緒に仕事を始めるが、ブラジル人は彼らの地位が低められるようにみえる仕事をすると自らの地位が危うくなると感じる。また、米国人に奇異にうつるのは、ラテンアメリカ人の個人的性格の「非実用的」「空論的」または「綺麗な話にすぎない」と思えるような思考方法である。言葉が実物以上に重視され、経験主義とプラグマティズムよりも論理と弁証法に特徴がある。彼らは論理的に筋道のとおったプランを作成することは得意だが、退屈な細かい点を実践することには興味を失う［Wagley（訳）1971b：53-77］。

44) 浄霊をすればするほど霊の曇りがとれて魂が向上するという言説はあった。しかしその場合、魂の向上ということで彼らがイメージしたのは、幸せになりたい＝苦労したくない、楽になりたい、思うことが思うようになる、存在価値が高まる、偉くなる、超能力を得る、というものだった。

45) 松岡はカルデシズモのパッセについて、施術者から被術者に霊的なエネルギーを伝達するものと述べている［松岡 1997：19］。これから考えると、浄霊によるエネルギー充填として、心の変革に結びつけるやり方は、カルデシズモの意味づけを救世教的に変容させて活用するもの、ということができるかもしれない。

46) 浄霊を1回するだけでかなりの量の曇りが解消される。入信して「おひかり」をいただくと霊層界の階段をいっぺんに20段上昇するという。しかしながら入信したとたんに下痢をしたり発熱するという例はよくあることで、それには霊層界が上昇したために、それにふさわしくなるための肉体のほうの浄化作用であると説く。また浄霊を受けて霊の曇りが解消しても、心を変え、生活の仕方を変えないと曇りがたまっていくとされる。

47) エスピリティズモの信者は、妬みがある人が自分に黒呪術をかけている、というようなことを拝み屋に行くとよく言われる。その結果、相手への恨みの念がでて輪に輪をかけ、かえって曇りをつくるので、救世教ではそのようなことを言わないようにしている。

ブラジル救世教年表

年	出来事	布教拠点の拡大	日本の本部との関係
1954	佐藤晃子(瑞雲教会・岡山・奉仕者)布教開拓のためアマゾン入植		
1955	小田信彦・中橋稔(青光教会・京都・専従者)布教のため着伯(布教開始)	SP市周辺・ミナス州	
1956	ベロオリゾンテ(ミナス州)で信徒の死亡が警察問題化 甲藤憲一(大浄教会・大阪・信徒)農業移民として着伯	クリチーバ布教所(パラナ州)	
1957	小暮克己(喜光教会・兵庫・専従者)着伯。クリチーバ布教所に配属		
1958		ロンドリーナ布教所(パラナ州) ベルジーゼズ布教所(SP州)	
1959	細野和良(大浄教会・大阪・専従者)着伯。サンベルナルド(SP市近郊)甲藤宅で布教	ツッパン布教所(SP州) カーザベルジ布教所(SP州)	
1960	平田守弘(大浄教会・大阪・専従者)着伯。サンベルナルド布教所に配属	マリリア布教所(SP州) サンベルナルド布教所(SP州)	
1961	サンベルナルド布教所、医師法違反の疑いで手入れ サンベルナルド布教所、SP市内ブラスに移転、ブラス教会法人登録 ブラジル布教を統一し、宣教本部設立について本部と協議・決定 山本勝巳(大浄教会・大阪・専従者)着伯。ブラス教会に配属	ブタンタン教会(SP市) ブラス教会(SP市)	救世神殿竣工祭のため3人訪日 本部と宣教本部設立に関する協議
1962	仮宣教本部設立(常任理事:小田・中橋・細野、理事:平田・木暮) 宣教本部の下に3教会(ブタンタン・ロンドリーナ・ブラス)・6布教所 本部派遣の青年布教者8人着伯(渡辺・西川・大前・後藤・横山・浅海・中橋(弟)・神戸)		
1963	宣教本部法人登録申請。勝野政久本部教師宣教本部長に就任(アメリカ・ハワイ・ブラジル兼任)	リベルダーデ教会(SP市)、パラナ教会建設(ロンドリーナ教会改称)	米国・ハワイ・ブラジルに海外宣教本部制施行
1964	初のブラジル人専従者(ロンドリーナ教会) 宣教本部として法人格取得 第1回信徒大会 渡辺哲男、リオ布教開始	サントス布教所(SP州)	
1965	機関紙 *GLORIA* (ポ語・月刊)発刊 ポルトアレグレ(南伯)布教開始(後藤)	ブラス教会がパウリスタ教会と改称	

342　Ⅲ部　日系新宗教の非日系人布教

年	出　来　事	布教拠点の拡大	日本の本部との関係
1965	アルゼンチン教会設立(神戸が赴任)	ブタンタン教会がグローリア教会と改称	
1966	宣教本部人事異動：本部長・小田、次長・中橋(兄)・細野 野々口清一(神聖教会・大阪・専従者)着伯。宣教本部配属 プレジデンテ・プルデンテ(SP州)で浄霊活動開始 ヨーロッパ布教開始(西川・中橋(弟))	リオ布教所(リオ州) ポルトアレグレ布教所(南伯)	
1967	『天国の礎』第一篇出版 本部派遣の青年布教者9人着伯(山下・森山・斉藤・林・高瀬・大野・田中・安江・白沢) 宣教本部建設開始		
1968		リオ、ツッパン、サントス、教会昇格	
1969	ブラジル人SP市で入信、ベレン(北伯)へ移転。浄霊活動開始 ブラジル宣教本部竣工 リオ教会竣工 宣教本部内部問題、サンパウロ新聞に掲載 問題解決のために日本の本部より担当役員来伯		問題解決のため本部より役員派遣
1970	宣教本部人事異動・本部長が日本に召還。本部長が日本より派遣。3ヵ月後に人事異動、宣教長・平田、事務局長(新設)・藤井 ブラジリア布教開始(白沢)	パラナバイ布教所(パラナ州)	本部長を日本の本部から派遣 第1回海外教会長会議 第1回聖地参拝団
1971	法人・メシアニカ財団設立(初代理事長はブラジル人) 宣教本部人事異動：宣教長・神戸、事務局長・藤井	アサイ布教所(パラナ州)	第1期海外研修生、日本へ派遣 第2回海外教会長会議
1972	ブラジル人医師リオで入信。病院で医療の傍ら浄霊活動 機関紙 *JORNAL MESSIÂNICO* 発刊。ポ語、タブロイド判月刊 ブラジル人サッカー選手2人専従 ブラジル人リオで入信、フォルタレーザ(北東伯)で浄霊活動開始 藤井・中橋(兄)離脱問題	ブラジリア布教所(ブラジリア直轄区)	第2回聖地参拝団 教団一元化(日本)
1973	宣教本部乗っ取り事件に発展。法廷にもちこみ解決。違反派は分派 ブラジル人SP市で入信、居住地カンポグランデ(西伯)で浄霊開始 第1回日伯現代美術展	グワイーラ(パラナ州)布教所	
1974	日系人サルバドール(北東伯)で浄霊活動開始 一元化・人事異動：宣教長・平田、次長・園部(本部派遣)。事務局長は廃止し次長へ		第3回聖地参拝団 次長は日本の本部派遣 教主巡教

6章 世界救世教 343

年	出来事	布教拠点の拡大	日本の本部との関係
1974	世話人体制開始 MGC（メシアンカ・ゼネラル・カンパニー）商事設立 ブラジル人ジャルジン（西伯）で浄霊拠点開設		第2期海外研修生派遣
1974	グアラピランガにブラジル聖地建設用地購入 華道山月流ブラジル支庁開設 ブラジル人ブラジリアで入信、フロリアノーポリス（南伯）に布教拠点開設		
1975	家庭集会活動開始 活動者大会 第2回日伯現代美術展		第4～5回聖地参拝団 川合総長来伯 第3回海外研修生派遣（6人）
1976	中南米地区本部設立。機構整備。 中南米地区本部長・平田、副本部長・園部、事務局長・細野 宣教本部宣教長・渡辺、次長・山本 アチバイヤ農場購入	ブラジリア教会竣工 ジャルジン布教所（西伯）	川合総長、松本外事対策委員長ほかが国際友好親善教会の一員として来伯 第6回聖地参拝団
1977	第2回信徒大会（リオ） 活動者大会（SP市） 第3回日伯現代美術展		第7～8回聖地参拝団 第4回海外研修生派遣 教主巡教
1978	テレビ・週刊誌の取材で知名度が高まる 月刊機関紙特別号5万部を配布	ベレン布教所（北伯）	第9～10回聖地参拝団 第5回海外研修生派遣
1979	自然農法移民着伯（アチバイヤ農場で活動開始） 活動者大会 第4回日伯現代美術展 第1回絵画の国内公募展開催		川合総長来伯 第6回海外研修生派遣 第11回聖地参拝団
1980	MGC商事を株式会社に登録変更（有限会社2社合併） 第1期生メキシコ教会に派遣 第1回教師・教師補・助師資格検定実施		本部人事局長来伯 副総長来伯 教師資格検定委員会来伯 華道資格検定委員会来伯 第12回聖地参拝団 第7期海外研修生派遣
1981	第1期生ポルトガル教会に赴任 華道助教授資格付与（47人） 宣教本部をブラジル本部と改称。宣教長を本部長と改称 法人「メシアニカ財団」を「MOAモキチ・オカダ財団」と改称 第5回日伯現代美術展 活動者大会（SP市） 第2回教師・補教師・助師資格検定実施 『天国の礎―4編』翻訳出版		副総長来伯 美術館長来伯 第8期海外研修生派遣 語学研修生派遣（5期生の内5人） 川合総長来伯

年	出来事	布教拠点の拡大	日本の本部との関係
1982	平田中南米地区本部長メキシコへ移動	サルバドール布教所（北東伯）	第9期海外研修生派遣（5人） 語学研修生派遣（6期生のうち10人） 第13～18回聖地参拝団（計947人）
1983	活動者大会（SP市） 第6回日伯現代美術展		川合MOA会長来伯 中村総長来伯 第19回聖地参拝団
1984	日本の三派分裂に伴い、二派分裂		総本部組織改革（日本） 教団正常化委員会発足（三派分裂・日本） 新生協議会発足（日本） 第20回聖地参拝団
1985	新宣教本部（オカダモキチ会館）竣工 教主よりグアラピランガにブラジル聖地建設許可 グアラピランガでブラジル布教30周年特別祈願祭（5万人）	リオ教会竣工 ベレン教会竣工	松本総長代務登記完了 教主来伯
1987	ポ語訳『伝道の手引き』出版 第3回科学シンポジウム JORNAL MESSIÂNICO 日本語版発行・隔月（～1988年） グアラピランガに宿泊施設建設	クリチーバ教会竣工 フォルタレーザ布教所（北東伯） サンルイス教会（北東伯）竣工 フロリアノーポリス布教所（南伯） サルバドール教会竣工	第21回聖地参拝団 日本から第1回ブラジル研修団（25日間） 「真実把握のための」訪日使節団
1989	入信お導き祈願祭（対象3万人）		松本総長代務来伯
1990		サントス教会竣工	比嘉教授（自然農法）来伯
1991	グアラピランガ聖地の整地開始 第1回自然農法会議		第22～24回聖地参拝団 松本総長代務来伯
1992	青年大会（3,000人）		
1993	第2回青年世界大会（5万人） 祖霊祭（地方教会でも施行）		青年世界大会に日本から1,000人参加
1995	ブラジル聖地竣工（12万信徒が参集）		
1997			三派和解（日本）
1998	運営組織に初めてブラジル人が宣教部長として入る		

注）布教拠点については、ブラジルの各地に拡大していくポイントになる拠点や事項を記載した。
　SP市（サンパウロ市）、SP州（サンパウロ州）、リオ州、パラナ州、ミナス州以外は、都市名の後に州名ではなく、北東伯、北伯、西伯、南伯といった地域区分で記した。
出所）ブラジル救世教提供資料より作成。

7章
創価学会
―――折伏から文化活動への傾斜とその要因―――

ブラジル創価学会布教拠点図

★BSGI文化会館
■文化会館（数値は拠点数）
●地方・地域会館（数値は拠点数）

章とびら写真：BSGI池田講堂　（1998年）［著者撮影］

はじめに

　創価学会は公称会員数812万世帯、ほか海外会員126万人を擁する日本の新宗教では最大規模の教団である。1930 (昭和5) 年に日蓮正宗の信徒であった牧口常三郎 (1871-1944、初代会長) が創価教育学会の名称で始めたが、牧口が戦時中に獄死した後、1946年に戸田城聖 (1900-1958、二代会長) が創価学会と改称した。折伏と座談会を中心とする布教活動を展開し、強引な折伏が社会問題化するなか、1955年以降「国立戒壇」の建立をめざした政治進出が始まる。戸田の没後、1960年に池田大作 (1928年生) が三代会長に就任して、さらに組織の拡大を図り、同年から教団として正式な海外布教に着手した。1964年には公明党を結成したが、1969年暮から1970年春にかけて「言論出版妨害事件」を起こし、世論の批判をあびたことから、1970年に公明党との「政教分離」と国立戒壇論の放棄を正式に宣言した[1]。1972年には日蓮正宗総本山大石寺に巨大な正本堂を落成させた。しかし、1979年には日蓮正宗との組織上の軋轢もあり、池田は会長を辞任して名誉会長となった。会長は退いたとはいえ、池田への個人崇拝[2]は強く、大きな影響力を行使している。海外布教に関しては、1975年に日蓮正宗とは別個に創価学会だけでSGI (創価学会インタナショナル) を結成し、池田が会長に就任した。創価学会は日蓮正宗の講的な性格をもって展開してきたが、それではとらえきれない部分が多くあり、そのために日蓮正宗との葛藤が不可避であった。1977年に創価学会が独自路線をとって同宗と対立した時は、創価学会側が折れ、和解した (第一次宗門問題)。1990年には再び対立が激化し、同年12月には日蓮正宗が池田総講頭を事実上解任処分にし、翌1991年に日蓮正宗は創価学会に破門を通告し、両者の関係は決裂した (第二次宗門問題) [井上ほか 1990：564-565；1996：171-172]。

　ブラジルにおいて創価学会の布教が始まったのは1960 (昭和35) 年のことで、教勢は1999年現在、公称6万世帯15万人、その約90％が非日系人と推測される。ここではブラジル創価学会という名称を用いるが、1964年にブラジル創価学会 (Sokagakkai do Brasil) として法人格を得て以降、法人としての名称は、

1966年にブラジル日蓮正宗(Nitiren Shoshu do Brasil, NSB)、1991年にブラジルSGI (Brasil SGI, BSGI)と変更された。名称変更は、ブラジル創価学会の展開の諸相とも密接な関係をもつものである。

　ブラジル創価学会は日系の枠を超えて布教を拡大したが、異文化布教の課題を解決しつつ展開したというよりも、創価学会という個性の強い日本の母教団に規定されつつ、各時期に生じた問題を乗り越えるための意識的な「戦略」の採用によって方向を転換したのであって、そこに創価学会の組織運営の特質がある。課題解決を迫る出来事には、日本での政治進出に伴う悪イメージ、折伏という強引な布教方法によって引き起こされた日系社会との摩擦、ブラジル社会との関係、日蓮正宗と創価学会の関係にかかわる宗門問題がある。ブラジル社会および日系社会への順応をめざしたその時その時の問題解決を積み上げるというより、こうした課題への戦略的取り組みと名誉会長池田大作の来伯が、ブラジル創価学会にとって大きな転換点を構成している。いいかえれば、ブラジル創価学会はブラジルでの折々の流れのなかで活動の方向性を模索していったというよりも、池田来伯など日本の母教団とのかかわりで「闘う目標」を設定し、それに向かって人員や資源を動員していくという傾向が著しい。ブラジル創価学会の展開は日系社会との関係、ブラジル社会との関係、日蓮正宗との関係において大きく規定されているが、こうした対外的関係の全体をとおして創価学会の組織を防衛するという意図が顕著にみられる。

　ここではその展開過程を以下のように区分したい。
　Ⅰ期(1960〜1965年)　ブラジル布教の開始と日系社会との軋轢
　Ⅱ期(1966〜1973年)　拠点施設の確立と非日系人布教の開始
　Ⅲ期(1974〜1983年)　対外的文化活動の開始と第一次宗門問題
　Ⅳ期(1984〜1989年)　文化活動の拡大と日系社会からの認知の獲得
　Ⅴ期(1990年〜現在)　日蓮正宗からの離脱と文化団体化

　ブラジル創価学会は組織的には日系社会・ブラジル社会にかかわる対外問題や、宗門問題という内的問題への対応から活動の方向性を設定してきた。

他方、現場では非日系人を多数含む会員に対して組織活動を軸にその定着を図る地道な活動も続けている。そこで、適応・定着という異文化布教の課題にどのように対応してきたのか、また、他の日系新宗教はカトリックとの共存を図り、重複所属を許容するのに対し、これまで所属してきた宗教から離れることを要求する創価学会が非日系人にどのように受け入れられてきたのか、ということについても後半部分でふれることにする。

なお、ブラジル創価学会の展開と日本の創価学会の動きについては、章末の**ブラジル創価学会年表**を適宜参照されたい。

1 ブラジル布教の開始と日系社会との軋轢
（Ⅰ期：1960〜1965年）

(1) ブラジル支部設立と初期の活動

1960年5月に三代会長になった池田大作一行6人は、同年10月に北南米訪問の旅に出た。この訪問中、池田はアメリカに戦争花嫁を基盤とする支部をつくり、日本で入信した戦後移民100人ほどの会員がいたブラジルにも、1支部3地区を結成させた。支部長ほかの役職者を任命したものの、日本で組織活動をしていた者はせいぜい組長（当時の組織は支部―地区―班―組）どまりだった［吉村 1985：10-26、池田 1998a：136-156］。

組織的には、1960年に上記のように1支部3地区、男子部1部隊、女子部1区、翌1961年に4地区新設、1962年3地区と女子部に部隊を新設し、1963年、南米総支部のもと既存の組織を整備して3支部体制になった。1964年に総支部下にパラグアイ支部を増設して、4支部となった際、南米本部が発足し、借家ではあるがサンパウロ市に南米会館が設置された。

創価学会の組織体制は、何度もふれたように現場のニーズに対応するなかで生成したものというより、日本の本部の意識的な組織づくりの方針に従って作られたものとみることができる。当時のブラジルには指導資格をもった会員はおらず、また戦後移民は生活の基盤すらできているとはいいがたい段階であった。ブラジル支部のテコ入れに、1961年からは年に1回、日本から

創価学会員である国会議員、あるいは地方議員が南米夏季指導にブラジルを訪れた[3]。議員による指導は1964年まで4回にわたって行われた。当時、南米総支部長は日本にいる国会議員が兼任した。

1962年12月に商社の駐在員としてブラジルに赴任する斉藤晏弘[4] (1928年生、1962年9月入信、東京外国語大学英米学科卒、1974年に帰化し、ロベルト・サイトウと改名、現名誉理事長) が、出発前に池田と面会した折、男子南米部長の役職を特例として授与され、渡伯した。妻がすでに入信していたにしろ、晏弘自身の信仰歴は浅く、指導できるようなものではなかったが、当時は海外の組織づくりに必要とあれば、抜擢人事が行われたのである。このころブラジルの支部長宅に1～2部郵送されてくる『聖教新聞』、『大白蓮華』を回し読みしたり、平日の夜に教学の勉強会を行った。教学の勉強会の中心になったのは茶郷英一 (当時男子部部隊長、現副理事長) である。教学を教える資格 (講師レベル) をもっていたのは茶郷だけで、この当時の斉藤は役職上では上だが教学を教える実力はなかった。日本ならば指導に来てもらうことができるが、そうもいかず、たまに日本から議員が来伯して指導をしたり (その折に支部や地区の拡大がなされる)、仕事関係でブラジルに駐在している人や移民が集まって、現地で座談会、折伏、教学の勉強会などを試行錯誤のなかで継続していった。1964年には本部職員の千葉緑が事務の統括および組織運営のために南米本部参謀として正式に日本から派遣され、初めて専従の職員となった。

創価学会では日蓮正宗との関係が決裂するまでは日蓮正宗総本山大石寺への登山が重要な宗教実践であった、1963年に初めて13人のグループで登山 (この時のみ船で往復。全体で6ヵ月。往復に3ヵ月かかったので、その後は飛行機を使用) のための訪日が行われ、日本で受けた指導をブラジルにもちかえった。Ⅰ期では1963年の後、1965年に7人が登山のため訪日したぐらいのものである。

(2) 折伏の大号令と日系社会との軋轢
初の出張授戒と斉藤夫妻の来伯
発足したもののブラジル創価学会は日本から遠く離れており、それに人材不足であったが、東京での折伏者数では1位か2位というトップクラスの斉

藤悦子 (1936-1993、1974年に帰化し、シルビア・サイトウと改名) が1965年に来伯したことによって、リーダーを得ることになった。悦子は晏弘の妻である。晏弘は1964年12月にブラジル駐在から帰国し、学会活動と仕事の両立に悩んで会社を退職した[5]。晏弘は事業を起こすためにいずれ再渡伯するつもりだったが、その機会は早く訪れ、帰国後まもなく、晏弘が南米本部長、悦子が同本部婦人部長として、悦子29歳の誕生日にブラジルに渡った。再渡伯の時期が早まったのは、1965年1月に日蓮正宗の僧侶がブラジルで初の出張授戒をすることになったのに、責任者がいなかったためである。日本ならば寺で僧侶から戒を受けて初めて入信になる。受戒がないと入信にならない。それまで本尊は郵送されてきたので、会館で授与式を行ってはいたが、受戒をしていないという意味で正式な信徒ではなかった。これに間に合うように急遽、斉藤夫妻が渡伯したのである。こうしてサンパウロ市とその周辺在住者約800人が戒を受けた。

折伏の大号令とその成果

支部設立以降、世帯数は各年1月現在で、1962年200世帯、1963年550世帯、1964年1,114世帯、1965年2,000世帯とほぼ倍々に増加した。それまではブラジルではかなりの役職者でも日本での役職はせいぜい組長程度の人ばかりだったが、日本で高い役職にあり、実際に組織活動を経験し、折伏の名手といわれる悦子が来伯した。斉藤夫妻の来伯時にはすでに1966年3月の池田会長（当時）の来伯が予定されており、池田をブラジルに迎えるにあたって折伏によって世帯数を多くしようという方針が出され、1年間に1万世帯という猛烈な折伏活動が婦人部を中心に展開されたのである。悦子はブラジルに着いた翌日から2ヵ月半の間、妊娠中にもかかわらず、トラックに乗って飛び回り、自宅に帰るのは夜中だった。彼女は座談会で、また文協の講堂を使った集会 (1,000人くらい集合) などで、折伏を訴えた。「移住者は新天地で経済的自立をめざして、仕事や生活に悪戦苦闘中。自己や周囲に目を向ける余裕など未だまだだ。創価学会は病人、貧乏人をこの世からなくすため、幸せになるための信心。そのためには功徳の実証、すなわち現証を出すことだ。また、必ずそうなってみせるとの決意で祈り、行動しよう。生活に疲れ果てた姿では信仰していることにはならない。よれよれのハンカチを絹のハンカチにし

写真7-1　婦人部の会合で指導するシルビア・サイトウ（斉藤悦子）（左手仏壇の前の女性）
（1981年）［ブラジル創価学会提供］

写真7-2　教学試験の受験者を激励に訪れたロベルト・サイトウ（斉藤晏弘）（右端）
（1986年）［ブラジル創価学会提供］

ようではないか。来年池田会長が来る。折伏こそ福運の元。折伏で今の自分の境涯を変えることができる。信仰勝利者として歓喜で会長を迎えよう」と檄をとばし、あるゆる機会に訴えた。こうした指導はそれまで誰もしていなかった。これが大きい波紋になってどんどん拡がり、折伏への意欲は火のように燃え上がった。それまでブラジルにいる学会員は、日本で入信したといっても日本でうまくいかないのでブラジルに移住した人々や、餞別がわりに本尊をもらってきたような人々で、ブラジルに来てすぐ組織活動ができるようなレベルの人々ではなかった。しかしそれ以来、意欲が変わってきた。悦子は移住者の生活と日本での生活との差にショックを受けたようである。会員にとって、日本で培った自らの信仰体験をもとに力強く、確信をもって語り、かつあか抜けた装いの悦子の姿は、あこがれの対象となり、信心したらあのようになれるという希望を与えた。

　日本でも筋金入りの折伏のリーダーだった悦子の存在に加えて、出張授戒によって「入信」が目に見える形になったので、人の心構えが違ってきて座談会が活発になったこともある。

日系社会との軋轢
　この折伏は1年間に1万世帯という入信者の急激な増加をもたらし、1966年には信徒数12,000世帯になったが、折伏対象は日本人・日系人だったので、日系社会と摩擦軋轢を引き起こし、創価学会の存在が日系社会でネガティブな意味でクローズアップされた。

　日系社会との摩擦は、創価学会と他の日系宗教との対立に戦後移民と戦前移民の対立がからんでいた。当時の折伏対象は日本人・日系人で、地域的にもサンパウロ市およびその周辺の日系人の集住地が対象であった。サンパウロ市近郊の日系人集住地（モジ・ダス・クルーゼズ、スザノ）の古い日系社会に本門仏立宗と顕本法華宗（ともに法華系の一派）が根をおろしており、本尊は違うが同じく南無妙法蓮華経を唱えていた。創価学会側はこれらを邪宗と呼び、日本の折伏教典を参考にして折伏した。宗教を信仰した場合にどのような生活上の現証があらわれるか、同じことをしながらなぜそんなに現証面で苦しみがあるのか、それは間違った信仰をしているからだと説いた。

　生長の家はブラジルの日系新宗教のなかで最大の勢力を誇り、1950年代に

カチ組マケ組騒動が収束した後、勢力を拡大していた。生長の家はいろいろな宗教を折衷し、また他宗教を排除しない。創価学会では、日蓮正宗以外の宗教を邪宗と断罪し、生長の家のようなごちゃまぜの教えが一番いけないとした。また生長の家は戦前移民のパトロン（農場主）が信仰し、創価学会員は戦後移民で彼らに使われる身だった。主人は生長の家、従業員は創価学会ということでぶつかり、戦前移民と戦後移民の対立に宗教の対立がからんだ。創価学会が日系社会で負の意味で注目され、また、日本での創価学会の政治進出（1964年に公明党結成）もイメージを悪くした。カトリック教徒を折伏したら神父とぶつかったことはあるが、それほど社会的な問題にはならなかったのに、サンパウロ州奥地では生長の家や天理教が強く、選挙基盤をおびやかされるということがあって、宗教ではもっぱら日系宗教との軋轢であった。しかし、当時は折伏で宿命を転換する、「魔競はずは正法と知るべからず」[6]と日蓮の教えにあるので、他からの反発が起きることを恐れずに折伏したという。

　この折伏によって、人数が増加しただけでなく、教線が戦後移民から戦前移民に伸び、戦前移民を介して二世も入信した[7]。また、これが基礎になって、二世から知り合いの非日系人へと布教が展開したことは、次に述べるとおりである。

2　拠点施設の確立と非日系人布教の開始（Ⅱ期：1966〜1973年）

　1966年の池田の第2回目の来伯に始まるⅡ期は、拠点施設の購入、寺院の設置と僧侶の常駐、日系人折伏の自粛と非日系人布教への方針転換、ブラジル創価学会からブラジル日蓮正宗への名称変更など、大きな転換期となる。寺院ができ、ブラジルで授戒をすることが可能になったことで大折伏が行われた。

(1)　池田会長（当時）の第2回来伯

　来伯した池田を、ブラジルの会員たちは文化祭（出演者400人、観客1,700人）

で迎えた。池田の一行には議員も随行していた。池田の来伯を目あてに展開した折伏が引き起こした日系社会との軋轢によって、日伯文化協会・県人会などの日系リーダー、日系二世のカトリック教徒の国会議員、生長の家につながっている日系の政治家から、創価学会は危険だ、秩序を乱す、日系社会の不穏分子と言われ、池田が来た時に会場の賃貸を拒否されもした。また、この時は、「破壊活動の宗教、ブラジルの秩序を転覆しようとする宗教、政治的進出を果たす」とサンパウロの一流紙の *O Estado de S. Paulo* でも論評された。日系社会のなかにもこうした動きをブラジルの新聞に流す人がいたし、またアメリカの雑誌 *Look* が行った創価学会批判が全世界に広まり、ブラジルの官憲にもその情報が入っていた[8]。当時のブラジルは1964年から21年間継続する軍事政権下にあった。

こうした状況を目のあたりにして、池田が社会に問題を起こす団体ではいけないと言ったこともあって、ブラジル創価学会は軋轢を起こすような過激な折伏は控えることにした。

(2) 日系社会との軋轢による方針転換とNSBへの名称変更

池田の来伯に向けての1965年からの折伏は、結果としては戦後移民主体から戦前移民、そして二世へ、二世を媒介として非日系ブラジル人へ布教を展開する基礎をつくったといえる。池田来伯時に日系社会の反撃に遭って、日系社会への攻撃をやめてブラジル社会に入っていく、日本語からポルトガル語へ転換し、仏法の解釈や説明はブラジル化していくという、意識的な方針転換がなされた。これに教学的な根拠を与えたのは日蓮の遺文に示されている「随方毘尼」の原理である。「随方」とは「その地方の風俗習慣に随う」ということであり、「毘尼」とは「大綱、精神において仏教に違わない限り、その形式などは、その国情または地方のしきたりに随ってよい」という意である [中野 1984：185]。こうして、その地にあったやり方、環境を考慮した柔軟路線に転換したのである[9]。なお、ポルトガル語は非日系人に対してというより、1965年の折伏で入信した二世にまず必要だった。戦時中に日本がブラジルの敵国になったことで日本語使用が禁じられたが、その時代に生育した二世が多く入信したからである。1965年に機関紙 *Nova Era*（ノーバ エラ）（新時代）（1966年から

Brasil Seikyo に名称変更) が発刊され、ポルトガル語対応がされていく[10]。日本の『大白蓮華』にあたるポルトガル語の月刊誌 *Terceira Civilização*（第三文明）も1968年から刊行されるようになった。

この時期の大きな転換を端的に示すものとして、法人名の変更がある。創価学会という名称は反発を生みやすかったので、創価学会の名称を意識的に避けるために、先にふれたように、1966年7月、ブラジル創価学会からブラジル日蓮正宗（NSB）へと登記を変更した。

(3) 拠点施設・寺院の設立と大折伏の開始

1966年4月に池田によってサンパウロ市に会館（一軒家。50人集まればいっぱいになる程度の大きさ）が購入され、それまでの借家から自前の拠点を得た。同時にリオデジャネイロ（以下リオ）市にも会館（借家）ができ、複数の拠点が設置された。1968年2月にはサンパウロ市の会館の二階を寺院とし、開闡山一乗寺と名づけられた。ほぼ2年交代で僧侶が常駐し、授戒が可能になった。これまでは1965年に1回、日本から僧侶が来伯して出張授戒が行われた

写真7-3　一乗寺における日蓮正宗僧侶の導師による新年勤行会（1982年）［ブラジル創価学会提供］

のみで、本尊は日本から送付されていたものの、正式に「信徒」になるための授戒を現地で行うことができなかった[11]。寺院ができたのを機に折伏を再開して、半年後の8月末には35,000世帯と信徒数が急増し、1ヵ月あたりの折伏の記録としては世界でトップになった。この折伏では日本人・日系人の折伏はあえて避け、非日系人、二世が中心になる[12]。1966年の池田の来伯時には指導会の参加者が5,000人だったが、1969年には2万人が結集した総会ができるまでになった。1970年には一戸建ての家を購入して、一乗寺移転落慶が行われ、その年には4万世帯となった。

　この時期の信徒の地域分布はサンパウロ市とその周辺が主で、このほかはサンパウロ州奥地やパラナ州北部だった。移住者も子弟の教育のためや農業から工業への職業移動で、サンパウロ市にどんどん集中し始め、サンパウロ市での活動が活発になった。

(4) 折伏の自粛と正本堂建設への目標移行

　1966年の池田の来伯時に随行した10人中5人は参議院議員、1人は地方議員で、議員が多いのが目についた。さらに1967年の公明党の衆議院進出などから、ブラジルでも創価学会が政党をつくるという噂まであり、軍事政権下のブラジルの公安局が創価学会に対して目を光らせていた。日本では1969年末から1970年前半にかけて、創価学会・公明党が自らに批判的な書物の出版を妨害するという言論出版妨害事件が起き、世論の袋叩きにあっていた。こうした悪評を日系社会のリーダーがブラジル政府に流し、またこれと重なるようにアメリカ経由で創価学会の悪評が報道された。そこで、ブラジル創価学会では折伏を手控えようということで、1971、1972年は日蓮正宗総本山大石寺における正本堂建設に目標をかえ、ブラジルからも供養（寄付）をした。正本堂が1972年に建立された時には、飛行機2台をチャーターして大石寺に登山をした。

　1970年には斉藤晏弘が理事長に就任する。1971年には、現理事長の田口勝重（帰化後はエドワルド・タグチと改名）がブラジル創価学会補強のため、南米指導長の資格で送り込まれた。それと交代に千葉は帰国した。千葉は事務が主体だったが、田口は日本で男子部参謀の経験があり、指導が主体だった。

3 対外的文化活動の開始と第一次宗門問題
（Ⅲ期：1974～1983年）

(1) 池田の訪伯中止と文化活動への方針転換

1974年3月に池田は3回目の訪伯を予定していた。ブラジル側は、1966年には折伏の成果を挙げて池田を迎えようとし、それが日系社会との軋轢を生んだため、これに懲りて1974年には文化祭で迎えようとしたが、すでに北米からブラジルに渡ろうとしていた池田に最後の最後まで待っても入国ビザがおりず、訪伯は中止となった。

ブラジル政府は軍事政権で共産党を警戒していた。当時日本の創価学会と共産党が接近していて創価学会は共産党ではないかとみたことと[13]、日系社会による中傷と外国からの悪いイメージのニュースにより池田の来伯を危険視したために、ブラジル政府は池田の入国を許可しなかった。ブラジル創価学会側では池田のビザがおりず入国できなかったことを非常事態ととらえ、ブラジル社会から創価学会が誤解されているので、仏法を中心とした平和・文化活動の団体であって、危険な団体ではないことを示す必要があると考えた。こうして、ブラジル社会（政府や州政府）から社会的認知を得るために文化活動主体へと大きく転回することになる[14]。

まずは同年9月、サンパウロ市のパカエンブー競技場で開催された独立記念日の行事に、人文字と鼓笛隊が参加した。創価学会側の出演者は8,400人で、観客は4万人だった。翌1975年4月、連邦州政府主催のブラジリア市制15周年には現地会員の働きかけにより招聘状をとりつけ、バス140台でブラジリアまで行き、4,700人の学会員が参加して人文字や演技を行った。これは政府の中枢機関が集中している首都ブラジリアでのアピールであった。イベント中心の文化活動で対外的認知を得ようとして、すぐ対応することができたのは、池田の来伯に向けての文化祭準備の積み上げが即資源として活用できたからである。1982年からは、サンパウロ市の創立記念祭に創価学会のスポーツ文化祭が正式な年間プログラムとして組み入れられるようになった。

写真7-4　サンパウロ市パカエンブー競技場における人文字
　　　　（1982年）[ブラジル創価学会提供]

写真7-5　青年文化祭での演技　（1990年）[ブラジル創価学会提供]

また、1981年にはサンパウロ州の福祉科に衣類の贈呈も行っている。他方、日系社会関係では1978年の日本移民70年祭にコーラス合唱団が参加したが、ブラジル政府、州政府に対するような大規模なものではなかった。

　池田の訪伯中止自体はマイナスだったが、社会に広く認知される創価学会へと自己変革し、ブラジル社会に文化的な活動をとおして入るきっかけになった。社会的認知への敏感さは、良かれ悪しかれブラジル創価学会のあり方を規定した。1974年には理事長の斉藤晏弘と妻の悦子がブラジルに帰化し、名前もロベルト・サイトウ、シルビア・サイトウと改名したのも、ブラジル社会への同化の積極的な姿勢を示すものである[15]。

(2) 第一次宗門問題の発生と信徒数の減少

　1977年に日本では日蓮正宗との間に宗門問題が起こり、ブラジルにも波及した。日蓮正宗大石寺門流教学では「事物としての板本尊」と「歴史的事実としての血脈相承」を正統性の絶対的根拠とする［西山 1986：265］。1976年から創価学会は、歴代法主の血脈に擬した歴代会長の「師弟血脈」を強調し始め、1977年には会長の絶対化を図った。また、在家主義的な新路線である「昭和52年路線」を出し、大石寺の本尊も会員自宅の本尊も同等の価値をもつとし、血脈とは信心の血脈をいうのであり、会館は現代における寺院であると位置づけ、独自の『勤行要典』を作成した［西山 1986：270-271；1998：120-121］。こうした創価学会側の動きに対して「昭和52年路線」を批判し、門流の伝統を擁護しようとする「正信覚醒運動」が若手僧侶たち（後に正信会僧侶と呼ばれる）から起こり、これを法主細井日達も支持した［西山 1986：271-280］。

　この宗門問題は、当時の一乗寺の住職が正信会に属する僧侶だったため、ブラジルにも大きな波紋を生じさせた。寺院側に移行した人や、ごたごたがいやで離れていった人もあり、4万世帯が24,000世帯に落ち込んだ。1979年には一乗寺が一時閉鎖され、本尊が日本に持ち帰られた。

　創価学会はこの第一次宗門問題への対処のため「昭和52年路線」を撤回したが、1979年4月に池田は創価学会会長も辞任せざるをえなくなり、名誉会長となった［西山 1986：271-280］。

　日蓮正宗との対立によって本尊下付が不可能となり、折伏もできなくなっ

たが、ブラジルでは一乗寺が1980年9月に再開され、これを契機に折伏が始まった。1981年の幹部会の年間テーマは「情熱と力で折伏を推進」であった。1983年、新しい一乗寺が移転新築され、日本から法主阿部日顕を含む36人が来伯した。

Ⅲ期では、文化活動を通じてブラジル社会の認知を求める動きが活発化する一方、内部的な宗門問題への対応を余儀なくされた。組織の上では1976年から会員のレベルに応じた夏季講習会や仏法セミナーが定例化され、折伏よりも信徒の育成にかかわる取り組みがなされたようである。1977年には本部敷地を拡張し、NSB文化会館の建設が行われている。

4 文化活動の拡大と日系社会からの認知の獲得
(Ⅳ期：1984～1989年)

(1) 第3回池田来伯と講堂の建設

1984年2月に池田が3回目の来伯をした。前回の1974年には池田にビザがおりず、近くまで来ていながら入国できなかったことにかんがみ、最後まで来伯できるかどうかわからないということで、全員で題目をあげた。池田の来伯は出演者8,000人・観客数2万人の大文化祭で迎えた。文化祭で最高の演技をするために、勤行、折伏、部員活動（青年部）を行った。1984年の信徒数は5万世帯のレベルに回復していた。池田は来伯時に講堂（1,100人収容）をつくることを提案し、1985年に起工式が行われ、1987年に池田講堂が完成した。日本側の資金とブラジル側の特別財務として募った献金によるものである。

(2) 組織的整備

折伏した人と折伏された人のおやこ関係によるタテ組織から地域単位のブロック制への移行は、過渡的段階をへて1987年頃に完成した。折伏したおやは遠方でも半年くらいこの面倒をみるが、慣れてくれば地元の組織に移籍するようにする。ブロック制に移行した理由として、タテ系統の弊害が出たこ

と、治安が悪くなって遠方のおやのところに集まりにくくなったこと、バス代など金銭的にも負担があることが挙げられている。

この時期に顕著なのは、教育部・芸術部など職業に対応する機能集団がつくられたこと、壮年部・婦人部では壮年部人材育成グループ、ヤングミセスなど年齢別のグループ化が行われたことである。これは育成にかかわる日本のシステムの援用と思われるが、折伏が活発ではないため会員が増えず、したがってラインでの役職のポストが増加しない状況のなかで、職種や年齢別組織を細分化することによって役職や役割を与え、活動を動機づける機能を果たしたと思われる。

(3) 日系社会からの認知と地域レベルでの文化活動

日系社会との関係の転換点として位置づけられるこの時期の出来事は、1988年の日本移民80年祭にブラジル日本文化協会から依頼されて創価学会が人と財を提供し、1万人の人文字で参加したことである。1965年の折伏によって日系社会との摩擦が生じてからは、ブラジル社会に向けて認知を求める活動をしてきたが、日系社会の大きな区切りの祭典への参加によって、創価学会が敵対的な集団ではないことを日系社会に示した。翌1989年には池田が日伯友好病院へ寄付したりしたため、日系社会との関係改善が促進された。

1985年から頻繁になった各地域レベルの行事への音楽隊・鼓笛隊の参加は、ブラジル社会へのアプローチである。また、内部の会員向けではあるが、1987年には識字教育を始めた。ブラジルの非識字率は高く、入信しても字が読めず、新聞やお経が読めない人がいる。これは信仰を深めていくうえでハンディになるので、内部で便宜をはかって字を教え、ブラジル政府と交渉して、1週間に2時間の授業を20日間、40時間の授業を受けると小学校卒業の免状が得られることになった。教師は学校の先生が無給で奉仕し、場所は会館を使用している。

(4) デカセギによる組織の弱体化と非日系人の登用

1988年頃から創価学会も日系人の日本へのデカセギの影響を受けることになる。草創期には戦後移民が創価学会の中心を担ったが、彼らは日本国籍を

所持していることもあって、1990年6月の入管法改正で三世までの就労が合法化される以前からデカセギが頻発したようである。当時理事長だったロベルト・サイトウは、ほとんど日系人のいない地域でも日系人が入っているのが大切である、指導の源泉は池田の指導なので、日本人または日本語の読める人がいることが重要であり、中心的な人に日本人がいると組織に安定感があるという。日本人が信仰を続けているがゆえに非日系人も頑張れる。ところが、草創期からのベテランで、非日系人に対して「信心することで宿命を転換できる」と説いた人々が組織に黙ってデカセギに行ってしまうことによって、非日系人は不安感をもった[16]。組織上の高い役職の人はあまりいなかったが、一時、組織の空洞化が起き、弱体化が心配された。しかし、デカセギによる組織の空洞化は、結果として、1990年代になって非日系人幹部の登用を進展させた。1990年代の教勢は6万世帯のまま停滞もしくは減少気味で、人数が拡大していないので、組織分割の機会がなく、役職交代や上昇移動ができないところ、組織の役職者がデカセギに出た結果、非日系人登用の機会が生まれたのである。

5　日蓮正宗からの離脱と文化団体化（Ⅴ期：1990年〜現在）

Ⅴ期は宗門問題で創価学会が日蓮正宗から破門され、ブラジル創価学会もそれに連動した動きのなかで、日蓮正宗との対立・係争が起こり、文化活動自体も日本の流れと軌を一にする展示会方式へと移行した。こうした活動をとおして、ブラジル創価学会は池田への名誉称号の授与を求める運動や、通りや公園に牧口・戸田の名を付ける運動など、顕彰をめざした行為が目立つようになり、宗教色を薄めていく傾向にある。

(1)　第二次宗門問題の発生による日蓮正宗からの離脱

1990年から公然化した宗門との対立によって、同年12月、宗門側は創価学会名誉会長の池田総講頭と同会長の秋谷大講頭を実質的に解任した。1991年11月に、宗門から破門され本尊下付をとめられた創価学会は、以後、本尊下

付を必要としない会友制度を発足させ、日蓮正宗を法主の名前をとって日顕宗と呼ぶようになった[17]。

　日本での宗門との対立はただちにブラジルにも波及した。1991年3月には法人名をNSB（ブラジル日蓮正宗）からBSGI（ブラジルSGI）に変更した。日蓮正宗の名称を取り去り、SGIに変更するのは、ブラジルだけではなく全世界的な動きであった。なお、同時に、ブラジルではSociedade Religiosa（宗教団体）ではなくAssociação（アソシエーション）とし、法人名から宗教という言葉を取り去った。

　日蓮正宗との決裂で、葬式・結婚式・授戒、など儀礼が執行できなくなることの影響は大きかった。授戒がストップしたため、本尊下付ができず、題目を唱えていても本尊をもてない状況になった。こうした事情もあり、1990年代に入ってからは目標世帯数を強く打ち出しての折伏はしていない。そのこともあって1990年の6万世帯15万人が1990年代を通じて継続し、教勢は停滞している。横這いかむしろ減少気味である。授戒がなく、本尊を下付できなかった時は、入会ということで証書を出し、準会員ということにした。1993年9月「御本尊授与に関する制定」が日本で定められ、宗門から下付されなくなっていた本尊に代わって日蓮正宗26世日寛の書写した本尊（栃木県小山市浄圓寺蔵）を同会が複写した新本尊を10月から会員に下付するようになった。これには開眼や授戒式は不要とされた。

　なお、入会の基準は1988年頃から日本の本部で厳格になったのに伴い、ブラジルでも厳しくなっている。3回座談会に出席すること、勤行を覚える（読める）こと、週1回発行される機関紙 *Brasil Seikyo* を購読すること、未成年者は親が入会に同意すること、既婚者の場合は配偶者の許可を得ること、といった条件を満たした時に、各地で面接して入会が決まる。それぞれの組織で新入会者の会合をし、入会証を渡す。そのうち本尊授与希望者はBSGI本部または地方会館で本尊を授与する。したがって、以前は折伏され、やりますといえばただちに本尊授与が可能だったが、これら一連の実践活動を要件とするため、入会を決意してから本尊授与までには円滑にいっても6ヵ月かかるようになった。本尊を希望しても、仏壇を買えない、場所がない、家族の了解が得られないといった理由で安置できない人は、本尊の取り扱いが

写真7-6　広宣流布30周年記念総会　（1990年）［ブラジル創価学会提供］
（サンパウロ市近郊のオザスコ市の会館）

粗末になるので、入会証のみとなる。

　さらに、1988年から地方・地域会館の設置が顕著になる。1987年まではサンパウロ州に5ヵ所、リオ州に1ヵ所、パラナ州に1ヵ所の計7ヵ所しか地方会館がなかったが、1988年から98年までの11年間に、サンパウロ州32、リオ州5、パラナ州3、その他18と計58ヵ所に会館が続々と設置されていく[18]。ブラジル創価学会の動きをみると、日本に連動して1988年から入会基準の厳格化、地方会館の設置ラッシュが始まっているので、その年に宗門の権威づけなしでも活動ができる基盤整備が始まったのではないかと推測される。

　一乗寺と創価学会の間では信徒の争奪戦が起こった（BSGIからの情報によると、1999年現在で日蓮正宗側の檀徒は1,300世帯程度）。創価学会側は一乗寺を不法占拠されたとし、その明け渡しを求めて1991年6月に裁判を起こした。1998年5月に仮処分でBSGIの管理下に入り、常勝会館という名をつけた。さらに1999年7月にはサンパウロ地裁が日蓮正宗側に立ち退き命令を出した。

(2) 第4回池田来伯と自然文化センターの建設

　池田のブラジル訪問を節として、ブラジル創価学会はそれに向けての課題

を設定してきた。1966年は折伏、1974年は文化祭(訪伯中止)、1984年は文化祭と池田による講堂建設の提案だった。次の課題として研修道場の建設を掲げ、本部から40キロのところに50万㎡＝15万坪の土地をブラジル側で購入(それ以外については援助あり)し、1990年に自然文化センターを落成させた。1990年は池田が来伯する予定だったが、都合により訪伯できなかったため、創価学会副会長・SGI副会長の池田博正(池田の長男)が池田の名代として来伯した。

　池田は1993年に4回目の来伯をする。この時自然文化センターを見た池田は、これはすばらしい、仏法のうえからいって霊鷲山(古代インドのマガダ国の都・王舎城の東北にあった山で、釈迦が法華経などの諸経を説いたとされる)にあたると意義づけた。さらに池田は、草創期の人が死亡しているが墓が高価であること、公営の共同墓地の場合は5年たったら掘り起こされ、安心して眠る場がない、そこで墓苑がほしいという現地会員の要請を受けて、墓苑建設を発案した。こうして1997年6月にロッカー形式の納灰堂三世安穏堂ができた[19]。自然文化センターには同年研修棟も建設されており、次第に整備されてきている。

(3) 展示会中心の文化活動の展開

　この時期は文化祭に代わって、展示会が文化活動の中心になる。日蓮正宗に所属していた時には宗教活動が大きな比重を占めていたが、SGIの方針は文化活動なので、その方針に即した環境・人権関連の展示会活動が盛んになった。

　展示会の先駆けとしては、1990年に「珠玉の日本美術名宝展」(入場者5万人)が1ヵ月にわたってサンパウロ近代美術館で開催された(池田の来伯予定と合わせた企画と思われる)。かなり大がかりなもので、これをとおしてブラジルの知名人との繋がりができた。

　1992年には、サンパウロ近代美術館で「自然との対話──池田大作写真展」を開いた。同年リオで国連の世界環境会議(環境サミット)があり、世界のリーダーが集合したが、その時期にかけて、「環境と開発展」をリオで開始し、翌1993年から各地を巡回した(入場者45万人)。「環境と開発展」の準備に外部

から知名の士を集めて委員会をつくった。1994年にはサンパウロで「世界の少年少女絵画展」を開催して、1999年に至るまで各地を巡回した（入場者150万人）。1996年には「現代世界の人権展」をリオで開催し、以後各地を巡回した（入場者7万人）。1997年にはブラジリアで「アマゾン――環境と開発展」（入場者5,000人）も行われた。このように環境・人権をテーマとする展示会方式の文化活動が中心になっていった。これらはSGIの動きと連動している。法人名から「宗教」という名称を削除したのも、こうした活動を行う時にはパンフレットに正式名称を出さなければならず、宗教の名前が出てしまうとスムーズに運ばないことがあったことも一つの理由だった（最初の「名宝展」の時には宗教的な行事なのかと言われた）。このような文化活動による友好拡大運動は、第二次宗門問題以降クローズアップされた新しい展開である。

また、創価教育牧口プロジェクトが1994年から始まった。これは情操教育で（ブラジルの学校は半日だけで教科しか教えない）、州立校を中心に1999年現在、31校で実施され、指導には創価学会教育部に属する現職教師があたり、受講者の数は2万人におよんだ。

(4) 相次ぐ池田への顕彰・勲章授与

1993年の池田来伯後、ブラジルからの顕彰（名誉博士、名誉市民）と勲章授与が相次いだ。ブラジル創価学会側ではブラジル文学アカデミー在外会員就任時の池田の記念講演が文化人にアピールし、これが池田の顕彰に効果があったと称している。また、創価学会の根本・リーダー池田の人となりを地域・社会に啓蒙し始めた。公園や通りには故人の名前しかつけられない慣行のため、パラナ州ロンドリーナ市の池田平和公園を除き池田の名をつけた例はないが、各地に牧口や戸田の名前を附した公園や通りができている。これらはブラジル社会の認知を求めての運動の成果であろうが、日本の『聖教新聞』でも喧伝され、日蓮正宗と訣別した後の創価学会会員への「励まし」となっているようである。

6 ブラジル創価学会の会員構成

　創価学会は目標志向的に人々の活動や資源を動員する組織である。こうした組織の特性によって、ブラジル創価学会は内外の存続をおびやかす危機に対し、日本での母教団の方向性に大きく影響を受けつつ組織としての方針を定め、展開していった。これらの危機のうち、対内的な宗門問題は、日蓮正宗の内棲セクトとしての創価学会が本尊・授戒という根本にかかわって必然的に内包していたものである。他方、日系社会やそれを媒介としたブラジル社会との摩擦は、日系新宗教のホスト社会への適応にかかわっていた。

　ブラジル創価学会は日系人を対象とした草創期の折伏での日系社会との摩擦にかんがみて、戦略的にもブラジル社会へ、非日系人布教へと動機づけられていった。ブラジルの日系新宗教のなかでは生長の家、世界救世教、PL教団に次いで公称信徒数が多く、非日系人会員が多数を占める以上は、上記の危機への対応の他に、異文化布教に伴うさまざまな課題を解決していったはずである。とりわけ随方毘尼を掲げることで、現地社会への適応を図り、SGI結成以降、「多国籍宗教」[20]として展開を図るようになる。

　本節では、ブラジル創価学会から提供された限られた資料からではあるが、会員構成の現状を概観し、続いて7節と8節では創価学会の資源は異文化布教に適用可能なのか、非日系人にどのような理由で受け入れられ、出入りは激しいながらも定着・信心継続への動機づけと「世話」がどのように行われてきたのか、といった点について、現場での実践活動からみていきたい。

(1) 会員の地域分布

　ブラジル創価学会では三つの地域圏に大きく組織を分割している。会員は大サンパウロ圏に32,000世帯(全体の53%)、リオ圏に10,000世帯(17%)、その他の地域圏に18,000世帯(30%)を数え、サンパウロ市およびその周辺に会員分布の中心がある。1998年12月末現在の地方拠点施設(文化会館・地方会館・地域会館)の分布をみると、南東部45(サンパウロ州37、リオ州6、ミナス

ジェライス州2)、南部6(パラナ州4、サンタカタリナ州1、南リオグランデ州1)、ブラジリア連邦府2、中西部4(マットグロッソ州1、南マットグロッソ州3)、北東部5(バイア州1、ペルナンブコ州1、セアラ州1、セルジッペ州1、マラニョン州1)、北部3(パラ州1、アマゾナス州1、ロライマ州1)で、ほぼブラジル全土に分布しているが、南東部に偏っている(章とびら裏の布教拠点図参照)。会館はいずれも都市に置かれており、サンパウロ州内でも遠隔の地方都市より、サンパウロ市内および近郊都市(大サンパウロ圏)に集中している。このなかで文化会館という大規模施設をもつのは、サンパウロの本部以外にリオ、ブラジリア、ロンドリーナ(パラナ州)である。戦略的に会館が置かれたリオ、ブラジリア以外は、サンパウロ州、パラナ州居住の会員が転居した地域に拠点を拡げたとのことである。これらの地域のうち、会員に日系人の顔が見られるのはサンパウロ州、パラナ州、そしてアマゾン移民が入植したパラ州、アマゾナス州くらいで、ほかは非日系人ばかりである。

(2) 婦人部調査からみた会員の実態

ブラジル創価学会の公称会員数は6万世帯15万人である。性別では男性40％、女性60％、年齢階層別の概数では、6歳以下25,000人(17％)、7～14歳20,000人(13％、未来部)、15～35歳(20％、男女青年部)30,000人、36～59歳65,000人(43％、壮年部・婦人部)、60歳以上10,000人(7％)である。イベントでは青年部の活躍が目立つが、実際の布教現場では婦人部の力が大きい。婦人部では1998年に、人種的背景、学歴、婚姻上の地位、入信動機、入信時に感銘したもの、に関して部員を対象にアンケート調査を行い、31,140人から回答を得ているので、それを参考にして、実態をみておきたい。回答者は大サンパウロ圏18,905人、リオ圏4,599人、その他7,636人である。

人種的背景を日系・非日系に区分すると、表7-1にみるように、全体として日系人は11％にすぎない。地域的には大サンパウロ圏13％、その他11％、リオ圏1％である。ブラジル創価学会には日系・非日系別の統

表7-1 人種的背景

	日系	非日系
大サンパウロ圏	13％	87％
リオ圏	1％	99％
その他	11％	89％
総数	11％	89％

出所)ブラジル創価学会婦人部が1998年に実施した調査の集計結果に基づき作成(ポルトガル語から翻訳)。

表7-2 学　歴

	未就学	初等・中退	初等・卒業	中等中退	中等卒業	高等中退	高等卒業	無回答
大サンパウロ圏	1％	34％	14％	11％	15％	3％	5％	16％
リ　オ　圏	1％	35％	13％	1％	18％	4％	7％	9％
そ　の　他	2％	36％	12％	12％	18％	3％	6％	11％
総　　数	1％	35％	14％	11％	16％	3％	6％	14％

出所）表7-1に同じ。

計がない折柄、規模が大きいこの調査が示した非日系人89％という数値は、非日系会員比率の概念を与えてくれる。

　それでは創価学会はどのような階層をつかんでいるのであろうか。学歴をもって階層の一つの指標とすることができると思われるので、**表7-2**で学歴をみよう。ブラジルの初等教育は前期4年間（小学校相当）、後期4年間（中学校相当）の計8年間である。中等教育は3年間（高校相当）または職業学校4年間、高等教育は大学以上である。初等教育から中等教育まで、学校の課業は半日である［コバヤシ 1995：412］。初等教育は義務教育とされているが、実際には就学できない場合も、また卒業できない場合もある。会員の学歴分布をみると、中等教育の中退者が1％のリオ圏と10％強の他地域といった大差がある点を除き、地域差はほとんどない。顕著なのは初等教育段階での中退者が35％を占めることで、初等教育卒業者は14％、中等教育以上を受けた数は36％にすぎない。比較のための全国的な学歴資料は乏しいが、1990年の25〜59歳人口（性別データはない）の都市部・農村部別就学年数をみると、就学0〜5年は都市部56％・農村部89％、6〜9年は都市部17％・農村部6％、10年以上は都市部28％・農村部5％である［小池洋一ほか 1999：104］。一見して都市部と農村部との学歴差の大きいことがわかる。この資料はラテンアメリカ諸国との比較のためブラジルの学制とは区切りが異なるが、創価学会会員の学歴を就学年数に置きかえてみると、0〜8年50％、9年以上36％となり、14％ある無回答層は低学歴と推測できるので、おそらく0〜8年の比率がさらに高まると思われる。創価学会は都市型宗教であるから、上記データの就学10年以上の都市部と比較するなら、創価学会会員の学歴は若干高いというものの、かなり似かよった分布を示している。

　ブラジルでは教育程度の地域差が大きく、貧困地帯をかかえる北東部は最

表7-3 婚姻上の地位

	既婚	同棲	未婚	離婚	死別	その他
総数	48%	12%	13%	12%	12%	3%

(出所) 表7-1に同じ。

も低く、創価学会が基盤とするブラジル南東部は他地域と比べて高い。非識字率を指標とするならば、IBGE(ブラジル地理統計院)の1996年のデータによれば、15歳以上の非識字率はブラジル全体で15%(男性15%、女性15%)、北東部(29%)は南東部(9%)の3倍以上と地域差が大きい。なお非識字層の所得階層は低い。

ブラジル創価学会での聞き取り調査では、会員の階層はブラジル全体とほぼ同じということであったが[21]、その基盤とする階層は都市の中間層ではなく、都市下層が多くを占めるのではないかと推測された[22]。

表7-4 入信動機

以前の宗教への不満	44%
人間関係の問題	41%
経済的問題	38%
病気	30%
その他	15%

(出所) 表7-1に同じ。

表7-5 入信時に感銘したもの

宿命転換	60%
功徳を体得	48%
池田名誉会長への尊敬	40%
メンバーの温かみ	24%
メンバーの人柄	17%
組織としての創価学会	17%
知的満足	11%
ドグマがないこと	11%

(出所) 表7-1に同じ。

表7-3の婚姻上の地位では、既婚者は半数にすぎず、同棲が12%、離婚12%、さらに死別12%、未婚13%で、家族の問題をかかえている女性が少なくないことが推測できる。

それでは彼女たちはどのような動機で入信したのだろうか。**表7-4**で入信動機(複数回答)を参照すると、最も多いのは「以前の宗教への不満」(44%)であるが、「人間関係の問題」41%、「経済的問題」38%、「病気」30%と、入信時にいわゆる貧病争の問題をもち、それが問題解決能力をもたない「以前の宗教への不満」とつながっていたことが推測される。

表7-5の入信時に感銘したものとして、「宿命転換」(60%)、「功徳を体得」(48%)の両者はいくぶんかは重なりあっているにせよ、問題解決を求めての入信が多いことを裏づける。「池田会長への尊敬」が40%と多いのは、主に入信後に培われたものと思われるが、ブラジル創価学会では池田崇拝が顕著である。これは1993年に死去するまで総合婦人部長として布教現場をリードし、池田から信仰の原点を学んだシルビア・サイトウの指導によるところが大き

いと思われる。「メンバーの温かみ」24％、「メンバーの人柄」17％と両者で41％を占め（同一人が回答している可能性もあるが）、「組織としての創価学会」に魅力を感じる者は17％、「知的満足」11％、「ドグマがないこと」11％である[23]。「ドグマがない」というのはキリスト教にみられる「○○してはならない」という強制的道徳律がないことをさしている[24]。「知的満足」「ドグマがない」ということに惹かれる層は、宗教遍歴層とも、ある程度の知的レベルの層とも推測される。

　以上、限定された資料からではあるが、創価学会会員が非日系人に拡大し、階層的には都市下層が中心で[25]、具体的な問題解決を求めて入信していることがうかがわれよう。そこで次に、これら多くの非日系人が組織のうえでどのような位置を占めているかをみることにする。

(3) 組織構造と非日系会員の位置

　ブラジル創価学会の組織は何回も改編されたが、大サンパウロ圏、リオ圏、

各層組織名称	リオ圏	大サンパウロ圏	その他の地域圏	組織数合計
地域圏				3
サブ地域圏			5	5
州地域圏・メトロポリタン	メトロポリタン 2	メトロポリタン 7	州地域／メトロ 21	30
総合方面	9	39	31	79
方面	16	75	15	106
本部	34	185	95	314
支部	102	433	257	792
地区	272	1,323	757	2,352

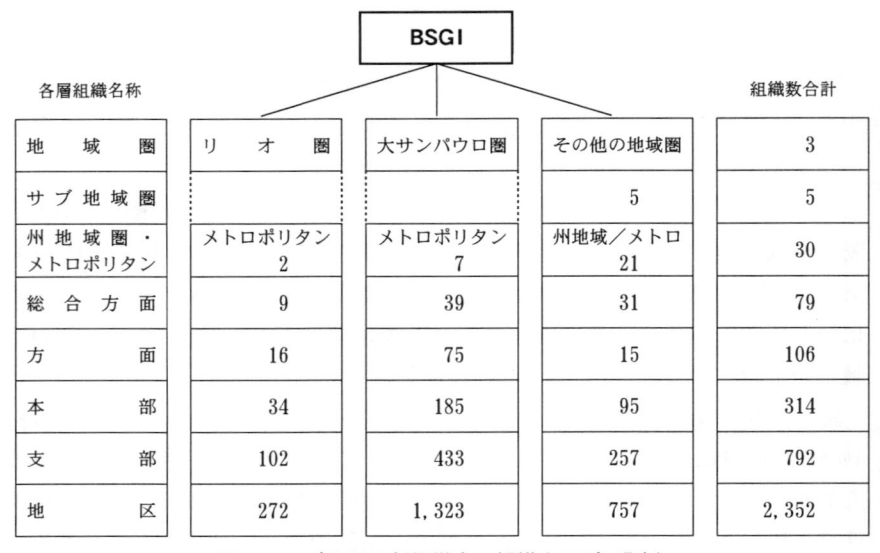

図7-1　ブラジル創価学会の組織（1999年現在）

　注）州地域／メトロポリタンの層は、リオ圏・大サンパウロ圏はメトロポリタンのみ。その他の地域圏は州地域圏／地域メトロポリタンとなる。
　出所）ブラジル創価学会提供ポルトガル語資料より作図。

7章 創価学会 373

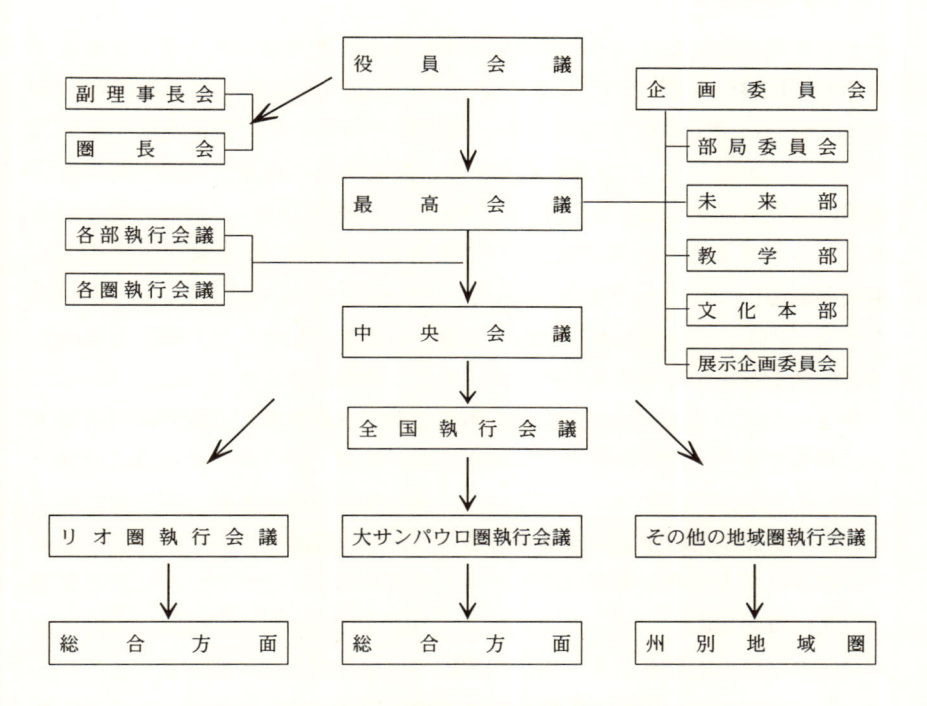

```
                    ┌─────────────┐
                    │  役 員 会 議  │
┌─────────┐ ←──────│             │      ┌─────────────┐
│副理事長会 │        └─────┬───────┘      │ 企 画 委 員 会│
├─────────┤              │              └─────┬───────┘
│ 圏 長 会  │              ▼                    │
└─────────┘       ┌─────────────┐        ┌────┴────────┐
                  │  最 高 会 議  │───────→│ 部 局 委 員 会│
┌─────────┐      │             │        ├─────────────┤
│各部執行会議│──┐  └─────┬───────┘        │ 未  来  部   │
├─────────┤  │        │                ├─────────────┤
│各圏執行会議│──┘        ▼                │ 教  学  部   │
└─────────┘       ┌─────────────┐        ├─────────────┤
                  │  中 央 会 議  │        │ 文 化 本 部   │
                  └─────┬───────┘        ├─────────────┤
                        │                │展示企画委員会 │
                        ▼                └─────────────┘
                  ┌─────────────┐
         ┌───────│ 全 国 執 行 会議│───────┐
         │        └─────┬───────┘        │
         ▼              ▼                ▼
   ┌──────────┐   ┌──────────────┐   ┌────────────────┐
   │リオ圏執行会議│   │大サンパウロ圏執行会議│   │その他の地域圏執行会議│
   └─────┬────┘   └──────┬───────┘   └──────┬─────────┘
         ▼                ▼                   ▼
   ┌──────────┐    ┌──────────┐         ┌──────────┐
   │総 合 方 面 │    │総 合 方 面 │         │州 別 地 域 圏│
   └──────────┘    └──────────┘         └──────────┘
```

図7-2 ブラジル創価学会の運営組織（1999年現在）

注）部局委員会とは、婦人部・壮年部・青年部の三部合同の委員会である。
出所）図7-1に同じ。

その他の3地域圏から構成される。**図7-1**に示したように、大サンパウロ圏とリオ圏は、メトロポリタン―総合方面―方面―本部―支部―地区に組織され、その他の地域圏はサンパウロ州、リオ州以外の州を包括するので、地域圏の下にサブ（小）地域圏があり、その下に州地域圏または地域メトロポリタンがあるが、総合方面以下は同じである。全体では地域圏（3）、サブ地域圏（5）、州地域圏またはメトロポリタン（30）、総合方面（79）、方面（106）、本部（314）、支部（792）、地区（2,352）がそれぞれ括弧内の数だけある。この組織で上級幹部は日系人、末端の現場にいくほど非日系人が多くなる。支部長以下はほとんど非日系人であるという。

図7-2に示した運営組織は、図7-1の布教組織担当者のヒエラルキーに対

応し、総合方面長までが運営組織にかかわる。理事長はロベルト・サイトウが1993年に妻のシルビアの逝去に伴い退いた後、エドワルド・タグチ(1971年に日本から派遣。帰化)が就任した。副理事長10人は全員日系人によって占められ、一世が1人、二世が9人である。運営組織の最上位機関である役員会議の構成員は6人のうち一世3人(50％)、二世3人(50％)、最高会議は14人のうち一世3人(21％)、二世以下の日系人9人(64％)、非日系人2人(14％)、中央会議151人のうち一世21人(14％)、二世以下の日系人91人(60％)、非日系人39人(26％)と、日系人が中心的な位置を占める。しかし、全国執行会議レベルになると70〜80％を非日系人が占めるとのことである。

非日系人は会員数の90％近くを占めると推測されるが、運営組織は日系人が主導権をもち、布教組織のタテ組織においては、非日系人は次第に役職上の中・上位部分に入りつつあるものの、現場に近い部分を担っているというのが、ブラジル創価学会の構造である。また婦人部調査から、ブラジル創価学会の非日系人会員の階層は都市下層と推測された。そこで、次に創価学会が異文化布教にあたって、ホスト社会への適応にかかわる課題と、入信した非日系人会員を定着させるための課題にどう取り組んだかを考察する。1〜5節の展開過程では危機を乗り越えるための戦略に導かれた組織上の転換に重点を置いて論述したが、他方でこれらの課題への現場での地道な取り組みがあったはずだからである。

7　非日系人布教とカトリック社会への対応

(1)　戦後移民→戦前移民→二世→非日系人という布教の流れ

上述したように、ブラジル創価学会の方向性を大きく規定したものに、日系社会、ブラジル社会、日蓮正宗との関係がある。Ⅱ期での強引な折伏が日系社会で摩擦を起こし、それがきっかけとなって、1960年代後半というかなり初期から非日系人布教を意識化せざるをえなかった。戦後移民から始まった創価学会が1965年の大折伏で戦前移民の一世を折伏し、彼らの子供である二世で入信するものがあらわれ、1968年の大折伏で外部に向かって折伏する

と同時に、家族内でも親が子を折伏して二世が増加した。当時、戦前移民の日系家族では親子の断絶の問題をかかえている場合が多かった。日本文化を内面化した一世の親と、戦後急激にブラジルに同化しつつあった二世との間に、文化断絶や意思疎通の欠如が顕著だった。しかし、頑迷な態度をとっていた親が入信後変化していくのをみて、入信を決心した二世もいたようである。

　1968年に入信した二世が現在、幹部になっているという。日系人は子供の教育に力を入れてきたので通訳ができる二世はかなりいた。そのなかには日ポ両語が堪能で、正確に伝える必要がある教学をポルトガル語に訳し、テキストの作成に携わり、ポルトガル語の教学の中心になった二世もいる。一世が直接、非日系人を折伏しようとするとうまくいかないが、そこを二世が媒介することで、文化的にも言語的にも円滑に折伏が行われた。このように戦後移民から戦前移民の一世へ、そこから二世へと伝わったことが、創価学会が早く、そしてスムーズに非日系人布教に着手していけた理由である。1968年には、会員のなかで二世は7割、一世は2割で、非日系人は1割にも満たなかったという。ところが、1970年には日系人と非日系人が半々になり、以降非日系人が増加していった。

　号令をかけ、目標達成に向けて一丸となって折伏を行っていくのは、外部社会と軋轢を生むことがあるにしろ、内部的には集団が形成でき、活気を生み、そのことによって効果的に青年を育成する条件が整ったと思われる。創価学会には青年の育成に力を入れる伝統があり、創価学会を支えるダイナミックな中心は青年部という位置づけがあるので、育成のノウハウもあった。

(2) 言語の壁の克服――ポルトガル語転換――

　創価学会のポルトガル語転換は早かった。これは意識的に転換した部分もあるが、会員に二世や非日系人が多くなったので必然性のある展開であった。性年齢別組織では青年部では早くポルトガル語に変わり、婦人部・壮年部は遅れたが、座談会は地域で行うので、1968年にはポルトガル語が主体になっていた[26]。日本語しか話せない幹部の話は二世が通訳した。ブラジル創価学会が言語の壁を初期から超えることができたのは、日系社会との摩擦からブ

ラジル社会へ、非日系人布教へと向かった時に、すでに資源として二世がいたからである[27]。言語の壁を超えるのにあずかって大きな役割を果たした二世にとって、文化祭という楽しみの要素が青年部活動の魅力の一つであった。

1964年にはポルトガル語の第1回教学試験が始まり、1965年からポルトガル語の機関紙が、1968年にはポルトガル語の月刊誌が発刊された。機関紙はポルトガル語版が先行し、日本語版は1970年に発行されるようになった。現在では、週1回発行のポルトガル語版機関紙は発行部数が5万部であるのに対して、日本語版は2,000部にすぎない。ポルトガル語月刊誌の発行部数は3万部である。地域の座談会は婦人部・壮年部・男子部・女子部合同なのですべてポルトガル語で行われる。教学試験は1986年に日ポ両語で行ったのが最後となり、以後はポルトガル語のみである。このようにブラジル創価学会での使用言語のポルトガル語化は顕著である[28]。

(3) カトリック社会への対応と「随方毘尼」

ブラジル創価学会では、絶対変えてはいけないものは根本のお経であるという。そして最終の根本は「南無妙法蓮華経」の題目であるとする。

創価学会は本質的に他宗教を謗法とし、「最も重い罪は妙法ならびに法華経の行者を誹謗した罪業」[青木 1980：244-245]とする。しかし、ブラジルではカトリックに対して対決姿勢を出さず、「随方毘尼」の方針で、葛藤を回避しようとした。折伏に際して、相手の宗教はだめだ邪宗だと言うのでは喧嘩になるので、それは避ける。折伏は邪宗の仏教が広まっているところでは強くやるが、そうでないブラジルでは柔らかくやるのがよい。ただし、ブラジルでも入信の条件として今までかかわっていた宗教から離脱することを要求する。日蓮正宗と決裂する以前は、授戒式で他宗教をやめることを問答で誓わせた(誓約書があるわけではない)。この点に関してブラジル人[29]はあまり抵抗はないという。創価学会側では、ブラジルのカトリックは社会制度で純然たる信仰ではない、洗礼・結婚式・葬式をカトリック方式で行うことは習慣であるととらえる。結婚式は寺院がある時は寺院で、今は本部または会館でやることが望ましいが、夫がカトリック教徒、妻が創価学会員の場合など、双方の宗教が異なる場合は、学会式に本尊の前で結婚式をあげられるように

努力する。カトリック教会と創価学会の両方でする場合もある。相手側が納得しない場合は、将来入信するように祈って、心のなかで南無妙法蓮華経を唱えるようにと指導し、カトリック教会で結婚式をあげることを認めることもある。結婚式は形式なので、あくまで創価学会方式をやらせようとするような干渉はいけないととらえている。また、友人・親族の結婚式や葬式をカトリック教会で執行する場合、宗教を理由として行かないと社会問題になるので、「随方毘尼」の原理によって、それは行ってもよいとしている。11月2日はブラジルでは死者の日で墓参りをするが、創価学会でも盆として供養を行っている[30]。

このように現地社会との軋轢を生じさせないようにカトリック教会への対応がなされているが、先にみた婦人部調査でも「以前の宗教への不満」が第一位に挙げられており、また、いかにブラジルでカトリックが形骸化し、慣習と化しているにしても、彼らにとってカトリックの文化的影響は顕著である。では非日系人はどのような理由で入信し、また彼らを継続的なメンバーとして定着させるためにどのような試みがなされているのだろうか。

8 非日系会員の定着・育成と態度変容

(1) 「他力本願」から「自力本願」への転換

先にふれた婦人部調査において、入信動機では「以前の宗教への不満」とともに、貧病争といった解決を迫る具体的な問題を入信者がかかえていたことがわかった。ブラジル人は、カトリックの発想がもとになっているので他力本願であるが、人に拝んでもらって解決しようとするのではなく、自ら唱題・勤行し、実践して問題解決をめざさなければならない。その切り替えに時間がかかると創価学会ではとらえている。

創価学会では、「キリスト教の教えは問題解決の糸口にならない。創価学会はカトリックより功徳がでる。困っている時、福運がない場合、罪障をなくすために御本尊がある」と説く。東洋思想と西洋思想の違いでカトリックには因果応報の考え方はなく、ブラジルの文化は自分の責任を自覚しない文

写真7-7　BSGI本部の本尊が安置されている部屋で勤行する非日系人
（1998年）［著者撮影］

化である。ブラジル人は責任逃れのごまかしに終始しがちだが、人はごまかせても仏はごまかせない、あなたにこういう報いがある、ということを示す。カトリックでは神父に懺悔をすれば罪は許されるというが、実はそれで終わりではない。全部、自分自身に責任があると切り替えていく。また、カトリックでは神父に拝んでもらうが、創価学会では自らが行い、それによって宿命を転換することができる、ということを説明する。貧乏の原因は過去世にあるが、今世のあり方を変えることによって来世では絶対貧乏にならないようにすることができると説く。こういうことをいろいろな角度から身近な生活に即して教える。ブラジルでは問題を他人のせいにすることが多いが、このようにして視点を変えさせ、自分が変われば他人も変わることを納得させる。

　非日系人は創価学会に入れば奇跡が起きて助けてくれるのではないかと期待する。唱題（南無妙法蓮華経の題目を繰り返しあげる。願をかける時には長く行う）によって、事態の好転が起き、不思議な力が何かの時に出てくるが、創価学会ではそれを奇跡とはいわない。カトリックでは奇跡を起こすのは神の

側(神が担当する)の問題で、自分自身にそのような力はないという考え方である。創価学会では唱題によって、自分のなかの生命力・知恵・勇気が湧き、問題に挑戦しようという気になる、仏法を行じる人を助ける現証が起きると、それはあくまでも他力的な奇跡ではなく、自力による救済であると説く。ここで強調されるのは「変毒為薬」、毒を薬に変えていく、という教えである[31]。

(2) 信心の持続・育成のためのシステム
宗教実践の内容

創価学会では信行学という。「信」とは本尊を信じることで、信じるためには信じることの具体的な行動、すなわち「行」が必要とされる。それは本尊に向かっての唱題・勤行であり、折伏であり、確信を深め実践の裏づけを与える「学」である[青木 1980：274-275]。会員に求められる具体的な実践には、①勤行と唱題、②座談会・会合への参加(教学の勉強会、指導会、各部ほか)、③折伏、④教学、⑤登山・研修(日蓮正宗と訣別後はSGI研修会)[32]がある。カトリックでは毎日自宅で宗教的修行をやることはまずないので、唱題・勤行という行自体、非日系会員にとって異文化体験である。

教学では日蓮の書、法華経、池田の著作、池田のスピーチなどを学ぶ。教学といっても教学のための教学ではなく、生活に密着した教学で、日常生活の実践に資するようなものである。単に御利益主義だけだと長続きしないので、教学の裏づけが必要である。信仰していればいいことばかりあるのではない。それをどう意味づけ、乗り越えるか、その根拠を教学が与える。行だけだと拝み信仰になってしまうので、教学は大切であるという。ブラジルは現世利益を求めやすい土壌で、宗教をあちらがいい、こちらがいいと遍歴しやすいので、それを定着させる課題は大きい。

「激励」のシステム――座談会・個人指導・家庭訪問――

創価学会には、入信後さまざまな場面でフォローしていく「激励」のシステムがある。これは日本での方法の援用である。

激励とは、地域の幹部が悩みを聞いたり、常に会話できるようにしたりして、信心に一生懸命に取り組むことを動機づけることである。私もこうやったのだからあなたもできないわけはないなど、信心の先輩が自分の体験をと

写真7-8　婦人部の会合　(1986年)［ブラジル創価学会提供］

写真7-9　座談会　(1990年代)［ブラジル創価学会提供］
　　　　　(ポルトガル語機関紙を持つ男性の背後には仏壇が見える)

おして激励する[33]。乗り切る力を得るために、婦人部ならばともに祈っていこうと、一緒に題目をあげたりする。唱題・勤行のやり方は、折伏をした人や信心の先輩が、新規入会者が覚えるまで教える。字が読めない人に対しては、題目だけで代用していた時もあったが、お経(ローマ字)が読めるように識字教育も行っている。

　座談会では信心によって苦難を解決した体験談が発表される。また、問題をかかえている人の問題内容に即して、自分も入信した時にこうだったという体験話がでる。たとえば夫婦、子供の問題で悩んでいるとすると、座談会で同様の体験をした先輩の話が本人の解決のヒントになることがある。こうして信心によって解決する確信を与えられるのである。

　個人指導は幹部が一人一人の悩みを聞いてそれを乗り越えるように「激励」し、「変毒為薬」を助けるためのものである。地区や支部の幹部が会員宅を家庭訪問したり、座談会終了後やその他の機会に会員が幹部から個人的に指導を受ける。座談会では、信仰体験の発表が主なので、個人指導が実際の問題解決への基礎となる。そこでは積極的に道を開いていく方向転換のために教学を用いる。

　創価学会ではこうした「激励」のシステムによって信心の持続と定着を図る。個人だけでは怠け心が出る。組織があるので、悩みがあれば訴えることができ、「激励」してくれる幹部がおり、仲間にふれ、広宣流布まで意識を高めていくことができるという。

役職を通じての育成

　ブラジル創価学会の展開過程では折伏の目標人数を設定して号令をかけた時期や折伏をひかえた時期などさまざまだが、「自行化他(じぎょうけた)」といわれるように、折伏は唱題・勤行とともに宿命転換のために車の両輪のように不可欠であるとされる[34]。折伏があってこそ組織自体が活性化する。かつて折伏人数が組織における役職および昇格の基準とされていた時期が続いたが、近年は信仰年数、人格、仏教哲学講話能力が、組織上への役職の任命にかかわる要件である。教勢が拡大している時期には組織分割によって役職のポストは容易に増加しうるが、停滞期では欠員が生じた時や長が病気などで役職を全うできないと判断された時にしか交代の機会がなかった。また、上位の役職は日系

人、下位の役職は非日系人という傾向が顕著だった。タテのラインの上級役職への非日系人の登用は、デカセギによって日系役職者が占めたポストに欠員ができたことで1990年代以降大幅に促進され、役職への登用をとおして非日系会員が育成された。初期に入信して30年余の信仰歴をもち、信仰上の指揮をとれる非日系人が増えてきていたのだが、このような会員の登用が促進されたのである。また、1984年から各部を細分化したり、職業別の機能集団を結成して、ヨコのラインの役職を増やし、非日系人の登用を図った。これは日本の組織づくりに範をとったともいえようが、教勢の伸びが鈍ったことで、タテのラインの役職が増加しないという状況への対応であったとも思われる。

　入信した頃は御利益主義であるが、教学の勉強をし、信心の目的を理解し、組織の役職につくようになると、振る舞い方、話し方も含めて「人格」が要求されるようになる。ブラジルでは「教会に行って話を聞いて帰る」のが彼らの慣れ親しんだ一般的なあり方だが、創価学会では専門的聖職者ではなく、在家の人々が布教者となり、組織のヒエラルキーのもとで役職を全うするための努力が必要とされる。役職が高くなれば、池田のスピーチを読んで他者にその内容を話さなければいけないし、言行一致でないと人々はついてこない。失敗し、それを反省し、努力するという自己育成のプロセスが必要とされる[35]。本部の会合に代表として参加する地元幹部は、そこで聞いた話をノートにとり、それを他の会員に伝えていくという繰り返しのなかで、磨かれていった。

文化活動を通じての育成

　1980年代まで積極的に行われていた文化祭などの文化行事は、楽しみの要素もあり、それによって青年や非日系会員が育成された。文化祭は広宣流布への活動として位置づけられているが、出し物の企画に始まる集団活動をとおして信仰を高める機会になった。文化活動は信仰が根本で、これにかかわるためには勤行・唱題し、福運を積むことが必要とされる。イベントに惹かれて入信した人もいるが、根本は勤行・唱題といった信仰実践であるという。

　一時期活発に行った人文字は団体でないとできない。日本移民80年祭で演出した青年部と壮年部による1万人の人文字に参加した3分の1は非日系人

であった。それを見て大統領がブラジル人でも訓練すればできるんだなと言ったくらい、非日系人は本来団体活動は苦手である。文化活動をとおして時間厳守も含めて組織活動を学習したことは看過できない。

　1990年代に活発になった展示会(日本からの巡回)は、文化祭のように企画を練るという性質のものではないが、地元との折衝から始めて、展示会の会期中は友人を連れていく。通常の宗教は説教を聞くか、せいぜいボランティア活動程度だが、創価学会は社会とかかわりをもっていることが、会員にとって誇りであり、励みであるという。

　こうした文化活動以外に各部で年間行事として総会がある[36]。その場合もその総会に対して婦人部結成〇周年などと意義をもたせ、その開催時期に向けて「闘う」目標を設定し、それにふさわしい行事をもつように工夫させ、それを機に前進させようとする。

(3) 非日系人の態度変容と信心および組織活動の機能

　創価学会は中央集権的動員型の組織である。集団重視の組織活動は非日系人の本来不得意なところだが、創価学会では上述のようにさまざまな育成・指導をとおしてそれに動機づけていく。

　ブラジル創価学会では、非日系人に受け入れられたのは何よりも信心することによる現実生活の好転、すなわち「現証」があるためだという。組織の他の成員によって予言され、支持されることが「現証」の要件であることはいうまでもないが、創価学会の価値観が工業化・都市化社会での生活の好転をもたらすような生活態度、思考方式を教えたという点が指摘できよう。創価学会が非日系人に拡大したのは1970年代であって、1964年からの軍事政権のもとでの強力な近代化政策の推進とブラジルの奇跡といわれた高度経済成長、そしてそれに伴って離村向都が生じた時期と重なっている[37]。家族・親族との絆が強いブラジル社会においても、移動によって共同体から離れていき、互助の絆を失った[38]。

　こうした状況のなかで、ブラジルの伝統的価値観が崩れ始め、工業化・都市化にみあった社会的性格が必要とされた。また、肉体労働を蔑視し、勤勉や地道な努力に価値を認めないラテン的価値体系は、近代社会とは不適合に

なった。現在の不満足な境遇は神が与えたもので、そこから「奇跡」がない限り脱出できないものではなく、自らが前向きに取り組んでいくことで「宿命転換」ができるということを創価学会は示した。また、困難から逃げるのではなく、正面からそれにぶつかり、前向きにプラス思考のもとで「変毒為薬」して道を開いていくという態度を教えた。これは、伝統的社会では自らの努力によって上昇はかなわないにしても、流動化した社会では、心の持ち方を変え、個人の努力によって生活の向上を可能にする条件が生じたことに対応する。また、創価学会の組織活動をとおして、時間にルーズなブラジル人に対して時間厳守を訓練し、役職や行事を担当させることによって責任を全うすることを教え、忍耐心に欠けていた人々に継続して物事に取り組む生活態度を形成させた。言葉遣い、振る舞い、身だしなみなどの点でも変わっていったという。これらは社会的に上昇していくにあたって資源になったのである。

　さらに、創価学会が文化活動を重視したことは、育成に果たした役割以外に、恵まれない境遇にあった人に自己を表現し、達成感を与え、楽しみを享受することを可能にさせた。ブラジルでは「仕事は週末のレジャーのためにある」といわれるほど、生活においてレジャーは重要なので、その点でも適合したものと思われる。

おわりに

　ブラジル創価学会は、日本で入信しブラジルに移住した戦後移民を組織化することから始まった。ブラジル創価学会ではブラジル布教が成功した要因として、第一に、1960年というまだ戦後移民の流れのある時期に日系社会を基盤として布教した「時」の利を挙げる。それによって戦後移民→戦前移民→二世→非日系人と布教を拡大することができ、二世を媒介として言語の壁を超えることができたからである。第二に、シルビア・サイトウというすぐれたリーダーが来伯したことを挙げている。彼女のリーダーシップのもとに折伏によって2,000世帯から12,000世帯へと教勢が伸張し、日系社会との軋

轢を生んだにせよ、基盤を築くことができた。その後の折伏においても彼女が果たした役割は大きかった。また、彼女が池田から信仰活動の指導を受けた体験があったことは、ブラジル創価学会における池田に対する思い、「師弟」の観念の形成と密接なかかわりをもった[39]。池田の来伯がブラジル創価学会展開の転機としての役割を果たすのもこのためである。さらに彼女は、実際の現場の中心を担う婦人部の指導にたずさわり、男性にも個人指導の手を伸ばした。

　表7-6は、日系社会との関係、ブラジル社会との関係、宗門との関係、折伏の活発さ、危機とそれへの対応、異文化布教において解決しなければならなかった課題とそれへの対応、拠点施設、日本の創価学会の動向を、Ⅰ期からⅤ期に至る時期ごとに要約したものである。各時期に拠点施設が着々と整備されたこと、日本の創価学会の動向がブラジル創価学会の方向性に大きく影響していることがみてとれる。ブラジル創価学会の「危機」は、日系社会・ブラジル社会というホスト社会との軋轢によって生じたものと、日蓮正宗の一講組織であった創価学会と宗門とのせめぎ合いのなかで生起したものとがある。前者は、日系社会の宗教的棲み分けと人間関係を攪乱する折伏という激しい布教活動、日本での公明党の政治進出、それに伴う悪イメージが重なり合って起きた。後者は授戒・本尊下付といった入信の基礎条件とかかわるもので、それゆえに「自行化他」を救済の要件とする創価学会の命である折伏を規制したが、創価学会と宗門の双方とも激しい性格をもつため、決裂の危機をはらんで推移した。

　これら日系社会、ブラジル社会、宗門との緊張をはらむ関係を、簡略化して○×印で表7-6に示した。日系社会との関係はⅣ期で改善された。ブラジル社会に対しては、Ⅲ期で池田の入国ビザがおりなかったことを契機に、その認知を求めて文化活動を展開し、危険ではない団体であることをアピールし、Ⅳ期では緊張は全く解消している。宗門問題はⅢ期とⅤ期に起き、Ⅲ期では寺院閉鎖・信徒数の減少をもたらしたが、日本での和解に連動して寺院が再開されたことで、折伏も再び開始され、Ⅴ期では両者が完全に決裂し、宗門の権威をいただくことなしにやれる体制に移行した。各時期の時期区分は池田の来伯と密接に結びついている。これは中央集権的動員型宗教である

386　III部　日系新宗教の非日系人布教

表7-6　ブラジル創価学会の危機・課題と対応

	年	日系社会	ブ社会	宗門	折伏	危機	危機への対応	課題	課題への対応	拠点施設	日本の創価学会
I期	1960〜65	×	—	○	○			池田の来伯	日本人の折伏	借家	1964 公明党結成
II期	1966〜73	×	×	○	○	折伏による軋轢・日系社会との軋轢(*)　政治進出によるブラジル政府からの危険視	NSBへの名称変更・日本人から非日系人布教への移行　折伏の自粛と正本堂建設への目標移行	二世・非日系人の増加	ポルトガル語対応	会館購入　寺院	1967 公明党の衆議院進出　1969〜70 言論出版妨害事件　1972 正本堂建設
III期	1974〜83	×	×→○	×	○	池田の入国ビザ不許可　第一次宗門問題による信徒の減少・寺院閉鎖	対外的文化活動の開始　寺院再開による折伏開始・寺院新築	池田の来伯　信徒の育成	文化祭の準備　夏季講習会・仏法セミナーの定例化　文化祭の準備	文化会館	1975 SGI発足　1977〜79 第一次宗門問題。79 池田会長辞任（名誉会長へ）
IV期	1984〜89	△→○	○	○	×	（II期*の危機）　デカセギによる日系人流出	日系移民80祭に人文字で参加。文化活動の活発化　非日系人の登用	組織整備	ブロック制への移行　職種別集団・年齢別集団の細分化	講堂	
V期	1990〜	○	○	×	×	第二次宗門問題	会友制度の発足　日蓮正宗から離脱。BSGIに名称変更　各地に拠点会館の建設	池田の来伯　池田の顕彰	自然文化センター建設　展示会中心文化活動	自然文化センター	1991 宗門から破門

注）ブ社会とはブラジル社会の略。

創価学会が、池田来伯に合わせて目標を設定していたからである。また池田の来伯(不来伯も)を契機に拠点施設の拡充がなされたことも、展開を画する実質的な意味をもっている。

　ブラジル創価学会が危機を契機として方向性を転換してきたのは、日本の創価学会の社会に向けての方針修正に導かれながら、組織防衛を念頭に入れた戦略ともいうべき集団としての意思決定によるが、それを可能にしたのは、運営組織の中枢に日本人・日系人を配置し、末端まで運営方針を浸透させる中央集権的組織にほかならない[40]。

　Ⅰ期では池田来伯によって支部が結成され、指導体制も不備なまましばらくは推移するが、リーダーとしてシルビア・サイトウを得て、日系人をターゲットに大がかりな折伏をした。Ⅱ期ではそれによって生じた日系社会との摩擦を再び起こさないために、ブラジル社会に、そして非日系人布教に目を向けた。単に折伏を自粛するのではなく、新たな対象に目を向け、それに適合するような方策をうっていく。ブラジル社会との間に問題が生じれば、日本の本部からの財的な支援が可能にしたのかもしれないが、文化活動を啓蒙活動として継続していく。Ⅰ期からⅡ期へは入信した二世を媒介にして言語の壁を超え、Ⅲ期では文化祭の練習で獲得した資源を利用するなど既存の資源を活用し、立てた戦略の方向に人々を動員していった。折伏が活発だったのはⅢ期までで、Ⅲ期に育成への取り組みが登場し、Ⅳ期からは育成・定着の課題が前面に出た。組織においてその目標達成にみあった報酬が配分されるためには、人員の拡大による上昇移動を可能にするような役職の配分が要求される。折伏から文化活動に重点を移行し、会員数の増大しない組織では、ラインとしての役職は組織成員数が停滞しているならば、自然減の補充しかできない。タテ組織を分割できないゆえに、役職を与えるためにヨコ組織を細分化していく。デカセギという日系人の流出による幹部不足の危機もタテ組織への非日系人登用の機会として活用していった。これは日系社会の社会変動とかかわる前例のない危機への対応形態であった。

　ブラジル創価学会は、ホスト社会との適応課題と宗門との関係という組織における整合課題にかかわる危機によって、大きく方向性を規定されてきた。会員との関係に目を転じると、創価学会は非日系人が約90％を占める教団に

なった。言語の壁を容易に超えたことはすでに述べたが、非日系人布教に成功している他の日系新宗教が宗教的寛容を旨とし、複数所属を容認しているのに対し、創価学会はそれを許容していないことが注目に価する。またカトリックに対しては摩擦の起きないようにこれを「習慣」として受け止め、異質性も稀釈していない。それではなぜ創価学会は非日系人信徒を獲得することができたのだろうか[41]。この問いに答えるには、創価学会の主要な受容層が都市下層と推測される人々であることに注目しなければならない。彼らは現実的に解決を迫る貧病争の問題をかかえている人々であり、創価学会の信仰はそれに対して「現証」を与えていることが挙げられよう（ただし脱落も多い）。唱題行はブラジル文化とは異質なものであるが、「南無妙法蓮華経」を繰り返し唱えるという単純明快な実践に特色がある。またその際、願を掛けるということは、願掛けが一般的なブラジルの民衆カトリシズムと内容的に通ずるところもなくはない（ただしブラジルの場合は聖人に願を掛け、かなえられたならば返礼をする）。勤行・唱題という個人で行う行のほかに、座談会という小集団もしくは一対一の個人指導で、個別的な悩みの相談にのり、実践を動機づけ、意味づけを変え、方向性を与える「激励」という世話のシステムがある。唱題の「功徳」は、小集団に支えられて解決への方向づけとなるのである。さらに文化活動のもつ機能もある。創価学会に入会しなければこうした活動に無縁な層に楽しみを与え、自分たちは何ほどのものではなくても、社会的に貢献しているプレスティージのある活動に自らもその一部として参加しているという意識をもたせる。さらにこうした活動をとおして、近代化したブラジルで必要とされるようになった生活態度を形成し、外社会での上昇を可能にしていると思われる。その意味で、社会的に恵まれない層に対して社会的上昇への橋渡し機能を果たしているといえよう[42]。

注
1) 西山茂は、創価学会の本門戒壇論の変遷を、政治進出に伴う社会統制（外的要因）と宗門内他組織からの戒壇論の修正に対する反作用（内的要因）の視点から、段階的に考察しているので、詳しくは西山 1975；1978aを参照されたい。
　西山は国立戒壇論の放棄に至る変遷を要約して以下のように述べている。「戦後の創価学会は1951年に戸田が二代会長に就任して折伏大行進を開始すると同時

に、同会の最終目標が国立の本門戒壇(国立戒壇)の建立にあることを明らかにし、1955年にそのための政治進出を開始した。この路線は池田大作が三代会長に就任してからも継承された。だが、同会は1964年に公明党の結成と衆議院への進出、正本堂の建立を決めた頃から、国立戒壇の用語の使用を避けるようになり、1965年に第1回正本堂建設委員会が開かれた後には、同委員会での日蓮正宗第66世法主細井日達の正本堂に関する曖昧な説法を踏まえて、『正本堂が実質的に本門の戒壇である』と主張し始めた。さらに同会は、言論出版妨害事件で世論の袋叩きにあった直後の1970年5月には、国立戒壇論を正式に放棄し、公明党との政教分離を宣言した。」[西山 1998:117]
2) 島薗進は、宗教的指導者崇拝をテーマとした論文のなかで、「崇拝」という語は、狭義には、ある存在を聖なる存在として崇め、讃え、礼拝するといった態度や行為をさすが、広義には、ある人物を熱烈に慕い敬い、強度の依存感・一体感をもち、その指示に全面的に従うといった態度も「崇拝」に含めている [島薗 1987:32-33]。ここでは「崇拝」の用語を広義の意味を含めて用いている。
3) 創価学会は1956年に参議院の全国区に2人、地方区(大阪)に1人の議員を当選させた。この当時の議員は学会の中枢を担う人々だったという。
4) 斉藤晏弘は結婚直後の1956年10月から1959年12月まで、大手総合商社マンとしてアルゼンチンとブラジルに単身赴任で駐在した。妻悦子は結婚前の1955年に持病の喘息を動機に両親とともに入信し、1956年に地方区(大阪)で創価学会から候補を立てた時に選挙運動をしていた池田のそばで手伝いをし、池田から信仰活動の指導を受けるようになった。晏弘が南米に単身赴任している間に京都の実家に帰り、選挙違反容疑での裁判出廷のためや、地元会員指導・激励のために関西を訪れる池田の会合に出席し、池田との強い精神的繋がりができた。晏弘は帰国後、妻の学会活動に反対していたが、南米にいる間、ガイジンはみな宗教をもっているのに自分にはない、宗教は必要だと薄々感じていたこともあって、1962年9月に入信した。
5) 退職の理由は、会社側が創価学会のことをよく思わず、ブラジルで土曜日曜のゴルフなどのつきあいをせずに学会活動をしたことを、社員が職務を放り出して学会活動をしているように言われた。こうしたことから会社に居づらくなり退職した。
6) 正法を保ち、仏道修行を続ける者のうえには、必ずそれを妨げる働きが生ずるが、それを乗り越えてこそ、初めて成仏が可能になるの意。ここでいう魔の働きとは、創価学会員としての信心活動を妨げる一切の働きのことをいう [井上ほか 1990:291]

7) 1966年1月の教学試験の受験者はポルトガル語241人、日本語764人、1：3の割合で、ポルトガル語による受験者がかなりいる。この時期はまだ非日系人の折伏はほとんど行われていなかったので、二世に入信者が拡大した様子がわかる。章末のブラジル創価学会年表参照。
8) 池田大作はこの時の様子について以下のように記述している。「何人かの日本人や日系人によって、私どもの運動に対して『共産主義者である』とか『暴力宗教だ』というような中傷、悪口、讒言が、当局に入れられていたようである。入国から出国まで、警察に行動を監視されていた。いつ不当逮捕されるか、予断をゆるさないような異常な状況におかれていた。最後の会合をもった体育館に行くと、二百人くらいの警官が囲み、入り口にも出口にも監視の警官が立っていた。……私はサンパウロに三泊四日滞在しただけで、ブラジルを出国することを余儀なくされた。」[池田 1998b：56]
9) アメリカ本土では1963年からすべて英語による座談会が始まり、全部の座談会を英語で行うべきであるとの主張さえされた。1964年には英語の機関紙が発行された。1965年に池田が法主を案内して三度目のアメリカ訪問を行い、同年に寺院の起工式を行った。中野毅はアメリカでの英語での布教活動を積極的に押し進め、非日系人への折伏に向かわせた理念的根拠は「広宣流布」と「随方毘尼」であるとみている[中野 1984：182-184]。

ただし、アメリカと異なりブラジルの場合は、現地化の方針が先にあったのではなく、日系社会との軋轢という出来事を契機として、「随方毘尼」の原理へと方針転換した。この原理は創価学会側が海外布教の初期から主張していたものであるという。

なお、1987年にマイアミで北・中・南米29ヵ国の代表が集合して開かれた第1回SGIパン・アメリカン諸国会議で、随方毘尼を根拠に、海外布教にあたっては、現地の風俗・習慣を尊重することの重要性が確認された[大久保 1987a：47]。
10) 日本語版の『ブラジル聖教』は、ポルトガル語版に遅れて1970年頃から週1回発行されている。
11) 本章では信者を示すのに「信徒」と「会員」という二種類の用語を使用している。1991年に日蓮正宗と袂を分かつまでは、受戒することによって日蓮正宗の信徒となり、かつ創価学会会員だったので、本章では原則として1990年以前は信徒、それ以降は会員もしくはメンバーと用語を使い分けている。
12) 教学試験受験者は、*Brasil Seikyo* に記載されている資料からみると、受験者数を記載してある年、合格者数を記載してある年、日本語とポルトガル語の受験者、合格者を記載している年、いない年など記載は不揃いであるが、1967年、1968年

には各々1,400人程度の受験者だったところ、大折伏を開始した翌年の1969年には3,487人、1970年には11,300人の受験者があった。これらは日本語によるものかポルトガル語によるものか分類されていない。1971年の受験者の日ポ語別には記載の不備があるので、合格者についてみると、合格者のうち日本語は916人、ポルトガル語は1,597人である。さらに1972年には合格者が日本語900人、ポルトガル3,169人と、ポルトガル語の合格者が日本語の合格者を圧倒した。これは、二世もしくは非日系人が増加したことを示す一つの指標である。章末のブラジル創価学会年表を参照されたい。

13) 1975年に創価学会は、言論出版妨害事件のリード役で、反創価学会＝公明党のキャンペーンを展開していた共産党と、相互の自主性を尊重し、互いに誹謗中傷をせず、すべての問題を協議によって解決する、などを内容とした、「10年協定」ともいわれる「創価学会と日本共産党との合意についての協定（創共協定）」を締結した［井上ほか 1990：567-568］。

14) 創価学会は、世論の非難をあびた言論出版妨害事件以降、友好的対話や文化活動を通じての広宣流布の活動路線を打ち出した［井上ほか 1990：318］。1974年には「創価学会は仏法を基調とした平和と文化の推進団体」であるという定義を採択し、社会に開かれた組織のイメージづくりを図るようになった。ブラジル創価学会の方針転換は日本での創価学会のそれと軌を一にし、時期的にも合致するものとみることができる。

15) 法人を担う中心者が日本国籍だと腰掛け的にみえるので、中心になる者はブラジル国籍でなければいけないと思ったことと、ブラジルで生涯を終えるつもりなので、帰化するべきだと思ったということを、ロベルト・サイトウは理由として挙げている。帰化の時、斉藤の姓も捨てようとしたが、ブラジルではできないと言われたため、サイトウは残した。アメリカでは1971年に貞永昌靖理事長がジョージ・ウィリアムスと姓まで改名した［井上 1985：161］。

16) ブラジル創価学会では、本来ならば現地で福徳の証明をするべきところ、それができずにデカセギに行くことに批判的で、デカセギに行った場合は帰国しても一からやり直させるという厳しい措置をとった。しかし、現実に多くの会員がデカセギに出ているため、1992年から正役職のものは帰国後、副役職から始めるというように規定を改めた。日本では1998年現在で約1,000人のメンバーが把握されており、彼らはエスペランサ・グループ（関東中心）、ヘナセンサ・グループ（中部中心）として組織化されている。これらのグループ設立の経緯、および在日ブラジル人メンバー422人に対して行った調査結果については、渡辺・田島・石渡 1998を参照。

17) この間の経緯について詳しくは、西山1998：124-139参照。ブラジルではローマ教皇と日蓮正宗の法主とを同じ文脈でみている人が多かったので、法主を批判することには抵抗のある会員がいた。
18) 「昭和52年路線」では「会館は現代における寺院である」との位置づけがされていた。これは宗門との摩擦回避のために撤回されたが、1988年以降の会館設置の動きはその具体化であると思われる。
19) ロッカーには大（4体）中（2体）小（1体）用がある。灰をプラスチックの骨壺に入れる。火葬はブラジルでは一般的ではなく、費用もかさむが、すでに土葬した骨は何年かたった後掘り起こし、焼いてから納灰する。ブラジルの遺体の焼き方では骨が灰になってしまうので、納灰堂という。これは海外初の納灰堂である。
20) 中牧弘允は、多国籍企業との類比で、複数の国家にまたがって活動する宗教を多国籍宗教と名づけている［中牧1989：6］。
21) IBGEの1991年の統計資料によれば、勤労者個人の1ヵ月あたりの所得からみると、最低給料（1998年のドル換算レートでは1最低給料約120ドル）以下が36.9％、1〜2倍未満が19.8％で計56.7％、3〜10倍までが36.4％、11〜19倍4.2％、20倍以上2.6％である。無回答0.2％である。
22) 1990年の貧困層は、都市部では人口の38％であるのに対し、農村部では66％である。また下位40％はブラジルの所得の7％しか得ておらず、上位20％は下位20％の所得の32倍を得ている［今井1997：114-115］。都市化が進展している地域には全国から富の集中がある反面、貧困者が都市に流入してファベーラといわれるスラムを形成している。
23) ウィルソンらがイギリス創価学会メンバー626人に対して行った調査では、創価学会と出会った時に最初に感じた魅力を、多い順に並べると、「メンバーの人柄」37％、「実際的な功徳」19％、「組織の特質」16％、「個人の幸福と確信」14％、「知的満足」8％、「倫理的動機づけ」3％、「社会的かかわりあい」3％が挙げられている［Wilsonほか（訳）1997：95］。内容的に重なるものとそうでないものがあるが、ブラジルの場合は「宿命転換」と「功徳を体得」が多いので、受容のされ方がより切実な現実問題とかかわっていることが推測できる。
24) イギリス創価学会メンバーへの聞き取り調査でも、キリスト教の裁きや罪の概念、十戒と関連させて、規制や規則がないこと、強制的な道徳律がないことの魅力についての記述がある［Wilsonほか（訳）1997：87-90］。
25) 鈴木広は1962年に福岡市で調査を行った結果から、創価学会を「都市下層の宗教集団」としている。ここでは都市下層の社会的性格、創価学会の信念体系、それによる態度変容、組織過程などが考察されている［鈴木1970：259-336］。創価

学会はこうした人々を組織化していくノウハウをもち、問題解決を求めている下層の人々にターゲットを設定していった。これはブラジルでも同様と思われる。

著者がBSGI本部を訪問し、そこに集っている会員を見た印象としては、同じく非日系人が多い世界救世教や崇教真光では信徒が中産階級のように見受けられたが、創価学会のつかんでいる層は階層的にはそれより低いように思われた。聞き取り調査のなかで、信心によってスラムから脱出できたという体験談が非日系人から多く聞かれるという話があったことも、これを裏づける。

創価学会では低い階層の非日系人が会員となることに対して拒否的ではない。日系人主体の新宗教では非日系人、それも下層の人々が来ることを嫌う傾向がある場合があるが、創価学会ではそのようなことはないとのことである。

26) 親は1965年に、本人は1968年に入信したポルトガル語教学の中心人物中島ジェツリーノ（二世・当時20歳）によると、1968年には青年部ではポルトガル語が使用され、婦人部や壮年部の人が話をする場合はポルトガル語の通訳がついたという。

27) 名誉理事長のロベルト・サイトウは、創価学会がブラジルに入ったのが1960年で、まだ戦後移住の流れがある時だったことが、布教の拡大に力があったという。東京オリンピックがあった1964年以降、移住者は激減する。その点で1970年代にブラジルに入った立正佼成会などは布教の時期が遅すぎた、ととらえている。1960年代は戦後移民が中心を担いつつ戦前移民へ、二世へ、そして非日系人へ展開できた大きな「時」だったと述べている。なお、初代理事長だったサイトウは、大学での学習や商社マンとしての南米駐在経験から英語、スペイン語、ポルトガル語と語学が達者であった。中心人物が日本語のみでなくポルトガル語ができたということは、ブラジル創価学会のポルトガル語転換に有利な要因だったと思われる。

28) 1990年代になって一世の先駆者（ベテラン）から座談会を日本語でやりたいという希望があったので、日本語によって彼らを楽しませ、また激励するために、池田の指導を中心に2〜3ヵ月に1度、本部会館で日本語の座談会を行うようになった。1993年からは法華経の方便品寿量品講義を用いて、月に1度、大サンパウロ圏対象の「日本語のつどい」を本部で実施している。300〜400人の参加者がある。

29) 日系人と対置させる場合には「非日系人」という呼称を使用しているが、ブラジル人の特徴に注目する場合は「ブラジル人」といっている。

30) メキシコ創価学会でも現地の習俗や風習に対して柔軟な対応をしており、結婚式、葬式、「死者の日」についてもブラジルと同様な対応がされている。カトリックの聖人崇拝、マリア崇拝に関しては、一例として学会員の経営する会社の壁に

聖母像が祭られ、ローソクの火がともされていたという事例が挙げられている［大久保 1987a：46］。
31）「変毒為薬」は以下のように説明されている。信心をしていても、この人生に苦難や問題が起こってくるのは、当然のことである。この苦難や問題を、信心を根本に一つ一つ乗り越えていった時、振り返ってみると、その悩み、苦しみがあったためにかえって成長していた、良い方向に開けていったとしみじみ思えるようになる。これを「変毒為薬」という。毒を薬に転じるのは唱題で、御本尊を信受して唱題する時、いままで苦悩に縛られていた生命は、苦難に挑戦し克服する力強い生命に転じ、迷いは智慧に転じ、妙法のリズムに外れていた行いは幸福と成長を形成する行為へと転じる。即身成仏、宿業の転換の姿を「変毒為薬」という。毒を薬と換えていく、打ちかかる難関や障害を成長の追い風とすることである［青木 1980：236-237］。
32）信心の原点は大石寺の大御本尊と池田の指導にあるとしていたので、登山・研修は重要視された。第二次宗門問題によって日蓮正宗と訣別した1990年からは、SGI研修会という名称になった。訪日費用は自費である。1960年代末から1970年代は登山を奨励し、訪日の人数を増やすようにあおった。その後、訪日団参加者は希望者から役職、教学、信心活動、健康状態、年齢を基準に選考されるようになり、代表で訪日するという意識を高めた。日本では大石寺の登山（以前）ほか大きな会合への参加、日本の会員との交流、ホームステイ、地元の座談会への参加、教学の勉強会などが行われる。訪日を信心の節として、行く前も帰国後もそれなりの「闘い」をして、信心を深める契機とさせ、またその経験を行かなかった会員に伝えていく。
33）ブラジルはアミーゴ（友達）型ネットワークの世界で、先輩後輩の意識はない。先輩・後輩の感覚は創価学会に入信してインプットされる感覚であり、関係である。
34）「自行」とは、自分が法の利益を受けるために修行することで、勤行・唱題が自行にあたる。「化他」とは、他人に仏法の利益を受けさせるために、教化・化導することで、折伏や信心指導などの布教活動がこれにあたる。自行・化他はそのどちらが欠けても一生成仏はかなわない。車の両輪のように不可欠であるとされる［青木 1980：250］。
35）ブラジルの文化では、反省したり、責任感をもったり、役割を全うするために努力する側面が欠けている。非日系人は異質な価値観に取り組むわけだが、それには必ず現証がついてくることによって動機づけられるという。
36）年次総会はスピーチや体験発表、「決意表明」などとともに、音楽、舞踊、演劇

37) 離村向都の移動に伴う剥奪状態は、日本の創価学会調査で鈴木広が指摘したものだが、ブラジルでもあてはまると思われる［鈴木 1970：259-336］。
38) 先述したように、いかにしてスラムから脱出したかという非日系人の体験談が多いとブラジル創価学会では言及していたが、ブラジルの貧困な地帯から移動者が流入するスラムからの脱出は至難の業といわれる。
39) 師弟という感覚はブラジルにはもともとない。自分の幸不幸を心配している存在というのはブラジルの思想にはない。創価学会に入って初めて教えられる。登山・研修で訪日した人が日本で池田に会ったり、日本の幹部の池田に対する態度を目で見て感じ、帰国後伝えたりもする。池田も海外会員に対しては配慮をしており、ブラジルから政治家が同行して訪日した時などは会食の機会をもったりする。ブラジルで行われる大きな会合から会館で行われる比較的小規模の会合まで、池田からメッセージが送られてくる。幹部が亡くなった時にもメッセージが送られるなど、きめ細かな対応をしている。
40) アメリカ創価学会では、1970年代に入って現地組織のリーダーシップを非日系人にゆずりわたそうとしたところ、非日系人を中心とする新たな指導層は中央集権的で組織動員的な教団体質を嫌い、地域の信徒集団の自律的活動と民主的運営を重んじる方向をとろうとしたが、1980年代に入ると日本の本部の指導のもとに再び日系人を中心とする指導体制と中央集権的で組織動員的な教団体質に引き戻されていった。この過程でかつて指導的地位についた白人信徒を中心とする人々が離脱し、別個の活動を始めた［島薗 1992：212-213］。

ブラジル創価学会の場合は、現在の二代理事長エドワルド・タグチ（旧名田口勝重）は1971年に日本から派遣された人で、運営組織でも現段階では日系人が上位の役職をにぎっている。世代交代の課題とかかわるが、非日系人によって運営される組織への道は遠いと思われ、また中央集権的動員的性質は日本からのテコ入れがなくとも当分変わらないと思われる。
41) 背景としては、移民で入って中産階級化した日系人の勤勉さに対する評価、日本製品がブラジルに多く入るようになってからの技術力に対する信頼をとおして、日本への評価が上昇したことがあるという。
42) マックファーランドは新宗教の役割として、①社会的に恵まれない人々のための気密室、②大衆のための表現メディア、③使命シンボルの探求、の三つを挙げている。これらは社会的に不適応に陥った人々を悪循環からときはなち、社会に適応するように「橋渡し」をする機能である［McFarland（訳） 1969：301-309］。

ブラジル創価学会年表

	ブラジル創価学会関連事項	日本の創価学会関連事項
1960	池田大作、第1回来伯時にブラジル支部結成 1支部3地区、男子部1部隊、女子部1区	池田大作、第三代会長に就任
1961	第1回ブラジル支部総会(参加者100人) 第1回南米夏季指導に議員3人来伯 4地区新設	公明政治連盟結成
1962	1月現在200世帯 第2回ブラジル支部総会(参加者500人) 第2回南米夏季指導に議員2人ほか来伯 3地区新設 斉藤晏弘が初代男子南米部長就任着伯	日蓮正宗総本山大石寺で大客殿の起工式 300万世帯達成と発表
1963	1月現在550世帯 300万総登山に13人が船で訪日 第3回南米夏季指導に議員2人ほか来伯 3支部体制となる 南米総支部発足	
1964	ブラジル創価学会、法人登録 ポルトガル語教学試験開始 南米総支部4支部に拡大(総支部長は日本の議員の今井、うち1支部はパラグアイ) 4月現在1,114世帯 南米本部発足(本部長斉藤晏弘) 南米会館設置の発表 第4回南米夏季指導に4人来伯 千葉緑、南米本部参謀に就任着伯 12月 斉藤晏弘、日本に帰国	大客殿を大石寺に建立寄進 公明党結成
1965	1月 斉藤晏弘・悦子、家族で着伯(折伏の大号令) 聖教新聞サンパウロ支局発足(支局長は斉藤晏弘) 初の出張授戒 南米会館入仏式 第1回文化祭 機関紙 *Nova Era* 発刊 3支部より3総支部、7支部に拡大 登山会・夏季講習会に7人訪日 第1回一般講義	
1966	教学試験を1,005人(ポ語241人、日本語764人)受験 第1回南米本部幹部会 第1回ブラジル人部員会(512人参加) 3月 池田、第2回来伯 3総支部14支部に拡大 南米文化祭400人出演、観客1,700人 池田指導会に5,000人参加 機関紙 *Nova Era* を *Brasil Seikyo* に名称変更 4月 会館購入・南米本部設置 登山会・夏期講習会に49人訪日 7月 ブラジル日蓮正宗(NSB)に法人名変更	

	ブラジル創価学会関連事項	日本の創価学会関連事項
1967	教学試験を1,412人受験 登山会に91人訪日 鼓笛隊、皇太子夫妻歓迎パレードに出場	公明党第31回選挙で25人当選 衆議院進出
1968	2月 開闢山一乗寺第1回授戒→大折伏開始 月刊誌 *Terceira Civilização* 発刊 第1回南米本部婦人部総会開催(3,200人参加) 登山会に95人訪日 教学試験(教授補、助教授・助教授補)を142人受験 教学試験(助師・講師)を1,347人受験	
1969	教学試験(任用・初級)を3,487人受験 登山会に156人訪日 第5回南米総会2万人結集	創価学会・公明党をめぐる言論出版妨害事件起こる
1970	教学試験(任用・初級)を11,300人受験 登山会に161人訪日 斉藤晏弘、南米理事長に就任 一乗寺移転落慶 登山会・正本堂上棟式記念式典に訪日 日本語版『ブラジル聖教』発刊	公明党との政教分離と国立戒壇論の放棄を宣言
1971	教学試験(任用)が全国13会場で実施。受験者2,558人(ポ語2,219人、日本語339人)、合格者980人(ポ語826人、日本語154人) 教学試験(講師・助教授補・助教授)合格者1,533人(ポ語771人、日本語762人) 田口勝重、南米指導長に就任着伯 千葉緑帰国	創価大学開学
1972	教学試験(任用)を6,691人受験。合格者2,614人(ポ語2,134人、日本語480人) 教学試験(講師・助教授補・助教授)合格者1,455人(ポ語1,035人、日本語420人) 正本堂落慶記念登山会に321人訪日 NSBがサンパウロ州議会から感謝状、勲章受章	正本堂を大石寺に寄進
1973	新組織編成7圏体制 第1回NSB美術展 第1回青年文化祭開催、青年部1,544名参加 登山会に313人訪日	
1974	3月 第3回NSB文化祭(池田来伯予定の特別企画) 池田、ビザがおりず訪伯かなわず 斉藤晏弘・悦子帰化(ロベルト、シルビア・サイトウと改名) 9月ブラジル独立宣言の日にサンパウロ州政府の招聘により行事参加。出演者8,400名、一般観客4万人(スポーツ文化祭) 登山会に85人訪日	
1975	教学試験(任用・初級)を7,725人受験 ブラジリア市制15周年記念日に4,700名参加(スポーツ文化祭)	SGI(創価学会インタナショナル)結成 SGI会長に池田大作が就任

	ブラジル創価学会関連事項	日本の創価学会関連事項
1975	第1回NSB夏季講習会(以後毎年、支部幹部以上) 登山会に510人訪日	「創価学会と日本共産党との合意についての協定」発表
1976	教学試験が10州48会場で実施。受験者9,441人 支部(レジオン)単位夏季講習会240会場(以後毎年) 地方夏季講習会(以後毎年) 第1回NSB壮年部の集い NSB文化会館定礎式	
1977	NSB幹部会で新体制を発表 NSB文化会館落成 教学試験が10州73会場で実施。受験者11,152人 婦人部「守る会」発足	昭和52年路線を打ち出し、以後日蓮正宗との対立深まる(第一次宗門問題)
1978	NSB文化会館にて早朝勤行開始。参加者4,000人 第4回婦人部総会(支部単位)203会場、14,000人参加 教学試験を12,157人受験 日本移民70周年式典に700人のコーラスで参加	
1979	組織拡充、6総合本部47本部206支部 一乗寺閉鎖、本尊を日本に持ち帰る 第1回仏法セミナー 登山会に84人訪日 教学試験を9,900人受験 スポーツ文化祭出演者6,000人、観衆14,000人	池田大作、創価学会会長を辞し、名誉会長となる 第四代会長に北条浩が就任 日蓮正宗第66世細井日達遷化 第67世法主に阿部日顕が就任
1980	一乗寺再開される 折伏再開 登山会に59人訪日 教学試験(任用)を4,596人受験	
1981	地方拠点強化推進委員会発足 幹部会(テーマ:情熱と力で折伏を推進) ポ語版『方便品・寿量品講義』発刊 鼓笛隊がサンパウロ市スポーツ局より招聘 第1回南米男子部総会開催(総数1,074人、うちブラジル側参加者962人) サンパウロ州福祉課に衣類贈呈 日蓮大聖人第700年御遠忌記念登山に390人訪日 一乗寺定礎式	北条浩死去により第五代会長に秋谷栄之助が就任
1982	サンパウロ市創立428年記念・スポーツ文化祭(出演者5,000名、観衆21,000名) サンパウロ州スポーツ連盟によりスポーツ文化祭が正式に年間プログラムに組み入れられる 組織新体制発表。総合本部より方面制となる。19方面50本部 壮年部結成 新一乗寺上棟式 教学試験(任用)を7,650人(ポ語7,500人、日本語150人)受験 登山会に47人訪日	

	ブラジル創価学会関連事項	日本の創価学会関連事項
1982	ブラジル独立記念日に壮年部6,000名が人文字で参加。観衆6万人 サンパウロ州より記念メダルと賞状授与 ポ語『御書』第2巻発行	
1983	一乗寺移転新築慶法要入仏式。法主も来伯 第1回壮年部総会に7,068人参加 教育部・芸術部発足 第1回女子部仏法セミナー 音楽隊・鼓笛隊ブラジル独立記念行事に参加 教学試験が96会場で実施。受験者15,200人 登山会に38人訪日	
1984	2月 池田、第3回来伯 池田、ブラジリア連邦大学に1,000冊の図書寄贈 池田、大統領・大臣と会談 第1回SGIスポーツ文化祭(出演8,000人、観客2万人) 池田より講堂建設の提案 社会部、壮年部人材育成グループ、ヤングミセス・婦人部情熱グループ結成 池田、ブラジル日本文化協会増築費の寄付 登山会に56人訪日 第10回女子部総会に1万人参加 第3回壮年部総会に1万人参加 教学試験が116会場で実施	
1985	NSB池田記念館落成 各地の行事、種々の行事に音楽隊・鼓笛隊が参加 壮年部、研修登山会に39人訪日 NSB池田講堂起工式 リオ1万世帯達成	衛星放送をとおしての池田のスピーチ配信開始 この頃から、宗門批判強まる
1986	NSB池田講堂定礎式 第1回新入信者指導会(213人) 教学試験が143会場で実施。受験者26,000人(日本語教学試験はこの時をもって終了) 登山会に90人訪日	
1987	NSB池田講堂落成 第13回婦人部総会(45,000人参加) 第4回壮年部総会(28,111人参加) 識字教育開始 サントス試合開会式典で人文字披露 研究登山会に92人訪日	
1988	一乗寺創立20周年記念式典 第1回青年平和文化祭 NSB自然文化センター起工式 日本移民80年記念式典に1万人の人文字で出演 (委員会より感謝状と記念メダル贈呈) 登山会に167人訪日	

	ブラジル創価学会関連事項	日本の創価学会関連事項
1988	ブラジル教育同盟協会より教育文化功労賞受賞	
1989	第1回新入信者大会(1,700人参加) 登山会に70人訪日 池田、日伯友好病院建設寄付金贈呈 第10回世界青年平和文化祭のブラジル開催が発表 教学試験(初級)が全国223会場で実施。受験者29,509人 第1回芸術部仏法セミナー(新来者140人、会員460人) 第10回婦人部総会(地区単位、1,798会場)10万人参加 第16回男子部総会(地区単位)7万人参加 第15回女子部総会(地区単位)7万人参加 看護部発足 リオデジャネイロ文化会館落成 アマゾン広布20周年記念行事	
1990	第1回女子部エスペランサ人材大学校研修会 自然文化センター落成入仏式 池田博正(池田大作の長男、SGI副会長)来伯、自然文化センター訪問 MASP(サンパウロ近代美術館)で「珠玉の日本美術名宝展」オープン ブラジル広布30周年記念総会 第10回世界青年平和文化祭がサンパウロで開催 BSGIがブラジリア栄誉賞を授賞 池田、駐日ブラジル大使館で南十字国家勲章を授章 池田、MASPの館長と歓談、「最高名誉評議会員証」贈呈さる(東京)	日蓮正宗が池田総講頭(名誉会長)と秋谷大講頭(会長)を実質的に解任処分(第二次宗門問題)
1991	池田よりサンパウロ大学に図書(学術書500冊)贈呈 高・中等部、少年部結成(池田の伝言による) 男子部結成18周年記念総会(11,537人参加) 女子部結成17周年記念総会(12,466人参加) サンパウロ州政府相互扶助基金に衣料贈呈(2,400着) 本部幹部会で日蓮正宗法主の日顕退座要求署名 NSBからBSGIに名称変更	戒名・僧侶抜きの友人葬開始 精霊回向の際の塔婆無用論 日蓮正宗が創価学会に破門を通告 以後宗門は本尊下付を中止 1,600万人の署名を添えた法主退座要求書を日蓮正宗側に送付 本尊下付を必要としない会友制度発足
1992	リオで「92' BSGIエコ文化祭」開催(池田博正来伯) 池田、リオ名誉州民証授賞 池田へブラジル文学アカデミーから招聘状 MASPで「自然との対話―池田大作写真展」開催 池田、パラナ州名誉州民証授賞 リオ「環境と開発展」オープン(入場者72,000人) 主要7紙、テレビ2社が大きく報道 環境シンポジウム(リオ)	『勤行要典』に関する制定 創価学会諸精霊追善勤行法要に関する制定

	ブラジル創価学会関連事項	日本の創価学会関連事項
1992	サンパウロ「環境と開発展」入場者160,000人 クリチーバ「環境と開発展」入場者93,579人 マナウス「環境と開発展」入場者34,000人 サンパウロ州社会福祉基金へ衣料3万着贈呈 教学試験が200会場で実施 池田にロンドリーナ州立大学より招聘状 池田にMASPより招聘状 池田にサンパウロ州より招聘状	
1993	池田、ブラジル文学アカデミー総裁から献辞 池田にパラナ連邦大学、リオ連邦大学から招聘状 2月 池田、第4回来伯 ブラジル文学アカデミーの年会で池田の業績を紹介 ブラジル文学アカデミー在外会員に池田が就任 池田にオズワルド・クルス財団から「平和貢献メダル」授与 リオ連邦大学(名誉博士)、サンパウロ総合大学(名誉客員教授)、パラナ連邦大学(名誉博士)から池田に称号授与 池田にサンパウロ州から「バンデイランテス勲章」授与 池田にサンパウロ州教育局から「州公立学校・功労教育者賞」授与 池田にパラナ州から「ピネイロ大十字勲章」授与 池田にロンドリーナ市名誉市民証授与 「アマゾン森林再生研究プロジェクト」開始 文化本部が7支部体制、ドクター部・法律部・文芸部発足 シルビア・サイトウ総合婦人部長死去(BSGI葬) 第1回未来部総会 新体制発足。ロベルト・サイトウは名誉理事長となり、エドワルド・タグチが理事長となる 新組織編成：3圏体制	「御本尊授与に関する制定」を行い、日蓮正宗第26世堅樹日寛の書写した妙法曼陀羅本尊を複写したものに新本尊を変更
1994	南米夏季指導のために日本から幹部来伯 牧口『創価教育学体系』(ポ語訳)出版 「世界の少年少女絵画展」サンパウロ市で開催、以後各地を巡回 クリチーバ市からSGIに「顕彰証書」授与 クリチーバ市に牧口公園正式決定 サンパウロの州立校が牧口説に基づくモデル教育開始 教学試験(任用・初級・中級)が214会場で実施。受験者20,858人	
1995	第1回婦人部ヤング・ミセス研修会 ブラジル一乗寺訴訟の勝訴確定 自然文化センターに研修棟・世界広布の塔ほか建設	

	ブラジル創価学会関連事項	日本の創価学会関連事項
1995	教学試験(初級・中級)実施。受験者12,142人 タグチ理事長、大統領を表敬	
1996	クリチーバ市に牧口常三郎公園完成 「現代世界の人権展」(ブラジリア)に大統領が出席(以後各地を巡回) ブラジリア文化会館落成	
1997	自然文化センターに研修棟オープン 自然文化センターに納灰堂三世安穏堂完成 サンジョゼ・ドス・カンポス市に戸田城聖公園 ロンドリーナ市に北パラナ文化会館落成 ブラジル文学アカデミー100周年記念式典に池田の名代として池田博正SGI副会長来伯 ロンドリーナ市に池田平和公園設置決定 「アマゾン・環境と開発展」(ブラジリア) アマゾン環境会議(マナウス) サンパウロ州議会が「創価学会の日」慶祝議会開会	
1998	リオ・ニテロイ市が「SGIの日」を制定 ロンドリーナ市で「5・3」(池田が三代会長に就任した日)を「永遠の市記念日」に制定 ロンドリーナ市に池田平和公園が着工 サンパウロ南文化会館落成 一乗寺、SGIの管理下に入る パラナ州で日本移民90年祭に池田SGI副会長が名代として出席・青年部出演 BSGI常勝会館(元一乗寺)オープン 教学試験(任用・初級)225会場で実施。受験者12,800人 牧口プロジェクト実践報告会	
1999	一乗寺訴訟、連邦高裁 日蓮正宗の特別上訴を却下 サンパウロ地裁が日蓮正宗側の「立ち退き処分」決定 牧口教育実践校が31校、14地域で識字教育 大統領夫人がBSGI池田講堂で講演	

出所) ブラジル創価学会関連事項は、ブラジル創価学会が機関紙 *Brasil Seikyo* 掲載記事から作成した年表に基づき作成。
日本の創価学会関連事項は、井上ほか編1990、『新宗教事典』1074-1087頁、西山茂1998、「内棲宗教の自立化と宗教様式の革新——戦後第二期の創価学会の場合」113-141頁、を参照した。

8 章
霊友会
――先祖供養と根性直しのブラジル的展開――

ブラジル霊友会布教拠点図

- カンポグランデ分局
- トレスラゴアス集会所
- プレジデンテ・プルデンテ分局
- ウムアラマ分局
- ブラジル支局
- ゴイオエレ分局
- ロンドリーナ分局
- マリンガ集会所

章とびら写真：ブラジル支局　（2000年）［ブラジル霊友会提供］

はじめに

　ブラジルに霊友会の種がまかれたのは1969年、教団としての正式布教は1975年で、日系新宗教としては後発である。霊友会は1930（昭和5）年に久保角太郎（1892-1949）と小谷喜美（1901-1971）によって創立された新宗教で、法華経をもとにして、双系（父方母方・夫方妻方）の先祖を自らの手で供養し、懺悔して根性を直すことを教えの中核とする。組織形態はおやこ型で、在家の会員が布教を担う万人布教者型宗教である。日本での教勢は1999年現在公称175万人を算する[1]。霊友会は数多くの分派を生み、5章で扱った立正佼成会も霊友会からの分派教団である。

　霊友会の教義の根幹にある在家主義的先祖供養は、日本に親を残し、先祖を置いてきた日本移民にとって、それなりの説得力をもっている。しかし、カトリックの宗教的伝統のもとにある非日系人にとっては、先祖を供養しなければならないという観念、成仏していない先祖が子孫を不幸に陥れるといった観念は、すぐには受け入れがたい。ましてや自分自身の非を認め、根性を直し、自分自身を変えていくことは、ブラジルの国民性・文化とは全く異質である。そのため、霊友会は当初日系人主体の宗教として推移したが、1990年代に入って積極的に非日系人布教に取り組み、今日では会員の約60％を非日系人が占めるようになった。そこで、本章ではまず、霊友会が日系人から非日系人へと布教を展開させていった過程を点検し、次に非日系人布教を切り開き、非日系人支部長を多く出した支部をとりあげて、いかに非日系人に霊友会の教えを受容させ、実践を動機づけていったのかを考察する。

　本論に入る前に、霊友会の組織原理について述べておきたい。霊友会はおやこ型の組織の最たるものである。ブラジルには日本本部の出先機関兼ブラジル霊友会の事務局としてブラジル支局が設置されているが、支局は事務機構にすぎず、実際の布教・会員育成は日本の支部（御旗支部、系統支部）が責任をもって進めている[2]。御旗支部とは、本部から「御旗」を授与された支部で、法華経にちなんだ番号を支部名として授与され、教団から最高の栄誉と

権威が与えられており、いくつもの系統支部を内包している。法華経が28章で構成されることから28の御旗支部をつくることが目標とされているが、1997年に御旗が授与されたネパールの支部を含めて、1999年現在、16の御旗支部がある。系統支部とは、御旗を授与されていないものの複数の子支部を出した規模の大きな本部直系の支部で、支部長の名前を冠して呼ばれている。この御旗・系統の各支部の下に支部長の名前を冠する先端支部がある。

　導きのおや̇こ̇関係は日本を越えてブラジルにも伸びている。ブラジルに存在する支部は日本の親支部の子支部であって、それらを束ねることによってブラジル霊友会となる。それぞれの支部は布教のやり方も基盤とする地域もさまざまである。会員の育成や活動は支部単位で行われ、異なる系統の支部とは同じ地域にあったとしてもほとんど関係をもたない。青年部は例外的に地域単位の活動がなされ、後に述べるように近年では地域でのかかわりも若干出てきたが、あくまでも導きはおや̇こ̇の「縁」によってなされるという強い信念が存在する。ブラジル支局の下に分局や集会所という地域的な機関はあるが、これは事務的な拠点にすぎず、その地域の霊友会活動を統括するという機能はない。このようにブラジルは日本の23倍の面積がある広大な国であるにもかかわらず、日本と同じ組織原理で活動している。

　ブラジル霊友会の場合、布教・育成は上述のとおり日本の親支部が担当するが、経済的に日本の本部の支援は大きく、そのうえに立って運営・活動がなされている。本部からの財的支援と布教・育成にあたってのその活用がブラジル霊友会の活動を特徴づけるので、以下に箇条書きで要点を述べておきたい。

　①ブラジル霊友会は会員からは会費のみで、布施・献金はない。本部から積極的な運営・活動費の支援があり、その占める割合は75％を超える[3]。②運営・活動費とは別枠に、会費納入者数と導きの実績に基づいて、御旗・系統支部に対して、幹部のブラジルへの育成派遣、ブラジルの会員の訪日修行枠があり、ブラジル・日本往復の費用と宿泊費が本部から支給される（訪日修行の場合、日本での宿泊は日本の支部負担）[4]。③サンパウロ市のブラジル支局で行われる資格者の会合では、遠隔地の会員が集合できるように支局の活動費から交通費が支給される。④日本の親支部が現地の布教・育成を担当する

のに対応して、各支部で納入された会費の10％が親支部である御旗・系統支部に、10％が地元先端支部に活動費として還元される。霊友会では会員が自費で布教や育成に歩くことが原則だが、この資金は遠隔地への布教や、支部単位での集会への交通費、集会の費用、ほか各々の計画に応じて使用される。⑤御旗支部が独自に事務所や車を所有したり、職員を置いたり、ブラジルの子支部に経済的援助をすることは、日本の親支部の布教姿勢であって、何ら支局が関知することではない。

　このような組織と布教の特徴をふまえたうえで、ブラジル霊友会の展開をみておこう。ブラジル霊友会の展開は以下のように区分できる。
　　Ⅰ期　親族訪問を機縁とする初期布教(1969～1974年)
　　Ⅱ期　ブラジル霊友会の発足と支部単位の日系人布教(1975～1985年)
　　Ⅲ期　拠点施設取得と初期非日系人布教(1986～1989年)
　　Ⅳ期　デカセギの影響と非日系人布教の拡大(1990年～現在)
　布教対象を地域別・人種別にみると、Ⅰ期はパラナ州、Ⅱ期はパラナ州とサンパウロ州の日系人布教が主体、Ⅲ期は南マットグロッソ州で非日系人布教が始まり、Ⅳ期は非日系人布教がブラジル霊友会全体として活発になった。

　1節では日系人中心の布教を展開したⅠ期・Ⅱ期をみ、2節ではⅢ期・Ⅳ期について非日系人への布教の拡大とそれをもたらした要因を考察する。3節では、霊友会の非日系人布教の先駆である第27支部の非日系人布教の実態を考察する。

　章末に**ブラジル霊友会年表**を添付したので、適宜参照されたい。

1　日系人中心の布教の展開

(1)　親族訪問を機縁とする初期布教(Ⅰ期：1969～1974年)

　霊友会のブラジル布教は、立正佼成会や創価学会のように日本で入会した戦後移民から始まったものでも、大本や世界救世教のように、開拓布教の意欲をもった人物の渡伯によって布教が始まったものでもない。霊友会のブラジル布教は、霊友会第23支部に所属する鈴木トク(1913-1983、1954年霊友会入

会、1964年第23支部の先端支部長)によるブラジルの親族訪問というきわめて個人的な機縁から始まった。トクの母ときょうだいが1934(昭和9)年に一家をあげてブラジルに移住した時、トク夫婦も子供とともに同行するつもりだったが、出発直前になって子供が生後5ヵ月に満たないために渡航不許可となり、ブラジル渡航を断念せざるをえなかった。その後、きょうだいとの音信も途絶えたが、やっと捜し出し、1969年にパラナ州アサイ(サンパウロ市から約500キロのところにある日系人の集住地、ロンドリーナ市の近く)に住む兄小田島桃太郎の招きでブラジルを訪れた。当時霊友会会員が1人もいないブラジルで、トクは観光ビザの期限が切れるまで半年間滞在し、60人の導きをした。これがブラジル霊友会の種となった[鈴木 1974：101-105]。兄の関係をたどって布教したので、会員は戦前移民が多かった。

　トクは帰国後、ブラジルに会員ができたことを本部に報告した。1974年3月にブラジル派遣団として、本部の布教部長、人事局長、鈴木トク、ロサンゼルス支局長が訪伯し、サンパウロ市を中心に布教・調査活動を行った。同年11月にトクが再度来伯した。この年、法人格の申請のためサンパウロ市に事務所を置いた。

(2)　ブラジル霊友会の発足と支部単位の日系人布教(Ⅱ期：1975～1985年)

ブラジル霊友会の発足と宣伝

　ブラジル霊友会(Reiyukai do Brasil)が発足したのは1975年4月のことで、この時にはすでに法人格を取得していた。同年5月にサンパウロ市の東洋人街に近い借家にブラジル支局が開設され、初代支局長として、本部の人事局長だった相田安雄(第4支部)が派遣された。相田の親戚がブラジルにいたためである。ブラジル霊友会の会長には、鈴木トクの甥にあたる小田島秀雄(1937生、二世、第23支部)が就任した。

　ブラジル霊友会の設置は、本部側の海外布教への機運の高まりと関係がある。霊友会ではすでに1971年にアメリカに進出しており、第二の海外布教の根拠地としてブラジルに注目した。ブラジル霊友会の開設に際して、久保継成会長(当時)、第23支部長、第4支部長といった御旗支部長のほか、相撲の双子山勝治、作家・衆議院議員の石原慎太郎が来伯、本部は日系社会の認知

を獲得しようとして、サンパウロ新聞紙上で大々的に宣伝して文化講演会を開催した。翌1976年には久保会長・石原慎太郎・落語家の三遊亭圓生による第2回文化講演会、1977年には久保会長・細川護熙衆議院議員・浪曲師天津羽衣による第3回文化講演会、1978年には久保会長・細川護熙・安西愛子両衆議院議員による第4回文化講演会、と4年間連続して著名人による文化講演会を行うことで霊友会の存在をアピールした。

経典のポルトガル語訳と機関紙の発行

霊友会のブラジル布教にかける意気込みは、ブラジル霊友会が発足した1975年に、すでに青経巻（法華経から抜粋された霊友会の経典、表紙が青なので青経巻と呼ばれる）のポルトガル語訳（意訳）をサンパウロ大学の東洋学科教授に依頼し、翌年の1976年にポルトガル語の経典が発行されたことからも明らかである[5]。また過去帳のポルトガル語訳も同年にほぼ完成している。通常は布教の展開過程で経典をローマ字化するか、意訳するかしていくが、本部主導で開設時に行われたことは類例をみない。日ポ両語機関紙『ブラジル霊友会新聞』(Jornal Reiyukai do Brasil) は1976年に発行されるようになった。このように霊友会の場合は、現地のニーズが生じる前に意図的に先手が打たれていることが特徴である。

各支部競っての開拓布教

海外布教という本部方針の波に乗って、支局開設前後から日本の各支部は、会員の縁故をたどって競って布教を行った。ブラジルに霊友会の種まきをした第23支部はもとより、1974年に第4支部、1975年に第8支部・第24支部、1976年に第12支部、1977年に第25支部・第26支部・第27支部、1978年に蓮原支部がブラジルに入った。御旗支部長の来伯が相次ぎ、支部単位で決起大会が開催された。

第23支部は前述の鈴木トクによる布教が元である。第4支部は初代支局長相田安雄の義理の甥がブラジルの南米銀行に勤めていたので、その関係をたどって入った。第8支部は熊本県の梅岡支部長が来伯し、熊本県人会長を訪ね、県人会の縁をたどって布教した。さらに1976年に二代支局長として派遣された益田英祐が、会員の親戚の縁をたどった。第12支部は、ブラジル在住の親戚の縁から布教した。第26支部は支局課長として派遣された田中正博

(1950年生、現・南米総局長)が会員をつくり、さらに1980年に第26支部長が来伯し、親戚の人を導いた。第27支部は、先端支部長が幼い時に生き別れになった父を訪ねて導き、基礎ができた時に第27支部長が来伯し、さらに会員である政治家の親戚の縁をたどった。蓮原支部は先端支部長福島浩子が布教のために来伯し、手がかりがなかったため支局員(第8支部所属)に知人を紹介してもらって布教した。

このように支局開設前後から各支部が独自に手づるをたどって布教していった。この時期は日系人に、自分で先祖供養ができる、寺がない地域で戒名のない故人がいる家族には、霊友会に入れば法名をもらえる、戒名をたくさん集めれば因縁解決になる、と説いた。さらに、入会して50人を導けば無料で訪日ができる(訪日修行)、ということが、導きを促進した要因であることも指摘できる。当時、日本訪問は夢のような出来事であった。また、導きの実績に応じて、佛乃世界推進証、釈迦殿証などの表彰が行われている。非日系人布教も行われたが、非日系人対象の育成の不備で脱落した。

拠点施設の設置

ブラジル支局開設2年後の1977年にリオデジャネイロ分局(リオデジャネイロ州、第4支部が基盤、1994年閉鎖)とロンドリーナ分局(パラナ州、第23支部・鈴木トクが初代分局員)が、翌1978年にゴイオエレ分局(パラナ州、第8支部)、ウムアラマ分局(パラナ州、第23支部)が地域拠点として相次いで設置された。その後1984年には、プレジデンテ・プルデンテ分局(サンパウロ州、第8支部・第23支部)が開設された。非日系人布教の実験地として、会員数が少ないにもかかわらず意図的に置かれたリオデジャネイロ分局を除いて、これらは会員集住地域に仏具購入[6]・つどいの場所の提供などの便宜のために開設されたものである[7]。

(3) 統計資料からみた教勢と地域的展開

ここで、統計資料からⅡ期(1975~1985年)の教勢の伸展や地域的展開をあとづけるとともに、次節で論ずるⅢ期(1986~1989年)・Ⅳ期(1990年~現在)の状況をあらかじめ展望しておく[8]。

表8-1は新規入会者数と会員単純累計数、会費納入者数の推移と特記事項

表8-1 ブラジル霊友会 新規入会者数・会員単純累計数・会費納入者数の推移

期	年	新規入会者数	単純累計数	会費納入者数	増加率	特記事項
I	1974		158		—	ブラジル派遣団による布教調査
II	1975	546	704	704	345.5	ブラジル支局開設。法人格取得
	1976	1,074	1,778	1,778	152.6	機関紙発刊。ポ語経巻作成
	1977	2,442	4,220	4,119	131.7	リオデジャネイロ、ロンドリーナ分局開設
	1978	3,049	7,269	6,110	48.3	青年部発足。ゴイオエレ、ウムアラマ分局開設
	1979	3,078	10,347	7,955	30.2	
	1980	3,430	13,777	11,114	39.7	
	1981	2,912	16,689	12,661	13.9	
	1982	4,259	20,948	16,399	29.5	
	1983	2,751	23,699	18,501	12.8	
	1984	4,141	27,840	21,479	16.1	プレジデンテ・プルデンテ分局開設
	1985	4,180	32,020	25,029	16.5	
III	1986	5,959	37,979	32,601	30.3	霊友会館竣成、カンポ分局開設、青年部機関紙発刊
	1987	8,447	46,426	37,873	16.2	慈善バザー開始
	1988	7,470	53,896	42,374	11.9	改訂版ポ語経巻発行
	1989	10,397	64,293	48,684	14.9	
IV	1990	13,153	77,446	57,067	17.2	会長のデカセギ。三層合同修行開始
	1991	12,270	87,716	54,706	-4.1	会長交代
	1992	9,594	99,310	52,997	-3.1	デカセギ実態アンケート実施。地域懇談会開始
	1993	12,584	111,894	58,500	10.4	
	1994	18,927	130,821	65,956	12.7	
	1995	20,183	151,004	71,873	9.0	創立20周年カンポ大会
	1996	20,097	171,101	76,341	6.2	
	1997	16,384	187,485	77,315	1.3	法名拝受者研修会開始。二世が支局長就任
	1998	16,856	204,341	84,008	8.7	

注1) 単純累計数とは新規入会者数の累計。
 2) 増加率とは会費納入者数の対前年増加率。
出所) ブラジル霊友会提供資料および聞き取り調査に基づき作成。

を一覧にしたものである。1974年には158人の会員だったが、ブラジル霊友会設立の翌1975年には704人となり、10年後の1985年には単純累計数32,020人、会費納入者数25,029人となっている。霊友会には入会届はあるが、脱会届はないので、新規入会者数の累積は会費納入者を上回ることになる。両者の開きは図8-1で示したが、会費納入者数が会員数の実態に近いと思われる[9]。会費納入者数の対前年増加率をみると、ブラジル霊友会設立後、1977年までの草創期の急激な伸張は各支部の開拓布教の意気込みと成果を表し、それ以後もII期・III期はかなりの教勢拡大傾向にある。IV期の1991～1992年で一時

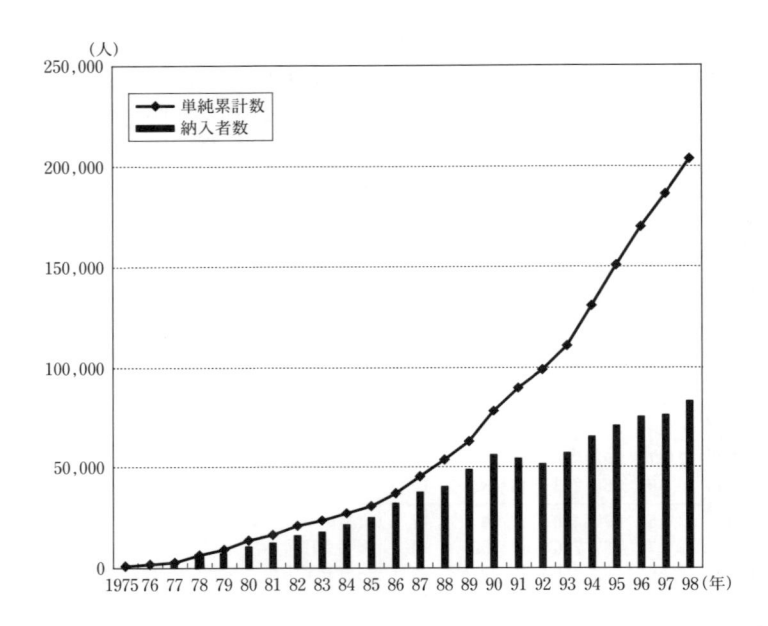

図8-1　ブラジル霊友会　会員単純累計数・会費納入者数の推移
出所）ブラジル霊友会提供資料に基づき作成。

マイナスを記録した。毎年の新規入会者は1万人を超えるにもかかわらず、会費納入者数の伸びは少なく、単純累計数と会費納入者数との開きが大きくなっている。

　ブラジル霊友会は日本の親支部に連なる支部の集合なので、導き数（新規入会者数）の支部別推移をみる必要がある。表8-2によれば、Ⅱ期の支部ごとの新規入会者数では、鈴木トクの第23支部と二代支局長の益田英祐の縁に連なる第8支部がこの時期の中心支部であることがわかる。これに対して、Ⅲ期・Ⅳ期では第26支部・第27支部・蓮原支部が伸張し、他方第23支部は相対的に衰退の傾向にあり、第8支部は減少の後やや持ち直してきているものの、第26・第27支部とは比べるべくもない。このように、Ⅱ期とⅢ期・Ⅳ期の間には伸張した支部に相違がみられるのである。

8章　霊友会　413

表8-2　ブラジル霊友会　支部別導き数(新規入会者数)の推移

期	年	第4支部	第8支部	第10支部	第12支部	第23支部	第24支部	第25支部	第26支部	第27支部	蓮原支部	その他	計
I	1974	2											158
	1975	109	300										546
	1976	35	633		12	130	6					1	1,074
	1977	68	1,126		2	390	2					2	2,442
	1978	161	1,503		2	1,099	—		30	116		—	3,049
	1979	209	1,418		21	1,218	1		18	130	6	10	3,078
II	1980	95	1,214		3	1,324	—		30	55	19	2	3,430
	1981	76	860		9	1,483	1		157	246	231	—	2,912
	1982	114	1,820		12	1,624	—		170	5	168	1	4,259
	1983	127	1,387		5	1,591	—	1	316	93	312	—	2,751
	1984	73	1,680		23	758	2	—	290	35	149	—	4,141
	1985	35	1,195		25	1,516	1	—	460	30	357	—	4,180
III	1986	51	1,734		—	2,032	—	—	607	67	218	—	5,959
	1987	47	2,055		19	2,118	—	—	1,240	533	283	—	8,447
	1988	55	993		103	2,196	—	—	1,902	996	1,212	20	7,470
	1989	30	1,158		23	1,370	—	—	2,955	1,024	960	10	10,397
	1990	55	678		—	1,108	—	—	4,636	1,250	2,115	77	13,153
	1991	61	861		—	1,255	5	—	7,136	1,193	2,822	14	12,270
	1992	33	888		—	808	5	—	8,056	1,187	1,286	6	9,594
IV	1993	4	540		—	1,141	—	—	5,170	1,439	918	—	12,584
	1994	25	1,276		—	1,202	—	—	6,389	2,079	2,364	6	18,927
	1995	8	1,809		—	1,073	—	—	8,517	3,419	4,604	13	20,183
	1996	26	2,688		—	1,180	—	—	8,508	4,481	4,196	1	20,097
	1997	2	1,565		—	1,209	—	—	8,567	4,233	3,371	3	16,384
	1998	3	1,891	277	—	1,263	—	9	8,260	3,285	2,009	—	16,856
						1,265	23	10	7,623	4,012	1,776		
計		1,504	31,272	277	259	30,509			81,037	29,908	29,376	166	204,341

注1) 数値のない年次は、当該支部がブラジルで布教を開始していなかったことを示す。
2) 第10支部は、1997年に第23支部より分かれて設立。第23支部所属支部長が第10支部に所属変更を希望したために、ブラジルに第10支部が入ることになった。
出所　図8-1に同じ。

表8-3 ブラジル霊友会 地区別支部長新規登録者数の推移

期	年	大サンパウロ圏		サンパウロ州		リオデジャネイロ州		パラナ州		南リオグランデ州		南マットグロッソ州		マットグロッソ州		バイア州		計		
		日系	非日	日系	非日	日系	非日	日系	非日	日系	非日	日系	非日	日系	非日	日系	非日	日系	非日	%
II	1975																	0	0	—
	1976																	0	0	—
	1977							1										1	0	—
	1978	1						1										2	0	—
	1979							2										2	0	—
	1980	4						5										9	0	—
	1981							1										1	0	—
	1982	1						1										2	0	—
	1983			3														3	0	—
	1984																	0	0	—
	1985			2				3		1								6	0	—
III	1986	3		3									1					6	1	10.0
	1987	4		1														5	0	—
	1988	4		1								2						7	0	—
	1989	2		3														5	0	—
IV	1990	3		3				1					3					7	3	30.0
	1991	3		6														9	0	—
	1992							1										1	1	50.0
	1993	3										1	3					4	3	42.9
	1994	3		2	1								4					5	5	50.0
	1995	4	1			1		1	1		1		5					6	8	57.1
	1996	2						1				1	4	1				5	4	44.4
	1997	1	2	1					1			1	4				1	2	9	81.8
	1998			1	2							1	2				1	2	6	75.0
	計	39	3	26	3	1	0	18	2	0	3	5	27	1	0	0	2	90	40	30.8
	%	7.1		10.3		—		10.0		100.0		84.4		—		100.0				

注1) 日系とは支部長が日系人、非日とは非日系人をさす。
2) %とは支部長登録者数に占める非日系人支部長の割合。
3) 大サンパウロ圏・サンパウロ州・リオデジャネイロ州は東南伯、パラナ州・南リオグランデ州は南伯、南マットグロッソ州・マットグロッソ州は中西伯、バイア州は北東伯。
4) 1998年現在、死亡・退会・格下げなどの理由で抹消された支部は除外してある。抹消支部は16支部で、抹消された支部は、大サンパウロ圏7(日系7)、サンパウロ州7(日系5、非日系2)、南マットグロッソ州2(日系2)である。
出所) 図8-1に同じ。

次に、**表8-3**の地区別支部長新規登録者数の推移を手がかりに非日系人への拡大にも注目しつつ、地域的な拡大をみよう。II期ではパラナ州が14支部と中心地域で、次いで、大サンパウロ圏(サンパウロ市および近郊都市)6、その他のサンパウロ州5と、日系人の集住するパラナ州、大サンパウロ圏、サンパウロ州で、登録支部長合計27支部のうち26支部となる。他の1支部長、すなわち1985年に登録された南マットグロッソ州の支部長は、3節で扱う非日系人布教の先駆者となった日系人支部長である。

一般的に日系新宗教は日系人の多いサンパウロ市、サンパウロ州から布教

を始めるのが通常なので、パラナ州から布教を始めたことは霊友会の特徴である。霊友会がブラジルに布教した時にはサンパウロ州ではすでに宗教的色分けができていたので、パラナ州から展開したことは会員獲得にいくぶん有利だったと思われる。II期で支部長分布が集中している大サンパウロ圏・サンパウロ州、パラナ州ともに日系人の多く居住する地域で、1988年の日系人口調査によるとサンパウロ州内に日系人の72％(サンパウロ市に27％)が居住しており、これ以外としては南伯に12％が居住し、そのほとんどはパラナ州である。これに対して、南マットグロッソ州が含まれる中西伯では4％にすぎない［サンパウロ人文科学研究所 1990：9-10］。

III期になると、パラナ州では新規設立支部がなく、大サンパウロ圏・サンパウロ州に増加の主力が移行し、1986年に南マットグロッソ州で初めて非日系人支部長が誕生した。IV期の新規設立支部の分布をみると、南マットグロッソ州28(うち非日系人支部長26)、大サンパウロ圏23(うち非日系3)、サンパウロ州16(うち非日系3)、パラナ州6(うち非日系2)と南マットグロッソ州が顕著な拡大傾向をみせ、南伯の南リオグランデ州に3支部(うち非日系3)、北東伯のバイア州に2支部(うち非日系2)と広がりをみせ始める。それも非日系支部が増加していることは特筆に値する。

そこで次節でIII期以降、とくに日系人主体のあり方から脱して非日系人布教が本格化したIV期に焦点をあて、この展開をもたらした要因を考察しよう。

2　デカセギの打撃と非日系人布教への方針転換

(1)　拠点施設取得と初期非日系人布教(III期：1986～1989年)

霊友会館の竣工とポルトガル語転換

1985年のブラジル霊友会創立10周年を期に拠点施設の建設が企画され、翌1986年に敷地面積1,000坪、建坪400坪の霊友会館がサンパウロ市の現在地に建設された。この海外初の霊友会館は、現地会員の財的貢献によるものではなく、日本の霊友会がブラジル霊友会に寄贈したものである。借り物ではない拠点ができたことによって、霊友会に対する会員の信頼感が強まった。こ

写真8-1　霊友会ブラジル支局の法座(仏壇)　(1996年)[著者撮影]
(左の写真は創立者の久保角太郎、右の写真は小谷喜美)

の年に、青年部のポルトガル語機関紙*IPURA*(イプラ)(インディオのツピーガラニ語で「自分を見つめて」の意)が発行され、日ポ両語とはいえ日本語に頁が多く割かれていた機関紙『ブラジル霊友会新聞』(*Jornal Reiyukai do Brasil*)もポルトガル語を主体とするように変更された。また、南マットグロッソ州のカンポグランデ市(以下カンポ)に分局が設置され、Ⅳ期以降の非日系人布教の拠点となる。1988年には、直訳すぎて問題があったポ語青経巻をわかりやすく意訳して改訂版を発行し、支局行事ではポルトガル語の経典が読誦されるようになった。このように会館竣工後、ポルトガル語転換が図られた。

社会的認知にかかわるものとしては、1987年から日系諸団体への寄付金捻出のために社会福祉慈善バザーを開始した。1989年からは敷地内でフェスタ・ジュニーナ・盆踊り(1992年から七夕・盆踊りとなる)が開催され、未会員も含め1,000～2,000人の来場がある。1989年からは年末餅つき大会も開かれるようになった。

青年部活動の活発化とヨコ組織での活動の開始

青年部は1978年に結成され、霊友会の組織では唯一、はじめから支部のタテ系統を超えて地域ごとに活動するヨコ組織であるが、拠点施設ができたことで、活動が活発化した。1986年の青年部機関紙の発行、1987年の青年部フェスティバルの開催、1988年の青年部創立10周年大会の開催、青年の主張世界大会への青年部代表の参加など、イベント方式の活動がくり広げられた。このほか、青年部全体の弥勒山修行（伊豆にある霊友会の修行道場・弥勒山での修行にちなんだ名称）が霊友会館を会場として行われた。

　1989年には、サンパウロ、カンポ、マリンガ（パラナ州）で地域単位に開教70周年記念大会が行われ、2,000人前後の参加者があった。さらに、この年久保会長が来伯した際に地区懇談会、青年部懇談会、幹部研修会が行われた。青年部以外で、支部系統を超えた地区単位の集まりは、これが初めてのことで、1990年以降の支部長・準支部長・法座主といった資格者の支部系統を超えた育成や地域懇談会へと展開していくきっかけになった。

(2)　デカセギの影響と非日系人布教の拡大（Ⅳ期：1990年～現在）

デカセギによる打撃

　Ⅲ期をわずか4年で終わらせてⅣ期とするのは、デカセギの影響が深刻化したためである。1990年6月に日本の入管法改正によって日系人の就労が合法化されたため、1980年代後半から生じていたデカセギが加速された。日系地域社会に基盤を置いていた第23支部・第8支部は、デカセギによる会員の流出によって大打撃を受け、さらに布教対象の日系人もデカセギで減少した。こうして日本へのデカセギの影響が深刻化し、日系人主体だった霊友会に大きな転換を迫った。

　1990年7月、創立時からブラジル霊友会の会長職にあった第23支部支部長小田島秀雄が連絡もしないでデカセギに行っていることが発覚した[10]。霊友会の草創期を担った第23支部では、会員が高齢化し、壮年・青年を育てようとしていた矢先だったので、とくにこたえた。さらに準支部長、法座主クラスもデカセギが相次ぎ、全体として会員の30％はデカセギで流出した。第23支部とともに草創期を切り開いた第8支部も同様だった。前掲の表8-1（411頁）で1991～1992年には会費納入者数がブラジル霊友会発足以来初めて減少

したことに、デカセギの影響が如実に示されている[11]。

運営組織・青年部執行部に対するデカセギの影響

ブラジル霊友会は創立当初から運営委員会によって運営されている。運営委員会は会長・副会長・委員から構成され、支部選出の委員数は各支部の会費納入者数を基礎に決められている。小田島のデカセギのため1991年には会長改選が行われ、この時初めて非日系人支部長が運営委員に選ばれた。**表8-4**で運営委員会における非日系人の比率をみると、1991年以降改選されるたびに上昇し、1996年の改選では非日系人が31％を占めるようになった。

デカセギは青年部も直撃した。**表8-5**で執行部構成員数の日系・非日系別をみよう[12]。1987～1989年の執行部を構成していた日系人12人のうち4人が、1990～1991年執行部の日系構成員10人のうち5人が、デカセギに流出した。1990年には青年部長がデカセギに行き、空席になったため改選が行われた。青年部執行部では、1992年以降非日系人の占める割合が急増し、1998年からは部長職も非日系人が占め、執行部の85％が非日系人で構成されるようになった。デカセギが始まる前は青年部の80％内外が日系人だったのが、今は80％が非日系人と逆転している。

表8-4 ブラジル霊友会 運営委員会の日系・非日系別委員数の推移

改選年	日系	非日系	計	非日系％	備考
1975	4	0	4	—	
1976	4	0	4	—	
1978	9	0	9	—	
1981	14	0	14	—	
1982	13	0	13	—	
1984	17	1	18	5.6	青年部から非日系人が初参加（特例）
1987	18	0	18	—	
1990	18	0	18	—	
1991	18	1	19	5.3	会長デカセギによる改選・非日系人（第27支部）
1994	16	2	18	11.1	非日系人（第27支部・蓮原支部）
1995	13	3	16	18.8	会長死去による改選・初の非日系副会長（蓮原支部）
1996	13	4	17	30.8	非日系副会長（蓮原支部）、他の非日系人は第27支部

注1）非日系％とは運営委員に占める非日系人の割合
　2）運営委員に選ばれるためには支部長であることが条件で、支部長の互選によって選出される。
　3）御旗・系統支部からの運営委員数は原則として支部の会員数（会費納入者数）による。
　4）運営委員会には事務局から本部派遣の日本人2人（南米総局長・支局長補佐）と日系人1人（支局長）、分局職員の日系人6人が参加。
出所）表8-1に同じ。

表8-5 ブラジル霊友会 青年部執行部の日系・非日系別構成員数の推移

年	部長	日系	非日系	計	非日系%	デカセギ	備考
1978～80	二世	7	2	9	22.2		
1981～82	非日系	6	3	9	33.3		
1983～84	二世	7	4	11	26.7		
1985～86	二世	11	1	12	8.3		
1987～89	二世	12	2	14	14.3	4	
1990～91	二世	10	4	14	28.6	5	部長デカセギのため改選
1992～95	二世	5	12	17	70.6		
1996～97	二世	5	7	12	58.3		
1998～	非日系	2	11	13	84.6		

注1) 非日系%とは、青年部執行部員に占める非日系人の割合。
 2) 日系・非日系の人数には部長を含む。
 3) デカセギとは、青年部執行部のなかでデカセギに行った人(必ずしも任期中とは限らない)。
出所) 表8-1に同じ。

写真8-2 ブラジル支局での青年部リーダー研修会 (1996年)[ブラジル霊友会提供]
　　　(中央の女性は非日系人初の支部長テウマ。青年部の指導に支部長が参与する)

(3) 非日系人布教への転換を可能にした要因

　日系人中心の支部では非日系人布教も行ってはいたが[13]、先祖供養は非日

写真8-3　ブラジル支局で行われた三層合同修行で題目をあげる資格者（1996年）［著者撮影］

写真8-4　ブラジル支局での法名入心者研修会　（1997年）［ブラジル霊友会提供］
（墨をすり、筆を用いて漢字の法名をつける練習を行う。1997年から開始した支部系統を超えた研修会である。注15参照）

系人にはわからないという気持があり、非日系人は入るのも早いが出るのも早い、信用できないという見解が拡がっていた。しかし、デカセギで非日系人布教を真剣に考えなければならない時期が来た。こうしてデカセギは非日系人布教への転回軸となった。

　霊友会が1990年代に、日系人布教から非日系人布教に比較的円滑に移行できた要因として、以下のことが挙げられる。第一に、デカセギで日系人布教は頭打ちになったため、導きを重要な宗教実践として強調する霊友会では、導きを達成するためには非日系人に目を向けざるをえないという意見が共有された。第二に、非日系人布教を推進していた第27支部で1986年に初の非日系人支部長が誕生し、非日系人でも育成できることが示された。第三に、1990年から支部長・準支部長・新法座グループ代表[14]の三層合同修行という支部系統を超えた研修会が支局で行われるようになり[15]、その席で非日系人布教に成功した他支部の事例が示され、かつ非日系人の体験を聞くことによって、従来の非日系人に対する偏見が打破された。第四に、ブラジル霊友会が創立20周年を迎えた1995年に、25周年に向けて今後5年間の活動方針として非日系人布教の推進が掲げられ、「支部長200人以上、その半数が非日系人」が行動目標として採択された[16]。第五に、ポルトガル語転換がかなりの程度進展していた[17]。

(4) 統計資料からみた非日系人布教の展開

　霊友会における非日系人布教の拡大を統計資料をもとにあとづけておこう。霊友会は繰り返し述べたように、中央集権的組織ではなく、御旗・系統支部の集合体である。そこで、御旗・系統支部別に日系・非日系別の資格者数と非日系人の割合を、デカセギの影響が顕著になる直前の1989年と9年後の1998年について**表8-6**と**表8-7**で比較する。1989年（表8-6）では、資格者における非日系人の割合は全体の10％と少なく、そのなかでは第27支部の56％、蓮原支部の29％が目立つ。非日系人支部長は第27支部に1人いるだけで、準支部長も第27支部に5人いるのみである。ところが、9年後の1998年（表8-7）では、資格者数が格段と増加しており、全体で非日系人の占める割合は55％と半数を越え、支部別では第27支部86％、蓮原支部77％に次いで、

表8-6　ブラジル霊友会　支部別日系・非日系別資格者数（1989年末現在）

	法座主			準支部長			支部長			計			
	日系	非日系	％	日系	非日系	％	日系	非日系	％	総数	日系	非日系	％
第4支部	9	0	—	1	0	—	1	0	—	11	11	0	—
第8支部	79	3	3.7	26	0	—	18	0	—	126	123	3	2.4
第10支部	—	—	—	—	—	—	—	—	—	—	—	—	—
第23支部	108	7	6.1	19	0	—	17	0	—	151	144	7	4.6
第26支部	47	2	4.1	20	0	—	10	0	—	79	77	2	2.5
第27支部	15	19	55.6	4	5	55.6	1	1	50.0	45	20	25	55.6
蓮原支部	12	7	36.8	3	0	—	2	0	—	24	17	7	29.2
その他	5	1	16.7	0	0	—	0	0	—	6	5	1	16.7
計	275	39	12.4	73	5	6.4	49	1	2.0	442	397	45	10.2

注1）％とは支部別の各資格の日系と非日系の和に占める非日系の割合。
　2）支部別の各資格の計のところのみ日系と非日系の和（総数）を記した。
　3）第10支部は第23支部から1997年に分かれたので、1989年については非該当。
出所）図8-1に同じ。

　第26支部が3％から62％と急増し、非日系人布教に力を入れていることがわかる[18]。Ⅱ期〜Ⅲ期に日系人主体の布教の中心で、1989年に資格者数が第一位の第23支部、第二位の第8支部は、1998年には第26支部、第27支部、蓮原支部が顕著な拡大を示しているのに対して伸び悩んでいる。支部の資格者の増加は導き数と関連しているので、非日系人布教の成否とかかわりが深いことがわかる。しかしながら、第23支部と第8支部でも非日系人布教に着手し始めたことがうかがわれる[19]。1998年現在、資格者のレベルからいうならば、支部長で非日系人の占める割合を支部ごとにみると、第27支部が90％（ブラジル霊友会全体の非日系人支部長の68％）と他を引き離し、次いで蓮原支部37％、

表8-7　ブラジル霊友会　支部別日系・非日系別資格者数（1998年末現在）

	法座主			準支部長			支部長			計			
	日系	非日系	％	日系	非日系	％	日系	非日系	％	総数	日系	非日系	％
第4支部	11	0	—	3	1	25.0	2	0	—	17	16	1	0.6
第8支部	100	37	27.0	37	5	11.9	22	3	12.0	204	159	45	22.1
第10支部	8	0	—	2	0	—	1	0	—	11	11	0	—
第23支部	129	28	17.8	31	2	0.6	17	0	—	207	177	30	14.5
第26支部	112	278	71.3	56	49	46.7	38	6	13.6	539	206	333	61.8
第27支部	25	180	87.8	12	41	77.4	3	27	90.0	288	40	248	86.1
蓮原支部	26	111	81.0	8	21	72.4	7	4	36.4	177	41	136	76.8
その他	5	1	16.7	0	0	—	0	0	—	6	5	1	16.7
計	416	635	60.4	149	119	44.4	90	40	30.8	1,449	655	794	54.8

注1）％とは支部別の各資格の日系と非日系の和に占める非日系の割合。
　2）支部別の各資格の計のところのみ日系と非日系の和（総数）を記した。
出所）図8-1に同じ。

次いで第26支部と第8支部が12〜13％となる。準支部長クラスになると、第27支部、蓮原支部が70％台であるのに続いて、第26支部が47％とかなり追い上げをみせている。法座主では、第27支部88％、蓮原支部81％で、第26支部も71％となって、他を引き離している。非日系人が初めて法座主になったのは1980年、準支部長は1984年、支部長は1986年で、いずれも第27支部が牽引している。これらの考察から、霊友会の非日系人布教をリードしてきたのは第27支部であり、次いで蓮原支部、第26支部で、第26支部が追い上げている。ここで前掲の表8-3（414頁）を参照するならば、南マットグロッソ州は第27支部と蓮原支部の基盤で、南リオグランデ州は第26支部、バイア州は第8支部が重点的に非日系人布教に取り組んでいる地域である。

　ブラジル霊友会全体での非日系人布教の拡大を、**表8-8**の日系・非日系別資格登録者数の推移から検討しよう。総数における非日系人の割合はⅡ期までは3％、Ⅲ期では10％、Ⅳ期では毎年上昇を続け、1997年には全体の資格者数の50％を突破した。資格別にみると、当然のとこながら、下位の資格ほど非日系人の占める割合は高いが、1998年には法座主の60％、準支部長の44％、支部長でも31％を占めるに至っている。1990年から日系人のデカセギによって組織運営に打撃を受け、非日系人布教の必要性を痛切に感じ、かつ同年に始まった支部を超えた三層合同修行で、すでに非日系人布教に着手していた支部の実例をみせることによって、成果をあげてきたことがうかがえる。

　この点をさらに具体的に把握するために、**表8-9**で1990年に新設され1997年に廃止された新法座グループ代表の資格も付け加え、1990年以降の新規登録資格者数に占める非日系人の割合の推移に注目しよう。法座主では1991年に前年の45％から72％に跳ね上がり、翌1992年は認定者数が少ないため55％に落ち込むが、その後は80〜90％を非日系人が占めるに至り、人数上の増加も著しい。新法座では1992年までは30％程度だが、1993年には70％を超える。準支部長は1993年に44％と半数近くに迫り、翌1994年には76％を占めるようになり、以後新規登録者の80％前後を保っている。支部長では1992〜1996年は50％前後、1997年以降は新規登録支部長の80％前後を占めるようになった。

424　Ⅲ部　日系新宗教の非日系人布教

表8-8　ブラジル霊友会　日系・非日系別資格登録者数の推移（各年末現在）

期	年	法座主			準支部長			支部長			計		
		総数	日系	非日系	%	総数	日系	非日系	%	総数	日系	非日系	%	総数	日系	非日系	%

期	年	総数	日系	非日系	%	総数	日系	非日系	%	総数	日系	非日系	%	総数	日系	非日系	%
	1975	0	0	0	—	0	0	0	—	0	0	0	—	0	0	0	—
	1976	0	0	0	—	0	0	0	—	0	0	0	—	0	0	0	—
	1977	0	0	0	—	0	0	0	—	1	1	0	—	1	1	0	—
	1978	1	1	0	—	0	0	0	—	3	3	0	—	4	4	0	—
	1979	24	24	0	—	3	3	0	—	5	5	0	—	32	32	0	—
Ⅱ	1980	56	55	1	1.8	9	9	0	—	14	14	0	—	79	78	1	1.3
	1981	81	80	1	1.2	12	12	0	—	15	15	0	—	108	107	1	0.9
	1982	113	110	3	2.7	19	19	0	—	17	17	0	—	149	146	3	2.0
	1983	127	124	3	2.4	24	24	0	—	20	20	0	—	171	168	3	1.8
	1984	149	145	4	2.7	31	29	2	6.5	20	20	0	—	200	194	6	3.0
	1985	168	163	5	3.0	37	35	2	5.4	26	26	0	—	231	224	7	3.0
Ⅲ	1986	206	194	12	5.8	50	48	2	4.0	33	32	1	3.0	289	274	15	5.2
	1987	257	232	25	9.7	65	63	2	3.0	38	37	1	2.6	360	332	28	7.8
	1988	294	260	34	11.6	69	66	3	4.3	45	44	1	2.2	408	370	38	9.3
	1989	314	275	39	12.4	78	73	5	6.4	50	49	1	2.0	442	397	45	10.2
Ⅳ	1990	345	292	53	15.4	100	93	7	7.0	60	56	4	6.7	505	441	64	12.7
	1991	395	306	89	22.5	116	106	10	8.6	69	65	4	5.8	580	477	103	17.8
	1992	417	316	101	24.2	127	114	13	10.2	71	66	5	7.0	615	496	119	19.3
	1993	454	322	132	29.1	136	119	17	12.5	78	70	8	10.3	668	511	157	23.5
	1994	545	333	212	38.9	157	124	33	21.0	88	75	13	14.8	790	532	258	32.7
	1995	698	363	335	48.0	197	133	64	32.4	102	81	21	20.6	997	577	420	42.1
	1996	800	374	426	53.3	217	137	80	36.9	111	86	25	22.5	1,128	597	531	47.1
	1997	875	380	495	56.6	237	141	96	40.5	122	88	34	27.9	1,234	609	625	50.6
	1998	1,051	416	635	60.4	268	149	119	44.4	130	90	40	30.8	1,449	655	794	54.8

注1）％とは各資格の日系と非日系の和（総数）に占める非日系の割合。
2）1998年末現在において、死亡、退会、格下げ等の理由で抹消された支部長は除外している。上記理由による除外者数は日系14人、非日系2人である。
出所）図8-1に同じ。

表8-9 ブラジル霊友会 新規登録資格者に占める非日系人の割合の推移

年	法座主			新法座			準支部長			支部長		
	日系	非日系	%	日系	非日系	%	日系	非日系	%	日系	非日系	%
1990	17	14	45.2	25	14	35.9	20	2	9.0	7	3	30.0
1991	14	36	72.0	22	10	31.3	13	3	18.8	9	0	—
1992	10	12	54.5	15	7	31.8	8	3	27.3	1	1	50.0
1993	6	31	83.8	7	17	70.8	5	4	44.4	4	3	42.9
1994	10	80	88.8	21	72	77.4	5	16	76.2	5	5	50.0
1995	30	123	80.4	18	48	72.7	9	31	77.5	6	8	57.1
1996	11	91	89.2	10	42	80.8	4	16	80.0	5	4	44.4
1997	6	69	92.0	—	—	—	4	16	80.0	2	9	81.8
1998	36	140	79.5	—	—	—	8	23	74.2	2	6	75.0
計	140	596	81.0	118	210	64.0	76	114	60.0	41	39	48.8

注1)%とは日系と非日系の和に占める非日系の割合。
2)新法座グループ代表は、日本の本部に準じて1990年に新設、本部での廃止に伴い、1997年3月に廃止。
出所)図8-1に同じ。

　これらの統計資料から、日系人主体の宗教であった霊友会が1990年代に入って非日系人布教を急激に拡大させ、1998年には資格者の54％が非日系人で、会員全体の少なくとも60％以上（ブラジル霊友会の試算）を非日系人が占める宗教に転換したことが判明する[20]。

　先述したように、資格の上昇は霊友会では基本的に導き数によるので、日系という限られたパイから布教対象を非日系人に拡大したことが、資格者の増加となってあらわれた。しかしながら、前掲の表8-1（411頁）でみたように、新入会員数の増加にもかかわらず、会費納入者数ではそれに対応するだけの伸びを示していない。これはデカセギの影響ばかりではなく、非日系人は入会させやすいが脱落もしやすいためである。したがって、導いた後、いかにして定着させるかという課題があることを示唆している。そこで、3節では、非日系人布教の先駆的事例というべき第27支部のカンポでの非日系人布教の実際から、いかにして非日系人に布教し、定着させていったか、その実態および課題解決のあり方を考察しよう。

3 第27支部の非日系人布教
―― 派遣支部長と現地支部長のペア布教 ――

　ブラジル霊友会の非日系人布教の先駆けとなり、かつ1998年現在で非日系支部の60％が集中している地域は中西伯の南マットグロッソ州（パラグアイ・ボリビアと隣接）である。その中心はカンポで、サンパウロ市から約1,000キロ、バスで14時間のところにある。カンポの非日系人布教の中心を担っているのは第27支部の支部長田端千佳子（1944年生、1980年入会）で、日本からの派遣支部長の加藤朝子（1932年生、1972年入会、愛知県一宮市に居住）と田端との絶妙なコンビが非日系人布教を成功させた[21]。図8-2は田端系支部長の系統図である。

(1) 非日系人布教の開始と分局の設置

　田端は高知県出身で、中学校2年生の時（1958年）両親きょうだいとともにパラグアイに移住した。1964年には結婚のためブラジルに渡り、パラナ州ロンドリーナ市に移転した。夫は二世である。1980年にロンドリーナで、折から縁故をたどって布教に来ていた第27支部の加藤朝子から導きを受けて入会した。田端は夫の仕事の関係で1981年にロンドリーナからカンポに転居し、1982年から霊友会の活動を始め、1982年に法座主、1984年に準支部長、1985年に支部長となった。

　田端が非日系人の導きをするようになったのは、カンポに来てからのことである。第27支部はパラグアイにも布教しており、田端は当時パラグアイ霊友会の前山支部に所属していた[22]。田端は、前山からカンポに住む非日系人女性ニーナの「世話」を頼まれ、一緒に導きに歩くようになった。ニーナは息子が知恵足らずだったため、なぜ自分にそういう子供が生まれたのかその回答を求めて、霊友会以前に生長の家、世界救世教、薔薇十字など九つの宗教の遍歴をした人であった。ニーナがパラナ州クリチーバ市に転居した後、田端はニーナの導きのこであるテウマ（女・1986年に非日系人初の支部長になる）と一緒に導きを始めた[23]。田端は（非日系）ブラジル人の気性がわからなかっ

8章 霊友会 427

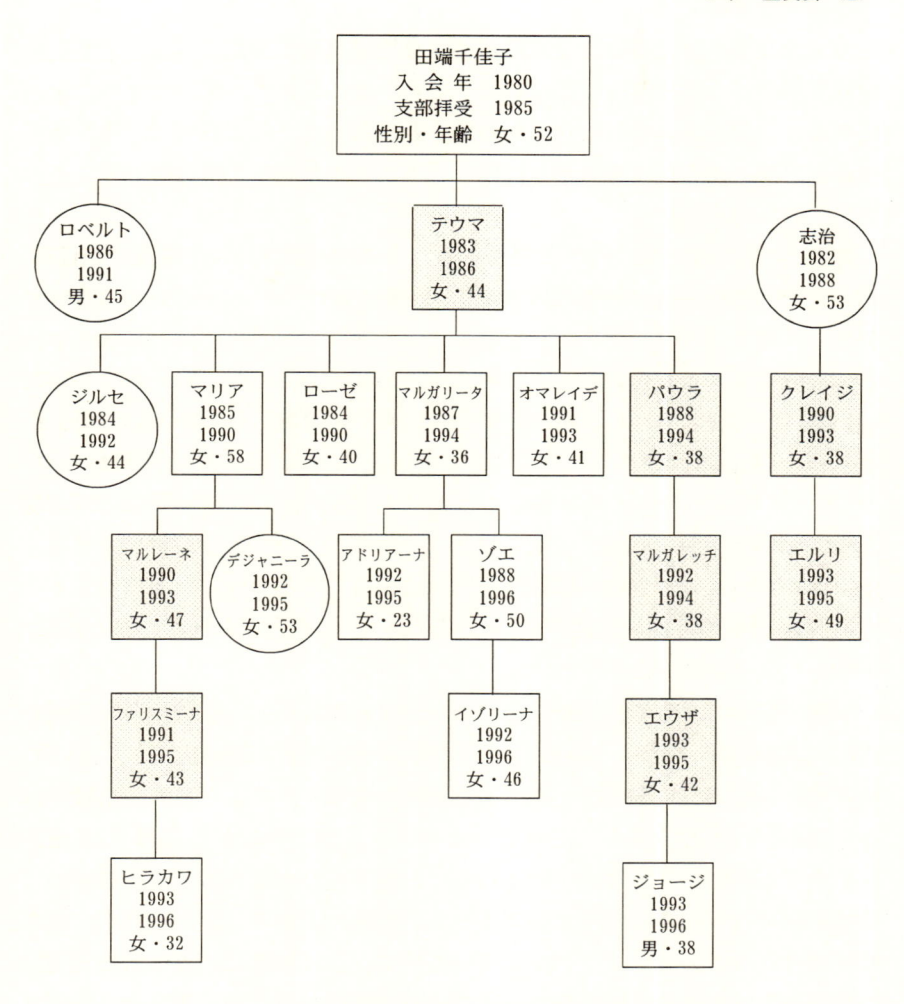

```
                    ┌─────────────────┐
                    │    田端千佳子    │
                    │ 入 会 年  1980  │
                    │ 支部拝受  1985  │
                    │ 性別・年齢 女・52 │
                    └─────────────────┘
```

図8-2　ブラジル霊友会　第27支部田端系支部長系統図

注1) 1996年8月現在。
 2) ○で囲んだ人はカンポグランデ市以外に居住。ロベルトはサンパウロ州サントス市、志治は1993年にカンポからサンパウロ州パウルー市に転居。ジルセは南マットグロッソ州リオネグロ市、デジャニーラはパラナ州ピタンガ市。
 3) ロベルトと志治は支部としては休眠状態。
 4) アミガケは聞き取り調査を行った非日系人支部長をあらわす。
出所) 1996年に実施した聞き取り調査に基づき作成。

[田端千佳子の下の系統]

第1世代:
- ロベルト（○）1986 / 1991 / 男・45
- テウマ 1983 / 1986 / 女・44
- 志治（○）1982 / 1988 / 女・53

テウマの下:
- ジルセ（○）1984 / 1992 / 女・44
- マリア 1985 / 1990 / 女・58
- ローゼ 1984 / 1990 / 女・40
- マルガリータ 1987 / 1994 / 女・36
- オマレイデ 1991 / 1993 / 女・41
- パウラ 1988 / 1994 / 女・38
- クレイジ 1990 / 1993 / 女・38

次世代:
- マリア → マルレーネ 1990 / 1993 / 女・47
- マリア → デジャニーラ（○）1992 / 1995 / 女・53
- マルガリータ → アドリアーナ 1992 / 1995 / 女・23
- マルガリータ → ゾエ 1988 / 1996 / 女・50
- パウラ → マルガレッチ 1992 / 1994 / 女・38
- クレイジ → エルリ 1993 / 1995 / 女・49

さらに下:
- マルレーネ → ファリスミーナ 1991 / 1995 / 女・43
- ゾエ → イゾリーナ 1992 / 1996 / 女・46
- マルガレッチ → エウザ 1993 / 1995 / 女・42

最下層:
- ファリスミーナ → ヒラカワ 1993 / 1996 / 女・32
- エウザ → ジョージ 1993 / 1996 / 男・38

たのに加えて、霊友会で使う言葉は特殊な用語なので言葉の問題があり、自分自身が非日系人を導くことは躊躇していたが、ニーナ、次いでテウマをあてがわれ、非日系人布教にたずさわることになった。この過程で、霊友会の教えを理解しようと本をあさり読みし、ポルトガル語のわからないところは夫や子供に尋ねた。

　導きをすればするほどトラブルが続出するので田端は悩み、それを第27支部の育成派遣が来た際に質問すると、「お経をあげているか、法名は書いているか、導きはしているか、世話はしているか」と一方的に言われた。しかし、自分はもとより会員も導きに走らせ、お経をあげさせ、戒名もできるだけ集めさせ、法名もつけ、精一杯やっていたのに好転していかないので、行き詰まっていた。こうした時期に、3～4人の支部長が同一行動をとり、1ヵ所に1週間くらいいては移動するという第27支部の派遣体制の方式が変わって、1986年から加藤が田端に最低1ヵ月間ぴったりと貼り付いて指導するようになったのである。加藤は育成派遣の目的を芯の入った人をつくることに置き、「私の目的は田端さん」と以前からその資質に目を付けていた田端に的をしぼって育成に励んだ[24]。

　田端の悩みに対して、足りないからトラブルが出る、と育成派遣支部長や前山に言われていたが、加藤からは「やればやるほど問題が出てきて当たり前。それは霊友会の教えが生きている証拠。やることによって直さなければならない因縁が浮き彫りにされる。それはありがたいこと」と言われ、田端はトラブルが続出する理由がいっぺんにわかり、心が落ち着いた。加藤の言葉で田端の目が開き、相互に信頼感をもつ相性のよいペアが生まれた。さらに好都合だったのは、ブラジル支局の方針で、同1986年に、カンポに霊友会の分局が開設されることになり、その後カンポはパラグアイ霊友会から離れてブラジル霊友会に所属することになった。その時、田端は分局員になることを支局から依頼された。パラグアイから離れ、分局という拠点、集まる場所ができたことは利点となった。

　加藤は1986年以降、10年以上にわたって年に最低1回、多い時は4回、育成派遣に来伯した。1回の派遣日数は約1ヵ月である。年間でのブラジル滞在が半年におよんだこともあった。田端も1987年に初訪日した後、1990年以

8章 霊友会 429

写真8-5 霊友会カンポグランデ分局 (1998年) [著者撮影]

写真8-6 第27支部田端系三層合同研修会で話をする派遣支部長の加藤 (1998年) [著者撮影]
(左端が加藤朝子支部長、中央は田端千佳子支部長、右端は加藤に同行した派遣支部長)

降は毎年非日系人会員をつれて訪日修行に行くようになった。第27支部の年間導き数は、第27支部長荒井栄太郎(1900-1983)が来伯した1980年に246人を数える以外、1985年まではその数が二桁に留まって伸び悩んでいたが、1986年以降急激に伸張した(413頁の表8-2参照)。1985年までは田端がパラグアイに所属していたため田端系の導き数はブラジル霊友会には記録されていないと思われるが、サンパウロ州ソロカバにある第27支部系の支部は日系人が基盤であって布教が不活発なので、1986年以降の伸びはほとんどが田端系であると推測される。それでは、非日系人に布教して、このような布教の伸びをもたらし、支部長も続々と誕生させている加藤・田端ペアは、どのように非日系人布教のノウハウを作り上げていったのだろうか。

(2) 非日系人への布教・育成ノウハウの模索と形成

　加藤は日本式をそのまま伝達指導したのではなく、これまで培った信仰を基礎に、現地との接触のなかで非日系人布教のノウハウを生み出していった。田端は加藤が育成のために自分についた時に、自ら会員に話ができることがあっても、白紙になって加藤からアドバイスをもらおうと決心した。加藤も田端に対して会員の問題の内容や事情を知っていても、彼らの言ったこと以外一言の付け足しもせず、通訳で終わってほしいと言った。加藤は、育成のために来たのだから、ノウハウは自分のやり方を見て覚えてほしいと言い、田端は話の仕方、説得の仕方を体で覚えていった。田端は加藤の通訳をするなかで、自分がわからなかったことが氷解したという。田端はポルトガル語を流暢に話すわけではないが、ゆっくりときちんと話したことが説得力をもたらした。カンポでは加藤は田端宅で泊まり、夜には加藤が御旗支部長であり会長補佐でもあった荒井から教えてもらった教えのポイントを田端に話し、その日の出来事の復習をした。遠隔地ではホテルではなく会員宅で泊まった。それによって会員の家庭の事情がわかり、現場で具体的に指導ができた。加藤の帰国後は、田端が会員の指導にあたり、学んだことを実際に応用し、疑問点や問題を次に加藤が来伯した時に訊ねるということを繰り返した。

　加藤は田端とともに、最初の３回(３年)は現場を回り導きをした。１回目は見て聞いて歩いて、彼らがどのようなところに住み、どのような悩みを

もっているのかを観察した。2回目は、彼らにはどのように言ったならば理解できるか、彼らが話す内容にどう反応するのかを観察した。3回目は、彼らの文化、彼らの感じ方を観察し、年ごとにテーマをもって検討していった。

　加藤がブラジル人気質をふまえてあみ出したノウハウは、①指示するのではなく、相手の話をよく聞いてから、あなたはどう思うか、と相手に答えを出させる。②経典読誦・導き・戒名集め・つどいへの参加・会員の世話などの実践に対して、宗教実践のもつ意味をかみ砕いて説明し、修行することのメリットを示す。③その人に応じて（対機説法）、具体的に「たとえば」と例を挙げて説明する。このように理論的で、かつ具体的な内容を含んでいる。加藤のノウハウを田端が実地におろし、田端は現場での疑問を加藤が育成に来た際にぶつけて指導を受けた。加藤自身も非日系人によくわかる説明や動機づけの方法をあみ出していった。

　非日系人は即効性を求め、個人主義でもあり、忍耐をして我慢するということはない。ブラジルの宗教文化の骨格をなすカトリックでは神父に告解すると罪が許される、エスピリティズモ（心霊主義）でも霊媒に拝んでもらうなど、自力ではなく、他人にやってもらう文化である。そこで、いかにして継続的に修行に動機づけるかが課題となる。また霊友会では導きのお・や・こ・関係を重視し、お・やはこ・の面倒をみ、こ・はお・やを立てることが推奨されるが、ブラジルには先輩後輩という概念すらない。

　加藤・田端ペアは、先祖供養とともに根性直し＝魂の開発を強調している。先祖供養から入り、次第に、「先祖供養をしながら心を変えていくのが霊友会の教え、心が変われば先祖も変わる」と、自分自身を見つめ、根性を直すことへと誘う。先祖供養はもとより、根性直しも非日系人にはわかりにくい教えである。霊友会の先祖供養をめぐる儀礼は異質性が高く、文化的違和感がある。加藤・田端のやり方は、やればわかる流ではなく、非日系人にも理解できるように説明することが特徴である。そこで次に、先祖供養をめぐる実践の意義をどのように説明しているかをみてみよう。

(3)　文化的に異質な儀礼の説明——先祖供養と仏具——

　霊友会の宗教実践には、総戒名の祀り込み、経典読誦、戒名集め、導き、

会員の世話、法名入心、つどい、ミニつどい、会費、支局での研修、などさまざまなものがあり、経典のようにポルトガル語化されているものもあれば、「法名入心」のように法名をつける資格を得るために、彼らにとってなじみのない漢字を筆で書き、千体の法名をつけるという修行さえある(注15)参照)。

霊友会の先祖供養に関する儀礼は日本とほとんど同じであるから、文化的な違和感が大きいと思われる。そこでまず、それらをどう説明し、納得させていくのかをみておこう。

先祖供養

カトリックでは、亡くなった人は天国に行っていると信じられている。このように教えられている人々に、成仏していない先祖がいて、それが子孫に悪影響をおよぼすので、先祖を供養し、成仏させなければならないということは、理解しにくい[25]。そこで、まず、「家族が生活していくなかで、苦しいことやよくなってほしいことがあるでしょう。何か悩み事があるのではないですか」と訊ねる。必ず「ある」と言う。「そのままでいいのか、よくなりたいか」と言うと、「よくなりたい」と答える。「霊友会は問題がだんだんとよくなっていく教えなのだが、やってみますか」と聞くと「やりたい」と言う。そこで、先祖供養の説明をする。これには立木の絵を使って説明する。親という字は、「立木を見る」と分解される。根があり、幹があり、枝があって、花が咲く。根に肥やしを施して肥えてきたら親木が育ち、きれいな花を咲かす。根は先祖であり、幹は親であり、花は子孫である。先祖に肥をかけていないと、立木が枯れてしまい、子孫に花が咲かない。根に肥(声)をかけるということは、お経をあげることである、というように説明する。これでだいたいはわかる。

仏具

先祖供養のためには、総戒名、過去帳、経巻、数珠、たすきが霊友会では必要不可欠で、幸せになるための投資として当然もっているべきものだということを言う。しかし、経費の問題もあって初めからすべてを揃えることは一般的には無理である。総戒名の意味、過去帳の意味などを一つひとつ説明すると、一つずつでもいいから揃えようとかいう気になってくる。「どのあたりまであなたは工面ができるか」と聞くと、必ず「何が必要か」と聞いてく

8章　霊友会　433

写真 8-7　田端宅の法座　（1998年）［著者撮影］
　　　　（掛け軸は左が弥勒、中央が仏所護念の本尊、右が釈迦。短冊は
　　　　四つあり、久保角太郎、小谷喜美、第27支部長荒井栄太郎の法
　　　　名と総戒名。その下の冊子は法名を記載した過去帳）

写真 8-8　非日系人支部長宅の法座　（1998年）［著者撮影］
　　　　（本尊の下の三つの短冊は、左から久保角太郎の法名、
　　　　小谷喜美の法名、総戒名。左は田端、右はマルレーネ）

る。聞かれたら「基本的には経巻がいる。これで一切が片づいていくと思う」と答える。貧しい人の場合は経巻で精一杯のこともある。導きのおやが総戒名立てくらいは何とかするという。

　それでは、総戒名・過去帳・経巻・数珠・たすきの説明をみてみよう。

　総戒名は夫方妻方双方の先祖を供養するために入会と同時に祀ることが基本である。「諦生院法道慈善施先祖 ○○家 徳起菩提心」と縦書きにした短冊状のもので、ブラジルでは「家」のところを家族を表すFAMILIA ○○ E ○○と横書きで記入する。総戒名の意味は「総先祖」と説明する[26]。「総戒名は単なる紙切れではなく、目には見えないが、たくさん先祖がおさまっている。先祖が家のなかにドーンといて子孫を見守ってくれるなら心強いと思いませんか。親が子供のことを何とかしたいと思うように、先祖は子孫のことを何とかしたいと思っている。その親が1人でも多い方がいいのではないですか。力のある霊友会の総戒名を家に入れるほうがいいか、入れないほうがいいか、よく考えてください」とそのメリットを説明し、入れるか入れないかを自分で決めさせる。

　過去帳は先祖の居場所として説明する。「総戒名は総先祖であるから、先祖のなかには、どのくらい多くの先祖がいるかわからない。過去帳はひとマスが先祖一人ひとりの自分の居場所、すなわち座敷で、お経を聞くにも自分の場所があれば安心してお経を聞かせてもらえる。自分だって席がなかったら大変だ。先祖を野原に置いておくよりも座敷に入れて安心して聞いてもらったほうが、きちんとした立場で子孫を守ってくれる。そういう確保した席にご先祖に入ってもらった方が、ご先祖にとってすばらしいと思わないか」と言うと、「そうだ。これもいる」と納得する。ポルトガル語では、座敷を「一番いい場所」と訳す。

　数珠は一個一個が菩薩で、全体の姿は仏をあらわす。菩薩といってもわからないので、仏陀という。ブラジルでも仏陀を知らない人はいない。数珠をもつと仏陀が分身のように守ってくれると説く。

　たすきには、南無妙法蓮華経の題目が書いてある。「霊友会は人間が毎日生活しているなかでの在家信仰だから、毎日先祖の前でお経をあげるのに、いちいち衣装を替えるわけにはいかない。けれどもおたすき一本かけたな

らば、正装と同じになる」と説明する。そして南無妙法蓮華経の文字は大事な文字だから、足蹴にしたり、尻の下に敷いたり、文字を傷つけるようなことをしてはいけない、たたむ時は、文字をなかにしてたたむという作法を守ってほしい、と述べる。

　このように、文化的に異質で、違和感があるものを言葉で説明し、納得させていく。ただし、霊友会ではカトリック教徒であることをやめよとはいわない。神は大事ということを強調し、カトリックと霊友会の両方をやりなさいと指導する[27]。

(4)　宗教実践への動機づけ
先祖供養のための経典読誦

　先祖供養のための経典は朝夕にあげることが期待されている。20〜30分程度かかる。お経はただ漠然とあげるのではなく、たとえば、お金を粗末にして申し訳ないとか、夫を粗末にして申し訳ないとか、具体的な懺悔の目的をもってあげるように指導されている。

　ポルトガル語訳経典はかなり具体的に意訳されている。そのなかにはブラジルの文化ではわかりにくいものがあるので、お経をあげているうちに内容の質問が出る。たとえば、「六斎日（ろくさいにち）には、仏の行として、いかなる場所においても生き物に対する哀れみを感じて殺生するな、肉食をするな」とある。これには必ず質問がでる。「自分たちは出家ではないから、肉を食べるとか食べないとかは問題ではない。しかし、動物を刃物で殺すのも殺生、人間が喧嘩をするのも口と心で人を殺している。毎月1週間だけでも、夫婦喧嘩や家族で喧嘩をしないようにしよう。1週間も続かないのなら、せめて月の始め1日くらいは喧嘩をせずに、おだやかに我慢をして過ごすという戒めが私たち修行者に必要だということだ」というように説明する。これだと非日系人にもよくわかる。

　信仰を理解し始めた時点で初めて、「南無妙法蓮華経」の意味を教える。「仏に帰依する」と言っても、現地の人にはわからない。そこで、南無妙法蓮華経は七文字なので、1週間、日月火水木金土に例える。「自然の法則として、日つまり太陽がなかったら人間は生きていかれない。土がなくても生きてい

写真 8-9　カンポ分局で行われた第27支部田端系三層合同研修会での経典読誦
　　　　（1998年）[著者撮影]　　　　　　　　　　　　（導師は非日系人）

写真 8-10　第27支部田端系三層合同研修会で経典読誦する資格者　（1998年）[著者撮影]

かれない。家を建てるには木もいれば金もいる。これらが全部なかったら、人間は生きていけないのだから、おかげをもって生かされているという、感謝の気持をあらわすのが、南無妙法蓮華経」と説明すれば、理解する。そこで、感謝するために、真心をもって丁寧に題目を唱えるようにと指導する。このように、仏教の解釈をそのままもってくるのはなく、簡略化し生活に即して受容しやすいように説明がなされている[28]。

戒名集め

戒名集めは非日系人でも抵抗なく行うという。しかし、ただ集めればよいという指導はせず、戒名集めの意味を説明する。父・母が亡くなっている場合は、まず、どのような原因で亡くなったかを聞く。そうするとガンで亡くなったとか、事故で亡くなったという話が出る。そこで、「そのままの姿で苦しんでいるとしたら、どう思うか」、「かわいそうだと思う」、「かわいそうな人を助けてあげたいとは思わないのか」、「思う」、「助けるために霊友会では法名という、その人に助かる名前をつけてあげられる方法がある。霊友会で法名をいただくとお経がしっかり聞けて、霊界で気持のいいところに行かれる」という話し合いをしていくうちに、戒名（ブラジルの場合は俗名）を集める気持になる。とりあえずは父母・祖父母までは集めさせる。「こうした人々が霊界で成仏し、自由に動けるようになったら子孫を応援してくれるはず。手助けしてくれる先祖が多ければ多いほど自分にメリットになるのではないのか。だからよく考えて、先祖を楽にしてあげられる法名をおくれるように、一人でも多く戒名を集めていらっしゃい」と戒名集めのメリットを納得させる。納得すれば、移民の集まりのブラジルでは、その出身国まで手づるをたどって集めるという。

導き

導きにはいろいろな意味があるが、先祖の罪滅ぼし、同時に自分自身の罪滅ぼしのために、先祖が救われる良い教えを教えてあげる、ということが基本になる。導きによって自分の姿を知るという信仰上の効果があるが、この言説はある段階にならないと使わない。なぜなら、人を導いてわが振り直せと言われるから、そのために導くと言われると、導かれた方がやりきれない。それなら自分は試験台かと怒るからである。そこで一般的には、「人間には

写真8-11　第27支部田端系三層合同研修会でのグループ別話し合い
　　　　　（1998年）［著者撮影］

写真8-12　第27支部田端系三層合同研修会で体験発表をする非日系人支部長パウラ
　　　　　（1998年）［著者撮影］

知らず知らずに犯した罪があるが、霊友会の教えはそれを気づかせていただき、まっとうな道を歩かせてもらえる教えで、いいことだから他の人に教えてあげなさい。いいことをすると仏の道にかなって、罪が許してもらえる」という簡単な説明から始める。また、「自分が悪いなあと思うことがあるか」と聞けば、一つや二つはあるという。そこで「いつまでも幸せになれないのはどうしてか」という話になっていく。ブラジルでは友人のネットワークを使って導きが行われ、導き自体は難しくないという。

会員の世話

　導きは重要な実践だが、導いた人の世話もそれに劣らず強調される。世話は導かれた側の定着にかかわる要因であり、かつ導いた側の大きな修行ととらえられていて、世話をすることが世話をする側の定着要因ともなる。

　導きに比べて、世話に動機づけることは難しい。現場現場で「世話のメリット」を教えなければならない。それを教えると彼らにも欲が出る。世話の意味は人によってさまざまに説かれるが、一般的な言い方は「自分の罪を許してもらうために導きをしたのだから、その人がお経をあげ、導きをして、一人立ちしてやっていけるようになるまで世話をすることが、自分の罪滅ぼしになる」というものである。世話をしている間には、世話をすることがいやになったり、導きのこに逆らわれたり、逃げられたりする。それは「罪を許してもらうために導いたのだから、簡単に許してもらえるわけはない。苦しみを与えたら自分も苦しまなくては許してもらえない。そのためにもうやりたくないと思ったり、もういやだ、嫌いだと言われるのは当たり前のことだから、頭を下げて下げて世話をしていく。威張ったら世話ではない。頭を下げて低姿勢で、霊友会の教えをわかってもらうこと」と言ったりする。

　基本的に世話は経典読誦・戒名集め・導きに比べて、より上位の実践である。世話は資格が上昇するにつれ、資格者のやるべき実践として、一層強調されていく。

(5) 「根性直し」への動機づけ

　加藤・田端ペアによる霊友会の布教で最も強調されているのは「根性に手をつける」こと、すなわち「魂の開発」である。霊友会には「陰の修行」という、

ある意味でブラジルの宗教文化になじみやすい、霊を降ろして霊界からの指示を仰ぐという秘儀がある(10年ほど前に本部から禁止された)。支部によってはこれを重視するところもあり、第27支部系でもパラグアイはこの方式である。このほか、生霊・病気・土地に法名をつけて、悪因縁を成仏させるという秘儀もある。加藤は田端に陰の修行の指導は行っておらず、もっぱら、ブラジルになじみにくいと思われる、自らを振り返り、自己変革させていくという根性直し＝魂の開発を最も重要視している。もともとブラジル人には反省という感覚はなく、自分は悪くない、相手が悪いという主張をしがちである。したがって、これはすこぶる困難な実践である。ここでは、どのように根性直しの方向へと非日系人を導いていくのかを考察したい。

　根性とは根の性で、先祖の根性を子孫が受け継いでいる。したがって根性に手をつけるということは、先祖からもらってきた悪い性、悪い癖を直すことである。先祖は霊界では修行できないので、子孫が先祖に成り代わって懺悔のお経をあげるが、お経をあげる人間が根性を直していないと霊界から許されない。このように、先祖供養と根性直しを関連づける。

　非日系人布教と育成に関する試行錯誤のなかから到達した結論は、説教型は通用せず、体験させて実感させることが重要であるということである。「お経は基本、導きが一番」といってまず導きをさせる。しかし、ただ導けばよいではなく、そのなかで理屈を教えながら修行させる。根性を直すということを言うと反発されるのが明らかなので、はじめから言わない。50人導いて世話をして、苦労し始めた時に、初めて根性直しの大切さがわかる。縁がある人を導くので、自分と同様な問題をかかえている人を導くことが多く、自分の悪い根性を気づかされるのである。

　「根性に手をつけなさい」と言う代わりに、ブラジルでは「自分の足りないところを見つけ出しなさい」という言い方をする。「お経をあげたり、導いたり、世話をすることによって、自分の足りないところ、駄目なところを見つけ出す仕事をしなさい。そして見つけたらお詫びをしなさい」ということが、根性に手をつけなさいということの説明になる。このように具体的に言えば、非日系人にもわかる。

　各々の段階に応じて具体的な問題に取り組ませることで、根性を直すとい

う課題へ動機づける。忍耐心がなく、即効性を求めるブラジル人気質をふまえ、課題の達成のためには放り出させずにやる気を起こさせることが、大事である。やる気を起こさせるには決して責めてはいけない。今までやってきた努力を褒め称え、ここまで頑張ったのだから絶対に大丈夫と保証し、もう一段階あがってみよう、と動機づける。それでは、「もうひと頑張り」といったら何を頑張るのか。お経、導き、世話しかない。そのうち、「あなたは導きが得意でしょう」、「お経の行はピカイチではないか」と、得意なことをやるように励ます。得意なことをやってきて準支部長くらいになると、好きなことばかりやっていたら物事が成就しないので、文句を言い出す。その段階になって初めて「ここまでやってきたのだから、今度は一番苦手なことに挑戦したらどうか」と提案する。「何が苦手か」と聞くと、たとえば「導きで人と喧嘩してしまう」と答える。「できないことを今度はやってごらん」、「そんなことできない」、「できるかできないかやってみないとわからないから、今度来るまでに田端さんと相談してやってごらん。やれるかやれないかはあなたの問題だけど、やれるよ」と加藤が断言し、その後田端が細かいことまで指導することになる。

　霊友会の資格は導き数によるため、比較的短期間で最上位の支部長まで到達できる。前掲の図8-2(427頁)でみると、早い人は入会後2年で支部長の資格を得ている。加藤・田端は経験上、準支部長までは落ちる可能性があり、支部長になって初めて本格的な修行ができる、とみている。したがって、準支部長までの根性直しへの動機づけと、支部長になってからの本格的な根性に手をつける修行とを分けて考えている。

　支部長になってから、今までにできていなかったことが全部一気に押し寄せるとされ、指導は厳しくなる。とくに加藤・田端系の場合、根性直しにかかわって夫婦の関係があぶり出される[29]。霊友会では夫には服従という。それは習慣が違うからできないと彼女たちが反論しても、支部長になるまで繰り返しその指導がある。支部長になってから、経済的問題、夫婦の問題、子供の問題など、さまざまな問題が起きてくる。自分だけではなく、支部長になれば、会員のかかえる問題も自分の問題として考えざるをえない。「行はやりなさいと言うけれど、支部長の役をやりなさいと言わない。嫌だった

らもう支部長をやめますか」と言うと、「絶対支部長はやめない」と言う[30]。駆け引きのような言い方でもあるが、自分からやると言わせることが大切であり、それによって修行の段階を乗り越えさせるのである。お経をあげ、導き、世話をし、反省していかなければ因縁解決にならず、いつまでもその原因をもっていかなければならないからである。

(6) 非日系人支部長の信仰受容

ここで加藤・田端ペアが育成してきた非日系人支部長側に目を転じよう。前掲の図8-2で示した田端系の非日系人支部長のうち、**表8-10**の8人に対して行った聞き取り調査に基づいて、彼女たちがどのように霊友会への入会に導かれ、文化的に異質な儀礼をいかに実践し、さらに根性直しをどのように受けとめているのかという点を考察したい[31]。

入会の経緯

表8-10に示したように、彼女たちは霊友会への入会時に、病気、経済、夫婦関係の問題をかかえていた。テウマは、世界救世教や生長の家も含めて、さまざまな宗教遍歴をした人だが、息子が医者も見放す病気になり、夫の前

表8-10 ブラジル霊友会 第27支部非日系人支部長の信仰経歴

No.	名前	宗教歴	入会時の問題	経典読誦	戒名集め	法名入心	一生懸命	入会後の問題
1	テウマ	カ・プ・エ・生・救	子供の病気・経済	入会即	400体	1年	導き	夫婦・盗難・経済・病気
2	マルレーネ	カ・プ・エ	病気・経済・夫婦	入会即	250体	未終了	世話	病気・夫婦・経済
3	フェリスミーナ	カ	病気・夫婦	入会即・抵抗あり	260体	100日	経・世話	子供の不良化・夫婦
4	パウラ	カ・エ	弟の交通事故	入会即	未調査	100日	世話	洪水による借金
5	マルガレッチ	カ・エ	子供の病気	入会即	150体	120日	未調査	夫婦
6	エウザ	カ・エ	夫婦・経済	未調査	500体	100日	未調査	病気
7	クレイジ	カ・プ	病気	抵抗あり	200体	3年	経	夫の病気
8	エルリ	カ・エ	子供の病気	入会即	160体	100日	世話	子供のノイローゼ

注1）宗教歴のカはカトリック、プはプロテスタント、エはエスピリティズモ、生は生長の家、救は世界救世教。
　2）「一生懸命」というのは、宗教実践のなかで最も一生懸命やった項目（ただし、二つの宗教実践が同等と言及された場合は二つ記入）。
出所）1996年に実施した非日系人支部長の聞き取り調査に基づき作成。

妻の娘も同じ病気になってしまった時に、医者で治らない病気は先祖に原因があると指摘された。生長の家でも先祖供養をしていたが、霊友会では先祖の一人ひとりに法名を送るという話にひかれて入会した。マルレーネは夫婦関係の問題や経済の問題に悩み、病気が重なり不眠症でノイローゼになっていた時に、「解決法がある。先祖の名前を集めなさい」と言われて入会した。夫婦関係の問題と病気で悩んでいたフェリスミーナは、先祖から因縁を受け継ぐという話を耳にし、自発的に先祖の名前を集めて入会を申し出た。パウラは弟が交通事故で半身不随になった時に、親戚がみな交通事故で亡くなっているのだから先祖供養をしたらどうかと誘われた。マルガレッチは子供が小児喘息で苦しんでいたところ、立木の絵を使って、木がよくなるためには根をよくしなければならない、と先祖供養に誘われ、入会した。エウザは夫の女性関係で悩んでいたところ、自営していた店に来た客から先祖供養を始めなさいと説得されて入会した。クレイジは、医者から肺ガンだと宣告された日に、立木の絵で、先祖のなかに苦しんでいる人がいると説明され、兄が1年前に交通事故で死亡していたので、その供養のために入会した。エリリは娘の足の腫瘍が治らずに悩んでいた時に、立木の絵で、先祖は根で、子孫は立木、先祖供養をすればよくなると説得され、入会した。

　導かれる側は、導き手を全く知らなかったか、知っていても顔見知り程度であって、問題解決のために先祖供養という方法を提示され、入会している。日本の場合と異なって、導き手と導かれる側との既存の関係性が薄くても入会に導くことが可能であったのは、ブラジル社会のネットワーク型の人間関係の結び方と関連していると思われるが、入会時にかかえていた問題が緊急性をおびていたことも指摘できる。

　表8-10にみるように、霊友会に入会する以前の宗教が、カトリックのみの者は8人中1人にすぎず、宗教遍歴をした人が多い。ブラジルの準国教的なカトリックは信仰の側面では問題解決能力を失い、儀礼化していると推測できる。プロテスタント福音派に属していた経験をもつ人は3人いる。前宗教でとくに目立つのは、8人のうち6人がエスピリティズモの信者だったことである。エスピリティズモのなかでもフランス系心霊主義のカルデシズモからアフロ・ブラジリアン宗教のウンバンダまで遍歴している。エスピリ

ティズモで説かれる霊界の存在、輪廻転生、カルマの信念体系になじんでいたので、問題解決のための先祖供養の提示が説得性をもったと思われる。

文化的に異質な宗教実践の受容

霊友会では総戒名を納める時には導きのおやが導きのこの自宅を訪れ、経典読誦し、その指導をする。経典読誦は基本的な行である。入会と同時に経典読誦を自発的に始める場合もあるが、面倒に思うが導きのおやがお経をあげているかと毎日電話してくるのでいやいやながら始める場合、よくなりたいのなら、やらなくてはならないと導きのおやから説得されて始める場合、がある。入会後の世話が経典読誦の動機づけに大きな役割を担う。経典の内容について、エスピリティズモの信者は抵抗を感じていない。それに心理的抵抗を感じたのは、実家がプロテスタントのセブンスデー・アドベンチストで、結婚のためにカトリックの洗礼を受けたクレイジだけである。彼女にとっては、先祖が苦しんでいるという言説は耳慣れないことで、はずみで霊友会に入会したことを悔やみ、プロテスタントではキリスト以外を拝むことが禁止されているので、先祖を拝むこと、「南無東方善徳仏」(ポルトガル語訳では、「私は東洋の仏陀に帰依します」)を声に出して読むたびに神を冒涜している思いがした。カトリックのみしか知らなかったフェリスミーナは、当初は霊界があり、そこに先祖がいるという教えに疑問をもちながらも経典読誦を行った[32]。

戒名集め(ブラジルには戒名がないので俗名)については、表8-10に示したように150〜500体までばらつきがあるものの、どの人も抵抗なく実践している。入会初期には、単に先祖の名前を集めて問題解決のためにそれに対して「法名をおくってもらう」という受動的な立場である。しかし、役職が上昇し、多くの会員をかかえるようになれば、集められたものに対して自らが霊友会式で法名をおくることが要求される。法名を書く資格を得るためには、法名入心を誓願し、千体修行を成就しなければならない。これを100日で成就したものから3年間かかったものもいるが、支部長クラスでそれが終わっていないのは1人のみである。どの人も漢字を書くことに大変な苦労をしている。これは霊友会の上位の修行項目だが、非日系人にとって困難な実践である。

先祖供養については、彼女たちがエスピリティズモの信仰をしていたこと

が大きく影響していると考えられるが、ぞんがい素直に受け容れている。彼女たちは修行をしていく過程で、自分と先祖とのつながりを感じるようになり、霊界で苦しんでいる先祖を供養することによって、悪因縁を解消することができ、自分がその道をとおらなくてすむととらえている。

根性直しの受容

彼女たちは、入会後、支部長になるまでに早い人では2年、遅い人でも6年かかっているにすぎない。すでに述べたように、加藤・田端は、非日系人は支部長になれば落ちないので、支部長になってからが修行、とみている。資格の上昇は彼女たちにとって励みであるが、導きとともに、つどいの中心者としての役割、そして自分に連なる支部長・準支部長・法座主や一般会員の世話が要求される。加藤・田端から繰り返し予言されるように、支部長になると自分の根性を直さなければならないさまざまな出来事に遭遇する。因縁解決の教えの霊友会では、隠れていたものがあぶり出されるからである。

表8-10に明らかなように、入会時の問題はそれなりに解決しても、その後さまざまな問題が発生している。それでは、カルマを自覚し、根性直しにどのように導かれているか。カルマの概念を漠然と理解していても、彼女たちが自分の背負うカルマを具体的に自覚し、根性直しへと導かれるのは、どのようなメカニズムによるのだろうか。非日系人支部長の言説からそれをみておこう。これには加藤、そして現場を担う田端の指導がとくに大きく働いていることはいうまでもない。

カルマの認識に至るのは、第一に、戒名集めの効果によってである。戒名集めの過程で、先祖の死因や人物像を知ることによって、たとえば事故死の因縁とか、先祖も自分と同じ問題をかかえていたことを認識する。第二に、導きの効果によってである。導きは自分の縁に連なる人なので、同じような問題をもっている人にあたりやすい。離婚したいと思っていた人が導きに歩くと夫婦別居中であったり、離婚したが元の鞘におさまりたいという人にあたる。夫婦関係の問題、病気、経済問題、愛人関係の問題、アルコール依存ほか、自分自身がかかえている問題をもつ人を導くことになる。まさに「導きで出会う人は自分のコピー」なのである。この過程には「会員はあなたの姿だ」という指導と、その人々をみて自分の姿がわかる気づきがある。第三

に、つどいで会員の体験談を聞くことによってである。そこで類似の問題をどのように受けとめ、解決していったかが示される。第四に、会員の世話の体験によってである。役職が上位になるにつれ、世話は重要な修行として要求される。会員が思いどおりにならない、会員が反発してくる、といった会員の姿をとおして、自分のカルマや自分の欠点を認識するようになり、また田端からも指導される。第五に、入会後の問題発生が挙げられる。

　カルマの自覚とともに、役職者になってから要求される会員の世話に伴う人間関係の問題、および新たな問題の発生によって、取り組んで行かなければならない課題が発生する。根性を直すためには、自らの気づきとともに加藤や現場の田端の指導が重要である。最初は自分には変わらなければならないところなど何もない、自分は間違っていない、相手が悪いと主張する。変わるなら相手が変わればよいのだ、と思う。相手に要求するばかりである。そこから根性直しに至る例を挙げてみよう。

　テウマは導きのこである支部長との関係がうまくいかなかった。「会員はあなたの姿だ」と言われても、気持の良いことは受けとめられても気持の悪いことは受けとめられなかった。しかし、経済上の問題や病気が発生し、自分の根性を認識せざるをえなくなった。

　マルレーネは支部長になってから夫婦関係の問題、経済的問題、病気といった出来事が再度浮き彫りにされた。彼女は「自分の根性を直すために問題が出てきたと思う。以前は自分のどこが間違っているのか、と思って、何か起きると人のせいにしていた。けれども、自分に原因があることがわかった。問題が起きても、自分の悪いところがわかった時に問題が好転するという現象が起きる。今は必要な時に謝ることができるし、悪かったと思える自分になれた。それからいろいろなことが変わるようになった」と言う。

　フェリスミーナは、子供が銃を購入して身につけていたり、無断外泊するようになり、また父親に口答えするようになった。その姿をみて、「自分が夫のイメージを作り上げて子供に悪く言っていたためだということがわかった。」そのことがわかった時に子供の問題が解決した。修行をしているはずなのに、なぜ問題が起きるのかと問い直していたが、霊友会の修行をすると隠されていたことが全部出されてくるということがわかって疑惑がなくなった

という。彼女は「根性というと難しく思えるが、話し方や仕草に気をつけて変えていくことによって、根性まで手がつかなくても何かが変わっていくことは確かだ」と述べている。

パウラは「霊友会の修行をしているうちに、自分が先頭になって家族のなかで喧嘩を売ってきたことがわかった。以前はきれいな洋服を着て遊んで暮らせればいいという人間だった。お金に困るようになり、会員の世話をしていくうちに、自分がしてきたことが見えてきた。霊友会に入ってよかったことは夫に対して命令しなくなったこと」と語る。

マルガレッチは「会員が高慢で自分を踏みつけにするが、それは自分が夫に対してやっていることだということがわかった」と言う。

エウザは「以前は腹を立てたら夫の顔も見たくなかったが、霊友会に入って腹を立てなくなったことは大きい。導きのおやのパウラに、夫に頭を下げなさいと言われた。」

クレイジは、「以前は病気がちで、いつも文句ばかり言っていた。人のせいにしていた。自分が先に変わらなければならないと言われたけれど、自分の何を変えなければいけないのか、自分ほどすばらしい人間はいないと思っていた。今は人のあらさがしをせずに自分を見つめることができる」と語った。そこに居合わせた夫は、「妻は水からワインに変わった。責任感のある人間になった」とコメントした。

エルリは離婚経験者だが、「最初は自分には何も変えなければならないところはないと思っていた。自分はよい妻、よい親、よい友人だと思っていた、しかし、人からそう見てもらいたい自分を作り上げていただけだった。以前夫との間は冷たい戦争だった。離婚も自分に原因があるとわかった」というように語っている。

これらの事例に表れているように、夫婦の問題をかかえる人が多い。夫婦のあり方が人間の生活の基本ととらえる加藤・田端の方針ともいえようが、夫への対し方とかかわらせて、根性直しをとらえている事例が多くみられる。

非日系人にとっての霊友会の魅力

これらの非日系人支部長は霊友会の魅力として、「他宗教では人に頼んでやってもらうが、霊友会では自分でやれる。個人の修行で人に頼らなくてよ

い」、「他宗教でもカルマはいうが、霊友会ではどのようにしたらカルマを切ることができるかについて説いている」、「自分の幸不幸がどこからきたかがわかる。苦しみの原因を自分に問いかけられる。自分を見つめ、知ることができる」という点を挙げる。すなわち、霊媒に拝んでもらって事態の好転を図るという受け身の姿勢から、自分自身がカルマを切るために実践するという、ブラジルの宗教文化とは異質なものが魅力となっていることがわかる。これは支部長クラスになった非日系人の事例ではあるが、ここ至るまでには、加藤と田端の役割、ことに現地で各々の支部長間の人間関係のもつれを解決しつつ、個別に指導している田端の存在は大きなものがある。

(7) 非日系人布教を成功させた要因

　加藤・田端ペアが非日系人布教に成功した要因を列挙すれば、第一に、加藤・田端ともに論理的に人を説得していくタイプであって、両者の相性がよかった。第二に、加藤・田端ペアは常に現場での接触のなかでブラジル人気質を理解して、ノウハウを形成し、さらにより適合的になるように工夫を重ねていった。第三に、お経をあげればわかる、導けばわかる、霊界を信じればいい、といった具合にやみくもに実践させるのではなく、論理的な説明をもって納得させ、非日系人を実践に動機づけた[33]。第四に、会員の定着に不可欠な世話という実践を、導きとともに重要な宗教実践とした。第五に、分局の存在がある。つまり、分局員という田端の立場は、いつでも行けば指導が受けられる体制を保証した。

　第27支部が非日系人を会員として定着させるまでは、非日系人は入会してもせいぜい法座主までで、概してすぐやめるといわれていた。すぐやめるのは因縁を解決しなければならない事態が起きた時、解決させる方法を知らないからである。事柄をかみ砕いて説明しない限り、彼らにはなぜそうしたことをしなければならないかわからない。第27支部では1986年に初めての非日系人支部長が誕生し、1990年以降、続々と非日系人の支部長が出現した。また、非日系人が大変な努力をして法名の千体修行を成就し、法名を書くことができるようになったということは、日系人の非日系人を見る目を変えた。これも第27支部の先駆けの功である。こうしたことが可能だったのも、なぜ

法名の修行をしなくてはいけないのか、それにどういうメリットがあるのかを説明し、彼らを動機づけたためである。第27支部では多くの非日系人支部長が誕生したが、依然として田端への依存度が高い。田端がいなくても自立できる支部長を育成するという、次の課題に立ち向かう段階に入っているといえよう。

おわりに

　ブラジルでは、1969年から親族訪問の機会に個人的な霊友会の導きが始まり（Ⅰ期）、1975年のブラジル霊友会発足前後から本部の強力なブラジル布教へのテコ入れのなかで、御旗・系統支部が競って開拓布教をした（Ⅱ期）。この時期に拡大した支部は日系地域社会を基盤とし、後発ながらも日系人に布教を拡大していった。Ⅳ期の1990年代に起きたデカセギ現象は、霊友会の運営組織の中枢にも影響を与え、日系人を基盤としていた支部に大きな打撃を与えた。しかしながら、霊友会ではⅢ期、1986年に建設された霊友会館という拠点施設を資源として、タテ系統の支部を超えたヨコ組織での資格者研修会の際に、非日系人布教に成果をおさめていた支部の事例をみせることによって、非日系人布教への方向転換が図られた。タテの原理にヨコの原理を加味したことはブラジル独自の取り組みである。こうして、デカセギというマイナス要因を契機として、いずれは着手しなければならなかった非日系人布教へと急速に展開していったのである。

　霊友会は参詣型の宗教ではなく、導きを重要な宗教実践とする万人布教者型宗教である。導き人数によって、布教者の資格昇進が決まり、また支部の力が図られる。これは現実的な対応を生む基盤である。また、霊友会は日系人でも戦前移民を基盤としていたので、言語の壁を超え、かなりの程度ポルトガル語転換ができていたことも、現実的な対応を可能にした要因であろう。

　非日系人布教の先駆けの第27支部では、日本からの派遣支部長の加藤と現地支部長の田端が現場との接触のなかで、非日系人の育成ノウハウを形成した。先祖供養にかかわる儀礼については、文化的に違和感のあるものをかみ

砕いて、仏教の解釈をそのままもってくるのでなく、簡略化し生活に即して説明した。経典読誦、戒名集め、導き、会員の世話、などの修行項目は、実践のメリットを説き、指示するのではなく自分で決めさせて、それに動機づけた。また、各々が自らのカルマ＝因縁を悟り、具体的な問題に取り組ませることによって、「根性直し」に導いている。

霊友会ではあくまでも御旗・系統支部のタテの原理が貫徹しているので、第27支部の加藤・田端ペアが開発したノウハウを中央集権的に各支部におろすことができない。また支部はそれぞれの因縁が異なるので、それをよしともしない。しかし、支部間の競争は、独自の布教方法の工夫を刺激し、新たな地域拠点の開発をめざして非日系人布教へ積極的に取り組むように機能している。

経典読誦・戒名集め・法名おくりなど霊友会の先祖供養をめぐる儀礼は、ブラジル文化のなかでは異質性が高い。第27支部ではこれに対して独自の説明をして納得させているが、これらの異質性の稀釈は今後の課題である。ブラジル霊友会では、ポルトガル語のお経が霊界に通じるのだから、総戒名・法名のポルトガル語化も可能なのではないかと考えて試案を用意している。これは儀礼にかかわるので、本部の決定を待たなければならないが、霊界に通じればよいという現実的な考えは、非日系人が増加している現状に即応して、異質性の稀釈を図ることを可能にすることだろう。

注
1) 霊友会は1996年に、久保角太郎の嫡男で長らく会長職を務めていた久保継成側と本部側に分裂した。本部側によると久保派は会員約50万人とのことである。久保派の会員数は175万人のなかに含まれていない。
2) ブラジルには、第4支部（支部所在地東京都・会員数77,500人）、第8支部（大阪府・689,000人、霊友会最大の支部）、第10支部（東京都、141,200人、第23支部から1997年に分立）、第23支部（長野県、39,100人）、第26支部（東京都、259,600人）、第27支部（岐阜県、28,100人）、蓮原支部（埼玉県、5,500人）などが布教している。会員数は1999年11月現在の数値である。支部によっては久保派の分裂で会員数の減少をきたしたが、ブラジルではこの分裂による影響はない。
3) 1998年現在で、日本の本部から運営・活動費として年間7,000万円の援助があ

る。現地の会費収入は2,200万円であるから、収入総額の76％が本部からの支援である。このほか、ブラジル支局職員（日本派遣2人、現地採用5人）の給与は本部が支払う。会費の額は、1998年現在で25センターボ（4分の1レアル、邦貨30円）で市内バス運賃の4分の1程度である。1999年にはドルと現地通貨レアルの換金率が変化したので15円となる。その場合円建ての日本からの支援金額が占める割合はさらに上昇する。

4) 育成派遣・訪日修行の制度は霊友会で海外布教が始まって以来のもので、ブラジル霊友会の設立時にはすでにこの規定があった。育成派遣と訪日修行の枠は、9月から翌年3月までの6ヵ月間の会費納入者の月平均人数によって決められる。会費納入者が70〜500人の場合は育成1人・訪日1人、501〜2,000人は育成2人・訪日2人、2,001〜3,500人は育成3人・訪日3人、3,501〜5,000人は育成4人・訪日4人、5001人以上は育成5人、訪日5人である。育成・訪日の人数は親支部の考えで振り替えが可能である。また、特別枠として、会費納入実数1万人以上の支部の場合は、6ヵ月間の平均が昨年の同時期より1％以上伸張している場合は2人、3％以上3人、5％以上4人の追加がある。

5) 鈴木トクが戦前移民を導いたことから二世にとってのポルトガル語の重要性は認識していた思われるが、I期の布教基盤であったパラナ州アサイ（1932年にブラジル拓殖組合がトレス・バーラス植民地として創設した日本移民の開拓した村である。名称の由来は、日本語の「あさひ」をポルトガル語読みするとアサイとなる）は、著者がみたところでは、非常に日本的な日系人の集住地であって、1970年代では青経巻にふってあるひらがな程度は読める人が多かったと推測される。

　1977年に分局設置基準（1,000人の会員集住）に、はるかに達しない会員40人で、非日系人布教の拠点としてリオデジャネイロ分局が設置されていることから、ポルトガル語訳経典は非日系人布教を念頭に置いたものと思われる。経典は日本語、ローマ字、ポルトガル語訳が併存していたが、1980年代までは日系人がほとんどだったので、日本語もしくはローマ字の経典が主に使用されていた。ポルトガル語青経巻は訳に問題があり、1988年に改訂版がつくられた。1990年代に入って非日系人の増加に伴い、ポルトガル語訳経典を使用することが一般的になってきた。

6) 仏具のなかでは、総戒名立て（1998年現在2レアル＝2ドル）、青経巻（日本語3.7レアル、ポルトガル語2レアル）、過去帳（4.5レアル）は、入会時に揃えることが奨励され、数珠（15レアル）、たすき（5レアル）は信仰の心構えができたら購入することが奨められる。

7) これらの拠点における布教の展開については、小笠原 1985：99-136参照。リ

オデジャネイロ分局は非日系人布教の拠点としての役割を果たせず、1994年に閉鎖された。
8) 統計資料は支局長補佐の益田進氏が、著者の求めに応じて作成してくださった詳細な資料をもとにしている。日系・非日系に分けた統計は存在しなかったので、名前から日系・非日系を識別してある。
9) 霊友会では勧誘活動である「導き」は非常に重要な宗教実践であり、昇格と結びついている。会費は安いため、立て替えもある程度あると思われる。
10) 著者が1991年にデカセギ調査のためにパラナ州アサイを訪問した時、偶然日本人会の会合で小田島に会った。当時はまだ日本が好況期だったので、彼はアサイやロンドリーナの日系人のリクルート活動のために一時帰国していたのである。会員を引き抜いて日本に連れて行ったこともあった。小田島は娘が日本で結婚して地盤が確立したので日本に永住することになり、ブラジルには戻らない。小田島支部はもう実態がない。
11) 1992年に支局は、支部長研修会の席上で「デカセギ実態アンケート」を実施した。内容は、デカセギに行っている資格者の有無と人数、いる場合はその資格者が面倒をみていた会員を誰が面倒をみているのか、会員のデカセギの実態はどうなのか、というものである。デカセギ＝経済的困窮というイメージから他人に言わずにデカセギに行く者が多かったため、支部長は把握しきれていなかったが、明らかになったのは資格者と青年部員の相当数（500〜600人）がデカセギに流出していることだった。そこで、日本の本部に依頼してデカセギで来日した会員のケアを頼み、本部国際局のなかに南米会員交流課が設けられた。スタッフには日ポ両語ができる青年部員を送った。活動内容は名古屋など日系人が集住する地域で「つどい」の開催、機関紙の発行、情報提供であった。南米課は1996年に閉じた。
12) 青年部活動には初期から非日系人が参加していた。1981年に非日系人が青年部長になったのは、支局の方針での抜擢である。
13) 章末のブラジル霊友会年表には1981年の本部新年大会で佛乃世界推進証を第26支部と第23支部の非日系人に授与、1983年に同証を第8支部と蓮原支部の非日系人に授与とある。

　　1984年に霊友会の調査を実施した小笠原によると、ゴイオエレ分局（第8支部が基盤）では会員4,192人の50〜60％が非日系人で占められているという。これはゴイオエレの町の日系人有力者が会員で、その導きである。また、リオデジャネイロ分局には第4支部系統の300人の非日系人会員がいるとされている［小笠原1985：122-135］。しかしながら、これらの非日系人のうち少数が法座主になった

が、その後の昇格は果たせずに終わり、大多数は資格を授与されるまで育成できず、落伍した。

14) 法座主は50人以上の導き、準支部長は200人以上の導きで法座主1人以上、支部長は500人以上の導きで準支部長1人、法座主2人以上という基準がある。導き数は、自分が直接に導いたものに導きのこが導いた人数も合算される。

新法座グループ代表は、1990年に新規に設置された資格で、法座主のなかから選ばれる。法座主が死去すると会員がわからなくなるので、各法座の会員を把握するためにつくられた。導き70人以上で、下に準法座主クラスの副代表と3人以上の会費納入会員をもつ推進者がいることが条件である。日本の本部の意向で新設されたが、1997年に本部の意向で廃止された。

15) 三層合同修行は1泊2日で年に2回、1日目は資格別研修会、2日目は新資格誓願者の面接と支部単位での研修が行われる。ここで、1996年7月に著者が観察した三層合同修行の実際を紹介する。参加者数は294人だった。

初日は経典読誦による供養（ポルトガル語）、ブラジル霊友会会長（二世）による主旨説明（ポ語）、来伯中の派遣支部長の紹介（日本語、ポ語通訳）があった後、所属支部を超えた資格別研修会が行われた。午前中は、前回の三層合同修行で行ったアンケートの結果から出てきた問題点、①会費が集まらない、②つどいに人が集まらない、③資格者が育成できない、という三つのテーマをとりあげた。全体会式がよいか、グループ方式がよいか挙手させ、その結果グループ方式をとり、日系・非日系入り交じり、資格別に複数のグループをつくった。グループで体験を話し合い、その後グループ別発表会、全体会とつないだ。

ここで注目されたのは、一方的に指導するのではなく、参加者に体験を話させ、自分はこうしている、こういう疑問にはどう答えているか、など他者の体験から学ぶ機会としていることである。そして、「下の人に責任をもたせることが会費をスムーズに集める秘訣」、「会費は大切な会員とのつながりなので、支部長だからといって下の人に任せるだけでなく、自ら足を使って会員宅を訪ねなければならない」、「会館での月1回のつどいのほかに地道にミニつどいをして会員と接触するのが大切だ」、「形だけ資格者にしても落ちてしまうので、育成をしなければいけない」、「リーダーのつどいが必要ではないか」、など彼らから解決に向けての提案を出させる。またそこでは、「霊友会の青経巻では神が出てこないが、神と先祖との関係をどのように説明しているのか」といった質問に、自分はこう説明しているという体験も語られていた。著者が参加したグループは支部長だったので、準支部長や法座主とはレベルの差はあると思われるが、発言は活発で、体験を話し合うなかで、参加者自身が解決法をみいだすやり方がとられていた。6

年間の試みの結果かもしれないが、日系・非日系の別なくとけこんでいるように見受けられた。

　支部を超えた研修は日本ではないので、ブラジル独自である。しかし、ブラジル支局はあくまでも事務機構であって、支局には南米総局長、ブラジル支局長という役職者がいるが、支部を指導するのが彼らの役割ではない。各々の支部は因縁が違うので、指導してはいけない。指導をするのは御旗・系統支部という原則が貫かれている。たとえば第27支部が開発した非日系人布教のノウハウを研修させるのではなく、刺激を与え、御旗・系統支部に独自にその方法を模索させる。指導ラインはあくまでも日本の親支部であり、そこからの育成派遣である。

　三層合同修行は1996年までで、1997年からは支部長・準支部長研修会、法座主・準法座主研修会として分けて開かれるようになった。これは資格者数が増加し、支局の収容人数を超えたための分割である。また、準法座主の研修は、霊友会の会員で出入りが激しいのは準法座主以下であることから始まった。

　このほか支部系統を超えた研修会として、1997年から法名入心者研修会を行うようになった。これもブラジル独自である。先祖の法名をつけることのできる資格、すなわち法名入心には法座主以上が誓願することができる。戒名集めをしたものに、男性には「○生院法○○徳信士」、女性には「○生院妙○○徳信女」と霊友会方式の法名をつける。ブラジルの場合は、右にローマ字で読み方を附し、左に字の意味をポルトガル語で記入する。しかしながら、○にあたるところには漢字を入れなければならない。法名入心を誓願した後、半紙に墨で1日10体の法名を書き、100日目に終わるのが原則で、これを千体修行という。字の組み合わせに規則があり、彼らには漢字が絵にしか見えないが、漢字の意味（ポルトガル語で書いてある）をもとにつける。千体修行を終了した後初めて法名を書く資格ができる。これは非日系人にとっては困難をきわめ、支局が実施したアンケート調査で法名入心誓願者のうち半数しか千体修行を成就していないことがわかったため、研修会が行われるようになった。法名入心請願者の累計は1998年現在で日系人512人、非日系人570人と非日系人が過半数を占めている。

16) 活動方針採択4ヵ月後に、創立20周年記念大会が非日系人布教の中心地カンポで開かれ、1,000人が結集した。他地域から参加した日系人会員は多数の非日系人会員を目のあたりにし、それが非日系人布教への大きな刺激になった。

17) 1995年以降、世代交代もあって、つどいはほとんどポルトガル語で行われている。日本語でつどいを行っているのは第4支部だけである（413頁の表8-2にみるように第4支部は導きが不活発で、会員は固定化し、高齢化している）。第8支部では例外として日本語だけのつどいを別立てにしている。つどいにはさまざ

まな年齢層の会員が参加するので、ポルトガル語を用いるのが趨勢である。また、前述の創立25周年に向けて今後5年間の活動方針にも、会合がポルトガル語で行われる、という内容が入っている。

18) 第26支部は南米総局長の田中正博(1950年生)の所属支部である。田中は積極的に非日系人布教に取り組んでいる。滞伯期間が長く(1976-1981年滞伯、一時帰国後1985年から滞伯)、ブラジル人気質の理解もあり、そうした常駐の人材がいることが第26支部の急速な非日系人布教に有利に働いていると思われる。第26支部はブラジル支局内に同支部専属の職員を配置している。

19) 第8支部は支局長補佐益田進(二代支局長の息子、1949生、1984年から滞伯)の所属支部である。第8支部は近年非日系人布教に本腰をいれ、1996年からサンパウロ市に独自に事務所を開設して日ポ両語ができる職員を配置、ゴイオエレ分局に第8支部の専属職員を配置し、1998年にバイア州サルバドール市に事務所を開設した。

20) 益田進は会員の階層について、ブラジルのマスコミで一般的にいわれている上層(5％)、中層(25％)、下層(25％)、貧困層(25％)、極貧層(20％)という階層分けに従っていうなら、日系人は中層、非日系人は中層と下層と思われると述べている。また、資格者は電話をもっている人がほとんどだった(ブラジルでは電話があることは中流の一つの指標である)ので、非日系人の資格者には中層が多いのではないかと推測している。

21) 1991年7月に著者がブラジル支局を訪問した時、夜行バスでカンポからサンパウロに到着した加藤と田端に偶然出会い、非日系人布教について話を聞いた。1992年3月に日本で加藤のライフヒストリーの調査を行った。1996年8月にカンポを訪問し、田端と非日系人支部長から聞き取り調査を実施した。さらに1997年3月に日本で加藤を訪ねて調査を行った。1998年3月には再度カンポを訪問し、第27支部の研修会を参与観察し、来伯中の加藤ほか2人の第27支部育成派遣支部長の聞き取り調査を行った。

22) 第27支部は先端支部長の生き別れた父の縁でサンパウロ州ソロカバに布教し、さらに第27支部が応援した政治家の前山茂のきょうだいがパラナ州ロンドリーナ市とパラグアイにいるので、その縁をたどって布教した。パラグアイの前山栄子は、1980年に田端と同時期に入会し、1983年に田端の導き100人分を合わせて支部長になったので、支部長として指導できるというレベルではなかった。前山には行者的霊能があるという。前山の住むパラグアイのポンタポランは、ブラジルとパラグアイの国境にあり、カンポからは400キロの距離にある。

23) テウマもカトリック、プロテスタント、エスピリティズモ、生長の家、世界救

世教など宗教遍歴をした人である。テウマとの関係は田端の悩みの種になった。テウマについては、渡辺1998：15-21参照。
24) 加藤は1980年に2回訪伯したが、2回目の時、派遣支部長間にトラブルがあって引きこもる期間が3年続いた。加藤はこれを千日修行という。気持がおさまった後、自らの使命を果たすのは海外しかないと思い定めたが、当時、第27支部のブラジルの会員数は少なかった。そこで、日系人には限りがあるので、非日系人布教を志し、現地に核になる人をつくらなければならないと考えた。田端に目をつけたのは、1980年に導いた際、「なぜお経をあげなくてはならないのか」「なぜ導きをやるのか」といった質問をされ、その時に田端一人を育てればいいと思ったという。「なぜ」という問いは、理詰めで布教をしていく加藤の性向と合致したように思われる。

　また加藤は第27支部長荒井栄太郎に見込まれて、個別指導を受けた人であるが、彼女のブラジルでの布教の仕方は、それを基礎にしつつ、現地で工夫した加藤方式である。
25) エスピリティズモでは、カルマの概念、輪廻転生、前世をいうので、それをかじった人にはわかりやすい。実際、慣習化したカトリックだけではなく、前述したニーナ、テウマの例のようにエスピリティズモの信者が霊友会に入会することは多い。しかし、最初は受け入れやすいが、他力信仰を自力信仰に変え、前宗教のくせから抜け出るのは難しい。元エスピリティズモの霊媒で霊友会に入会し、支部長にまでなったマルレーネの事例については、渡辺　1998：21-28参照。
26) 総戒名＝総先祖の説明は加藤独特であるが、第27支部長荒井からの教授がもとになっている。
27) 1998年3月にカンポで行われた第27支部の研修会（約90人参加）で、著者は参加者と質疑応答の機会をもった。霊友会については、宗教だと思う人、宗教ではなくプラクティカ（実践・修行の意味）だと思う人、「人生の哲学」だと思う人の三つに分かれた。宗教には神が存在する、哲学は本を読んで勉強する、したがって霊友会はプラクティカだという考えが過半を占めた。なお「人生の哲学」とは、状況への対処の方向づけを与えるもので、生き方の具体的な指針であって、ポジティブ・シンキングに近い内容をもっている。
28) こうした説明の仕方は加藤独特のものだが、第27支部長の荒井から学んだ、仏法をふまえた文字の解説が基礎になっている。経典に書かれていることを「たとえば」とかみ砕けばわかりやすいことも荒井から学んだ。それを加藤は、自分には歩いて人に伝える宿命があったので伝授されたととらえている。
29) ブラジルでは夫を立てる習慣はない。反面、財布は夫がにぎり、妻に家計を任

せない。妻はお金があればあるだけ使う、なければまたもらえばよいという感覚である。また男女関係の問題が多い。
30) 資格の上昇は非日系人にとって魅力である。人間は誰でも優越感をもちたいし、人の上に立ちたいのは当たり前のことだと加藤はいう。
31) 調査を行った非日系人支部長の属性、霊友会での資格、入会の経緯、入会後の実践、入会後の問題、教えの理解と魅力、根性直し、について詳しくは、個別事例を取り扱っている渡辺1998：13-60を参照。
32) 表8-10（442頁）にみるように、最も一生懸命やった行として経典読誦を挙げているのは、経典の内容に抵抗を感じたクレイジと霊界や先祖の存在に疑問を感じたフェリスミーナである。したがって、心理的抵抗を乗り越えることができた場合に、それが本人にとって重要な実践項目となることがわかる。
33) 島薗は、ブラジルで布教に成功した教団として生長の家と世界救世教を挙げ、そこには体系的な教えと論理的言説があるが、霊友会では教えの論理的な解説や学習が好まれない傾向があり、教義をわかりやすく伝えられない点では異文化進出に向いていない、と述べている［島薗1992：207］。第27支部の加藤の指導を受けた田端系支部では、机上の空論ではない実践と結びついた筋道だった説明がみられる。ただし、これは霊友会全体にいえることではない。

ブラジル霊友会年表

	出来事	拠点	育成
1969	第23支部鈴木トク、パラナ州で布教開始		
1974	ブラジル派遣団4名が布教調査活動 第4支部布教開始		
1975	ブラジル霊友会発足（法人認可）・ブラジル支局開設。支局長に本部派遣の第4支部相田安雄、ブラジル霊友会会長に小田島秀雄（第23支部・二世）就任 久保継成会長・相撲の二子山勝治・石原慎太郎ら来伯。第1回インナートリップ文化講演会開催（1,600人参加） ポ語青経巻作成開始（1976年完成）	ブラジル支局（サンパウロ市）	
1976	海外初の霊友会大会（サンパウロ、アサイ、リオ） 第2回インナートリップ文化講演会。久保会長・石原慎太郎・三遊亭圓生師匠（2,000人参加）。 田中正博支局課長として来伯 支局長に益田英祐（2年間）赴任 機関紙『ブラジル霊友会新聞（*Jornal Reiyukai do Brasil*）』（隔月）創刊（日ポ両語） 第8支部、第12支部布教開始 ポ語青経巻・過去帳のポ語訳完成		
1977	サンパウロ新聞に年頭1頁の広告 霊友会大会（サンパウロ）久保ほか、細川護熙衆議院議員・天津羽衣（浪曲師） 第3回インナートリップ文化講演会（ゴイオエレ・ウムアラマ、ロンドリーナ）久保会長・天津羽衣ほか 第25・26・27支部布教開始 第4・8・23支部大会・講演会	リオデジャネイロ分局（リオデジャネイロ州） ロンドリーナ分局（パラナ州）	
1978	霊友会大会（サンパウロ）久保会長・細川・安西愛子衆議院議員ほか（1,300人参加）。ポ語中心で行う 第4回インナートリップ文化講演会（久保会長・細川・安西衆議院議員）（サンパウロ1,300人参加）・ゴイオエレ（300人）、ウムアラマ（50人）、マリンガ（250人）、ロンドリーナ（350人） 青年部発足	ゴイオエレ分局（パラナ州） ウムアラマ分局（パラナ州）	青年部、パラナ州マウアで初のミニ弥勒山修行（1泊2日）

	出来事	拠点	育成
1978	田中正博ブラジル支部長となる 蓮原支部布教開始		
1979	ロンドリーナで第23支部決起大会 サンパウロで初の第4支部決起大会 ゴイオエレで初の第8支部パラナ州決起大会		ロンドリーナで第4回ミニ弥勒山修行 サントスで初の第4支部ミニ弥勒山修行 青年部第2回リーダー研修会
1980	第27支部支部長荒井栄太郎がブラジル・パラグアイ訪問。ソロカバで第27支部決起大会		
1981	田中正博帰国（4年半、東京支部長に） 本部新年大会で佛乃世界推進証を第26支部と第23支部の非日系人に授与 青年部長来伯 法名入心場所について発表 法名の書き方について発表		
1982	唱え方について発表		
1983	鈴木トク死（70歳） 本部新年大会で佛乃世界推進証を第8支部・蓮原支部の非日系人に授与 青年部長来伯 『天の音楽』サンパウロ新聞社から発刊		青年部リーダー研修会
1984	第8支部益田進来伯。その後永住	プレジデンテ・プルデンテ分局（サンパウロ州）	青年部弥勒山修行
1985	創立10周年大会・講演会（サンパウロ、各分局） 釈迦殿竣成10周年大会（第4・8・23・蓮原支部） 田中正博、南米総局長に就任 青年の主張国際大会にブラジル代表参加		
1986	霊友会館竣成（土地1,000坪、建坪400坪）海外初の霊友会館 青年部ポ語機関紙　IPURA発行 機関紙をポルトガル語主体に変更	カンポグランデ分局（南マットグロッソ州）	
1987	青年部フェスティバル開催 社会福祉慈善バザー開始（以後毎年）		
1988	改訂版ポ語青経巻発行 青年部創立10周年大会		
1989	フェスタ・ジュニーナ盆踊り開催 年末餅つき大会（以後毎年）		久保を迎えて、地区懇談会・青年部懇談会・幹部研修会開催

	出　来　事	拠　点	育　成
1989	開教70周年大会（各地） 久保継成会長来伯		地区懇談会開催地は、サンパウロ州8ヵ所、パラナ州5ヵ所、南マットグロッソ州2ヵ所
1990	新法座制度開始 二子山勝治日本相撲協会理事講演会 青年の主張全国大会（以後毎年） 小田島霊友会会長のデカセギが判明	トレス・ラゴアス集会所（南マットグロッソ州） マリンガ集会所（パラナ州）	青年部ミニ弥勒山修行（以後毎年） 支部長研修会（以後毎年） 三層合同修行開始 新法座面接研修
1991	会長交代新役員人事。会長に飯星研（第8支部、一世）就任 七夕祭開始 第8支部サンパウロ地区・パラナ地区拡大のつどい		青年部先端支部責任者会合 三層合同修行 第1回通訳・翻訳者養成講座合宿研修会（以後毎年）
1992	地域懇談会 デカセギ実態アンケート調査の実施 七夕・盆踊り（以後毎年） 久保継成会長来伯 ポ語版『天の音楽』発行 ポ語版『みろく経』発行 恩師久保角太郎生誕100周年記念地区決起大会		支部長・準支部長研修会 青年部執行部研修会（以後毎年） 青年部リーダー修行（日本から青年部長らを迎えて） 新法座面接研修（サンパウロ、プレジデンテ・プルデンテ、カンポグランデ）
1993	メディア布教委員会発足 地域懇談会（サンパウロ州、パラナ州、南マットグロッソ州） サンパウロ地区運動会 第8支部益田支部拡大のつどい		三層合同修行 青年部リーダー修行（日本から青年部長らを迎えて） 支部長・準支部長・新法座認定面接研修会 青年部地域懇談会開催
1994	地域懇談会（サンパウロ州2ヵ所、パラナ州4ヵ所、南マットグロッソ州2ヵ所） 地域懇談会（サンパウロ州） 青年の主張国際大会をブラジル霊友会館で開催	リオデジャネイロ分局閉鎖	三層合同修行、支部長・準支部長・新法座面接研修会2回 カンポグランデ・リーダー研修会 青年部リーダー修行2回（1回は日本から青年部長を迎えて） カンポグランデ・青年部ミニ弥勒山修行（以後毎年） 第8支部資格者研修会
1995	生け花教室、書道教室開始（於霊友会館） 阪神大震災義捐金を在伯兵庫県人会に寄付 久保継成理事長来伯 地域懇談会 創立20周年カンポグランデ大会 ブラジル霊友会会長飯星死去 岡本謙蔵ジュリオ（第8支部・二世）が会長に就任		三層合同修行 支部長・準支部長面接・新法座認定面接研修 青年部リーダー修行（2回） 青年部ミニ弥勒山修行 第8支部資格者研修会 久保継成理事長を迎えての創立20周年支部長研修会でブラジル霊友会として進むべき方向採択

	出来事	拠点	育成
1995	ポ語版『久保角太郎の生涯』発行 ボリビア支局開設(ブラジル人の導きが契機)		カンポグランデで新法座認定面接研修 日本語能力試験模擬テスト実施
1996	サンパウロ地区運動会 地域懇談会(サンパウロ州2ヵ所、パラナ州3ヵ所、南マットグロッソ州2ヵ所) ゴイオエレ地区青年部主催運動会		支部長・準支部長研修会 青年部リーダー修行2回(1回は日本から青年部長を迎えて) ゴイオエレ地区ミニ弥勒山修行 サンパウロ地区ミニ弥勒山修行 カンポグランデ地区ミニ弥勒山修行 三層合同修行
1997	ブラジル霊友会の歌制定 第8支部サンパウロ地区拡大のつどい3回実施 新法座制度廃止(本部の意向) 三浦勇(第23支部・二世)支局長に就任		青年部地区執行部研修会 青年部リーダー修行 ゴイオエレ青年部ミニ弥勒山 カンポグランデ青年部ミニ弥勒山 サンパウロ青年部ミニ弥勒山 支部長・準支部長研修会(2回) 法座主・準法座主研修会(2回) 法名拝受者研修会開始(ブラジル独自の試み)
1998	地域懇談会(サンパウロ州1ヵ所、パラナ州2ヵ所、南マットグロッソ州2ヵ所)	第8支部がサルバドール(バイア州)に事務所開設	青年部執行部合宿研修 カンポグランデ地区青年部リーダー研修会 青年部リーダー修行 第26支部支部長・準支部長研修会 第27支部リーダー研修会
1999	ブラジル霊友会青年部創立20周年記念主張大会		浜口八重会長を迎えて、支部長・準支部長・法名拝受者修行 青年部リーダー修行 カンポグランデ地区青年部リーダー研修会

出所) 日本の霊友会の機関紙誌に掲載されたブラジル関係記事をもとに日本の本部が作成した年表(ブラジル霊友会提供)、および、1989年以降については益田進ブラジル支局長補佐作成の年表に基づき作成。年によって記載の精粗が一様でない。

Ⅳ部
ブラジルで発生した日系新宗教

9 章
稲荷会
―― ブラジルの憑霊の文化と日本の民俗宗教 ――

稲荷会布教拠点図

本殿・会館

章とびら写真：稲荷会の本殿が置かれた野々垣家の自宅 （1988年）［著者撮影］
　　　　　（屋根の上に鳥居が見える。前列にいるのは稲荷会の教師たち）

9章 稲荷会

はじめに

　稲荷会は1940年に移民としてブラジルに渡った野々垣こちゑ（1903-1982）が、姉の山根イトノ（1893-1981）との協力のもとにつくった。つまり、日本に本部のある新宗教がブラジルに進出したのではなく、ブラジルで日本移民の霊能者がつくった宗教集団である。その内容はブラジル的要素の取り入れが顕著で、いわばエスピリティズモ・ジャポネーズ（心霊主義の日本版）といってよい[1]。組織上は未成熟であって、霊能者のネットワークから成る。
　ブラジルでは、先住民のインディオの宗教、植民者として来たポルトガル人のカトリック、奴隷として連行されたアフリカの部族宗教、そして19世紀にフランスから移入されたカルデシズモの心霊主義の四つが混淆し、憑霊を特徴とするアフロ・ブラジリアン宗教が成立した（2章参照）。こうしたブラジル在来の宗教文化に日本の民俗宗教が接触し、変容した宗教運動として、稲荷会を位置づけることができる。
　稲荷会は京都の伏見稲荷、大阪の石切劍箭神社（以下、石切神社）、京都の柳谷観音の系譜をひく宗教集団で、末一稲荷を主神とし、末廣稲荷、権太夫稲荷、白菊稲荷、石切劍箭大神、柳谷観音を祀る[2]。また、こちゑは死後、「こちゑ観音」の名称で観音像として祀られ、時に応じて手助けをすると信じられている（写真9-1）。次女のおきんがこちゑの跡を継いで教主となり、会の教師＝霊能者とともに、さまざまな問題を抱えて訪れる依頼者に対して、祈祷、呪い、お祓い、憑きものおとし等の呪術・宗教的活動によって「人助け」を行っている。さらにブラジル社会では僧侶が手不足だということもあって、葬式、法事、戒名の授与も行なう。
　稲荷会の行事には、2月の初午、4月の秋の稲荷祭、7月の観音祭、10月の春の稲荷祭があり、各々参拝者は1,000人を越える。日本人・日系人とブラジル人（ガイジン）[3]の割合は4対6で、後者のほうが多い。著者が参加した1988年7月31日のビラ・カロン日本人会館を会場とした観音祭は、次のようなスケジュールで行われた。①現在の本殿（野々垣家の自宅）の近くに、神社

写真9-1　稲荷会祭壇　(1988年) [著者撮影]
(左から、こちゑ観音・柳谷観音・神の社)

および観音の住む家の敷地と家屋が購入できたこと、新しい大綱回しの綱が奉納されたことの報告、②柳谷観音の言葉(おきんに憑依)、③釈迦如来の言葉(おきんに降臨。写真9-2)、④御詠歌[4]、⑤般若心経、⑥観音の祈祷の仕方の講習(「家庭を丸く」「月日に感謝」「家の清め」「自動車の清め」「盗難よけ」「災難よけ」「目の患いを治す祈祷」「知恵と力と勇気の祈祷」「自分を祈祷する方法」)、⑦御手に光を(信者が自分自身で自分や家族を助けられるように、おきんが観音の光を手のひらに与える)、⑧観音の水と油と茶の意味の解説(祈祷によって薬に変える)、⑨先祖供養(南無阿弥陀仏、南無大師遍照金剛、南無妙法蓮華経、アベマリアを各10回唱える)、⑩シセロ神父[5]、エジプトの王、聖母アパレシーダ、多数の先祖が祭に来ているとのおきんの話、⑪体験談(観音の油で火傷が治癒したという話)、⑫こちゑ観音の言葉(おきんに憑依、内容は先祖供養について)。

　段上での式の後、会場では大綱回し(1回約45分。午前2回・午後1回。写真9-3)によって、願掛けや願がかなったことの返礼をし、また、おきんをはじめとする稲荷会の教師が分担して、参拝者が各自持参した水、油、茶に祈祷、さらに特別祈祷として大バサミの祈祷(日本からこちゑが持ってきた握りバ

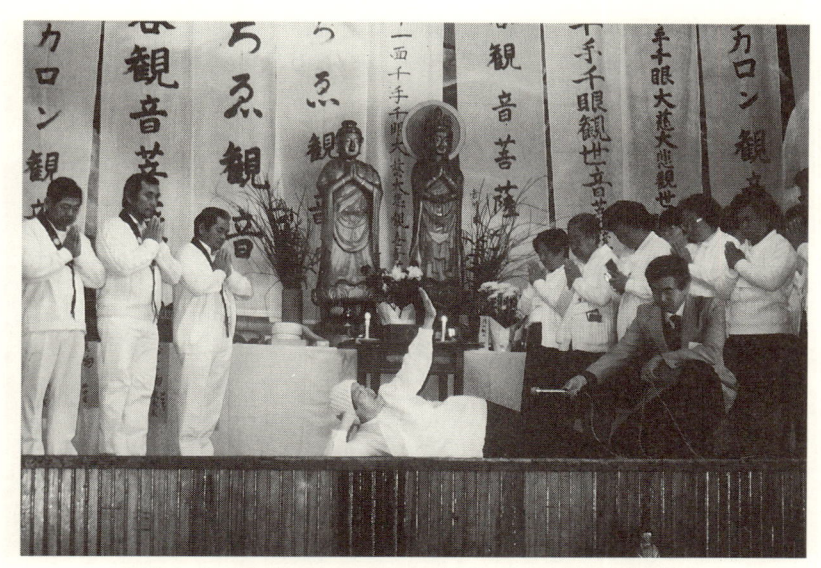

写真9-2　観音祭の時に釈迦如来が降臨　(1988年) [著者撮影]
　　　　(菩提樹の下で寝そべっている姿)

サミをモデルにして作った木製のハサミで、悪い芽を摘み、よい芽が出るようにし、憑きものが憑いていたらおとす。写真9-4)が行われる。午後には段上で観音経による供養があった。段下に柳谷観音・こちゑ観音像を置き、日本式に線香で焼香できるようになっている。

　祭ではポルトガル語の通訳が所々入る。この日本流の観音祭に、ブラジルで奇跡を起こし聖人と崇められたシセロ神父や、ブラジルの守護女神である聖母アパレシーダ(黒いマリア)が訪れる。先祖供養の方法も、さまざまな宗旨の人がいるブラジルに合わせてある。また、大綱回しは、日本では大きな数珠によって行われるもののブラジル的代替であり、大バサミの祈祷で用いるハサミは日本のハサミがモデルである。こうした祭においても、まさにブラジル的なものと日本的なものが混在しながら統合的に作用している様子が明らかであろう。

　観音祭が先祖供養に主眼があるのに対して、他の三つの祭は、神の祭である。これらの祭に共通するのは、御幣によって行う特別祈祷、石切さんのお百度参り(石切神社の百度石を模した木製の百度石のまわりを願掛けのために回る)

写真9−3　観音祭の大綱回し　（1996年）[稲荷会提供]

写真9−4　観音祭の大バサミの祈祷　（1988年）[著者撮影]

写真9-5　稲荷祭の時の俵神輿　（1990年代）[稲荷会提供]

写真9-6　稲荷会のお守り　（1996年）[著者撮影]

である。初午では、杉の木、四月の稲荷祭ではサツマイモ・ダンダンしょうぶ、10月の祭では、笹・白菊・酒に祈祷がかけられ、開運や願い事がかなう物に変化させられる。また、初午には五穀、4月の祭にはサツマイモの入った俵神輿(写真9-5)、10月の祭には御神酒の入った樽神輿が担がれる。さらにこの三つの祭では祈祷のかかった洗米も参拝者に授与される。

祭ではお守りや護符として、「稲荷石切神社御守護」札、開運・招福の打ち手の小槌の写真、瓢箪の根つけ、交通安全のステッカー、石切さんの泥棒よけの石、柳谷観音の写真、観音像を描いたプラスチック製の身代わり観音のペンダントなどが販売されている(写真9-6)。

上述の祭の事例からも明らかなように、稲荷会では日本の宗教的儀式にブラジルの宗教的要素を取り入れている[6]。稲荷会は日本的なものを保持しつつブラジルの宗教的風土のなかで、それに適合した呪術宗教的活動を行っている。「本当に日本人らしい、ブラジル人のようなところが少しもない人」と評された稲荷会創設者であるこちゑは、「人助け」活動のなかで、依頼者＝信者の欲求に応じて、日本の神から次々と神示を受け、ブラジル的に展開をしていった。

本章では、まずこちゑのブラジルにおける霊能者としての活動と稲荷会の展開過程を跡づけ、次に稲荷会における霊能者の育成のあり方をみ、そして彼らが依頼者との対応のなかで、さまざまな不幸や災難をどのような認知枠組のもとに解決していくのかを検討し、それらを手がかりとして、ブラジル文化のなかでの日本の民俗宗教の変容の問題を考察していきたい。

1 稲荷会の展開

稲荷会では初代教主をこちゑの母の山根トミ、二代が野々垣こちゑ、三代はこちゑの次女の野々垣おきんとする。稲荷会は先述したように、伏見稲荷、石切神社、柳谷観音の系譜をひく。ここではこちゑの日本時代から、ブラジルに移民して「人助け」活動を始め、稲荷会の創設に至るまでを中心に稲荷会の展開をみておくことにする[7]。図9-1はこちゑをめぐる家族関係図と神

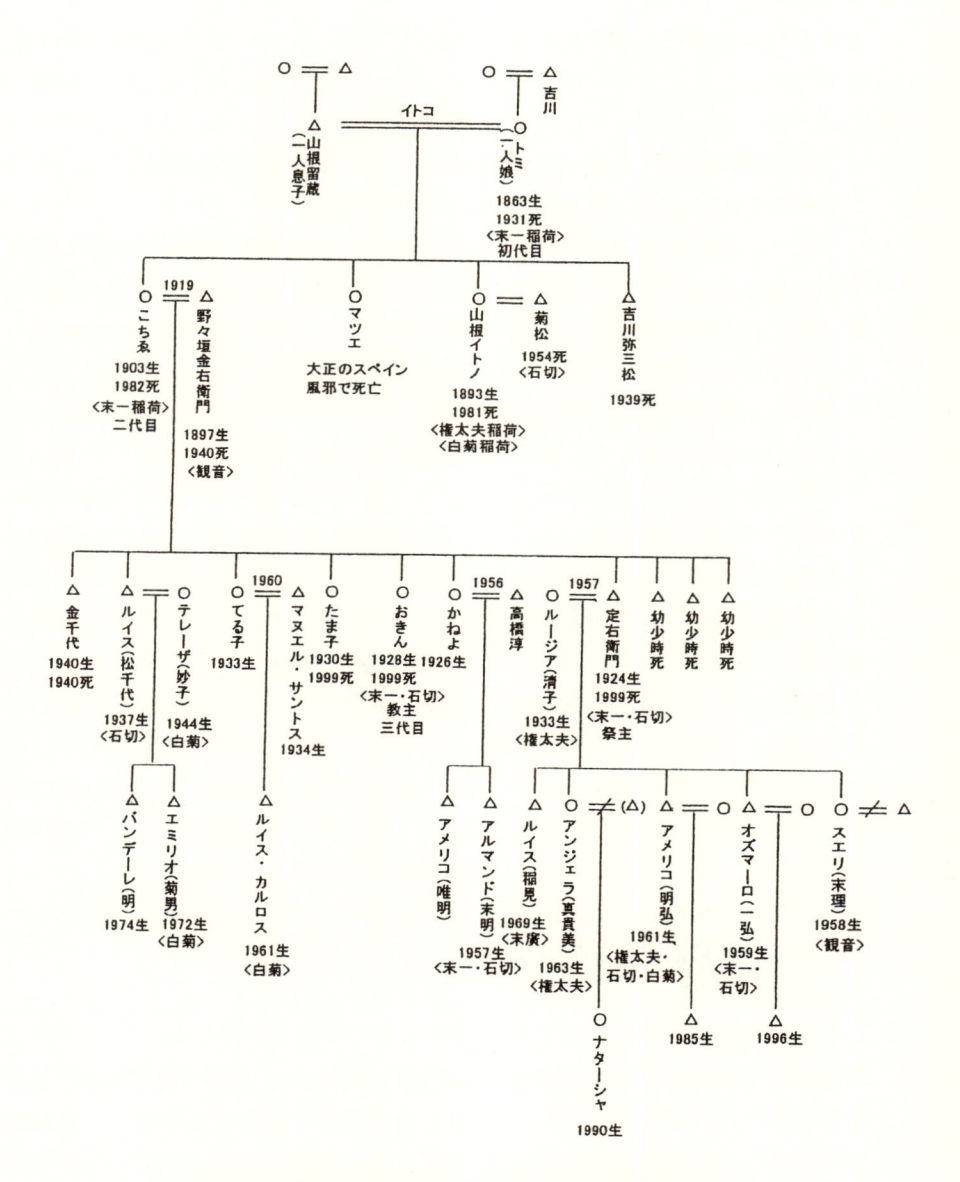

図9-1　稲荷会の野々垣こちゑをめぐる家族関係図

注）〈　〉内は、各自の守護神。
出所）稲荷会からの聞き取り調査に基づき作成。

仏の役割分担を示してあるので適宜参照されたい。また、章末に**稲荷会年表**を附した。

(1) 伏見稲荷・石切神社・柳谷観音とのかかわり（日本時代）

伏見稲荷とのかかわり——母の神憑りと末一稲荷の祭祀——

こちゑは山根富蔵・トミの三女として1903年に兵庫県に生まれ、父の死後、大阪に住んでいた兄をたよって一家で大阪に出た。母トミは53歳頃から体の震えが止まらず、医者には中風と診断された。しかし、一向に病状が好転しなかったため、勧める人があって、伏見稲荷系の行者にみてもらったところ、行者に末一稲荷が降り、「世の人を助けたいのでトミの体を貸してほしい」との託宣があった。そこで、自宅に祭壇をもうけ末一稲荷を祀ると、トミの体の震えは止まり、病気は治った。1916年4月のことである。トミの震えは中風ではなく、神が降りていたことによる震えだったととらえられている。トミは稲荷を祀るようになってからそれまで信心していた大師信仰をやめ、家族・親戚などの内輪だけだったが、商売・病気などについて託宣した。末一稲荷を祀った日には毎年稲荷行者の「先生」を呼んで稲荷祭を行った。こちゑが14～5歳の時に、「先生」から先々トミの跡を継ぐことになっているから、やり方をよく見ておくようにと言われている。

トミが1931年に68歳で死亡した時、末一稲荷はこちゑに「人助け」を依頼したが、当時は子育て期だったので、こちゑは神に猶予を願った。1936年の稲荷祭の日、「先生」が祝詞をあげている時にこちゑは突然膝で歩き、手を上に挙げて末一稲荷の名乗りをあげた。33歳の時である。この後、内輪はみたが、表立っての活動はしていない。

柳谷観音の信仰

こちゑは17歳の時に紡績工場で知り合った機械工の野々垣金右衛門（愛知県出身）と結婚し、大阪で所帯をもったが、夫婦には子供ができても早世し、3人の男の子が育たなかった。そこで、1923年に金右衛門は子育てに霊験あらたかといわれる京都の柳谷観音を信仰するようになり、翌1924年には定右衛門、1926年かねよ、1928年おきん、1930年たま子、1933年てる子、1937年松千代と、次々に子供が生まれ、無事に育っていった。

石切神社とのかかわり

　石切神社の神は、こちゑの姉イトノの夫の菊松が結婚前の18〜9歳の時に、痔瘻の手術のことで石切剣箭大神に頼み、手術が成功したので、自宅に祀った神である。1938年頃、金右衛門の母が腹部の腫瘍で危篤だという電報が来た時、こちゑが末一稲荷の神示を仰いだ。「デンボの神さん」として有名な大阪の石切神社に頼めとの知らせを受けたので、石切神社に参拝し、その本殿で祈念していた時に、こちゑに石切剣箭大神が降りた。また「なでまもり」の石[8]を石切神社より借りて、姑の腹を撫でたところ膿みが出て病気が治った。この出来事がこちゑが石切神社とかかわりともった初めである。

(2) ブラジル移住と祈祷活動の開始

コーヒー農園への入植と夫と子供の死

　1940年に金右衛門（当時43歳）・こちゑ（37歳）と6人の子供、そして姉の山根イトノ（47歳）夫婦はブラジルに移民した。ブラジルで養蚕をするのが金右衛門の夢であり、日本政府も移民を奨励してブラジルには「金の成る樹」があると宣伝していた時期でもあった。こちゑは出発に際して、伏見稲荷、石切神社、柳谷観音に別れの挨拶に行き、伏見稲荷のお札と祝詞の本のみを持ってブラジルに渡った。

　彼らは6月22日にサントス港に到着し、サンパウロ市から300キロ離れたイタイクワラ（モジアナ線）セルトン・ジニョ耕地に同船の5家族とともに配耕された[9]。コーヒー農園である。来伯40日目に金右衛門は日本から持参した伏見稲荷の札を祀るための社を壁に打ち付けようとして登った梯子から転落し、左足首を骨折した。その傷がもとで破傷風になり、8月9日に死亡した[10]。またこれに先立って、こちゑは7月に7ヵ月の早産で男子を出産したが、その子も臍から砂蚤が入って破傷風になり、8月16日に死亡した。こちゑ一家は重要な働き手を失い、男手は16歳の定右衛門だけになり、苦労が続くことになる。

「人助け」の開始と姉イトノへの白菊稲荷・権太夫稲荷の降臨

　こちゑの「人助け」は、耕地に来てから3日目に、歯痛に悩む黒人の子供を見かねて歯痛を治す唱え言葉を唱え、天津祝詞をあげたところ治ったことが

始まりだった。こちゑはブラジルで日本の神からの神示が受けられるとは思ってもいなかったが、金右衛門が事故にあった時には、普通は祝詞をあげてから神が降臨するのに、突然末一稲荷と石切劍箭大神が降りた。またイトノは1940年10月の嵐の夜に突然男の声を発し、権太夫稲荷がイトノを台としてほしいと述べ、次いで白菊稲荷も降りた[11]。この出来事の後、イトノは権太夫稲荷、白菊稲荷を祀ることになった。ここで末一稲荷を祀るこちゑと権太夫稲荷・白菊稲荷を祀るイトノの二系統ができた。

　渡伯1年後の1941年に20キロ離れた別の耕地に移転し、綿づくりをすることになった。そこでも新移民が拝んでくれるとこちゑは評判になり、ブラジル人の依頼者が多く訪れた。こちゑはポルトガル語ができないので、定右衛門や近所に住む日本人Nの娘が通訳した。ブラジル人に霊を移し、それによって意図することを伝えたこともあった。

　1947年頃から農閑期には、Nの家を足場に神の「(霊的)仕事」をするようになった。この家族は同時期に入植し、先に耕地から200キロ離れたカンピーナス市に出て、トマト作りの傍らバール(コーヒー・酒・軽食を出す店)を経営していたが、トマトの種の祈祷、畑の清め、種を蒔く日にち(それによって収穫の時期が決まるので売値が左右される。ブラジルの農業は投機的である)について、こちゑの神示を仰いでいた。こちゑがN家族の病気を治したことから周囲の評判になった。こちゑは依頼者には主としてN宅で対応したが、頼まれれば遠方であっても訪問し、病人や精神障害になった人々を次々に治したという。これまでの依頼者の大多数はブラジル人だったが、この頃から日本人の依頼者も増加し始めた。

リベロンピレスの十字架——こちゑの認知の拡大——

　こちゑのことを人々が知るようになった契機は、リベロンピレスの十字架の出来事である。リベロンピレスはサンパウロ市から45キロの距離ある。1949年に日本人のSが鶏舎をたてるための木材をとりに、昔マンガンを掘った跡のある方面の山に入った。その日Sは寒がりし、気分がすぐれず、材木をトラックに積んで戻る時には、後頭部をグッとひっぱられるような感じがしたという。その後S宅では、戸棚に入れたパンの中味が空洞になって皮だけ残されていたり、また天井から下げてある腸詰の下部に穴があいて空洞に

写真9-7　十字架の奴隷の霊が憑依した教師　（1988年）［著者撮影］

写真9-8
十字架の奴隷の霊が
憑依した教師
（1988年）［著者撮影］

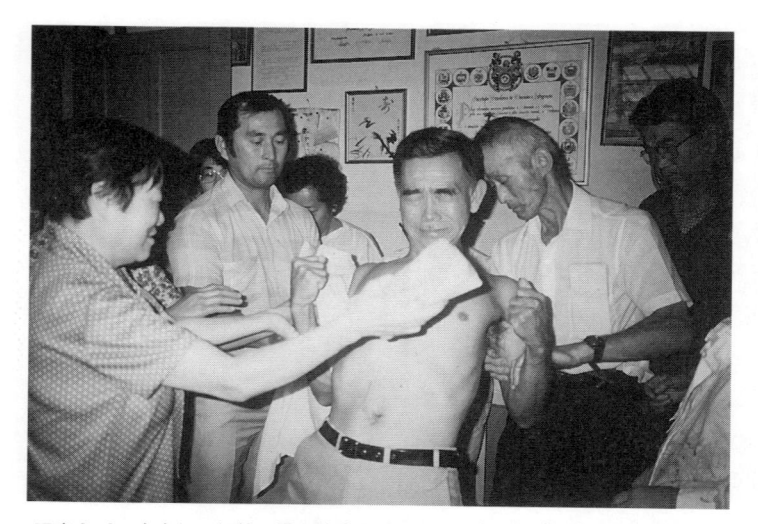

写真9-9　十字架の奴隷の霊を除祓するおきん　(1988年) [著者撮影]
(おきんが手にもっているのは、こちゑが日本から持参した祝詞を
ハンカチに包んだもの。年寄りで仕事がのろいため、鞭打たれた
背中の傷をみせようと上半身裸になった)

なるというようなことが起きた。近辺の家々でもそうした出来事が相次いだ。Sの妻も具合が悪くなり、通常日本人が食べないようなマンジョウカ(タピオカ芋、キャッサバ芋の粉)、干し肉などをほしがるようになった。Sは妻の病気と頻々に起こるこれらの不思議な出来事を、折から2キロ離れた所に来ていたこちゑに尋ねに行った。こちゑはそれをマンガン掘りに使役されていた黒人奴隷の霊の仕わざであると見極め、霊の要求する酒・煙草・食物を供えて鎮魂し、また彼らの頼みどおり3メートルの木の十字架を建てた(写真9-7～9-9)。その後、こうした出来事はおさまった[12]。

(3) サンパウロ市への転居と活動の本格化

神示によるサンパウロ市への転居とブラジル永住の決心

1948年の稲荷祭の時に、末一稲荷からサンパウロ市への転居の神示があった。依頼者の縁をたどり、1950年にサンパウロ市ビラ・カロン(沖縄県人が多く居住する地域)に転居した。こちゑ47歳、定右衛門26歳、かねよ24歳、おき

ん22歳、たま子20歳、てる子17歳、松千代(ルイス)13歳で、みな町にあこがれをもっていた。定右衛門は日本で理髪学校に行っていたことがあるので、床屋と隣接してバールを開店した。妹たちのうちポルトガル語のできないかねよとおきんは内職をし、たま子とてる子がバールの手伝いをした。山根イトノ夫婦も一緒にサンパウロ市に出、こちゑ家族とは3キロ離れた所で養鶏と野菜栽培をしていたが、1954年に夫の菊松が死亡したため、イトノはこちゑ家族と一緒に暮らすようになった。

一家がブラジルに永住する決心をしたのは、サンパウロに来てしばらくしてからである。定右衛門の営む床屋には、日本式の髪の刈り方がよいと日本人客が多かった。定右衛門は散髪をしながら、戦後の日本のニュースや、日本に行って帰った人の話を聞いて、自分たちはもう時代遅れになってしまい、日本では暮らせないとの感を深くした。こちゑ自身はそれまで日本に帰りたいという希望を強くもっていた。1956年にかねよ、翌1957年に定右衛門が結婚し、子供も産まれ、彼らはブラジルを永住の地と定めた。

同業者からの妨害と免許取得への模索

こちゑはビラ・カロンに来てから本格的な活動を始め、呼ばれればどのように遠い所でも訪ね、「人助け」に奔走していた。ブラジル一の霊媒と言われ、霊のことなら、どんな霊も呼び、どんな霊もおさめたという。耕地時代には競争相手がいないので問題はなかったが、こちゑに依頼者が行き、そのうえ金をとらずにみるので、次第に日本人やブラジル人の同業の霊能者から妬まれ、妨害されることもしばしばあるようになった。こちゑは免許をもたないから控えめにしていたが、人気が出れば出るほど、妬みがきた。こちゑを訴えるという同業者も出てきた。いくら依頼者をみても、お金をとらなければ裁判沙汰にはなりえないとはいえ、そういうことで気を使うのがこちゑは嫌だった。とにかく安心して「仕事」をしたいという気持だった。

こちゑの霊能活動のための免許取得には、病弱だったのをこちゑに救われた田畑セシリアの力が大きい。彼女は看護婦の仕事の合間にこちゑの「仕事」の際の通訳を務めていた。セシリアはこちゑの免許取得のためにセントロ・ド・エスピリタ(心霊主義者協会)に打診し、こちゑはそこで霊能の程度を図る試験を受けた。こちゑの霊力のほうが強く、3人の試験官は転倒してし

まったという。試験はパスし、謝礼をとるか否か、依頼者に応対する日や時間を決め、協会の傘下に入ることを条件に免許を出すと言われたが、こちゑは自分には盆も正月もない、日にちや時間を区切ることはできないと言って傘下に入ることを断り、免許のことは沙汰やみになった。

宗教法人の認可と稲荷会の設立

セシリアは困って日系人の州議員に相談したところ、それほど力があるなら独立して許可をとったらどうか、そのためには会組織が必要だと言われた。ちょうど、日本でこちゑの母トミが末一稲荷を祀って50年目にあたることもあって、こちゑに助けられた人々が立ちあがって会組織をつくり、法人格を申請した。1965年11月に宗教法人認可の内示があり、翌1966年1月9日に認証伝達式が行われた[13]。会は通称、稲荷会と呼ばれているが、正式名称は「正一位末一稲荷大明神」である。末一稲荷を主神とし、イトノが祀っていた権太夫稲荷と白菊稲荷、石切剣箭大神と末一稲荷の親であるとされる末廣稲荷をあわせて五社として新社殿に祀り、日本の伏見稲荷・石切神社・柳谷観音とも連絡をとるようになった[14]。

1966年4月18日には末一稲荷50年祭が挙行され、初代山根トミ、二代野々

写真9-10　稲荷祭の祭典の際、写真に写った幻影　（1966年）[稲荷会提供]
　　　　　（左はこちゑ、右はおきん）

垣こちゑに次いで、三代目は次女野々垣おきんであることが披露された。また、イトノが1940年10月に祀った神である権太夫稲荷、白菊稲荷の祭も春の稲荷祭として定例化した。この年の10月の稲荷祭では、その祭典を写していたフィルムに幻影が写り、「世にも不思議な物語　ご神体？　祈祷中に幻影」という見出しでその写真が新聞に掲載された（写真9-10）。関係者の言として、「三代目野々垣きん子教主がご祈祷中に神サマがお降りになり祭壇の両側に現れたものでしょう」との言葉が紹介されている。

　稲荷会は会員317人で発足し、新社殿は野々垣家の一室に置かれた。当初は稲荷会会長の役職にあった安田実から寄進された土地771㎡に、会で購入した土地160㎡を加え、会館をすぐにも建設する予定でいたが、市の都市計画の変更によって、集会所を建設するには道幅が狭く、駐車する場所がないとの理由で建築不許可となった。会館を建てるという目的のために会費を徴収していたが、建物がなければ会費を徴収する必要がないと、その時に会費制を廃止した。建築不許可になった土地は売却し、神社を建てる土地を物色しながら、その金を金利で増やしていったが、1986年の通貨切り下げによって貨幣価値が下がり、損失が出た。しかし、二代会長の本間透（同船者）の寄付もあって1988年4月に野々垣家の斜め前の土地・家屋を購入し、同年12月に会館ができた。

「ピラ・カロンの神様」の死とこちゑ観音

　会は稲荷会とも伯国稲荷神社、正一位末一稲荷大明神会、稲荷石切神社とも称されるが、最も一般的には地名をとって「ピラ・カロンの(奇跡の)神様」と呼ばれた。本来、神とは祭祀している神をさすが、こちゑを奇跡を起こす生神と思っていた人もいる。こちゑは会ができてからも、呼ばれれば一人でどこへでもいとわず遠出もし、また人が夜遅く訪ねてきても起きて相談にのった。こちゑが不在の時はイトノやおきんが依頼者に応じた。こちゑは竹を割ったような気性で、損得・欲を離れ、神の命には絶対に従った。こちゑが気性が激しいとするならば、イトノはおとなしかったが、情深い所が共通していたという。こちゑは訪ねてくる人はどんな人でも救うのが道であると、すべての人を差別なく平等に扱い、相手が得心するまで何時間も話した[15]。一方イトノは、おとなしい性格だが、権太夫稲荷が降りた時は激しく厳し

かった。また、マッサージが上手で、それによって助かった人も数多くいた。

1978年、こちゑはこれまでの宗教活動の功績が認められ、カバレイロ・オフシアール章、コメンタドーラ章（ブラジルで二番目の勲章）、イトノもアナ・ネリ章を授与された。こちゑは稲荷会創立から1982年10月8日に79歳で死亡するまでの依頼者名簿を残しているが、26年間に延べ18万人、1年あたりに約7,000人の依頼者に対応している[16]。

こちゑは高血圧と糖尿病が持病で、6回脳溢血で倒れ、最後には280まで血圧が上がった。亡くなる前の3年間は寝たり起きたりだったが、死の1時間前まで「仕事」をしたという。それまでこちゑに頼っていたおきんは、この3年の間に指導を受け、三代目の跡継ぎとしての自信をつけた。こちゑは、死んでも姿があれば帰ってこられ、皆を導けるからと「こちゑ観音」をつくるように遺言した[17]。イトノはこちゑの死去の前年、1981年3月14日に、死の直前まで元気に働き、家族や信者に握手をして別れを告げ、88歳で死亡した。こちゑの戒名は、生前にこちゑが付けた「こちゑ観音菩薩」、イトノは柳谷観音の神示によって「釈尼白観大糸女」という名を贈られた。こちゑばかりでなく、イトノの霊も必要に応じて、とくに病人を助けるための手助け

写真9-11　初午での御神酒の祈祷　（撮影年不明）[稲荷会提供]
　　　　　（前列左からおきん、こちゑ、イトノ。こちゑの後方の男性は定右衛門）

すると信じられている。こちゑは、稲荷会の本殿は代々野々垣家の子孫が継ぐようにと指示し、祭主が定右衛門、教主がおきん、そして孫たちにもそれぞれ役割分担をさせ、四代目祭主には定右衛門の長男の一弘、実際の「仕事」は権太夫稲荷の台である次女真貴美、こちゑの初孫で、かねよの長男アルマンド（末一稲荷、石切劍箭大神の台）が将来行うと預言した（家族における神仏の役割分担については、473頁の図9-1参照）。

2 稲荷会における霊能者の育成

(1) 「身の定め」と修行

こちゑの死後、「先生」と呼ばれる教師＝霊能者たちが、各々の依頼者のネットワークをもちながら、三代目おきん（きん子先生、きんちゃん先生、きんちゃんと呼ばれる）を中心として集まるゆるやかな組織を形成している。これが稲荷会であって、教師は支部長でもある。こちゑは教師の育成には積極的ではなく[18]、身内で固めていきたいという思いが強かったが、おきんは身内だけでは稲荷会が伸びないという考えから、教師を積極的に育成している。

1988年7月現在で、野々垣家の人々以外では、女21人（66％）、男11人（34％）の計32人の教師がいる。一番古い教師は10年になる。

表9-1は教師の性別・世代別構成、表9-2は性別・

表9-1 稲荷会教師の性別・世代別構成（1988年現在）

	一世	二世	三世	ブラジル人	計
男	2	8	1	0	11
女	10	10	0	1	21
計	12	18	1	1	32
構成比	37.5％	56.3％	3.1％	3.1％	100.0％

出所）図9-1に同じ。

表9-2 稲荷会教師の性別・年齢階層別構成（1988年現在）

	20歳代	30歳代	40歳代	50歳代	60歳代	70歳代	80歳代	計
男	1	1	2	5	2	0	0	11
女	0	3	4	3	6	3	2	21
計	1	4	6	8	8	3	2	32
構成比	3.1％	12.5％	18.9％	25.0％	25.0％	9.3％	6.2％	100.0％

出所）図9-1に同じ。

年齢階層別構成である。

　世代別では、一世が38％、二世が56％で、これで全体の94％を占める。ブラジル人の教師は稲荷会会長の妻である。年齢階層別では、50歳代が25％、60歳代が25％で、この年齢階層で半数を占めるが、70歳以上も16％いる。なお、教師が支部長の支部以外に、地域のとりまとめをするという意味での教師でない支部長が8人（うち2人はブラジル人）いる。

　教師になるには、信者になって最低1年は経過していなくてはならないという了解はあるものの、信仰歴が長ければよいというものではなく、神からの一種の「選び」が必要である。前提条件は、その人が無欲かつ素直で、神を信じる迷わない心の持ち主であることとされる。先に神からの「お知らせ」、すなわち神示（召命）を受けることによって修行を始める人のほか、善霊にしろ悪霊にしろ、死霊・生霊などが憑きやすく、自分でそれを除祓する稽古をしたほうがよいという、おきん側の判断によって修行に入る人もいる。後者も霊的なものに敏感な体質をもっているとすれば、両者ともに潜在的な霊能力を開発し、稲荷会の教師として方向づけるとみることができよう。

　教師になるためには、まず「身の定め」が必要である。「身の定め」とは、その人の守護神を決定することである。「神を拝む人」は、「身の定め」をして、決めた神に台としてつかんでもらわないと、「仕事」をする際にいろいろな神や死霊が憑いてものにならないからである。「身の定め」のためには1週間毎日決めた時刻に本殿に通って修行する。天津祝詞を暗記して3〜4回あげていると、だんだん手の霊動が出る。手が上に挙がってきた時、おきんは霊的「力」をかけ、「何神が守護神になるのか」と問う。その時一番最初に名乗りをあげた神がその人の守護神になる。親の代から信仰している神がある場合は守護神を決めるのはたやすいが、そうでない時は、稲荷会の神々が先祖はどの神を祀ったか日本の氏神と相談して決めるという。時には先祖が祀っていない神が守護神になることもある。「身の定め」の修行をしている時は、邪神が入らないように白菊稲荷が稲荷会本殿の屋根の上に旗を立てて見張りをするという。「身の定め」をする前にも後にも神からの心試しがあるとされる。

　守護神が決まったら、九字の切り方の基本を学ぶ。細部は神によって異なるので、おきんがその人の守護神に尋ね、その神示どおりに口と手が合うよ

うに九字の切り方の修行をする。また神の受け方も、おきんが先に受けてみて手本を見せる。神の力の状態と受ける側の体の状態がアンバランスだと危険なので、新米の時は独りで神を呼び出してはいけない。はじめは神や霊を受ける修行をする。また修行が進むにつれて、神霊を常に受けていたならば体がもたないので、受けない修行をする。たとえば病人が自分の前に座ったとすると、慣れればどこが悪いかわかるが、はじめのうちは神が病人の症状をその人の体に移す。依頼者に対応して「仕事」をするためには、「見る力」または「聞く力」、「言う力」、「とる力」の三つの力が揃わないとできない。実際に個人で「仕事」をする前に、本殿に訪れる依頼者をおきんと一緒にみて、両者の見解が合うようになったら、自宅で依頼者に応じる許可が与えられる。

　教師32人の守護神の内訳は、稲荷系21、石切系3、稲荷系＋石切系2、龍神系4、その他2である。教師が自宅で依頼者に対応する時には、自分の守護神、本殿の神(末一稲荷・権太夫稲荷・白菊稲荷・石切劍箭大神)、柳谷観音、こちゑ観音を呼ぶ。自分の守護神の手にあまる時は、本殿の神々や観音も手助けしてくれると信じられている。その霊能力のレベルによって、身内はみるが他人はみられないという者から、1日に100人からの依頼者に応対している者までさまざまである。しかし、いずれも職業としてこの「仕事」を行っている者はなく、苦しんでいる人を助けるのが本義であるとし、お金はとらない。日系人にはお供えを置く人もいるが、ブラジル人は「ありがとう」一言の人も多い。欲を出したら神の力は貰えず、また人助けをすればしただけのことは神からいただけるという考えである。なお、依頼者に日系人が多いかブラジル人が多いかは、教師自身のポルトガル語能力とのかかわりが深い。

(2) 「因縁調べ」

　毎週金曜日の午後、教師たちは稲荷会の本殿に集まる。この日は祭のための練習や、さまざまな呪い、祈祷方法、清め方、死霊のおさめ方などの講習があるが、各自が依頼者からもちこまれた難問を解決する場でもある。これは総称して「因縁調べ」と呼ばれる。「因縁調べ」とは本来、障りとなっている死霊(主として先祖の霊)を5人(特別の場合は7人)呼び出し、その要求する

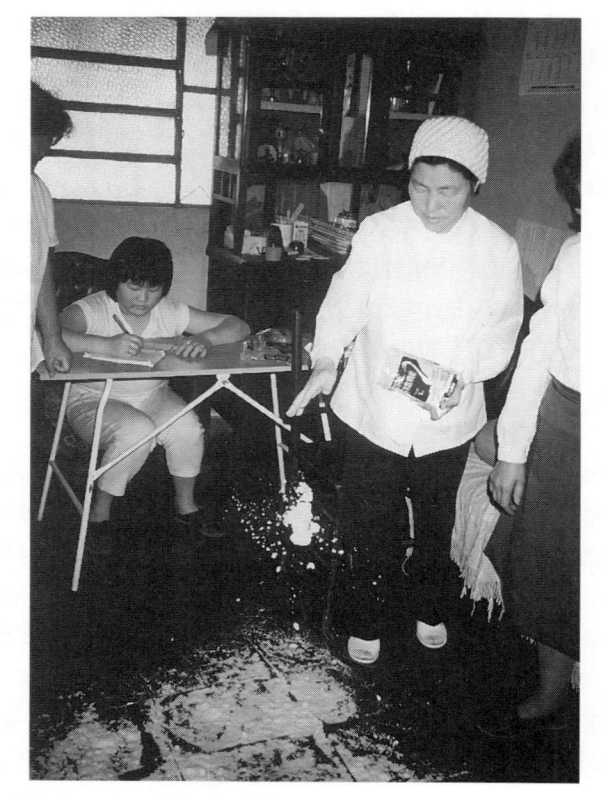

写真9-12　因縁調べ　（1988年）[著者撮影]
（塩をまき、そのかたちで障りを判断する。後方の書記は、判別したマクンバを
かけるのに使用された品物、死霊が供養のために要求する品物などを記入する）

ことを明らかにすることである。しかしながら、現実には死霊ばかりでなく、生霊やマクンバと呼ばれる黒呪術（邪術）の事例が多くみられる（3節で詳述）。いずれにしても、この場で扱われるのは、教師個人が自分の霊能力では見極めることのできない、あるいは、問題の原因になったものの霊力が強すぎて、自分のみでは除祓できる自信のない難問である。また、「因縁調べ」の場は、教師にとって自分の見方が正しいかどうかを確認する修行としての意味合いも含む。

　「因縁調べ」をするには全員で祝詞をあげた後、ビニールシートの上におき

んが次々と塩を撒く。塩を撒くたびに、おきんが「一番はじめのホトケは男か女か」、「年寄りか子供か」、「生霊かマクンバか」などと問い、「見える」教師、「聞こえる」教師は返答する。撒かれた塩がさまざまな形に変化し、それによって判断できるという。またその時、教師に霊が憑依することもある。死霊の場合は死霊の要求を、マクンバの場合はどのような品物によって術をかけられたのかを見分け、明らかになったことを書記役が記録する。この記録に基づいて、その問題の依頼を受けた担当教師は、除祓のために必要とされる品物が何であるかを依頼者に伝え、次回依頼者が用意したそれらを持参し、この場で障りとなっているものを除祓する。

たとえば1988年7月1日の「因縁調べ」では次のような九つの事例があった。矢印で示すのは問題の原因、括弧内は除祓に必要な品物である。

①3年前から病気。血圧が低く、普通はポルトガル語を話さないのに話す→供養不足、②47歳の男のアルコール中毒→女の恨みによるマクンバ（豚の心臓）、③商売不振→マクンバ（十字架、釘、ふくろう、ピンガ［砂糖黍で造ったブラジル産焼酎］、黒いリボン）、④鶏屋の商売不振→人の妬みによるマクンバ（牛の頭、蛙3匹）、⑤医者が金に困る→生霊（大きな人形1つ）、⑥仕事がうまくいかない→マクンバ（羊、鎖）、⑦37歳の男が仕事をしない→女の生霊（女の人形）、⑧鳥肌がたつ→マクンバ（黒い鳥の羽5つ、インディオ、犬、鬼3匹、猫）、⑨22歳の娘の縁談破棄→人の恨みによる生霊とマクンバ（男の人形、女の人形、蛇、白い布10㎝、黒い蝋燭3本）

3　不幸の原因とその除祓方法

稲荷会には、人々に不幸や災難がもたらされるのは単にその人の不運によるのではなく、超自然的存在がかかわっているという信念体系がある。また人々も、することなすことうまくいかない、病気が治らない、商売がうまくいかない、縁談がこわれた、などの問題が起きると、それは何か霊的なものによるのではないかと推測して稲荷会を訪れる。稲荷会ではこうした事態の好転のために呪いや祈祷をするが、さらにそれが超自然的な原因によると

判断した時には、障りとなっている超自然的存在を判別し、判別したそれらを除祓することによって、問題の解決を図っている。不幸や災難の超自然的な原因についての稲荷会の認識枠組みに、(1)マクンバ、(2)死霊、(3)生霊、(4)動物霊、(5)願掛けの際の約束の不履行、(6)神仏の障り、があることが活動の観察を通して明らかになった。

(1) マクンバ

　マクンバの定義に関しては、さまざまな見解があるが、ここではマクンバをアフロ・ブラジリアン宗教における黒呪術(邪術)をさすものとして用いる[19]。マクンバをかけられているのかどうかを見分けるのは霊能者である。またマクンバはマクンベイロと呼ばれる専門の邪術師によってかけられるとされる[20]。マクンバでかける黒呪術の程度には、依頼者の支払う金額によって、呪い殺してほしいから、少し困らせてほしいという程度まで、さまざまなレベルがある。マクンバの依頼者と被害者との間には、何らかの利害関係や人間関係上の葛藤があることが多く、恋愛・結婚・商売・仕事・子供の勉強等々のさまざまな場面において、比較的簡単にマクンバを依頼するという。またマクンバによって病気になった場合は医者では治らないと信じられている。

　マクンバで用いられる動物・品物には次のようなものがある。動物では、豚・鶏(とくに黒鶏)・牛・蛙・山羊・羊・猫・犬・蛇・ふくろう・蜘蛛などで、本物またはおもちゃが用いられる。品物では、黒赤紫などの蝋燭・十字架・釘・ナイフ・鎖・針・縄・布・数珠・髑髏(本物または蝋細工)・男女の人形・写真・髪の毛・洋服・蝋で作った足型などがある。また食物、酒などは供物として用いられる。

　マクンバをかけるにあたっては、悪魔・魔王(エシュ、サン・ジュルジュ[21]など)、そして黒人奴隷の霊、インディオの霊など怨みをのんで死んだ怨霊がマクンベイロに操作される。マクンバで用いられる動物や品物は、魔王や怨霊に「仕事」をしてもらうための供儀としての意味をもつが、また呪術的に象徴的な意味合いもある。結婚したい場合、男女の人形やオス犬メス犬を白い布(結婚式の時にまとうベールを意味)でくくる。恋愛の成就に邪魔な相手

の写真を釘で突き刺すなど、人形・写真・相手の髪の毛・洋服・足型などは、苦しめたい相手の代わりとして用いられる。十字架・花輪は死を意味する。鎖で縛って鍵をかけることは運を封じることに繋がる。豚の心臓にナイフを突き刺すと、手術が絶えず、また場所が心臓なので命とりだとされる。蛇は相手の首をしめるという意味をもっている。これは、動物霊をマクンベイロが操作しているという見方もできる。奴隷の霊は、ひもじい思いをし、惨めな死に方をした霊なので、食物やピンガ（酒）、蝋燭などを与えれば、簡単にマクンベイロの依頼に応じるといわれる。魔王に頼んだ時は本物の動物の供儀を要求される。いずれにしても本物の動物を用いて術をかけた場合はきつく、除祓しにくいと信じられている。

　マクンバをかけるところを見られたら術が破れるので、夜中に術をかける。それを行う場所としては、四つ角（十字路すなわち十字架を意味する）、墓場（十字架が並び、墓から怨霊を呼び出して使う）、川辺や海辺がある。マクンバの儀礼を行った跡は、そのまま放置したり、埋めたり、海や川に流す。埋めたものは、それが腐るにつれて術をかけられた人の体の具合が悪くなるとされる。四つ角で行うのは、比較的簡単な程度の軽い術であって、蝋燭などを燃やした跡はそのまま放置されることが多い[22]。海では多人数で大きな「仕事」が行われ、また海に流されたものは取り返しがつかないので、除祓するのは困難であるといわれる。

　次にマクンバの実際について、いくつか例を挙げてみよう。
①新聞屋の男の子が、新聞代を支払わない家の人と喧嘩をした。その家の人は怒って、足も立たないようにしてやると言った。男の子は、ある時間になると白眼をむいてひっくりかえるようになったが、それは黒蛇によってマクンバをかけられ、蛇に首を締められていたのである。そこで黒い蛇を3回作って持ってこさせ、それで除祓した。術をかけるのに時間を区切ってかけることがある。
②顔に湿疹ができて治らない人がいた。その人は油の缶に十字架を付けて埋めるというマクンバをかけられていた。缶が錆びてくるにつれて、術をかけられた人の体調が悪くなった。缶には十字架が付いているので命とりだった。

③体の動かなくなる病気になった日系人がいた。ブラジル人に惚れられて、マクンバをかけられていた。男女の人形を白い布5メートルでくくられていた。

④お産のため病院に入院していた女性が、帝王切開でお産をした後、その傷口から黒い血がドロドロと出、さらには、歯茎・鼻・目・爪からも出血した。彼女の夫と一緒になりたい女性がかけた。悪魔（エシュ）に依頼し、本物の山羊を使い術をかけられていた。7年前にマクンバをかけられているので、術を解いても助かる見込みはない。マクンバを除祓できるか否かは時期による。すでに手遅れの場合もある。

⑤手術の時に手際がよいので、医者からもひっぱりだこでかわいがられた看護婦が、ボーッとなって仕事がしにくい、無性に遠くに行きたくなり、生きていくのも嫌になり、自分でないような気がするようになった。看護婦仲間に、写真を逆さにしてコップのなかに入れるというマクンバをされていた。

⑥親しい友人が金めあてに結婚すると言った。自分はそんなことはしないと言ったところ、それが気にさわり、マクンバをかけられた。十字架を土に埋め、それが腐るにつれて体が腐って死ぬようにされていた。また、その友人からクリスマスに洋服を貰ったが、それを着ると頭痛がした。その洋服にマクンバをかけられていた。

　稲荷会ではまず、どのような品物や動物によってマクンバをかけられているかを霊的に見分け、依頼者にそれを持参するように言う。本物の動物でマクンバをかけられていたならば、同じく本物の動物で除祓することが望ましいが、金銭的な問題や緊急性もあるので、おもちゃ、メリケン粉でその形に作ったもの、紙に絵を書いたもの、紙をその形に切ったもので代用することもある。メリケン粉で形を作ることは、こちゑがビラ・カロンに来る前の田舎で品物が手に入らない時に、メリケン粉ならばどこの家にもあるのでそれを用いたのが最初である。こちゑはできるだけ本物に似るように彩色するように言っていた。おきんの時代になってからは、紙で代用することが多く、簡略化している。しかし、立体的な形のあるもので除祓したほうが効果があ

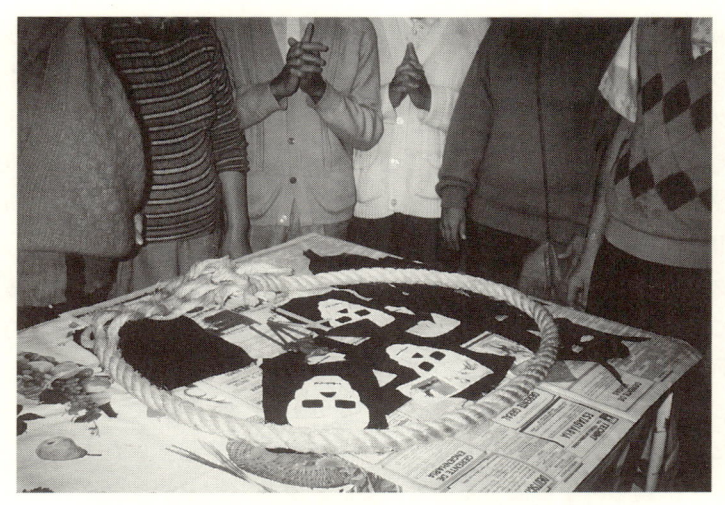

写真9-13　マクンバの除祓①　(1988年)[著者撮影]
(マクンバをかける時に用いられた品物)

写真9-14　マクンバの除祓②
(1988年)[著者撮影]
(こんなものは受けとらん、九字)

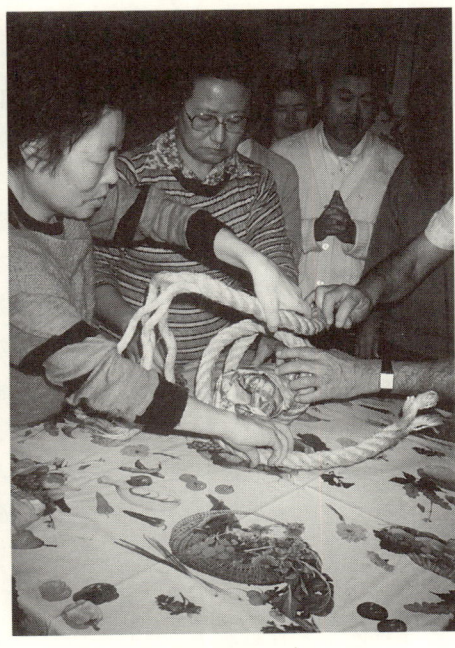

写真9-15　マクンバの除祓③
(1988年)[著者撮影]
(品物を紙でくるみ、縄をかける)

るという。なお、マクンバのみに使うわけではないが、アフロ・ブラジリアン宗教の儀式に使う蝋で作った髑髏、さまざまな色の蝋燭等々を売る店がある。

マクンバの除祓儀礼は、それをかけるときに行われたのと同じ動作をする。たとえば蛙に針を刺したなら、ここでも刺す。「こんなものは受けとらん」と唱えながら、九字を切る。そして最後には、新聞紙に包み込み、これを依頼者に川に流すように伝える (写真9-13～9-15)。

マクンバの術が破れた時は、術を依頼されたマクンベイロに戻る。したがって術者同士の力の戦いとなる。またそれを魔王に頼んでいた場合、魔王と稲荷会の神との戦いとなる。また術が破れた時、依頼した人に戻ることもある。こちゑは、ここの神はマクンバをかけても3回までは許す、それ以上かけた場合には、依頼した者にマクンバを戻すと言っていたという。親がマクンバを依頼し、子に戻ることもある。マクンバがその依頼者に戻ってきた時は除祓しにくい。

(2) 死霊

障りになる死霊には、先祖の霊と他人の霊がある。先祖の場合は喜んで会いに来ている時もあるが、障りをもたらす場合には、お経をあげてほしい、供物を供えてほしい、などの死霊からの要求がある。鎮魂のためには幼児の霊にはミルクを供える。事故死者の霊には、突然死んだのを霊に納得させるため、通常の3倍お経が必要とされる。水死者の霊は体が冷えきっているので、人間が入れる温度のお湯を洗面器に入れて、新しい手拭いを供える。お産で死んだ霊には、体が汚れているので着替えることができるよう、昔の人には綿と月経帯、今の人には生理用品と生理用パンツを供える。他人の霊が憑いて障りとなる場合は怨霊であることが多い。「因縁の霊」と呼ばれるものは、悔やんだり悩んだりして死んだ人の霊、自殺や事故死者の霊で、納得して死んだのではないので、その怨念が何も関係がなくても憑き、障りをもたらす。交通事故で死んだ人のための十字架がある道 (事故が多い道路には至る所に十字架が立っている) を歩いていて憑かれることもあるし、海や墓場で憑かれることもある。こうした場所はマクンバをかける場所でもあるので、そこで操作された死霊が憑くとされる。しかしながら、死霊は生霊やマクンバ

9章 稲荷会 493

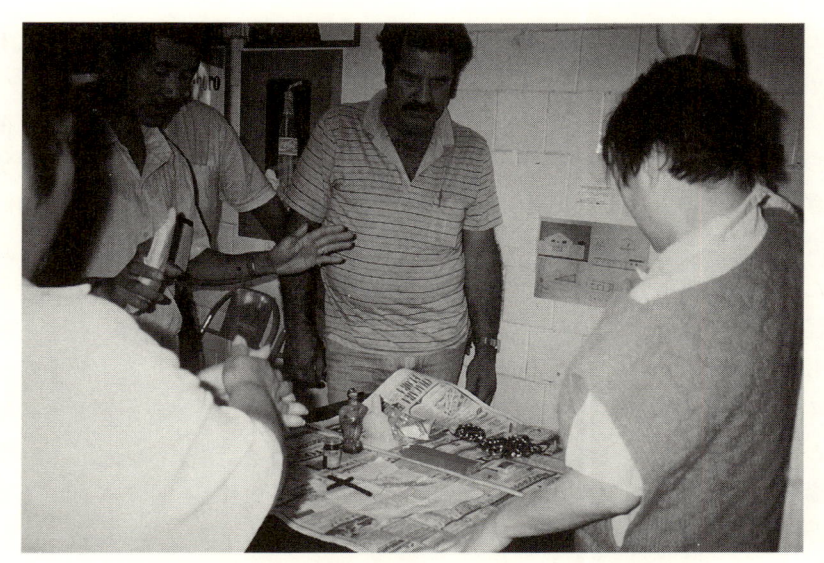

写真9-16 マクンバの除祓に稲荷会を訪れた依頼者 (1988年) [著者撮影]
（新聞紙の上には、十字架、赤い蝋燭、鎖、蝋細工の髑髏、赤い像、山羊の絵が置いてある。それらに向かって九字を切るおきん）

写真9-17 死霊の障りで精神錯乱になった子供を鎮める教師 (1988年) [著者撮影]

と比べておとしやすい。というのは、基本的には死霊の要求を満たせばよいからである。

　日系人の場合、不幸の原因の第一位を占めるのが祖霊の障りである。祖霊の障りが多いのは、ブラジルという異国の地で、日本的な先祖供養が変質せざるをえないという状況と結びついている。ブラジルはカトリックの国なので、カトリック教徒になる。先祖は供養してもらえないので不満である。またいくら改宗したといっても先祖の側は、彼らが生きていた時代の日本のお経をあげてほしいと願っている。年忌にあたるのに年忌が忘れられていたりもする。とりわけ、日本の盆にあたる７月は、祖霊の障りによる問題をかかえて訪れる人が多い。現在はまだ二世・三世の時代なのでわかってもらえると思い、先祖が知らせる、と受けとめられている。日本人の死霊（ホトケ）の場合は、好きなものを供えてほしいという願いよりも、お経をあげてほしいという要求をする。一方ブラジル人の死霊、とくに奴隷の霊の場合は、ひもじくて死んでいるので、お経より食物をほしいという要求がほとんどである。

　稲荷会では自分の宗旨を大切にするように言っているが、宗旨の違う日本のホトケに一般的に通用するものとして、般若心経によって供養する。お経は僧侶に頼んでもよいが、自分であげてもよい。僧侶であっても素人であってもお経によりホトケは浮かばれる。正式のお経をあげられなくても、たとえば南無阿弥陀仏を1,000回唱えれば、お経を一巻あげたと同じ効果をもつ。日本に一時帰国し、位牌をブラジルに持ってきたとたんに、家庭のなかがうまくいかなくなった事例があるが、ブラジルに来たことのない人の位牌を持ってきた時には、霊に対して理由を説明して納得させないと「お知らせ（障り）」をもらう。また分骨は好ましくないという。ブラジルに移住する時に、もう先祖の供養はできないからと、親類縁者に仏壇や位牌を預けた場合、死者を知っている人のいる間だけ祀られ、後は祀られなくなるため、その霊が子孫に供養をしてほしいとブラジルまでやってくることもある。また、男子が供養をしないからと女子が実家の先祖の位牌を婚家に持ってきた場合も、実家の先祖は婚家の先祖に気がねして「お知らせ」を与える。このように異文化のなかでも依然として先祖供養の重要性に関する認識は根強く、稲荷会では供養儀礼を行うとともに、子孫が自分の手で、やりやすいかたちで先祖

を供養するように動機づけている。ブラジルへの移住に伴い先祖供養が欠落しがちになって子孫に障りをもたらすとされるが、祖霊は基本的には子孫に対する守護機能をもつと信じられている。祖霊の場合はあくまでも子孫に知らせる「お知らせ」という意味での障りであり、死霊のうち因縁の霊や他人の霊が「憑く」という言葉で表現されていたことに注目しておきたい。

(3) 生 霊

　生霊とは人間の「念」である。良い念（会いたいなど）、悪い念（怨み・妬み・憎しみ・羨みなど）ともに人に憑くと信じられているが、とくに後者は憑かれた人に災いをもたらす。生霊はとばそうと思わなくとも、本人が意識していないのに生霊がとび、他人に憑くこともある。また本人が何ら悪くなくても妬みの対象となることもある。憑く・憑かれるという関係は、両者に面識があり、何らかの利害関係や人間関係の葛藤のなかで、いわば勝者に負者の生霊が乗り移って災いを生じさせることが一般的だが、全く面識性のない生霊が災いを引き起こすこともある。これに関しては次のような事例がある。ある女性教師（花屋を経営、1日100人程度の依頼者がある。二世でポルトガル語ができることもあって、ブラジル人の依頼者が多い）のもとに、自動車のおもちゃを買ってから家のなかがうまくいかなくなったので、このおもちゃに何か憑いているかどうか調べてほしいとブラジル人の依頼者が訪れた（写真9-18）。このおもちゃには、それを欲しいが買えないので毎日眺めていた子供の生霊がついていた。この場合、購入した人と生霊をとばした相手とは何の面識も関係もない。貰ったり、買ったりした品物にもこうした生霊が憑いてくることがある。

　生霊を除祓するには、それを人形（ひとがた）に移し、川に流す。人形（ひとがた）は紙を人の形に切ったものを用いることもあるが、生霊のきついものは人形（にんぎょう）を使う（写真9-19）。稲荷会ではかつてどのような人の生霊が憑いているか依頼者に具体的に述べていたが、現在、その点は言っていない。それを言うと結局、生霊をとばした相手に対する怨みの心を起こさせ、それが相手に生霊となって憑いてしまうので、同じことの繰り返しになるからである。また生霊は除祓するのが困難であるという。なぜなら生霊は生きている人間の念だから、バサリ

写真9-18　おもちゃに障りがあるかどうかを調べるために九字を切る教師（1988年）[著者撮影]

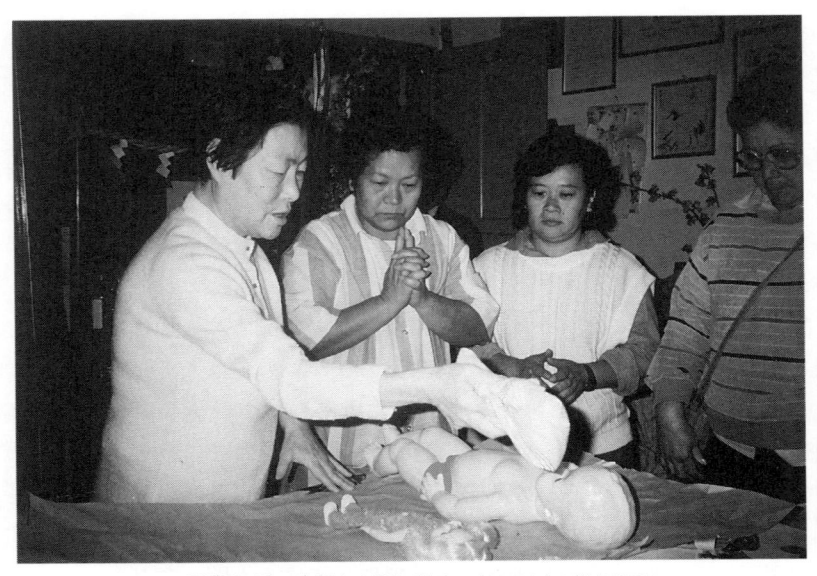

写真9-19　生霊を人形に移す　（1988年）[著者撮影]

とおとせない。他の宗教では生霊をとばした相手にそのまま返すが、稲荷会では生霊を送った者は悪いとはいえ、それを返したことによって送り手に災いをもたらすことを避けるために、霊を納得させ、送り手・受け手双方に害のないようにする。なお生霊にマクンバが伴うことは多い。これはその念に起因した黒呪術の依頼が相伴いやすいことを示している。

(4) 動物霊

動物霊は、ある動物を殺生したり、いじめたりした人やその子孫に憑依する場合がある。また、動物霊を操作する職能者によって憑けられることもある。後者の事例としては次のようなものがある。

①犬神使いの事例：医者で霊能者でもある人がいた。医者としての評判も高かった。彼は犬で「仕事」をしていた。「仕事」をしなければ食べ物を与えないと犬を責め、最後には犬を殺してその霊を使った。彼は後には犬の霊を使うといわれて、医者としての仕事もできなくなった。

②犬に憑かれた人の事例：夫が酒飲みで仕事をせず、犬が吠えるような格好をしたり、テーブルの下に入ったりした。彼は「拝む人」の所を歩き、そこで犬を憑けられていた。「拝む人」には犬の霊を憑けたり、とったりする人もいる。またこの人にように「拝む所」を訪れている時にそこで憑かれることもある。

③霊的動物の事例：カッペータと呼ばれる霊的動物がいる。白色で赤い眼をした50センチくらいの犬と猫の混血のようなもので、普通の人は見ることはできない。カッペータを飼っていてそれを人に憑かせる「拝む人」がいる。カッペータが憑くと飛び上がったり、尋常でない行動をする[23]。

動物霊の場合は、動物を殺したり、いじめたなど憑かれる側にその原因となった行為がある場合もあるが、動物の怨念（または怨霊）を操り、操作する職能者（マクンベイロ）によって憑けられることが多く、マクンバとの関連が深い。

(5) 願掛けの際の約束の不履行

ブラジルの民衆カトリシズムでは、①人間から神や聖人に対する働きかけ、

すなわち「プロメッサ(願掛け)」、②大願成就のあとの返礼の実行、③神や聖人の側からの人間への働きかけである「奇跡」や約束の不履行に対する「懲罰」の三つが、重要な構成要素である[荒井1982：196-204]。神や聖人に願を掛けていながら、願掛けをしたことそれ自体を忘れてしまったり、その際にした約束を履行しないことによる災いが、ブラジル人の場合、不幸の原因の第1位で、問題をもって訪れる人の約半数を占める。彼らは簡単に願掛けをし、それを忘れたり、願がかなえられても到底できそうにもない無理な返礼の約束をすることが多々ある。こうした理由による災いの場合は、まず依頼者にとって災いを引き起こした原因となっている「願」と、また神、聖人が約束として要求している返礼の内容を明らかにする。そして、①約束を果たす、②無理な約束は、出来る範囲のやり方で許してもらう、③願解きをする、のいずれかのやり方をとる。稲荷会では、神に願を掛けたら、かなってもかなわなくても一定の期間(最長で3年)がきたら払う。また、やたらに願は掛けない、掛けたならばできる範囲の約束をするように指導している。

　ブラジルの守護女神アパレシーダに対する願は、よく掛けられる。聖母アパレシーダは高さ30センチの立像で、黒いマリアである。彼女は気性が激しく、霊験あらたかな神でとくに黒人をよく助けるといわれている。彼女は両義的な神で、良いことも悪いこともかなえてくれるとされる。したがって、願掛けをして、約束を履行しないと、その制裁は恐いと信じられている。サンパウロ市から約170キロの所に位置するアパレシーダ・ド・ノルチにある彼女を祀る神殿の地下には奇跡の部屋があって、願掛けがかなった返礼として、写真、蝋細工の足形・頭型、ウェディングドレス等々が奉納されている(69-70頁の写真2-1～2-4参照)。

(6) 神仏の障り

　神仏に対して、意識的であれ、無意識的であれ、不浄なこと、非礼なことをしたことが原因となって受ける障りがある。これに対してはその原因を明らかにし、非礼をわびる。たとえば、金神は家の周りを回るといわれ、まわり金神の名があるが、金神の歩く所に排尿したり、その通り道に棒をさしたといったものや、次のような事例がある。

ブラジル人の女性が、アパレシーダ、サンタテレジーナ、ファチマ、キリストを祀っていたが、夫が事故死したので腹が立ち、これら神々の像を井戸に捨てた。後に後悔して神像を修復したが、神がこのことを怒り、頭痛と不眠になった（写真9-20）。これに対しては、神像の性根抜きをし、新しく受けてくるので守ってくれるようにと、神に詫びをいれた。

　これらの事例にみられる除祓方法のなかで顕著なのは、物の形で憑き物を除祓するということである[24]。生霊は人形でとり、マクンバはそれをかけるのに用いた物でとる。また、病気を物に移して川に流すということも行われている。体の悪いところを人形（にんぎょう）やメリケン粉で作った人形（ひとがた）に移したり、胃が悪い時ならばメリケン粉で胃の形を作り、それに病を移す（写真9-21）。また目の悪い時には鶏の目や牛の目に、皮膚病は鶏の皮や豚の皮に移すことによって患部が治癒するとされる（写真9-22）。この儀礼は本来は同じ事を3回繰り返し行う必要があるが、おきんの代になってからは、たとえば胃形を三つ作って一遍ですますように簡略化している。

　J.G.フレーザーは呪術の基礎にある思考の原理として、類似の法則と接触

写真9-20　神像を破損した障りで頭痛と不眠になった依頼者　（1988年）[著者撮影]
（聖母アパレシーダ像の首のところが石膏でつないである）

写真9-21　メリケン粉で作った胃形3個に胃病を移しとる（1988年）[著者撮影]

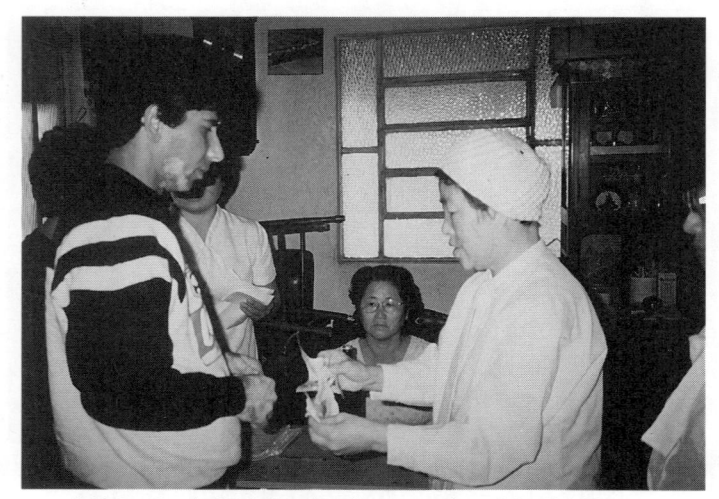

写真9-22　皮膚病を鶏の皮に移しとる　（1988年）[著者撮影]

(感染)の法則を区分し、前者による呪術を類感呪術(模倣呪術)、後者を感染呪術と呼んだ。前者は、類似は類似を生む、あるいは結果は原因に似るということで、後者は、かつて相互に接触していたものは物理的接触のやんだ後までも空間を距ててなお相互作用を継続し、かつて誰かに接触していた物体になされた行為は、それと全く同様な結果をその人にもたらすというものである [Frazer(訳) 1951：57-60、井之口 1975：77-79]。マクンバの呪詛儀礼のなかには、この法則にあてはまるものが多々みいだせる。人形や写真をその人だと思って痛めつける、動物の心臓にナイフをさす、結婚のために男女の人形をくくる、運を封じるために鎖で縛り鍵をかける。これらは類感呪術である。また、その人の着ていた洋服、髪の毛を呪詛に用いたり、先に物体に呪詛し、悪しき力をもたせたうえで贈答するというのは、感染呪術とみられよう。本人が自分で来られない時、着ていた服や写真にお祓いをするというのは、前者は感染呪術、後者は類感呪術に担当する。生霊を人形に封じ込めたり、病気を胃形や動物の類似部分に移す儀礼は、類感呪術と感染呪術の両方の意味合いをもっている。

おわりに

(1) ブラジルの憑霊の文化と稲荷会

　ブラジルには、憑霊を肯定し、それを了解する文化がある。稲荷会に依頼者として訪れる人も、教師たちも、そうした信憑性構造を共有しているからこそ、前節でみたような不幸の原因の確定とその除祓が可能になる。この憑霊の文化を構成する重要な要素として、アフリカの部族宗教、インディオの宗教、カルデシスモがあり、これらの影響を受けて成立したアフロ・ブラジリアン宗教は民衆カトリシズムと習合している。プロテスタントの場合もペンテコステ派など憑霊現象を伴う宗派が受容されている。そして日系宗教である稲荷会は、難解な教義を打ち出さず、祈祷・願掛け・呪ない・憑依霊の除祓といった直接的な活動によって、ブラジル社会に適合的なものとして機能した。日本の神々は、ブラジルの文化的土壌においてある部分は変容しつ

つも、その奇跡遂行能力や除祓能力によって、結果として日本人・日系人のみならず、ブラジル人をも「救う」ことになった。

　日本においては、憑く・憑かれるの関係は、現実の人間関係の軋轢・葛藤に根ざしていることが多いといわれる。こうした日本の憑きもの信仰は、その家筋の形成過程においては、社会的・経済的地位の上昇に伴う摩擦を軽減させる潤滑油の役割を果たし、また持筋が固定してからは、憑かれないようにするためには、人から恨まれたり、妬まれないように振る舞い、また人に憑いたと言われないためには、意地が悪い、気性が激しい、人にくってかかるなどとみなされないように心がける。したがって（生霊も含めて）憑きもの信仰は、人間関係の和を促進し、村落の連帯性を強め、伝統的な規範の維持に役立つ傾向があるとされる［吉田 1972：123-136、石塚 1959：288-292、小松 1984：60-71］。しかしながら、このような「憑くも恥、憑かれるも恥」とする日本的言説はブラジル社会ではあてはまらない。たとえば日本の村落社会や部族社会など比較的安定した社会構造のなかでは、それは自己規制や暗黙の人間関係の統制といった機能をもつにしても、ブラジルのような一枚岩的構造をもたない社会では別の解釈をとらざるをえない。また、日本では伝統社会の解体や都市化の進展によって、憑きもの信仰は消失しつつあるといわれる[25]。しかし、ブラジルでは、不確実性・流動性が高まった都市でむしろ、黒呪術が横行している。

　他人の死霊に憑かれたり、マクンバをかけられたり、生霊に憑かれたりした側に何らかの非があり、それによってこのような出来事が起きたという因果関係の説明は、ブラジル社会では成り立たない[26]。憑かれたといっても、それはかなりの場面において、全く道徳的に非難されることではない。見ず知らずの人に憑き、災いを与えるのは怨霊である。マクンベイロが死霊を操作することができるのもそれが怨霊だからである。生霊も恨み・妬みの人間の念である。ブラジル社会は、次に述べるように、国家の形成過程においてそれに内在する論理によって「怨念」の文化を創出してきたともいえよう。

　ブラジルは1500年にポルトガル人によって「発見」され、植民地（1822年に独立）となる。当初、奴隷になったのは原住民インディオだった。奴隷狩りやヨーロッパ人がもたらした疫病によってインディオは激減し、1570年から

はインディオに代わってアフリカから黒人が奴隷として盛んに「輸入」され、奴隷貿易が禁止される1850年までのおよそ300年間に、少なくみても350万人、あるいは1,000万人ともいわれる黒人が、アフリカ各地からブラジルに強制移住させられた。19世紀半ばまで、ブラジル社会はプランテーション農業と奴隷制を基盤として形成されたのである［山田 1986：228］。こうした黒人は、死後も怨霊としてブラジルの地に留まった。彼らは白人をヒエラルキーの頂点とする社会・文化のなかで周縁的な精霊となった[27]。アフロ・ブラジリアン宗教とは、奴隷たちとともに到来し、彼らが永い年月、隷従と抑制下にあって心の寄りどころとしてきたアフリカの神々の宇宙論的土台のうえに打ち立てられた憑依宗教である。そこには伝統的なアフリカの神霊とカトリックの神や聖人とが習合しているが、このような宗教はブラジル国家のキリスト教的体制にとっては周縁的であり、社会の従属部分に強く訴える霊的力を中心とするものである。

　I.Mルイスは、憑霊現象の社会的コンテキストに着眼して、中心的憑依宗教と周縁的憑依宗教という二つの概念を提示した。前者は人間を高い地位へと駆り立てる一方、社会の検閲官として機能する道徳重視の憑依宗教であり、後者は人間の道徳的な掟に対して徹頭徹尾無関心な精霊を中心とするものである。周縁的精霊は、これといった理由もないのに、あるいは少なくとも社会的に咎められなければならない罪など全く犯したこともないのに、突然襲いかかり、災厄をもたらす。この精霊は社会の道徳規律を守る興味など全くない。だから、この邪霊に憑依されたところで、その者には道徳的に非難されるいわれは一切ない。社会道徳に違反したために生じる罰とはみなされない。このような羨みと恨みの感情を反映した精霊の悪意の力は黒呪術にも直接的に使用されうる。精霊の出所は下層階層と特別な関係をもつ無道徳な周縁的精霊であって、社会道徳を維持・強化する直接的な役割とは一切無関係であるから、必ずも憑依患いに陥った犠牲者や黒呪術にかけられた人は道徳的な非難を受ける筋合いはない。こうした精霊は祖霊でない霊である。一方、中心的道徳宗教に関する精霊は本質的に道徳的であり、したがってこの種の精霊が介入して引き起こす災厄は予見可能である。周縁的精霊とは対照的に、気まぐれに、みさかいなしに襲いかかってくることはない。道徳上の罪を犯

した者に直接作用し苦しみを引き起こすか、正規の恵み深い保護から手を引くという間接的な手段によって、邪悪な背信行為は罰せられずにはおかれないことを示すのである[Lewis（訳）1985：126-162]。

　前節で述べた、他人の死霊やマクンバはブラジル社会での周縁的憑依宗教であるアフロ・ブラジリアン宗教の周縁的精霊との関連で理解できる。生霊の原因となる人々の「念」の強さもこうした土壌と関連する。他方、死霊のうち祖霊の障り、願掛けの際の約束不履行による懲罰、神仏の障りは、中心的道徳的精霊とかかわっている。前述したように周縁的精霊は怨霊（とくに黒人奴隷の霊）であり、中心的道徳的精霊はブラジルの中心的宗教であるカトリックと結びついている。日系人にとって、中心的道徳宗教の原点は先祖祭祀にある。今日の日系人にとっての不幸や災厄の原因の多くを占める祖霊による障りは、彼らがブラジル社会のなかで宗旨替えや忘却によって祀られなくなって「無縁化」し、周縁の精霊と化しつつある危機状況と結びついているともいえよう[28]。

(2) 1988～1999年、11年間の変化

　ここで調査を初めて行った1988年から1999年に至る11年間に、稲荷会にどのような変化があったかについて述べておきたい。稲荷会のルーツである伏見稲荷・石切神社・柳谷観音との関係では、1991年に石切神社の管長らが来伯、1994年には柳谷観音の住職らが来伯して大法要を行った。日本の伏見稲荷からの来伯はないが、北米の伏見稲荷分社の神主が来伯した。1993年には三代教主野々垣おきん、会長本間透を含む16人が訪日した。こうして日本との関係は深くなったが、日本側はブラジル的に変容した活動の修正を求めないし、干渉もしていない。稲荷会側もブラジルでは日本のものをそのままもってきても通用しないと考えている。石切神社が費用を出して神社を建てたいという話もあったが、統制力が強まって独自の活動ができなくなることを危惧し、断った。

　1988年に購入した土地に附属していた家を1991年2月に改造して会館が落成した。しかし、会館は金曜日の教師の修行や因縁調べの時、また法事で用いる以外はあまり活用されてはいない。広くないこともあるが、もう一つの

理由として、こちえ時代からの末一・末廣・権太夫・白菊の四稲荷と石切剣箭大神を祀った社、柳谷観音像、こちえ観音像が本殿とされる野々垣家から移されていないことが挙げられよう。

　祭については、販売するお守り（稲荷会の収益の大部分を占める）の種類が豊富になったことや、稚児行列などが付加されるなど出し物の付加はあるが、基本は変化してはいない。日常的な活動として、教師が問題をかかえる依頼者に対して、祈祷や除祓、お祓いなどを行うことは全く変わっていない。稲荷会では戒名もつけるが、漢字では読めないという人々の声に対応して、位牌の戒名をローマ字にし、戒名が不要という人には俗名のローマ字の位牌を与えるようになった。

　11年の経過のなかで、教師の死亡や高齢化が起きており、新人が教師になってはいるが、高齢化による活力の低下は否めない。1990年代に日系社会を巻き込んだ日本へのデカセギは、教師の一人がデカセギに行ったこと、教師の家族でデカセギに行く人が増えたことによって、次世代の中心になるべき層が流出した。稲荷会では依頼者を信者ととらえるが、日系人の信者のデカセギが相次いだ結果、信者のなかでブラジル人の占める割合が相対的に増加した。また、デカセギに行った人からは国際電話で問題の相談や祈祷を依頼されている。

　稲荷会の教師は日本的な感覚をもち、日本語を話す人々であるが、二世・三世から祝詞や「ごくい（祈祷の仕方）」の意味を知りたいという希望が出て、1995年1月から毎月第4日曜におきんの話をポルトガル語に通訳する形で講習会が始まった。その内容は神の礼拝の仕方、九字の切り方、御幣の切り方、天津祝詞の稽古とその意味、種々の祈祷のやり方、呪（まじな）いの仕方、車の清め方、祭の意味などである。先祖には盆・彼岸・命日となぜ3回も特別の日があるのか、などの質問も出る。講習会の参加者は約50人、日系・非日系半々で、教師の子弟もおり、いずれは教師になりたいと希望する人が多い。これからはポルトガル語という認識が共有化された点、次世代の教師の育成が意識化された点で、画期的ではあったが、この試みも次の事情により2年余で頓挫を余儀なくされることになった。

　稲荷会にとっての最大の変化で、かつ打撃を受けた出来事は1997年7月に

写真9-23　稲荷祭での野々垣家の人々　(1995年頃)[稲荷会提供]
(右端から会長の本間透、おきん、ナターシャ。左端は真貴美)

教主のおきんが脳卒中で倒れ、その役割を果たすことができなくなったことである。おきんは脳障害のために指導はもとより、記憶も定かではなくなり、療養生活に入った[29]。実際の活動はおきんの兄嫁(定右衛門の妻)の清子と甥(姉かねよの長男)のアルマンドを中心に教師が協力して行ってはいたが、稲荷会の祭神すべての神示を受けることができ、指導できたおきんがいてこそのまとまりに翳りがみえ始め、1999年4月におきんが71歳で亡くなったことで稲荷会は分裂の危機に直面している。祭主であった兄の定右衛門もおきんの死の8日前に亡くなって、稲荷会は教主と祭主の2人を相次いで失うことになった。

稲荷会は本来的に組織というより、霊能者である教師のネットワークであり、教師はその力量によって、いわば独立性の強い一国一城の主的な色彩があるため、求心性はリーダーの個性や能力に依存する度合いが強い。後継者についておきんは、1996年に著者との話のなかで、定右衛門・清子夫婦の次

女真貴美の娘ナターシャ（1990年生、当時6歳、非日系ブラジル人との混血）を跡継ぎとして嘱望していたが、まだ幼いために、四代祭主は定右衛門夫婦の長男一弘、実際の仕事は真喜美とアルマンドと語っていた。後継者問題での難点は、第一の選択肢のナターシャは権太夫稲荷と白菊稲荷の台に生まれながらになっており、石切劔箭大神は現在でも受けることができ、いずれは末一稲荷を受けられると予言されているが、あまりにも若すぎる。第二の選択肢である真貴美（未婚の母のため姓は変わっていない）は山根イトノの権太夫稲荷の系統で、子供の時から霊能があったというが、本人の自覚として召命を受けておらず、「仕事」をしていないので自信がない。こちゑは病床に伏してからも話せて指導もでき、おきんは後継者としての自覚を高めていったが、おきんの場合は病気になってからは教えられる状態ではなかった。第三の選択肢のアルマンドは末一稲荷と石切劔箭大神を受けることができるが、こちえの外孫で姓が異なるため、後継者の条件としてこちえが挙げた野々垣家に所属してはいない。おきんの死後、清子派とアルマンド派に分裂する動きもみられる。清子は真貴美に渡せるまで中心になるつもりの様子である。両者の協力関係にひびが入ったのは、おきんの介護にかかわる問題をめぐって確執が生じたことがその理由の一つとして挙げられる。こうした分裂騒ぎを嫌い、実際の「仕事」は教師個人の自宅で継続しているものの、どちら側にも立たず、稲荷会から疎遠になっている教師もかなりいる。

　稲荷会のような霊能者中心の宗教は、組織がきちんとしているわけでなく教義も明確でなく、霊能の授受関係（「身の定め」の項参照）と教主の霊能力への尊敬、情的なつながりを基礎にしているため、後継者問題をめぐって問題が生じやすい。しかし、1999年10月に行われた春の稲荷祭で、真貴美に権太夫稲荷が降臨し、口を切り、祈祷を行った。これによって真貴美は召命を受け、権太夫稲荷の台として確定したとのことである。教師・信者の集まっている祭で「神の選び」を示し、能力を証明したので、稲荷会はここに落ち着く可能性がでてきたといえよう。

注
1) 稲荷会と同様、日本移民によって始められた日系ブラジル新宗教に、神乃家ブ

ラジル大神宮教(別名巖戸神社)、伯国観音寺院(別名聖母観音)などがある。両者の詳しい事例は、前山1997：257-328参照。
2) 稲荷会では、稲荷はあらゆる種物をつくった親神で、伊勢神宮の外宮に祀られている豊受大神の別名ととらえている。また、豊受大神と末廣稲荷はきょうだい、末一稲荷は末廣稲荷の子で、権太夫稲荷の別名は猿田彦命、白菊稲荷は天鈿女命(あめのうずめのみこと)であるとしている。なお、狐の眷属信仰は行われていない。ブラジルには狐が憑くという観念はないようである。
3) ブラジルの日系コロニアでは、日本人・日系人以外を「ブラジル人」、または「ガイジン」と呼ぶ。「日本語」に対して「ブラジル語」(実はポルトガル語であって、「ブラジル語」という日本語に対応する概念はブラジルの言語体系には存在しない)、「日本宗教」に対して「ブラジル宗教」、「邦字新聞」に対して「伯字新聞」、「日本食」に対して「ブラジル食」等、日系と非日系を区別した用い方をしている。このような作業をとおして、日本人アイデンティティがきわめて鮮明なかたちで析出され、かつそれが日本本土の状況におけるものとは本質的に異質なエスニシティとして成立してきた[前山1996：311]。
4) ここで用いられている御詠歌は、稲荷会独特のものである。信者の仏壇のなかから発見された日本の御詠歌の本のなかに、柳谷観音の歌があったので、それを元歌に、ブラジルを詠み込んだ歌を信者から募集し、3年間かけて1979年に完成した。33の歌から成る。「とつくにの　すみずみまでも　かぎりなく　ひかりてらす　ごじひかんのん」、「そそぐみづ　うなばらこえて　ブラジルに　とおくまもらん　かんのんぼさつ」と、異国の地にあっても、人々を守る観音の慈悲に感謝し、また「やまたにを　はるばるこえて　にだいめは　すくいのみちを　といてゆくらん」とこちゑを詠んだ歌もある。
5) シセロ神父(1844-1934)は、ブラジル北東部のセアラ州の寒村で50年も続いたメシア主義運動の中心人物である。司祭として正式な教育を受ける一方、その奇跡遂行能力によって、聖職者位階制の地位を超えて一般民衆から生ける聖人として崇められた人物である[荒井1982：193-194]。
6) 森岡清美は、文化変容という概念は在来文化の変化が関心の中心にあるのに対して、土着化という概念は外来文化の変化に焦点を置いた概念であるとする。土着化はまた、「外来文化の型が在来文化の型によって変容し、かくて在来文化のなかに受容され定着することを意味している」として、土着化を論ずる場合、変容の程度に加えて受容・定着の程度をも問わなくてはならないとする。そして、受容とは外来宗教の理念的要素(教義)と行動パターン的要素(儀礼)とを受け入れることで、定着とは、受容されたものが在来のものと多かれ少なかれ調整され

て、安定することである。制度的定着でなければ土着化にならないが、その土着化を二つの軸に沿って区別する。第一は、社会の他の重要な体系と友好的に結びついていない場合(拒否)と結びついている場合(容認)の区別であり、第二は、変容が非本質的部分にとどまる場合(変形)と本質的部分まで犯している場合(変質)である。この二つの軸を組みあわせて、A孤立(拒否―変形)、B土着化(容認―変形)、C秘事化(拒否―変質)、D埋没(容認―変質)の類型を提出している[森岡1972:53-56]。

稲荷会の土着化の程度はBにあたり、今後二世・三世の時代になるとDの方向に行く可能性もあると思われる。

7) こちゑの生活史をふまえた稲荷会創立に至るプロセスについて詳しくは、渡辺1990:7-21参照。
8) 大阪の石切神社では洗米が7粒袋に入ったものを「御護符(なでまもり)」という。定右衛門の記憶によると、戦前には石切神社に石が置いてあり、「なでまもり」として患部をなで、病気が治ったら、一つ借りた場合は二つにして返すことが行われていたという。しかし、石切神社の宮司に確認したところ、以前から「なでまもり」は石ではなかったということである。なお、石切神社境内の穂積神霊社には「願石」があり、年齢、氏名、願いごとを書いて奉納するようになっている。これと記憶上の混乱があるかもしれない。

稲荷会では「石切さんの石」として、初水・塩・御神酒で清めた石を依頼者のもってきた問題に対応する祈祷をかけ、それによって願いごとをかなえる石に変化させている。願がかなった時には、石を二つにして本殿に返却する。病気の時には「なでまもり」としてその石で患部をなでることが行われている。
9) サンパウロ州内の鉄道線のうち、モジアナ線の位置については、30頁の図1-2参照。
10) こうした事故が起きたのは、日本では仏壇を自分で作ってはいけないと言われているのに、ブラジルに来てから金石衛門が手製の仏壇を作ったことによるととらえられている。
11) イトノと白菊稲荷と権太夫稲荷とのかかわりは日本時代にさかのぼる。イトノが勤めていた映画館の舞台係の人が食中毒による湿疹が治らなかったため、イトノは誰からか聞いて彼を白菊稲荷を祀る行者のところに連れていき、祈祷してもらった。その人は治ったお礼に映画館に稲荷を祀った。また祝詞を奉上したところ彼に権太夫稲荷が降りたこともある。彼はイトノが渡伯する際、海上安全のお守りとして天津祝詞を平仮名で書いてイトノに渡している。
12) 木の十字架を建てた後、その周辺に居住していた10軒の日本人家族は、毎年10

月13日にこちゑを呼んで慰霊祭をしていたが、次第に移転する人が多くなり、十字架の霊に断って祭を中止した。その後、道路拡張のために市役所が十字架を除去した。5年間ほど十字架のない時期が続いたが、その周辺の家に次々と霊的な現象が起き、また稲荷会の教師たちにも夢のなかで知らせがあったため、1984年にコンクリート造りの3メートルの十字架を建立した。この場所は、コチエ・ノノガキ広場と名づけられた。

13) 1966年1月15日付の『パウリスタ新聞』には、「花咲くコロニア宗教界」という見出しで稲荷会の発足についての記事が載っている。「正一位末一稲荷大明神の教主といわれ、いままでに多くの人たちに恵みを与え、その実績は広く信者間に伝えられており、パラナ州などにも多数の信者がいるという。なお認証手続きにあたっては、京野四郎州議が大いに尽力したといわれるが、教主の野々垣コチエさんも、『長い間の念願であった正式認証がおりて、今後はひとりでも多く悩める人々を助けたいと思っています』とその抱負を述べている。なお、同教団では、これを機会に団体役員を決めて、教団の強化へと力強くふみだすことになった。」

14) この時期、神乃家ブラジル大神宮教は伊勢神宮の分社となり、伯国観音寺院は聖観音宗(浅草寺)の末寺となるなど、日系ブラジル新宗教は、日本との関係を強化した[前山 1997:257-325]。稲荷会の場合は伏見稲荷・石切神社・柳谷観音と三つの源流があるため、一つにしぼれず、連絡程度だった。

15) こちゑは、ご利益を貰ったら来なくなる人を気にしていたら、人助けはできないという考え方をもっていた。おきんは若い頃、こちゑに「あの人ら良くなったら知らん顔で、また困ったら来ている」と言うと、こちゑは「末一様が救って下さるのだから黙っていなさい。訪ねてくる人は1人でもお救いするのが道」と語っていた。

16) こちゑ時代には依頼者の日本人・日系人とブラジル人の割合は7対3で、おきんの場合は5対5である。

17) こちゑは着物を着て袴をはいた姿が良いと言っていたが、それだと銅像になり、銅像では人を助けられないとの仏師の提案を容れ、観音菩薩の姿にした。

18) 1952年頃、こちゑの弟子にしてほしいという男の人があって、これに霊能者としての手ほどきをしたが、柳谷観音の写真を無断で販売したり、後にはこちゑは狐を使うと言いふらし、彼女を叩き落とそうとした。こちゑはこのこともあって、弟子をとって誤ちを犯すよりも、どんなに大変でも自分でやろうと決意した。その後こちゑ自身が「身の定め」を行い、直接指導した教師には、安田実、田畑セシリア、S・Yがいるが、独身の時に「身の定め」をしたS・Yは結婚後、夫に反対されて稲荷会を離れた。家族の理解がないとこの「仕事」はできないという反

省をふまえて、おきんの時代になっても不確定要素をもつ若年の独身者を教師にすることはない。

19) マクンバとは、もともとはある特定のダンスを伴うアフリカの宗教儀礼である。後にリオデジャネイロにおけるアフロ・ブラジリアン宗教をさすようになった。アフリカ的伝統の濃い憑依宗教は、一般ブラジル人の多くから呪術・魔術・黒魔術のたぐいとみなされることが多く、邪宗教として蔑視される傾向が強い。マクンバの語はサンパウロ方面ではとくにステレオタイプ化して、邪術・妖術の意味で侮蔑的に用いられるようになった。マクンベイロとは一般に、そのような意味の黒魔術の実践者のことをいう［前山 1997：325］。

マクンバをどのようにとらえるかについては、一定した見解が形成されているとはいえない。藤田富雄の論考によると、ブラジルにおけるアフロ・ブラジリアン宗教を総称してマクンバと名づけるというセルジュ・プラムリの見解があり、ロジェ・バスティードはアフロ・ブラジリアン宗教を農村的なカンドンブレと都市的なマクンバに分け、カンドンブレが農村社会の連帯の手段として役割を果たしているのに対し、マクンバは都市の下層社会の寄生的、軽信的、不道徳的傾向を深化するものであるととらえている［藤田 1982：206-211；1991：307-322］。

このように、マクンバという語の用法については、アフロ・ブラジリアン宗教の総称、その1タイプ、黒呪術（邪術）的行為を意味する場合などさまざまな見解がある。いずれにしても人々が恐れているのは、マクンバの黒呪術である。著者が稲荷会をとおして見たり、説明を聞いた限りにおいては、マクンバとはアフロ・ブラジリアン宗教における黒呪術を意味するものとして用いられ、「マクンバをかける」とは黒呪術をかける行為、「マクンバをとる」とはかけられた黒呪術を解く行為であるとここではとらえておきたい。また、マクンバの実態については観察する機会をもたなかったので、ここで扱うマクンバの内容は、稲荷会でマクンバを除祓する事例を見るなかで構成された限定的なものである。稲荷会では、神には、良いことのみをする神、頼まれれば良いことも悪いこともする神、悪事専門の神がいるというが、日本の神は「大明神」というように「大きく明るい神」なので、良いことしかしないと位置づけている。

20) マクンベイロになるためには修行があり、セントロ・デ・エスピリタで免許を取得する。マクンベイロは、マクンバをかけるが、またそれを解くこともし、一般的には白呪術も行えば、黒呪術も行う両義的な職能者である。男女ともいるが、女性のほうが多い。また現在では黒人のみでなく、白人のマクンベイロもいるという。

21) エシュは一般的にはキリスト教のサタン（悪魔）と習合している。エシュは反

社会的性格をもつが、善悪両方の性質を合わせもつトリックスターという面がある[藤田1982：190-191]。サン・ジュルジュは、カトリック教会から神の位を剥奪された「神」であるという。
22) 四つ角に放置されたものは、自動車がとおったりして自然と消滅する。稲荷会では自動車のお祓いを行うが、信者には毎月1日と15日には自分で車を塩で清めるように指導している。とくに入念にタイヤを清めるように言うのは、知らず知らずのうちに、マクンバの残骸を踏んでいる可能性があるためである。
23) 日本における霊的動物のイズナを使った黒呪術の事例については、佐藤1986：10-27を参照。
24) なお、日本にも丑の刻参りの人形(ひとがた)や、人形やみてぐらに悪しきものを移して除祓する方法はあるが、ブラジルでのように多様な動物、品物を用いるのは見あたらない。日本での黒呪術の方法とその除祓方法については、石塚1959、小松1984；1988、および速水1987を参照。

　稲荷会で行われている除祓儀礼が、どの程度ブラジル的変容をとげているかについて検討するには、とくに戦前期の稲荷行者の修法をみなくてはならないが、これに関する資料は今までのところ発見できていない。定右衛門の記憶では、日本では、こちゑは病人、転居、方位方角、井戸、建物をみた位で、悪魔を除祓したり、「物」でとったりはしていなかったという。こちゑは、このような「物」で霊を除祓する方法を耕地時代から始めたというが、これは、アフロ・ブラジリアン宗教の呪物崇拝と関連した手法であると推測される。
25) しかし新宗教では、家筋と結びつかない形での個別的憑霊信仰が展開している。
26) 稲荷会の教師がこちゑに「マクンバや生霊を憑けられない方法はないか」と尋ねたところ、「ない。とるしかない」とこちゑは回答したという。すなわち、ブラジルでは個人に非がなくてもマクンバをかけられたり、生霊が憑くととらえている。
27) 現代ブラジル社会の著しい特徴は、住民の皮膚の色と社会階級との密接な関係である。奴隷制時代に形成された人種と社会階級の一種の相関関係は、その後の奴隷制度の廃止、自由競争社会の出現にもかかわらず、今日に至るまで基本的には変わっていない。ブラジルにおける人種隔離政策の不在は、人種的偏見や差別が不在であることを意味しない[山田1986：236-243、ペレイラ1983：51-61]。
28) 稲荷会で、日本のホトケはマクンベイロで使われるのを嫌って、子孫に知らせるという話を聞いた。
29) おきんの病気は単なる病気ではなく、霊的なものと稲荷会では受けとめられている。すなわち、その原因は、ウンバンダの霊能者の日系人Mが1997年に稲荷会

に修行に入ったことに起因する。Mは自分の依頼者に、問題があったら金曜日に稲荷会の会館に来たらよいと言い、実際たくさんのブラジル人依頼者がMを指名して来たようである。Mはマクンバ・生霊など憑き物を「とる」ことはできたが、霊をおさめることができず、悪い霊的なものを会館に置いていった。Mの舅がこちゑ時代から50年余の信者であったので、気のゆるみがあった。Mは実は霊能者としての腕を磨くためにウンバンダと稲荷会の二股をかけていた。権太夫稲荷から他宗教の人を会館に入れてはいけないと言われていたのをおきんが聞かず、Mの実態を見抜けなかったのはおきんの落ち度であり、金曜日は教師の修行が主旨であるのに、会館を依頼者で一杯にしたいと欲を出したためこのようなことになったと、定右衛門は語っていた。稲荷会ではウンバンダの霊能者は、悪いものをとりもするが憑けたりもする、すなわち白呪術とともに黒呪術も行う両義的存在と位置づけている。おきんの病気については神にいくら質問しても答えが出ないので、神の気に入らなかったことをしたためではないかと受けとめられた。ただし、医者は医学的には生きているのが不思議なくらいであると言っていたという。稲荷会の教師たちは、快癒を祈ってお百度を踏んだり、霊的な障りを除去しようとさまざまな試みを行った。

　なお、教師の側では、「人助けをしているのに、なぜ、皆でおきんの病気を治すことができないのか」、「なぜおきんがこのような病気になったのか」、「霊媒は霊を受けるので末路がよくないという話は本当なのか」など、稲荷会の信憑性構造に関していくぶん疑問が生じたようである。

稲荷会年表

年	出来事
1893	山根イトノ出生
1903	野々垣こちゑ出生
1916	こちゑの母、山根トミが末一稲荷を祭祀
1919	こちゑ、野々垣金右衛門と結婚
1920	この頃、イトノの夫菊松が、結婚前に痔瘻の手術をきっかけに石切劔箭大神を祭祀
1923	金右衛門、3人の子供が相次いで亡くなり育たなかったため、子育てに霊験あらたかな柳谷観音の信心を始める
1924	四男(実質長男)定右衛門出生
1926	長女かねよ出生
1928	次女おきん出生
1930	三女たま子出生
1931	山根トミ死去
1933	四女てる子出生
1936	こちゑが稲荷祭の日に、末一稲荷からの召命を受けるが、子育て中につき猶予を願う
1937	五男(実質次男)松千代(ルイス)出生
1938	金右衛門の母が危篤の時に、末一稲荷からの神示で石切神社に参拝。本殿で祈念中にこちゑに石切劔箭大神が降臨
1940	(6月)ブラジルに移民。サンパウロ州のモジアナ線沿線のコーヒー農園のセルトン・ジニョ耕地に入植 (6月)こちゑ、黒人の子供の歯痛を唱え言葉で治す (7月)六男金千代7ヵ月の早産で出生。風土病で1ヵ月後に死亡 (8月)金右衛門、梯子から転落し、破傷風で死亡 金右衛門の事故の時、こちゑに末一稲荷・石切劔箭大神が降臨 (10月)イトノ、権太夫稲荷・白菊稲荷からの召命を受ける
1941	前住地から20キロ離れたサンジョゼ・ピオパルトに転居。綿作りを始める こちゑに祈祷を求める依頼者の増加。ブラジル人の依頼者が多い
1947	こちゑは農閑期にカンピーナス市に出て、霊的仕事が活発化する
1948	自宅での稲荷祭の際、サンパウロ市に転居の神示がくだる
1949	リベロンピレスの十字架の出来事で奴隷の霊を鎮魂する。こちゑが有名になる
1950	サンパウロ市ビラ・カロンに転居
1951	定右衛門、床屋とバールを開業
1954	夫菊松が死去したため、イトノはこちゑ一家と同居
1956	定右衛門の結婚を契機に、こちゑはブラジル永住を決意
1966	稲荷会設立(宗教法人認可)、会員317名により発足 日本の伏見稲荷、石切神社、柳谷観音と連絡をとるようになる 末一稲荷50年祭の時に、初代山根トミ、二代野々垣こちゑに次いで、三代教主は野々垣おきんであることが披露される

年	出来事
1978	こちゑとイトノにブラジル政府から勲章授与
1981	イトノ死去(88歳)
1982	こちゑ死去(79歳)
1988	会館のための土地・建物購入
1990	おきんの姪の真貴美の長女ナターシャが出生
1991	会館が落成。石切神社から管長ほか来伯
1993	おきん、会長本間透ら16名が訪日、伏見稲荷、石切神社、柳谷観音を訪問
1994	柳谷観音から住職らが来伯
1995	月1回、ポルトガル語通訳を介した講習開始
1997	おきんが脳卒中で倒れ、療養生活に入る。講習停止
1999	(4月)定右衛門死去(75歳) (4月)おきん死去(71歳) (10月)真貴美に権太夫稲荷が降臨

出所)稲荷会からの聞き取り調査に基づき作成。

終　章
ブラジルにおける
日系新宗教の展開とその規定要因

1　各章の概要

　本書Ⅰ部ではⅡ部〜Ⅳ部で扱う個別新宗教の展開の背景を説述し、1章では、日本移民の歴史、日系社会の組織、日系人の実態と、日系社会や日系新宗教に大きな影響を与えた1980年代後半からの日本へのデカセギについて述べた。2章では、新宗教のみならず仏教・神道も含めた日系宗教の戦前・戦後にわたる展開を概観し、さらに布教にあたって直面するブラジルの宗教文化、すなわちカトリック、インディオの宗教、黒人の部族宗教が習合し、それにフランス起源の心霊主義が混淆した、奇跡信仰・憑霊信仰を特徴とするブラジルの宗教文化について述べた。

　ブラジルの日系新宗教は信徒が日系人主体のものと非日系人に拡大したものとに大別できるので、Ⅱ部では日系人主体の大本、金光教、立正佼成会について、Ⅲ部では非日系人に布教を拡大した世界救世教、創価学会、霊友会について、考察した。Ⅳ部ではブラジルの宗教文化をよく示している、ブラジル生まれの日系新宗教である稲荷会をとりあげた。これら各章の概略を述べると以下のとおりである。

　3章　大本(布教開始1926年、信徒240世帯、非日系人5％)は、1930年代と1950年代後半から1960年代の祈祷活動が活発だった時には、現世利益を求める非日系人をひきつけたが、流動的な彼らを定着させることができず、現状では日系人中心の宗教と化している。さらに、日本の本部方針による祭式の強調が儀礼の異質性を増幅させ、参詣宗教化が顕著となり、日系人のエスニック・チャーチとなって、閉じた空間を形づくっている。

　4章　金光教(布教開始1964年、信徒400人、非日系人10％)は、布教年代が最も早く有力なビリグイ教会で代表させた。この教会はサンパウロ州内陸部の日系社会が強固な地域にあったため、エスニック・チャーチを求める日系人と、奇跡を求めて接近する非日系人とのせめぎ合いに特徴がある。祈祷活動が非日系人を多くひきよせたことが日系人信徒の離反を招き、日系人と非日系人の祭典を別にするなどの棲み分けをへて、冠婚葬祭執行のニーズのもと

に日系社会のエスニック・チャーチとなっている。また、1970年代後半に日本から後継教会長を招いたところ、その出身教会が金光教では異端とされる教会だったため、初代教会長家族、近隣教会、本部との間に葛藤を生み、解決までに時間がかかったが、そのことが教会長の宗教者としての自己形成に深くかかわった。

　5章　立正佼成会（布教開始1971年、信徒657世帯、非日系人12％）は、1980年代までは戦後移民の心のふるさと的なエスニック・チャーチだった。しかし、1990年代に入って、教会長の実質的交代、世代交代の課題、日系人布教の行き詰まり、デカセギによる信徒の流出により、非日系人布教を視野に入れた転換が求められた。まだ模索的な段階であるが、喘息無料治療によって非日系人に教会を開き、喘息先祖供養の開始、ポルトガル語法座の開設、青年部活動の活発化などで、非日系人布教の方向性が打ち出されている。

　6章　世界救世教（布教開始1955年、信徒31万人、非日系人97％）は、非日系人布教によって大きく伸張した。ブラジルの宗教文化に適合的な浄霊という宗教財は、信徒になれば誰でもできる簡便性に特徴がある。これによって初期から非日系人に布教したが、1970年代後半にブラジル人気質を組み入れた非日系人布教のノウハウを確立して教勢を拡大した。さらに1990年代に入って、ブラジル聖地の建設に向けて献金活動を強化し継続させるために信徒の定着・育成の課題に取り組み、組織を改変するとともに、個人指導をとおして御利益信仰から脱皮させ、浄霊の意味を拡張して自己変革へ導いた。救世教は浄霊を手だてとした奇跡信仰への対応から進んで、異文化布教の課題に応えて流動的な信徒の定着・育成に成果を挙げ、都市の新中産階級をとらえた。

　7章　創価学会（布教開始1960年、信徒15万人、非日系人90％）は、1960年に池田大作（現、名誉会長）の訪伯を期に日本で入信した戦後移民を基盤として支部を結成した。強烈な折伏活動による日系社会との摩擦、日本での政治進出に対するブラジル社会からの危険視、創価学会と日蓮正宗の二重構造による対立関係、によって展開が規定されつつ、各時期に生じた問題を乗り越えるために意識的に戦略を立て、方向を転換していったことに特徴がある。すなわち、日系社会との摩擦回避のために非日系人布教へ転換し、ブラジル社会の認知を獲得すべく折伏から文化活動の重視に方針を転換した。創価学会は

日系新宗教のなかでは唯一入信に際してこれまでの宗教からの離脱を求めるが、カトリック教会に対しては柔軟路線をとる。非日系人布教では現証を重視し、異質性はあるにしても単純明快な実践に動機づける。また、座談会・個人指導・家庭訪問といった指導システム、役職への登用、文化活動を通じての育成によって、流動的な信徒の定着を図っている。

　8章　霊友会(布教開始1975年、信徒8万人、非日系人60％)は、支部の連合体から成る組織で支部の独立性が高い。はじめ日系人を主体に布教していたが、1990年以降デカセギによって組織が打撃を受けたのを契機に、非日系人布教に大きく転回した。非日系人布教の先駆的支部では、儀礼の異質性は高いが、先祖供養と根性直しというブラジル文化に異質な内容を非日系人に理解しやすいように具体的に説き、世話をする・されるという実践をとおして信徒を定着させた。

　9章　稲荷会は日本に本部がある新宗教と異なり、伏見稲荷・石切神社・柳谷観音の系譜をひく霊能者によって、ブラジルで創始された。霊能によって不幸の原因を見定め、それを除祓する活動をしているが、説明原理はブラジルの宗教要素を取り入れており、また日本の神々が中心でありながら、実際の活動はブラジルのエスピリティズモ(心霊主義)と類似している。

　これらのうち、稲荷会はブラジルで生まれた日系新宗教であるのでこれを除き、それ以外の日本に本部のある日系新宗教、すなわち大本、金光教、立正佼成会(以下、佼成会)、世界救世教(以下、救世教)、創価学会、霊友会の展開を規定した要因について、とくに日系のエスニック・グループの枠内にとどまったものとその枠を超えて非日系人布教に拡大したものとを比較しながら、いかなる要因がこの差異をもたらしたのか、また非日系人に拡大した日系新宗教では異文化布教にかかわる諸課題をどのように解決していったか、という観点から、本書の研究成果をまとめておきたい。

2　組織形態・布教形態と非日系人布教との関連

　序章で示した組織形態(おやこ型—中央集権型)の軸と布教形態(教師中心参詣

型一信徒中心万人布教者型) の軸をかけあわせた分類からみてみよう (7頁の図序-1参照)。まず、非日系人に大きく布教を拡大した救世教、創価学会が中央集権型・信徒中心万人布教者型宗教のC象限に入っている。霊友会はD象限のおやこ型・信徒中心万人布教者型宗教であるが、1990年代に入って急激に非日系人布教を拡大し、同時におやこ型のタテ系統に中央集権型には至らないまでもヨコの組織原理を付加した。

一方、日系人主体の新宗教の場合は、大本が中央集権型・教師中心参詣型宗教のB象限、金光教がおやこ型・教師中心参詣型宗教のA象限である。同じくおやこ型の霊友会との違いは、金光教が現在は合楽教会という一教会の系統しかブラジルに展開していないのに比べ、霊友会は複数の支部系統が入っていることであって、そこにヨコの組織原理を必要とする契機があったといえよう。大本は中央集権型であるが、拠点施設としては愛善堂のある伯光苑しかなかった時期が長く続き、1990年代になって自前のサンパウロセンターが設置されたものの、支部は信徒の自宅に置かれているにすぎず、人材の適正配置ができる状況ではなく、中央集権型の実をあげることができなかった。佼成会の場合は、日本の組織原理が中央集権型で信徒中心万人布教者型宗教の形態をとるので、C象限にあてはまる。しかし、1990年代前半までは三つあった支部がすべて教会内に設置され、信徒の主要な宗教実践は道場当番で、初代教会長が教会道場に常駐し一手に指導を担うという、実態としてはおやこ型・教師中心参詣型宗教 (A象限) の様相を呈していた。教会長の交代後、最近になって支部拠点が一つ教会外に設置され、信徒を教会道場内の実践だけでなく、布教に動機づける方向性がみられ始め、ようやく本来のC象限に向かって動き始めたというのが現状である。

日系人口はブラジルの人口の1％弱にすぎないため、非日系人布教が教勢の伸張を左右し、非日系人に布教を拡大した新宗教と日系人主体の新宗教では教勢に大きな差が生じた。非日系人に拡大した新宗教は、すべて布教を救済の重要な要件とする信徒中心万人布教者型宗教である。中央集権型が布教に機能的なのはブラジルが日本の23倍の広大な国 (サンパウロ州だけで日本と同じ面積) であって、地域をヨコにとりまとめる必要性が大きいからである。のみならず、中央集権型は人材や拠点施設の適正配置を可能にする。ただし、

教師中心参詣型宗教は非日系人に布教が拡大しないために、中央集権型であってもその実があがらないことは、先に大本についてみたとおりである。このように母教団からひきついだ布教形態・組織形態は新宗教の展開に大きな影響をもっている。ただし、佼成会のようにブラジルで実質的に異なる形態になった新宗教もある。

3　ブラジルにおける日系新宗教運動の課題

　日系新宗教がブラジルという異文化のなかで布教し、展開していく時に、日本国内での布教とは異なる課題を解決していかなければならない。その際、ブラジルには日系社会があるという他の外国にはない条件を考慮する必要がある。ここでは、非日系人に拡大した日系新宗教がどのように課題を解決していったのか、また日系人にとどまっている新宗教はどのような課題への対処が適切でなかったのかということを、表序-1（9頁）で掲げたI拡大課題群、II適応課題群、III定着課題群、IV組織課題群について、これまで扱った日系新宗教の事例から検討しよう。

(1)　拡大課題群

　拡大課題群として、①地域的拡大、②階層的拡大、③世代的拡大、④人種的拡大、⑤言語圏的拡大を挙げたが、これはII～IVの課題群解決の成否に応じて結果として現れるものである。異文化布教と関連して、このうち④人種的拡大、⑤言語圏的拡大が重要課題であり、他の課題群と深くかかわっている。
　以上の5点で拡大したのは非日系人に布教が伸張した救世教、創価学会、霊友会である。地域的分布をみると、救世教は、おおまかにいうとサンパウロ州、リオデジャネイロ州、その他の地域で約3分の1ずつで、全国的に拠点がある。創価学会は拠点施設からみるとサンパウロ州が中心だが、ほぼ全国的に州都に拠点施設が置かれている。霊友会の場合、日系人の多く住むサンパウロ州とパラナ州を中心として展開したが、非日系人布教で南マットグロッソ州（中西伯）に伸び、さらに北東伯、南伯にも支部が設置されるようになっ

た。日系人主体の新宗教はサンパウロ州中心で、ごく少数の信徒が他地域にいる程度である。日系人の大多数はサンパウロ州とパラナ州に居住するので、地域的拡大は非日系人布教の成否と密接な関係をもっている。②階層的拡大については、日系人信徒はだいたい中層に属し、非日系人信徒は、救世教は中層（都市の新中産階級）、創価学会では下層、霊友会では下～中層である。

(2) 適応課題群

適応課題群は、序章で述べたように、ホスト社会や文化との葛藤を解決しながら、いかにして孤立せず、またそのなかに埋没せず、自らの宗教運動としての独自性を保持しつつ、ブラジルという異文化社会に適応していくか、という課題である。その内容として、①言語の壁の克服、②奇跡信仰・憑霊信仰への対応、③教義・儀礼・実践の異質性の稀釈、④社会的認知の獲得、⑤カトリック教会との摩擦の回避、を挙げた。

①言語の壁の克服

日本語からポルトガル語に転換して、言語の壁を超えることは、非日系人布教のみならずブラジル生まれの二世・三世への対応といった点でも最重要課題である。非日系人が信徒の多数を占める救世教では、日本からの布教専従者が青年だったため、ポルトガル語を習得できた。また日系人信徒は戦前移民だったため、ポルトガル語がある程度できる人が多かった。創価学会は戦後移民が支部設立当初の基盤だったが、1965～1966年にかけての大折伏で戦前移民を折伏し、さらに日ポ両語のできる二世の人材を得た。霊友会は戦前移民が導きの対象だったので、彼らのなかにポルトガル語はある程度できる者がいた。1990年代になって活発化した非日系人布教は、言語の壁がほぼ超えられていたことで可能になった。

日系人主体にとどまっている新宗教は、いずれも教師中心参詣型宗教である。大本の場合は布教歴が長く、ポルトガル語ができる人材も過去にはいたが、日本語で通じる状況があるうえに、1970年代後半に派遣され永住した特派宣伝使はポルトガル語の習得に難点があり、ポルトガル語で教えを説き始めたのは1990年代に入ってからである。金光教は日系社会の強い、日本語が通じる地域社会に立地したので、1970年代後半に30代半ばで渡伯した後継教

会長のポルトガル語は十分でない。佼成会は中年女性が単身で教会長として渡り、戦後移民が布教対象だったので日本語が通じ、全くといっていいほどポルトガル語ができなかった。ようやく1990年代になってから教会長が実質的に交代し、さらに日ポ両語ができる人材を得てポルトガル語の使用を開始した。このように言語の壁を克服することができるかどうかは、非日系人布教の成否、したがってブラジル社会への適応を大きく規定する。

②奇跡信仰・憑霊信仰への対応

ブラジルの宗教文化の特徴である奇跡信仰・憑霊信仰への対応についてみよう。本書で扱った日系新宗教では、唯一佼成会の初代教会長がブラジルの呪術的宗教土壌に迎合すれば教えが崩れると反対したが、およそ日系新宗教は奇跡という言葉は使わないまでも現世利益を否定するものではない[1]。このなかでとくに救世教は、浄霊という業がエスピリティズモのパッセと類似し、もともと文化的違和感が少なかった。浄霊の効果によって、奇跡信仰にはよく対応している。仏教系では救世教のように違和感がないわけではないが、創価学会は南無妙法蓮華経の題目の唱題による事態の好転、現証を強調し、霊友会では、経典読誦・導き・戒名集めによって成仏していない先祖を成仏させ、それによって功徳が出ると主張する。現在では日系人主体の大本と金光教も、一時期、奇跡信仰・憑霊信仰に対して取次という業を通じてマクンバ(黒呪術)祓いや祈願をし、不特定多数の非日系人に対応した時期があることに着目したい。しかし、大本も金光教もエスピリティズモの日本版として祈祷師的に受けとめられるにとどまり、一時的な対応に終わって、定着課題を解決するに至らなかった。

既成仏教に比べて新宗教は人々の具体的な問題解決を軽視せず、またそれぞれに宗教的秘儀があるので、違和感の大小は別として、ブラジルの宗教文化へそれなりの対応をしてきた。しかし、ここでも特別な人がその資格において行う教師中心型と、信徒中心万人布教者型では対応の仕方が異なることは注意しなければならない。

③教義・儀礼・実践の異質性の稀釈

非日系人に拡大した救世教は、教義はフランス系心霊主義のカルデシズモと類似し、浄霊もパッセに似ていたうえ、儀礼において、月次祭では日本的

祭式を簡略化し、天津祝詞以外はポルトガル語、讃美歌もキリスト教風で、著しく文化的異質性を稀釈している。創価学会は経典・題目は変えることはできないとし、ローマ字読みで非日系人も実践しているが、仏法の解釈・説明はブラジル化し、さらに、教学といっても生活に密着したもので教学のための教学ではない。行事ではイベント方式を活用して、違和感を薄めている。霊友会の場合、題目はそのままだが、経典はポルトガル語に意訳したものを用いている。非日系人布教に成果をおさめている支部では、先祖供養や経典の内容について生活に即した説明をするよう工夫している。また、文化的異質性の高い仏具も、その意味を非日系人にわかるように説明している。

他方、日系人主体の大本の場合は、1970年代以降、祭式の乱れを是正して、日本的に復原し、異質性をむしろ増幅した。教義のポルトガル語講座が始まったとはいえ、内容は日本の基本講座に依拠している。金光教では月例祭で玉串の代わりに蝋燭を使うなど若干の異質性の稀釈はみられ、祈念詞のポルトガル語訳はあるが、教義の解釈にブラジル的工夫はみられない。佼成会では非日系人というより二世対策のため経典のポルトガル語訳がされたが、現在はローマ字化しただけの経典が使われており、教会における儀礼の異質性の稀釈に目が向けられ始めたが、まだ実行に至っていない。

このように、非日系人に拡大した新宗教と日系人主体のそれとは現地化の程度に差がみられる。ただ、ここで指摘しておきたいのは、天津祝詞、題目といったものを、もし呪文的にとらえるなら、異質性があっても効果さえあれば、問題がないと思われることである。

④社会的認知の獲得

社会的認知の範囲には、ブラジル社会、日系社会、地域社会といったレベルがある。ブラジル社会を対象とした救世教の生け花、陶芸教室など日本文化の紹介にかかわる文化活動は有名である。創価学会の文化祭、展示会などの文化活動はブラジル社会を対象としたものであるが、その資源を用いてブラジル日本移民80年祭の人文字での貢献によって日系社会との関係修復と認知をもたらした。威信獲得上、これらの文化活動は一定の成果をおさめている。救世教・創価学会は慈善活動も主な対象はブラジル社会である。霊友会は布教初期には文化講演会によって日系社会の認知を獲得しようとした。慈

善活動は主として対日系社会である。

　大本の社会的認知度は低く、南米本部所在地のジャンジーラ市と日本の本部のある亀岡市との姉妹都市提携が挙げられるくらいで、古着バザーの収益の一部を日系団体に寄付はしているが、認知を高めるほどではない。金光教の場合は、ビリグイの日系社会で、日本人会の行事と金光教の行事が重ならないように調整することや、教会長が日本人会の役員になっていることにあらわれているように、日系地域社会からは認知を獲得した。佼成会は日系団体への寄付くらいで、社会的認知度が低かったが、1990年代に入ってから喘息無料治療によって、日系社会を飛び越えてブラジル社会から一定の認知を獲得した。

　社会的認知度では救世教と創価学会がきわだっている。高い社会的認知の獲得は救世教では文化活動と非日系人への拡大を背景とするものであり、創価学会はブラジル社会から危険視されることを払拭するための意識的な戦術だったとみられるふしもある。

⑤カトリック教会との摩擦の回避

　ブラジルはカトリックが準国教のような国なので、カトリック教会との摩擦は布教にとって問題となる。日系新宗教の場合、概して複数所属を許容するので、その点で対決することは少ない。唯一の例外は創価学会だが、それでも日蓮の遺文にある「随方毘尼」を根拠に、カトリックを謗法として非難せず、カトリック教会との摩擦は極力避けている。

　これまでみてきたように適応課題については、非日系人に拡大した新宗教はまずは言語の壁を乗り越え、奇跡信仰に対応し、教義・儀礼・実践の異質性の稀釈をし、非日系人に違和感のないようにこれらを実質的に変更している。カトリック教会との摩擦をどの日系新宗教も避けているが、一歩進んで社会的認知については、非日系人に早くから拡大した救世教・創価学会は日系社会よりもブラジル社会の認知を獲得した。

(3) 定着課題群

　大本や金光教でみたように、非日系人は信徒として定着するには至らない

まま流れ去っていくことが多い。このことは適応課題群に対処するだけでは不十分であることを示唆している。そこで、非日系人をいかに信徒として定着させるのか、そのために定着課題群にどのように取り組んだのかを、次にみておきたい。定着課題群として、①ブラジル人気質の理解、②信徒育成システムの形成、③御利益信仰から心直しの信仰への深化、④教義の中核維持と拡張、を挙げた。これらは密接に結びついて信徒を定着に導くが、分析上分けて説明することにしたい。

①ブラジル人気質の理解

ブラジル人気質を理解することが、非日系人を対象とする布教とその定着にあたって重要である。非日系人に教勢を伸ばした日系新宗教は、現場での模索のなかでブラジル人気質ともいうべき、彼らの思考様式や価値観をとらえた。それは第一に、人からの押しつけを嫌い、指示されたり命令されたらやらない。第二に、即効性を求め、持続してやる忍耐心が薄い。第三に、問題が起きた時にカトリック教会の神父にせよ、エスピリティズモの霊媒にせよ、他人に拝んでもらって問題解決をしようとする。したがって宗教的には常に受け身で、自ら実践するのではなく、他人にやってもらうことに慣れている。第四に、自分の内部に原因を求める心が薄く、あなたが悪いといわれたら必ず反発する、ということである。

こうした彼らの気質をふまえて、布教者たちは布教・定着のノウハウを形成していった。第一の点では、一方的に指示するのではなく、相手の話をよく聞き、なぜそうなったのかを相手に考えさせ、問題に即してやり方をいくつか提示し、相手に決めさせる。第二の持続に動機づける方法は、次の②育成システムのところで述べよう。第三の点に、日系新宗教は「自分で実践する」という異質なものをもちこんだ。受け身から脱皮させ、自らを実践に動機づけることも②育成システムと関連する。非日系人に拡大した救世教は浄霊、創価学会は唱題と勤行、霊友会は経典読誦・戒名集めといった、救われるためにしなければならない明快な実践がある。これによって、文化的に異質でありながら、非日系人への教勢の拡大が可能になった。第四の点は、日系新宗教には因縁因果の考え方があり、自分の前世や先祖の因縁、今世での自分のあり方によって、現在の幸不幸が決められるのであって、もともと自

分に原因があるとする。ただし、運命決定論でなく、今世において悪因縁を断ち切ることができ、そのためには自らが行を実践すると同時に自分の心のあり方を変える必要があるとする。この点は、③御利益信仰から心直しの信仰への深化の項で述べる。

非日系人に布教を拡大した日系新宗教は、ブラジル人気質をふまえつつ、彼らを定着させるための方策を探った。他方、日系人主体の新宗教では、一時期非日系人がかかわっても離れていくため、非日系人はおかげをもらっても感謝の心がない、あてにならない、信用できない、という非難に終わった。教師中心参詣型宗教の場合は、一時期は非日系人が訪れても、拝んでもらうという受け身のままであるため、ブラジルのエスピリティズモの伝統からいえば、問題が解決すれば離れていき、効果を求めて流動化するのは当然である。

②信徒育成システムの形成

流動化しやすい非日系人信徒を持続的に実践に動機づけるには、実践の意味について筋道立った言説で納得させるとともに、導いた後のきめ細かな「世話」が必要である。救世教の世話人体制・浄霊所活動・個人指導、創価学会の家庭訪問・座談会・個人指導といった「激励」のシステム、霊友会のつどい・ミニつどい・個人指導などが、「世話」あるいは「世話」システムの具体的な形態であって、そこには小集団活動や個人指導が組み合わさっている。小集団活動では上意下達ではなく集団メンバーの参加意識を鼓舞する。これらの新宗教は万人布教者型であるから、布教の成果に応じて役職への就任・昇進があるとともに、より上位の役職では、とりわけ信徒に対する「世話」が強調される。日系新宗教が非日系人布教と関連して発見したことは、人材を育成するには「世話」をさせることが重要だということである。「世話」の機能は、新入信者や流動的な段階にある信徒を定着させるための訓練の役割を果たすが、最も重要な働きは世話をする側が育成されることである。

③御利益信仰から心直しの信仰への深化

単なる御利益信仰から進んで心直し、つまり自己変革に導くことは、信念体系の受容の程度にかかわる。前述したように、自分に原因があり、自分が変わらなくてはならないという考え方はブラジル文化にはないので、心直しはある程度定着した信徒のより上位の実践課題であって、個人指導で信徒の

もつ具体的な問題に即して指導をしている。悪いのは他人や社会ではなく、自分に原因があることを、救世教では浄化の理論によるカルマ（因縁）の解消、創価学会では因果応報と宿命転換、霊友会では根性直しによる因縁解決という教えで説き、いずれも自分の内部に原因を求め、心直しへ取り組ませている。心直しが単に修養でなく、生活倫理と結びつき、具体的な行動の変化をもたらし、問題解決と結びつくことが肝要である。

④教義の中核維持と拡張

心直しへの動機づけは、救世教の場合、浄霊という最大の宗教財を霊の曇りを取り除く業としてだけでなく、エネルギーを充填し、心のもち方を変える力を与えるものに本来の意味を拡張している。創価学会は教学によってなぜ心を変えなければならないかの根拠を与える。霊友会の場合は、経典の解釈を柔軟にし、根性直しに結びつけるなど、教義の中核は保持しつつ、ブラジル的解釈によって実効をあげるようにしている。

このように、現実的な定着・育成課題に向けての取り組みのなかで、ブラジル人気質をふまえ、各々の宗教財を活用しながら、信徒による宗教実践、小集団での体験発表や体験の交換、個人指導が重層的に関連して、信徒を定着に至らせている。非日系人を対象とする定着課題の達成はブラジル人気質を把握して初めて可能になることである[2]。

(4) 組織課題群

Ⅱ適応課題群はブラジルの社会と文化に、Ⅲ定着課題群は信徒個人にかかわるものだが、それらの解決はⅣ組織課題群の解決と結びついている。組織課題群として、①母国本部からの支援と関係調整、②広域組織化、③拠点施設の建設、④資格授与システムの整備、⑤現地人の役職への登用を挙げることができる。

①母国本部からの支援と関係調整

ブラジルという異国にあっても日本の本部との関係は無視することはできない。本部との関係には、支配・指導、支援、交流がある。支配・指導関係は、本尊など礼拝物は日本から、救世教の「おひかり」も日本から、資格授

与の認定も日本の本部が行うというように、宗教的権威を日本の本部が握ることによって成立している関係である。

日本の本部からの支援には人・財・情報があり、その投入の仕方はさまざまである。人材の派遣は救世教では初期に青年布教者を集団で2回送り込み、その後はブラジルの青年を日本で養成している。創価学会は布教実績のある人を参謀として送り込んだ。霊友会は支局長や支局職員を本部から派遣し、それとは別枠で各支部が信徒育成のため人材を送り込んでいる。大本の場合、中断期間はあるが、特派宣伝使として1人常駐し、最近はそれ以外に短期の派遣が行われるようになった。金光教は日本から後継教会長を送り込んだ。佼成会は初期に教会長を1人派遣したのみだったが、最近青年布教員が派遣されるようになった。財の側面では救世教の本部依存度が最も低く、霊友会の依存度が最も高い。現地の独立採算制といっても、拠点施設の建設に際しては本部の財が投入されることが多い。

本部との関係については、日本での分派抗争がブラジルにもおよんだ救世教は本部との調整で危機を体験した。創価学会の場合、本部自体との関係は良好だが、日本の宗門問題がブラジルにも波及した。金光教は教会長の出身教会が異端的な位置を占める教会だったので、本部との良好な関係の樹立に時間を要した。

②広域組織化

広域組織化の課題は信徒数の増加と関連が深く、この課題解決のために中央集権型が効率的である。広域組織化が必要とされた救世教や創価学会は中央集権型の組織だった。おやこ型の霊友会の場合も、ブラジル支局の下に分局という拠点を信徒が集住する地域に設置し、タテ系統にヨコ組織を若干加えている。中央集権型が効率的であるのは、地域を超えたとりまとめ以外に、広域にわたる人材の適正配置が可能になるからである。ただし、母教団が中央集権型であっても布教が拡大しない時には信徒数が少なく、中央集権型の実効はあがらない。これは大本や佼成会にみるとおりである。

③拠点施設の建設

救世教は宣教本部や財団が入っている大きなビルをもち、各地に点在する教会・布教所・集会所に加えて、1995年に広大な敷地にブラジル聖地を建設

した。創価学会は池田の来伯を契機として本部建物を増築し、1990年に広大な敷地に自然文化センターを建設した。宗門問題で日蓮正宗と袂を分かって以降、各地に会館を相次いで建設している。霊友会は日本の本部が拠点施設を建設し、ブラジル霊友会に寄贈した。大本は最近、本部の援助と現地費用で伯光苑の敷地内に愛善文化会館を建設した。佼成会は最近これまでの教会より格段と広い教会を日本の本部が建設した。金光教は記念大祭ごとに増築を繰り返している。これらの日系新宗教の施設建設は、日本の資金援助に支えられていることが多い。ブラジル聖地を現地信徒の手で建設した救世教は稀な例である。拠点施設は布教・育成などのために必要なばかりでなく、目に見える拠点建物は、異文化布教において社会的認知の獲得に関係している。

④資格授与システムの整備

　資格授与は日本の本部の認定が必要とされる点で共通している。非日系人に拡大した新宗教の場合、救世教では入信者が増加し、組織への資格者の配置が必要になった1980年以降日本から資格検定委員が来伯し、現地で検定試験を行うようになった。創価学会では、布教初期の1964年からブラジルで教学試験を実施している。霊友会では、日本から運営会議委員が来伯し、資格者の面接を行う。日系人主体の新宗教の場合、大本ではブラジルで宣伝使資格候補者を挙げ、日本の本部の選考委員会の議をへた後、教主が任命する。金光教では信徒資格が細分化されておらず、取次をすることができる教師の資格取得のためには日本の本部の教師養成機関に入学しなければならない。佼成会は本尊勧請が主任の役につくために必要だが、1987年に現地勧請が行われて以来、その例はない。本尊勧請には理事クラスの参画が必要とされるので、訪日しないと本尊の勧請を受けることができない。このようにみると、非日系人に教勢を伸ばし、拡大した新宗教の場合、任命は日本の本部が行うものの、現地で資格審査が可能であるのに対して、日系人主体の新宗教では大本を除いて現地での資格認定には困難がある。

⑤現地人の役職への登用

　資格は組織の役職を担うにあたって必要になる。組織の役職への現地人の登用について概観しよう。救世教では運営組織の要を1997年まですべて本部派遣の日本人が占めていたが、最近非日系人が1人入った。布教組織の教区

―教会―布教所―集会所の長は、教師・教師補・助師といった資格と連動しているが、すでにかなりの部分を非日系人が占めている。また、将来の幹部候補生として日本に送った海外研修生を適正に配置している。ただし、現地人については、日系・非日系という区別をさほど重視していないことは、注目しなければならない。これに比べて創価学会の場合は、布教組織の末端にいくほど非日系人の比率が増加するが、運営組織は日本人と日系人で占め、組織の中枢を日系人が握っている。しかし、1990年代に入ってデカセギの影響により、日系人役職者が抜けた穴埋めで結果的に非日系人の登用が促進された。霊友会の場合は、デカセギで会長や青年部執行部構成員が流出し、ここ数年で、各支部から選出される運営委員会構成員に非日系人の進出が著しく、青年部執行部では非日系人が80％を占めるようになった。デカセギを契機に非日系人布教に方向性を転換したことも、支部長・準支部長・法座主といった資格者に占める非日系人の割合の急増につながった。

　日系人主体の新宗教の場合、大本では宣伝使に非日系人が1人いるにすぎず、金光教では信徒会長を日系人と非日系人の両方から立てているが、日系人と非日系人の棲み分けを意図した配慮である。佼成会では支部長・主任という役職者に非日系人はいないが、新教会道場ができた1998年から広報・渉外部長と青年部長に非日系人を試験的に登用した。このように、非日系人に拡大したものとしないものでは非日系人の登用の程度が異なる。また同じ非日系人に布教を拡大しても、救世教と創価学会では、前者がかなりの部分にまで非日系人を登用しているのに対して、創価学会は日系人で固めているという違いがある。

結びにかえて

　序章で述べた視点に即して日系新宗教を比較してみると、ヰしたものは信徒中心万人布教者型宗教で、明快な宗教実践をがわかる。救世教の浄霊のように文化的異質性が薄いものくが、救済のためには何をすればよいかがはっきりして

異質であってもその実践に動機づけることは可能である。

　ブラジルの宗教文化と最も異質であり、かつ信徒中心万人布教者型の日系新宗教がゆずらなかった点は、人にやってもらうのではなく、自分で実践するという点であった。また、他人のせい、社会のせいにするのではなく、自らのなかに原因を求めるという心直しにかかわる点であった。ブラジル人気質をふまえて、信仰実践、「世話」の実践などに信徒を取り組ませるなかで、個人に即してきめ細かな、しかも彼らの自発性を喚起するような仕方で個人指導をしたり、小集団活動を活用しながら、それに動機づけていった。こうした心直しや生活倫理の内面化は、都市人口の比率が1950年36％、1970年56％、1990年76％と激増したことに示されるように、かつてのブラジル社会を形づくっていた生活が急激に変貌し、近代化していくなかで、日系新宗教が都市社会に適合的な行動様式を信徒に獲得させ、それが現実の問題解決につながった側面も見逃せない。これに対して、教師中心参詣型宗教の場合、祈祷活動に惹かれて非日系人が訪れても問題解決が終われば流れ去り、結果として受け身の信仰から脱皮させえないまま終わった。

　これまで、日系人主体の新宗教と非日系人に拡大した新宗教を比較してみてきたが、大本とそこから分派した救世教、霊友会とその分派の佼成会は、教義と実践に類似性があるのに展開に著差が生じている。大本は日系人にとどまるのに対し、救世教は非日系人に大きく拡大した。霊友会は近年非日系人信徒が急増し、かつ佼成会とは教勢で雲泥の差がある。ここで、とくに関連の深いこれらの新宗教について、展開の違いを規定した要因を再度おさえておこう。

　教義内容では、救世教の教えの原点が大本にあるといって過言ではない。しかしながら、救世教では教義の学習よりも浄霊実践に主眼があるのに対して、大本では教義の学習へのこだわりがみられる。また大本には、「み手代お取次」という秘儀があり、信徒になった後一定の条件を満たして宣伝使の資格を得て初めて「み手代お取次」ができる。救世教では信徒になるために3日間の受講が要件とされるが、講習後すぐ「おひかり」を受け、ペンダント式の「おひかり」を身につけることで誰でも浄霊ができる。入信即浄霊の信者になることができるのである。大本からの分派後、救世教では「み手

代」の大衆化としての「おひかり」ができていたことが、ブラジルでの展開に大きく寄与した。大本でも「み手代お取次」をとおして非日系人が多くかかわった時期があったが、信徒自身に実践を動機づけず、受け身のままであったので、結果として祈祷師に問題解決を求めて来る依頼者というかたちを抜けきれなかった。両者とも月次祭参拝を強調するが、大本では日本的な厳格な祭式で執行し、文化的異質性を増幅したのに対して、救世教では祭式を簡略化し、キリスト教の祭典にみまがうまでに著しく異質性を稀釈している。大本では大神奉斎・祖霊復祭を奨励し、家庭での月次祭を要求するのに対して、救世教の場合は、月次祭参拝は強調されても、家庭での祭祀は強調されない。大本と救世教の教勢の違いを生んだものは、明快な誰でもができる浄霊という実践をもち、誰もが布教者として他者に働きかけることを救済の要件としている救世教と、祭式重視、教え重視で教師中心参詣型宗教の大本のあり方の差だと思われる。

　次に佼成会と霊友会を比較してみよう。両者ともに、法華経による双系の先祖供養と根性直しを強調する。佼成会と霊友会はほぼ同時期にブラジルに入ったが、日本の本部からの支援の度合いには差がある。佼成会は毎月の供養日の参拝、道場当番を主要実践とする教会への参詣型宗教として展開した。霊友会では経典読誦・戒名集めという具体的な実践項目を備え、文化的に異質であっても救済のために何をすればよいのかがはっきりしており、かつ導きを救済のための重要な実践とし、万人布教者型宗教として展開した。佼成会は1人の教会長が長期に教会運営を担っていたため、その個性によって影響された面もあるが、法華経に基づく教えが実践から遊離して、難解になっていた。それにひきかえ、霊友会では法華経といっても佼成会のように法華経講義ではなく、日常生活での行に生かしうる具体的な解説である。同様な内容をもっていても参詣重視と実践重視では異文化との接触度が異なる。行事での儀礼の仕方は佼成会では日本的な儀式をそのまま踏襲し、霊友会の場合は形にこだわらない。

　救世教・霊友会ともに信徒中心万人布教者型で、具体的・実践的である。それに比べて、大本・佼成会は教師中心参詣型で、日本的な形を重視している。

最後に述べておきたいのは、1980年代後半から日本へのデカセギが始まり、1990年に日本の入管法改正によって日系人の就労が合法化されたこともあって、デカセギが大量化したことである。1999年現在では22万人のブラジル国籍者が滞日している。デカセギが活発になる直前、1988年のブラジルの日系人口は128万人であるから、単純に計算しても17％、日本国籍保持者、二重国籍保持者を入れると20％程度が日本に還流している。過去の経験者も含めると少なく見積もっても日系人口の3分の1、おそらくはそれ以上の日系人にデカセギ経験があると推測される。それも働き盛りの年齢層が流出した。現況ではデカセギ期間の長期化、反復化が顕著である。このような大量の人口移動がブラジル日系社会に及ぼした影響は計り知れず、また日系新宗教にとってもその影響は大きかった。日系人主体の新宗教においても、非日系人布教を視野に入れざるをえない状況にある。それが、1990年代の日系新宗教の動向を方向づけている。

　霊友会は運営組織に大きな打撃を受け、デカセギをきっかけとして大きく非日系人布教に方針転換した。佼成会も世代交代を担うべき年齢層が流出したことで、非日系人布教に向けての模索を始めた。非日系人に拡大しながら運営の中枢は日系人で固めていた創価学会も、組織上運営上の打撃を受け、これを契機に非日系人の上位役職への登用が始まった。日系地域社会と関係の深い金光教では、地元の依頼によりデカセギ斡旋業務にかかわることになり、本部から叱責されて存亡の危機に陥った。大本も、青年部の構成員の減少とともに、日本の大本信徒からの依頼でデカセギ人材確保のための説明会を行うなど、デカセギの波に巻き込まれた。ここで扱った新宗教のなかでデカセギの影響が少なかったのは、すでに非日系人をかなりの程度組織に登用していた救世教のみである。いずれにしても、1990年代のデカセギ現象は、日系新宗教にとって非日系人布教を考え直し、それに向けて実際に対応しなければならないエポックを構成した。

注
1) 島薗は、異文化進出に成功した日本の新宗教には、異文化布教に適合的な教え

終章　ブラジルにおける日系新宗教の展開とその規定要因　537

や信仰の内容として、単純明快な呪術的実践、実際的生活倫理、論理的な言説、宗教の多元性への積極的な対応、といった要素があることを指摘している［島薗 1992：203-210］。

2)　ここでは定着課題群を非日系人の定着に焦点をあてて論じたが、日系人主体の新宗教では信徒の定着・育成の取り組みをしていないということではない。日系人主体の場合、エスニック・チャーチであることが求められる側面があり、非日系人の場合とは定着・育成の課題が異なる。日系人主体の新宗教は、教会への参詣・奉仕といった機会を通じて、教師中心に育成が行われている。しかしながら、外への布教力が弱く拡大しないため、信徒の高齢化に伴い、拡大課題群の世代的拡大、すなわち次世代への信仰継承の問題が先鋭化しているのが現状である。青年を対象とした活動は行われているが、日本的な育成ノウハウの援用のため、実効があがらない。すなわち、日系人とはいっても年齢の若い二世や三世になるとブラジル人なので、日系子弟の定着・育成の課題のために、ブラジル人気質への対応が模索されている段階にある。

参考文献

凡　例
(1) 著者名(姓)のABC順に掲載し、同一著者の場合は刊行年次の早いものを先にした。
(2) 欧文の原書がある場合には、原書、(訳)の順に記載した。
(3) 筆者不詳とは、その文献に著者名が記載されておらず、不明のものをさす。

青木亨, 1980,『仏法理解のための一問一答』聖教新聞社.
荒井芳廣, 1982,「民衆的小冊子におけるメシアニズム——ブラジル北東部の宗教的イデオロギー」, 中牧弘允編『神々の相克——文化接触と土着主義』新泉社, 191-221.
荒井芳廣, 1994,「『教会の扉』の記号学——ブラジル民衆宗教の世界」, アンドラーデ, グスタボ・中牧弘允編『ラテンアメリカ 宗教と社会』新評論, 155-175.
荒井芳廣, 1997,「ウンバンダ」「カンドンブレ」「マクンバ」, 井上順孝編『世界の宗教101物語』新書館, 145.
東長人・ガイスラー, パトリック, 1995,『ブラジルの心霊治療 奇跡を繰る人々』荒地出版社.
Barrett, David B., 1982, *World Christian Encyclopedia*, Oxford University Press(竹中正夫ほか訳, 1986,『世界キリスト教百科事典』教文館).
ブラジル日本移民70年史編纂委員会編, 1980,『ブラジル日本移民70年史』ブラジル日本文化協会.
ブラジル日本移民80年史編纂委員会編, 1991,『ブラジル日本移民八十年史』ブラジル日本文化協会.
ブラジル日系人実態調査委員会編, 1964,『ブラジルの日本移民 資料篇』東京大学出版会.
Brown, Diana, 1979, "Umbanda and Class Relations in Brazil," Margolis, M.L. and Carter, W.E. (eds.), *Brazil, Anthropological Perspectives : Essays in Honor of Charles Wagley*, Columbia University Press, 270-304.
Castellan, Yvonne, (出版年不詳), *Le Spiritisme*, Presses Universitaires de France(田中義廣訳, 1993,『心霊主義——霊界のメカニズム』白水社).
De Holanda, S.B., 1956, *Raizes do Brasil*(クレスポ, マウリシオ訳, 1976,『ブラジル人とは何か——ブラジル国民性の研究』新世界社).
Derrett, E.M.A., 1983, "The International Face of a Japanese New Religion : Sekai Kyusei kyo in Brazil and Thailand," *Religion* 13, 205-217.

Douglas, M., 1969, *Purity and Danger: An Analysis of Concepts of Pollution and Taboo*, Routledge & Kegan Paul (塚本利明訳, 1985, 『汚穢と禁忌』思潮社).

Elder.G.H., 1974, *Children of the Great Depression : Social Change in Life Experience*, University of Chicago Press (本田時雄ほか訳, 1991, 『大恐慌の子どもたち——社会変動と人間発達』明石書店).

Elder, G.H., 1977, "Family History and the Life Course," *Journal of Family History*, 2(4), 279-304.

Frazer, J.G., 1925, *The Golden Bough, A Study in Magic and Religion*, Macmillan (永橋卓介訳, 1951, 『金枝篇(一)』岩波書店).

藤本和治, 1996,「神さまの道具として」,『おほもと』1996年8月号, 大本, 56-61.

藤本和治, 1999,「頼まれれば千里の道でも——南米宣教とみ手代お取次」,『おほもと』1999年8月号, 大本, 54-59.

藤崎宏子, 1985,「家族ストレス論の新たな展開——マッカバンの場合」, 森岡清美・青井和夫編『ライフコースと世代——現代家族論再考』垣内出版, 238-270.

藤崎宏子, 1987,「ライフコースにおける転機とその意味づけ」, 森岡清美・青井和夫編『現代日本人のライフコース』日本学術振興会.

藤崎康夫編, 1997,『日本人移民 2 ブラジル』日本図書センター.

藤崎康夫編, 1997,『日本人移民 3 中南米』日本図書センター.

藤代和成, 1987,『月光輝くブラジル——南米主会略史』大本本部教務局神教宣伝部.

藤田富雄, 1982,『ラテン・アメリカの宗教』大明堂.

藤田富雄, 1991,「現代ブラジル宗教の一考察——ウンバンダの場合」, 小口偉一教授古稀記念会編『宗教と社会』春秋社, 307-322.

藤田富雄, 1994a,「ラテンアメリカのプロテスタント—その歩みと展望」, アンドラーデ, グスタボ・中牧弘允編『ラテンアメリカ 宗教と社会』新評論, 61-82.

藤田富雄, 1994b,「カンドンブレ」, 井門富士夫ほか『世界「宗教」総覧』新人物往来社, 370-371.

藤田富雄, 1994c,「カルデシズモ」, 井門富士夫ほか『世界「宗教」総覧』新人物往来社, 372-373.

藤田富雄, 1994d,「ウンバンダ」, 井門富士夫ほか『世界「宗教」総覧』新人物往来社, 374-375.

福嶋正徳, 1977,『ブラジル社会の柔軟性』拓殖大学海外事情研究所.

古谷嘉章, 1985,「テヘイロ——ブラジルの憑霊宗教」, 国立民族博物館監修『季刊 民族学』34, 67-79.

古谷嘉章, 1986,「憑依霊としてのカボクロ——アフロ・ブラジリアン・カルトにおける二つのモデル」,『民族学研究』51-3, 248-274.

古谷嘉章, 1988, 「クーラとタンボール——北部ブラジルの憑霊カルトにおける成巫過程」, 『国立民族学博物館研究報告』13-1, 69-125.
古谷嘉章, 1992, 「〈個性化〉としての憑依」, 中牧弘允編『陶酔する文化——中南米の宗教と社会』平凡社, 53-83.
後藤政子, 1993, 『新・現代のラテンアメリカ』時事通信社.
浜口恵俊, 1979, 『日本人のとってキャリアとは——人脈としての履歴』日本経済新聞社.
Hammond, P. and Machacer, D., 1999, *Soka Gakkai in America*, Oxford University Press (栗原淑江訳, 2000, 『アメリカの創価学会——適応と転換をめぐる社会学的考察』紀伊国屋書店).
半田知雄, 1970, 『移民の生活の歴史』サンパウロ人文科学研究所.
Hastings, A., 1976, *African Christianity: An Interpretation*, Geoffrey Chapman (斉藤忠利訳, 1988, 『アフリカのキリスト教——ひとつの解釈の試み』教文館).
速水侑, 1987, 『呪術宗教の世界——密教修法の歴史』塙書房.
堀坂浩太郎, 1987, 『転換期のブラジル』サイマル出版社.
星野妙子・米村明夫編, 1993, 『地域研究シリーズ13 ラテンアメリカ』アジア経済出版会.
Hsu, F.L.K., 1963, *Clan, Caste, and Club*, Van Nostrand (作田啓一・浜口恵俊訳, 1971, 『比較文明社会論——クラン・カスト・クラブ・家元』培風館).
池田大作, 1998a, 『新・人間革命』第1巻, 聖教新聞社.
池田大作, 1998b, 「私の人生記録 第41回 情熱とサンバの国—圧巻の大文化祭! 18年ぶりにブラジルを訪問」, 『第三文明』1998年8月号, 52-57.
今井圭子, 1997, 「ラテンアメリカの経済」, 国本伊代・中川文雄編『ラテンアメリカ研究への招待』新評論, 93-120.
井之口章二, 1975, 『日本の俗信』弘文堂.
井上順孝, 1981, 「異文化の中の新宗教運動——ハワイの日蓮正宗・創価学会の事例」, 『宗教研究』55-2(249), 1-26.
井上順孝, 1982a, 「北米における金光教の展開(上)」, 『神道宗教』107, 26-53.
井上順孝, 1982b, 「北米における金光教の展開(中)」, 『神道宗教』109, 36-63.
井上順孝, 1983, 「北米における金光教の展開(下)」, 『神道宗教』110, 53-80.
井上順孝, 1985, 『海を渡った日本宗教—移民社会の内と外』弘文堂.
井上順孝・孝本貢・対馬路人・中牧弘允・西山茂編, 1990, 『新宗教事典』弘文堂.
井上順孝・孝本貢・対馬路人・中牧弘允・西山茂編, 1996, 『新宗教教団・人物事典』弘文堂.
石原邦雄, 1985, 「家族研究とストレスの見方」, 石原邦雄編『家族生活とストレス』垣内出版, 11-56.
石塚尊俊, 1959, 『日本の憑きもの』未来社.

岩井洋, 1991, 「民俗／民族宗教としてのエクス・ヴォート」, 『宗教研究』65-3 (290), 31-46.

角川雅樹, 1994, 「エスピリティズモ——プエルトリコにおける民間信仰」, アンドラーデ, グスタボ・中牧弘允編『ラテンアメリカ 宗教と社会』新評論, 221-241.

樫尾直樹, 1996, 「現代フランス都市と新宗教運動——パリ MAHIKARI の事例」, 寺尾誠編『都市と文明』ミネルヴァ書房, 240-258.

樫尾直樹, 1999, 「宗教的接続可能性の基礎概念——新宗教の「民俗性」に関する宗教民俗学的一考察」, 宮家準編『民俗宗教の地平』春秋社, 553-565.

コバヤシ・エレナ, 1995, 「日本とブラジルの教育のあり方の相違」, 渡辺雅子編『共同研究 出稼ぎ日系ブラジル人 (上) 論文篇』明石書店, 411-437.

小池洋一ほか編, 1999, 『図説 ラテンアメリカ——開発の軌跡と展望』日本評論社.

小松和彦, 1984, 『憑霊信仰論』ありな書房.

小松和彦, 1988, 『日本の呪い』光文社.

近藤勝美, 1931, 「大本殿堂の建設」, 『神の国』11-3 (146), 大本, 45-48.

金光教合楽教会編, 1996, 『合楽理念 Q & A』金光教亀有教会.

金光清治, 1997, 「北米日本人移民の信仰と生活世界」, 『金光教学』37, 85-142.

今野敏彦・藤崎康夫編, 1994, 『移民史 [Ⅰ] 南米編 (増補版)』新泉社.

国本伊代・乗浩子編, 1991, 『ラテンアメリカ 都市と社会』新評論.

栗原淑江, 1990, 「欧米における創価学会研究の動向」, 『東洋哲学研究所紀要』6, 199-235.

教団史編纂委員会編, 1985, 「ブラジル教会史」, 『立正佼成会史』第6巻, 佼成出版社, 798-819.

Lewis, I. M., 1971, *Ecstatic Religion : An Antropological Study of Spirit Possesion and Shamanism*, Penguin Books (平沼孝之訳, 1985, 『エクスタシーの人類学——憑依とシャーマニズム』法政大学出版局).

Lorschiter, Vendelino (原題名不詳) (小安昭子訳), 1992, 「ラテンアメリカの家族と教会——ブラジルを中心として」, 三田千代子・奥山恭子編『ラテンアメリカ 家族と社会』新評論, 183-198.

MacFarland, H.N., 1967, *The Rush Hour of the Gods : A Study of New Religious Movements in Japan*, Macmillan (内藤豊・杉本武之訳, 1969, 『神々のラッシュアワー——日本の新宗教運動』社会思想社).

前山隆, 1982, 『移民の日本回帰運動』日本放送出版協会.

Maeyama, Takashi, 1983, "Japanese Religions in Southern Brazil: Change and Syncretism," *Latin American Studies* 6, Tsukuba University, 181-238.

前山隆, 1984, 「ブラジル日系人におけるエスニシティとアイデンティティ」, 『民族学研究』48-4, 444-458.

前山隆, 1987, 「ウンバンダ」, 大貫良夫他監修『ラテン・アメリカを知る事典』平凡社, 78-79.
前山隆, 1992, 「ブラジル生長の家教会の多元構造——シンクレティズムとエスニシティの問題」, 中牧弘允編『陶酔する文化——中南米の宗教と社会』平凡社, 141-174.
前山隆, 1996, 『エスニシティとブラジル日系人——文化人類学的研究』御茶の水書房.
前山隆, 1997, 『異邦に「日本」を祀る——ブラジル日系人の宗教とエスニシティ』御茶の水書房.
松岡秀明, 1993, 「日系新宗教への回心——ブラジル世界救世教の場合」, 『宗教研究』67-1 (297), 121-144.
松岡秀明, 1997, 「霊の進化——ブラジルにおける世界救世教の受容をめぐって」, 『東京大学宗教学年報』XV, 13-25.
松下洌, 1993, 『現代ラテンアメリカの政治と社会』日本経済評論社.
三沢謙一, 1986, 「社会化とライフステージ」, 『評論 社会科学』30, 1-24.
三沢謙一ほか, 1989, 『現代人のライフコース』ミネルヴァ書房.
三田千代子, 1999, 「ブラジル 社会転換期の80年代——統計資料を中心に」, アンドラーデ, グスタボ・堀坂浩太郎編『変動するラテンアメリカ社会——「失われた10年」を再考する』彩流社, 162-191.
水野一, 1982, 「ブラジルの中間階級——経済的地位と政治的役割」, 上智大学イベロアメリカ研究所編『ラテンアメリカの中間階級——その政治・経済・社会的地位に関する研究』上智大学イベロアメリカ研究所, 38-51.
水野一, 1983, 「ブラジルにおけるカトリック教会と政府の関係」, アンドラーデ, グスタボ編『ラテンアメリカにおけるカトリック教会の役割』上智大学イベロアメリカ研究所, 78-88.
森幸一, 1985, 「ブラジルにおける天理教と組織化の特質」, 『研究レポートIX ブラジルの日系新宗教』サンパウロ人文科学研究所, 8-56.
森幸一, 1991, 「ブラジルに於ける日系人の宗教生活と日系宗教」, ブラジル日本移民80年史編纂委員会編『ブラジル日本移民80年史』ブラジル日本文化協会, 417-449.
森幸一, 1992, 「ブラジルからの日系人『出稼ぎ』の推移」, 『移住研究』29, 144-164.
森幸一, 1995a, 「ブラジルからの日系人出稼ぎの特徴と推移」, 渡辺雅子編『共同研究 出稼ぎ日系ブラジル人 (上) 論文篇』明石書店, 494-546.
森幸一, 1995b, 「ブラジルにおける日本文化の影響——食文化を通してみた日伯交流史序論」, 日本ブラジル交流史編集委員会編『日本ブラジル交流史——日伯関係100年の回顧と展望——』日本ブラジル中央協会, 377-419.
森幸一, 1997, 「ブラジル憑依宗教の『黄色化』プロセス——沖縄系女性の宗教世界」, 『イベロアメリカ研究』XIX-2, 上智大学, 67-83.

森岡清美, 1972,「『外来宗教の土着化』をめぐる概念整理」,『史潮』109, 大塚史学会, 52-57および40-41.
森岡清美, 1989,『新宗教運動の展開過程』創文社.
森岡清美, 1995,『決死の世代と遺書』(増訂版)吉川弘文館.
森岡清美・青井和夫編, 1985,『ライフコースと世代——現代家族論再考』垣内出版.
村上重良, 1967,『創価学会＝公明党』青木書店.
村上重良, 1980,『新宗教』(日本人の行動と思想20) 評論社.
央忠邦・浅野秀満, 1972,『アメリカの日蓮正宗』仙石出版社.
中川文雄, 1995a,「ラテンアメリカの価値観と行動様式」, 中川文雄・三田千代子編『ラテンアメリカ 人と社会』新評論, 37-53.
中川文雄, 1995b,「ブラジルの文化的価値体系」, 中川文雄・三田千代子編『ラテンアメリカ 人と社会』新評論, 145-167.
中川文雄, 1997a,「ラテンアメリカ地域の特徴」, 国本伊代・中川文雄編『ラテンアメリカ研究への招待』新評論, 18-44.
中川文雄, 1997b,「ラテンアメリカの社会」, 国本伊代・中川文雄編『ラテンアメリカ研究への招待』新評論, 122-148.
中牧弘允, 1986,『新世界の日本宗教——日本の神々と異文明』平凡社.
中牧弘允, 1989,『日本宗教と日系宗教の研究——日本・アメリカ・ブラジル』刀水書房.
中牧弘允, 1990,「新宗教の海外布教・ブラジル」, 井上順孝ほか編『新宗教事典』弘文堂, 626-629.
中牧弘允, 1991,「ブラジルの本門佛立宗——茨木日水の記録を中心に」, 本門佛立宗開導百遠諱記念論文集編纂委員会編『佛立開導長松日扇とその教団(上)』平楽寺書店, 247-288.
中牧弘允, 1993,「エンデミック宗教とエピデミック宗教の共生——ブラジルの生長の家の事例から」,『宗教研究』67-1 (296), 131-154.
中牧弘允, 1994,「日本宗教——エンデミック宗教からエピデミック宗教へ」, アンドラーデ, グスタボ・中牧弘允編『ラテンアメリカ 宗教と社会』新評論, 177-198.
中野卓・桜井厚編, 1995,『ライフヒストリーの社会学』弘文堂.
中野毅, 1981,「アメリカ社会とNSA——ハワイの場合」,『講座 教学研究(東洋学術研究別冊)』2, 東洋哲学研究所, 173-191.
中野毅, 1984,「アメリカ社会とNSA(2) ——米大陸での発展(その一)」,『講座 教学研究(東洋学術研究別冊)』4, 東洋哲学研究所, 175-189.
中里友彦, 1981,「ブラジル・キャラバン隊報告(上) 神光取次ぐ五十七日間の旅」,『おほもと』1981年11月号, 大本, 44-69.
西山茂, 1975,「日蓮正宗創価学会における『本門戒壇』論の変遷——政治的宗教運動と社会

統制」,中尾堯編『日蓮宗の諸問題』雄山閣,241-275.
西山茂,1978a,「教義解釈の変更をめぐる一仏教教団の葛藤過程——日蓮正宗における妙信講問題の事例」,桜井徳太郎編『日本宗教の複合的構造』弘文堂,383-416.
西山茂,1978b,「一少数派講中の分派過程——日蓮正宗妙信講の事例」,宗教社会学研究会編『現代宗教への視角』雄山閣,112-128.
西山茂,1986,「正当化の危機と教学革新——「正本堂」完成以後の石山教学の場合」,森岡清美編『近現代における「家」の変質と宗教』新地書房,263-299.
西山茂,1998,「内棲宗教の自立化と宗教様式の革新——戦後第二期の創価学会の場合」,沼義昭博士古希記念論文集編纂委員会編『宗教と社会生活の諸相』隆文館,113-141.
小笠原公衛,1985,「日本的先祖祭祀のブラジル的展開——霊友会と立正佼成会の比較を通じて」,『研究レポートIX ブラジルの日系新宗教』サンパウロ人文科学研究所,99-136.
岡田茂吉,1997,『天国の礎 入門[海外翻訳用]』世界救世教.
岡本英子,1953,「南米開拓記——神光ブラジルに輝くまで」,『神の国』5-1,大本,50-55.
奥山恭子,1992,「現代ラテンアメリカの社会と家族」,三田千代子・奥山恭子編『ラテンアメリカ 家族と社会』新評論,276-294.
大橋英寿,1998,『沖縄シャーマニズムの社会心理学的研究』弘文堂.
大久保雅行,1986,「メキシコ日蓮正宗における改宗過程の社会心理学的分析」,『東洋哲学研究所紀要』2,207-183.
大久保雅行,1987a,「異文化における日系新宗教の受容と変容——メキシコ日蓮正宗・創価学会の事例」,『宗教研究』61-2(273),25-64.
大久保雅行,1987b,「NSMにおける回心過程と態度変容」,『東洋哲学研究所紀要』3,192-161.
大久保孝治,1986,「生活史における転機の研究——『私の転機』(朝日新聞連載)を素材として」,『社会学年誌』30,155-171.
大久保孝治・嶋崎尚子,1995,『ライフコース論』放送大学教育振興会.
大本七十年史編纂会編,1967a,『大本七十年史 上巻』,宗教法人大本.
大本七十年史編纂会編,1967b,『大本七十年史 下巻』,宗教法人大本.
大貫良夫ほか監修,1987,『ラテン・アメリカを知る事典』平凡社.
大坪総一郎(述),1972,『和賀心時代を創る』金光教合楽教会.
大坪総一郎(述),1979,『天の心 地の心』金光教合楽教会.
大坪総一郎(述),1987,『和賀心——大坪総一郎師の天地』金光教合楽教会.
大坪総一郎(述),1997,『和賀心学 第二巻』金光教合楽教会.
遅野井茂雄,「ラテンアメリカの政治」,国本伊代・中川文雄編『ラテンアメリカ研究への招待』新評論,69-92.

ペレイラ,ジョアン・バチスタ・ホンジェス,1983,「ブラジル黒人にかんする人類学的・社会学的研究——歴史と現状」『イベロアメリカ研究』5-1, 51-61.
Plath.D.W., 1980, *Long Engagements : Maturity in Modern Japan*, Stanford University Press(井上俊・杉野目康子訳,1985,『日本人の生き方——現代における成熟のドラマ』岩波書店).
立正佼成会,1983,『信仰生活入門——佼成会員の基本信行』佼成出版社.
立正佼成会教務部海外布教課,1991,『布教の国際化に伴う基本構想——90年代の教団基本方針と布教推進十カ年計画——背景資料編』(内部資料).
斉藤広志,1978,『外国人になった日本人』サイマル出版会.
斉藤広志,1984,『ブラジルと日本人』サイマル出版会.
サンパウロ人文科学研究所編,1990,『ブラジル日系人実態調査報告書1987-88』(国際協力事業団業務資料830).
サンパウロ人文科学研究所編,1997,『ブラジル日本移民史年表』無明舎出版.
佐藤光春,1993,「ブラジルの思い出」『まつごころ』1993年8月号,大本,12-19.
佐藤憲昭,1980,「イズナとイズナ使い——K市における呪術—宗教的職能者の事例から」宗教社会学研究会編『宗教の意味世界』雄山閣,10-27.
世界救世教,1981,『東方之光 上・下巻』宗教法人世界救世教.
世界救世教教団史編纂委員会,1986,『明主様と先達の人々』世界救世教出版部.
世界救世教教典編纂委員会,1991,『「天津祝詞」「神言」「善言讃詞」のてほどき』世界救世教出版部.
島薗進,1987,「教祖と宗教的指導者崇拝の研究課題」宗教社会学研究会編『教祖とその周辺』雄山閣,11-35.
島薗進,1988,「新宗教の体験主義——初期霊友会の場合」村上重良編『民衆と社会』(大系仏教と日本人10)春秋社,278-326.
島薗進,1992,『現代救済宗教論』青弓社.
神愛出版社編,1982,『一切神愛論——金光大神の信心の本質を求める』金光教合楽教会.
塩原勉,1976,『組織と運動の理論——矛盾媒介過程の社会学』新曜社.
鈴木広,1970,『都市的世界』誠信書房.
鈴木トク,1974,「地球の裏側に通う心」『ひゅうまん』1974年7月号,霊友会,101-105.
竹沢尚一郎,1995,「東南アジアの『日本』宗教」『西日本宗教学雑誌』17, 28-47.
谷富夫,1994,『聖なるものの持続と変容——社会学的理解をめざして』恒星社厚生閣.
谷泰,1997,『カトリックの文化誌—神・人間・自然をめぐって』日本放送出版協会.
Thomas,W.H. and Znaniecki, F., 1958, *The Polish Peasant in Europe and America*, Dover(桜井厚訳,1983,『生活史の社会学——ヨーロッパとアメリカにおけるポーランド農民』御茶の水書房).

時松太, 1995,「オブリガード・ブラジル――感動連続の大本青年南米交流会」,『まつごころ』1995年1月号, 大本, 14-34.
東京大学法華経研究会編, 1975,『創価学会の理念と実践』第三文明社.
富野幹雄・生田育法, 1990,『ブラジル――その歴史と経済』啓文社.
Wagley, Charles, 1963, *An Introduction to Brazil*, Columbia University Press (山本正三訳, 1971a,『ブラジル――文化と社会』二宮書店).
Wagley, Charles, 1968, *The Latin-American Tradition*, Columbia University Press (佐野泰彦訳, 1971b,『ラテンアメリカの伝統』新世界社).
渡辺雅子, 1990,「ブラジルにおける憑霊の文化と日系宗教――サンパウロ市の稲荷会の事例を通して」,『明治学院論叢 社会学・社会福祉学研究』83, 1-52.
渡辺雅子, 1991,「ブラジルにおける立正佼成会の展開と女性信者の生活史」,『明治学院論叢 社会学・社会福祉学研究』85, 257-293.
渡辺雅子, 1994,「金光教における修行生の自己形成過程と性別役割――内棲セクト型教会の合楽教会の場合」,『明治学院論叢 社会学・社会福祉学研究』93, 1-96.
渡辺雅子編, 1995a,『共同研究 出稼ぎ日系ブラジル人(上)論文篇』明石書店.
渡辺雅子編, 1995b,『共同研究 出稼ぎ日系ブラジル人(下)資料篇』明石書店.
渡辺雅子, 1998,「ブラジル霊友会における非日系人の信仰受容――カンポグランデ市のブラジル人支部長の事例」,『明治学院論叢 社会学・社会福祉学研究』103, 1-60.
渡辺雅子, 2001a,「金光教のアマゾン布教――ロンドニア教会の展開を中心として」,『明治学院論叢 社会学・社会福祉学研究』109, 89-161.
渡辺雅子, 2001b,「在日日系ブラジル人信者への新宗教の対応――天理教と創価学会の比較」,『明治学院大学社会学部付属研究所年報』31, 21-36.
渡辺雅子・田島忠篤・石渡佳美, 1999,「創価学会在日ブラジル人メンバーの組織化と生活実態・信仰活動――日系ブラジル人のデカセギと新宗教の対応」,『明治学院論叢 社会学・社会福祉学研究』104, 41-114.
Wilson, Bryan and Dobbelaere, Karel, 1994, *A Time to Chant : The Soka Gakkai Buddhists in Britain*, Oxford University Press (中野毅訳, 1997,『タイム・トゥ・チャント――イギリス創価学会の社会学的考察』紀伊國屋書店).
山田政信, 1997,『宗教的多元社会の回心論――北東部ブラジルにおける天理教の受容と展開』(未刊行. 筑波大学哲学思想研究科, 博士課程中間評価論文).
山田政信, 1999,「改宗を正当化する語りの論理――ブラジル北東部における天理教を事例に」,『ラテンアメリカ研究年報』19, 29-55.
山田政信, 2001,「信仰を芸術する人びと――ブラジルの『カトリック離れ』とパーフェクトリバティ教団信者」, 遅野井茂雄・志木市光治・田島久蔵・田中高編『ラテンアメリカ世界を生きる』新評論, 110-125.

山田睦男編, 1986,『概説ブラジル史』有斐閣.

吉田禎吾, 1972,『日本の憑きもの』中央公論社.

吉村元佑, 1985,『池田大作と南米の友』(人間の中へ VOL.3), 第三文明社.

乗浩子, 1998,『宗教と政治変動——ラテンアメリカのカトリック教会を中心に』有信堂高文社.

筆者不詳, 1932,「繁葉栄枝 ブラジル通信」,『真如の光』1931年5月号, 大本, 52-53.

筆者不詳, 1978a,「神教飛躍"海外の布石"」,『おほもと』1978年3月号, 大本, 74-86.

筆者不詳, 1978b,「南米信徒座談会：神光輝く南十字星の下」,『おほもと』1978年7月号, 大本, 80-91.

筆者不詳, 1981,「ブラジル・キャラバン隊現地座談会 南米の大地に開く梅の花」,『おほもと』1981年11月号, 大本, 52-60.

筆者不詳, 1994,「座談会 魅力いっぱいのブラジル」,『まつごころ』1994年8月号, 大本, 8-19.

筆者不詳, 1999,「夢かなった聖地参拝—ブラジル・南米本部参事の鹿内一民さん一行が聖地参拝」,『おほもと』1999年7月号, 大本, 84-87.

あとがき

　本書は2000年に筑波大学に提出した学位請求論文『ブラジルにおける日系新宗教の展開』がもとになっている。9章稲荷会のみ既発表の論文[渡辺 1990]を加筆修正して用いたが、本書のほかの章は、すべて書き下ろしである。
　ブラジルを初めて訪問したのは、今から13年前の1988年のことである。この年の6月18日に、サンパウロ市のパカエンブー競技場で8万人が参加してブラジル日本移民80年祭の式典が行われ、私も参加した。当時は、古い日本がブラジルにあるといわれているのを実感するところがあり、今から振り返ると、この移民80年祭はブラジル日系社会の転換点を象徴していたように思われる。というのは、一世の高齢化や死去による世代交代にかかわる要因に加え、日系人の日本へのデカセギが顕著になって、ブラジルの日系社会はその後急速に衰退していったからである。
　1988年当時、ブラジルと日本との時間的・空間的距離は現在では考えられないほど大きく、そして航空運賃も高かった。私自身、最初ブラジルへは日本からではなく、アメリカから行ったのである。ブラジルに行く前は、明治学院大学の在外研究でアメリカ東部のプリンストン大学に1年間客員研究員として滞在していた。アメリカ東海岸にいる間、日系人と日系新宗教の調査を行いたいという思いがつのり、日系人の多くいる西海岸に移動するか、この際、日本とブラジルの中間点にいるのだからブラジルに調査に行こうかと選択に悩んだ。この時にブラジルを選んだことが、私とブラジルのかかわりの始まりだった。
　今になって思うと、この時期にブラジルとのかかわりができたことは、ブラジルの日系新宗教研究にとって得難いチャンスに出会ったことにほかならない。それは第一に、一部を除いて、ブラジルの開拓布教の第一世代から聞き取り調査を行うことができるギリギリの時期だったからであり、第二に、

ブラジルの日系社会に大きな変動をもたらした日系人のデカセギ現象をリアルタイムで観察しえたことである。デカセギは日系社会に、したがって日系新宗教にも大きな影響を与えた。1990年代は各新宗教から日系人信徒（とくに壮年層や青年層）が次々と日本にデカセギで流出した。デカセギ現象の初期に、信徒流出という衝撃に揺れて対処に苦慮していた段階、そしてそれを受け入れていった段階、それをきっかけに新しい試みがなされていく段階と、日系新宗教の変動にリアルタイムで接することができた。デカセギ現象は、日系新宗教が日系エスニック・チャーチにとどまることは衰退を意味することを如実に示し、非日系人布教に乗り出さざるをえないことを明らかにした。

　デカセギという日本への人口移動はブラジルの日本移民史上始まって以来のことで、エポックを構成するものだった。このデカセギの大きな流れのなかで、私自身、ブラジルで知り合った日系人やその親戚・知人がデカセギで来日したことがきっかけになって、ブラジルの日系新宗教の研究を中断し、デカセギの研究に導かれたほどである。これは『共同研究 出稼ぎ日系ブラジル人（上）論文篇・（下）資料篇』（明石書店）としてまとめ、1990年代後半になってようやく日系新宗教の研究に専念できる状況が整った。もちろん、デカセギの調査・研究をしながらも、私の念頭には常に日系新宗教があり、ブラジルでのデカセギの影響、滞日信徒への日本での新宗教の対応などにも目を配ってきた。

　いずれにしても、ここ13年余の私の研究はすべてブラジルに収斂されるものであって、その縁の深さを思わずにはおれない。その縁に導いてくださったのは、ブラジルで出会った日系人の方々である。ブラジルで心温かく迎えられたことが研究の大きな原点となり、調査・研究を継続する動機づけになった。

　調査にご協力いただいた各新宗教の方々には、ひとかたならぬお世話になった。本書は、私が書かせていただいたが、ブラジルの調査対象者との共同作業であったという思いが強い。繰り返し何度も訪伯して行われる長時間にわたる聞き取り調査、また来日された折にも継続した聞き取り調査、日本からの問い合わせに対する返信などで、大変なご協力を得た。また、本書で用いている統計資料の多くは、私の要望に応じて新しく作成していただいた

ものである。とくに非日系人への拡大を数量的に裏づけるための資料は、個票の姓から日系人か非日系人かを判断して数えあげる根気のいる作業をしていただいた結果である。

ブラジルで出会った日系新宗教の中枢を担っておられる方々は、困難な道を切り開いていく開拓者精神あふれるパーソナリティの持ち主だった。調査・研究の域を超えて、この出会いによって学ぶところが多かった。

本書ができるまでに、多くの方々の温かいご高配があった。その一々を挙げ尽くすことができないので、主な方々だけに言及するのをお許しいただきたい。カッコ内の役職は調査をさせていただいた時点のものである。本書の章の順にいうならば、以下のとおりである。

大本の藤本和治氏(南米特派駐在宣伝使・南米本部事務局長)、奥原能氏(大本本部神教宣伝部長)、金光教の末永建郎氏(ビリグイ教会長)、末永公子氏(同教会長夫人)、川上功續氏(品川教会長)、田中元雄氏(国際センター所長)、岩崎道興氏(同次長)、瀬戸美喜雄氏(金光教本部布教部長)、合楽教会、立正佼成会の森義一氏(ブラジル教会長)、竹内君江氏(同前教会長)、長谷川あさ子氏(同支部長)、川南千江子氏(同支部長)、志田七栄氏(同壮年部長)、志田マルタ氏(同現地語グループ総責任者)、仲原一嘉氏(同青年布教員)、長谷川泰弘氏(立正佼成会海外布教課課長)、世界救世教の山本勝巳氏(ブラジル世界救世教副本部長)、渡辺哲男氏(同本部長)、創価学会のロベルト・サイトウ氏(ブラジルSGI前理事長)、長谷睦子氏(同婦人部)、井戸川行人氏(創価学会広報室)、霊友会の田中正博氏(南米総局長)、益田進氏(ブラジル支局長補佐)、田端千佳子氏(支部長・カンポグランデ分局員)、加藤朝子氏(霊友会第27支部支部長)、稲荷会の故野々垣おきん氏(教主)、故野々垣定右衛門氏(祭主)、野々垣清子氏、野々垣スエリ氏、本間透氏(会長)、山本ヒロキ氏、山本ローザ氏。この他にも多くの方々にご協力いただいた。それらの方々を含めて、厚く感謝の意を表したい。

サンパウロ人文科学研究所の宮尾進氏(所長)ならびに森幸一氏(研究員)には、1988年に初めてブラジルを訪れた時、徒手空拳の私を客員研究員として受け入れていただいて以来、便宜をおはかりいただいた。また江沢和子氏は、サンパウロ滞在中たびたび宿を提供してくださった。ブラジルを訪問するたびごとに、稲荷会の方々は大勢で空港に出迎え、歓迎フェスタをしてくださ

り、帰国の際にはまた大勢で見送りをしてくださった。また、稲荷会の山本ヒロキ氏はプロのタクシー運転手であるがボランティアとして望む時はいつでも送迎をしてくださった。こうした御厚意は、異国の地にあってどれほど心強かったかしれない。

　ブラジルでの現地調査を行うに際し、6回の訪伯のうち、1991年、1992年はトヨタ財団、1998年は庭野平和財団、1999年は文部省科学研究費補助金（基盤研究(C)）からの助成金を得た。また、本書の刊行にあたっては、平成13年度科学研究費補助金（研究成果公開促進費）の交付を受けた。

　本書をまとめることができたのは、ブラジルの調査対象者の方はもとより、多くの方々のおかげである。大濱徹也先生には、定年退官前のご多忙のなか、学位論文の主査をお引き受け下さって万般のご高配を賜り、またいろいろと貴重なご教示をいただいたことに感謝申し上げたい。森岡清美先生には常に学問においてより高いところをめざすように激励していただき、学位論文執筆に際して各章を熟読し、適切なコメントをいただいた。東京教育大学の修士課程で森岡先生に教えを受けて以来、学問に対する厳密さ、謙虚さ、たゆまず努力していくお姿を拝見し、研究者としての自己形成モデルとさせていただいていたが、今回、ご指導を受けることができたことは望外の幸せであった。

　東信堂にご紹介の労をとってくださったのは北川隆吉先生である。その時点では、学位論文執筆を考えていなかったが、結果として学位論文となり、予定枚数をはるかに超え、分量的に大部なものになったにもかかわらず、出版を快諾してくださった東信堂社長の下田勝司氏に感謝の意を表したい。編集の実務については、二宮義隆氏に綿密な行き届いた作業を行っていただいた。厚く御礼を申し上げる次第である。

　　　2001年8月

渡辺　雅子

事項索引

(1) 同義・同種の別称・事項をともに掲示している場合、→で示す見出し語に一括して頁数を記した。
(2) 見出し語ととくに密接に関連する事項は⇨で示した。
(3) 各新宗教に独自の用語、および関連した用語は、カッコ内に新宗教名を略語で記入した。大本（大）、金光教（金）、立正佼成会（佼）、世界救世教（救）、創価学会（創）、霊友会（霊）、稲荷会（稲）という略語を用いた。
(4) 太字の表示は、その新宗教を扱った章全体の頁数を示す。

【ア】

愛善倶楽部（大）	89
愛善堂（大）（⇨人類愛善堂）	83, 96, 97, 111, 113, 114, 133
合楽教会（金）	158-160, 162, 166, 171-173, 180, 194, 197, 200-202, 522
合楽理念（金）	159, 160, 170, 179, 180
阿含宗	5, 66
アフロ・ブラジリアン宗教	66, 67, 72, 74, 77, 467, 488, 501, 503, 504, 511, 512
天津祝詞（大・救・稲）	98, 116, 119, 136, 138, 303, 304, 337, 475, 484, 505, 509, 526
安心立命布教（佼）	250

【イ】

生霊	484, 487, 495, 499, 502, 512
育成派遣（霊）	406, 428, 451
石切さんのお百度参り（稲）	469
石切剣箭大神（稲）	467, 475, 476, 480, 485, 507
石切神社→石切剣箭神社	
石切剣箭神社（石切神社）（稲）	467, 475, 480, 504, 509
異質性の稀釈	9, 10, 298, 303, 328, 526, 527, 535
医師法違反（大・救）	93, 288, 301
一元化（救）	286, 289, 308, 309, 312, 330, 331
一乗寺（創）	356, 357, 361, 363
一切神愛（金）	160
稲荷会	5, 14, 66, **465-515**, 521
稲荷祭（稲）	467, 472
異文化布教	5, 8, 285, 330
意味づけ	285
巌戸神社	65
インディオ	22, 74, 467, 488, 502
因縁（⇨カルマ）	428, 440, 443, 450
因縁解決（霊）	410, 445
因縁調べ（稲）	485, 486
因縁の霊（稲）	492, 495

【ウ】

ウンバンダ	66, 67, 72-75, 77, 78, 102, 339, 443, 512

【エ】

エクス・ヴォト	68, 70, 78
SGI（創価学会インタナショナル）	347, 364
エスニック・アイデンティティ	66, 105, 130, 134, 264
エスニック共同体	30
エスニック・グループ	5, 6, 8, 285, 300
エスニック・コミュニティ	210
エスニック・チャーチ	13, 135, 181, 208, 210, 234, 242, 262, 264, 519, 520, 537
エスピリティズモ（心霊主義）	66, 67, 72, 77, 94, 131, 136, 143, 179,

208-300, 302, 308, 328, 340, 431, 443, 444, 456, 521. 525, 529
エスピリティズモ・ジャポネーズ　467
エスペラント(大)　85, 87, 99, 112, 122
MOAモキチ・オカダ財団(救)(⇨メシアニカ財団)　289, 291
遠隔お取次(大)　116

【オ】

大神奉斎(大)　97, 98, 100, 104, 118, 123, 133, 147
大綱回し(稲)　469, 470
大バサミの祈祷(稲)　468, 470
大本　5, 7, 14, 62, 65, **83-154**, 285, 336, 519, 522, 524-527, 531-536
拝み屋的活動(金)　177, 179, 185, 208
お土(大)　117
おひかり(救)　149, 285, 300, 316, 331, 340, 534
おひねり(大)　117, 118
お松(大)　117
おやこ型(⇨組織形態、中央集権型)　7, 158, 263, 405, 522, 531
親先生信仰(金)　160

【カ】

海外研修生(救)　297, 330, 331, 335
──制度(救)　251, 273, 296, 308, 330, 331
海外修養生(佼)　251, 259
──制度(佼)　251
会館　31, 32, 175
外国移民二分制限法　26
戒名(⇨法名)　253, 274, 437
戒名集め(霊)　431, 437, 444, 445, 525, 528
拡大課題群　8, 11, 12, 523
過去帳(佼・霊)　274, 432, 434
笠戸丸　21, 24

家族ストレス　331
カチ組(⇨マケ組)　27, 28, 53, 63, 65, 266
華道山月流(救)　332
──ブラジル支庁(救)　289
カトリック(カトリック教)　5, 41, 59, 67, 68, 179, 244, 266, 270, 322, 377, 405, 431, 435, 443, 444, 467, 494, 504
カトリック教会　10, 68, 208, 302, 328, 337, 377, 527
神乃家ブラジル大神宮教　5, 65, 66
カルデシズモ　67, 72, 73, 77, 112, 270, 302, 322, 339, 340, 443, 467, 501, 525
カルマ(⇨因縁)　73, 444-446, 448, 456
願掛け(⇨プロメッサ)　388, 468, 469, 501
感染呪術　501
カンドンブレ　74, 75
観音祭(稲)　467
関与者たち(consociates)　161, 171, 206

【キ】

機関紙(ブラジル日系新宗教発行の)　122, 244, 301, 355, 409, 416
奇跡　68, 78, 105, 109, 130, 131, 136, 166, 168, 179, 186, 208, 214, 301, 323, 378, 384
──信仰　9, 76, 134, 265, 328, 519, 520, 525
救世教→世界救世教
救世信徒の祈り(救)　303, 336
教会派遣(救)　288, 300, 335
教学試験(創)　376, 390
教師中心　206
教師中心参詣型(⇨信徒中心万人布教者型、布教形態)　7, 132
──宗教　157, 262-264, 522, 524, 525, 534, 525
経典読誦　431, 435, 444, 525, 528

事項索引 555

【ク】

九字	484
功徳	351, 371, 377, 388, 392
黒呪術（⇒白呪術）	75, 77, 322, 339, 340, 488, 511, 512, 525

【ケ】

系統支部（霊）（⇒先端支部、御旗支部）	406, 407, 421, 450
「激励」のシステム（創）	379, 381
結界取次（金）	157
献金指導（救）	317
言語の壁	9, 104, 123, 126, 130, 227, 237, 406, 250, 264, 265, 301, 328, 375, 376, 387, 524
研修システム（救）	308, 315, 328
現証（創）	351, 353, 379, 383, 388, 394, 525
県人会	32
現世利益	63, 107, 134, 179, 184, 235, 261
現地勧請式（佼）	254, 255, 274
顕本法華宗	353

【コ】

佼成会→立正佼成会	
構成家族	30
公的カトリシズム	67, 68
幸福の科学	5, 66
御詠歌（稲）	468, 508
国策移民	24
黒人奴隷	22, 74, 488, 503
国立戒壇（創）	347
心直し（⇒心の変革、根性直し）	10, 328, 529, 534
心の変革（⇒心直し、根性直し）	321, 323, 340
個人指導	10, 233, 247, 316, 317, 324, 326, 381, 388, 520, 529, 534
御神水（大）	92, 94, 117
御尊影（佼）	253, 254
こちゑ観音（稲）	467-469, 485
言霊	303
御理解（金）	164, 166, 170, 171, 210
御利益信仰	10, 261, 265, 328
コロニア実態調査	33
コロノ移民	24
コロノ労働者	60
勤行（創）	361, 379, 381, 388, 394, 528
金光教	5, 7, 14, 65, **155-219**, 277, 519, 522, 524-527, 531-533, 536
根性直し（佼・霊）（⇒心直し、心の変革）	248, 261, 431, 440, 441, 445-447, 450, 535
権太夫稲荷（稲）	467, 476, 480, 481, 485, 507-509
金比羅神社	65

【サ】

祭式	119, 130, 134, 147, 304
祭式講習会（大）	119
座談会（創）	379, 381, 388, 529
参詣型→教師中心参詣型	
参詣宗教	134, 135
三層合同修行（霊）	421, 423, 453
蚕祖神社	61
サンパウロ教会（金）	173, 195-198, 200, 204

【シ】

GLA	5, 66
資格検定試験（救）	334
資格者（霊・救）	294, 417
資格認定	290, 331, 532
識字教育（創）	362
資源	285
自己形成	160-162, 172,

	195, 201, 203, 205, 206
自己変革	10, 321, 322, 440, 520, 529
慈善	322
自然農法（救）	285, 290, 301
折伏（創）	351, 353, 354, 357, 360-362, 364, 374, 379, 385, 387, 394, 520
宗教協力運動（佼）	266
修養団	66
修養団捧誠会	5, 66
重要な他者（significant others）	161, 170, 171, 195, 202, 206, 207
授戒（創）	356, 357, 368, 376, 385
宿命転換（創）	354, 363, 371, 378, 381, 384
守護尊神（佼）	253, 255
出張授戒（創）	351, 356
出入国管理及び難民認定法改正（入管法改正）	42, 43, 536
主の祈り（救）	303
浄化作用（救）	299, 340
成願寺不動尊祈祷所→天台宗成願寺不動尊祈祷所	
小集団活動	10, 316, 388, 529, 534
唱題（創）	378, 379, 381, 388, 394, 525, 528
浄土宗	5, 64
浄土真宗本願寺派	5, 61, 64, 175
正本堂（創）	357
浄霊（救）	277, 285, 292, 294, 299-301, 308-310, 321, 324-328, 330, 335, 339, 340, 520, 525, 528, 534
――所（救）	314, 317, 328, 529
植民地	30, 31
白菊稲荷（稲）	467, 476, 480, 481, 485, 507-509
死霊	484, 485, 492, 502, 504
白呪術（⇒黒呪術）	75, 77
信仰継承	123, 126, 128, 130
神号奉斎（大）	131
真言宗	5, 64
真宗大谷派	5, 64, 175
新中産階級（都市型中産階級）	293, 327
神道	61, 65
神道倭教大神宮	66
信徒中心万人布教者型（⇒教師中心参詣型、布教形態）	7, 223
――宗教	262, 263, 405, 449, 522, 525, 529, 533, 535
神仏の障り	498
人類愛善運動（大）	94, 96
人類愛善会（大）	85, 87, 89, 92-94, 96, 103, 140
人類愛善堂	92, 94
心霊主義→エスピリティズモ	

【ス】

随方毘尼（創）	355, 368, 376, 377, 390, 527
崇教真光	5, 7, 15, 65, 66, 175, 338
末一稲荷（稲）	467, 474, 476, 480, 485, 507, 508
末廣稲荷（稲）	467, 480, 508
棲み分け（segregation）	182, 208
諏訪神社	61

【セ】

政教分離	347
聖人崇拝	68
聖地建設（救）	315, 317, 323, 328, 331
聖地団参（大・救）	106, 111, 133
聖地月次祭（救）	304
生長の家	5, 7, 15, 63, 65, 66, 85, 140, 175, 338, 353, 354, 426, 442
青年布教員（佼）	251, 255, 259, 273
聖母アパレシーダ	68, 69, 468, 469, 498
聖母観音→伯国聖母観音	
姓名鑑定（佼）	261, 262, 274

事項索引

世界救世教（救世教）（⇒メシアニカ） 5, 7, 14, 65, 66, 146, 149, 175, 277, **283-344**, 426, 442, 520, 523-526, 528-532, 534-536
世代間ギャップ 237, 240, 264
世代交代 23, 240, 250, 264
世話 10, 431, 432, 439, 441, 446, 448, 529, 534
世話人体制（救） 308, 312, 317, 328, 529
宣教本部（救） 288
――制（救） 288
善言讃詞（救） 303
戦後移民 176, 224, 226, 234, 236, 237, 262, 264, 349, 354, 362, 384
喘息先祖供養（佼） 240, 244, 245, 264, 265, 271
喘息無料治療（佼） 240-242, 245, 264, 270, 271
先祖供養（⇒先祖祭祀、祖霊祭祀） 223, 244, 245, 247, 248, 253, 265, 277, 405, 410, 431, 432, 435, 440, 443, 444, 450, 469, 494, 495, 535
先祖祭祀（⇒先祖供養、祖霊祭祀） 60, 61, 504
先端支部（霊）（⇒系統支部、御旗支部） 406
宣伝使（大） 89, 103, 125-127, 147

【ソ】

総戒名（佼・霊） 228, 253-256, 274, 431, 434, 444
創価学会 5, 7, 14, 65, 66, 175, 224, **345-402**, 520, 523-526, 528-533, 536
創価学会インタナショナル→SGI
創価教育牧口プロジェクト（創） 367
曹洞宗 5, 64
組織課題群 8, 10, 11, 530
組織形態（⇒おやこ型、中央集権型） 7, 223, 262, 521

祖霊 116, 337, 338, 492, 495
祖霊祭祀（⇒先祖供養、先祖祭祀） 337, 338
祖霊鎮祭（大） 97, 98, 104, 113, 133, 141
祖霊の障り 494
祖霊復祭（大） 106, 118, 124, 141, 147

【タ】

第一次大本教事件（大） 85
第一次宗門問題（創） 347, 348, 360
第二次大本教事件（大） 86, 94, 95, 132
第二次宗門問題（創） 347
宅地因縁（佼） 254, 255, 274
たすき（霊） 432, 434
タテ系統（⇒ヨコ組織） 11, 417, 449
他力本願 245, 248, 377

【チ】

地域ブロック制 223, 361
地上天国（救） 321, 336, 337
中央集権型（⇒おやこ型、組織形態） 7, 223, 262, 263, 333, 385, 522, 531
鎮魂帰神法（大） 86, 94, 136

【ツ】

月次祭 98, 99, 104, 107, 116, 118, 147, 304, 310, 313, 317, 338, 535
つどい（霊） 431, 432, 446

【テ】

定着課題群 8, 10, 11, 527, 528, 537
デカセギ 13, 42, 43, 46-49, 128, 130, 148, 149, 189, 198, 199, 206, 210, 239, 240, 264, 269, 333, 362, 363, 382, 391, 417, 418, 421, 449, 452, 505, 520, 521, 536
――斡旋事件（金） 186, 193, 198, 201, 207, 209
――送り出し構造 45

——観	47	日系宗教	5, 15, 41, 59
——求人広告	46, 54	日系人	35, 52
——の影響	129	日系人口	21, 35
適応課題群	8, 9, 11, 524	日系新宗教	15
手続(金)	158, 159	日系人信徒離反事件(金)	179, 181, 201, 202, 208
手取り(佼)	223, 233, 258, 261	日系人布教	240, 264
転機	162-165, 171, 206	日系ブラジル新宗教	5
天台宗成願寺不動尊祈祷所(成願寺不動尊祈祷所)	5, 64, 66	日伯文化協会	32
天皇崇拝	31, 61, 62	日本移民	21, 23-27
天理教	5, 7, 15, 62, 63, 65, 85, 175, 354	日本語学校	26, 31, 32
		日本人会	31, 32, 175, 182, 190, 193

【ト】

入管法改正→出入国管理及び難民認定法改正

同化政策	61, 63		
道場当番(佼)	233, 234, 258, 263	入神(佼)	253
動物霊	497	入信講習(救)	316, 317
特派宣伝使(大)	96, 102, 103, 140		

【ノ】

登山・研修(創)	350, 357, 379, 394
都市型中産階級→新中産階級	
土着化	102, 508
取次(大)	88, 89, 98, 100, 103, 107, 134, 146
取次(金)	157, 166, 208, 210

ノロエステ線　30, 31, 175

【ハ】

伯国石鎚神社	65
伯国観音寺院(聖母観音)	5, 64, 66
伯光苑(大)	111, 113, 133
橋渡し機能	236, 388
パッセ	73, 182, 207, 209, 300, 340, 525
パーフェクトリバティ教団(PL教団)	5, 7, 15, 65. 66, 175, 270
万教同根思想(大)	94
万人布教型宗教→信徒中心万人布教型宗教	
反復デカセギ	43, 49

【ナ】

成り行き(金)　159, 160, 170, 201-203

【ニ】

日蓮宗	5, 64
日蓮正宗	347, 348, 350, 354, 360, 363, 368, 385, 520
日系アイデンティティ	237
日系エスニック・グループ	85
日系コロニア	29, 31, 48, 54
日系社会	29, 33, 157, 173, 175, 184, 189, 192, 193, 208, 234, 250, 348, 368, 375, 384, 385
——との摩擦	353

【ヒ】

PL教団→パーフェクトリバティ教団	
人型(大)	144, 147
人助け(稲)	472, 474, 475, 479
人文字(創)	358, 359, 362, 382

事項索引　559

非日系人布教	8, 11, 237, 240, 261, 264, 330, 348, 368, 376, 405, 407, 422-426, 430, 450, 521
憑依霊	74, 501
憑霊現象	117, 302, 501
憑霊信仰	9, 134, 265, 519, 525
ビリグイ教会（金）	157, 162, 166, 167, 172, 174, 197, 198, 209, 210

【フ】

ブーグレ神社	61
布教形態（⇨教師中心参詣型、信徒中心万人布教者型）	7, 223, 262, 521
伏見稲荷（稲）	467, 474, 475, 480, 504
仏教	60, 64
ブラジル人気質	10, 265, 328, 441, 520, 528, 534
ブラジル人の価値観（⇨ラテン的価値体系）	321, 322
ブラジル人の行動様式	322
ブラジル聖地（救）	290, 304, 309, 312, 331
『ブラジル日系人実態調査報告書』	35, 53
ブラジル日本文化協会	32
ブラジル仏教連合会	64
プロテスタント	41, 67, 71, 443, 444
プロメッサ（⇨願掛け）	68, 69, 76, 322, 498
文化祭（創）	354, 358, 376, 382, 383, 387
文化の壁	237, 264
文化変容	508

【ヘ】

ペンテコステ派	67, 71, 76, 501
変毒為薬（創）	379, 381, 384, 394

【ホ】

法座（佼）	223, 228, 233
邦字新聞	26, 28, 33
法人格取得	98, 231, 288, 408
宝蔵神社	65
訪日修行（霊）	406, 451
法名（霊）（⇨戒名）	410, 437, 440, 443, 448
法名千体修行（霊）	444, 448
法名入心（霊）	432, 444, 454
法華経	223, 248, 276, 405
ポルトガル語基本講座（大）	123
ポルトガル語転換	8, 375, 416, 421, 449
ポルトガル語法座（佼）	246, 264, 273
本尊	253, 255, 351, 357, 364, 368, 377, 379
本尊下付（創）	360, 363, 385
本尊勧請（佼）	238, 275
本部派遣（救）	288, 300, 335
本門仏立宗	5, 62, 63, 353

【マ】

マクンバ	75-77, 116, 178, 185, 339, 486-492, 497, 499, 501, 502, 504, 511, 512, 525
マケ組（⇨カチ組）	27, 28, 53, 65

【ミ】

導き	223, 228, 261, 294, 410, 421, 423, 431, 437, 439-441, 445, 448, 449, 525
――のおやこ	7, 11, 406, 431, 444
み手代（大）	98, 138
み手代お取次（大）	92, 94, 109, 116, 132, 134-136, 138, 149, 534
身の定め（稲）	483, 484, 510
御旗支部（霊）（⇨系統支部、先端支部）	405, 407, 408, 421, 450
弥勒山修行（霊）	417
民衆カトリシズム	66-68, 72, 76, 388, 497, 501

【メ】

メシアニカ（⇨世界救世教）	285

メシアニカ財団（救）（⇨MOAモキチ・
　オカダ財団）　　　　　　　　289

【モ】

モラロジー　　　　　　　　　　66

【ヤ】

薬毒論（救）　　288, 289, 301, 328, 336
靖国講　　　　　　　　　　　　65
柳谷観音（稲）　　　　467, 469, 474,
　　　　　　　　　475, 480, 485, 504

【ヨ】

ヨコ組織（⇨タテ系統）　417, 449, 522

【ラ】

ライフコース　　161-163, 170, 206, 207
ラテンアメリカ人の行動の理念型　339
ラテン的価値体系（⇨ブラジル人の価値
　観）　　　　　　　　　　322, , 383

【リ】

立正佼成会（佼成会）　5, 7, 14, 65, **221-
　279**, 405, 520, 522, 525-527, 531-536
リベロンピレスの十字架（稲）　　476
輪廻転生　　　　　　　　73, 444, 456

【ル】

類感呪術（模倣呪術）　　　　　501

【レ】

『霊界物語』（大）　　　　85, 88, 137
霊的進化　　　　　　　　　　73, 76
霊の曇り（救）　　　　　299, 301, 317,
　　　　　　　　　324, 326, 339, 340
霊友会　　　　　5, 7, 14, 66, 224, 273,
　　　403-461, 521-525, 529-536

【ワ】

和賀心（金）　　　　　　173, 186, 205

人名索引

【ア】

相田安雄	408, 409
赤沢文治	157
秋山誠治	200
荒井栄太郎	430, 456
有川潔	99, 104, 133, 141, 142

【イ】

池田大作	347-349, 351, 353-355, 358, 360, 361, 366, 367, 385, 390, 395
石戸次夫	88, 89, 92, 95, 132, 137, 142
井上順孝	14
茨木日水	62
岩井千恵子	200
岩井良一	200

【ウ】

ウィルソン (Wilson, B.)	392

【エ】

エルダー (Elder, G.H.)	161

【オ】

大竹忠治郎	62, 63
大坪勝彦	159, 164, 169, 212
大坪総一郎	159, 160, 162, 210, 212
小笠原公衛	16, 268, 451
岡田茂吉	285, 332, 335
奥原能	107, 110, 133, 136, 143, 144
小田島秀雄	408, 417, 452
尾山照吉	92, 137

【カ】

梶原勝行	200, 214
加藤朝子	426, 428, 430, 439, 441, 442, 445, 448, 455, 456
鴨田昭二郎	168, 196, 214
カルデック，アラン (Cardec, Allan)	72, 73, 270
川上功績	198
川南千江子	246, 256, 272, 274, 275

【ク】

久保角太郎	405, 450
久保継成	408, 450

【コ】

小谷喜美	405
近藤勝美	88, 89, 94, 132, 137, 138, 142
近藤真弓	89, 92, 95, 145
今野一二三	197

【サ】

サイトウ，シルビア (斉藤悦子)	350-353, 360, 371, 374, 384, 387
サイトウ，ロベルト (斉藤晏弘)	350, 352, 357, 360, 363, 374, 389, 391, 393
斉藤広志	53
茶郷英一	350
佐藤晃子	288
佐藤育代	228, 229, 267, 268

【シ】

シセロ神父	468, 508
志田七栄	242, 270, 271
志田マルタ	241, 244-247, 256, 261, 265, 270, 271, 275

柴田賢三	106, 133
島薗進	15, 389, 457, 536
小田信彦	288
シルバ，ベネジット	112, 121, 122

【ス】

末永公子	165, 179, 213
末永建郎	160, 163–173, 175–182, 184–190, 193–209
鈴木孔喜	97, 98, 104, 105, 133, 140, 141
鈴木トク	407–409, 412, 451
鈴木広	392, 395

【タ】

高橋かなお	195–197, 203, 206, 214
タグチ，エドワルド（田口勝重）	357, 374
竹内君江	229–231, 233, 234, 236, 239, 262–265, 267, 268
田代正昭	167, 215
田中正博	409, 455
田端千佳子	426, 428, 430, 439, 441, 442, 445, 446, 448, 455

【チ】

千葉緑	350, 357

【テ】

デ．オランダ（De Holanda, S.B.）	322, 323
出口栄二	97
出口王仁三郎	85, 86, 88, 92, 95, 117, 122, 138, 139, 149
出口京太郎	106, 107, 136
出口聖子	86, 111, 115
出口すみ	85, 86, 138
出口虎雄	109
出口なお	85, 86, 122

【ト】

戸田城聖	347

【ナ】

中川文雄	322
長沼妙佼	223
中野毅	390
中橋稔	288
仲原一嘉	251
中牧弘允	15, 59, 392
投石力雄	166–168, 180, 181

【ニ】

西山茂	360, 388
新田イサノ	166, 167
新田勝次郎	167
庭野日鑛	230, 231, 233
庭野日敬	223, 227, 229, 267

【ノ】

野々垣おきん	467, 472, 474, 478, 480, 481, 506, 510, 512
野々垣清子	506
野々垣こちゑ	66, 467, 472, 474–476, 479–483, 510, 512
野々垣定右衛門	474, 475, 478, 479, 512, 513

【ハ】

長谷川あさ子	238, 256
半田知雄	59

【フ】

福島浩子	410
藤田富雄	511
藤本和治	109, 110, 133, 145, 149
古田光秋	106, 136

人名索引　563

フレーザー (Frazer, J.G.)	501

【ホ】

本間透	481

【マ】

前山隆	16, 51, 52, 59, 65, 66, 87, 100, 102, 103, 138, 142
牧口常三郎	347
益田英祐	409, 412
益田進	452, 455
松岡秀明	16, 336, 339, 340
マックファーランド (MacFarland, H.N.)	395
松田己代志	63

【モ】

森岡清美	15, 508
森義一	236, 240, 263, 265, 276
森幸一	15, 59
森静雄	92-95, 97-99, 104, 106, 107, 109, 112, 132, 134, 138, 141, 144
文字清美	96, 133, 140

【ヤ】

安田実	481
山田政信	16
山根イトノ	467, 476, 479, 481, 482, 507, 509
山根トミ	474, 480
山本勝巳	289, 337

【ヨ】

吉森正治	167, 214

【ル】

ルイス (Lewis, I.M.)	503

【ワ】

ワーグレー (Wagley, C.)	339
渡辺哲男	289, 308-310, 312, 331, 332
渡辺雅子	16

著者紹介

渡辺 雅子（わたなべ まさこ）
1950年、東京都生まれ
1973年、早稲田大学第一文学部卒業
1975年、東京教育大学大学院文学研究科修士課程修了
1978年、東京都立大学大学院社会科学研究科博士課程単位取得退学
現在、明治学院大学社会学部教授。博士（文学）

主要著書論文

「新宗教受容過程における『重要な他者』の役割」（森岡清美編『変動期の人間と宗教』未来社、1978年）、『新宗教研究調査ハンドブック』（共著、雄山閣、1981年）、「新宗教集団における教祖の誕生過程」（『宗教研究』56-3、1982年）、「ある女性祈祷師の生活史」（『明治学院論叢』382、1985年）、「新宗教信者のライフコースと入信過程」（森岡清美編『近・現代における「家」の変質と宗教』新地書房、1986年）、「分派教団における教祖の形成過程」（宗教社会学研究会編『教祖とその周辺』雄山閣、1987年）、「入信の動機・過程および効果」（井上順孝ほか編『新宗教事典』弘文堂、1990年）、『共同研究 出稼ぎ日系ブラジル人（上）論文篇・（下）資料篇』（単編著、明石書店、1995年）

現代社会学叢書

Developmental Processes of Japanese New Religions in Brazil:
Tasks and Achievements of Missionary Work in Brazilian Culture

---

ブラジル日系新宗教の展開——異文化布教の課題と実践——　＊定価はカバーに表示してあります

2001年10月20日　初 版第1刷発行　〔検印省略〕

著者Ⓒ渡辺雅子／発行者　下田勝司　　印刷・製本／中央精版印刷

東京都文京区向丘1-20-6　　郵便振替00110-6-37828
〒113-0023　TEL(03)3818-5521　FAX(03)3818-5514　　発行所　株式会社 東信堂
E-mail : tk203444@fsinet.or.jp
Published by TOSHINDO PUBLISHING CO., LTD.
1-20-6, Mukougaoka, Bunkyo-ku, Tokyo, 113-0023, Japan

ISBN4-88713-406-1 C3336　¥8200E　Ⓒ M. Watanabe, 2001

━━━━━━━━━━━━━━━━ 東信堂 ━━━━━━━━━━━━━━━━

【現代社会学叢書】

開発と地域変動——開発と内発的発展の相克	北島滋	三一〇〇円
新潟水俣病問題——加害と被害の社会学	飯島伸子・舩橋晴俊編	三八〇〇円
在日華僑のアイデンティティの変容——華僑の多元的共生	過放	四四〇〇円
健康保険と医師会——社会保険創始期における医師と医療	北原龍二	三八〇〇円
事例分析への挑戦——個人・現象への事例媒介的アプローチの試み	水野節夫	四六〇〇円
海外帰国子女のアイデンティティ——生活経験と通文化的人間形成	南保輔	三八〇〇円
有賀喜左衞門研究——社会学の思想・理論・方法	北川隆吉編	三六〇〇円
現代大都市社会論——分極化する都市？	園部雅久	三二〇〇円
インナーシティのコミュニティ形成——神戸市真野住民のまちづくり	今野裕昭	五四〇〇円
ブラジル日系新宗教の展開——異文化布教の課題と実践	渡辺雅子	八二〇〇円
イスラエルの政治文化とシチズンシップ	奥山真知	続刊
福祉政策の理論と実際【現代社会学研究入門シリーズ】——福祉社会学研究入門	三重野卓・平岡公一編	三〇〇〇円
地域共同管理の社会学	中田実	四四六六円
戦後日本の地域社会変動と地域社会類型——都道府県・市町村を単位とする統計分析を通して	小内透	七九六一円
ホームレス ウーマン——知ってますか、わたしたちのこと	E・リーボウ／吉川徹・蕊里香訳	三二〇〇円
タリーズ コーナー——黒人下層階級のエスノグラフィ	E・リーボウ／吉川徹監訳	二三〇〇円
盲人はつくられる——大人の社会化の研究	R・A・スコット／三橋修監訳・解説／金治憲訳	二八〇〇円

〒113-0023 東京都文京区向丘1-20-6　☎03(3818)5521　FAX 03(3818)5514／振替 00110-6-37828
※税別価格で表示してあります。

東信堂

〔シリーズ〕世界の社会学・日本の社会学 全50巻

タルコット・パーソンズ ——最後の近代主義者	中野秀一郎	一八〇〇円
ゲオルク・ジンメル ——現代分化社会における個人と社会	居安 正	一八〇〇円
ジョージ・H・ミード ——社会的自我論の展開	船津 衛	一八〇〇円
奥井復太郎 ——都市社会学と生活論の創始者	藤田弘夫	一八〇〇円
新明正道 ——綜合社会学の探究	山本鎭雄著	一八〇〇円
アラン・トゥーレーヌ ——現代社会のゆくえと新しい社会運動	杉山光信著	一八〇〇円
アルフレッド・シュッツ ——主観的時間と社会的空間	森 元孝	一八〇〇円
エミール・デュルケム ——社会の道徳的再建と社会学	中島道男	一八〇〇円
レイモン・アロン ——危機の時代の透徹した警世思想家	岩城完之	一八〇〇円
米田庄太郎	中 久郎	続刊
高田保馬	北島 滋	続刊
白神山地と青秋林道 ——地域開発と環境保全の社会学	井上孝夫	三二〇〇円
現代環境問題論 ——理論と方法の再定置のために	井上孝夫	二三〇〇円
現代日本の階級構造 ——理論・方法・計量分析	橋本健二	四三〇〇円
〔研究誌・学会誌〕		
社会と情報 1〜4	「社会と情報」編集委員会編	一八〇〇〜二〇六〇円
東京研究 3・4	東京自治問題研究所編	二三八一〇円
現代環境問題論 日本労働社会学会年報 4〜11	日本労働社会学会編	二九一三〜三三一〇円
労働社会学研究 1・2	労働社会学会編	各一八〇〇円
社会政策研究 1	「社会政策研究」編集委員会編	二〇〇〇円

〒113-0023　東京都文京区向丘1-20-6　☎03(3818)5521　FAX 03(3818)5514／振替 00110-6-37828
※税別価格で表示してあります。

― 東信堂 ―

教材 憲法・資料集	清田雄治編	二九〇〇円
東京裁判から戦後責任の思想へ（第四版）	大沼保昭	三三〇〇円
〔新版〕単一民族社会の神話を超えて	大沼保昭	三六八九円
戦争と平和の法―フーゴー・グロティウスにおける戦争、平和、正義〔補正版〕	大沼保昭編	一二〇〇〇円
「慰安婦」問題とアジア女性基金	下村満子・大沼保昭・和田春樹編	一九〇〇円
なぐられる女たち―世界女性人権白書	米田・国務省鈴木・小寺訳	二八〇〇円
地球のうえの女性―男女平等のススメ	有澤・米田訳	一九〇〇円
借主に対するウィンディキアエ入門	小寺初世子	三六〇〇円
比較政治学―民主化の世界的潮流を解読する	S・I・ブルトゥス 城戸由紀子訳	三六〇〇円
ポスト冷戦のアメリカ政治外交―残された「超大国」のゆくえ	H・J・ウィーアルダ 大木啓介訳	二九〇〇円
世界の政治改革―激動する政治とその対応	阿南東也	四三〇〇円
村山政権とデモクラシーの危機	藤本一美編	四六六〇円
巨大国家権力の分散と統合―現代アメリカの政治制度	岡野加穂留・藤本一美編	四二〇〇円
プロブレマティーク国際関係論―臨床政治学的分析	三好陽編	三八〇〇円
クリティーク国際関係学	今村浩他編	二〇〇〇円
太平洋島嶼諸国論	関下稔他編	二二〇〇円
アメリカ極秘文書と信託統治の終焉	中川涼司編 永田秀樹	三四九五円
国際化‥美しい誤解が生む成果	小林泉	三七〇〇円
刑事法の法社会学―マルクス、ヴェーバー、デュルケム〔第二版〕	大沼保昭編	一六〇〇円
軍縮問題入門	松村・宮澤・J・インヴァラリティ川本・土井訳	四四六六円
PKO法理論序説	黒沢満編	二三〇〇円
	柘山堯司	三八〇〇円

〒113-0023 東京都文京区向丘１−２０−６
☎03(3818)5521 FAX 03(3818)5514 振替 00110-6-37828
※税別価格で表示してあります。

―――――東信堂―――――

国際法新講〔上〕	田畑茂二郎	二九〇〇円
国際法新講〔下〕	田畑茂二郎	二七〇〇円
国際社会の新しい流れの中で―国際法学徒の軌跡	田畑茂二郎	二三〇〇円
ベーシック条約集〔第2版〕	田畑茂二郎	三二〇〇円
現代国際法の課題	田畑茂二郎	二二〇〇円
判例国際法	編集代表 田畑茂二郎・高林秀雄	三五〇〇円
プラクティス国際法	編集代表 松田竹男・田畑茂二郎・薬師寺公夫・坂元茂樹 編	一九〇〇円
国際法から世界を見る―市民のための国際法入門	松井芳郎	二八〇〇円
資料で読み解く国際法	大沼保昭 編	五八〇〇円
国際人権規約先例集(1)	編集代表 宮崎繁樹	七六〇〇円
国際人権規約先例集(2)	編集代表 宮崎繁樹	六七〇〇円
国際人権法入門	T.バーゲンソル 著 小寺初世子 訳	二八〇〇円
国際人道法の再確認と発展	竹本正幸	四八〇〇円
海上武力紛争法サンレモ・マニュアル解説書	人道法国際研究所 竹本正幸監訳	二五〇〇円
国際法の新展開―太寿堂鼎先生還暦記念	編集代表 香山林手治之茂之茂	五八〇〇円
海洋法の新秩序―高林秀雄先生還暦記念	編集代表 香山林手治之茂之茂	六七九六円
国連海洋法条約の成果と課題	高林秀雄	四五〇〇円
領土帰属の国際法	太壽堂鼎	四五〇〇円
国際法における承認―その法的機能及び効果の再検討〔現代国際法叢書〕	王志安	五二〇〇円
国際社会と法	高野雄一	四三〇〇円
集団安保と自衛権〔現代国際法叢書〕	高野雄一	四八〇〇円
国際経済条約・法令集〔第二版〕	小原喜雄・手治之・室程夫 編	改訂中近刊
国際機構条約・資料集〔第二版〕	山手治之・香西茂 編	改訂中近刊
国際人権条約・宣言集〔第三版〕	松井・薬師寺・田畑・竹本 編	改訂中近刊

〒113-0023 東京都文京区向丘1-20-6　☎03(3818)5521　FAX 03(3818)5514　振替 00110-6-37828
※税別価格で表示してあります。

= 東信堂 =

比較・国際教育学〔補正版〕	石附 実編	三五〇〇円
比較教育学の理論と方法	J・シュリーバー編著 馬越徹・今井重孝監訳	二八〇〇円
世界の教育改革——21世紀への架ヶ橋	佐藤三郎編	三六〇〇円
教育は「国家」を救えるか〔現代アメリカ教育1巻〕	今村令子	三五〇〇円
〔現代アメリカ教育2巻〕永遠の「双子の目標」——質・均等・選択の自由	今村令子	二八〇〇円
ドイツの教育——多文化共生の社会と教育	天野正治 別城府昭郎編 結城忠治	四六〇〇円
21世紀を展望するフランス教育改革——一九八九年教育基本法の論理と展開	小林順子編	八六四〇円
フランス保育制度史研究——初等教育としての保育の論理構造	藤井穂高	七六〇〇円
変革期ベトナムの大学	D・スローパー編 大塚豊監訳 レ・タク・カン	三八〇〇円
フィリピンの公教育と宗教——成立と展開過程	市川誠	五六〇〇円
国際化時代日本の教育と文化 ボストン公共放送局と市民教育——マサチューセッツ州産業エリートと大学の連携	沼田裕之	二四〇〇円
社会主義中国における少数民族教育——「民族平等」理念の展開	赤堀正宜	四七〇〇円
東南アジア諸国の国民統合と教育——多民族社会における葛藤	小川佳万	四六〇〇円
現代英国の宗教教育と人格教育(PSE)	村田翼夫編	四四〇〇円
オーストラリア・ニュージーランドの挑戦	柴沼晶子編 新井浅浩	五二〇〇円
学校文化——パースペクティブ	笹井健実編	二八〇〇円
学校文化への挑戦——深層へ	石附実編	二五〇〇円
環境のための教育——批判的カリキュラム研究の最前線	長尾彰夫編 池田寛 M・アップル	二七一八円
現代の教育社会学——理論と環境教育	J・フィエン 池野範男他訳	二三〇〇円
子どもの言語とコミュニケーションの指導	石川聡子他訳 能谷一乗	二五〇〇円
日本の女性と産業教育——近代産業社会における女性の役割	D・バーンスタイン他編 池・内山・緒方訳	二八〇〇円
	三好信浩	二八〇〇円

〒113-0023　東京都文京区向丘1-20-6　☎03(3818)5521　FAX 03(3818)5514　振替 00110-6-37828

※税別価格で表示してあります。